Maler und Lackierer

Das Nachschlagewerk für Ausbildung und Beruf

Fahrzeuglackierer/
Maler und Lackierer

264 S., vierfarbig
978-3-14-**231610**-9

Übersichtlich und modern

- großes Format
- modernes Layout
- durchgängig vierfarbig
- zahlreiche anschauliche Tabellen, Fotos und Zeichnungen
- Sachwortverzeichnis in deutscher und englischer Sprache

*Laden Sie das **Inhaltsverzeichnis** des Tabellenbuchs direkt auf Ihr Smartphone. Voraussetzung: Kompatibles Smartphone und Internetanbindung*

Beachten Sie auch unsere Produkte für Fahrzeuglackierer

- **Lernfelder 1–4**
  Schülerbuch
  160 S., vierfarbig
  978-3-14-**231601**-7
- **Arbeitsaufträge**
  112 S., vierfarbig
  978-3-14-**231602**-4

- **Lernfelder 5–12**
  Schülerbuch
  368 S., vierfarbig
  978-3-14-**231611**-6
- **Arbeitsaufträge**
  jeweils 112 S., vierfarbig
  Lernfelder 5–8
  978-3-14-**231612**-3
  Lernfelder 9–12
  978-3-14-**231613**-0

Wirtschafts- und Sozialkunde/ Englisch

exakt!

Wirtschafts- und Sozialkunde für gewerblich-technische Ausbildungsberufe

- Schülerbuch
  vierfarbig, 368 Seiten,
  ISBN: 978-3-14-**225360**-2,
- Lösungen
  ISBN: 978-3-14-**225361**-9.

wiso

Ein Nachschlagewerk für das Prüfungsfach Wirtschafts- und Sozialkunde

- zweifarbig, 81 Seiten,
  ISBN: 978-3-8045-**3521**-3.

Englisch

für gewerblich-technische Ausbildungsberufe

- Schülerbuch
  vierfarbig, 200 Seiten,
  ISBN: 978-3-14-**245010**-0,
- Arbeitsheft
  ISBN: 978-3-14-**245012**-4,
- Audio-CD
  ISBN: 978-3-14-**245014**-8.

→ Weitere Informationen zum vollständigen Berufsbildungsprogramm erhalten Sie im Internet unter www.westermann.de/berufsschule

Markus Dempf, Bernhard Finkenzeller, Uwe Herrmann, Klaus Littmann, Uta Mengel

Maler und Lackierer

Lernfelder 1–12

Unter Mitarbeit
der Verlagsredaktion

westermann

1. Auflage, 2013

Redaktion: Wolfgang Rund
Satz und Layout: deckermedia GbR, Vechelde
Umschlaggestaltung: boje 5 Grafik und Werbung, Brauschweig
Druck und Bindung: westermann druck GmbH, Braunschweig

ISBN 978-3-14-**231617**-8

Vorwort

Die Umsetzung des nach Lernfeldern strukturierten Rahmenlehrplanes für den Ausbildungsberuf Maler und Lackierer stellt für alle Lehrkräfte eine besondere Herausforderung dar. Nach dem KMK-Rahmenlehrplan wird von der Berufsschule verlangt, „den Unterricht an einer für Ihre Aufgaben spezifische Pädagogik auszurichten, die Handlungsorientierung betont". Das Lernen soll sich in Beziehung auf „konkretes berufliches Handeln" ausrichten. Nicht mehr die Anhäufung von schnell wechselndem Fachwissen steht im Vordergrund des Unterrichts, sondern die Vermittlung von **Handlungskompetenz**, die es den Schülern ermöglicht, sich die entwickelnde Technik in ihrem zukünftigen Berufsleben selbst zu erschließen.

Mit der Abkehr von fachspezifischen Lerninhalten, die überwiegend durch lehrerzentrierte Unterrichtskonzepte umgesetzt wurden, ergeben sich neue Anforderungen an die Zielstellung beruflicher Bildung. Der Auftrag, den Unterricht an den konkreten **betrieblichen Arbeits- und Geschäftsprozessen** zu orientieren, lässt sich dadurch erfüllen, dass im Unterricht praxisbezogene Lernsituationen geschaffen werden müssen.

Für dieses Lehrwerk wurden deshalb Lernsituationen entwickelt, deren Umsetzung durch die Abwicklung von konkreten Arbeitsaufträgen vollzogen werden kann.

Arbeitsaufträge

Jedes Lernfeldkapitel beginnt mit einem typischen Arbeitsauftrag, wie er als Folge eines Kundenwunsches zu erfüllen ist.

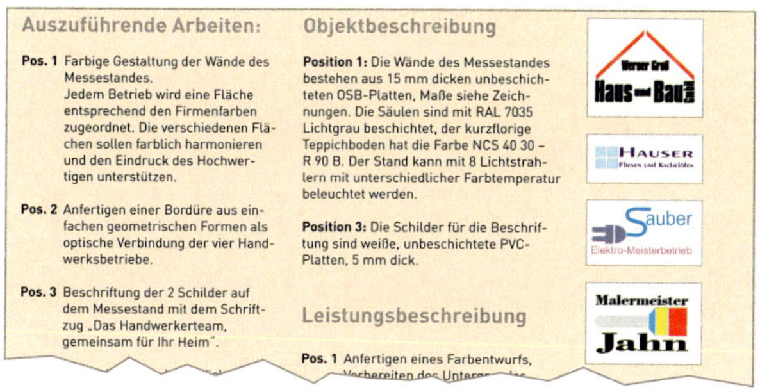

Auszuführende Arbeiten:

Pos. 1 Farbige Gestaltung der Wände des Messestandes.
Jedem Betrieb wird eine Fläche entsprechend den Firmenfarben zugeordnet. Die verschiedenen Flächen sollen farblich harmonieren und den Eindruck des Hochwertigen unterstützen.

Pos. 2 Anfertigen einer Bordüre aus einfachen geometrischen Formen als optische Verbindung der vier Handwerksbetriebe.

Pos. 3 Beschriftung der 2 Schilder auf dem Messestand mit dem Schriftzug „Das Handwerkerteam, gemeinsam für Ihr Heim".

Objektbeschreibung

Position 1: Die Wände des Messestandes bestehen aus 15 mm dicken unbeschichteten OSB-Platten, Maße siehe Zeichnungen. Die Säulen sind mit RAL 7035 Lichtgrau beschichtet, der kurzflorige Teppichboden hat die Farbe NCS 40 30 – R 90 B. Der Stand kann mit 8 Lichtstrahlern mit unterschiedlicher Farbtemperatur beleuchtet werden.

Position 3: Die Schilder für die Beschriftung sind weiße, unbeschichtete PVC-Platten, 5 mm dick.

Leistungsbeschreibung

Pos. 1 Anfertigen eines Farbentwurfs,

Die Arbeitsaufträge sind in die Phasen

- **Auszuführende Arbeiten,**
- **Objektbeschreibung** und
- **Leistungsbeschreibung**

gegliedert. Mit dieser Gliederung wird dem Aufbau einer Gesellenprüfung entsprochen.

Fachsystematische Inhalte

Dem Arbeitsauftrag schließen sich die **fachsystematisch gegliederten Inhalte** für die Fachrichtung **Gestaltung und Instandhaltung** an.

Symbole kennzeichnen Themen für weitere Fachrichtungen:

Kirchenmalerei und Denkmalpflege

Bauten- und Korrosionsschutz

Technische Mathematik, Lesen von Symbolen und Zeichnungen sowie u. a. die Themen Gesundheits- und Umweltschutz werden integrativ vermittelt.
Mit dem daraus gewonnenem technologischen und mathematischen Fachwissen können die Arbeitsaufträge bearbeitet werden.
Das schließt jedoch nicht aus, dass die Schüler über die Inhalte des Fachbuches hinaus auf zusätzliche Informationsquellen zugreifen müssen. Das Symbol ( ) **Tabellen Maler und Lackierer** weist auf eine solche Informationsquelle hin. Die Anschaulichkeit der Inhalte wird unterstützt durch übersichtliche Tabellen und aussagekräftige Abbildungen.

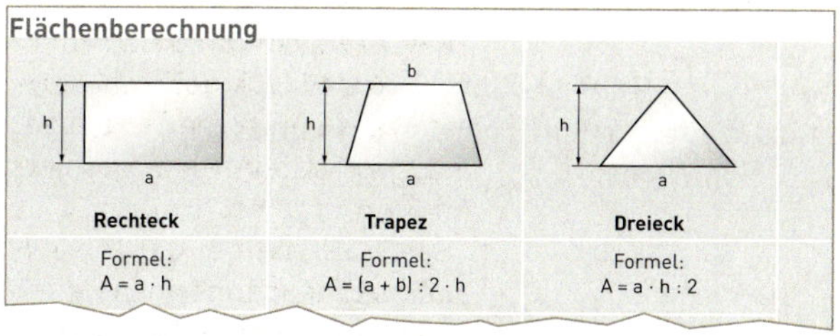

Am Ende eines jeden Lernfeldkapitels befinden sich Aufgaben zur Vertiefung der Inhalte.

Sachwortverzeichnis

Ein umfangreiches Sachwortverzeichnis in deutscher und englischer Sprache soll den fremdsprachlichen Unterricht in der Berufsschule unterstützen.

Begleitende Produkte

Zu diesem Band werden drei **Hefte mit Arbeitsaufträgen** angeboten, die inhaltlich auf das Fachbuch abgestimmt sind. Lösungshefte sind ebenfalls erhältlich.

Zusätzlich wird eine Bilder-CD angeboten, die alle Abbildungen, Tabellen und Lösungen der Aufgaben der Lernfelder 1–12 beinhaltet.

Autoren und Verlag möchten mit diesem Lehrwerk einen Beitrag zur effektiven Umsetzung des lernfeldstrukturierten Unterrichts leisten. Hinweise zur Weiterentwicklung des Lehrwerkes werden gerne angenommen.

Autoren und Verlag
Braunschweig, Februar 2013

Inhaltsverzeichnis

Lernfeld 3: Oberflächen und Objekte herstellen

Lernfeld 4: Oberflächen gestalten

Lernfeld 5: Schutz- und Spezialbeschichtungen ausführen

Lernfeld 6: Instandhaltungsmaßnahmen ausführen

Lernfeld 7: Dämm-, Putz und Montagearbeiten ausführen

Lernfeld 8: Oberflächen und Objekte bearbeiten und gestalten

Lernfeld 9: Innenräume gestalten

Lernfeld 10: Fassaden gestalten

Lernfeld 11: Objekte instandsetzen

Lernfeld 12: Dekorative und kommunikative Gestaltungen ausführen

Lernfeldübergreifend – ➜ Präsentations- und Moderationstechniken ➜ Kundenorientierung

Der Beruf des Malers und Lackierers

1 Entwicklung des Berufs

Zu allen Zeiten und in allen Kulturen wurden die Behausungen, Gebrauchsgegenstände und Kultobjekte mit Farben versehen und verziert. Bestimmte

Menschen hatten besondere Kenntnisse der Farbenherstellung und besondere Fähigkeiten, diese Farben auf den Untergründen aufzubringen. Dies waren dann die ersten „Maler". Besonders verehrt wurden die Menschen, die in der Lage waren, Dinge und Lebewesen bildhaft darzustellen.

Es ist anzunehmen, auch wenn keine Beweise überliefert sind, dass bis zur Antike die Malspezialisten für alles, was mit Anmalen zu tun hat, zuständig waren.

Im Laufe der Zeit bildete sich eine Spezialisierung heraus, die sehr stark davon abhing, welche Art von Bemalung in der jeweiligen Zeit und Kultur gerade gefragt war. Im Deutschen bildete sich eine Vielzahl von Bezeichnungen für Teilbereiche des Malens heraus, die dann später nicht mehr gebräuchlich waren oder in ihrer Bedeutung verändert wurden.

Abb. 1: Schildermaler um 1910

Abb. 2: Maler um 1960

Zum Beispiel gab es im 19. Jahrhundert den Dekorationsmaler, der ursprünglich für die Bemalung von Theaterkulissen zuständig war. Das Tätigkeitsfeld umfasste aber dann zunehmend auch die aufwändige und in dieser Zeit umfangreiche Ausmalung der privaten Räume. So war der Dekorationsmaler der „bessere" Maler im Vergleich zum Tüncher oder Weißmaler, der die einfachen Fassaden- und Innenraumanstriche ausführte.

Auch in der neueren Zeit entstehen durch die veränderten technischen und gesellschaftlichen Anforderungen neue Spezialisierungen und daraus neue Berufe, während andere Malerberufe verschwinden.

Die Fertigkeiten und Kenntnisse, die ein Maler früher brauchte, waren deutlich anders als heute. In jedem Betrieb wurden bis Mitte des 20. Jahrhunderts die benötigten Farben und Lacke nach eigenen Rezepturen selbst hergestellt. Um eine gleich bleibende Qualität zu erreichen, war sehr viel Wissen über die Werkstoffe und ein großes Können beim Umgang damit erforderlich. Die an jeden Malergesellen gestellten handwerklichen Anforderungen waren auch deutlich höher, da es weniger Hilfsmittel gab, z. B. Klebebänder, Spritzgeräte oder Rollen.

Heute muss ein Facharbeiter in der Lage sein, seine Aufgabe möglichst effektiv, d. h. schnell und sauber, zu erledigen und dabei stets den Kunden zufrieden zu stellen. Er muss sich dabei mit den vielen speziellen Hilfestellungen, die dem Betrieb von den Herstellern und Händlern angeboten werden, auskennen und sinnvoll nutzen. Die Entwicklung von neuen Produkten erfolgt immer schneller, sodass ein Geselle auch in der Lage sein muss, sich schnell zu informieren, um einen Überblick über die Eigenschaften und Anwendung der neuen Produkte zu erhalten.

2 Die Aufgaben des Malers

Schon aus den vielfältigen, sich ständig ändernden Bezeichnungen des Berufes kann man ermessen, welch unterschiedliche Tätigkeiten ein Maler ausführen kann.
Diese Vielfalt lässt sich aber auf wenige Aspekte zusammenfassen, wenn man überlegt, warum ein Maler einen Auftrag vom Kunden bekommt. Der Auftraggeber möchte

- seine Umgebung schöner haben,
- seine Objekte vor dem Verfall schützen,
- durch Schriften, Zeichen und Bilder auf etwas hinweisen.

Die drei Aufgaben

- Verschönerung,
- Schutz
- und Kennzeichnung

sind die Kernaufgaben des Malers und der von ihm abgeleiteten Berufe.

Zusätzlich kann ein Maler auch für die Gesundheit, d.h. für das körperliche und psychische Wohlergehen, sorgen, indem er eine Wärmedämmung anbringt, Schimmelbildung verhindert oder einfach Wände in einer angenehmen Farbe streicht.

3 Das Berufsbild heute

3.1 Maler

Heute rührt ein Maler seine Farben und Lacke nur in ganz seltenen Fällen noch selbst an. Die Produkte werden von Industriebetrieben fertig geliefert und zwar genau abgestimmt auf die besonderen Anforderungen bei der Anwendung. Dadurch ist der Beruf auf der einen Seite einfacher geworden, da man sich nicht mehr mit der Rezeptur von Farben beschäftigen muss, auf der anderen Seite muss ein Maler nun in der Lage sein, sich schnell über ein Produkt zu informieren. Er muss auch ständig sein Wissen auf den neuesten Stand halten, weil die Entwicklung neuer Produkte immer schneller voran schreitet.

Ein Malerbetrieb arbeitete schon immer mit gefährlichen Stoffen. Früher war es für die Menschen normal, dass es beim Lackieren „stinkt". Heute reagieren sie sehr viel sensibler auf die Gefahren, die von einem Stoff ausgehen. Deshalb muss der professionelle Anwender von Lacken, Farben, Verdünnungsmitteln, Abbeizern und Reinigungsmitteln viele Gesetze und Verordnungen zum Gesundheits-, Umwelt-, und Brandschutz beachten.

Besonders zu erwähnen ist hier die Umsetzung der „Decopaint-Richtlinie" in deutsches Recht. Damit wurden ab 2007 und nochmals verschärft ab 2010 Grenzwerte für den Lösemittelgehalt in Beschichtungsstoffen festgelegt. Lösemittelverdünnbare Stoffe verschwinden dann zwar nicht vom Markt, der Gehalt an gefährlichen Stoffen ist dann allerdings deutlich reduziert.

Die Tätigkeiten, die ein Malerbetrieb heute nach der Handwerksordnung (HwO) ausführen darf, sind sehr vielseitig:

- Beschichtung von Fassaden, Räumen und den unterschiedlichsten Objekten,
- Aufbauen von Gerüsten,
- Tapezieren,
- Boden verlegen,
- Montage von Trockenbauwänden,
- Betonsanierung,
- Vergolden,
- Wärmedämmung,
- Beschriftung,
- Illusionsmalerei,
- Ausführen von hochwertigen Techniken wie Marmor- und Holzimitation, Glättetechnik oder Lasurtechnik.

Da die meisten Malerbetriebe in Deutschland relativ klein sind und meist nicht mehr als 10 Mitarbeiter haben, kann ein einzelner Betrieb nicht das ganze Leistungsspektrum anbieten, sondern muss sich auf die Arbeiten konzentrieren, für die er aufgrund der Ausstattung und dem Können der Mitarbeiter befähigt ist. Ein Malergeselle, der heute den Betrieb wechselt, muss sich deshalb im Klaren sein, dass in dem neuen Betrieb unter Umständen Arbeiten ausgeführt und Techniken eingesetzt werden, die er aus seinem alten Betrieb nicht kennt. Hier zeigt sich dann der Wert einer guten Ausbildung, in der ein breites Grundwissen und -können in möglichst allen Tätigkeitsbereichen vermittelt wird.

Abb. 3: Maler heute

4 Die Ausbildung und Weiterbildung

Die Ausbildung in den Berufen „Maler und Lackierer" und „Fahrzeuglackierer" ist wie bei allen Ausbildungsberufen in Deutschland in der Ausbildungsordnung festgelegt. Für die beiden Berufe wurden die Ausbildungsordnungen 2003 neu erlassen.

In dieser Ausbildungsordnung ist für Fahrzeuglackierer und Maler eine gemeinsame Grundbildung vorgesehen. Erst im zweiten Ausbildungsjahr werden jeweils spezifische Inhalte vorgeschrieben.
Die Ausbildung findet an den Lernorten Betrieb, Berufsschule und in überbetrieblicher Unterweisung statt.

Maler und Lackierer/ Bauten- und Objektbeschichter

Es gibt zwei Möglichkeiten der Ausbildung zum Maler und Lackierer. Zum einen die dreijährige Lehrzeit mit dem Abschluss der Gesellenprüfung, zum anderen die Stufenausbildung. Hier wird zunächst ein zweijähriger Ausbildungsvertrag abgeschlossen. Am Ende dieser Ausbildungszeit erfolgt eine Qualifikationsprüfung zum Bauten- und Objektbeschichter. Wird diese Prüfung bestanden, kann nach einem weiteren Jahr die Gesellenprüfung abgelegt werden.

Im dritten Lehrjahr findet eine Spezialisierung der Ausbildung in drei Fachrichtungen „Gestaltung und Instandhaltung" (der „klassische" Maler), „Bauten- und Korrosionsschutz" und „Kirchenmalerei und Denkmalpflege" statt.

Fahrzeuglackierer

Für die Ausbildung zum Fahrzeuglackierer ist nur eine dreijährige Ausbildung vorgesehen, die mit der Gesellenprüfung endet.

In der Ausbildung sollten Fertigkeiten in möglichst vielen Tätigkeitsbereichen erlernt werden. Dies ist in vielen Lackierbetrieben nicht möglich, da sie sich auf bestimmte Gebiete spezialisiert haben und die einzelnen Arbeiter meist nur eng begrenzte Aufgaben durchführen. Deshalb ist gerade in der Ausbildung zum Fahrzeuglackierer eine enge Abstimmung zwischen den Lernorten notwendig.

Fortbildung

Mit dem Bestehen der Gesellenprüfung ist die Karriere im Handwerk noch nicht beendet. Man kann schon nach einem Jahr mit dem Meisterkurs beginnen und diesen mit der Meisterprüfung abschließen.

Als Meister kann man selbst einen Betrieb eröffnen oder übernehmen, oder man ist als angestellter Meister in größeren Betrieben für bestimmte Bereiche zuständig, z. B. Aufmaßerstellung oder Organisation bestimmter Baustellen.

Auch ohne Meisterprüfung kann man seinen Verantwortungsbereich und somit seine Verdienstmöglichkeiten erweitern, indem man zum Vorarbeiter aufsteigt, der für eine Gruppe an einer Baustelle verantwortlich ist.

Mit der bestandenen Abschlussprüfung kann man auch das Niveau des Schulabschlusses erhöhen. Unter bestimmten Bedingungen, die in den einzelnen Bundesländern sehr unterschiedlich sind, kann man auch über den beruflichen Bildungsweg die Hochschulreife erlangen.

Weiterbildung

Die Berufe des Malers und des Fahrzeuglackierers sind sehr vielseitig, deshalb ist es leicht möglich, sich auf ein bestimmtes Teilgebiet zu spezialisieren und sich dadurch eine besondere Qualifikation verschaffen.

Voraussetzung dafür ist es, sich ständig über den aktuellen Stand der Werkstoffe, Arbeitsverfahren und Werkzeuge zu informieren und auch selbst neue Dinge auszuprobieren und weiterzuentwickeln. Ein Fahrzeuglackierer könnte sich zum Beispiel, indem er seine Fähigkeiten im Bereich Airbrush weiter entwickelt, neue Tätigkeitsfelder erschließen.

Hilfreich können hier Seminare sein, die über die verschiedensten Themen aus dem Beruf durchgeführt werden. Diese werden von den Innungen, Handwerkskammern und sonstigen Institutionen sowie den Berufsgenossenschaften und von den Herstellern angeboten.

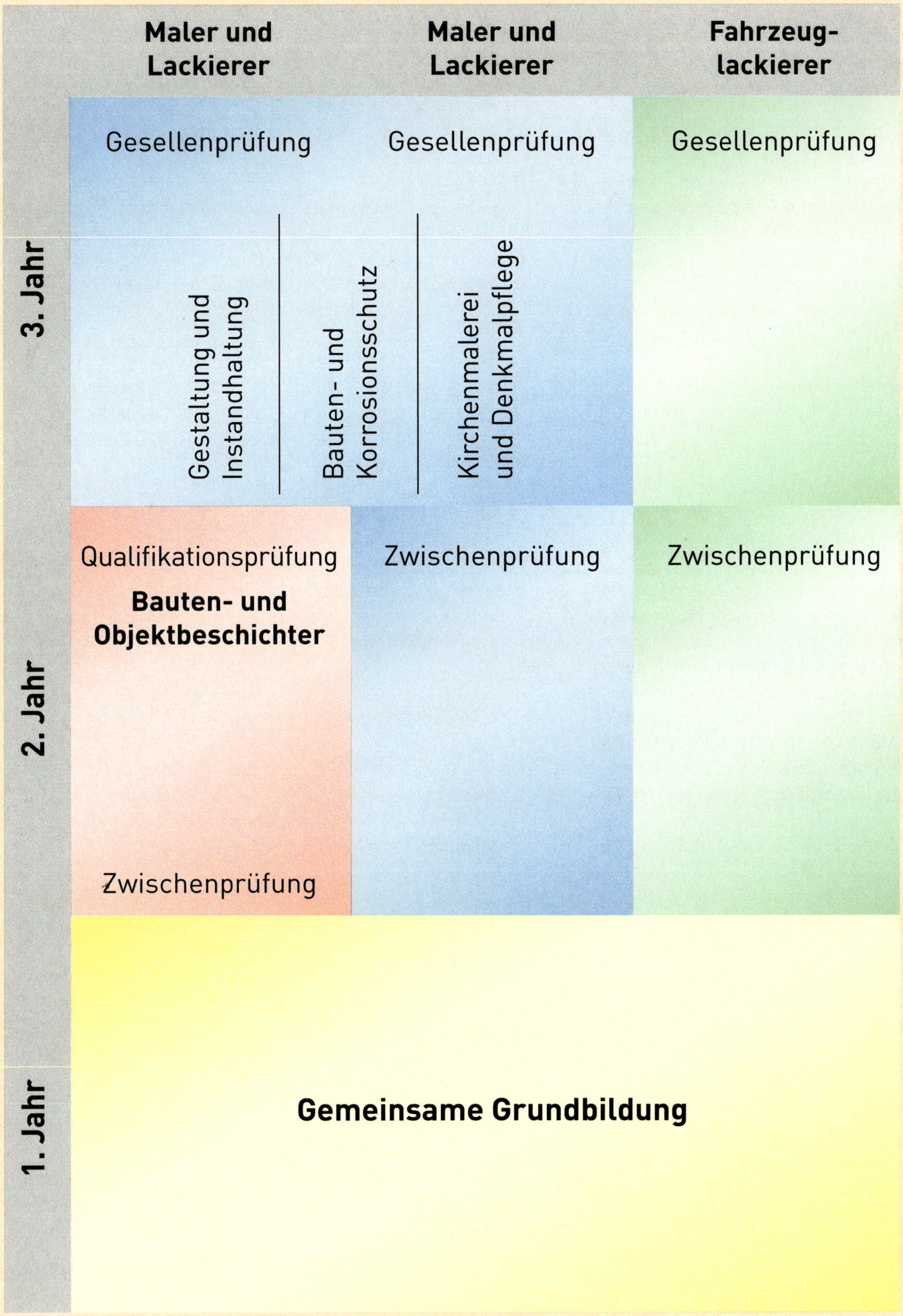

Abb. 1: Ausbildungsstruktur im Überblick

1 Lernfeld 1

Metallische Untergründe bearbeiten

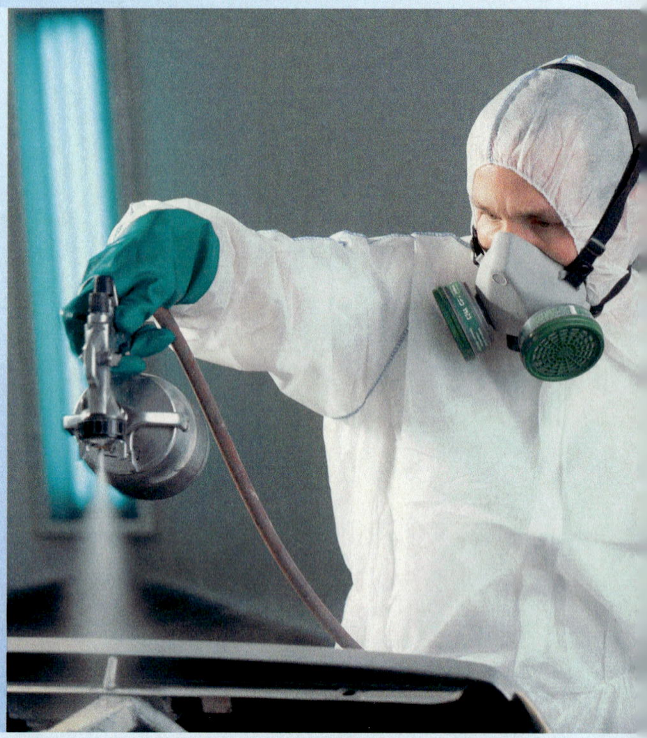

Kundenauftrag
▶ Beschichten von Torelementen

Arbeitsauftrag

Für einen Hersteller von Falt- und Rolltoren sollen Torelemente probebeschichtet werden.

Es handelt sich um stabile und zuverlässige Tore für normale, gewerbliche Anwendungen. Sie werden an Außenwänden installiert.

Eine Vielzahl von Fensterformen ist als Option erhältlich.

Auszuführende Arbeiten

Pos. 1: Die metallischen Untergründe sollen geprüft und für eine Beschichtung vorbereitet werden.
Pos. 2: Die Grundbeschichtung ist mit einem lösemittelhaltigem Alkydharzlack aufzubringen.
Pos. 3: Die Decklackierung ist mit Alkydharzlack im entsprechenden Beschichtungsverfahren aufzubringen.
Pos. 4: Für die Kalkulation sollen die zu bearbeitenden Flächen berechnet werden.

Die Beschichtung soll im Rollverfahren durchgeführt werden. Aus Kostengründen soll später auf ein Spritzverfahren umgestellt werden.

Abb. 1: Torelemente

Objektbeschreibung

Zur Erprobung werden die Tore in drei Metallarten und Größen zur Verfügung gestellt (Tab. 1):

- Gebrauchtes sechsflügliges Stahltor mit Altbeschichtung und partiellen Roststellen an den Kanten
- Vierflügliges verzinktes Stahltor, neu
- Aluminium, fünf Flügel, neu

Überblick über die Falttorvarianten

Sollte die Herstellerfirma mit der Lackierarbeit und dem Preis zufrieden sein, können weitere Tore in verschiedener Flügelanordnung und Fenstervarianten zur Beschichtung angeliefert werden.

Alle Tore bieten dem Kunden größtmögliche Flexibilität in der Flügelordnung.

Tab. 1: Torgrößen/Bauarten

Lichte Breite in mm	Flügelzahl	Flügelanordnung
1020–2460	2+0	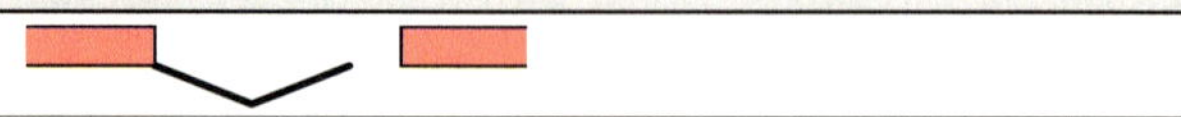
2461–3750	2+1	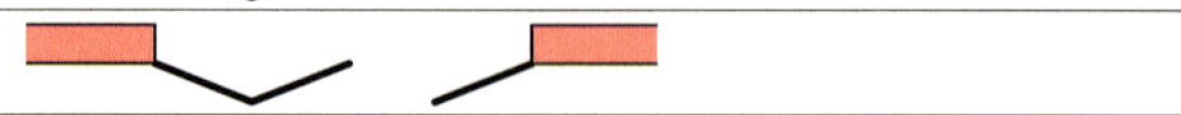
	3+0	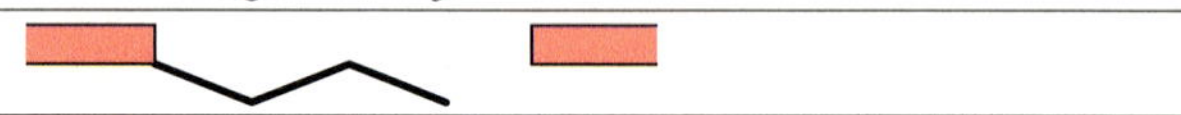
3751–5020	2+2	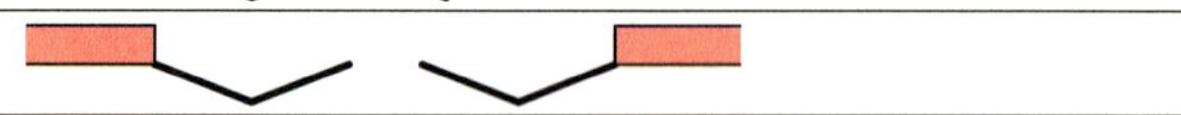
	3+1	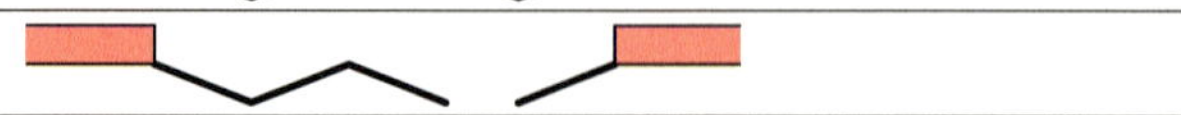
	4+0	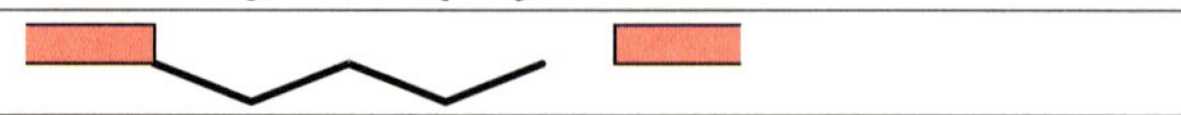
5021–6320	3+2	
	4+1	
	5+0	
6231–7590	3+3	
	4+2	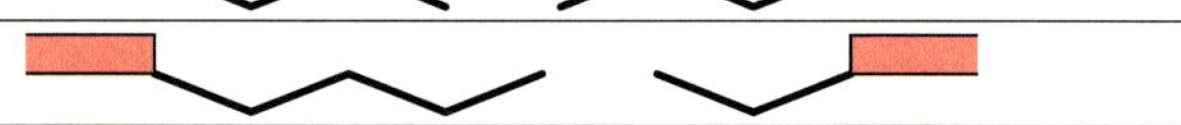
	5+1	
	6+0	
7591–8000	4+3	
	5+2	
	6+1	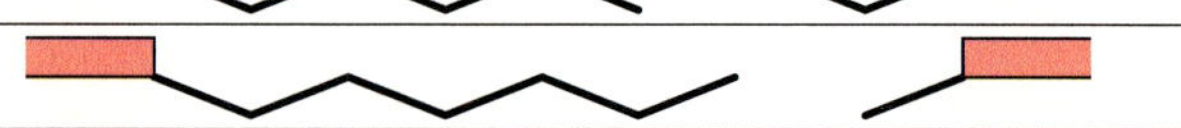
	7+0	
	4+4	
	8+0	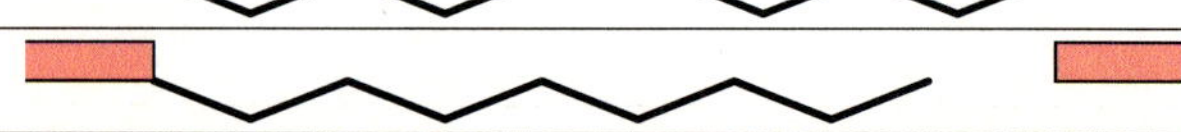

Bis zu einer Breite von 8 Metern können die Tore in nahezu jede industrielle Öffnung eingepasst werden.

Je nach Anforderung bietet der Hersteller eine Vielzahl von Fensteranordnungen. Von komplett durchsichtigen Feldern bis hin zu individuellen rechteckigen, ovalen oder runden Fenstern (Tab. 2 und Abb. 1).

Diese Variation von Fensterfeldern ergibt selbstverständlich unterschiedliche Preise in der Beschichtung, da sich die Beschichtungsfläche von Typ zu Typ ändert.

Abb. 1: Fenstervarianten

Tab. 2: Fenstermaße

Fenstervarianten	Fenstermaße in mm
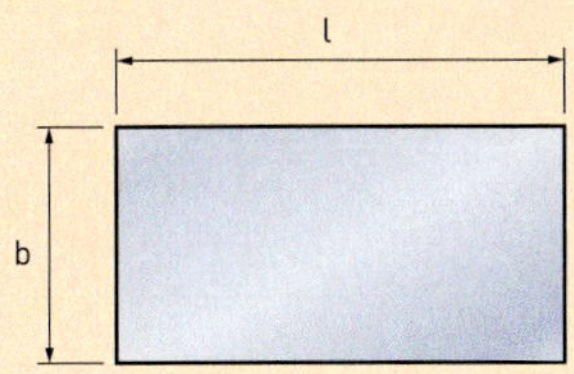	778 x 405 825 x 435 905 x 455 1005 x 555
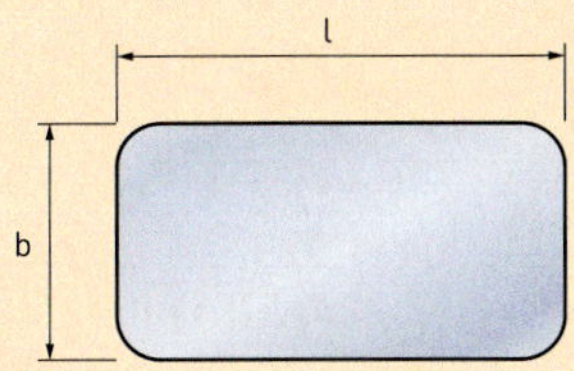	475 x 315 805 x 410 905 x 455 1000 x 500
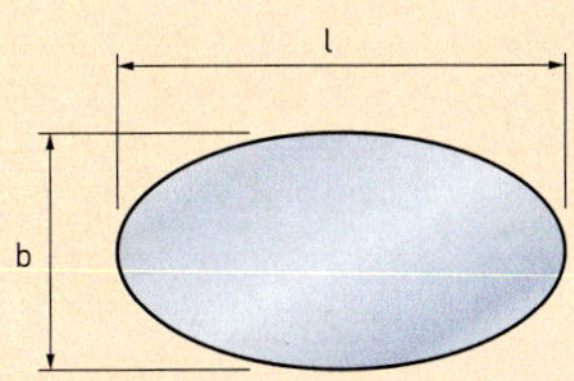	775 x 395 837 x 435 875 x 450 910 x 465
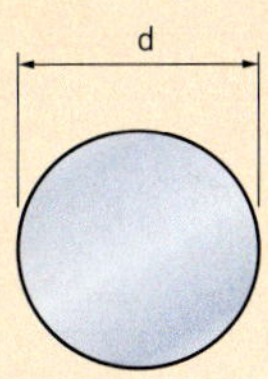	Durchmesser: 350 400 450 500

Leistungsbeschreibung

Altbeschichtetes Stahltor

Pos. 1: Die Haftung der Altbeschichtung ist zu prüfen und gegebenenfalls zu entfernen.
Pos. 2: Alle vorhandenen Roststellen sind durch entsprechende Verfahren zu entrosten.
Pos. 3: Unebenheiten werden durch Spachteln ausgeglichen und verschliffen.
Pos. 4: Korrosions- und Grundbeschichtung sind auszuführen und eine Decklackierung aufzubringen.

Verzinktes Stahltor

Pos. 1: Die Verzinkung ist fachgerecht vorzubereiten und mit einer Grundbeschichtung zu versehen.
Pos. 2: Anschließend erfolgt eine Decklackierung. Grundbeschichtung und Decklackierung erfolgen mit Acryllack.

Aluminiumtor

Pos. 1: Der Untergrund wird fachgerecht vorbereitet und mit einer Grundierung auf Alkydharzbasis versehen.
Pos. 2: Die Decklackierung erfolgt ebenfalls mit Alkydharzlack.
Pos. 3: Die Fenster werden erst nach der Beschichtung eingebaut.

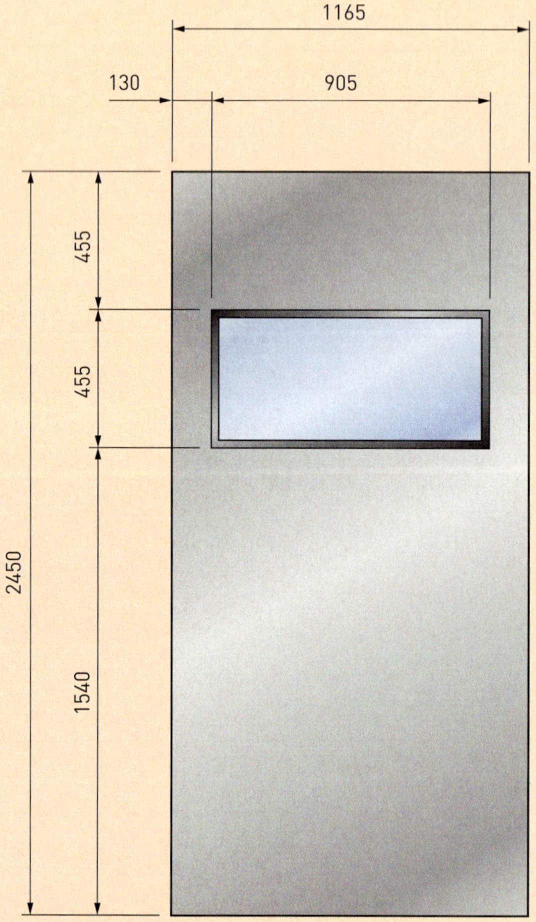

Abb. 1: Tormaße

1.1 Einteilung der metallischen Untergründe

Maler und Lackierer bearbeiten metallische Untergründe, die sich in zwei Gruppen einteilen lassen:

- Eisenmetalle und
- Nichteisenmetalle (NE-Metalle).

Zu den Eisenmetallen gehören Gusseisen, Schmiedeeisen, Baustahl, Qualitätsstahl und Edelstahl. Zu den NE-Metallen zählen z. B. Aluminium, Kupfer, Zink und Blei.

Metallische Untergründe kann man aufgrund ihrer Farbe, Dichte und einer eventuellen Oxidationsschicht unterscheiden.

Metalle, die mit Anteilen anderer Metalle oder sonstiger Stoffe versehen werden, nennt man Legierungen. Beispiele hierfür sind Stahl mit Chrom (z. B. für Motorradteile) oder das Messing (Kupfer und Zink), das man für Beschläge, Verzierungen und Armaturen verwendet, oder Bronze (Kupfer und Zinn).

Das Eisenmetall, das von Malern und Lackierern vorwiegend beschichtet wird, ist der Baustahl. Der Rohstoff für die Erzeugung von Stahl ist Eisenerz, aus dem im Hochofen durch Entzug von Sauerstoff zunächst Roheisen und durch weitere Erhitzung dann der Stahl gewonnen wird (Abb. 2).

Bei der Herstellung wird dem Stahl Kohlenstoff entzogen, da hiervon seine Härte abhängt. Baustahl enthält weniger als 2 % Kohlenstoff.

Durch mechanische Umformung bei gleichzeitiger Einwirkung großer Hitze können die Eigenschaften von Stahl auf unterschiedliche Anwendungsbereiche angeglichen werden. Enthält der Stahl mehr Kohlenstoff, wird er spröder.

Aufgrund seiner guten Eigenschaften und auch aus wirtschaftlichen Gründen ist Stahl auf einer Vielzahl von Gebieten unersetzbar.

- Stahl ist zerspanbar, kalt verformbar und schweißbar.
- Stahl kann sehr weich und dafür ausgezeichnet verformbar hergestellt werden, wie etwa das Weißblech der Getränkedosen.
- Im Bauwesen und Fahrzeugbau können Stahlteile ergänzt und ausgetauscht werden.

Abb. 2: Eisenherstellung, Abstich

Stahl wird in vielen Gebieten des Geräte-, Anlagen- und Fahrzeugbaus, des Bauwesens und der Industrie sowie bei der Herstellung sonstiger Alltagsgegenstände verwendet.

Mögliche Beschichtungsobjekte sind:

- Bleche,
- Heizkörper,
- Karosserieteile,
- Rohre,
- Türen,
- Tore,
- Maschinenteile.

Oberflächen aus NE-Metallen, die beschichtet werden, können aus Aluminiumlegierungen, Zink, verzinkten Eisenmetallen und Kupfer bestehen.

Aluminium ist ein Leichtmetall, das elektrochemisch aus dem Rohstoff Bauxit hergestellt wird. Es ist im Vergleich zu Stahl weich und kratzempfindlich. Baubeschläge, Fassadenverkleidungen, Karosserieteile, Felgen, Fenster, Türen, Vordächer usw. werden aus Legierungen des Aluminiums mit Mangan, Magnesium, Silicium oder Kupfer hergestellt.

Aus Zink oder Zinklegierungen werden z. B. Fallrohre und Fassadenabdeckungen hergestellt. Mit Zink beschichtete (verzinkte) Eisenmetalle sind als Türzargen, Dachrinnen, Geländer usw. mögliche Beschichtungsuntergründe. Auch Fahrzeugkarossen können verzinkt werden.

Heizungsrohre und Bleche aus Kupfer werden aus optischen Gründen beschichtet.

Tab. 1: Metalle als Beschichtungsuntergründe

Aluminium und seine Legierungen	Al Cu Mn Mg Si	
Zink	Zn	
Verzinktes Eisen	Fe & Zn	
Kupfer	Cu	

1.2 Chemische und physikalische Bedingungen/Eigenschaften und Verhalten

Wenn man gleichzeitig große Hitze und starke mechanische Kräfte auf Stahl einwirken lässt, können die Eigenschaften von Stahl auf unterschiedliche Anwendungsbereiche angeglichen werden. Er kann zum Beispiel weich und dafür gut verformbar hergestellt werden, wie etwa das Blech von Getränkedosen. Andererseits kann er sehr hart aber dafür spröde hergestellt werden, wie Stähle für Messer.

Neuere Entwicklungen sind darauf ausgerichtet, den Stahl gleichzeitig stabil und verformbar herzustellen, was für z. B. den Fahrzeugbau wichtig ist. Dies lässt zu, dass beschädigte Autoteile z. B. durch Ausbeularbeiten repariert werden können. Um dünnes Blech dennoch stabil halten zu können, werden gezielt Sicken und Kanten sowie Stabilisierungen eingeplant.

Stahl steht aufgrund seiner höheren Masse als Werkstoff in Konkurrenz zum Aluminium. Leichtere Bauteile sind auf der Baustelle einfacher einzubauen und benötigen keine übermäßig stabile Unterkonstruktion (z. B. Dächer für Wintergärten). Bei Fahrzeugen kann durch die Reduzierung der Masse mit der Verwendung von Aluminium Kraftstoff und somit Geld gespart werden.

Aluminium ist zudem sehr korrosionsbeständig, da es durch die Reaktion mit dem Luftsauerstoff rasch eine dünne Oxidschicht bildet, die es vor weiterer Korrosion schützt. Diese Schicht kann künstlich verstärkt werden, indem das Aluminium chemisch oder elektrisch oxidiert wird. Das elektrische Oxidieren wird „Eloxieren" genannt.

Abb. 1: Verstärktes Aluminiumprofil

Abb. 2: Verzinkte Metallteile

1.3 Verzinkung

Korrosionsschutz von Stahl ist durch einen Überzug mit Zink möglich. Meistens werden Stahlteile feuerverzinkt, d. h. sie werden in ein Zinkbad getaucht, wobei die zu erreichenden Schichtdicken von der Temperatur des Zinks und der Verweildauer des Stahlteils im Bad abhängen (Abb. 3).

Andere Verfahren sind die elektrolytische Verzinkung sowie die Spritzverzinkung mittels Flamm- oder Lichtbogenspritzen. Allerdings ist eine Unterscheidung der unterschiedlichen Verzinkungsarten mit baustellenüblichen Mitteln nicht immer möglich.

Auf der Baustelle trifft der Maler häufig auf verzinkte Stahltüren und -zargen, der Lackierer bearbeitet verzinkte Karosserieteile.

Die Zinkoberfläche muss zur Verbesserung der Haftfestigkeit sorgfältig vorbereitet werden.

Die Reinigung von Öl-, Fett- und Schmutzresten wird mittels einer ammoniakalischen Netzmittelwäsche durchgeführt.

Die Reinigungsflüssigkeit wird auf der Baustelle aus

- 10 l Wasser,
- ½ l 25 %-iger Salmiakgeist (Ammoniakwasser) und
- einer geringen Menge Spülmittel (Inhalt eines Kronkorkens).

hergestellt. Einige Hersteller bieten auch fertige Mischungen an. Die Zinkoberfläche wird mit einem Schleifvlies und der Reinigungsflüssigkeit nass geschliffen, bis es schäumt. Im Anschluss ist das Objekt mit viel Wasser nachzuspülen.

Alternativ kann die Zinkoberfläche gesweept werden. Das Sweepen ist ein Strahlverfahren, das die Zinkoberfläche für eine Beschichtung anraut, ohne die Schicht zu beschädigen.

Abb. 3: Feuerverzinken

1.4 Bemaßung von Beschichtungsflächen

1.4.1 Aufmaßregeln nach VOB

In Teil C der „Vergabe- und Vertragsordnung für Bauleistungen" (VOB) werden die „Allgemeinen Technischen Vertragsbedingungen für Bauleistungen" (ATV) beschrieben. Diese sind gleichzeitig als DIN-Normen veröffentlicht worden. Darin befinden sich Vorschriften, wie Bauarbeiten allgemein (DIN 18 299) und vom jeweiligen Gewerk (z. B. Maler und Lackierer, DIN 18 363) auszuführen und abzurechnen sind.

Besonders für die Abrechnung von Arbeiten ist das Erstellen von Aufmaßen (z. B. von Innenräumen und Fassaden) wichtig, um den Material- und Arbeitsaufwand zu ermitteln (Tab. 1).

Tab. 1: Aufmaßregeln nach VOB, Teil C (Auswahl)

liegende Flächen (z. B. Tischplatten)	(größere) Länge mal (kleinere) Breite
stehende Flächen (z. B. Fenster, Wandflächen)	Grundlinie mal Höhe
Räume	Maße der Straßen- oder Fensterseite zuerst nennen
mehrere gleiche zu beschichtende Teile	Stückzahl vorne, Angabe der Beschichtungsseiten hinten (z. B. 6 Türen beidseitig: 6 × 0,98 × 2,00 × 2)
mehrstöckige Gebäude/ Gebäudekomplexe	Raum für Raum, Stockwerk für Stockwerk, Gebäude für Gebäude aufnehmen
Öffnungen, Aussparungen, Nischen	werden bis 2,5 m^2 Einzelgröße übermessen (d. h. ignoriert), ab 2,5 m^2 werden sie von der Fläche abgezogen

1.4.2 Bemaßung von Zeichnungen und Plänen

Für eine korrekte Kalkulation ist eine genaue Angabe von Maßen wichtig.

Die erforderlichen Maße, die zu einer Berechnung nötig sind, müssen enthalten und klar zu erkennen sein.

Die Übersicht und das Gesamtbild sollten durch eine Bemaßung nicht beeinflusst werden.

Eine Bemaßung besteht aus:

- Maßlinien,
- Maßhilfslinien,
- Maßlinienbegrenzungen und
- Maßzahlen.

Für diesen Zweck werden folgende Regeln angewandt:

- Maßlinien immer parallel zur Körperkante, ca. 1 cm von der Körperkante entfernt.
- Maßzahlen in der Regel Dezimalzahlen in m, Werte unter 1 m in cm. Im Metallbereich in mm.
- Maßzahlen stehen meist auf der Maßlinie, bei Platzmangel können die Maßlinien unterbrochen werden.
- Maßlinien sollen sich möglichst nicht überschneiden:
  - die kleineren Maße stehen näher beim Objekt,
  - in der Regel wird außerhalb des Körpers bemaßt.
- Drehsinn beachten: 90° im Uhrzeigersinn, damit die Maßzahlen immer auf der Linie stehen.
- Maßlinienbegrenzungen können unterschiedlich dargestellt werden:

Begrenzung durch 45°-Striche, Anwendung vorzugsweise im Baubereich

Begrenzung durch Pfeile, Anwendung vorzugsweise im Metall- und Karosseriebau

Begrenzung durch Punkte

- Bei Platzmangel können die Maßzahlen auch neben den Maßhilfslinien geschrieben werden.
- Bei Maßen von Öffnungen (Fenster und Türen) steht das Breitenmaß oben und das Höhenmaß unten.

$$\frac{1{,}24}{1{,}85}$$

- Halbe cm werden hochgestellt: $1{,}24^5$

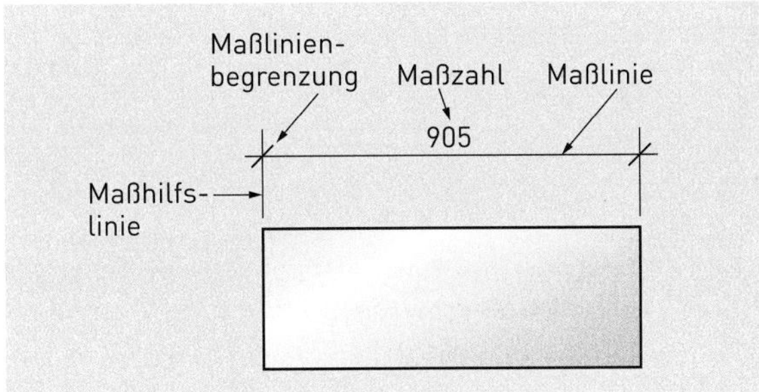

Abb. 1: Bestandteile einer Bemaßung

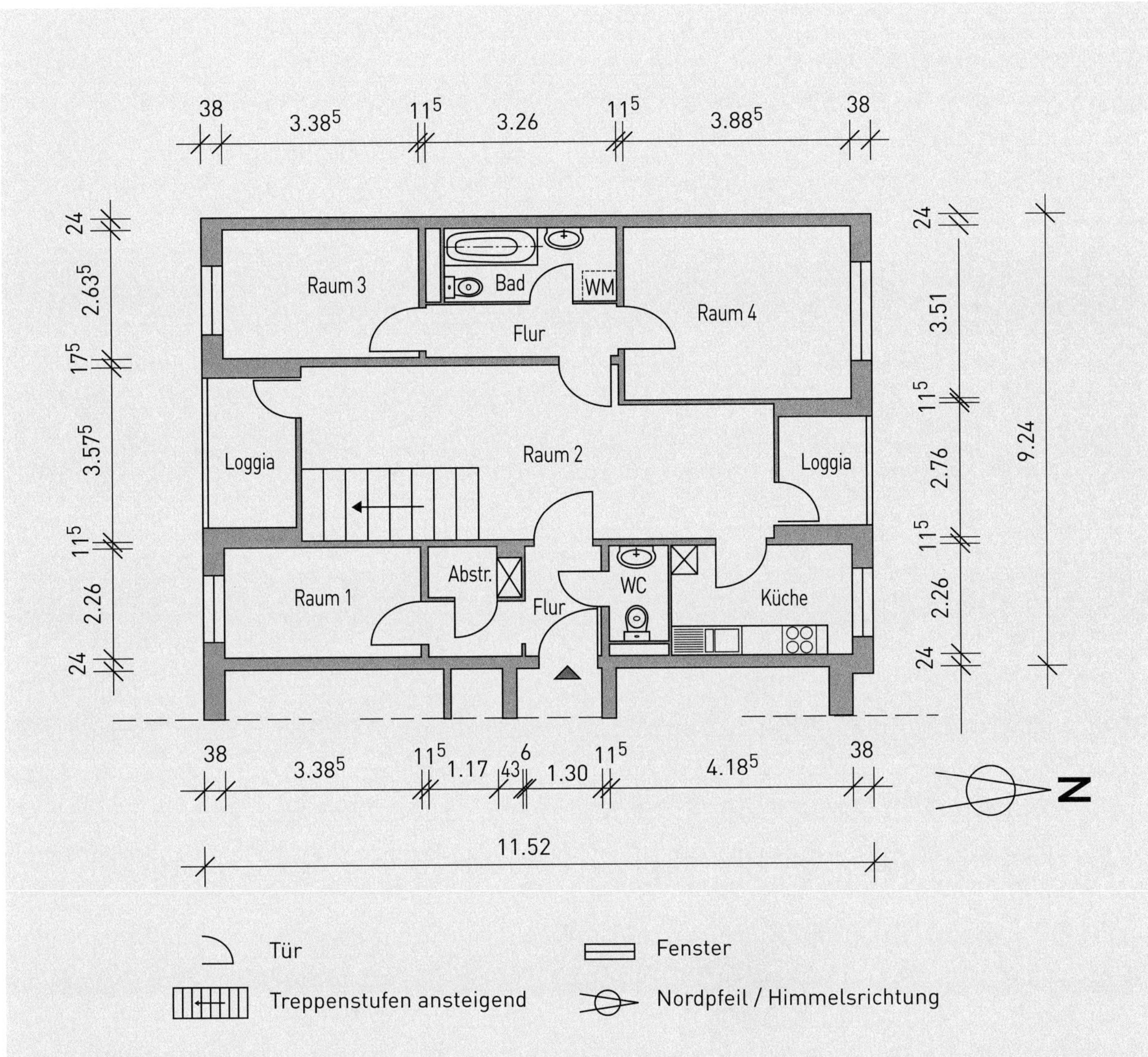

Abb. 2: Bemaßung eines Grundrisses

1.4.3 Berechnungen an Flächen

a) Berechnung der Fläche
Im Beruf des Malers und des Fahrzeuglackierers ist es notwendig, die Größe der bearbeiteten Fläche zu kennen.

Von der Größe der Fläche hängt ab,
- wie lange man für die Arbeit braucht,
- wie viel Material benötigt wird,
- und – wenn nach m² abgerechnet wird – wie hoch der Rechnungsbetrag ist, den der Kunde bezahlen muss.

Grundlegende Flächen
Häufig bestehen die Objekte aus sehr komplizierten Formen, die sich aber fast immer auf grundlegende Flächen vereinfachen lassen:

Größeneinheiten
Aus den Formeln für die Berechnung der Flächen ergeben sich die Größeneinheiten:
m · m = m² **Beispiel:** 2,00 **m** · 1,50 **m** = 3,00 **m²**
dm · dm = dm²
cm · cm = cm²
Im Maler- und Fahrzeuglackiererbereich werden Flächen fast ausschließlich in m² angegeben.

Flächenberechnung

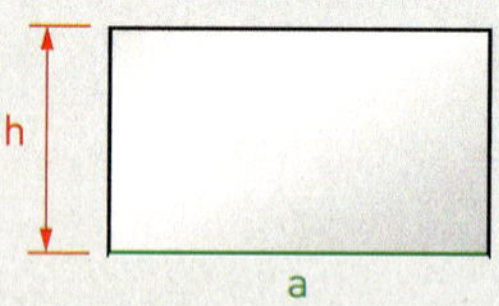

Rechteck

Formel: A = a · h

Beispiel:
A = 3,00 · 1,43 = 4,29 m²

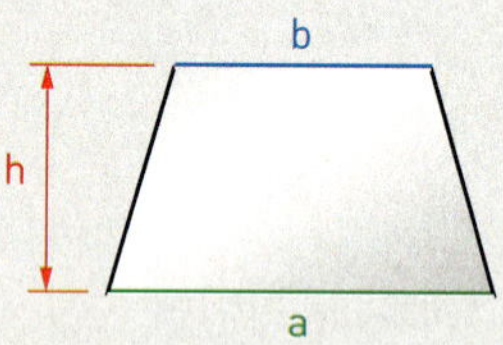

Trapez

Formel: A = (a + b) : 2 · h

Beispiel:
A = (3,00 + 1,50) : 2 · 1,43 = 3,22 m²

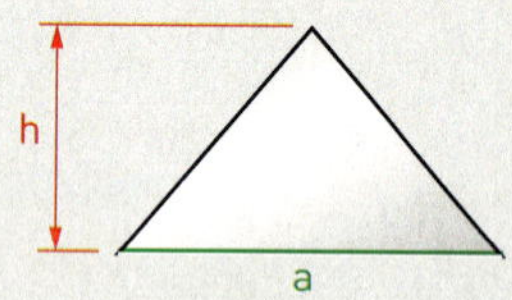

Dreieck

Formel: A = a · h : 2

Beispiel:
A = 3,00 · 1,43 : 2 = 2,15 m²

Hinweis: Diese drei Flächen haben gemeinsam, dass sie sich mit der waagerechten Strecke a und der dazu rechtwinkligen Höhe h berechnen lassen.
Beim Trapez wird ein Mittelwert aus der langen und kurzen Seite berechnet.
Mittelwert = **(a + b) : 2**

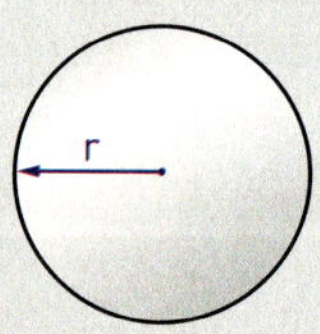

Kreis

Formel: A = r · r · **3,14**

Beispiel:
A = 1,51 · 1,51 · **3,14** = 7,16 m²

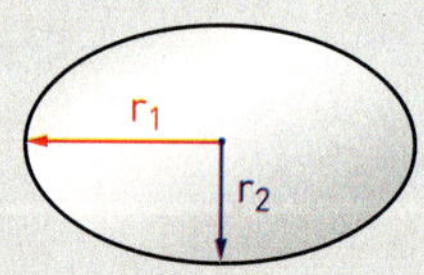

Ellipse

Formel: A = $r_1 \cdot r_2 \cdot$ **3,14**

Beispiel:
A = 2,05 · 1,51 · **3,14** = 9,72 m²

Hinweis: „3,14“ ist der Näherungswert für die Kreiszahl π (Pi). Für die Berechnungen im Maler- und Fahrzeuglackiererbereich ist dieser Näherungswert ausreichend.

Rundung
Flächenmaße werden auf zwei Stellen hinter dem Komma angegeben und entsprechend auf- oder abgerundet.

Beispiele: **2,00 m² (nicht** 2 m²)
1,945 m² = **1,95 m²**

b) Berechnung des Umfangs

Die Umfangsberechnung von Flächen wird benötigt für

- das Verlegen von Leisten,
- das Kleben von Bordüren,
- das Anbringen von Zierlinien am Fahrzeug,
- das Abdecken von Flächen.

Größeneinheiten

Der Umfang einer Fläche ist ein Längenmaß, deshalb wird er in einer Längeneinheit angegeben.

1 **m** = 100 **cm** = 1000 **mm**

Umfangsberechnung

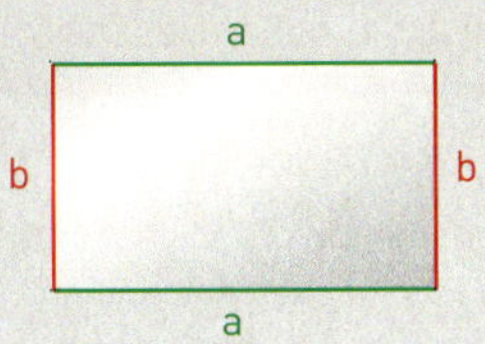	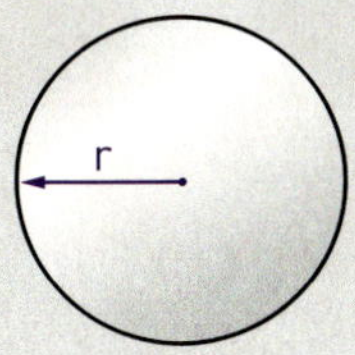	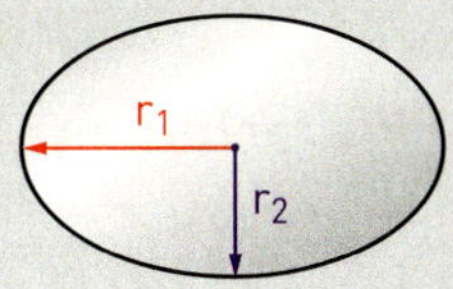
Rechteck	**Kreis**	**Ellipse**
Formel: U = a + b + a + b oder einfacher U = 2 · a + 2 · b oder noch einfacher U = 2 · (a + b)	Formel: U = 2 · r · 3,14 Anmerkung: 2 · r = **d** (Durchmesser des Kreises)	Formel: U = (2 · r_1 + 2 · r_2) : 2 · 3,14
Beispiel: U = 2 · (3,00 + 1,43) = 8,86 m	Beispiel: U = 2 · 1,51 · 3,14 = 9,48 m	Beispiel: U = (2 · 1,51 + 2 · 2,05) : 2 · 3,14 = 11,18 m

Unregelmäßige Formen

Bei unregelmäßigen Formen wird der Umfang durch das Abmessen der äußersten Begrenzung einer Fläche ermittelt.

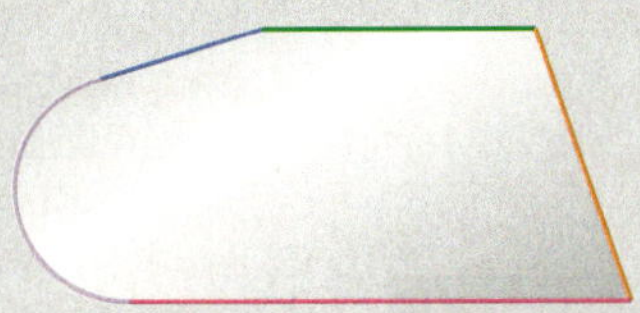

Formel für diese Fläche:

U = a + b + c + d + 2 · r · 3,14 : 2

Beispiel:

U = 1,67 + 2,88 + 2,95 + 5,16 + 1,95 · 3,14 : 2 = 15,72 m

Abb. 1: Gitterschnitttest

Abb. 2: Klebebandtest

1.5 Untergrundmängel

1.5.1 Untergrundprüfung

Ehe ein Untergrund bearbeitet werden kann, muss – auch zur Kalkulation des Preises – eine Schadensanalyse durchgeführt werden. Hierfür benötigt man keine aufwändigen Messverfahren, sondern vergleichsweise einfaches Zubehör. Bei beschichteten Metallen können eine Gitterschnittprüfung oder ein Klebebandtest bereits Erkenntnisse über die Tragfähigkeit des Untergrundes bringen.

Mit Lösemitteln kann festgestellt werden, ob ein Untergrund reversibel ist, d. h. ob er sich anlöst. Hierzu wird mit einem lösemittelgetränkten Baumwolllappen an einer wenig sichtbaren Stelle gerieben, ob sich der Lack anlösen lässt (Abb. 3). Zur Analyse von Korrosionsschäden gleicht man die befallene Fläche mit Vergleichsbildern oder anhand des Rostgrades (Tab. 1 und 2) ab.

Abb. 3: Lappentest

1.5.2 Korrosion

Um metallische Untergründe beschichten zu können, müssen zunächst mögliche Mängel am Untergrund beseitigt werden. An Objekten, die der Maler und Lackierer bearbeitet, tritt Korrosion (Rost) an Baustahl am häufigsten auf. Sie ist die meist oberflächliche Reaktion des Werkstoffs mit seiner Umgebung.

Eisen korrodiert, wenn es ungeschützt Wasser und Sauerstoff ausgesetzt wird. Chloride (Salze) fördern die Korrosion. Zum Beispiel rosten durch Steinschläge oder Kratzer beschädigte Autokarossen im Winter durch den Einfluss von Streusalz schneller als im Sommer.

Rost hat ein deutlich größeres Volumen als Stahl, so dass er Betonteile von der metallischen Bewehrung absprengen oder Beschichtungen abplatzen lassen kann. Metalle haben das Bestreben, in ihre ursprüngliche Form zurückzukehren und sich den Sauerstoff, der ihnen bei der Herstellung entnommen worden ist, wieder zurückzuholen.

Schon bei der Stahlherstellung bildet sich bei ca. 600 °C eine harte, schwarze Schicht, die Zunder genannt wird. Der Zunder ist spröder als das sich darunter befindende Eisen und besitzt mit der Zeit keine Haftung zum Stahl mehr. Daher muss er komplett entfernt werden, bevor mit Beschichtungsarbeiten begonnen werden kann.

Durch die Korrosion entstehen allein an beschichteten Fahrzeugen und Bauteilen jährlich Schäden in Milliardenhöhe. Sie kann die Sicherheit eines Fahrzeugs aber auch die Funktion eines Bauteils oder einer ganzen Konstruktion gefährden.

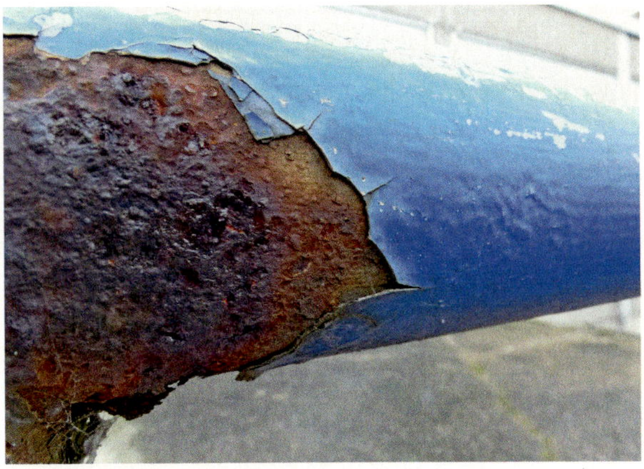

Abb. 4: Unterrostung am Radbogen eines Pkw

Abb. 5: Durchrostung am Fensterrahmen eines Busses

Baustahl muss zur Verhinderung von Korrosion beschichtet werden; andere Metalle sind widerstandsfähiger. Sie bilden eine Schutzschicht, die einen weiteren Schaden am sich darunter befindenden Material verhindert.

Durch eine chemische Reaktion der Oberfläche des Baustahls mit Wasser, Säuren, Laugen und Gasen wird die chemische Korrosion hervorgerufen, die das Materialgefüge nach und nach zerstört.

In der Tabelle 1 und LF 5 sind die wichtigsten Bezeichnungen für Rost zusammengefasst.
Damit der Maler und Lackierer die notwendigen Schritte zur Vorbehandlung der mit Rost befallenen Flächen durchführen kann, muss er die Schäden einordnen können. Die DIN-Normen helfen, die Beeinträchtigungen an beschichteten und unbeschichteten Stahlflächen in Rostgrade einzuteilen (Tab. 2–3 und Tab. 1, S. 30).

1.5.3 Beulen

Durch kleinere Schäden oder schwerere Unfälle können Fahrzeugteile unterschiedlich stark verbeult werden. Aber auch andere Bauteile aus Stahl können beim Transport oder Einbau Beschädigungen erhalten. Bevor man beginnt, beschädigte Teile zu reparieren, muss überprüft werden, ob der Austausch oder die Wiederbeschaffung eventuell wirtschaftlicher ist als deren Reparatur.

Vorbehandlung der Untergründe
Damit eine hochwertige Beschichtung ihre Funktion und Optik überhaupt entfalten kann, ist eine gründliche Vorbehandlung des jeweiligen Untergrundes notwendig. Korrosionsprodukte, Zunder, Fette, Öle, Silikone, alte/nicht mehr intakte Beschichtungen und Schmutz müssen entfernt werden, ehe die Neubeschichtung aufgebracht werden kann.

Tab. 1: Rostbezeichnungen

Rostbezeichnung	Beschreibung
Flugrost	beginnende Korrosion auf Stahl an der Luft, noch keine Beeinträchtigung der Stabilität
Lochfraß	örtlich begrenzte, tief wirkende Korrosion
Unterrostung	sich unter der Beschichtung ausbreitende Korrosion, Haftungsverlust der Beschichtung (Abb. 4)
Durchrostung	zerstörende Durchrostung bei Stahlblechen, häufig an älteren Kfz zu beobachten (Abb. 5)

Tab. 2: Rostgrade beschichteter Stahlflächen nach DIN EN ISO 4628-3

Rostgrad	Flächenzustand
Ri 0	rostfreie Fläche
Ri 1	0,05 % rostbedeckte Fläche
Ri 2	0,5 % rostbedeckte Fläche
Ri 3	1 % rostbedeckte Fläche
Ri 4	8 % rostbedeckte Fläche
Ri 5	40–50 % rostbedeckte Fläche

Abb. 1: Rostentfernung durch Schleifen

Abb. 2: Rostentfernung durch Bürsten

Tab. 1: Rostgrade unbeschichteter Stahlflächen nach ISO 8501-1

Rostgrad	Aussehen
A	weitgehend mit fest haftendem Zunder bedeckt, aber im Wesentlichen frei von Rost
B	beginnende Rostbildung und beginnende Zunderabblätterung
C	Zunder ist abgerostet oder lässt sich abschaben, nur ansatzweise für das Auge sichtbare Rostnarben
D	Zunder ist abgerostet, verbreitet für das Auge sichtbare Rostnarben

1.6 Entrostung, Entschichtung und Reinigung

Da einige Reinigungsverfahren auch beim Entfernen von Beschichtungen und Korrosionsschichten eingesetzt werden (und umgekehrt), werden diese Tätigkeiten hier zusammengefasst (Abb. 1–2). Die Verfahren sind sehr unterschiedlich und müssen stets den Gegebenheiten entsprechend ausgewählt werden. Unfallverhütungsvorschriften und Umweltschutzbestimmungen müssen eingehalten werden. Dies gilt auch für die Entsorgung z. B. von Strahlgut oder mit Abbeizer versetzter Altbeschichtung.
Die Abbildungen 3–5 zeigen gebräuchliche Werkzeuge zur Entrostung.

Unfallverhütung beim Entrosten/Entschichten und Reinigen von Metalloberflächen

Grundsätzlich muss der Arbeiter bei diesen Arbeiten zur Vermeidung von Unfällen und Gesundheitsschädigungen seine persönliche Schutzausrüstung tragen.

- **Staubbelastung:** Feinstaubmaske
- **Funkenbildung:** Schutzbrille, Schutzhandschuhe, langärmlige Kleidung
- **Wasserstrahlen:** Schutzbrille, Nässeschutz
- **Sandstrahlen:** Vollschutz (Gesichts- und Körperschutz)
- **Flammstrahlen:** Schutzbrille, feuerfeste Kleidung
- **Lösemittel:** Maske mit entsprechendem Gasfilter, Handschuhe

Bei Lärmbelastung durch laute Geräte ist zusätzlich Gehörschutz zu tragen!

Abb. 3: Strahlgerät

Abb. 4: Bohrmaschine mit Bürstenaufsatz

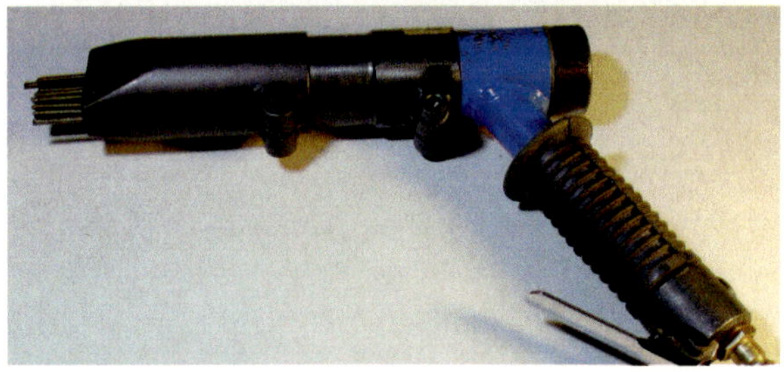

Abb. 5: Nadelpistole

Tab. 2: Entschichtungsverfahren

Gerät/Werkzeug/Methode	Entrostung	Entschichtung	Reinigung
Handbesen/Abstauber	Flugrost	–	Staub, sehr lose Schichten
Druckluftpistole	lose Rostschichten	Schichten mit mangelhafter Haftung am Untergrund	Staub, sehr lose Schichten
Handstahlbürste/Bohrmaschine mit Bürstenaufsatz	lose Rostschichten	–	fest haftende Verunreinigungen
Schleifmittel (manuell und maschinell per Schwing- oder Exzenterschleifer)	fest haftender Rost, loser Zunder	dünne, harte Beschichtungen	fest haftende Verunreinigungen
Hochdruckwasserstrahlen	–	je nach Dicke der Beschichtung und Strahldruck	Öle, Fette
Sand- oder Partikelstrahlen	alle Rostgrade und Zunderschichten	harte Beschichtungen	Staub, lose und feste Verunreinigungen, Öle, Fette
Flammstrahlgerät/ Abbrenngerät	alle Rostgrade und Zunderschichten	organische Beschichtungen	–
Lösemittel/Abbeizer	–	reversible, organische Beschichtungen	teilweise Öle und Fette
Nadelpistole	dicke Rostschichten, auch auf profilierten Untergründen	–	–

1.6.1 Schleifmittel

Je nachdem, ob korrodiertes, bereits beschichtetes oder blankes Eisen- oder Nichteisenmetall geschliffen werden soll, muss man das richtige Schleifmittel wählen. Beim Maler und Lackierer kommen meistens Schleifpapier und Schleifgewebe zum Einsatz. Dieses besteht aus dem eigentlichen Schleifmittelmaterial, dem Trägermaterial und einem Bindemittel. Es gibt Schleifmittel für den Trockenschliff und für den Nassschliff.

Schleifmittel werden nach ihrer Korngröße geordnet. Der europäische Verband der Schleifmittelhersteller (FEPA) hat die Bezeichnung der Körnung festgelegt.

Die Zahl der Körnung, die in der Regel auf der Rückseite des Schleifmittels angegeben ist, richtet sich nach der Anzahl der Maschen eines Siebes pro Zoll (1 Zoll = 25,4 mm). Durch diese Zahl wird die Körnung der Teilchen, die noch auf dem Sieb liegen bleiben, ausgedrückt. Je größer die Zahl, desto feiner ist die Körnung. Flexible Schleifmittel bekommen den Zusatz „P" (z. B. P 120) , starre Schleifmittel den Zusatz „F" (z. B. F 180).

Schleifmittelmaterial

- **Siliciumcarbid**

Siliciumcarbid (SiC) wird aus ca. 60 % Quarzsand und ca. 40 % aus Petrolkoks, einem Nebenprodukt der Mineralölverarbeitung, hergestellt. Es verfügt über eine harte, scharfkantige Struktur und eignet sich zum Bearbeiten von festen, aber auch weichen, zähen Werkstoffen.

- **Aluminiumoxid, Elektrokorund**

Aluminiumoxid (Al_2O_3) ist sehr hart und zäh. Es eignet sich besonders zur Bearbeitung von Holz und Metall. Je nach Aluminiumoxidgehalt unterscheidet man weißen bis rosafarbenen Edelkorund (ca. 99 % Al_2O_3), braunen Normalkorund (ca. 94 bis 97 % Al_2O_3) und schwarzen Korund (ca. 70 bis 85 % Al_2O_3).

- **Schmirgel**

Schmirgel ist ein natürlicher Hartstoff, der zu 60 % aus Aluminiumoxid besteht und als Fremdbestandteil Eisenoxid (Fe_2O_3) enthält.

Für das Schleifen hat die Bedeutung des Schmirgels im Laufe der Zeit abgenommen, da er nur rund und blockig abbricht und dadurch nur wenige scharfe Schneidkanten bildet.

- **Zirkonkorund**

Durch Schmelzen eines Gemisches aus Zirkondioxid (ZrO_2) und Aluminiumoxid wird ein selbstschärfendes Schleifmittel hergestellt. Beim Brechen, das heißt auch bei der Abnutzung im praktischen Schleifbetrieb, werden stets neue, scharfe Bruchkanten freigesetzt (selbstschärfender Effekt). Deshalb eignet sich Zirkonkorund besonders gut zum Bearbeiten von Edelstahl.

Trägermaterial

- **Papiere**

Als Trägermaterial werden Papiere mit sehr festen und zähen Fasern verschiedener Stärken verwendet. Für Wasserschleifpapier benutzt man Papiere mit einer besonderen, wasserfesten Imprägnierung. Papierunterlagen genügen in den meisten Fällen den Anforderungen und werden deshalb am häufigsten eingesetzt.

- **Gewebe**

An einige Schleifmittel werden hohe Anforderungen in Bezug auf Festigkeit und Stabilität gestellt. Diese bestehen aus Geweben, die aus Baumwolle, Kunstfasern oder Mischgeweben zusammengesetzt sind. In einigen Fällen wird Papier hinzugegeben.
Die Herstellung von Gewebeträgern ist teurer als die des gewöhnlichen Schleifpapiers. Sie werden deshalb nur bei einer hohen mechanischen Beanspruchung des Trägermaterials eingesetzt, z. B. bei Bandschleifmaschinen.

- **Faserverbundwerkstoffe**

Man setzt Verbundwerkstoffe als stabilisierende Werkstoffe bei Schleifarbeiten ein. Typisch sind Schleifscheiben zusammen mit einem stabilisierenden Gummiteller beim Einsatz von Winkelschleifern zum Entrosten oder groben Schleifen.
Diese werden z. B. aus Vulkanfiber (Papiervliese, die durch chemische Behandlung verfilzen und verfestigt werden), hergestellt.
Auch die Verwendung von Verbundwerkstoffen als Schleifvlies oder -pad für das Aufrauen oder Mattieren runder, gewölbter und kompliziert geformter Werkstücke ist möglich. Auf dieses Vlies werden bei der Herstellung mittels eines Harzes Schleifkörner aufgeklebt. Schleifvlies ist im Handel z. T. auch als Schleifgitter erhältich.

Zur Veranschauung sind in Abb. 1–4 unterschiedliche Schleifmittel in Mikroskopaufnahmen dargestellt, der Maßstab ist bei allen Aufnahmen gleich.

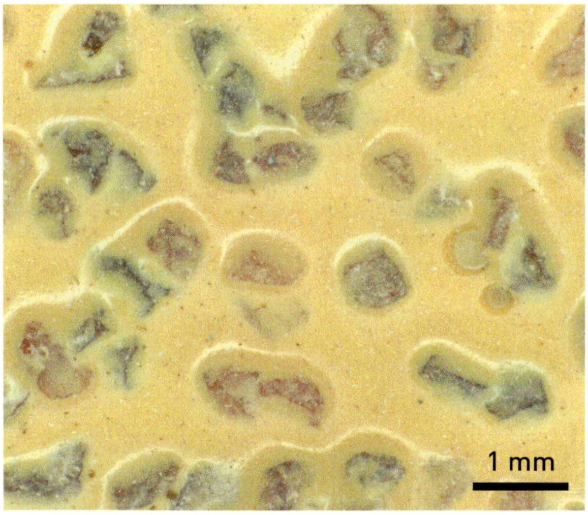

Abb. 1: Trockenschleifpapier (Al_2O_3), Körnung P 40

Abb. 2: Wasserschleifpapier (SiC), Körnung P 220

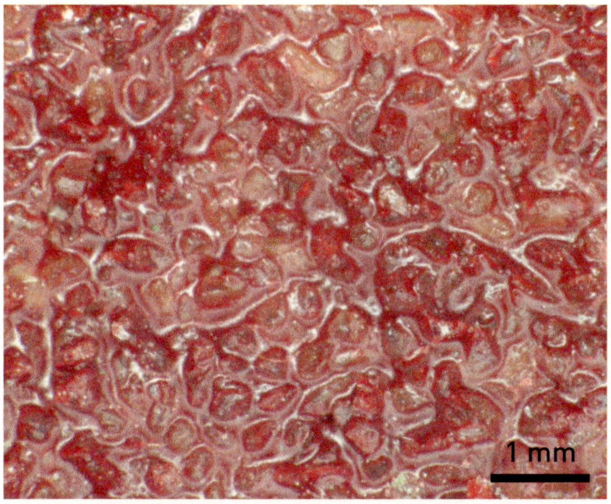

Abb. 3: Schleifscheibe (Al_2O_3), Körnung P 120

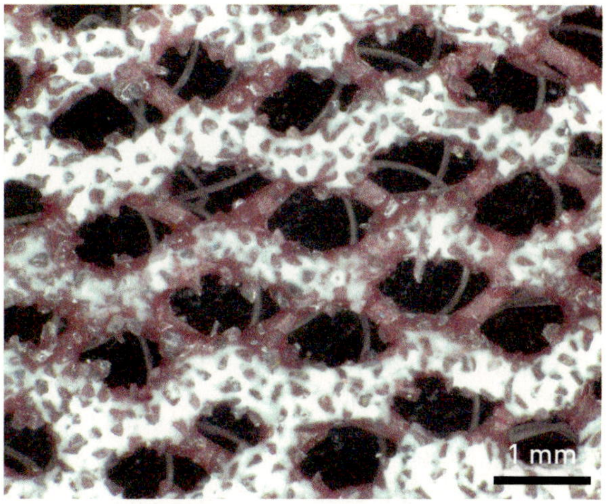

Abb. 4: Schleifvlies (Abranet™), Körnung P 120

Bindemittel

Auch von einer genügenden Haftung der Schleifkörner auf dem Trägermaterial hängt die Leistungsfähigkeit der Schleifmittel ab. Die Verbindung von Korn und Unterlage muss stabil aber gleichzeitig flexibel sein.

- **Naturleimbindung**

Naturleime werden eingesetzt, wenn die Anforderungen an das Schleifmittel nicht besonders hoch sind, z. B. für Schleifpapier der „Baumarktqualität" für den Heimwerker.

- **Harzbindung**

Durch Verwendung unterschiedlicher Harze in den einzelnen Schichten kann man dank einer besonders festen Haftung des Schleifkorns auf dem Träger harte als auch flexible Verbindungen erhalten. Diese Bindemittel werden hauptsächlich bei Schleifmitteln für Maschinenschliff verwendet.

- **Wirkstoffbeschichtung**

Schleifmittel können durch Zusätze in ihren Eigenschaften verbessert werden. Die Schleifmitteloberfläche wird dabei mit Calciumstearat überzogen.

Dieses wachsähnliche Material erschwert die Ablagerung von Schleifstaub (Lackpartikel, Spachtelmasse, Verunreinigungen) an der Oberfläche. Dadurch wird ein vorzeitiges Zusetzen des Schleifmittels verhindert und somit die Standzeit verlängert.

Technische Merkblätter und Sicherheitsdatenblätter

Damit geliefertes Beschichtungsmaterial auch korrekt verarbeitet wird, bietet der Hersteller dem Verarbeiter technische Merkblätter an, aus denen der Handwerker alle notwendigen Informationen zur Anwendung entnehmen kann.

Inhalte Technischer Merkblätter:

- Kurzbeschreibung (Anwendungsgebiete)
- Technische Daten (Rohstoffbasis, Flammpunkt, spezifisches Gewicht, Festkörperanteil, Anteile organischer Lösemittel)
- Vorbehandlung/Reinigung des Untergrunds
- Verarbeitung (Mischverhältnis, Viskosität, Topfzeit, Werkzeug, Spritzdruck, Düsengröße, Ablüftzeit, Trocknungs-/Härtungszeit, Ergiebigkeit, Reinigung der Werkzeuge)

Inhalte von Sicherheitsdatenblätter:

- Firmenbezeichnung (Hersteller)
- Stoff-/Zubereitungsbezeichnung des Materials (Verwendungszweck)
- Zusammensetzung/Angaben zu Bestandteilen (chemische Charakterisierung des Produkts, R- und S-Sätze)
- Risiko-(R-) und Sicherheits-(S-)Sätze sind EU-weit gültige Warnhinweise zu Gefahrstoffen bei Chemikalien und daraus hergestellten Produkten.
- Mögliche Gefahren (für Menschen und Umwelt)
- Erste-Hilfe-Maßnahmen (bei Einatmen, Haut-, Augenkontakt, Verschlucken)
- Maßnahmen zur Brandbekämpfung (Löschmittel, Schutzausrüstung)
- Maßnahmen bei unbeabsichtigter Freisetzung (Umweltschutz, Reinigung)
- Handhabung und Lagerung
- Expositionsbegrenzung und persönliche Schutzausrüstung (technische Anlagen, Grenzwerte für Verarbeiter und Umwelt
- Physikalische und chemische Eigenschaften (Aussehen, Erscheinungsbild, technische Daten)
- Stabilität und Reaktivität (zu vermeidende Bedingungen und Stoffe, gefährliche Zersetzungsprodukte)
- Angaben zur Toxikologie (Auswirkungen auf die Gesundheit)
- Angaben zur Ökologie (z. B. Giftigkeit für Wasserpflanzen, Fische und Mikroorganismen)
- Hinweise zur Entsorgung (Produkt, Verpackung)
- Angaben zum Transport (Straßen-, Schienen-, See-, Luftverkehr)
- Vorschriften (R- und S-Sätze nach EU-Richtlinie, nationale Vorschriften)

Für den Umgang mit gefährlichen Materialien, zu denen auch die meisten Anstrichstoffe gehören, müssen Hersteller, Importeure und Händler den Verbraucher informieren. Dies schreiben die Gefahrstoffverordnung und verschiedene EU-Richtlinien vor. Dazu dient das Sicherheitsdatenblatt.

Technisches Merkblatt (Auszug)

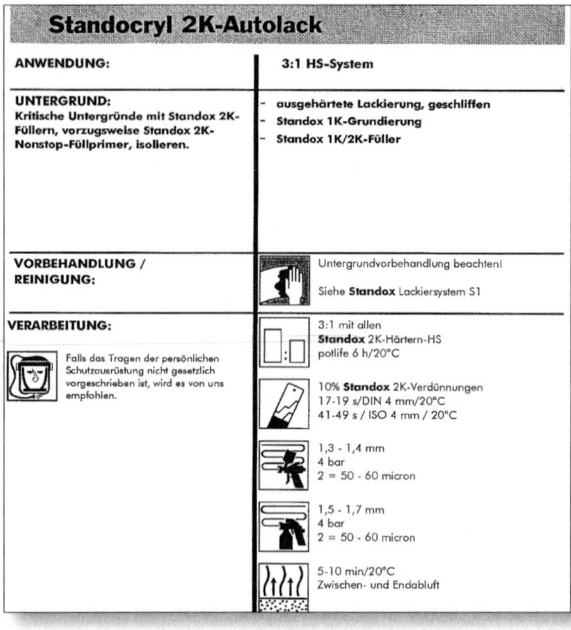

Standocryl 2K-Autolack

ANWENDUNG:	**3:1 HS-System**
UNTERGRUND: Kritische Untergründe mit Standox 2K-Füllern, vorzugsweise Standox 2K-Nonstop-Füllprimer, isolieren.	- ausgehärtete Lackierung, geschliffen - Standox 1K-Grundierung - Standox 1K/2K-Füller
VORBEHANDLUNG / REINIGUNG:	Untergrundvorbehandlung beachten! Siehe **Standox** Lackiersystem S1
VERARBEITUNG: Falls das Tragen der persönlichen Schutzausrüstung nicht gesetzlich vorgeschrieben ist, wird es von uns empfohlen.	3:1 mit allen **Standox** 2K-Härtern-HS potlife 6 h/20°C 10% **Standox** 2K-Verdünnungen 17-19 s/DIN 4 mm/20°C 41-49 s / ISO 4 mm / 20°C 1,3 - 1,4 mm 4 bar 2 = 50 - 60 micron 1,5 - 1,7 mm 4 bar 2 = 50 - 60 micron 5-10 min/20°C Zwischen- und Endabluft

Sicherheitsdatenblatt (Auszug)

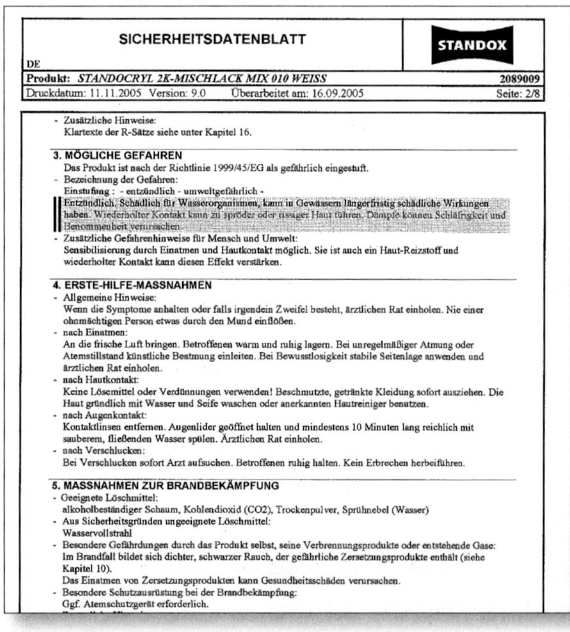

SICHERHEITSDATENBLATT

STANDOX

DE

Produkt: *STANDOCRYL 2K-MISCHLACK MIX 010 WEISS* 2089009

Druckdatum: 11.11.2005 Version: 9.0 Überarbeitet am: 16.09.2005 Seite: 2/8

- Zusätzliche Hinweise:
  Klartexte der R-Sätze siehe unter Kapitel 16.

3. MÖGLICHE GEFAHREN

Das Produkt ist nach der Richtlinie 1999/45/EG als gefährlich eingestuft.
- Bezeichnung der Gefahren:
  Einstufung : - entzündlich - umweltgefährlich -
  Entzündlich. Schädlich für Wasserorganismen, kann in Gewässern längerfristig schädliche Wirkungen haben. Wiederholter Kontakt kann zu spröder oder rissiger Haut führen. Dämpfe können Schläfrigkeit und Benommenheit verursachen.
- Zusätzliche Gefahrenhinweise für Mensch und Umwelt:
  Sensibilisierung durch Einatmen und Hautkontakt möglich. Sie ist auch ein Haut-Reizstoff und wiederholter Kontakt kann diesen Effekt verstärken.

4. ERSTE-HILFE-MASSNAHMEN
- Allgemeine Hinweise:
  Wenn die Symptome anhalten oder falls irgendein Zweifel besteht, ärztlichen Rat einholen. Nie einer ohnmächtigen Person etwas durch den Mund einflößen.
- nach Einatmen:
  An die frische Luft bringen. Betroffenen warm und ruhig lagern. Bei unregelmäßiger Atmung oder Atemstillstand künstliche Beatmung einleiten. Bei Bewusstlosigkeit stabile Seitenlage anwenden und ärztlichen Rat einholen.
- nach Hautkontakt:
  Keine Lösemittel oder Verdünnungen verwenden! Beschmutzte, getränkte Kleidung sofort ausziehen. Die Haut gründlich mit Wasser und Seife waschen oder anerkannten Hautreiniger benutzen.
- nach Augenkontakt:
  Kontaktlinsen entfernen. Augenlider geöffnet halten und mindestens 10 Minuten lang reichlich mit sauberem, fließenden Wasser spülen. Ärztlichen Rat einholen.
- nach Verschlucken:
  Bei Verschlucken sofort Arzt aufsuchen. Betroffenen ruhig halten. Kein Erbrechen herbeiführen.

5. MASSNAHMEN ZUR BRANDBEKÄMPFUNG
- Geeignete Löschmittel:
  alkoholbeständiger Schaum, Kohlendioxid (CO2), Trockenpulver, Sprühnebel (Wasser)
- Aus Sicherheitsgründen ungeeignete Löschmittel:
  Wasservollstrahl
- Besondere Gefährdungen durch das Produkt selbst, seine Verbrennungsprodukte oder entstehende Gase:
  Im Brandfall bildet sich dichter, schwarzer Rauch, der gefährliche Zersetzungsprodukte enthält (siehe Kapitel 10).
  Das Einatmen von Zersetzungsprodukten kann Gesundheitsschäden verursachen.
- Besondere Schutzausrüstung bei der Brandbekämpfung:
  Ggf. Atemschutzgerät erforderlich.

1.7 Beschichtungen

In diesem Kapitel werden einige Fachbegriffe zu Beschichtungsstoffen eingeführt, die in Lernfeld 3 ausführlich beschrieben werden.

Auf metallischen Untergründen werden je nach gewünschter Funktion Materialien auf Basis verschiedener Harze (Acryl-, Epoxid- oder Alkydharzen) eingesetzt (Abb. 1). Teilweise werden sie bei der Herstellung mit anderen Harzen gemischt, um die Eigenschaften zu verändern.

Einige Beschichtungsstoffe werden einkomponentig (1K-Materialien) verarbeitet und trocknen durch Aufnahme von Sauerstoff aus der Luft. Andere sind zweikomponentig (2K-Materialien) und benötigen die Zugabe eines Härters, mit dessen Hilfe sie chemisch aushärten. In der Umgangssprache wird das Aushärten eines Beschichtungsstoffes fälschlicherweise oft mit dem Trocknen gleichgesetzt. Daher werden Anlagen, in denen Werkstücke gehärtet werden, häufig „Trockenkammern“ genannt. 2K-Materialien härten bei Umgebungstemperatur aus. Diese Zeit kann durch Zufuhr von Wärme in einer entsprechenden Anlage verkürzt werden.

In jedem Fall sind die technischen Merkblätter des Herstellers zu beachten.

Verzinkte Untergründe sollten nicht mit Alkydharz-Systemen beschichtet werden, da diese Materialien mit dem Zink zu Zinkseifen reagieren und verspröden. Stattdessen sind z. B. Acryl-, Epoxid- oder Polyurethansysteme zu verwenden.

Abb. 1: Beschichtete Metallteile

1.7.1 Herstellung von Mischungen

2K-Materialien muss ein Härter in einem bestimmten Verhältnis zugegeben werden, damit die chemische Reaktion zur Erhärtung des Anstrichstoffs stattfinden kann.

Nach der Mischung der Komponenten muss das Material in einer bestimmten Zeit verarbeitet werden, da es sonst z. B. im Gebinde oder in der Spritzpistole hart wird. Diese Zeit nennt man Topfzeit (engl. potlife). Verwendete Werkzeuge und Geräte müssen in dieser Zeit gereinigt werden, da man auch mit scharfen Lösemitteln das harte Material kaum noch entfernen kann.
Das Mischungsverhältnis von Anstrichstoff und Härter kann in

- Volumenteilen (Liter [l] oder Kubikmeter [m^3]) oder in
- Masseteilen (kg)

angegeben sein. Die Masse wird fälschlicherweise oft als Gewicht bezeichnet. Um Mischfehler zu vermeiden, sind die jeweiligen technischen Merkblätter und die Beschriftungen auf den Gebinden sorgfältig zu lesen. Falsch angemischtes Material kann nicht verarbeitet werden, da sonst Härtungsstörungen in der Beschichtung auftreten können.

Das Mischverhältnis wird z. B. als 2:1, 3:1, 4:1 usw. angegeben. 2:1 bedeutet, dass auf zwei Teile des Anstrichstoffs, auch als „Stamm“ oder „A-Komponente“ bezeichnet, ein Teil Härter (auch „B-Komponente“ genannt) gegeben wird.

Das Material ist gut aufzurühren, damit sich Stamm und Härter gleichmäßig mischen. Anschließend ist die Mischung meist einige Minuten stehen zu lassen bevor beschichtet wird, damit die chemische Reaktion starten kann.

Um die Materialien für bestimmte Beschichtungstechniken, z. B. Spritzen, verarbeitbar zu machen, muss ihre Viskosität (= Zähigkeit/Dickflüssigkeit) durch Zugabe von Verdünnung herabgesetzt werden. Die Verdünnungszugabe wird in der Regel in Prozent von der Stamm-Härter-Mischung angegeben (Abb. 1, S. 36).

Bei vielen 1K-Materialien werden keine Hinweise zur Verdünnungszugabe gegeben. In diesem Fall muss in Abhängigkeit von der Arbeitstechnik und der Umgebungstemperatur verdünnt werden.

Abb. 1: Anmischen nach Volumenteilen

Viskosität
Unter Viskosität versteht man das Fließverhalten von Flüssigkeiten. Daraus leitet sich der Flüssigkeitsgrad eines Beschichtungsstoffes ab. Es werden drei Flüssigkeitsgrade unterschieden:

- zähflüssig (hochviskos),
- dickflüssig (mittelviskos),
- dünnflüssig (niedrigviskos).

Die Viskosität eines Beschichtungsstoffes lässt sich auf verschiedenste Art verändern:

- durch Zugabe von Pigmenten, Füll- oder Verschnittmitteln,
- durch Zugabe oder Entzug von Lösemittel,
- durch die Temperatur.

Welche Viskosität ein Beschichtungsstoff besitzen soll, ist von verschiedenen Faktoren abhängig:

- Untergrund saugend oder dicht,
- Spritz- oder Streichverfahren,
- Art des Beschichtungsstoffes.

Mischungsrechnen

Damit die passende Menge eines Zweikomponenten-Beschichtungsstoffes angemischt wird, muss man folgende Berechnungen durchführen können.

Beispiel: Das Volumen-Mischungsverhältnis Stammlack zu Härter beträgt 3:1, es wird mit 10 Volumen-% verdünnt.

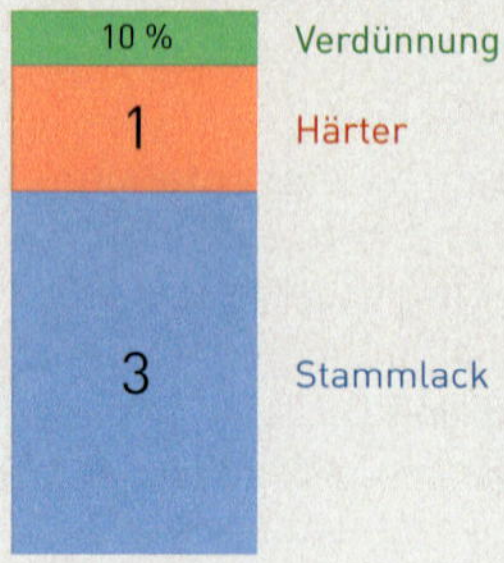

Aufgabe 1: Die Menge des Stammlacks ist gegeben

Die Menge Stammlack beträgt 1,500 l. Wie groß ist die Gesamtmenge des angemischten und verdünnten Lacks?

3 Teile ≙ 1,500 l (Menge Stammlack)
1 Teil ≙ 0,500 l (Menge Härter)
4 Teile ≙ **2,000 l** (Menge Härter und Stammlack)

100 % ≙ 2,000 l
10 % ≙ 0,200 l (Menge Verdünnung)
110 % ≙ **2,200 l (Gesamtmenge)**

Aufgabe 2: Die Gesamtmenge ist gegeben

Es werden insgesamt 2,200 l fertiger Lack benötigt. Wie viel Stammlack, Härter und Verdünnung ist darin enthalten?

110 % ≙ **2,200 l (Gesamtmenge)**
1 % ≙ 2,200 l : 110 = 0,020 l
10 % ≙ 0,200 l (Menge Verdünnung)
100 % ≙ 2,000 l

4 Teile ≙ **2,000 l** (Menge Härter und Stammlack)
1 Teil ≙ 0,500 l (Menge Härter)
3 Teile ≙ 1,500 l (Menge Stammlack)

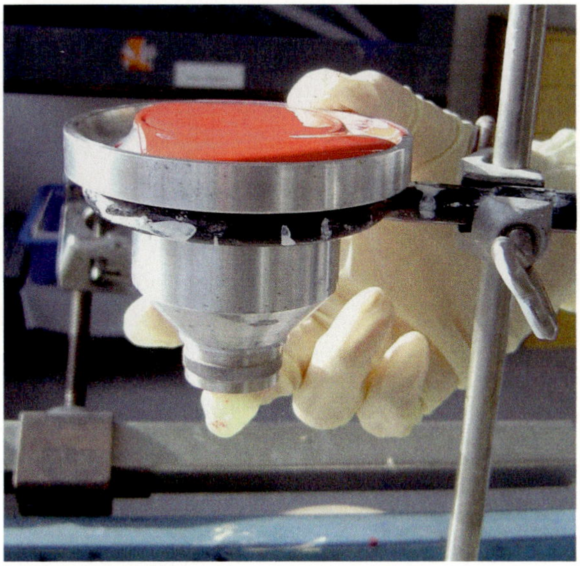

Abb. 2: Auslaufbecher

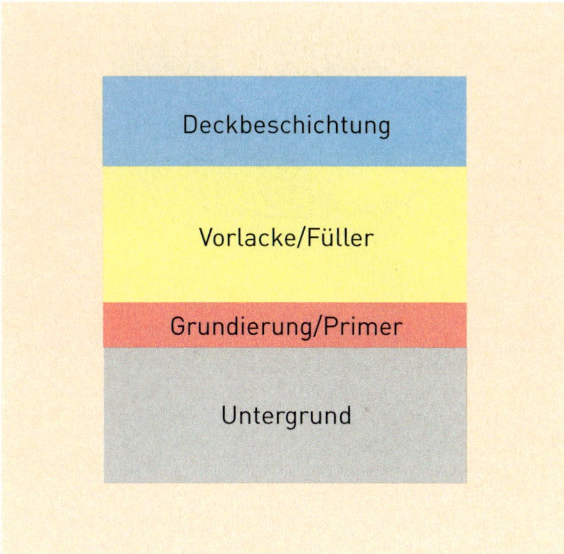

Abb. 3: Beschichtungsaufbau

In technischen Merkblättern ist oft ein Viskositätswert in Sekunden angegeben. Um diesen Wert zu ermitteln, wird der Auslaufbecher nach DIN EN ISO 2431 benutzt (Abb. 2).

Hierzu wird die Öffnung des Bechers verschlossen und der Messbecher völlig mit dem zu messenden Beschichtungsstoff gefüllt. Anschließend wird das überstehende Material mit einer Rakel abgestreift. Die zu ermittelnde Zeit beginnt mit der Freigabe der Auslaufdüse. Ende der Zeitermittlung ist, wenn der Beschichtungsstoff zum ersten Mal das Auslaufen unterbricht.

In der Praxis kann der Becher auch eingetaucht werden. Dann beginnt die Zeitnahme sofort nach dem Herausheben aus dem zu messenden Stoff.

Um vergleichbare Messergebnisse zu erhalten, muss die Raumtemperatur nach DIN 23 °C betragen. Die Angaben in technischen Merkblättern beziehen sich jedoch meist auf eine Temperatur von 20 °C.

Bei nicht fließfähigen Materialien ist diese Methode jedoch ungeeignet, da sie nicht aus dem Becher herauslaufen.

1.7.2 Grundierung

Eine Grundierung (Primer) ist grundsätzlich ein Beschichtungsstoff, der auf den Untergrund aufgetragen wird, bevor man die erste Schicht des eigentlichen Anstrichs aufbringt. Da Metalle keine saugenden Untergründe sind, dient die Grundierung in erster Linie als Korrosionsschutz des Metalls und Haftvermittler für die nachfolgenden Schichten. Die Grundierung wird im Regelfall ohne Zwischenschliff mit dem Füller oder der Deckbeschichtung verarbeitet (Abb. 3).

Eine Stahloberfläche muss so schnell wie möglich mit einem Überzug versehen werden, der den Stahl passiviert (chemisch untätig macht) und eine inhibierende (rosthemmende) Wirkung besitzt. Dies erhöht die Widerstandsfähigkeit gegenüber Umwelteinflüssen. Für die Passivierung eignet sich am besten eine Zinkphosphatschicht, die im Tauch- oder Spritzverfahren aufgetragen wird (Phosphat ist ein Salz der Phosphorsäure).

Oberflächen aus Aluminiumlegierungen werden mit einem Haftvermittler auf Zinkchromatbasis vorgearbeitet, ehe eine Grundierung aufgetragen wird. Dies geschieht, da das Aluminium aufgrund seines weichen Charakters nur mit einem feinen Schleifvlies angeschliffen werden kann und die Haftung am Untergrund durch den Haftgrund verbessert wird.

Abb. 1: Spritzen von Füller

Abb. 2: Spritzen der Deckbeschichtung

1.7.3 Zwischenbeschichtung

Die sich zwischen der Grundierung und der Deckbeschichtung befindende Schicht wird als Zwischenbeschichtung (Vorlack/Füller) bezeichnet. Meistens handelt es sich dabei um einen Beschichtungsstoff, der über ein höheres Füllvermögen als die abschließende Beschichtung verfügt. Dieses Material füllt leichte Unebenheiten und Fehlstellen und wird aufgrund dieser Eigenschaft Füller genannt.
Diese Füller haben einen hohen Festkörperanteil von über 60 % (HS = High Solid) oder sogar einen sehr hohen von über 80 % (VHS = Very High Solid).
Einige Produkte sind in gleichen oder ähnlichen Farbtönen wie die Deckbeschichtungsmaterialien erhältlich, oder sie unterstützen die Leuchtkraft des Anstrichs und nehmen an der Farbgebung teil. Dies ist besonders bei schlecht deckenden Endbeschichtungen notwendig, bei z. B. Tagesleucht- oder Perlmutteffektfarben.

Einige Zwischenbeschichtungen werden nass-in-nass mit der abschließenden Schicht aufgetragen. „Nass-in-nass" bedeutet, dass die nächste Schicht appliziert (aufgetragen) wird, bevor die darunter liegende trocken oder hart ist. Dies erfordert allerdings eine einwandfreie Vorbereitung des Untergrunds und eine gute Applikation der Zwischenbeschichtung. In der Regel werden Vorlacke und Füller angeschliffen, bevor die Deckbeschichtung aufgetragen wird. Dies ist notwendig, da Materialien mit hohem Feststoffgehalt oft keine besonders glatte Oberfläche ergeben; außerdem können durch den Zwischenschliff Unregelmäßigkeiten im Untergrund noch ausgeglichen werden.
Vorlacke können je nach Anwendung Epoxid-, Alkyd-, Acryl- und Polyurethanharze als Bindemittel haben.

1.7.4 Deckbeschichtung

Deckbeschichtungen für metallische Untergründe bestehen wie die meisten Beschichtungsstoffe aus Bindemittel, Pigmenten, Lösemittel und Additiven. In Lernfeld 3 wird auf diese Zusammenhänge näher eingegangen.

Bindemittel
Bindemittel sorgen für die Filmbildung des Anstrichstoffs auf der Oberfläche. Sie bestehen aus Ölen oder Harzen und haben die Aufgabe, die Beschichtung überhaupt zusammenzuhalten. Dieses Verhalten nennt man Kohäsion (= Zusammenhangskraft). Außerdem unterstützt das Bindemittel die Adhäsion (= Anhaftkraft) auf dem Untergrund (→ LF 2).

Die Anforderungen an eine abschließende Beschichtung sind abhängig vom Objekt und dessen Verwendung (innen oder außen, Bauteil oder Fahrzeug). Auch der Glanzgrad hängt vom Bindemittel ab. Für manche Beschichtungen wird eine hochglänzende Oberfläche gewünscht, für andere genügen matte oder seidenmatte Deckschichten (z. B. Zimmertüren).

Deckbeschichtungen für Außenflächen müssen besonders wetter- und chemikalienbeständig sein. Sie sind verschiedenen Belastungen, wie der UV-Strahlung (Sonne), saurem Regen, verschmutzter Luft (besonders in Industrieregionen), salzhaltiger Atmosphäre (Küstenregionen) oder in Wasser gelöstem Streusalz (Problem für Kfz im Winter) ausgesetzt.

Weitere mögliche Belastungen sind mechanischer Natur. Dies können Schläge aufgewirbelter Steine oder die Berührung mit Möbeln und sonstigen Ge-

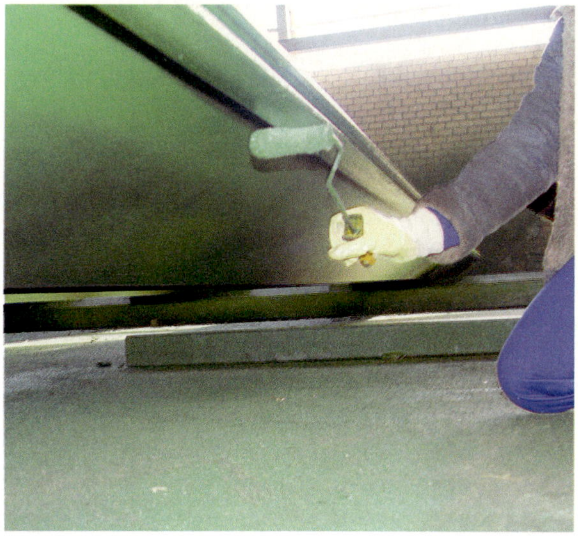

Abb. 3: Rollen

Abb. 4: Steichverfahren auf profilierten Blechen

genständen (bei Türen und Zargen) sein, aber auch Beschädigungen beim intensiven manuellen (per Hand) oder maschinellen Reinigen von Oberflächen sein. Gegen derartige Belastungen muss eine Beschichtung geschützt sein.

Pigmente
Pigmente sind anorganische oder organische, bunte oder unbunte Farbmittel, die sich weder im Binde-, noch im Lösemittel lösen. Sie gehören gemeinsam mit den löslichen Farbstoffen zur Gruppe der Farbmittel. Pigmente geben der Beschichtung ihren Farbton und ermöglichen ihre Deckkraft. Sie tragen gemeinsam mit dem Bindemittel zum Schutz des Untergrundes bei. Um dies zu bewerkstelligen, müssen Pigmente ein gutes Färbe- und Deckvermögen sowie eine gute Verträglichkeit mit dem jeweiligen Bindemittel und anderen Pigmenten besitzen.

Außerdem ist die Reinheit und Dispergierbarkeit (Fähigkeit zur Verteilung im Anstrichstoff) der Pigmente wie auch die Beständigkeit gegen Licht und Chemikalien notwendig.

Man kann Pigmente nach unterschiedlichen Gesichtspunkten einteilen.

Üblicherweise werden sie zunächst in organische und anorganische Pigmente eingeteilt und in zweiter Ebene nach natürlichem Vorkommen oder künstlicher Herstellung (→ LF 12).

Typische Pigmente für Beschichtungen auf Metall sind:

- Eisenglimmer (Korrosionsschutz),
- Titandioxid,
- Eisenoxidgelb und
- Eisenoxidrot (jeweils universell verwendbar),
- Aluminium (Metalliclacke).

Lösemittel
Flüssigkeiten, in denen sich ein Bindemittel physikalisch löst, bezeichnet man als Lösemittel. Sie sind auch dazu geeignet, Beschichtungsmaterialien auf die nötige Viskosität einzustellen, also um sie verarbeitbar zu machen. Lösemittel verdunsten bei der Trocknung oder Erhärtung der Beschichtung.

Man teilt sie in organische Lösemittel und anorganische Verdünnungsmittel (Wasser) ein. Organische Lösemittel zum Verdünnen von Beschichtungsstoffen sind meistens Gemische aus Estern, Ketonen und Ethern.

Additive
Um bestimmte Eigenschaften der Anstrichstoffe zu verbessern oder unerwünschte Vorgänge zu verhindern, gibt man Additive (Zusätze) hinzu. Dies sind z. B. Entschäumer, Sikkative (Trockenstoffe), Elastifizierer (Weichmacher) und Mattierungsmittel. Additive werden in der Regel bereits bei der Herstellung der Anstrichstoffe zugegeben.

Abb. 1: Tauchen eines Heizkörpers

Abb. 2: Beschichtungsanlage für Holzfenster

1.7.5 Applikationsverfahren

Rollen
Unprofilierte Flächen kleiner bis mittlerer Größe lassen sich ohne großen technischen Aufwand mit einer Rolle beschichten (S. 39, Abb. 2). Man taucht die Rolle leicht in den tieferen Teil einer mit Anstrichstoff gefüllten Wanne.

Dann rollt man ihn auf ihrem höheren, profilierten Bereich aus, um an jeder Stelle der Rolle die gleiche Menge Beschichtungsstoff zu haben. Anschließend bringt man das Material gleichmäßig auf die Fläche auf und verschlichtet die Oberfläche zuletzt mit wenig Druck.

Streichen
Beim Beschichten von Metall ist das Streichen mit Pinseln von untergeordneter Bedeutung. Müssen allerdings schwer erreichbare Bereiche beschichtet werden, die man weder mit Spritzstrahl noch mit dem Roller erreicht, streicht man mit dem für das Objekt passenden Pinsel vor oder nach (S. 39, Abb. 3).

Tauchen
Im Tauchverfahren wird das zu beschichtende Objekt in ein Becken getaucht, das den entsprechenden Beschichtungsstoff enthält. Das Material überzieht das Objekt gleichmäßig, so dass auch schwer zugängliche Bereiche beschichtet werden.

Beim Herausziehen verbleibt das restliche Material im Becken und kann weiter verwendet werden. Dieses Verfahren wird beim Beschichten größerer Serien vorwiegend in mittelständischen und Industriebetrieben angewendet.

Meistens werden Grundierungen mit teil- oder vollautomatischen Anlagen per „Elektrotauchen" aufgebracht. Hierbei handelt es sich i. d. R. um die „kathodische Tauchlackierung", bei der das Werkstück negativ elektrisch geladen wird (Kathode, griechisch = negative Elektrode). Das mit Wasser verdünnte Lackmaterial wird über eine Anode positiv geladen und setzt sich in einer genau definierten Schichtdicke auf dem Objekt ab.

Fluten
Beim Fluten gießt man das Beschichtungsmaterial über das Werkstück. Das überflüssige Material sammelt sich in einer Wanne. Im Gegensatz zum Tauchverfahren benötigt man weniger Material, da man kein ganzes Becken befüllen muss. Dieses Verfahren ist auch auf der Baustelle, z. B. zum Beschichten von Heizkörpern, durchführbar.

Spritzen
Man beschichtet Oberflächen im Spritzverfahren, wenn eine besonders gleichmäßige Beschichtung gewünscht wird sowie eine größere Anzahl von Objekten oder große Flächen zu beschichten sind. Beim Spritzen wird ein Beschichtungsstoff durch Luft- oder Materialdruck in feine Tropfen zerstäubt, die sich im Idealfall gleichmäßig auf dem zu beschichtenden Untergrund verteilen. Dies geschieht mittels einer Spritzpistole.

Um eine gleichmäßige Beschichtung zu erhalten, muss die Pistole im 90°-Winkel im Abstand von 15–20 cm über das Objekt bewegt werden. Man wechselt beim Spritzen einer Fläche zwischen waagerechten und senkrechten Spritzgängen, die sich jeweils um die Hälfte überlappen müssen. Dadurch erhält man eine bessere Deckfähigkeit und eine konstante Schichtdicke.

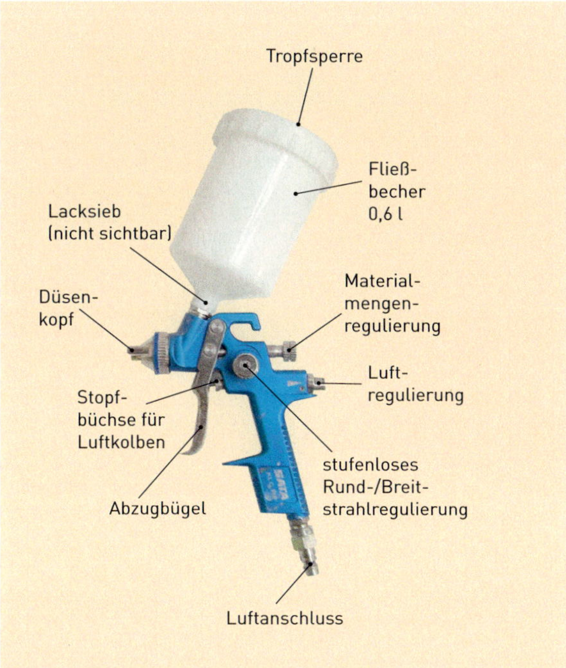

Abb. 3: **Hochdruck-Fließbecherpistole**

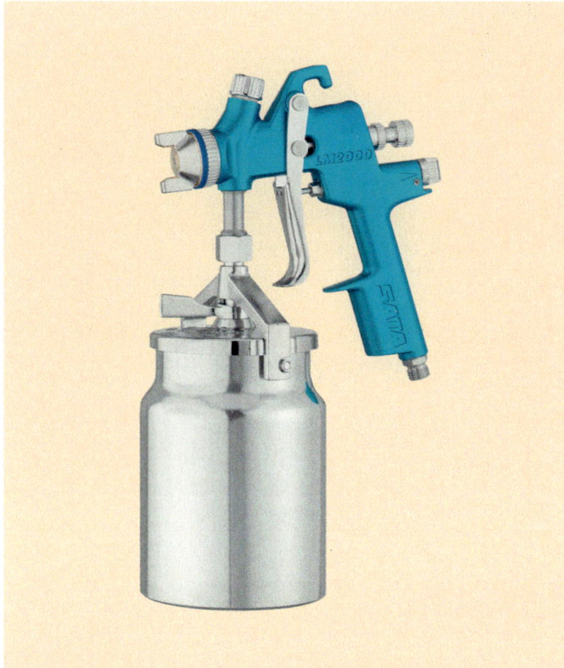

Abb. 4: **Hochdruck-Saugbecherpistole**

1.7.6 Anlagen und Geräte

Spritzgeräte
Je nach Verwendungsgebiet werden unterschiedliche Spritzgeräte eingesetzt. Die Tabelle auf S. 43 bietet einen Überblick über die im Maler- und Lackiererhandwerk üblichen Systeme. Für hochwertige Lackierungen (z. B. für hochglänzende Lacke) werden Hochdruck-Spritzsysteme eingesetzt, die dank ihrer Zerstäubung für einen sehr guten Verlauf sorgen. Eine Weiterentwicklung beim Hochdruckspritzen sind die HVLP-Pistolen (HVLP = high volume, low pressure – hohes Volumen, niedriger Druck), die bei gleicher Oberflächenqualität weniger Druck (< 1 bar) benötigen und somit weniger Spritznebel entsteht.

Für Korrosionsschutzarbeiten oder Beschichtungen großer Betonflächen können Airless-Geräte verwendet werden. Hierbei wird eine strukturiertere Oberfläche zu Gunsten einer höheren Schichtdicke in Kauf genommen.

Air-Mix-Geräte verbinden die Vorzüge des Hochdruckspritzens mit denen der Airless-Systeme. Sie werden häufig zur Holzlackierung und bei nicht hochglänzenden Beschichtungen verwendet.

Niederdruckspritzgeräte finden besonders auf Baustellen ihre Anwendung, wenn kleine Flächen ohne hohen Oberflächenqualitätsanspruch mit geringer Farbnebelbildung appliziert werden sollen.

Beim elektrostatischen Lackieren wird der Lack elektrisch aufgeladen und entlang elektrischer Feldlinien von der Pistole auf die Fläche gebracht. Dadurch können auch rückseitige Bereiche bzw. profilierte oder röhrenartige Objekte gleichmäßig beschichtet werden.

Für wenig anspruchsvolle Lackierungen in geringer Schichtdicke können ohne weitere Anlagentechnik Sprühdosen eingesetzt werden.

Spritzkabinen
Beim Hochdruckspritzen wird ein hoher Prozentsatz des Beschichtungsmaterials von der Druckluft als Spritznebel am Material vorbei gespritzt. Dieses „verlorene" Material wird Overspray genannt.

Um gesundheits- und umweltgefährdende Belastungen im Arbeitsbereich zu reduzieren, werden die meisten Spritzarbeiten in Spritzkabinen durchgeführt. In einer Spritzkabine wird auf 20–25 °C erwärmte und gefilterte Luft von oben in den Raum hineingeblasen und im unteren Bereich mitsamt des Oversprays aufgenommen. Es gibt zwei Systeme zur Aufnahme des Spritznebels, die Trocken- und die

Abb. 1: Arbeiten mit dem Airless-Gerät

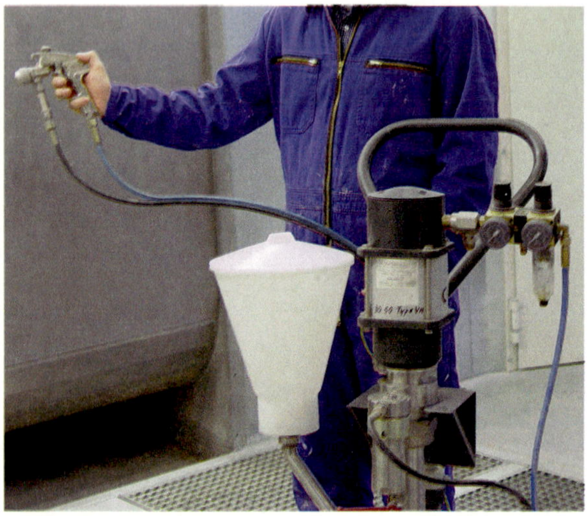

Abb. 2: Air-Mix-Gerät

Abb. 3: Spritzkabine mit Trockenabscheidung

Abb. 4: Spritzanlage mit Nassabscheidung

Nassabscheidung. Bei der Trockenabscheidung wird das Beschichtungsmaterial durch einen Bodenfilter aufgenommen, während es bei der Nassabscheidung im Wasser mit Hilfe eines Mittels zur Koagulierung (= Ausflockung) gebunden und später vom Wasser getrennt wird.

Kabinen zum Trocknen und Härten

Nach dem Spritzvorgang muss der Lack getrocknet und ggf. gehärtet werden. Das kann grundsätzlich bei Raumtemperaturen bis zum nächsten Arbeitstag durch sichere Lagerung der beschichteten Objekte geschehen. Will man die Vorgänge beschleunigen und dabei austretende Lösemittel absaugen, müssen die entsprechenden Werkstücke in eine spezielle Kabine überführt werden. Sollte der Betrieb über eine kombinierte Kabine zum Lackieren und Trocknen/Härten verfügen, können die Objekte im Spritzraum verbleiben. Die Temperatur von Trockenkabinen kann von außen gesteuert werden und wird je nach Untergrund und Beschichtungsmaterial bis zu 80 °C hochgefahren. Konventionelle Trockenkabinen werden über Gasbrenner erhitzt, es gibt allerdings auch Anlagen, die mit IR- oder UV-Strahlung arbeiten. Diese werden aber hauptsächlich in der Industrie eingesetzt.

Tab. 1: Spritzgeräte (Auswahl)

Spritzgerät	Druckart	Spritzdruck	Materialzufuhr	Vorteile	Nachteile	Anwendung
Sprühdose	Treibgasdruck	3–4 bar	Steigrohr	geringe Kosten	niedrige Oberflächenqualität	Ausbesserungen, Do-it-yourself-Sektor
Niederdruckgerät	Luftdruck	< 1 bar	Fließbecher	geringe Kosten, kaum Farbnebel	niedrige Oberflächenqualität	kleine Flächen (Baustelle), Do-it-yourself-Sektor
Hochdruckgerät	Luftdruck	1–10 bar	Fließbecher, Saugbecher	feine Zerstäubung, hohe Ergiebigkeit	viel Overspray, hohe Anschaffungskosten	hochwertige Oberflächen (Autolackierung, Holzveredelung)
elektrostatisches Gerät	Luftdruck, Unterstützung durch elektrostatische Hochspannung	1–10 bar	Druckkessel mit Hochdruckschlauch	feine Zerstäubung, hohe Ergiebigkeit	Gefährdungen bei Missachtung der Sicherheitsbestimmungen	hochwertige Oberflächen, auch profiliert
Airless-Gerät	Materialdruck	120–450 bar	Pumpe mit Höchstdruckschlauch	hohe Ergiebigkeit, besonders für hochviskose Stoffe	hohe Anschaffungskosten, Gefährdungen bei Missachtung der Sicherheitsbestimmungen	große Flächen (Bauten- und Korrosionsschutz, Neubaubeschichtung)
Air-Mix-Gerät (Spray-Mix, Air-Coat)	Material- und Luftdruck	40–50 bar	Pumpe mit Hochdruckschlauch	feinere Zerstäubung als Airless	hohe Anschaffungskosten, Gefährdungen bei Missachtung der Sicherheitsbestimmungen	hochwertige Oberflächen auf großen Flächen

Aufgaben

1. a) Welche Metalle kommen als Beschichtungsuntergründe in Frage?
b) Welche Objekte werden aus diesen Metallen hergestellt?

2. Nennen Sie mögliche Mängel, die ein zu beschichtender Untergrund aus Stahl aufweisen kann.

3. a) Unter welchen Bedingungen rostet Eisen? b) Welcher Stoff ist rostfördernd?

4. Was ist ein 2K-Anstrichstoff?

5. Welche Aufgabe haben jeweils die Bindemittel und Pigmente eines Beschichtungsstoffs?

6. Welche Gesundheitsgefährdungen können beim Entrosten und Entschichten von Metalloberflächen auftreten?

7. Erklären Sie den Unterschied zwischen Flugrost und Durchrostung.

8. Wie muss eine verzinkte Stahloberfläche im Vergleich zu einem nicht verzinkten Bauteil vorbehandelt werden?

9. Wann ist es sinnvoll, Metalloberflächen zu spritzen, anstatt sie zu rollen oder zu streichen?

10. Für welche Zwecke werden Lacken spezielle Additive zugegeben?

2

Lernfeld 2

Nichtmetallische Untergründe bearbeiten

Kundenauftrag

▶ Malerarbeiten an einem Einfamilienhaus durchführen

Arbeitsauftrag

Bei einem Neubau eines freistehenden Einfamilienhauses sollen Malerarbeiten durchgeführt werden. Hierfür sind die Untergründe zu prüfen und für die jeweilige Beschichtung vorzubereiten.

Auszuführende Arbeiten

Pos. 1: Die Außenwände sind zu prüfen und für eine Beschichtung mit Fassadenfarbe nach Bauherrenwunsch vorzubereiten.

Pos. 2: Die Sichtschalung der Dachüberstände ist mit Schutzlasur zu versehen.

Pos. 3: Die Eingangstür aus Kunststoff ist für die Beschichtung vorzubereiten.

Objektbeschreibung

Pos. 1: Außenwände

Die Außenwände aus Ziegelmauerwerk sind verputzt mit Kalk-Zementputz der Mörtelgruppe P II.

Pos. 2: Dachüberstände

Die Dachüberstände betragen umlaufend 40–50 cm. Für die sichtbare Holzverbretterung, bestehend aus abgelagertem, unbehandeltem Holz, ist die Holzsorte nicht bekannt.

Pos. 3: Eingangstür

Eine Tür aus unbekanntem Kunststoff wurde bei der Montage verkratzt.

Abb. 1: Einfamilienhaus

Leistungsbeschreibung

Pos. 1: Außenwände

Die Putzuntergründe müssen geprüft, gegebenenfalls mit artgerechtem Material ausgebessert und für die vom Bauherren gewünschte Beschichtung vorbereitet werden.

Pos. 2: Holzverkleidung

Die Holzart ist zu ermitteln und dafür die passende Schutzlasurbeschichtung auszuwählen.

Pos. 3: Kunststofftür

Die Eingangstür soll eine neue Lackbeschichtung erhalten.

Es ist die Kunststoffart zu ermitteln und die Tür für die Beschichtung vorzubereiten.

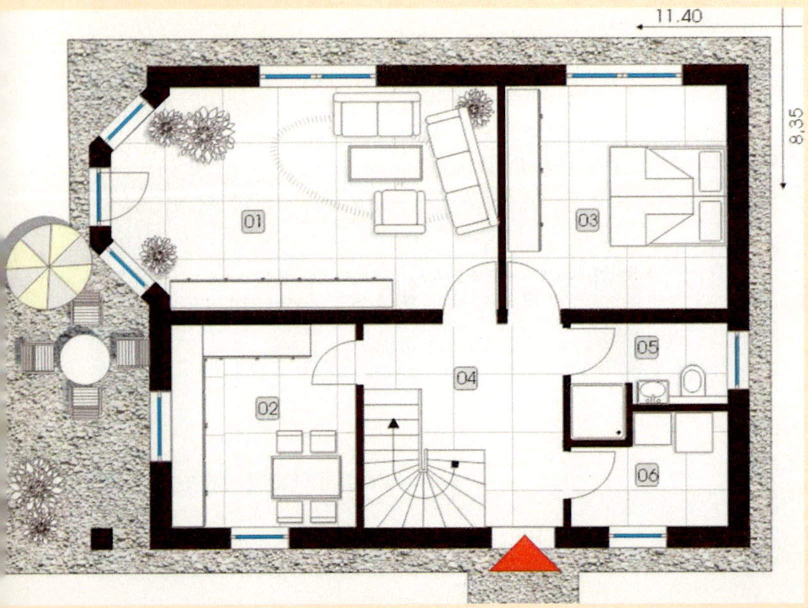

Abb. 1: Grundriss Einfamilienhaus

Abb. 2: Außenansichten

2.1 Untergründe

Nichtmetallischer Untergrund ist ein Sammelbegriff, der alle Untergründe umfasst, die nicht aus Eisen- oder Nichteisenmetallen bestehen. Dieses sind die unterschiedlichen Untergründe Holz, Kunststoff, Stein, Keramik jeder Art, Beton oder Putz (Tab. 1).

Innerhalb dieser Gruppe kann man noch die Unterteilung „poröse Untergründe" und „nicht poröse Untergründe" vornehmen. Holz und Beton sind beispielsweise poröse Untergründe, während Kunststoffuntergründe in der Regel nicht porös sind. Auch organische und mineralische Untergründe werden unterschieden. Holz und Kunststoff sind organischer Natur, während Stein, Putz oder Beton mineralisch sind (Abb. 3).

2.1.1 Porosität

Das Vorhandensein von Poren ist ein wichtiges Merkmal der Untergründe. Bei natürlichen Materialien wie Holz und Stein, kann die Anzahl und Größe der Poren, die Porosität (→ S. 48), in weiten Bereichen schwanken. Obwohl einige Steine, z. B. Marmor sehr wenige Poren haben, gehören sie zu den porösen Untergründen. Bei künstlichen Materialien, z. B. Putz und Beton, kann die Porosität je nach Herstellungsart ebenfalls sehr unterschiedlich sein. Geschäumte Kunststoffe, z. B. Dämmmaterialien, haben sehr große Porenvolumen. Nicht poröse Materialien sind Glas und glatte Kunststoffe.

Wichtig wird die Porosität vor allem bei der Vorbehandlung der Untergründe: Nicht poröse Untergründe sind bei der Vorbereitung einer Beschichtung ähnlich zu behandeln wie metallische Untergründe. Poröse Untergründe erfordern weitere Aufmerksamkeit. Die offenen Poren können Wasser enthalten, oder sie können den Anstrichstoff aufsaugen. Es ist daher wichtig, sich mit den Eigenschaften der Poren und den Eigenschaften der Baustoffe näher vertraut zu machen.

Abb. 3: Nichtmetallische Untergründe unter dem Mikroskop: Beton, Holz, Naturstein (von oben nach unten)

Tab. 1: Nichtmetallische Untergründe

Untergründe	mineralisch	organisch
porös	Beton, Putz, Estrich, Stein	Holz, Schaumstoffe
nicht porös	Glas	Kunststoffe

Porosität

Die wichtigsten Daten der Porosität sind:

- die Gesamtmenge der Poren [Gesamtporosität, in Volumenprozent (Vol.-%) bezogen auf das Baustoffvolumen],
- die Größenverteilung der Poren [Porenradienverteilung, wird in speziellen Diagrammen erfasst].

In der Praxis ist die maximale Wasseraufnahme eines porösen Stoffes wichtig, die in Massenprozent angibt, wie viel Wasser in die Poren eindringen kann, bis alle dem Wasser zugänglichen Poren gefüllt sind.
Die Größe der Poren spielt eine Rolle, wenn Flüssigkeiten aufgesaugt werden können, z. B. das Grundwasser im Mauerwerk oder auch ein dünnflüssiger Anstrichstoff (z. B. eine Grundierung).
Kleine Poren mit Durchmessern etwa < 1 µm (1 µm = 1/1000 mm) saugen langsam und wenig Flüssigkeit, können sie aber in große Höhen steigen lassen. Große Poren mit Durchmessern etwa > 1 µm saugen schnell viel Flüssigkeit, können diese aber nicht hoch transportieren.
Das Saugen in einem keilförmigen Spalt (Bild) zeigt den Zusammenhang zwischen Porengröße (hier: Abstand der beiden Glasplatten) und der Steighöhe der Flüssigkeit.

Abb. 1: Steighöhe zwischen zwei gewinkelt angeordneten Glasplatten

2.1.2 Feuchtegehalt

Poröse Baustoffe enthalten Feuchte.
Die Feuchte gelangt durch Aufnahme von feuchter Luft oder von flüssigem Wasser in die Poren. Da Luft immer einen gewissen Feuchteanteil enthält, sind poröse Baustoffe auch immer feucht – lediglich die Menge der Feuchte entscheidet darüber, ob sie für den Anstrich oder die Lackierung ein Problem darstellt oder nicht.

Wenn poröse Baustoffe im Kontakt mit Wasser stehen, können sie das Wasser kapillar aufsaugen. In diesem Fall ist die Feuchte fast immer zu hoch für Beschichtungsmaßnahmen. Saugt der Baustoff nämlich Wasser auf, sind die Poren schnell vollständig mit Wasser gefüllt. Eine kapillare Wasseraufnahme muss also verhindert werden. Der Baustoff muss vom Wasser oder das Wasser vom Baustoff ferngehalten werden. Daher werden zu beschichtende Wände vor Regen geschützt oder hinterfeuchtete Bauteile vom Wasser isoliert.

Doch die Luftfeuchte führt zu wechselnden Wassergehalten im porösen Baustoff. Bei geringen Luftfeuchten nimmt der poröse Baustoff nur wenig Feuchte auf. Steigt die Luftfeuchte, steigt auch der Feuchtegehalt des Baustoffs. Wird der Baustoff längere Zeit sehr feuchter Luft ausgesetzt, können sich auch dadurch die Poren vollständig mit Wasser füllen. Viele Beschichtungsstoffhersteller geben daher obere Grenzen der Luftfeuchte für die Verwendung ihrer Materialien an.

Die Messung der Luftfeuchte sollte also für den Maler und Lackierer zu den routinemäßigen Vorarbeiten gehören. Die Feuchteaufnahme aus feuchter Luft wird auch Sorption genannt. Sorptionskurven geben den Zusammenhang zwischen Luftfeuchte und Baustofffeuchte wieder.

2.1.3 Quellen und Schwinden

Bei vielen porösen Baustoffen führt die Aufnahme von Feuchte dazu, dass der Baustoff seine Dimensionen ändert, das heißt, dass Länge, Breite und Dicke größer werden. Diesen Vorgang bezeichnet man als Quellen. Umgekehrt schwinden die meisten porösen Materialien bei Feuchteentzug, das heißt, dass die Dimensionen kleiner werden. Den Wechsel zwischen „größer und kleiner werden" bei feuchteren oder trockeneren Bedingungen nennt man daher Quellen und Schwinden.

Das Maß, in dem poröse Stoffe quellen und schwinden, ist sehr unterschiedlich. Einige Stoffe, z. B. manche Hölzer dehnen sich bei Feuchteeinfluss so stark, dass der Unterschied mit dem Auge wahrnehmbar ist. Bei anderen Stoffen, z. B. bei Beton, braucht man sehr feine Messinstrumente, um die Unterschiede in den Abmessungen wahrnehmen zu können.

2.1.4 Hydrophob und hydrophil

Mineralische Baustoffe, Metalle und Holz lassen sich mit Wasser benetzen. Das heißt, dass sich Wasser vollständig auf der Oberfläche ausbreitet. Daher kann das Wasser bei Holz und Putz auch durch die Kapillaren aufgenommen werden. Derartige Stoffe bezeichnet man als hydrophil. Stoffe, auf deren Oberfläche das Wasser abperlt wie auf einer Wachsjacke und deren Kapillaren das Wasser nicht aufnehmen, werden als hydrophob bezeichnet (Abb. 2).

Hydrophile, kapillare Stoffe können durch Imprägnieren mit geeigneten Stoffen wasserabstoßend gemacht (hydrophobiert) werden. Beispiele sind imprägnierte Textilien (Regenjacken) genauso wie hydrophobiertes Mauerwerk. Die kapillare Wasseraufnahme von Mauerwerk kann durch Hydrophobieren bis nahe null reduziert werden.

Abb. 2: Wassertropfen auf einer hydrophobierten Putzoberfläche

Physikalische Umgebungsbedingungen

Als physikalische Umgebungsbedingungen bezeichnet man die Vorbedingungen für eine Beschichtung, die durch Temperatur, Feuchte, Sonneneinstrahlung und ähnliche Kennwerte hervorgerufen werden. Die Unterschiede können der folgenden Tabelle entnommen werden.

Klima	oder Umgebungsklima: Temperatur (in Grad Celsius; °C) und relative Luftfeuchte (in Prozent; %) der umgebenden Luft
Relative Luftfeuchte	Die Luft kann bei jeder Temperatur unterschiedlich viel Wasser aufnehmen. Je wärmer die Luft, desto mehr Wasser kann sie aufnehmen, so z. B. • maximal 9,4 g in einem Kubikmeter (m³) bei 10 °C oder • maximal 17,3 g in einem m³ bei 20 °C. Diese Maximalwerte entsprechen 100 % relativer Luftfeuchte (r. F.) bei diesen Temperaturen. Ist nur die Hälfte dieser Menge in der Luft, also z. B. 4,7 g bei 10 °C, so spricht man von 50 % r. F. bei 10 °C. 4,3 g Wasser in einem m³ Luft bei 20 °C entsprechen 25 % r. F.
Taupunkt	Es ist die Temperatur in °C, ab der die Luft zusätzliche Feuchte nicht mehr aufnehmen kann. Kühlt feuchte Luft, z. B. Luft mit 15 g Wasser pro Kubikmeter, abends von 20 °C auf 10 °C ab, kann die Luft nur noch 9,4 g pro m³ aufnehmen. 5,6 g fallen als flüssiges Wasser (Tau) aus der Luft. Das gleiche kann mit warmer, feuchter Luft an kalten Oberflächen passieren. Nimmt man z. B. an einem warmen Tag eine kalte Getränkeflasche aus dem Kühlschrank, beschlägt sie mit Tauwasser. An der Oberfläche wurde der Taupunkt unterschritten.
Oberflächentemperatur	Darunter versteht man die Temperatur der zu beschichtenden Oberfläche. Liegt diese deutlich unter der Lufttemperatur, kann der Taupunkt unterschritten werden. Die Oberfläche wird dann mit Tauwasser befeuchtet und kann nicht beschichtet werden.
Sonneneinstrahlung	Direkte Sonneneinstrahlung kann Oberflächen sehr stark erwärmen. Dunkle Fassaden erreichen im Sommer dadurch eine Oberflächentemperatur von bis zu 80 °C. Die Oberfläche kann zu warm für eine Beschichtungsmaßnahme werden.
Wind	Wind führt zu schnellem Austausch der umgebenden Luft. Starker Wind führt durch den Luftaustausch dazu, dass Beschichtungsstoffe schneller, unter Umständen zu schnell, abtrocknen.

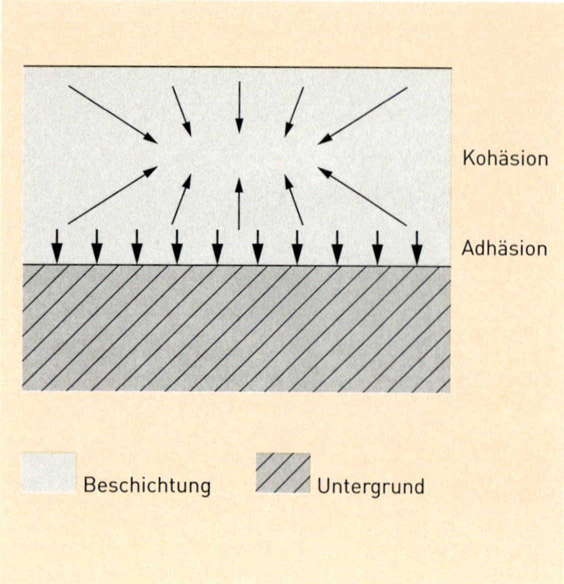

Abb. 1: Adhäsion und Kohäsion

Abb. 2: Adhäsion und Kohäsion waren nicht hoch genug

2.1.5 Oberflächenspannung

Ursache für das hydrophobe und hydrophile Verhalten sind die Oberflächenenergien der festen Oberflächen und die Oberflächenspannung des Wassers. Die Oberflächenspannung ist eine Eigenschaft der Oberfläche zwischen einer Flüssigkeit, z. B. Wasser und eines Gases, z. B. der Luft. Die Oberfläche der Flüssigkeit verhält sich wie eine gespannte, elastische Folie. Dieser Effekt ist z. B. die Ursache dafür, dass Wasser Tropfen bildet. Er trägt dazu bei, dass einige Insekten über das Wasser laufen können oder dass ein Wassertropfen auf einer hydrophoben Oberfläche in Kugelform bleibt (Abb. 2, S. 49).

2.1.6 Adhäsion und Kohäsion

Als Adhäsion (= Anhangskraft), wird das Haften zweier Stoffe oder Körper aneinander bezeichnet. Das Haften einer Beschichtung auf dem Untergrund beruht auf der Adhäsion.

Kohäsion wird die Zusammenhangskraft in einem Körper genannt. Ein Körper mit hoher Kohäsion ist schwer in zwei Teile zu reißen (Abb. 1).

Bezogen auf eine Beschichtung, die auf einem Untergrund haften soll, ist eine gute Kohäsion wichtig, um die Beschichtung zusammenzuhalten und vor Beschädigungen wie Rissen oder Kreiden zu schützen.

Eine gute Adhäsion sorgt dafür, dass die Beschichtung gut am Untergrund haftet und sicht nicht ablöst oder Blasen wirft. Abb. 2 zeigt die typischen Schäden, die durch geringe Adhäsion und Kohäsion hervorgerufen werden.

2.2 Beton und Putz

2.2.1 Beton

Beton und Putzuntergründe gehören zu den künstlich hergestellten Steinen. Man unterscheidet hier grundsätzlich Betone und Mörtel, wobei die zugegebenen Steine oder Sande, die Zuschläge, ausschlaggebend für die Bezeichnung sind. Betone (Abb. 3) haben Zuschläge mit Steinen größer als 4 mm Durchmesser, Mörtel entsprechend Sande und Grobsande mit Körnern kleiner als 4 mm Durchmesser.

Beton besteht aus Zement, Wasser und Zuschlägen. Diese Mischung wird bei der Herstellung meist noch mit Zusatzmitteln und Zusatzstoffen versetzt. Der Zement dient als Bindemittel, das die anderen Bestandteile zusammenhält. Der Zement macht meist um 10–15 % der Betonmasse aus. Zement wird als trockenes Pulver mit dem Anmachwasser und dem Zuschlag vermischt. Dabei werden große Mengen basische Stoffe wie Löschkalk frei, was einen hohen

Abb. 3: Betonierarbeiten

Abb. 4: Wachsende Zementkristalle in stark vergrößerter Ansicht

pH-Wert (pH = 12,5–13,5) verursacht. Die Festigkeit des Betons entsteht durch Auskristallisierung der Mineralien des Zements. Dabei bilden sich durch Wasseraufnahme kleine Kristallnadeln, die fest verfilzen (Abb. 4). Beton verfestigt sich zunächst schnell, oft kann man schon nach wenigen Stunden darüber gehen. Die endgültige Festigkeit wird aber erst nach Wochen und Monaten erreicht.

Während dieser Zeit reagiert der Zement immer weiter mit dem Anmachwasser. Beton kann hohe Druckkräfte aufnehmen, versagt aber schon bei niedrigen Zugbeanspruchungen. Daher wird Beton meist mit Stahl verstärkt. Der Beton nimmt dann die Druckkräfte auf. Die Zugkräfte übernimmt der vom Beton umhüllte Stahl. Wichtig ist die Dicke des Betons über dem Stahl, die man auch Betondeckung nennt: Der Beton schützt aufgrund seines hohen pH-Wertes den Stahl vor dem Rosten. Dies kann nur dann für lange Zeit geschehen, wenn der Beton dick genug ist.

Beton kann je nach Herstellungsart, Rezeptur und Alter sehr unterschiedlichen Einfluss auf Beschichtungen und Beschichtungsstoffe haben. Für die Beurteilung, wie der Untergrund vorzubereiten ist oder welcher Anstrichstoff verwendet werden kann, ist es daher wichtig, Beton zu unterscheiden nach:

- Trockenrohdichte (Leichtbeton, Normalbeton, Schwerbeton),
- Druckfestigkeit (z. B. hochfester Beton),
- Ort der Herstellung (Transportbeton, Baustellenbeton, Fertigteilbeton),
- Erhärtungszustand (Frischbeton, junger Beton = „grüner" Beton, Festbeton, Altbeton),
- Oberfläche (Sichtbeton, „Wasch"beton, Schalungsfläche, Gussfläche).

Tab. 1: Beton – Einteilung und Begriffe

Betoneinteilung nach:	Beispiele
Erhärtungszustand	Frischbeton, grüner Beton, junger Beton, Festbeton
Festigkeit	Festigkeitsklassen C12/15, C16/20, C20/25 [...] C50/60
Fördern, Verarbeiten	Pumpbeton, Spritzbeton, Stampfbeton, Walzbeton
Ort oder Art der Herstellung	Ortbeton, Transportbeton, Betonfertigteile
Rohdichte	Leichtbeton (bis 2000 kg/m^3), Normalbeton (bis 2800 kg/m^3), Schwerbeton (über 2800 kg/m^3)

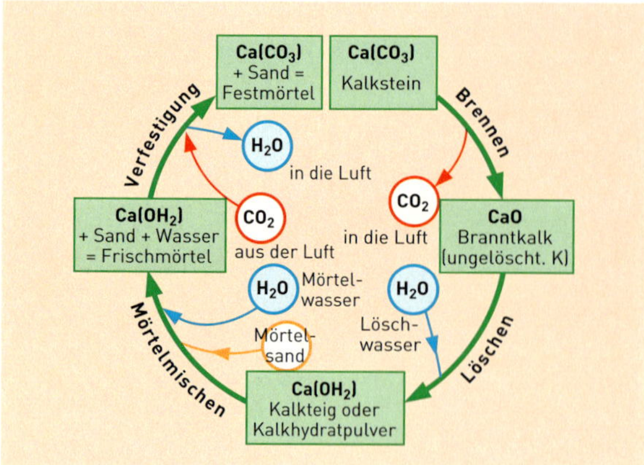

Abb. 1: Kalkkreislauf

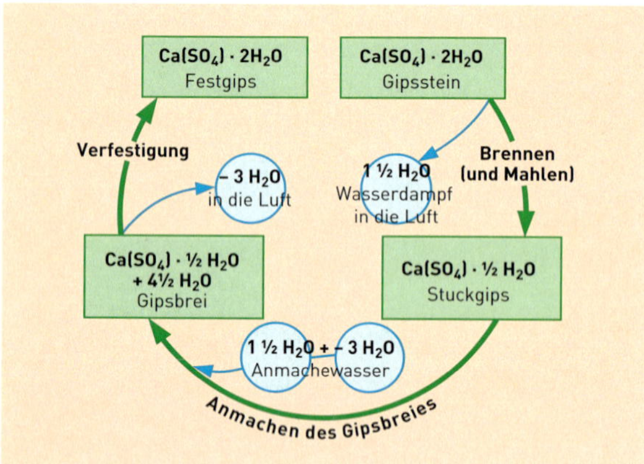

Abb. 2: Gipskreislauf

2.2.2 Mörtel, Putzmörtel

Mörtel wird, wie Beton, aus Wasser, Bindemittel und Zuschlägen hergestellt. Ebenso wie bei Beton werden Zusatzmittel zugesetzt. Im Gegensatz zu Beton unterscheidet man jedoch nach Bindemitteln: Gipsmörtel, Kalkmörtel und Zementmörtel und nach der Verwendung: Mauermörtel, Putzmörtel und Estrichmörtel. Neuerdings wird auch zunehmend Lehm, ein natürlicher Mörtel aus Ton, als Bindemittel und Sand als Zuschlag wieder verwendet. Lehm findet seinen Einsatz vor allen Dingen als Lehmputz. Lehm wird durch Trocknen des enthaltenen Wassers fest und ist nicht wasserbeständig.

Zementmörtel besteht aus Zement, Sand und Wasser. Er erhärtet genauso wie Beton, nimmt also Wasser zur Erhärtung auf und bildet Zementkristalle. Diese verfilzen bei der Erhärtung und binden den Sand ein.

Kalkmörtel besteht aus gelöschtem Kalk, auch Kalkteig genannt und Sand. Gelöschter Kalk entsteht aus gebranntem Kalkstein, zu dem Wasser gegeben wird (Abb. 1). Der Kalkteig benötigt zum Erhärten Kohlendioxid aus der Luft und gibt Wasser an die Luft ab. Kalkmörtel wird daher auch „Luftmörtel" genannt.

Normen, Richtlinien und Merkblätter

Das Bauwesen und damit auch das Beschichten wird durch eine Vielzahl von Bestimmungen geregelt. Neben deutschen **Normen** (DIN), gibt es europäische Normen (EN) und internationale Normen (ISO). Manche Normen haben nur in Deutschland Gültigkeit (DIN), andere auch in Europa (DIN EN), einige sind in Deutschland, Europa und international gültig (DIN EN ISO). Normen gelten als „anerkannte Regeln der Technik", nach denen jeder zu arbeiten hat. In den Normen sind auch viele Baustoffe definiert und die Begriffe für die Baustoffe festgelegt. Beispiele sind:

DIN 55 993:	Beschichtungsstoffe – Beurteilung von applikationsbedingten Eigenschaften von Beschichtungssystemen
DIN EN 206:	Beton – Teil 1: Festlegung, Eigenschaften, Herstellung und Konformität
DIN EN ISO 6504:	Beschichtungsstoffe – Bestimmung des Deckvermögens

Um die vielen Normen überschaubarer zu machen, geben Handwerksverbände oder andere Organisationen **Merkblätter** heraus, die auf diesen Normen beruhen, sie in Details ergänzen oder vereinfachen. Diese Merkblätter beschreiben in praktischer Form, was zu tun ist, geben also Ausführungshinweise. Ein bekanntes Beispiel sind die Merkblätter des Bundesverbandes für Sachwerteschutz, die BfS-Merkblätter. Die **V**ergabe- und Vertrags**o**rdnung für **B**auleistungen (**VOB**) ist ein in Deutschland gültiges, dreiteiliges Werk, das Regelungen für den Inhalt von Bauverträgen und für die Vergabe von Bauaufträgen durch öffentliche Auftraggeber enthält. Besonders wichtig ist hier der VOB Teil C, der gleichzeitig als DIN herausgegeben wird. Für Maler und Lackierer ist hier die DIN 18363: VOB Vergabe- und Vertragsordnung für Bauleistungen – Teil C: Allgemeine Technische Vertragsbedingungen für Bauleistungen (ATV) – Maler- und Lackiererarbeiten – Beschichtungen maßgebend.

Gips wird durch Brennen aus Gipsstein hergestellt. Man unterscheidet weniger stark gebrannten Gips, Stuckgips und völlig wasserfrei gebrannten Gips, den Anhydrit. Mischt man das Anhydrit oder den Stuckgips mit Wasser, bilden sie durch Wiederaufnahme von Wasser Kristalle, die ähnlich wie die Zementkristalle erhärten, aber nicht wasserfest sind (Abb. 2).

Die Mörtel werden in Mörtelgruppen gegliedert. Je nach Verwendungszweck gibt es die Gruppen für Mauermörtel nach DIN 1053 und die Gruppen für Putzmörtel nach DIN 18550. Als Putz bezeichnet man eine Beschichtung aus Mörtel, die an Außenwänden, Innenwänden und Decken aufgebracht wird. Putz selbst wird in der Regel durch Anstriche geschützt.

2.2.3 Putze, Unterteilung

Da Putz als Beschichtungsuntergrund in der Praxis wichtiger als Fugenmörtel ist, werden hier die Putzmörtelgruppen aufgeführt (Tab. 1):

Tab. 1: Putzmörtelgruppen

Gruppe	Zusammensetzung/Verwendung
P I:	Kalkmörtelgruppe (Mörtel aus Sand und gebranntem Kalk) Verwendung als Innenputz
P II:	Kalk-Zement-Mörtelgruppe (Mörtel aus Sand, gebranntem Kalk und Zement) Verwendung als Außenputz
P III:	Zementmörtelgruppe (Mörtel aus Sand und Zement) Verwendung als Außenputz und Unterputz
P IV:	Gipsmörtelgruppe (Mörtel aus Gips und Sand) Verwendung als Innenputz (trockene Räume)

Neben der Unterteilung der Putze nach den enthaltenen Bindemitteln, wie zuvor aufgeführt, werden Putze weiterhin oft nach dem Bearbeitungsverfahren unterschieden.

Abb. 3: Putzfassade

Man differenziert zum Beispiel:

- Scheibenputz – mit der Glättscheibe verrieben, glatt.
- Kellenstrichputz – mit der Kelle verdichteter Putz, leicht strukturiert (Abb. 3).
- Kratzputz – mit einem Nagelbrett aufgerauter Putz, rau.
- Maschinenputz – maschinell verarbeitet und in der Regel glatt gezogen, glatt.
- Kellenwurfputz – angeworfener, nicht geglätteter Putz, sehr rau.

Daneben gibt es noch weitere Bezeichnungen wie Leichtputz für Putze mit Schaumstoffzuschlägen für Wärmedämmzwecke oder Edelputz für Deckputze mit besonderer Oberflächengüte, die in der Regel nicht beschichtet werden (S. 54, Abb. 1).

Abb. 1: Putzoberflächen: Glatter Putz, Kratzputz, Strukturputz (von links nach rechts)

2.2.4 Putzschäden

Ein auf das Bauwerk aufgebrachter, neuer Putz ist grundsätzlich ein unproblematischer Untergrund für darauf abgestimmte Beschichtungen. Aber wie alte Putze können auch neue Putze Schäden aufweisen, die vor einer Beschichtung erkannt werden müssen. Fehler in neuem Putz sind meist auf Verarbeitungsfehler zurückzuführen, die im Putz selbst oder im Untergrund liegen können.

Putz kann Risse aufweisen (Abb. 2). Je nach Form und Breite der Risse unterscheidet man sie in Haarrisse, Netzrisse, Fugenrisse und bauwerksbedingte Risse. Bauwerksbedingte Risse sind breite Trennrisse, die auf Risse im Mauerwerk durch Setzung des Bauwerkes oder Schäden in der Konstruktion entstehen. Im Vorfeld einer Beschichtungsmaßnahme müssen derartige Bauschäden von Grund auf beseitigt werden, ehe der Maler seine Arbeit aufnehmen kann.

Fugenrisse sind Risse, die das Fugenbild des Mauerwerks erkennen lassen, indem sie je Fuge einen durch den Putz gehenden Riss abbilden. Die Ursache können sich in der Form verändernde Mauersteine oder ein zu dünner Putzauftrag sein.
Netzrisse sind schale, den ganzen Putz durchdringende, Risse mit einem zusammenhängenden, netzartigen Rissbild. Sie haben ihre Ursache meist in Zusammensetzungsfehlern des Putzes.

Haarrisse sind Oberflächenrisse, durchdringen die Putzschicht also nicht. Meist bilden sie ein nicht zusammenhängendes Rissbild mit höchstens 1 bis 2 mm tiefen, sehr feinen Rissen. Haarrisse können oft nur durch Anfeuchten sichtbar gemacht werden. Sie bilden sich dann als dünne, dunkle Linien ab.

Neben Rissen können bei neuem Putz Absandungen auftreten. Diese sind auf einen Unterschuss an Bindemittel, z. B. Zement oder Kalk, im Vergleich zum Sandzuschlag zurückzuführen.

Geringfügige Absandungen können mit einem verfestigenden Tiefgrund behandelt werden. Sandet der Putz sehr stark, muss er saniert werden.

2.2.5 Einfache Untergrundprüfungen

Einige einfache Prüfungen können Fehler an einem Putz schnell aufdecken.

- Die **Wassertropfenprobe**/Benetzungsprobe besteht darin, einen Tropfen Wasser auf die Putzoberfläche aufzubringen. Wird der Tropfen schnell aufgesaugt, ist der Putz sehr porös und saugt sehr stark. Unter Umständen ist er dann auch nicht fest genug für eine Beschichtung. Mit einem Tiefgrund können die Poren verengt werden, damit wird das Saugen vermindert und die Oberfläche gefestigt.
- Durch **Reiben mit der Handfläche** oder Scheuern mit Tuch oder Schwamm kann festgestellt werden, ob der Putz absandet.
- Das **Ritzen des Putzes** mit einem Messer gibt Auskunft über seine Festigkeit und Kohäsion. Bröckelt der Putz beim Ritzen stark aus, ist der Zusammenhalt nicht gut genug. Bietet der Putz dem Ritzen Widerstand und zeigt nur eine messerbreite Vertiefung, kann von einem guten Zusammenhalt ausgegangen werden.

Abb. 2: Putzrisse: Haarrisse, Netzrisse, Fugenrisse (schematisch)

2.3 Holz

2.3.1 Holzarten

Holz ist ein natürlicher Baustoff. Als Holz bezeichnet man die feste Substanz des Stammes und der Äste von Bäumen und Sträuchern. Da es sehr viele Baum- und Straucharten gibt, gibt es auch rund 20000 Holzarten, von denen aber nur wenige als Baustoff genutzt werden. Um die Übersicht über die immer noch recht vielen benutzten Holzsorten zu vereinfachen, werden ähnliche Holzsorten zu Gruppen zusammengefasst, die man Handelssortimente nennt. Das Handelssortiment „Eiche" umfasst z. B. viele unterschiedliche Eichenarten.

Selbst diese wenigen, zu Sortimenten vereinfachten Holzarten reichen aber noch aus für eine Vielfalt von möglichen Beschichtungsuntergründen. Dazu kommen noch die unterschiedlichsten Holzwerkstoffe. Holzwerkstoffe werden aus Bindemitteln und Holzspänen, Holzstreifen oder Holzfasern unterschiedlichster Hölzer hergestellt.

Beispiele sind mitteldichte Faserplatten (MDF), Spanplatten oder Oriented Strand Boards (OSB). Aufgrund dieser Vielfalt werden hier zunächst die wichtigsten allgemeinen Eigenschaften von Holz betrachtet.

Abb. 3: Holz und Holzwerkstoffe

2.3.2 Holzaufbau

Holz besteht aus Cellulosen, Lignin, mineralischen Stoffen und weiteren Inhaltsstoffen. Die Cellulosen und das Lignin machen mit zusammen über 90 % den größten Anteil aus.

Weitere Inhaltsstoffe sind Harze, Fette und ätherische Öle (z. B. Terpentinöl), Gerbstoffe, Kautschuk und Kampfer.

Diese sind in vielen Fällen für die Beschichtung von großer Bedeutung, da sie für Beschichtungsfehler wie Harzgallen, Ablösungen oder Verfärbungen verantwortlich sein können. Daher ist es von Bedeutung zu wissen, welches Holz beschichtet werden soll.

Während des Wachstums bildet der Baum Schicht um Schicht, Jahresring um Jahresring, um den Stamm herum neues Holz. Die äußersten Schichten dienen dem Transport von Wasser und Nährstoffen, der innere Teil des Stammes, das Kernholz, hat im Wesentlichen Tragfunktion. Bei manchen Hölzern, z. B. bei Kiefern und Lärchenholz, können Kernholz und Splintholz, also der innere und äußere Bereich, scharf unterschieden werden.

Durch diesen Aufbau bedingt ist Holz ein anisotropes Material (Abb. 1). Das bedeutet, dass seine Eigen-

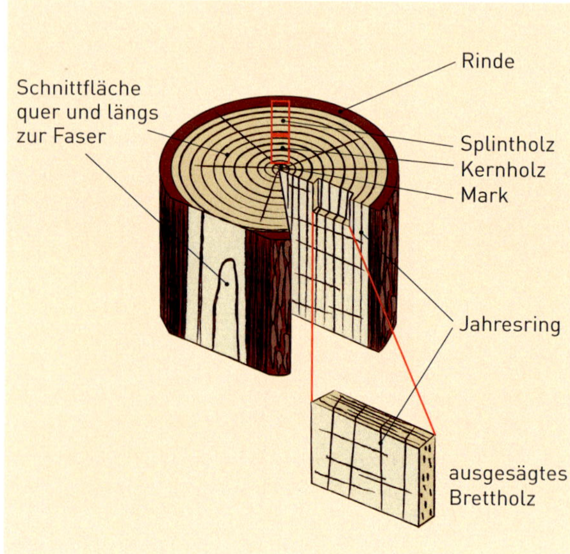

Abb. 1: Aufbau des Holzes (schematisch)

schaften nicht in alle Richtungen gleich sind. Man unterscheidet:

- die Richtung des Baumwuchses nach oben, aufgrund des Verlaufs der Holzfasern auch längs zur Faser genannt,
- die Richtung des Holzzuwachses (Verdickung des Stamms), aufgrund des Verlaufs der Holzfasern auch quer zur Faser genannt.

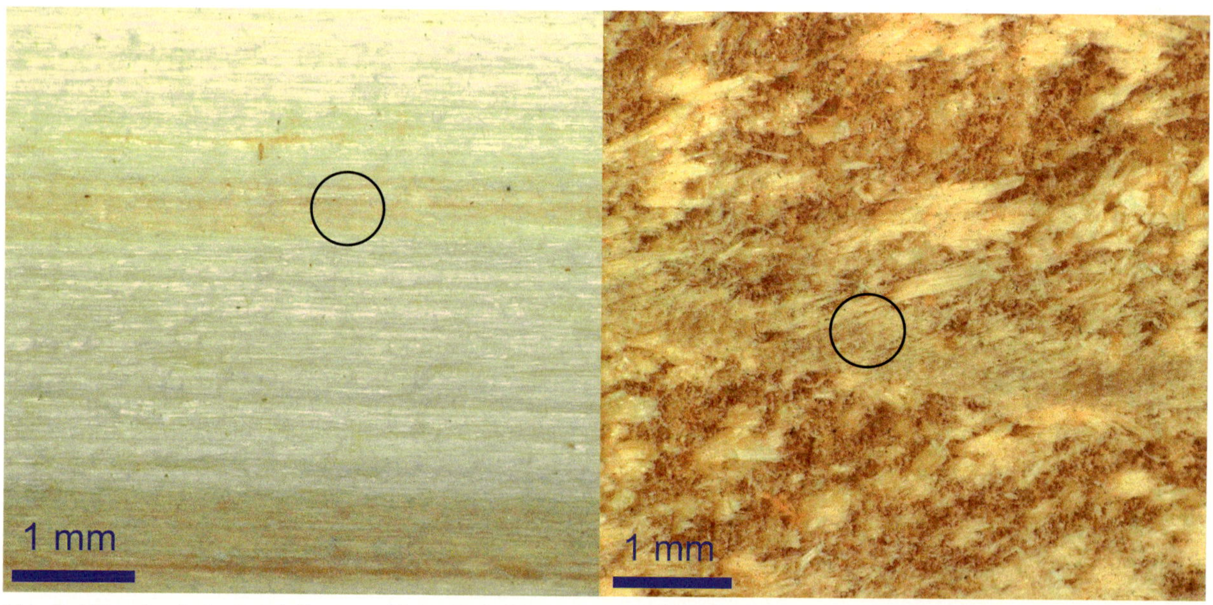

Abb. 2: Mikroskopische Darstellung von Fichtenholz längs zur Faser (links) und quer zur Faser (rechts). Im Kreis: Jahresring

Abb. 3: Laub- und Nadelhölzer: Buche, Eiche, Erle, Fichte (von links nach rechts)

Während Tischler und andere holzverarbeitende Berufe zwischen drei Schnittarten unterscheiden, ist für die Beschichtung vor allem die Unterscheidung zwischen Stirn- oder Hirnholz und den beiden Seitenflächen wichtig. Da beim Stirnholz die wasserführenden Kapillaren des Holzes quer durchgeschnitten sind, saugt diese Seite um ein Vielfaches mehr Wasser oder Anstrichstoff auf. Daher benötigt diese Seite immer eine besondere Behandlung.
Die Abb. 2 zeigt Mikroskopbilder von Fichtenholz längs und quer zur Faser. Längs zur Faser sieht man eine dicht erscheinende Oberfläche. Die Holzfasern sind gut zu erkennen. Quer zur Faser sieht man im gleichen Massstab eine im Vergleich raue, offene Oberfläche. Die Poreneingänge sind gut zu sehen, die Möglichkeit hoher Wasseraufnahme lässt sich nachvollziehen. Auch der Jahresring ist sowohl längs als auch quer zur Faser zu erkennen.
Holzarten und deren Eigenschaften zeigen die Abb. 3–4 sowie die Tab. 1 auf S. 58.

2.3.3 Holzfeuchte

Als Holzfeuchte bezeichnet man den Wasseranteil im Holz bezogen auf die Trockenmasse des Holzes. Die Holzfeuchte wird in % angegeben. Sie ist ein wichtiges Maß des Werkstoffes Holz. Die Verarbeitungseigenschaften und die mechanischen Eigenschaften hängen von der Holzfeuchte ab. Man kann Holz beispielsweise bei bestimmten, hohen Holzfeuchten biegen, während das gleiche Holz bei geringerer Feuchte bei gleicher Belastung bricht. Wichtig ist die Holzfeuchte auch für Beschichtungsmaßnahmen. Bei zu hohen Holzfeuchten darf nicht beschichtet werden, da die Beschichtung dann nicht dauerhaft auf dem Holz haften kann.

Absolut trockenes Holz mit 0 % Holzfeuchte bezeichnet man als darrtrocken. Im Holz, das nicht direkt dem Wasser ausgesetzt ist (z. B. durch Regen oder Erdfeuchte), stellt sich, wie bei allen porösen Baustoffen, mit der Zeit eine bestimmte, von der relativen Luftfeuchte und der Temperatur abhängige Ausgleichsfeuchte ein. Diese Ausgleichsfeuchte des Holzes schwankt in Räumen zwischen 6 % und 10 %. Die Holzfeuchte schwankt im Freien ohne direkten Wassereinfluss zwischen etwa 8 % und etwa 16 % – allerdings sind auch Werte darüber und darunter möglich.

Abb. 4: Nadelhölzer und exotische Hölzer: Kiefer, Sapeli, Niangon, Palisander (von links nach rechts)

Tab. 1: Holzarten und Eigenschaften

	Holzname	Herkunft	Farbe		Verwendung
			Splintholz	Kernholz	
Nadelhölzer	Douglasie	Nordamerika	gelbweiß	gelbbraun	Konstruktionen, Täfelung, Parkett
	Fichte	Europa	gelbweiß	glänzend	Konstruktionen (innen), Parkett, Dielen
	Kiefer	Europa, Asien	hellgelb	rotbraun	Konstruktionen, Täfelung, Parkett, Rahmen
	Lärche	Europa	gelbweiß	rotbraun	Konstruktionen, Täfelung, Parkett, Rahmen
	Tanne	Europa, Amerika	gelblich – rötlich weiß		Konstruktionen (innen), Parkett, Dielen
	Western Red Cedar	Nordamerika	gelbweiß	rotbraun	Täfelung, Fassaden
Laubhölzer	Birke	Europa, Asien	weiß – bräunlich		Täfelung, Furniere
	Buche	Europa	gelb – rotbraun		Konstruktionen (innen), Parkett, Rahmen
	Esche	Europa, Asien	gelblich	hellbraun	Täfelung, Furniere
	Eiche	Europa	gelblich	hellbraun	Konstruktionen, Täfelung, Parkett, Rahmen
	Mahagoni	Afrika	rötlich	rotbraun	Konstruktionen, Täfelung, Parkett, Rahmen
	Meranti	Süd-Ost-Asien	gelbweiß	Rottöne	Fenster, Treppen
	Nussbaum	Amerika, Europa	graurot	graubraun	Täfelung, Parkett, Rahmen

2.3.4 Quellen und Schwinden des Holzes

Gibt Holz unterhalb seines Fasersättigungsbereiches Feuchtigkeit an seine Umgebung ab, schwindet es. Umgekehrt quillt Holz, wenn es unterhalb seines Fasersättigungsbereiches Feuchtigkeit aus der Umgebung aufnimmt.

Die Quell- und Schwindmaße von Holz sind in den drei Richtungen, in Faserrichtung und quer dazu sehr unterschiedlich und verhalten sich etwa wie 1 : 10 : 17. Wie das Holz bei unterschiedlichem Jahrringverlauf im jeweiligen Querschnitt schwindet und sich verändert, zeigt die Abb. 1.

Das maximale Schwindmaß ist für den Maler und Lackierer bedeutungslos, da er in der Praxis nichts mit diesen maximalen Holzfeuchteänderungen zu tun hat. Wichtig ist dagegen, wie sich Holzfeuchteänderungen, die durch normale Klimaschwankungen entstehen, auf das Quell- und Schwindverhalten des Holzes auswirken. Das Maß hierfür ist das differenzielle Schwindmaß. Es gibt die Längenänderung des Holzes in % an, wenn sich die Holzfeuchte um 1 % ändert. Dieser Wert ist quer zur Faser deutlich höher als in Faserrichtung (Tab. 2).

Daraus folgt, dass der Messung der Holzfeuchte vor Beschichtungsmaßnahmen besondere Bedeutung zukommt.

Tab. 2: Differentielle Schwindmaße in % je 1 % Holzfeuchteänderung für unterschiedliche Holzarten (DIN 68 100, 2008)

Holzart	Quer zur Faser	Längs zur Faser
Fichte	0,15 – 0,36	0,01
Kiefer	0,15 – 0,36	0,01
Eiche	0,15 – 0,35	0,01
Buche	0,19 – 0,44	0,015
Holzwerkstoff	**Quer zur Platte**	**In Plattenebene**
Spanplatte P3	0,69	0,037
Mitteldichte Faserplatte (MDF)	0,84	0,021
Sperrholz	0,30	0,015

2.3.5 Messung der Holzfeuchte

Obwohl es eine Reihe von Messverfahren gibt, sind für die Praxis nur die elektrischen Messverfahren wichtig. Unter diesen ist die Messung des elektrischen Widerstands zwischen zwei Nägeln, die ins Holz eingedrückt oder eingeschlagen werde, die gebräuchlichste. Die Abb. 2 zeigt ein Holzfeuchtemessgerät.

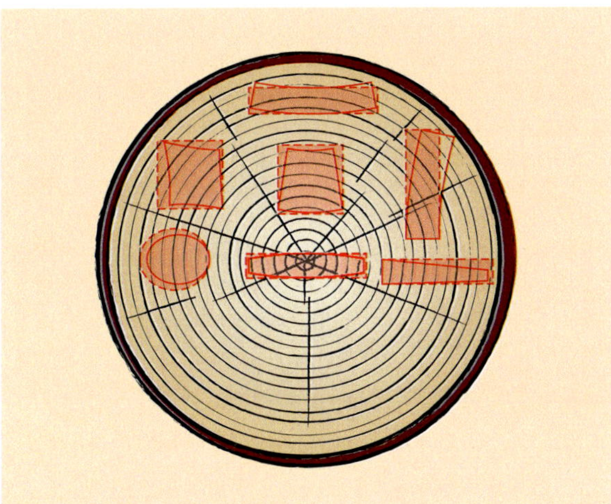

Abb. 1: Schwinden des Holzes in Abhängigkeit von der Lage im Stamm

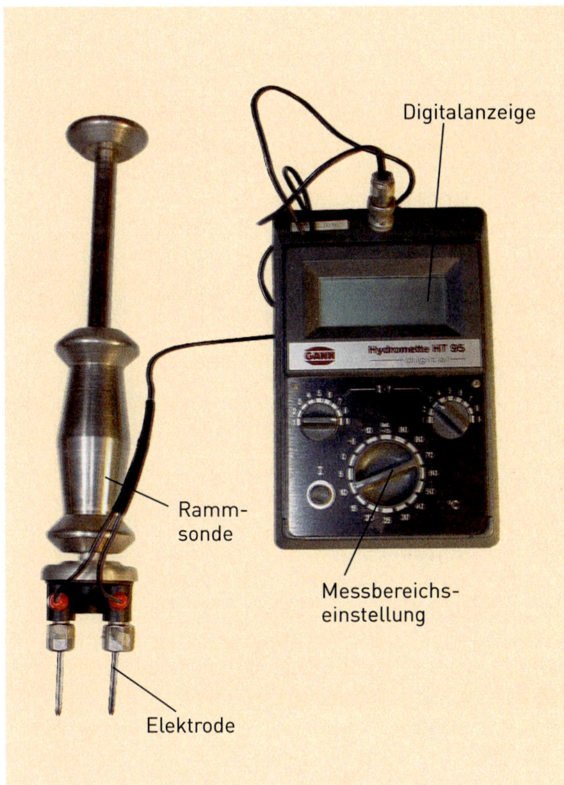

Abb. 2: Holzfeuchtemessgerät

2.4 Kunststoffe

Kunststoffe sind künstliche, durch chemische Synthese hergestellte organische Stoffe. Sie bestehen aus kettenförmigen Molekülen, die meistens aus Kohlenstoff, Wasserstoff und wenigen anderen Elementen aufgebaut sind. Die kettenförmigen, sehr langen Moleküle werden auch als Polymere bezeichnet. Je nachdem, ob die Polymere miteinander verknüpft sind oder nicht, unterscheidet man Untergruppen der Kunststoffe.

2.4.1 Thermoplaste, Plastomere

Kunststoffe, deren Polymerketten nicht miteinander verbunden sind zeigt die Abb. 1. Die Ketten können sich oberhalb bestimmter Temperaturen bewegen und gegeneinander verschieben. Der Kunststoff wird dadurch formbar. Daraus erklärt sich auch der Name dieser Kunststoffe: Sie werden durch Wärme (Thermo) formbar (plastisch), sind also Thermoplaste. Der Vorgang ist reversibel, das heißt, er kann durch Abkühlung und erneutes Erwärmen beliebig oft wiederholt werden, solange nicht durch Überhitzung die Zersetzung des Materials einsetzt.

Wichtige Thermoplaste sind Massenkunststoffe wie Polyethylen (PE), Polypropylen (PP), Polystyrol (PS) oder Polyvinylchlorid (PVC).
Anwendungsbeispiele sind Verpackungsfolien (PE), Joghurtbecher (PS), Kunststofffenster (PVC) oder Plexiglas (Polymethylmethacrylat, PMMA).

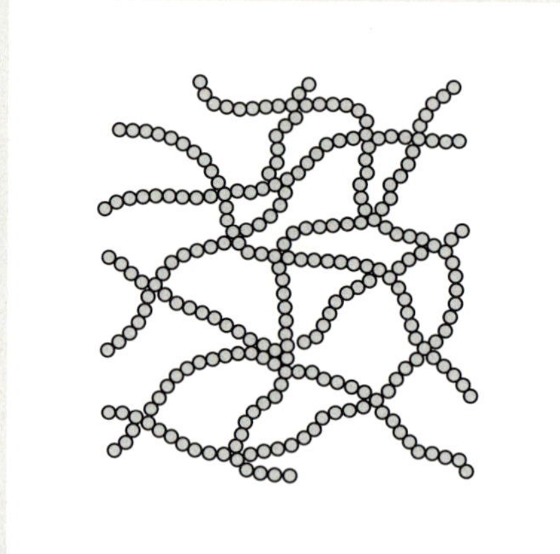

Abb. 1: Thermoplaste

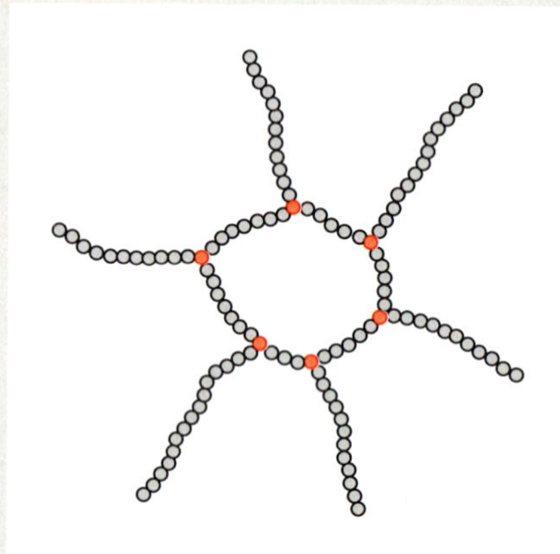

Abb. 2: Elastomere

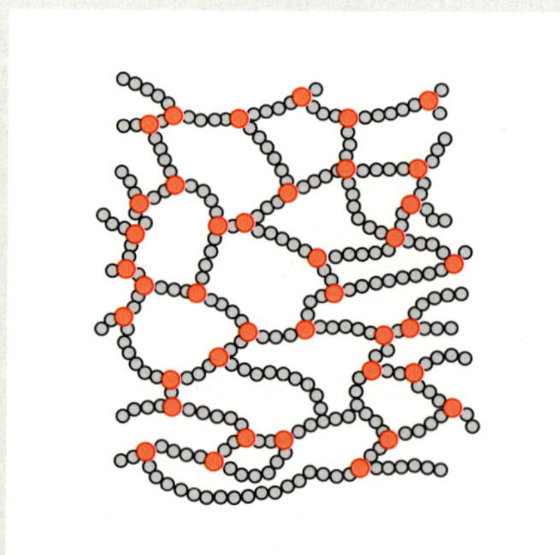

Abb. 3: Duromere

2.4.2 Elastomere

Die Polymerketten der Elastomere sind in unregelmäßigen Abständen chemisch miteinander verküpft. Dadurch entsteht eine netzartige Struktur, man spricht auch von vernetzten Polymeren.
Die Verknüpfungspunkte liegen bei Elastomeren relativ weit auseinander, so dass die Ketten eine gewisse Beweglichkeit behalten. Dadurch sind die Elastomere gummielastisch (Abb. 2). Sie sind verformbar, gehen aber nach der Verformung in den Ausgangszustand zurück. Das Verformen durch Erwärmung ist jedoch nicht möglich. Bei zu starker Erwärmung zersetzen sich die Elastomere.

Wichtige Elastomere sind Naturkautschuk (NR) und Acrylnirilbutadienstyrolkunststoff (ABS).
Anwendungsbeispiele sind Stoßfänger von Autos (ABS), Kreppsohlen von Schuhen (NR) oder Taucheranzüge (Chloropren, CR).

Abb. 4:
Kunststoffteile am Beispiel eines Kfz

2.4.3 Duromere

Die Polymerketten der Duromere sind in wesentlich kürzeren Abständen miteinander verknüpft als die der Elastomere. Auch hier spricht man von vernetzten Polymeren. Die Verknüpfungspunkte liegen bei Duromeren so eng zusammen, dass die Ketten unbeweglich gegeneinander sind (Abb. 3). Dadurch sind Duromere sehr starr, hart und kaum verformbar. Das Verformen durch Erwärmung ist auch hier nicht möglich. Bei zu starker Erwärmung zersetzen sich die Duromere.

Wichtige Duromere sind Epoxidharze (EP) und ungesättigte Polyesterharze (UP).
Anwendungsbeispiele sind Fiberglas (Glas und UP) oder Epoxidharzkleber (EP).

2.4.4 Bauteile aus Kunststoff

Auf dem Bau werden viele Kunststoffteile eingesetzt. Die wichtigsten Bauteile aus Kunststoff, die bereits von außen zu sehen sind, sind Kunststofffenster und -türen, Regenrinnen und -fallrohre, Kunststofffassadenplatten oder Kunststoffgaragentore. Die außen sichtbaren Teile sind zwar in der Regel nicht beschichtet, können aber beschichtet werden. Bauteile wie Wasserrohre, Abdichtungsfolien, Bauschäume oder Fußbodenbeläge, die alle auch aus Kunststoffen bestehen können, spielen für den Maler und Lackierer keine große Rolle.

2.4.5 Untergrundvorbereitung

Kunststoffe sind als Beschichtungsuntergrund oft problematisch. Wenn eine Firma Teile lackieren soll, die vom Hersteller nicht vorgrundiert sind, muss der Beschichtungsuntergrung vor allem gründlich gereinigt und entfettet werden. Leichtes Anschleifen sorgt dafür, dass die Beschichtungsstoffe haften können.

In speziellen Fällen ist auch das kurze Erhitzen der Oberfläche (Tempern) notwendig. In jedem Fall müssen die bei der Herstellung verwendeten, silikon- oder wachshaltigen Trennmittel aus dem Kunststoffteil entfernt werden. Verfügt das Kunststoffteil zusätzlich noch über Poren oder kleine Löcher (Lunker), müssen diese geschlossen werden. Bei Thermoplasten geschieht das mit einem speziellen Porenwischfüller oder mit einem Kunststoffspachtel. Bei Duromeren kann herkömmlicher 2K-Spachtel benutzt werden.

2.5 Leitern und Gerüste

Leitern sind für jedes Handwerk wichtige Arbeitshilfen. Der Einsatz von Leitern und Gerüsten erfolgt oft ohne Beachtung der Arbeitssicherheit.

Leitern und Gerüste unterliegen dem Gerätesicherheitsgesetz. Daher müssen sie mit dem **GS-Symbol** gekennzeichnet sein.

2.5.1 Leitern

Im Maler- und Lackiererhandwerk werden im folgende Leiterarten eingesetzt:

- Anlegeleitern,
- Stehleitern,
- Mehrzweckleitern (→ LF 3).

Anlegeleitern

Anlegeleitern sind Leitern, die an Flächen oder Kanten angelegt werden.

Aufsichtsführende, die zu entscheiden haben, ob ein Einsatz von Anlegeleitern zweckmäßig ist, sollten sich bewusst sein, dass diese einen zweitrangigen Behelf darstellen, der eine erhöhte Unfallgefahr mit sich bringt. Sollen trotzdem Anlegeleitern als Verkehrsweg oder Arbeitsplatz genutzt werden, müssen die **Sicherheitsregeln** nach Abb. 1 beachtet werden.

Auf Anlegeleitern dürfen nur geringfügige bzw. einfache Arbeiten ausgeführt werden. Dazu gehören Arbeiten, bei denen wenig Material oder Werkzeug benötigt wird. Der Arbeitende muss sich immer mit einer Hand gegen das Herabstürzen sichern können.

- Keine schadhaften Leitern und Tritte benutzen und diese standsicher aufstellen.
- Leitern nur auf rutschsicheren Böden aufstellen.

- Bei freistehenden Anlegeleitern dürfen die obersten vier Sprossen nicht bestiegen werden.

- Leitern im richtigen Winkel anlehnen. Die Anlegeleiter muss einen Anstellwinkel zwischen 65° und 75° aufweisen (Ellenbogenprobe).

- Auf gewachsenem, hartem Boden sind Erdspitzen zu verwenden.

- Anlegeleitern an Kanten müssen mindestens 1 m höher sein, als die Kante.

- Für glatte Fußböden müssen Gummifüße verwendet werden.

- Anlegeleitern nicht an unsicheren Gegenlagen anlehnen, z. B. Stangen, Drähte, Glasscheiben.

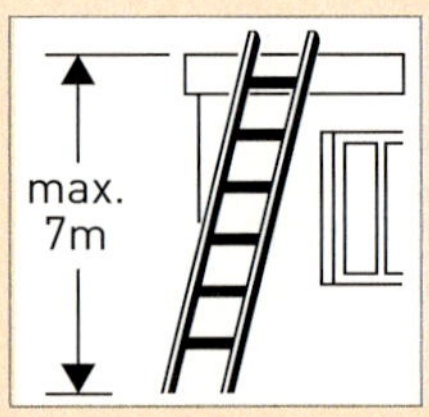

- Die maximale Arbeitshöhe einer Anlegeleiter beträgt 7 m.

Abb. 1: Sicherheitsregeln

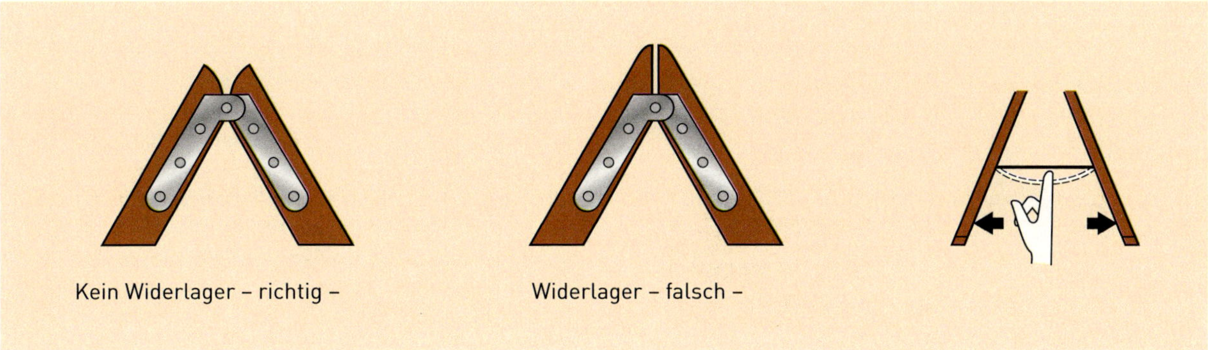

Abb. 2: Widerlager und Spreizsicherung

Stehleitern
Stehleitern sind freistehende Doppelleitern, die an den oberen Holmen mit einem Gelenkscharnier verbunden sind. Eine Spreizsicherung, z. B. Ketten oder Gurte, verhindern ein auseinanderrutschen der beiden Holme. Diese Spreizsicherung muss beim Aufstellen immer gespannt sein (Abb. 2).

Die Enden der oberen Holme müssen abgerundet sein, um eine Klemmwirkung zu verhindern.

Die folgenden **Sicherheitsregeln** sind beim Umgang mit Stehleitern (Abb. 3–4) zu beachten:

- Wegen der Kippgefahr darf von Stehleitern nicht auf Gerüste oder andere Leitern umgestiegen werden.
- Stehleitern nicht als Anlegeleitern benutzen.
- Bei fehlender Haltevorrichtung dürfen die obersten Sprossen der Stehleiter nicht betreten werden (S. 64, Abb. 1).
- Auf gespannte Spreizsicherung achten.

Abb. 3: Stehleiter

Abb. 4: Stehleiter mit Haltevorrichtung

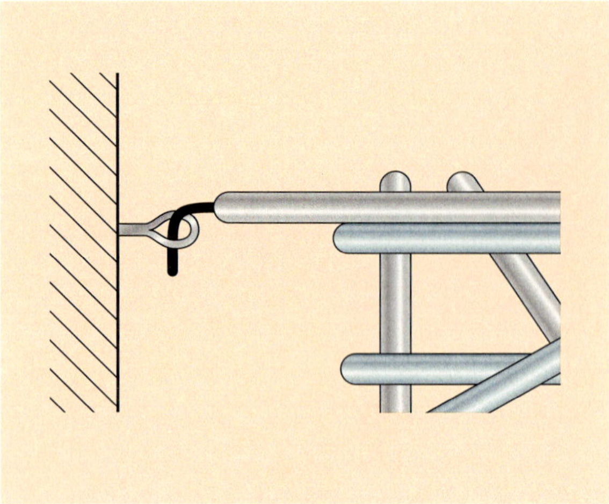

Abb. 1: Verankerung in der Wand

2.5.2 Gerüste

Gerüste sind nach DIN 4420 Hilfskonstruktionen aus industriell gefertigten Rahmenteilen. Sie sind mit Schraub- und Steckverbindungen versehen, die an der Arbeitsstelle zusammengefügt und auch wieder demontiert werden. Die Belagsflächen besitzen unveränderliche Längen und Breiten.
Gerüste müssen nach Montageanleitung errichtet werden.

Im Maler- und Lackiererhandwerk wird auf folgenden Gerüstarten gearbeitet:

- Rahmengerüste (Abb. 2),
- Fahrgerüste (LF 3),
- Kleingerüste (LF 3).

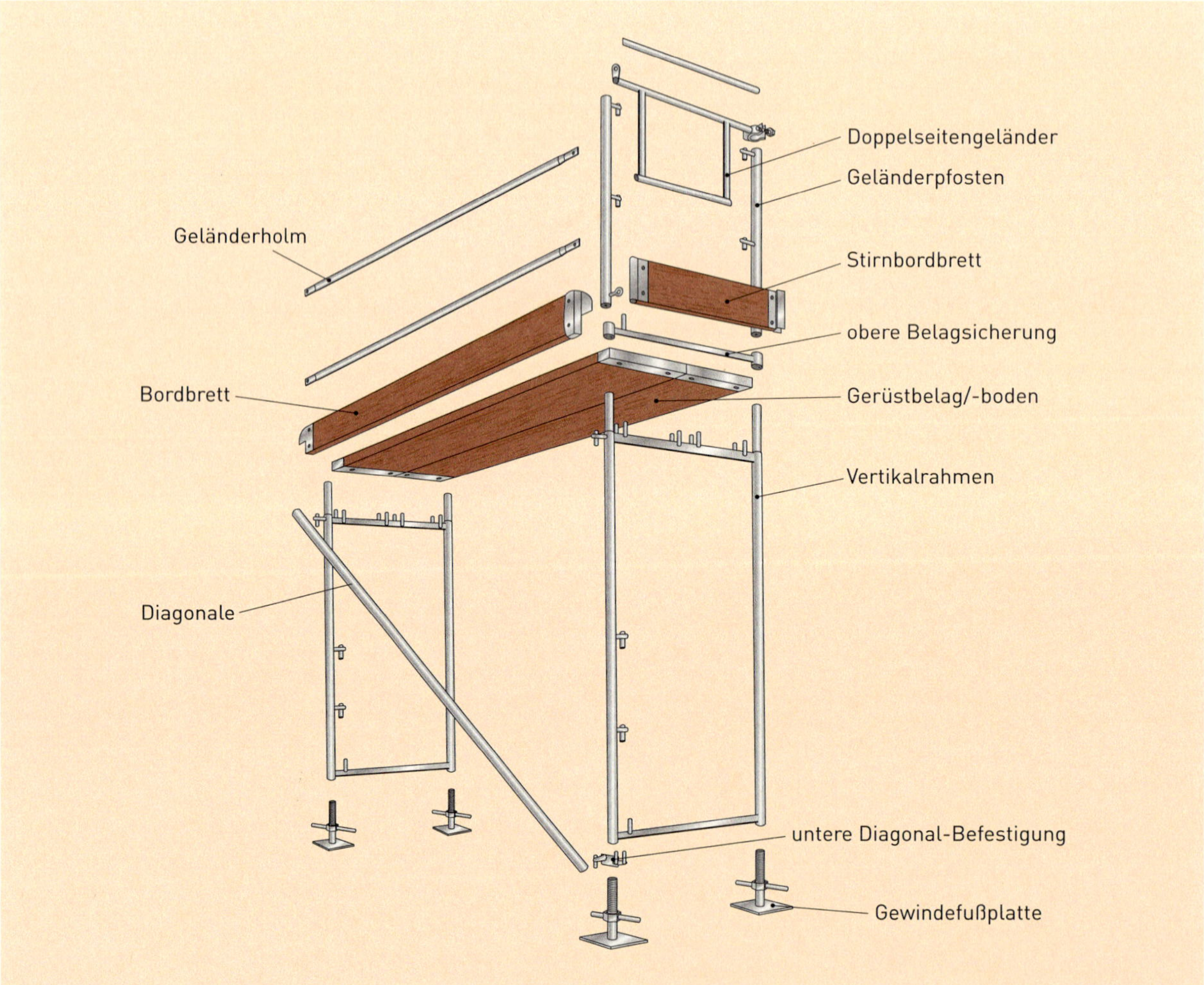

Abb. 2: Aufbau eines Rahmengerüsts

Sicherheitsregeln nach BGV (Berufsgenossenschaftliche Vorschriften)

- Gerüstbauarbeiten sind nur durch Fachkundige auszuführen.
- Am Gerüst dürfen keine Veränderungen, z. B. Entfernen von Verankerungen oder Ausbau von Seitenschutzbauteilen, durchgeführt werden.
- Auf dem Gerüst darf nur so viel Material gelagert werden, wie nach der jeweiligen Lastenklasse zulässig ist (Gefahr des Gerüstzusammenbruchs).
- Das Material so ablegen, dass ein ausreichend breiter Durchgang erhalten bleibt.
- Vermeiden, dass Personen gleichzeitig auf mehreren Gerüstlagen übereinander arbeiten: Unfallgefahr durch herabfallende Gegenstände.
- Nicht auf Belagflächen abspringen.
- Ab mehr als 1,00 m Belaghöhe muss ein Aufstieg vorhanden sein.
- Gerüstbelagsbreite muss mindestens 50 cm betragen.
- Es müssen konstruktiv festgelegte Innenaufstiege vorhanden sein.
  Senkrechte Steigleitern von mehr als 4,00 m Höhe sind unzulässig.
  Ausnahme: Maximal alle 4,00 m ist eine Zwischenbelagsbühne mit Druchtrittsklappe vorhanden.
- Stellt ein Benutzer einen sicherheitstechnischen Mangel am Gerüst fest, so muss er diesen sofort beheben bzw. unverzüglich seinem Vorgesetzten melden.
- Bei Schäden haftet nicht der Gerüstbauer, sondern der Benutzer.
- Beim Auf- und Abbau sind stets Schutzhelm und Sicherheitsschuhe zu tragen.

Aufgaben

1. Weshalb müssen poröse Untergründe anders vorbehandelt werden als nicht poröse?

2. Warum müssen an bestimmten Untergründen Feuchtemessungen durchgeführt werden?

3. Welche physikalischen Umgebungsbedingungen müssen Sie vor Beginn von Beschichtungsarbeiten berücksichtigen?

4. In welche drei Untergruppen lassen sich Kunststoffe grob einteilen und wie unterscheiden sie sich?

5. Welche Sicherheitsregeln sind in den Abb. 3 und 4 nicht beachtet worden?

6. Welche Teile fehlen an dem Gerüst in Abb. 4?

Abb. 3

Abb. 4

3 Lernfeld 3
Oberflächen und Objekte herstellen

Kundenauftrag

▶ Ausführen von Maler- und Lackierarbeiten im Büro

Arbeitsauftrag

Im Innenbereich eines Bürogebäudes sind Maler- und Lackiererarbeiten auszuführen.
Es handelt sich um die Chefetage einer Werbeagentur.

Auszuführende Arbeiten

Pos. 1: Die Decken sind zu beschichten.
Pos. 2: Die Wandflächen des Chefbüros sind mit Raufasertapete zu bekleben und zu beschichten.
Pos. 3: Die Wandflächen der Konferenzräume sind mit Glasfasergewebe zu bekleben und zu beschichten.
Pos. 4: Die Innentüren sollen mit Lack beschichtet werden.
Pos. 5: Die umlaufenden Fußbodenleisten sind zu beschichten.
Pos. 6: Das Firmenlogo soll auf die Flurwand übertragen werden.

Objektbeschreibung

Pos. 1: Decken
Die Decken sind verputzt mit Kalkputz der Mörtelgruppe P II.

Pos. 2: Wandflächen
Die Wandflächen sind verputzt mit Kalkputz der Mörtelgruppe P II.

Pos. 3: Zwischenwände
Die Zwischenwände sind aus Gipskartonplatten in Trockenbauweise gefertigt worden.

Pos. 4: Innentürzargen
Die Glastüren besitzen einen zu beschichtenden Holzrahmen.

Pos. 5: Fußbodenleisten
Die Fußbodenleisten bestehen aus einem neuwertigen Holzwerkstoff.

Pos. 6: Flurwand
Die Flurwand weist eine Dispersionsfarbenbeschichtung auf.

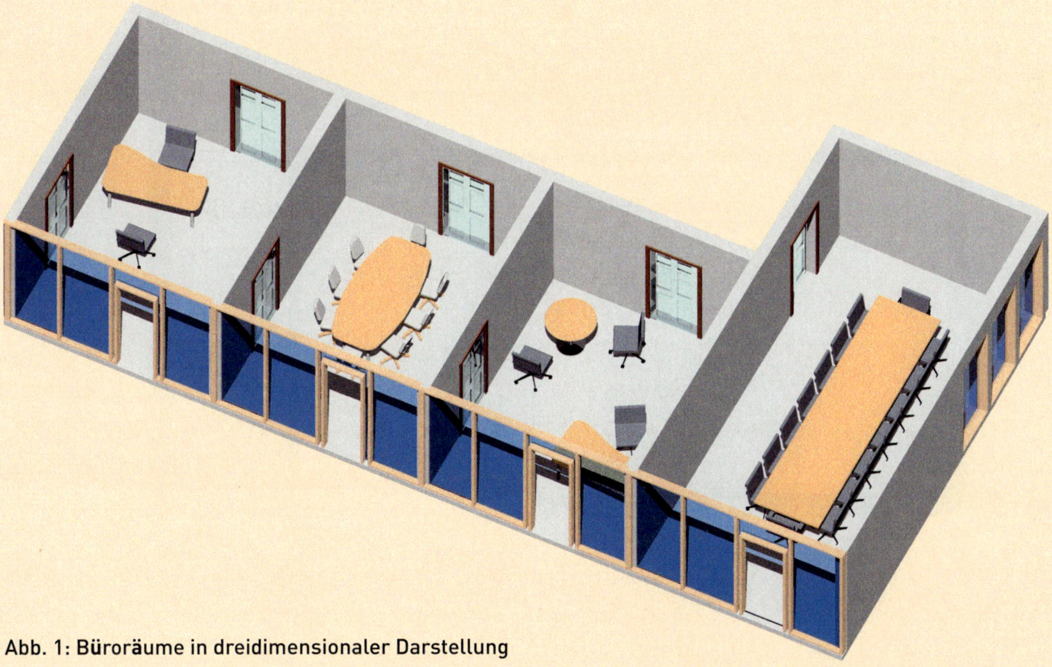

Abb. 1: Büroräume in dreidimensionaler Darstellung

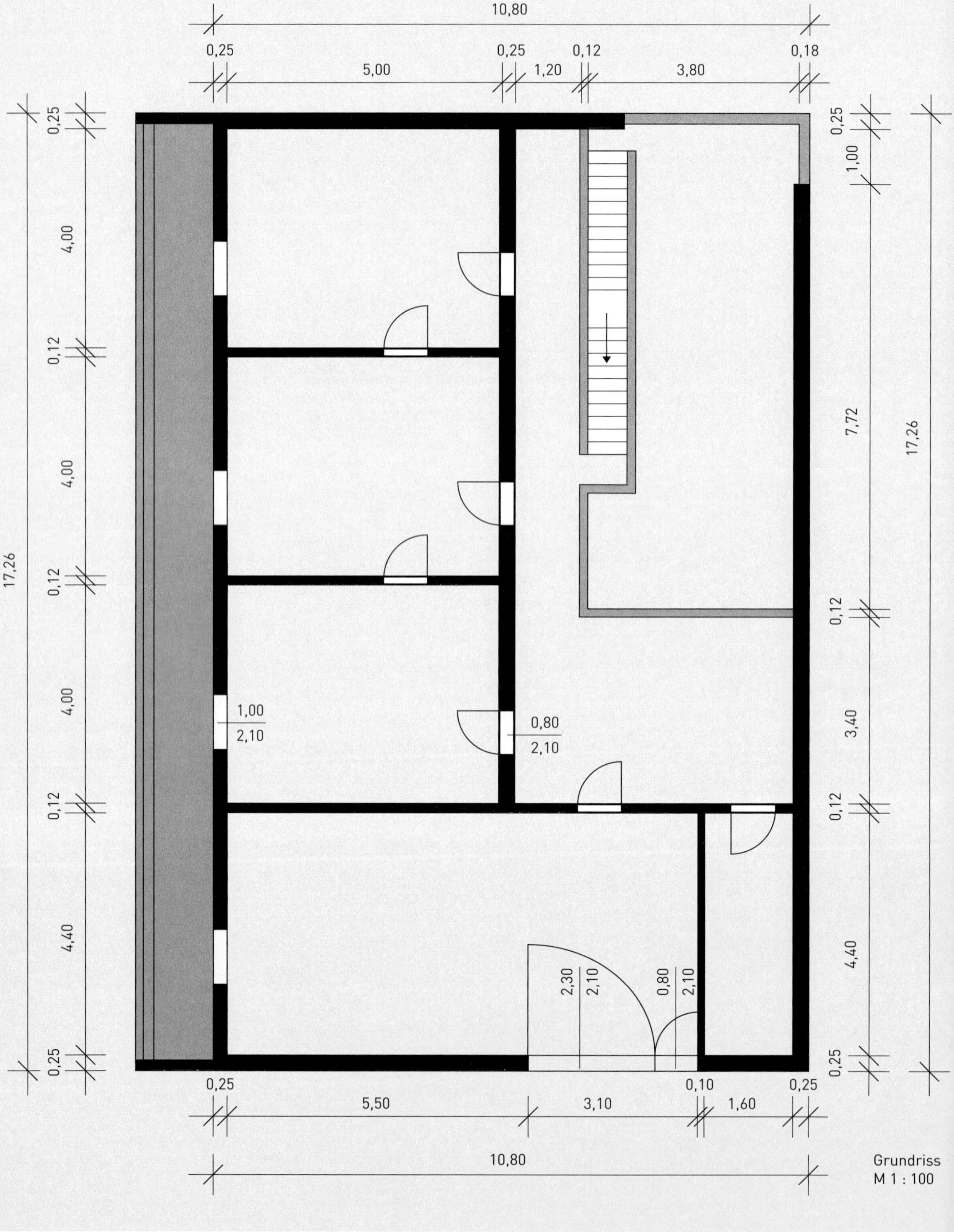

Grundriss
M 1 : 100

Leistungsbeschreibung

Deckenflächen der Büroräume beschichten

Die Flächen sind vorzubehandeln und mit Dispersionsfarbe weiß zu beschichten.

Pos. 1: Wandflächen der Chefzimmer mit Raufasertapete bekleben

Die Flächen sind vorzubehandeln. Eine Grundbeschichtung mit wasserverdünnbarem Grundbeschichtungsstoff ist durchzuführen. Die Wandflächen sind mit Raufaser, mittlere Struktur, zu bekleben. Die Tapete ist mit Dispersionsfarbe zu beschichten.

Pos. 2: Wandflächen der Konferenzräume mit Glasfasergewebe bekleben und beschichten

Die Wandflächen sind vorzubehandeln und mit vorbeschichtetem Glasfasergewebe zu bekleben. Eine Schlussbeschichtung mit Latexfarbe soll durchgeführt werden.

Pos. 3: Fußbodenleisten beschichten

Die Leisten aus Holzwerkstoff sind vorzubereiten und seidenmatt zu beschichten.

Abb. 2: Chefzimmer

Abb. 3: Konferenzräume

Abb. 1: Logo

Pos. 4: Logo übertragen und farbig gestalten

Das Firmen-Logo soll auf die Flurwand gezeichnet und mit wasserverdünnbarem Beschichtungsstoff ausgelegt werden.

Pos. 5: Innentüren beschichten

Die Holzrahmen der Türen sind für eine Neubeschichtung mit Hochglanzlack vorzubereiten.

Die Glasflächen bleiben unbehandelt.

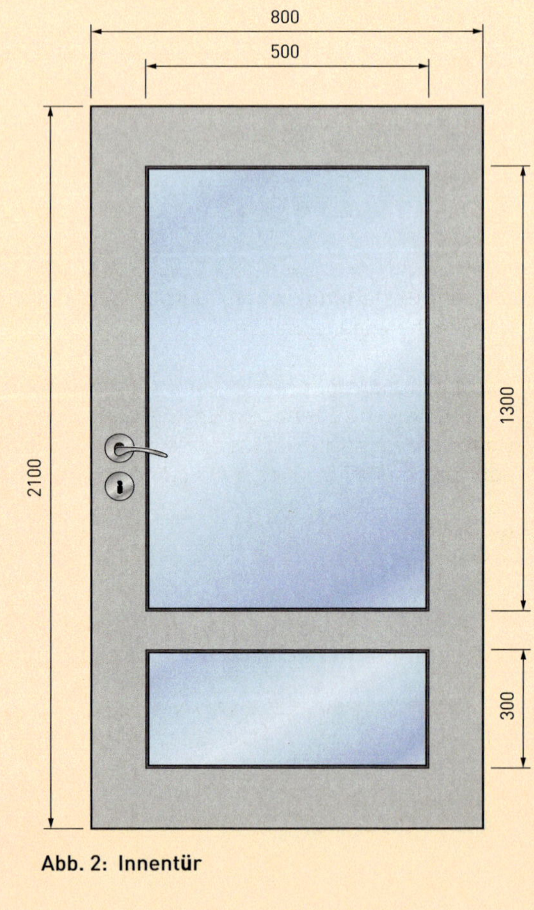

Abb. 2: Innentür

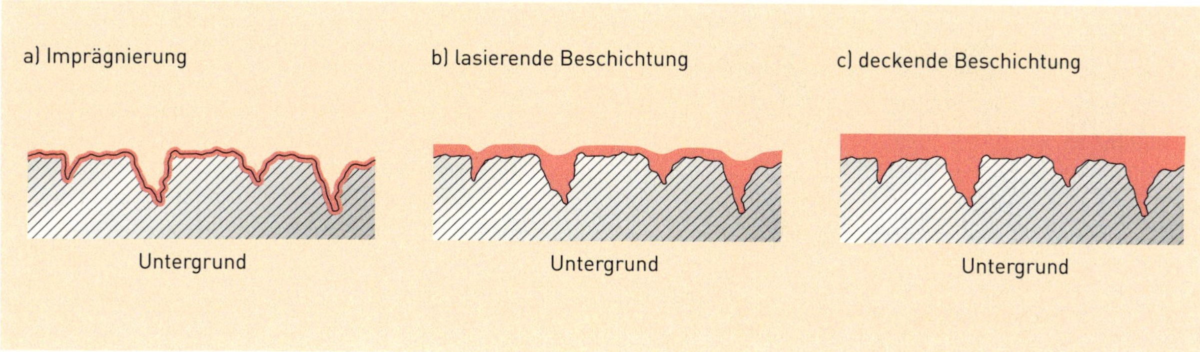

Abb. 3: Beschichtungen

3.1 Beschichtungen und Beschichtungsstoffe

Der Begriff Beschichtung wird sowohl für eine aus flüssigen Stoffen hergestellte Schicht auf einem Untergrund als auch für die Tätigkeit des Auftragens der Flüssigkeit verwendet.

Grundsätzlich können die einzelnen Schichten unterschieden werden in z. B.

- Imprägnierungen,
- Versiegelungen,
- Lasuren oder
- deckende Anstriche (Abb. 3).

Beschichtungen dienen dem Schutz des Untergrundes, der Gestaltung und der Herstellung bestimmter Oberflächeneigenschaften.

Beschichtungsstoffe sind nach DIN EN 971-1 die Bezeichnungen für Stoffe, die Beschichtungen ergeben. Beschichtungsstoffe können flüssig, pulverförmig oder pastenförmig sein. Sie bestehen aus:

- Bindemittel,
- Lösemittel,
- Farbmittel,
- Füllstoff,
- Zusatzmittel (Additiv).

Sie finden Verwendung für Anstriche, Lackierungen, Putzbeschichtungen und als Spachtelmassen.

3.2 Wasserverdünnbare Beschichtungsstoffe

Wasserverdünnbare Beschichtungsstoffe können unterteilt werden in

- Kunststoffdispersionsfarben und -lacke,
- Leimfarben,
- Kalkfarben,
- Silikatfarben.

3.2.1 Kunststoffdispersion

Kunststoffdispersionen sind heute die am meisten verwendeten Bindemittel für Anstrichstoffe, Spachtelmassen und Kunstharzputze. Dies liegt an der Vielzahl von Einsatzmöglichkeiten, die sich durch verschiedenste Eigenschaften dieser Materialien ergeben.

Sie sind gesundheitlich weniger bedenklich als lösemittelhaltige Stoffe, enthalten nur geringe Anteile brennbarer Lösemittel und tragen somit zum Schutz der Menschen und der Umwelt bei.

Kunststoffdispersionen sind einfach zu verarbeiten und eignen sich als Beschichtungsstoff auf einer Vielzahl von mineralischen Untergründen.

In der Regel werden sie auch zur Beschichtung von Raufasertapeten und Glasgewebe verwendet.

Dispersion ist die feine Verteilung eines Stoffes in einem anderen Stoff.

Sind Feststoffe in einer Flüssigkeit verteilt, so bezeichnet man dies als **Suspension**.

Ist eine Flüssigkeit in einer nicht mischbaren anderen Flüssigkeit verteilt, so bezeichnet man dies als **Emulsionen**.

Die Eigenschaften von Kunststoffdispersionen sind

- Vergilbungsfreiheit,
- Verseifungsbeständigkeit auf alkalischen Untergründen,
- gute Haftung,
- hohe Elastizität,
- witterungsbeständig,
- UV-beständig,
- guter Verlauf.

Zusammensetzung

Kunststoffdispersionen sind Gemische aus Polymerisatharzen, Lösemitteln und Pigmenten, die mit Tensiden in Wasser fein verteilt (dispergiert) werden (Abb. 1). Hierbei handelt es sich um Emulsionen.

Je nach Eigenschaft werden sie mit folgenden Zusatzstoffen (Additiven) versehen:

- Antischaummittel,
- Weichmacher,
- Konservierungsmittel,
- Filmbildungshilfen,
- Verdickungsmittel.

Um ein Entmischen der verschiedenen Stoffe zu vermeiden, müssen zur Stabilisierung Stabilisatoren und Emulgatoren (Tenside) als Zusatzstoffe beigefügt werden.

Stabilisatoren sorgen für eine gleichmäßige Feinverteilung der Kunststoffteilchen.

Emulgatoren bewirken, dass die Kunststoffteilchen in der Flüssigkeit nicht bereits zusammenfließen (koagulieren).

Bei den sich in der Dispersion befindenden Kunststoffteilchen kann es sich um folgende thermoplastische Harze handeln:

- Polyvinylacetat (PVAc),
- Polyvinylpropinat (PVP),
- Polystyrolbutadien (PSB),
- Polymethylmethacrylat (PMMA).

Die Teilchengröße bewegt sich zwischen $^1/_{100}$ mm für grobe Dispersionen und $^1/_{100\,000}$ mm für feine Dispersionen (Abb. 2).

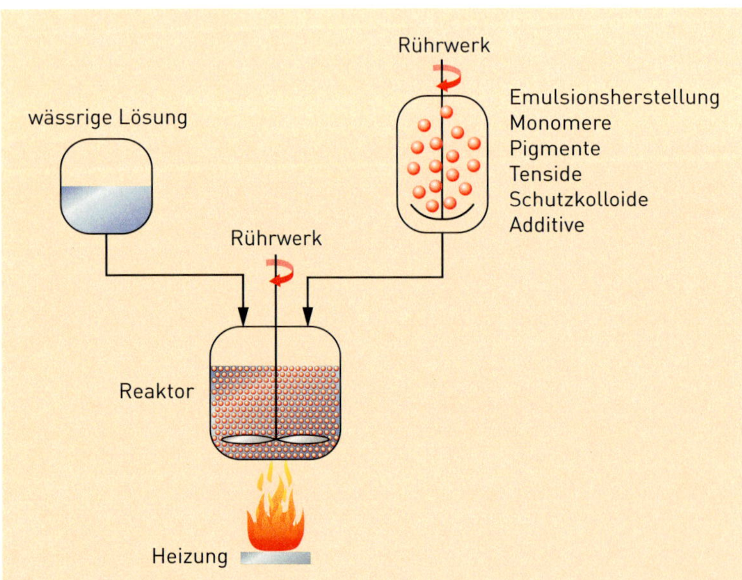

Abb. 1: Emulsionsherstellung

Abb. 2: Dispersion

Trockenvorgang
Kunststoffdispersionen trocknen rein physikalisch. Zuerst verdunstet das Wasser. Dabei nähern sich die Kunststoffteile immer mehr, bis sie miteinander verkleben. Diesen Vorgang des Zusammenfließen und Verklebens bezeichnet man als **kalten Fluss** (Abb. 3). Da dieser Verklebungsvorgang bei niedrigen Temperaturen nicht abläuft, muss die Mindestfilmbildungstemperatur (MFT), die oft bei etwa 5 °C liegt, eingehalten werden.

Unterhalb der MFT sind die Tröpfchen der Dispersionen zu starr, um noch ineinander zu verlaufen. Wird die Dispersion dennoch aufgetragen, bildet sich kein Beschichtungsfilm, sondern eine Lage trockener, nicht verbundener Dispersionsteilchen. Als Resultat führt das Unterschreiten der MFT zu starkem Kreiden.

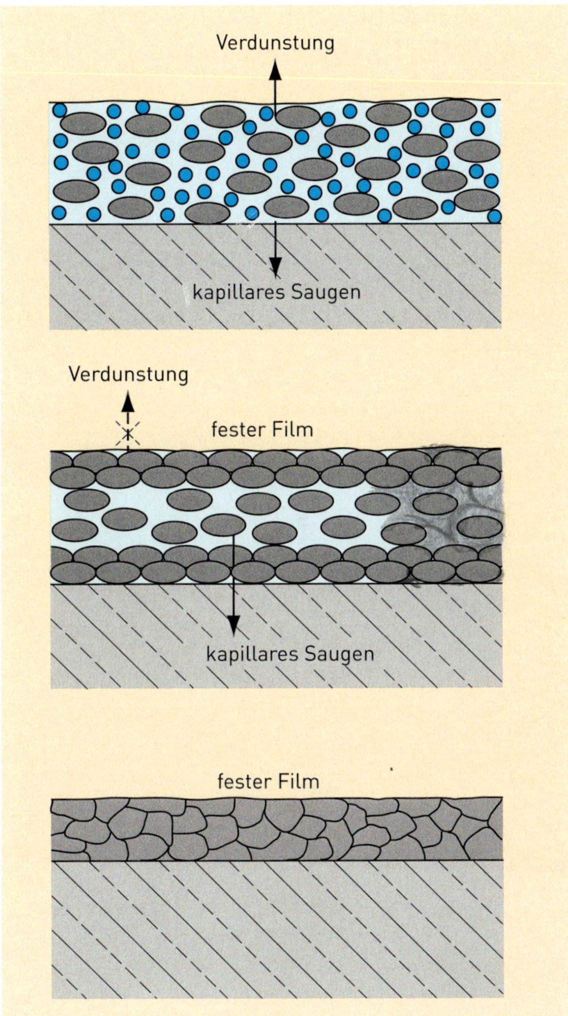

Abb. 3: Filmbildung einer Dispersion

Da die Dispersionen zu einem großen Teil aus Wasser bestehen, können sie bei Temperaturen unter dem Gefrierpunkt selber einfrieren. Dadurch wird die Dispersion vollkommen unbrauchbar. Auch nach Auftauen kann sie nicht verwendet werden, da in der Regel die beim Einfrieren entstehenden Wasserkristalle die Dispersionsteilchen zerstören. Die Dispersion „bricht" dann beim Auftauen, d. h. dass sich der Polymeranteil als Schicht absetzt.

Zusammengenommen bedeutet dies:
- Dispersionen dürfen unter der vom Hersteller angegebenen niedrigsten Gebrauchstemperatur (oder der Mindestfilmbildetemperatur) auf keinen Fall verwendet werden, auch wenn sie noch „normal" aussehen.
- Dispersionen müssen in jedem Fall frostfrei gelagert werden.

3.2.2 Innendispersionsfarben

Innendispersionsfarben sind nach DIN EN 13300 geregelt. In dieser DIN werden sie eingeteilt nach:

- Nassabriebbeständigkeit,
- Deckvermögen/Kontrastverhältnis,
- Glanz und
- Korngröße.

Nassabriebbeständigkeit ist die Beständigkeit der Beschichtung gegen wiederholtes nasses Reinigen. Durchgeführt wird die Prüfung mit einem Schleifvlies. Gemessen wird der Schichtdickenverlust bei einer bestimmten Anzahl von Hüben (Tab. 1).

Tab. 1: Nassabriebtabelle

DIN EN 13300		
Klasse	**Nassabrieb**	**Hübe**
1	< 5 µm	200
2	≥ 5 µm bis 20 µm	200
3	≥ 20 µm bis 70 µm	200
4	< 70 µm	40
5	≥ 70 µm	40

Das **Deckvermögen** bezeichnet die Fähigkeit des Anstriches, Kontraste des Untergrundes zu überdecken. Zur Bestimmung des Deckvermögens wird eine definierte Schichtstärke auf einen Kontrastkarton aufgetragen (S. 74, Abb. 1). Mit einem Messgerät wird der Verlust am Schwarz-Weiß-Kontrast in % ermittelt.

Abb. 1: Kontrastkarton

Tab. 1: Kontrastverhältnisse

Klasse	Wert	Bezeichnung
1	≥ 99,5 %	hoch deckend
2	≥ 98 % bis < 99,5 %	gut deckend
3	≥ 95 % bis < 98 %	–
4	> 95 %	–

Glanz

Der Glanz wird mit Hilfe eines Glanzgradmessgerätes (Reflektometer) ermittelt. Der Glanz wird in vier Glanzstufen unterteilt (Tab. 2).

3.2.3 Latex-Farben

Echte, klassische Latexfarben sind Anstriche, welche als Bindemittel natürliches Latex (den Saft des Gummibaumes) haben. Diese Produkte sind allerdings sehr teuer. Ein weiteres Problem ist die Überstreichbarkeit solcher Anstriche. Da sie nicht abgewaschen werden können, muss man sie mechanisch entfernen. Echte Latexfarben spielen in der heutigen Zeit kaum noch eine Rolle.

Latex ist ein Fachbegriff für Dispersionen, die nicht, wie die Dispersionsfarben Thermoplaste, sondern Elastomere als Bindemittel enthalten.
Es sind Dispersionen auf Styrol-Butadien-Basis mit einem hohen Bindemittel-Gehalt.

Sie sind gummiartig elastisch, sehr beständig gegen chemische Einwirkungen und nehmen wegen ihrer glatten Oberfläche wenig Schmutz an. Sie sind weniger wasserdampfdurchlässig als Dispersionsfarben und wetterbeständig.

Latex-Beschichtungen lassen sich mit Wasser und üblichen Reinigungsmitteln sehr gut reinigen. Latexfarben sind nicht nur für den Innenbereich sondern auch für den Außenbereich geeignet. Latexfarben kommen in allen Glanzgraden (Tab. 2) in den Handel.

Tab. 2: Glanzgrade

DIN 53778			DIN EN 13300		
Bezeichnung	**Messwinkel/Reflektometer**		**Bezeichnung**	**Messwinkel/Reflektometer**	
hochglänzend	20°	64 [+/– 5]	–	–	–
glänzend	60°	62 [+/– 5]	glänzend	60°	< 60
seidenglänzend	60°	31 [+/– 5]	mittlerer Glanz	60°/85°	< 60/10
seidenmatt	85°	45 [+/– 3]	matt	85°	< 10
matt	85°	7 [+/– 1]	stumpfmatt	85°	< 5

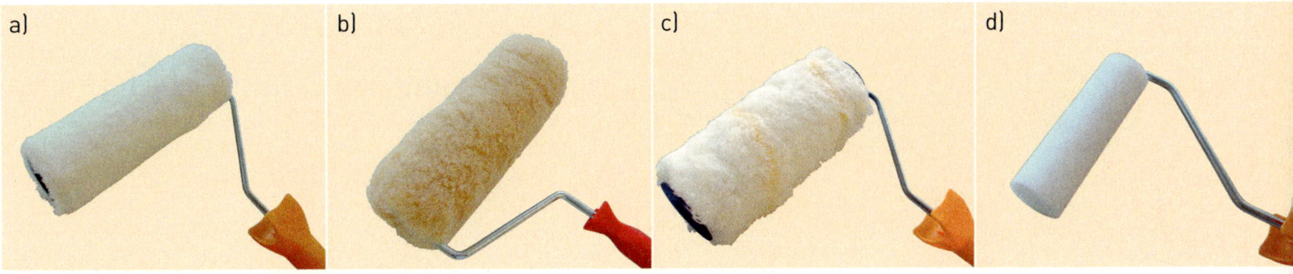

Abb. 2: a) Kurzflorwalze b) Lammfellwalze c) Langflorwalze d) Schaumstoffrolle

3.2.4 Verarbeitung von Dispersions- und Latexfarbe

Kunststoffdispersionen lassen sich streichen spritzen und rollen. Häufig verwendet der Maler und Lackierer auf das Objekt abgestimmte Rollwerkzeuge. Diese garantieren ein rationelles Arbeiten und einen gleichmäßigen Farbauftrag.

Für grobe, raue Untergründe sind langflorige Walzen zu verwenden.

Vor einer Verarbeitung muss gewährleistet sein, dass der Untergrund in einem einwandfreien Zustand ist. Dies ist nötig, da Kunststoffdispersionen sehr an der Oberfläche des Untergrundes haften und nur gering in den Anstrichgrund eindringen.

Grund- und Schlussanstrich
Putzgrund, Haftgrund oder Tiefgrund sind unpigmentierte, feindisperse Dispersionen. Je nach Saugfähigkeit wird das Material verdünnt oder unverdünnt aufgetragen.

Auf Gipskartonplatten kann als Grundanstrich verdünnte Dispersionsfarbe verwendet werden. Hierzu wird die Dispersionsfarbe mit 20–50 % Wasser vermischt.

Für den Schlussanstrich wird die Kunststoffdispersionsfarbe unverdünnt oder ggf. bis zu 10 % mit Wasser verdünnt aufgetragen.

Entsorgung

Überschüssiges Material eintrocknen lassen und als Hausmüll entsorgen. Kunststoffdispersionen lassen sich nicht recyceln.

3.3 Lacke und Öle

Lack ist nach DIN 55 945 der Überbegriff von Beschichtungsstoffen, flüssig oder pulverförmig, auf Basis von organischen Bindemitteln. Er wird dünn auf Objekte aufgetragen und ergibt durch chemische oder physikalische Vorgänge einen durchgehenden Film.

Lacke werden unterschieden nach

- dem Bindemittel (Acryllack),
- dem Lösemittel (Spirituslack),
- der Beschaffenheit (High-Solid-Lack),
- dem Auftragsverfahren (Tauchlack),
- der Art der Filmbildung (Zwei-Komponenten-Lack),
- dem Glanzgrad (Seidenglanzlack),
- dem Oberflächeneffekt (Hammerschlaglack),
- dem Beschichtungsaufbau (Vorlack),
- dem Anwendungsbereich (Heizkörperlack).

Pigmentierte Lacke werden im Handwerk als **Lackfarbe** bezeichnet, unpigmentierte Lacke bezeichnet man als **Klarlack**.

Leinöl wird als Bindemittel verwendet (LF 12). Es wird aus Flachssamen gewonnen, die sowohl heiß als auch kalt gepresst werden können.
Leinöl erhärtet durch Sauerstoffaufnahme (Oxidation). Die oxidative Erhärtung von reinem Leinöl dauert sehr lange. Um diesen Prozess zu beschleunigen, werden dem Leinöl bei höheren Temperaturen Trockenstoffe (Sikkative) zugesetzt. Das entstandene Produkt wird als **Leinölfirnis** bezeichnet.

Standöl ist ein durch Hitze eingedicktes Leinöl, das dadurch seine Widerstandsfähigkeit und seinen Glanz verbessert.
Andere Öle werden als Rohstoffe für die Lackindustrie verwendet und haben daher für den Maler und Lackierer eine untergeordnete Bedeutung.

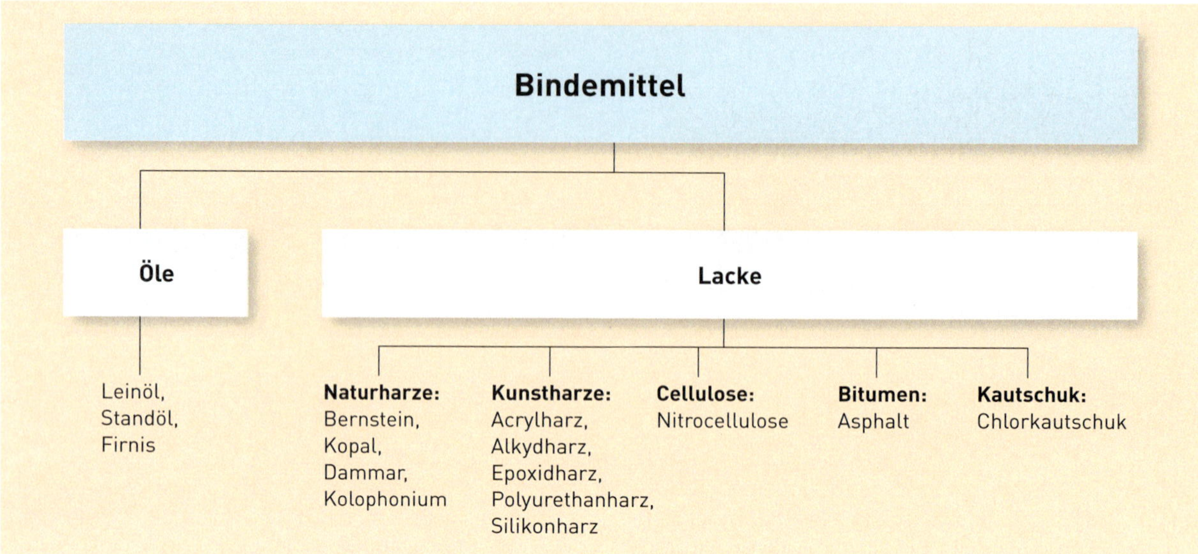

Abb. 1: Lacke und Öle, schematische Aufteilung

3.3.1 Lackgeschichte

Bereits 3000 vor Christus waren die Chinesen in der Lage aus dem Saft der Rinde des Rhus-Lackbaumes Lack zu gewinnen. Am Hof des Kaisers wurden Kunstgegenstände mit glänzenden und vergleichsweise harten Lackierungen beschichtet.
In Indien gewann man aus den Ausscheidungen der Lackschildlaus Schellack, mit dem Holz veredelt und geschützt wurde. Aus dieser Region stammt auch das Wort „Lack". Abgeleitet ist es aus dem altindischen Sanskrit-Wort „laksha", welches soviel bedeutet wie „hunderttausend", weil eine Unmenge Schildläuse nötig waren, um eine ausreichende Menge Lack zu erhalten.
Im Mittelalter gelangten über die Handelswege der Seidenstraße die ersten Lackrezepturen nach Europa. Aus dem 12. Jahrhundert liegt die älteste Überlieferung einer Lackzusammensetzung mit dem Bindemittel Leinöl und Zinnober als Pigment vor.

Abb. 2: Teegefäß aus China, Lack auf Holz

Bis in die Neuzeit lag die Herstellung der Lacke in der Hand von Handwerksmeistern und Künstlern. So beruhte die Herstellung auf deren persönlicher Erfahrung und überliefertem Wissen. Diese Lacke wurden aus Naturharzen gewonnen, die mit Ölen verkocht wurden.

Mit der Industrialisierung ab der zweiten Hälfte des 18. Jahrhunderts erschloss der technische Fortschritt

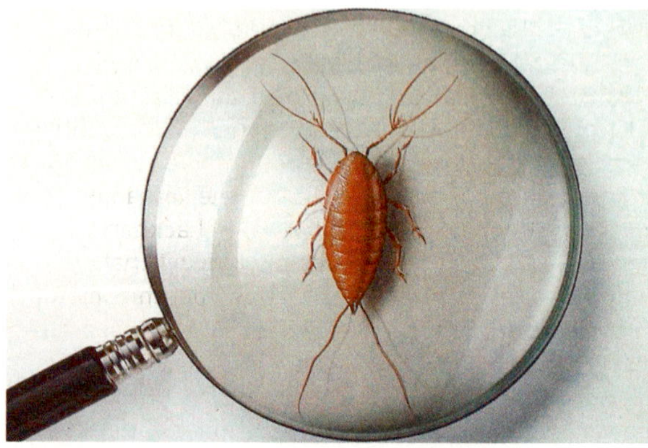

Abb. 3: Lackschildlaus

Abb. 4: Schelllack

Abb. 5: Fahrzeug um 1905

Abb. 6: industrielle Lackierung um 1950

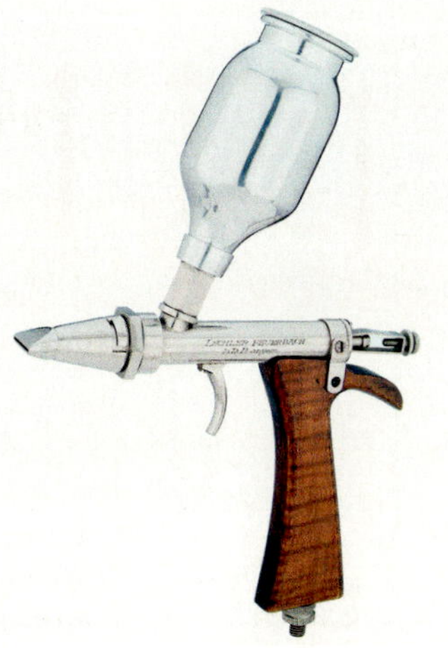

Abb. 7: Spritzpistole um 1900

einen großen Markt für Lacke. Es wurde notwendig, die nun in deutlich höheren Stückzahlen hergestellten Produkte schnell und qualitativ hochwertig zu verschönern und dabei auch ihren Wert zu erhalten. Zur Produktion der Beschichtungen entstanden Lacksiedereien, in denen die Bestandteile der Lacke bei hohen Temperaturen miteinander vermischt wurden. Für die industrielle Lackierung wurden erste Tauch-, Gieß- und Walzanlagen entwickelt, die das Beschichten deutlich vereinfachten.

Ende des 19. Jahrhunderts wurden viele Vorgängerkonzerne der heute noch existierenden Lackhersteller gegründet. Die Erfindung des Automobils hat die Entwicklung modernerer Lacksysteme beschleunigt. 1900 bildete sich der heutige Verband der deutschen Lack- und Druckfarbenindustrie als Fachorganisation der Hersteller. 1916 wurde die Interessengemeinschaft deutscher Teerfarbenfabriken (ab 1925 I.G. Farben) ins Leben gerufen, die ab Mitte der 1920er Jahre das größte Chemieunternehmen der Welt war.

Die Applikationstechnik entwickelte sich aufgrund der Anforderungen der Industrie weiter. Wurde bis zu Beginn des 20. Jahrhunderts ausschließlich mit Pinseln lackiert, konnte schon bald nach der Jahrhundertwende mit ersten Spritzpistolen lackiert werden. Tom DeVilbiss entwickelte in Ohio/USA den von seinem Vater erfundenen Zerstäuber weiter, der ursprünglich für das Auftragen von Medikamenten im Rachenraum eingesetzt wurde. Etwa zur gleichen Zeit meldete Albert Krautzberger in Breslau/Schlesien ein Patent für ein „durch Druckluft betriebenes Malgerät" an, das Luft- und Farbaustritt in einer Düse kombinierte.

Die Verarbeitungs- und Trocknungszeiten beim Lackieren insgesamt verkürzten sich durch die Weiterentwicklung der Lacke sehr stark. Auf diese Weise konnten die Grundlagen zur industriellen Serienbeschichtung, wie wir sie heute kennen, gelegt werden. Nach 1900 wurden neue Bindemittel für die Lackherstellung formuliert. Den Erfindungen der Phenolharze Laccain (1902) und Bakelit (1905) folgten 1918 die Harnstoffharze. Ab 1921 konnten Nitrozelluloselacke in der Serienlackierung von Automobilen eingesetzt werden, während nach 1927 die Alkydharze für klassische Malerlacke verwendet werden konnten. Nach 1934 kamen erste Dispersionsfarben für den Wand- und Fassadenanstrich auf den Markt. Die seinerzeit verwendeten Produkte waren wegen ihres im Vergleich zu heute hohen Anteils an Lösemitteln und weitere Zusätze umwelt- und gesundheitsschädlich. Nach dem 2. Weltkrieg wurden die Epoxidharze(1948) und erste wasserverdünnbare Beschichtungsstoffe (1949) entwickelt. Anlagentechnisch wurden für industrielle und mittelständische Betriebe die Elektrotauchlackierung (1960) sowie die Pulverbeschichtung (1966) hervorgebracht.

Die Formulierungen der Lacke sind über die Jahrzehnte hinweg immer komplexer geworden. Sie haben sich aber auch von Produkten mit einem hohen Prozentsatz gesundheitsschädlicher Lösemittel, wie z. B. chlorhaltigen Verbindungen oder Benzol, und schwermetallhaltigen Pigmenten (u. a. Bleichromat) zu deutlich weniger gefährlichen Materialien entwickelt.
In unserem Leben spielen Lacke eine wichtige Rolle. Sie verschönern verschiedene Untergründe verlängern die Lebensdauer der beschichteten Objekte. Dadurch helfen Sie mit Ressourcen zu schonen und gestalten unsere Umwelt.

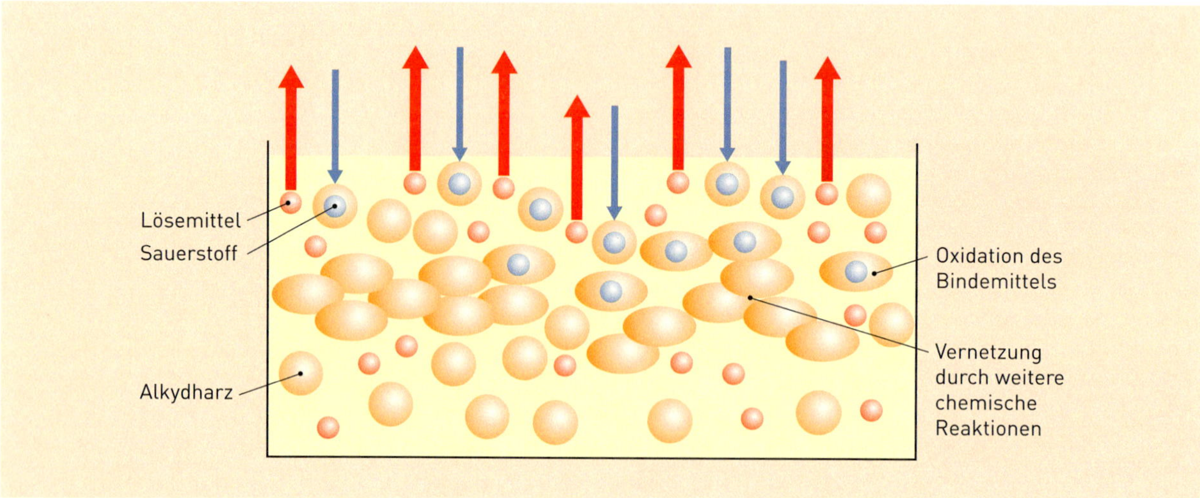

Abb. 1: Oxidative Erhärtung des Alkydharzlackes

3.3.2 Alkydharzlack

Der Begriff Alkyd wurde bereits 1927 durch R. H. Kienle eingeführt und setzt sich aus den Worten Alkohol und Acid (Säure) zusammen.

Zusammensetzung des Alkydharzlackes
Als Alkohol dient meist Glyzerin, als Säuren werden Fettsäuren und Phthalsäure eingesetzt, alternativ werden auch pflanzliche und tierische Öle eingesetzt.

Durch Vermischen verschiedener Mengenbestandteile entstehen Lacke mit unterschiedlichen Eigenschaften. Sie werden je nach Ölgehalt in folgende Arten eingeteilt:

- Kurzölige: Ölgehalt unter 40 %,
- Mittelölige: Ölgehalt ca. 50 %,
- Langölige: Ölgehalt über 60 %.

Als Malerlacke werden meist mittel- und langölige Lacke verwendet. Die kurzöligen Typen lassen sich am Besten als Spritzlacke verarbeiten.
Als Löse- und Verdünnungsmittel eignen sich Terpentinöl, Testbenzin oder Lösemittelgemische. Aktuelle Entwicklungen sind wasserverdünnbare Alkydharzlacke.

Eigenschaften
Alkydharzlacke lassen sich leicht verarbeiten, geben einen guten Verlauf und sind nach ca. 5–6 Stunden grifffest.
Sie bilden nach der Erhärtung einen elastischen, irreversiblen (nicht wieder anlösbaren) Lackfilm, der sich gut überstreichen lässt.

Bei höheren Ölanteilen neigt der Lack zu leichtem Vergilben, ist jedoch auch wetterbeständiger.

Alkydharzlacke erhärten durch Verdunsten der Lösemittel bei gleichzeitiger Sauerstoffaufnahme. Diesen Vorgang nennt man oxidative Erhärtung. Um diese Erhärtung zu beschleunigen werden dem Lack-Sikkative (= Trockenstoffe) zugesetzt (Abb. 1).

Ein zu hoher Zusatz von Sikkativen führt zu Störungen der Erhärtung und zu einer optisch unzureichenden Oberfläche.

Verwendung
Als Beschichtungsstoff haben Alkydharzlacke und -lackfarben nach wie vor einen großen Einsatzbereich.

Sie lassen sich verwenden als:

- Grundierungen,
- Vorlacke,
- Decklacke (matt bis glänzend auf Holz, Stahl, Aluminium, neutralen Putzen und teilweise auf Kunststoffen),
- Korrosionsschutzlacke,
- hitzebeständige Lacke,
- Holz- und Holzschutzlasuren,
- Flutlacke,
- Einbrennlacke.

Verarbeitung
Alle zu lackierenden Flächen müssen sauber, trocken und staubfrei sein. Risse und Unebenheiten sind gegebenenfalls mit geeignetem Spachtelmaterial zu spachteln und anschließend zu schleifen.

Pinselwerkzeuge

Neben Lackrollen spielen Pinsel immer noch eine große Rolle. Schwierig erreichbare Stellen können nur damit beschichtet werden. Die gebräuchlichsten Pinsel für das Streichen kleinerer Flächen sind Ringpinsel. Dabei werden Pinsel mit Natur- oder Kunststoffborsten verwendet. Pinsel mit Naturborsten vom Haus- oder dem Wildschwein werden auch „Chinaborsten" genannt. Die Borsten laufen konisch zu und sind am Ende gespalten. Die gespaltenen Enden verbessern die Farbaufnahme und den Farbverlauf. Kunststoffborsten werden meist aus Polyester oder Polyamid hergestellt. Die Spitze muss künstlich aufgespalten werden. Im Gegensatz zu Naturborstenpinsel quellen diese Pinselwerkzeuge nicht auf. Sie werden daher für Arbeiten mit wasserverdünnbaren Beschichtungsstoffen eingesetzt.
Eine Auswahl unterschiedlicher Pinsel zeigt die Abb. 3.

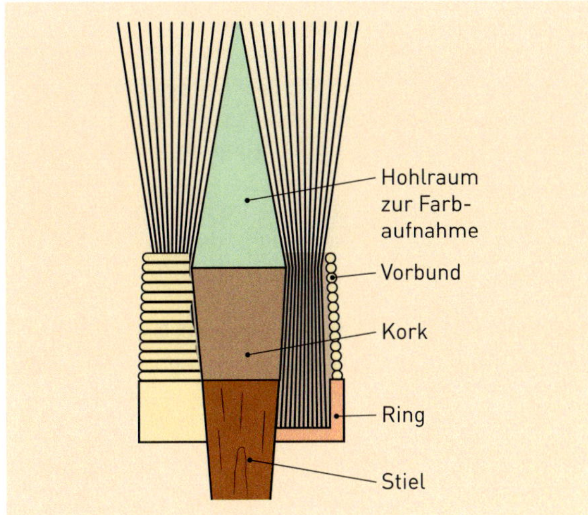

Abb. 2: Querschnitt durch einen Ringpinsel

a) Flachpinsel mit Naturborsten

b) Flachpinsel mit synthetischen Borsten

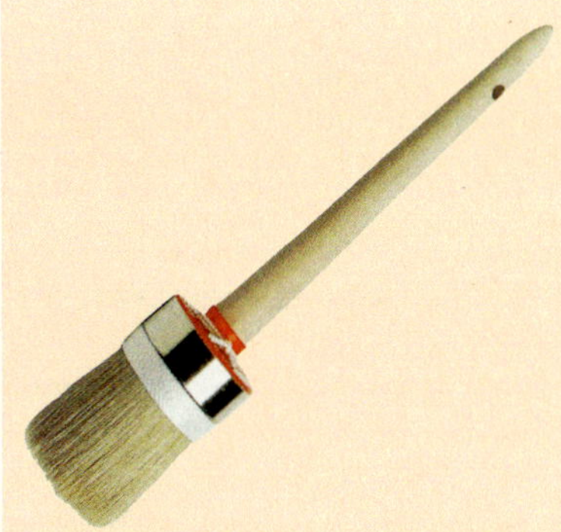

c) Ringpinsel

d) Heizkörperpinsel

e) Flächenstreicher

f) Quast-Deckenbürste

Abb. 3: Unterschiedliche Pinsel

3.3.3 Zweikomponentenlacke

Sind zwei Komponenten vor dem Verarbeiten des Lackes zu mischen, handelt es sich um einen Zweikomponentenlack (2K-Lack). Die Komponenten sind **Harz** und **Härter**.

Die Erhärtung des Lackes erfolgt durch eine chemische Reaktion dieser Komponenten.

Erfolgt die Erhärtungsreaktion bereits bei Umgebungstemperatur, so werden die Komponenten erst unmittelbar vor der Anwendung im angegebenen Verhältnis (z. B. 2 : 1) zusammengeführt und gemischt. Die exakte Mischung kann mit Hilfe eines Messstabes erfolgen (Abb. 1).

Bei thermohärtenden Lacken setzt die Aushärtung erst bei höheren Temperaturen ein.

Die Erhärtung des Zweikomponentenlackes erfolgt durch chemische Reaktion und kann durch Wärmezufuhr beschleunigt werden. Zweikomponentenlacke zeichnen sich durch hohe physikalische und chemische Widerstandsfähigkeit aus.

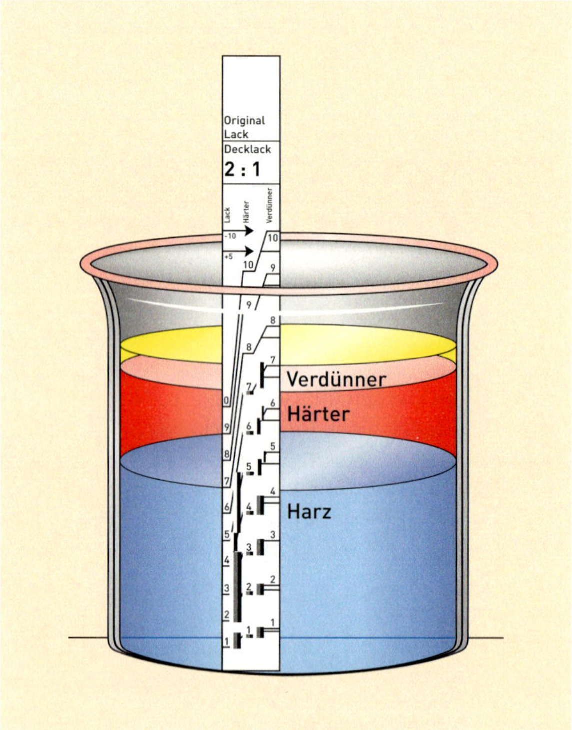

Abb. 1: Mischen eines 2K-Lackes

3.3.4 Dispersions- oder Wasserlacke

Dispersions- oder Wasserlacke sind wasserverdünnbare Lacke auf Basis von Acrylharzen und werden daher auch Acryllacke genannt. Sie wurden erstmals um 1950 in den USA hergestellt. Aktuell werden wasserverdünnbare Lacke auch mit anderen Bindemitteln (z. B. Alkydharz) hergestellt.

Heute unterscheiden sich die wasserverdünnbaren Lacke kaum noch in Glanz, Fülle und Verlauf von den lösemittelhaltigen Lacken.

Die Eigenschaften sind allerdings sehr stark von den Umgebungsbedingungen abhängig. Bei ca. 65 % relativer Luftfeuchtigkeit und 20 °C Umgebungs- und Objekttemperatur ist der Trocknungsverlauf optimal. Ist die Luftfeuchtigkeit zu hoch, verdunstet das Wasser nur langsam und es dauert Stunden bis der Lack grifffest ist. Ist es zu warm und die Luftfeuchtigkeit niedrig, erhärtet der Lack so schnell, dass er keine glatte Oberfläche bilden kann.

Sie besitzen gegenüber den lösemittelhaltigen Lacken mehrere Vorteile, z. B.:

- einfache Werkzeugreinigung mit Wasser,
- wenig schädliche Luftemission,
- Verringerung der Brand- und Explosionsgefahr,
- Reduktion gesundheitlicher Gefahren.

Für die Verarbeitung von wasserverdünnbaren Lacken sollten Pinsel mit Kunststoffborsten verwendet werden. Dadurch wird ein besserer Verlauf gewährleistet.

Diese Lacke können verwendet werden auf Innen- und Außenbeschichtungen von Kalkstein, auf mineralischen Untergründen aller Putzgruppen, verzinktem Stahl, Holz und Wandbekleidungen verschiedener Art.

Sie trocknen rein physikalisch durch den „kalten Fluss“ wie Kunststoffdispersionen.

3.4 Gesundheitsschutz

Lösemittelhaltige Lacke sind leicht entzündlich. Daher von Zündquellen fernhalten und nicht rauchen! Beim Verarbeiten ist für ausreichend Belüftung zu sorgen. Sollte dies nicht möglich sein, ist eine Atemschutzmaske zu tragen.

Reinigungstücher mit Alkydharzresten dürfen nie mit Nitrocelluloselappen in einen Abfallbehälter geworfen werden. Dieses Gemisch kann zur Selbstentzündung oder Verpuffung führen.
Auch bei der Verarbeitung dürfen Alkydharz- und Nitrocelluloselack nicht wechselweise gespritzt werden. Es können dabei explosive Gemische entstehen.

Abb. 2: Chaotischer Arbeitsplatz

3.5 Umweltschutz

Aufgrund des täglichen Umgangs mit Beschichtungsstoffen und Lösemitteln spielt der Umweltschutz im Maler- und Lackiererhandwerk eine wichtige Rolle.

Der Gesetzgeber hat mit der VOC-Verordnung die Reduzierung des Verbrauchs von Lösemitteln in Betrieben veranlasst. Die Decopaint-Richtlinie, genauer: Lösemittelhaltige Farben- und Lack-Verordnung (ChemVOC FarbV), stellt Anforderungen an die Reduzierung des Lösemittelgehaltes in Anstrichstoffen für Maler (Tab. 1).

Über die Gefährdungspotenziale von Beschichtungsstoffen kann man sich bei der zuständigen Berufsgenossenschaft informieren.

Wenn möglich, sollte der Maler und Lackierer auf wasserverdünnbare, nahezu lösemittelfreie Materialien oder auf konventionelle Beschichtungsstoffe mit einem hohen oder sehr hohen Festkörperanteil bzw. VHS zurückgreifen. Lösemittel fördern nicht nur die Bildung bodennahen Ozons, sondern können auch das Nervensystem, die inneren Organe, die Schleimhäute und die Haut der Anwender erheblich schädigen. Die Beschäftigten müssen in regelmäßigen Abständen über die Gefahren informiert werden (S. 82, Abb. 1).

Tab. 1: Lösemittelgehalte nach Decopaint-Richtlinie

Produktkategorie	**Typ**	**VOC in g/l im gebrauchsfertigen Produkt**
Beschichtungsstoffe für Holz-, Metall- oder Kunststoffe für Bauwerke, ihre Bauteile und dekorativen Bauelemente (innen und außen)	Wasserbasis	130
	Lösemittelbasis	300
Klarlacke und Lasuren für Bauwerke, ihre Bauteile und dekorativen Bauelemente (innen und außen) einschließlich sog. deckender Lasuren	Wasserbasis	130
	Lösemittelbasis	400

Abb. 1: Besprechung auf einer Beschichtungsbaustelle

Abb. 2: Reinigung einer Airless-Pistole

Bereits beim Einkauf der Materialien beginnt der Umweltschutz. Nicht nur der weitgehende Verzicht auf Schadstoffe, sondern auch die hohe Nutzungsdauer einer Beschichtung sind ökologisch wichtig.

Wenn ein Bauteil seltener beschichtet wird, werden weniger Abfälle und Emissionen (Abgabe zumeist gefährlicher Substanzen an die Umwelt) erzeugt.
Man muss stets abwägen, ob der Einsatz eines lösemittelhaltigen Systems nicht umweltfreundlicher ist als der mehrmalige Anstrich mit lösemittelfreien Produkten.

Zur Abfallvermeidung sind die benötigten Materialmengen abzuschätzen. Große Restbestände blockieren Lagerraum und sind nicht unbegrenzt halt- bzw. verarbeitbar. Sie müssen daher nach einiger Zeit aufwändig und z. T. kostenintensiv entsorgt werden.

Die Anwendung lösemittelreduzierter Systeme erfordert eine daran angepasste Verarbeitung, da deren Verlauf und Deckkraft nicht immer denen konventioneller Systeme entsprechen.

Um sicher zu arbeiten, ist eine geeignete Betriebsstätte notwendig. Das Lager für lösemittelhaltige Produkte muss z. B. über eine Lüftung und eine auslaufsichere Bodenwanne verfügen. Außerdem dürfen nur bestimmte Mengen derartiger Materialien in den Vorratsräumen bzw. am Werkstatt-Arbeitsplatz lagern. Auskunft darüber geben die Betriebssicherheitsverordnung (BetrSichV) sowie die Gewerbeaufsichtsämter.

Autolackierereien verfügen über spezielle Lackierkabinen. In diesen werden die Lösemittel sowie die Materialien, die das Lackierobjekt verfehlt haben (Overspray) nach unten abgesaugt und die gefilterte Luft wird wieder nach außen abgegeben. Erwärmte Frischluft wird der Kabine von der Decke zugeführt.

Im Idealfall sollten alle Beschichtungsarbeiten mit lösemittelhaltigen Inhaltsstoffen in einer solchen Kabine stattfinden, was in der Praxis jedoch nicht immer möglich ist. Hier kann man sich mit mobilen Absaugeinrichtungen behelfen.

Nicht nur beim Beschichten, sondern auch bei der Werkzeugreinigung können Umweltbelastungen entstehen. Die Pinselreinigung sollte nicht auf der Baustelle, sondern erst in der Werkstatt stattfinden, um Geruchsbelästigungen vor Ort zu vermeiden.

Airless-Spritzgeräte sind ohne Düse durchzuspülen (Abb. 2). Dabei ist das gleiche Lösemittel längere Zeit verwendbar.

Zerstäubende Geräte dürfen nur vor einer Absaugeinrichtung oder in einer Lackierkabine mit Lösemitteln im Spritzverfahren durchgespült werden.

Nicht nur Lacke, sondern auch Entschichter, Abbeizer, Entfettungsmittel, Reiniger, Silikonentferner usw. sind meistens umweltschädlich. Diese Materialien dürfen nicht in die Kanalisation oder in das Grundwasser gelangen. Auf Baustellen sind die Böden daher mit Folien abzudecken, während in Werkstätten im Abfluss ein Ölabscheider vorhanden sein muss.

Abb. 3: Entsorgungsbehälter mit Begleitpapieren

Wenn möglich ist hier auf Verfahren zurückzugreifen, bei denen Mensch und Umwelt weniger belastet werden, z. B. beim Reinigen mit Wasser (Hochdruckreiniger) oder beim Entschichten von Holzteilen mit Heißluftpistolen.

Betriebe, die Bodenbeschichtungen an Anlagen für wassergefährdende Flüssigkeiten (z. B. Tanklager, chemische Industrie) ausführen wollen, müssen ihre Sachkenntnis nachweisen. Dies geschieht durch spezielle Lehrgänge, die den Anforderungen von § 19 des Wasserhaushaltsgesetzes (WHG) entsprechen.

Das Produzieren von Abfällen ist bei allen Arbeiten grundsätzlich zu vermeiden oder zu vermindern. Wenn das nicht möglich ist, sollen die Abfälle verwertet oder – als letzte Möglichkeit – entsorgt werden. Den Umgang und die Entsorgung von Abfällen regelt das Kreislaufwirtschafts- und Abfallgesetz (KrW-/AbfG).

Die Abfälle, die beim Umgang mit Beschichtungsstoffen entstehen, sind häufig besonders überwachungsbedürftig.

Dazu zählen verschmutzte Verdünnungen, nicht durchgehärtete Altlacke mit halogenierten Lösemitteln, Lackschlamm, weiche Spachtelabfälle usw.

Maler- und Lackierbetriebe können sich über die Entsorgung von Abfällen bei den Herstellern der jeweiligen Materialien, aber auch bei der zuständigen Kommunalverwaltung oder den Umweltbehörden informieren.

Entsorgung

Trotz des vermehrten Einsatzes lösemittelarmer und wasserverdünnbarer Produkte muss dem Handwerker stets bewusst sein, dass er mit Gefahrstoffen arbeitet. Bei unsachgemäßem Umgang mit flüssigen Beschichtungsstoffen können Umweltschäden entstehen. Daher kommt der richtigen Handhabung, Lagerung und Entsorgung der Stoffe große Bedeutung zu.

Insbesondere der Entsorgung von Abfällen ist große Aufmerksamkeit zu widmen. Abfälle sind flüssige bis feste Beschichtungsreste aus dem Arbeitsprozess, die nicht sinnvoll verwertet wurden. Abfälle mit hohem Schadstoffanteil werden als Sonderabfall bezeichnet. Die Entsorgung von Sonderabfällen geschieht durch zugelassene Entsorgungsunternehmen unter Berücksichtigung der einschlägigen Gesetze und Verordnungen. Zu den Sonderabfällen zählen z. B. Altsäuren, Altlaugen, Alt-Emulsionen, verunreinigte Lösemittel und Lackrückstände.
Vor der Entsorgung durch Fachunternehmen sind technische Regeln zu beachten. So sind nach TRGS 201 (Technische Regeln für Gefahrstoffe; „Einstufung und Kennzeichnung von Abfällen zur Beseitigung beim Umgang“) alle Abfälle sorgfältig zu beschriften und mit Gefahrenkennzeichnungen zu versehen (Abb. 3). Oft ist es das Beste, die Abfälle im Originalgebinde zu belassen, da diese bereits entsprechend etikettiert sind. Auf keinen Fall sollten Farbreste in unbeschrifteten Behältern gelagert werden, da sonst die Gefahr besteht, dass sie nach einiger Zeit nicht mehr identifiziert werden können. Die Entsorgung nicht identifizierbarer Sonderabfälle kann sehr aufwendig und kostspielig werden.

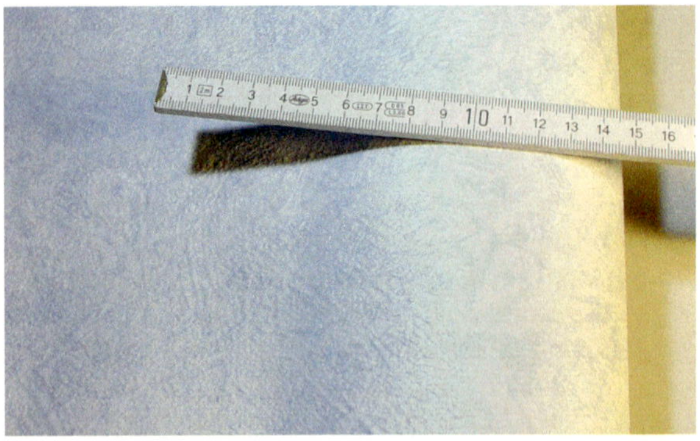

Abb. 1: Prägetapete

Abb. 2: Prägetapete in vergrößerter Ansicht

Abb. 3: Glatte, bedruckte Papiertapete

Abb. 4: Glatte, bedruckte Tapete in vergrößerter Ansicht

3.6 Wandbekleidungen und Wandbeläge

Wandbekleidung ist der Oberbegriff für Werkstoffe, die an Decken und Wänden verklebt oder verspannt werden. Wandbekleidungen unterteilen sich nach DIN EN 235 in drei Untergruppen:

- fertige Wandbekleidungen,
- Wandbekleidungen für die nachträgliche Behandlung und
- Unterlagsstoffe.

Man unterscheidet innerhalb der ersten beiden Gruppen der Wandbekleidungen zusätzlich zwischen Tapeten und Belägen:

- Tapeten sind Wandbekleidungen mit einem Papierträger,
- Beläge umfassen Wand-, Decken- und Bodenbeschichtungen, die keine Papierunterlage aufweisen.

Wandbekleidungen werden in Rollen oder Bahnen geliefert, Beläge in Bahnen oder Platten unterschiedlicher Breiten. Sie werden verarbeitet, indem sie vollflächig an Wände und Decken geklebt werden.

3.6.1 Fertige Wandbekleidungen

Fertige Wandbekleidungen sind Tapeten und Beläge, die keine nachträgliche Behandlung, z. B. eine Beschichtung erhalten.
Beispiele für fertige Wandbekleidungen sind:

- Strukturtapeten,
- Relief- und Prägetapeten,
- Glatte, bedruckte Tapeten,
- Vliestapeten,
- Vinyltapeten,
- Naturwerkstofftapeten.

Abb. 5: Vinyltapete

Abb. 6: Vinyltapete in vergrößerter Ansicht

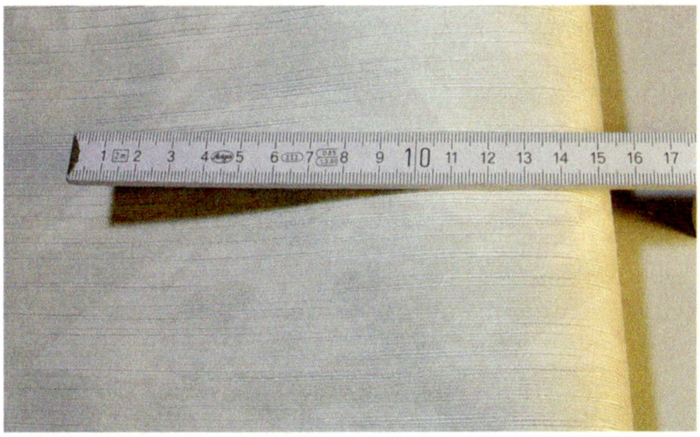

Abb. 7: Naturwerkstofftapete (Textiltapete)

Abb. 8: Textiltapete in vergrößerter Ansicht

3.6.2 Wandbekleidungen für die nachträgliche Behandlung

Wandbekleidungen für die nachträgliche Behandlung, die nach dem Tapezieren z. B. durch Beschichtung nachbehandelt werden, sind unter anderem:

- Raufasertapeten,
- unbedruckte Prägetapeten,
- Vliestapeten,
- Glasfasergewebe (Abb. 1–8).

3.6.3 Unterlagsstoffe für Tapeten und Wandbeläge

Unterlagsstoffe werden eingesetzt, um gleichmäßig saugende Untergründe zu erhalten, um den Untergrund zu glätten oder ihn gegen Feuchte abzusperren. Man unterscheidet flüssige und feste Unterlagsstoffe.

Flüssige Unterlagsstoffe sind:
- Feinmakulatur,
- Putzgrundierung,
- Dispersionsspachtelmasse,
- hydraulisch abbindende Spachtelmasse.

Lassen sich Untergrundmängel nicht durch flüssige Unterlagsstoffe beheben oder werden sehr hochwertige Tapeten verklebt, muss der Untergrund mit festen Unterlagsstoffen vorbehandelt werden.

Beispiele hierfür sind:

- Makulaturpapier,
- Metallfolien,
- Wollfilzpappe,
- Polystyrol-Hartschaum,
- Polyurethan-Weichschaum,
- Gewebe,
- Vlies.

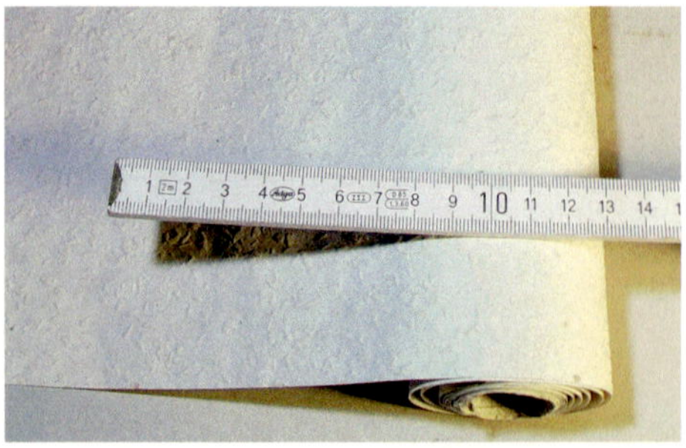

Abb. 1: Raufaser

Abb. 2: Raufaser in der Vergrößerung

Abb. 3: Gütezeichen RAL

3.7 Raufasertapete

Eine der am meisten verwendeten Wandbekleidungen Europas ist die Raufasertapete. Sie wurde 1864 von Apotheker Hugo Erfurt als Schaufensterdekoration entwickelt. Erst später wurde sie als Tapete eingesetzt.

Zur Auswahl stehen verschiedene Oberflächenstrukturen, die für unterschiedliche Räume den passenden Rahmen geben (Abb. 1–2).

Die Raufasertapete besteht aus mindestens zwei Schichten Papier, zwischen denen Holzfasern unterschiedlicher Größe eingearbeitet sind. Sie enthalten einen Anteil Recycling-Papier und Holz-Reststoffen.

Raufasertapeten lassen sich vergleichsweise leicht verarbeiten und ansatzfrei kleben. Sie gleichen dabei leichte Unebenheiten und kleine Risse aus.

Raufasertapeten sind Wandbekleidungen für die nachträgliche Behandlung und müssen daher nach dem Verkleben beschichtet werden. Sie können mehrere Male mit Dispersionsfarbe in den gewünschten Farbtönen gestrichen werden.

Geeignete mineralische Untergründe sind Putze der Mörtelgruppen P I – P IV. Weitere geeignete Untergründe sind z. B. Gipskartonplatten, mitteldichte Faserplatten (MDF) oder andere Holzwerkstoffe. Raufasertapeten werden als Rolle in unterschiedlichen Größen angeboten, z. B. 33,50 m × 0,53 m oder 17,00 m × 0,53 m.

3.8 Vliestapete

Vliestapeten sind Wandbekleidungen aus Kunststoff- und Zellulosefasern. Sie zeichnen sich durch Formstabilität aus. Das heißt, dass sie sich weder beim Einkleistern ausdehnen, noch beim Trocknen zusammenziehen. Vliestapeten verfügen über eine hohe Reißfestigkeit und sind rissüberbrückend bei feinen Rissen (Haarrissen). Im nassen Zustand können sie problemlos geschnitten werden. Die Verarbeitung von Vliestapeten kann ohne Weich- und Wartezeiten durchgeführt werden.

3.9 Glasfasergewebe

Glasfasergewebe gehören zu den Wandbekleidungen für die nachträgliche Behandlung. Sie bestehen aus fein verwobenen Glasfäden. Glasgewebe ist dimensionsstabil, verrottungsfest und gesundheitlich unbedenklich (Abb. 4).

Durch die Struktur des Glasgewebes werden kleinere Unebenheiten ausgeglichen. Seine Reißfestigkeit sorgt für rissüberbrückende Eigenschaften. Glasgewebe gibt es in verschiedenen Strukturen, die mit Beschichtungsstoffen vielfältig gestaltet werden können.

Geeignete mineralische Untergründe sind Putze der Mörtelgruppen P II, P III und P IV.

Glasfasergewebe sind als Rollenware mit Breiten von 50 cm oder 100 cm erhältlich.

Abb. 4: Gewebestrukturen von Glasfasergewebe

3.10 Tapezierwerkzeuge

Um gute Ergebnisse beim Tapezieren zu erhalten, ist es erforderlich, die richtigen Werkzeuge und Geräte zu verwenden (Abb. 5).

Um Alttapeten von Wänden und Decken zu entfernen können Dampftapetenablöser, Igelwalze und Schaber eingesetzt werden.

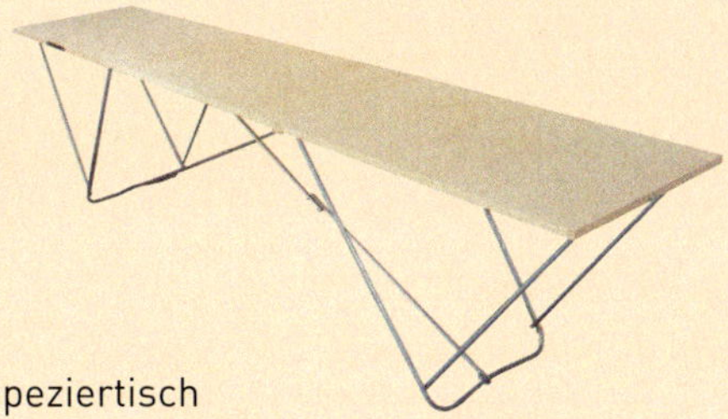

a) Tapeziertisch

b) Kleistermaschine

c) Tapetenabreißer

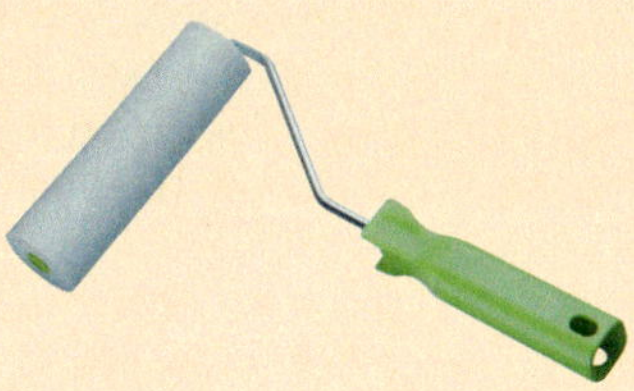

d) Andruckrolle

e) Nahtroller

f) Bürste

g) Senklot

h) Tapetenmesser

i) Dampf-tapetenablöser

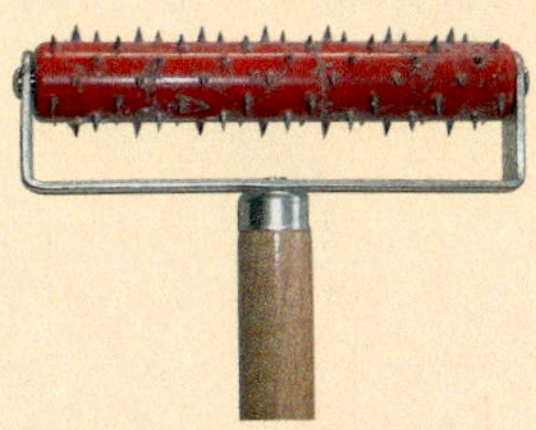

j) Igelwalze

k) Wand- und Deckenschaber

Abb. 5: Tapezierwerkzeuge

3.11 Tapetenkleister und -kleber

Tapetenkleister und -kleber sind in folgenden Sorten im Handel erhältlich:
Methylcellulosekleister (MC) für leichte bis mittelschwere Papiertapeten mit einem Ansatzverhältnis Kleister zu Wasser:

- Vorkleistern 1 : 80,
- Tapezieren 1 : 50.

Der Kleister wird in kaltem Wasser angerührt und ist nach ca. 20 Minuten gebrauchsfertig.

Methylcellulosekleister mit Kunststoffdispersionspulver (Spezialkleister) für schwere Papier-, Präge- und Vinyltapeten, Ansatzverhältnis:

- Vorkleistern 1 : 40,
- Tapezieren 1 : 20.

Es besteht kein Unterschied beim Anmischen von Spezialkleister gegenüber dem Mischen von MC-Kleister. Die enthaltenen Kunststoffdispersionszusätze erhöhen die Klebekraft dieses Kleisters.

Tapeziergeräte-Kleister für Raufasertapeten und trockenabziehbare Wandbekleidungen sind zu mischen mit einem Ansatzverhältnis von:

- Vorkleistern 1 : 70,
- Tapezieren 1 : 35.

Tab. 1: Ansatz und Ergiebigkeit

	Ansatz	Packungsinhalt 250 g in Liter Wasser	Reichweite für ca. m^2	Reichweite für ca. Rollen
Vorkleistern	1:40	8	80	-
Tapeten	1:20	4	26	5
Raufaser	1:20	4	26	1,5

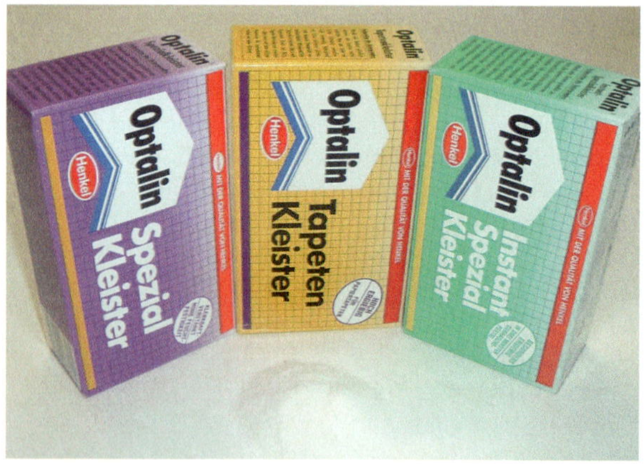

Abb. 1: Kleister-Packungen

Dieser Kleister ist ebenfalls mit Kunststoffdispersionszusätzen versehen, die neben der Erhöhung der Klebekraft eine niedrigere Viskosität ermöglichen.

Tapetenkleister in Pulverform sollen trocken und kühl gelagert werden, um ein vorzeitiges Verklumpen zu vermeiden.

Ansatz und Ergiebigkeit am Beispiel eines Spezialkleisters, entnommen aus dem technischen Merkblatt eines Herstellers, zeigt die Tab. 1.

Kleisterflecken auf der Tapetenoberseite sollten noch im feuchten Zustand entfernt werden, um eine Fleckenbildung zu vermeiden. Kleister sind nach der Trocknung reversibel. Diese Eigenschaft wird durch die Kunststoffdispersionszusätze jedoch abgeschwächt.

Zum Verkleben von Glasfaserbahnen verwendet man einen dafür vorgesehenen Dispersionskleber. Sie ergeben dauerhafte und wasserunlösliche Verklebungen und basieren auf PVAc- oder Acrylat-Styrol-Copolymerisatharzbasis.

Durch Zugabe von 10 % Spezialkleister in einem Mischungsverhältnis von 1 : 20 kann die Trocknung der Dispersionskleber verzögert werden. Dispersionskleber sind bereits gebrauchsfertig in verschiedenen Gebindegrößen erhältlich.

3.12 Berechnung des Tapetenbedarfs

Für die Berechnung des Tapetenbedarfs gibt es unterschiedliche Methoden. Welche Methode verwendet wird, hängt davon ab, wie genau das Ergebnis der Berechnung sein muss. Für eine preiswerte Raufasertapete, die von der Großrolle verarbeitet wird, ist ein ungefähres Ergebnis ausreichend. Wird eine sehr hochwertige Tapete bestellt, muss die berechnete Anzahl der Rollen möglichst genau stimmen.

1. Methode: Berechnung über die Fläche
Diese Berechnung ist relativ einfach und kann auch überschlägig im Kopf gerechnet werden. Man kann hier allerdings nicht erkennen, wie groß der Verschnitt aus jeder Rolle ist, sodass unter Umständen mehr Rollen benötigt werden als berechnet.

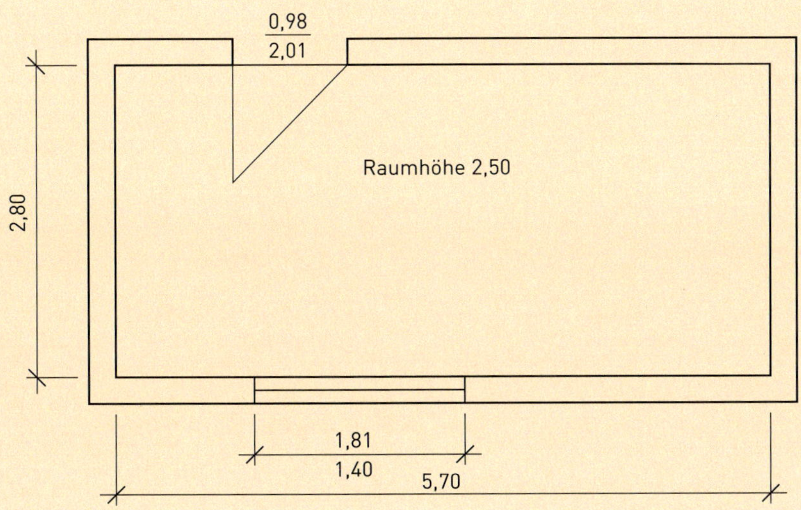

Schritt 1: Berechnung der zu tapezierenden Fläche

Umfang des Raumes · Wandhöhe:	A = (5,70 + 2,80) · 2 · 2,50	= 42,50 m²
– Türfläche:	A = 0,98 · 2,01	= 1,97 m²
– Fensterfläche:	A = 1,81 · 1,40	= 2,53 m²
zu tapezierende Fläche	A = 38,00 m²	

Schritt 2: Berechnung der Fläche einer Tapetenrolle

Eurorolle: A = 0,53 · 10,05 = **5,33 m²**

Schritt 3: Berechnung der Anzahl der Rollen

zu tapezierende Fläche	:	Tapetenfläche	
39,00	:	**5,33**	= 7,32; aufgerundet **8 Rollen**

2. Methode:
Berechnung über die Anzahl der Bahnen
Bei dieser aufwändigeren Berechnungsmethode kann man erkennen, wie viel Reste aus jeder Rolle übrig bleiben. Man kann somit die benötigte Anzahl der Tapetenrollen sehr genau bestimmen.

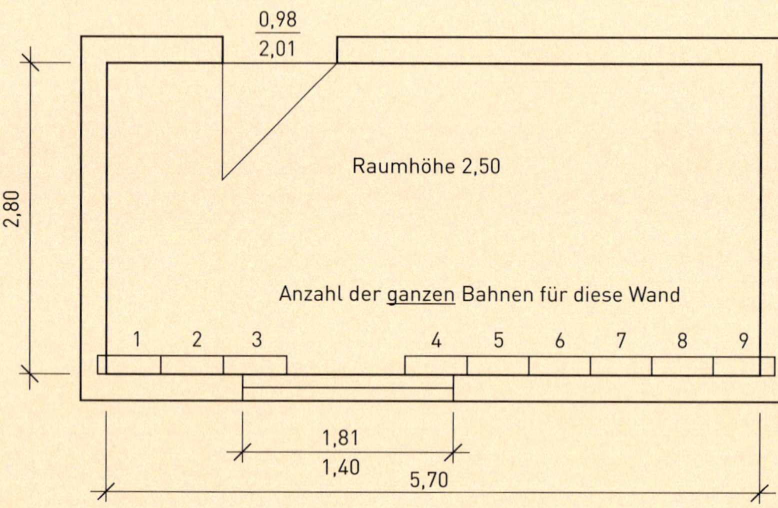

Schritt 1: Berechnung der Anzahl der ganzen Bahnen

Umfang des Raumes	L = (5,70 + 2,80) · 2 =	17,00 m
– Breite der Türe	L =	0,98 m
– Breite des Fensters	L =	1,81 m
zu tapezierende Länge	L =	**14,21 m**

zu tapezierende Länge : Tapetenbreite
14,21 : 0,53 = 26,81; aufgerundet **27 ganze Bahnen**

Schritt 2: Berechnung der Anzahl ganzer Bahnen aus einer Rolle

Länge einer Tapetenrolle : Länge einer Bahn (+ 10 cm Zugabe)
10,05 : (2,50 + 0,10) = 3,87; abgerundet **3 ganze Bahnen**
Es bleiben als Verschnitt 0,86 · 2,60 = 2,23 m pro Rolle übrig.

Schritt 3: Berechnung der Anzahl der Rollen

Anzahl ganze Bahnen : Bahnen pro Rolle
27 : 3 = **9 Rollen**

3.13 Verarbeitung von Raufasertapeten

Arbeitsschritte zur Verarbeitung von Raufasertapeten können der Tab. 1 entnommen werden.

Tab. 1: Arbeitsschritte

1. Der Zuschnitt der Bahnen Nach dem Messen der Wände werden die Bahnen mit einer Zugabe von 10 cm geschnitten. Auf ein Muster oder einen Rapport muss dabei nicht geachtet werden.		**5. Verkleben** Die Raufasertapete Naht an Naht verkleben. Um Blasen und Falten zu entfernen, die Tapete mit der Tapetenbürste oder Andruckrolle andrücken.	
2. Einkleistern Die Bahnen satt und gleichmäßig einkleistern. Dies geschieht von Hand oder mit einem Kleistergerät.		**6. Beschnitt** Der überstehende Rest der Tapetenbahn wird mit dem Scherenrücken markiert und anschließend entlang dieser Linie abgeschnitten. Ebenso kann der Überstand mit Hilfe eines Spachtels abgerissen werden.	
3. Zusammenlegen Die Bahnen 2/3 zu 1/3 zusammenlegen. Wichtig ist es, Kante auf Kante zu legen, um ein austrocknen der Ränder zu vermeiden.		**7. Eckenbehandlung** Die Trennung in den Ecken wird mit der Schere ausgeführt. Profis reißen die Raufaser in den Ecken häufig mit einem Spachtel zu. An den Außenecken wird, je nach Aussehen der Ecke, entweder überlappend tapeziert oder die Trennung erfolgt direkt auf der Kante.	
4. Weichzeit Die angegebene Weichzeit ist einzuhalten.		**8. Anstrich** Mit dem Anstrich ist bis zur Durchtrocknung der Raufasertapete zu warten.	

3.13.1 Tapezieren von Decken

Die Tapetenbahnen werden wie eine Ziehharmonika zusammengefaltet, dürfen aber nicht geknickt werden (Abb. 1).

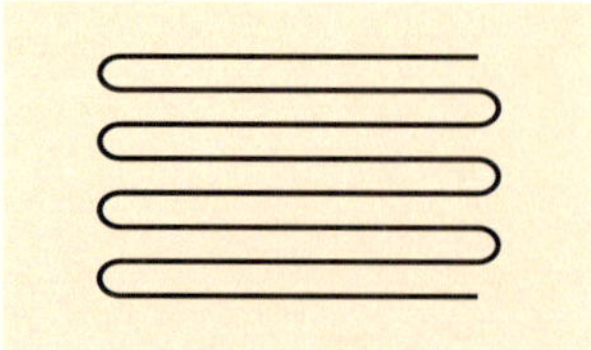

Abb. 1: Falten von Tapetenbahnen

Nachdem so viele Bahnen eingekleistert wurden, wie für die Decke benötigt werden, muss an der Fensterwand mit dem Ankleben begonnen werden. Bei zwei Fenstern muss man dort beginnen, wo der Lichteinfall am stärksten ist.

Die oberste Falte der Tapetenbahn wird aufgeklappt und an der Decke angesetzt, dass sie 1,5–2 cm in die Wand reicht. Sie wird mit der Hand leicht in die Ecke gestrichen und erst, wenn sie richtig sitzt, behutsam mit der Tapetenbürste angedrückt (Abb. 2).

Danach werden die nächsten Falten aufgeklappt und mit der Bürste festgedrückt. Es muss immer sorgfältig darauf geachtet werden, dass der Tapetenrand entlang der Markierungslinie verläuft, die vorher am Deckenende oder and der vorhergehenden Bahn angebracht worden ist.

Abb. 2: Tapete an der Decke angesetzt

3.14 Verarbeitung von Glasfasergewebe

Die Verarbeitung von Glasfasergewebe kann in folgenden Schritten ausgeführt werden:

- Der Kleber wird mit einer Farbrolle auf die Wand aufgebracht (Abb. 3).
- Das Gewebe wird in den noch feuchten Kleber eingelegt (Abb. 4).
- Mit der Andruckwalze oder einem Gewebespachtel wird das Gewebe blasenfrei angerieben bzw. angedrückt (Abb. 5).
- Die Kanten an Decke und Boden werden mit Spachtel und Cutter beschnitten (Abb. 6).

Abb. 3: Kleber auftragen

Abb. 4: Gewebe in den Kleber einlegen

- Alle folgenden Bahnen sind auf Stoß zu kleben (Abb. 7).
- Überlappende Nähte können mit einem Doppelschnitt auf Stoß geschnitten werden. Im Bereich der Überlappung (6–8 cm) wird eine Anlegeleiste oder ein Lineal angelegt. An diesem entlang werden mit einem Cutter oder einem Gleitfußmesser die beiden Bahnen sauber durchtrennt (Abb. 8).
- Die Verschnittstreifen werden entfernt (Abb. 9). Die Bahnen liegen nun direkt auf Stoß nebeneinander.

Abb. 5: Anreiben/Andrücken

Abb. 6: Kanten beschneidung

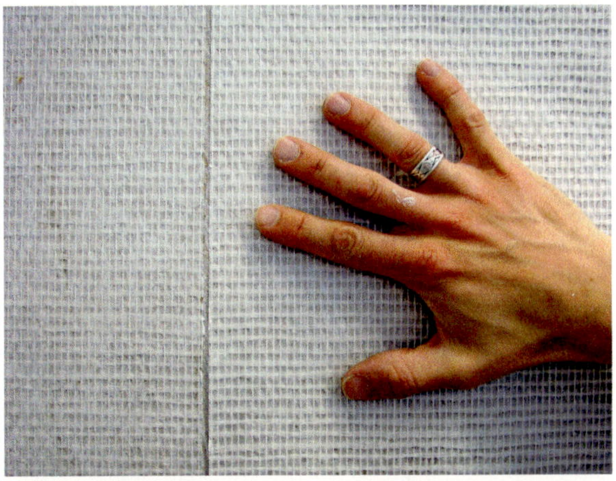

Abb. 7: Auf Stoß kleben

Abb. 8: Doppelschnitt

Abb. 9: Entfernen der Streifen

3.15 Leitern und Gerüste

Anlegeleitern, Stehleitern und Rahmengerüste siehe auch LF 2.

3.15.1 Mehrzweckleitern

Mehrzweckleitern sind Kombinationsleitern, die vielseitig einsetzbar sind. Durch ihre Gelenkverbindungen lassen sie sich individuell anpassen und sowohl als Anlege-, Stehleitern oder als Kleingerüst verwenden (Abb. 1).

Abb. 1: Leiterarten

3.15.2 Fahrgerüste

Fahrgerüste sind auf ebenen und glatten Untergründen einsetzbar. Sie werden für Arbeiten im Innen- und Außenraum verwendet, bei dem das Gerüst immer wieder verschoben werden muss.

Sie lassen sich in einer Art Bausatzsystem (Rohre und Kupplungen) schnell aufbauen und bieten bei geringem Patzbedarf optimale Arbeitsbedingungen.

Ein Gerüst ist immer nach Aufbau- bzw. Verwendungsanleitung des Herstellers zu errichten.

Die maximale Belaghöhe darf bei fahrbaren Arbeitsgerüsten in Gebäuden 12,00 m und außerhalb von Gebäuden bis 8,00 m Höhe betragen (Abb. 2).

Abb. 2: Fahrgerüst

Sicherheitsregeln beim Arbeiten auf Fahrgerüsten

- Ab 2 m Belagshöhe muss ein dreiteiliger Seitenschutz vorhanden sein.
- Nur langsam verschieben.
- Fahrrollen müssen unverlierbar befestigt sein und nach dem Verfahren durch Bremshebel festgesetzt werden.
- Jegliches Anprallen vermeiden.
- Nur in Längsrichtung oder über Eck verschieben.
- Vor dem Verschieben lose Teile gegen Herabfallen sichern.
- Nicht auf Belagflächen abspringen.
- Ab mehr als 1,00 m Belaghöhe muss ein Aufstieg vorhanden sein.
- Gerüstbelagsbreite mindestens 50 cm.
- Ab mehr als 1,00 m Belaghöhe muss ein Aufstieg vorhanden sein.
- Die maximale Belagshöhe beträgt 2,00 m.
- Gerüstbelagsbreite mindestens 50 cm.
- Es müssen konstruktiv festgelegte Innenaufstiege vorhanden sein. Senkrechte Steigleitern von mehr als 4,00 m Höhe sind unzulässig. Ausnahme: Es ist maximal alle 4,00 m eine Zwischenbelagsbühne mit Druchtrittsklappe vorhanden.
- Aufenthalt von Personen auf fahrbaren Arbeitsbühnen während des Verschiebens ist nicht zulässig.
- Bei aufkommendem Sturm (ab Windstärke 6) und nach Beendigung der Arbeiten fahrbare Gerüste gegen Umsturz sichern.
- Überbrückungen zwischen fahrbaren Gerüsten und Gebäuden sind unzulässig.
- Bei größeren Höhen muss eine Basis-Verbreiterung angebracht werden, um vor Umstürzen zu schützen.

3.15.3 Kleingerüste

Für einfache Arbeiten in geringer Höhe braucht man kein aufwändiges Stand- oder komplettes Fahrgerüst. In solchen Fällen genügt ein Kleingerüst (Abb. 3).

Es ist schnell und ohne großen Aufwand auf- und abzubauen. Ebenso ist ein leichter Transport von Vorteil.

Neben den Regeln für Fahrgerüste gelten noch zusätzliche Sicherheitsregeln:

- ein Standsicherheitsnachweis muss vorhanden sein,
- Belagbreite mindestens 50 cm,
- Fahrrollen müssen mit der Tragfähigkeit gekennzeichnet sein,
- für Kleingerüste muss eine Einrichtung vorhanden sein, die ein Anbringen eines Seitenschutzes ermöglicht,
- Wind- und Schneelasten brauchen nicht berücksichtigt zu werden,
- Kleingerüste müssen über sichere Zugänge oder Aufstiege erreichbar sein.

Abb. 3: Fahrbares Kleingerüst

Aufgaben

1. Die Außenwand eines Gebäudes soll im Winter bei einer Temperatur von 0 °C mit einer herkömmlichen Kunststoffdispersionsfarbe beschichtet werden. Erklären Sie dem Kunden, warum diese Ausführung nicht möglich ist.

2. Nennen Sie die Vorteile von wasserverdünnbaren Lacken gegenüber lösemittelhaltigen Lacken.

3. Für die Reihenfolge einer Lackierung gilt in der Regel ein Arbeiten von der am schlechtesten zugänglichen Stelle zu der gut zugänglichen Stelle.

Kennzeichnen Sie durch Nummerieren die Lackierreihenfolge der abgebildeten Kassettentür mit tiefer liegenden Füllungen.

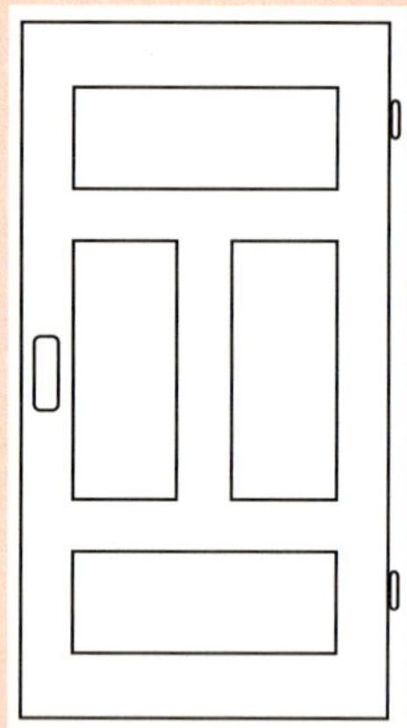

4. Worin besteht der Unterschied zwischen Wandbekleidung und Wandbelägen?

5. Benennen Sie die abgebildeten Tapezierwerkzeuge und geben Sie den Verwendungszweck an.

6. Beschreiben Sie den Unterschied bei der Verarbeitung von Raufaser und Glasgewebe.

7. Wer muss vor jeder Benutzung den Zustand der Leiter prüfen?

8. In welchem Winkel ist eine Anlegeleiter anzustellen und wie viel Überstand ist beim Umsteigen auf eine andere Ebene erforderlich?

9. Benennen Sie die Bestandteile eines Fahrgerüstes (→ LF 2).

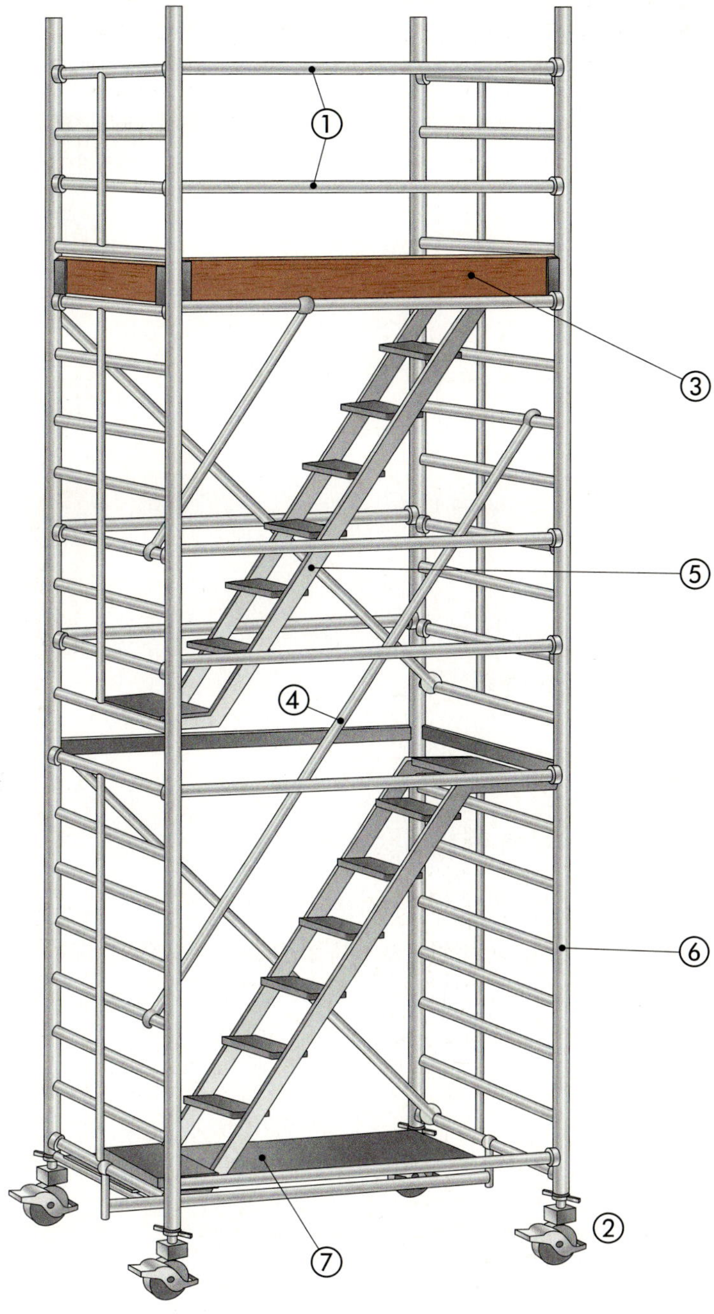

4 Lernfeld 4 Oberflächen gestalten

Kundenauftrag

▶ Farbliche Gestaltung und Beschriftung eines Messestandes

Arbeitsauftrag

Ein Malerbetrieb soll für eine regionale Ausstellung einen Messestand farblich gestalten und beschriften. Auftraggeber ist „das Handwerkerteam", eine Kooperation verschiedener Handwerksbetriebe im Ort, die dem Kunden gemeinsam ihre handwerklichen Leistungen anbieten. Dazu gehören neben dem Malerbetrieb, ein Baugeschäft, ein Fliesenleger und ein Elektrikerbetrieb.

Ziel des Messeauftritts ist es, den Kunden einen Eindruck von der Qualität ihrer handwerklichen Arbeit zu vermitteln und neue Kunden für höherwertige Arbeiten zu gewinnen.

Es soll dabei die Zusammengehörigkeit der Gewerke betont werden, aber dennoch jeder Betrieb als eigener Bereich erkennbar sein.

Auszuführende Arbeiten

Pos. 1: **Farbige Gestaltung der Wände des Messestandes.**
Jedem Betrieb wird eine Fläche entsprechend den Firmenfarben zugeordnet. Die verschiedenen Flächen sollen farblich harmonieren und den Eindruck des Hochwertigen unterstreichen.

Pos. 2: **Anfertigen einer Bordüre**
Es ist eine Bordüre aus einfachen geometrischen Formen als optische Verbindung der vier Handwerksbetriebe anzufertigen.

Pos. 3: **Beschriftung von Schildern**
Es sind zwei Schilder auf dem Messestand mit dem Schriftzug „Das Handwerkerteam, gemeinsam für Ihr Heim" anzufertigen.

Pos. 4: **Beschriftung für Flächen**
Es sind Beschriftungen für jede Fläche mit der Bezeichnung der einzelnen Betriebe und dem Firmenlogo anzufertigen:

- Maler Jahn,
- Hauser – Fliesen und Kachelöfen,
- Elektro Sauber,
- Haus und Bau GmbH
  Werner Groß.

Objektbeschreibung

Zu Pos. 1: Die Wände des Messestandes bestehen aus 15 mm dicken unbeschichteten OSB-Platten; Maße siehe Zeichnungen. Die Säulen sind mit RAL 7035 Lichtgrau beschichtet, der kurzflorige Teppichboden hat die Farbe NCS 40 30 – R 90 B. Der Stand kann mit acht Lichtstrahlern mit unterschiedlicher Farbtemperatur beleuchtet werden.

Zu Pos. 3: Die Schilder für die Beschriftung sind weiße, unbeschichtete PVC-Platten, 5 mm dick.

Leistungsbeschreibung

Pos. 1: Anfertigen eines Farbentwurfs, Vorbereiten des Untergrundes, Beschichten der Wände mit Innendispersion, Farben entsprechend dem Farbentwurf.
Pos. 2: Entwurf eines geometrischen Musters, Schneiden einer Schablone, Aufbringen der Bordüre auf die fertig beschichteten Wände.
Pos. 3: Vorbereiten des Untergrundes, Montage der Schriftzüge mit Selbsklebefolie.
Pos. 4: Übertragen der Firmenschriftzüge und Firmenlogos auf die Wände.

Abb. 1:
Farbige Darstellung

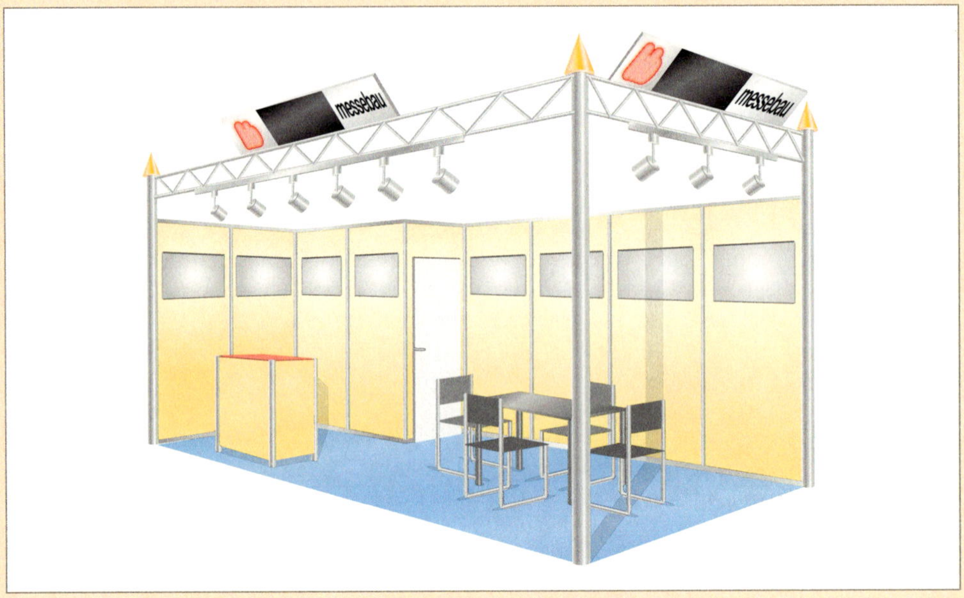

Abb. 2:
Abwicklung

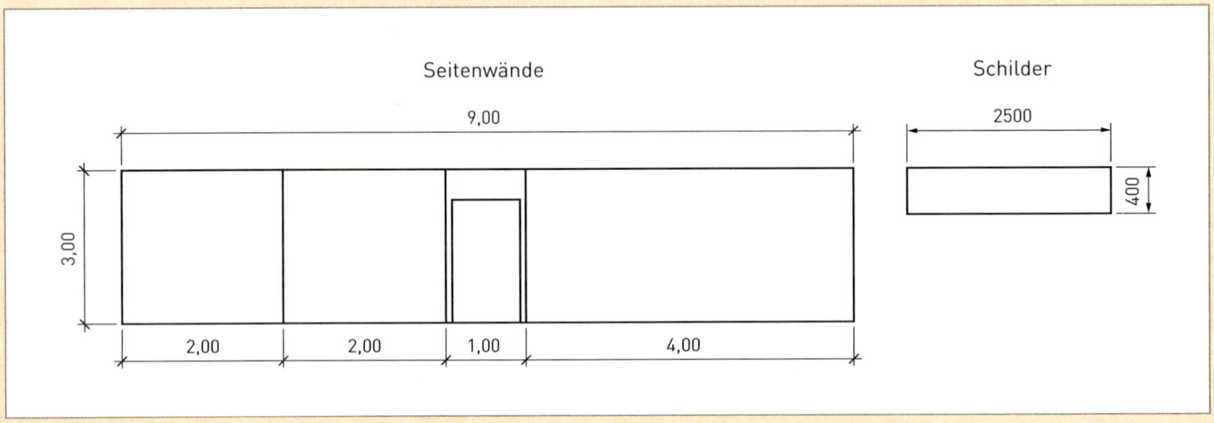

Abb. 3:
Logos der beteiligten Firmen

Werner Groß Haus und Bau GmbH

Hauser Fliesen und Kachelöfen

Sauber Elektro-Meisterbetrieb

Malermeister Jahn

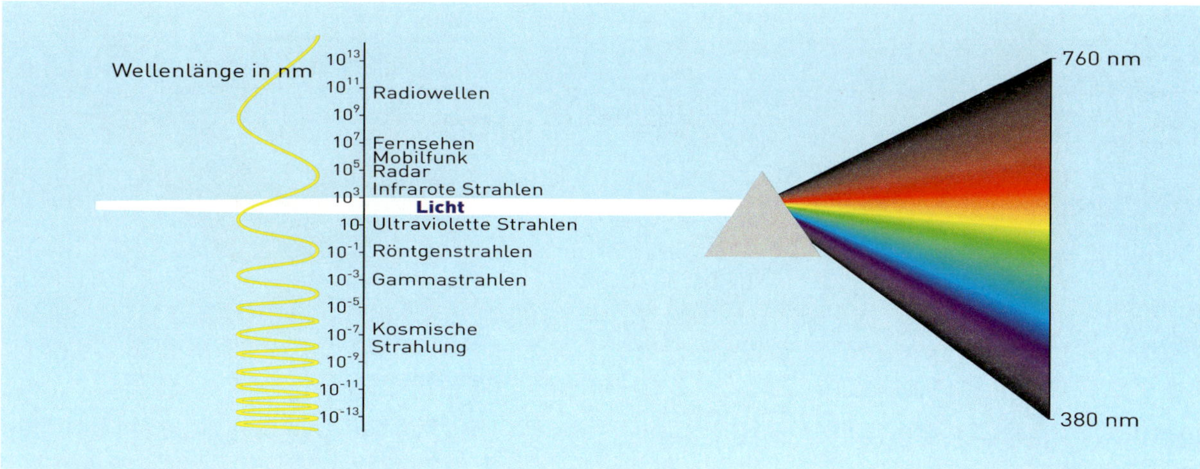

Abb. 4: Arten elektromagnetischer Strahlung

4.1 Farbiges Sehen

Farbe ist lediglich eine Sinnesempfindung des menschlichen Gehirns, die entsteht, wenn Licht einer bestimmten Wellenlänge auf die Netzhaut des Auges gelangt.

Über elektromagnetische Strahlung (Abb. 1) kommt es zu einer Nervenerregung, die zum Gehirn geleitet und dort als Farbe wahrgenommen wird. Die Netzhaut enthält zwei unterschiedliche Arten von lichtempfindlichen Sehzellen: die helldunkel-empfindlichen Stäbchen, die nur für das Schwarz-Weiß-Sehen zuständig sind und die farbempfindlichen Zapfen, mit denen farbig gesehen werden kann. Die Zapfen wiederum werden in die Rezeptoren mit unterschiedlichen Spektralbereichen unterteilt. Je nach spektraler Empfindlichkeit der Rezeptoren wird jeweils eine der drei Grundfarben „Rot", „Grün" oder „Blau" vom Auge wahrgenommen.

Das für das menschliche Auge sichtbare Licht im Spektrum der elektromagnetischen Strahlung liegt im Wellenlängenbereich von etwa 380 nm und 760 nm (nm = Nanometer, 1 nm = 10^{-9} m = 1 Millionstel Millimeter). Die verschiedenen spektralen Frequenzen innerhalb dieses Bereiches entsprechen den unterschiedlichen Farben von Violett über Blau, Grün, Gelb und Orange zu Rot (Abb. 2).

Abb. 5: Spektralfarben des weißen Lichts

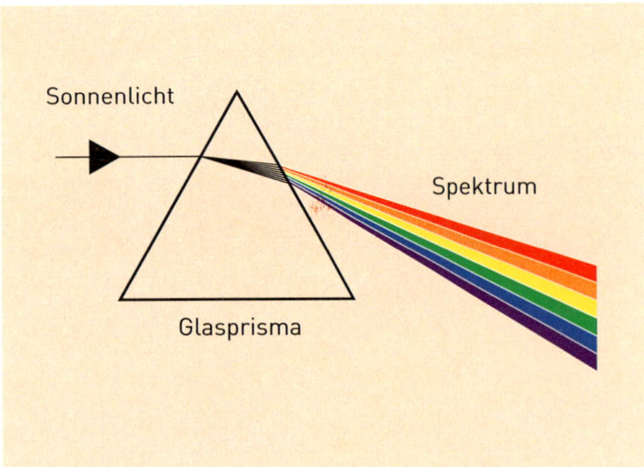

Abb. 1: Prisma, Zerlegung des Lichts

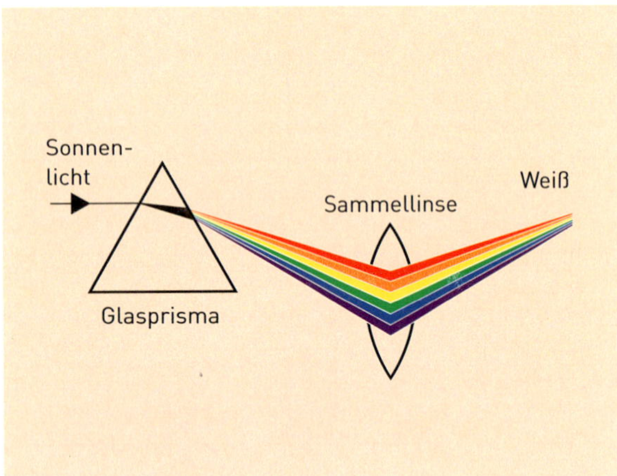

Abb. 2: Zerlegung und Bündelung des weißen Lichts

4.1.1 Sichtbare Strahlung, Spektralfarben

Licht ist die für das menschliche Auge sichtbare elektromagnetische Strahlung des Lichtspektrums mit dem Wellenlängenbereich von 380 nm bis 760 nm. Fällt das weiße Licht (z. B. Sonnenlicht) gebündelt auf ein Glasprisma, so wird es in die Regenbogenfarben, die Spektralfarben, zerlegt (Abb. 1).

Wird dieses Licht wieder gebündelt, so lässt es sich erneut zu weißem Licht addieren (zusammenfügen, Abb. 2).

Trifft das Licht auf einen glatten Gegenstand und wird vollständig zurückgeworfen (reflektiert), so erscheint der Gegenstand weiß (Abb. 3).

Wird das einfallende Licht von einem Körper vollständig verschluckt (absorbiert), sieht man den Körper schwarz (Abb. 4).

Abb. 3: Reflexion

Abb. 4: Absorption

Abb. 5: Teilweise Reflexion

Werden unterschiedliche Anteile des Spektrums absorbiert, erscheint der Gegenstand in der zurückgestrahlten (reflektierten) Farbe des Spektrums (Abb. 5).

Ein blauer Körper verschluckt (absorbiert) also alle Farben des Spektrums mit der Ausnahme von Blau, es wird zurückgeworfen (reflektiert), woraufhin der Körper als blau wahrgenommen wird. Die Wahrnehmung der farbigen Umwelt beruht auf Reflexion (zurückwerfen) und Absorption (verschlucken) von Licht.

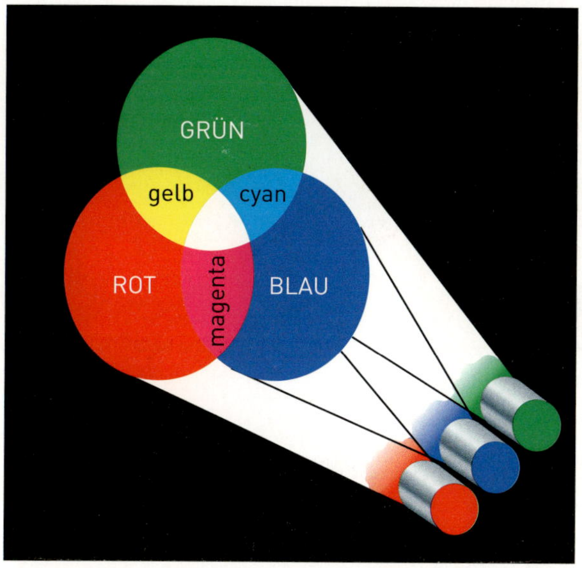

Abb. 6: Additive Farbmischung mit farbigen Lichtern

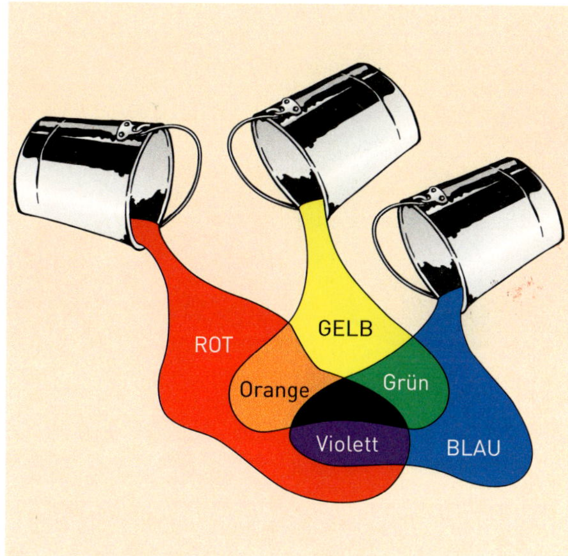

Abb. 7: Subtraktive Farbmischung von Primär- zu Sekundärfarben

4.1.2 Farbmischungen

Die Farbenlehre unterscheidet zwei Arten der Farbmischung, die additive Farbmischung und die subtraktive Farbmischung.

Additive Farbmischung
Die additive Farbmischung bezieht sich auf das Mischen von farbigen Lichtern (Lichtfarben). So wie mit dem Prisma weißes Licht in seine Spektralfarben zerlegt werden kann, entsteht mit Hilfe von drei Scheinwerfern, in den Grundfarben (Primärfarben) RGB: Rot (Rotorange), Grün, Blau (Blauviolett), in deren Summe wiederum weißes Licht. Hierbei werden die drei Grundfarben (Primärfarben) zu gleichen Teilen gemischt (→ Kap. 4.1.1, Spektralfarben). Fügt (addiert) man lediglich zwei primäre farbige Lichter zusammen, erhält man aus rotem und grünem Licht das Gelb. Rot und Blau addieren sich zu Magenta, blaues und grünes Licht wird zu Cyan (Abb. 6).

Die Farben, die sich beim Mischen der Primärfarben ergeben, nennt man Sekundärfarben (Zweitfarben). Beim Addieren von Lichtfarben nehmen die Helligkeiten der Farben zu.

Das additive Mischverfahren wird z.B. am Computer angewendet. Hierbei sind auf dem Monitor unterschiedliche Farben zu sehen, da sich verschiedene Leuchtstoffe mischen. Jeder Bildpunkt (Pixel) auf dem Bildschirm besteht aus drei unterschiedlichen Leuchtstoffen, die den drei RGB-Farben entsprechen und aus denen durch unterschiedliche Mischung alle Farben in diesem Pixel gemischt werden können.

Subtraktive Farbmischung
Die subtraktive Farbmischung beschäftigt sich mit dem Mischen von Körperfarben (Absorptionsfarben). Körperfarben entstehen beim Mischen von real vorhandenen Farben (aus dem Farbeimer, Farbkasten etc.). Die Farbigkeit eines Körpers hängt hierbei davon ab, welche Farbe des Lichtspektrums beim Auftreffen auf den Gegenstand reflektiert und welche absorbiert wird (Abb. 3–5). Gearbeitet wird mit Farbmitteln (Anstrichstoffen) in den Grundfarben (Primärfarben) CMY: Blau (Cyan), Rot (Magenta), Gelb (Yellow), die in ihrer Summe theoretisch Schwarz ergeben. Ein Schwarz entsteht allerdings lediglich beim Mischen von „idealen" Farben, in der Praxis ergibt die Mischung der Primärfarben ein dunkles Grau.

Werden die Primärfarben (Grundfarben) untereinander gemischt, erhält man die so genannten Sekundärfarben (Abb. 7). Dabei ergeben Gelb und Rot das Orange, Rot und Blau das Violett, Blau und Gelb das Grün. Da Teile des Lichts bei der Farbmischung vom Gegenstand absorbiert werden, nehmen die Helligkeiten der Farben bei der subtraktiven Farbmischung, im Gegensatz zur additiven Farbmischung, ab.

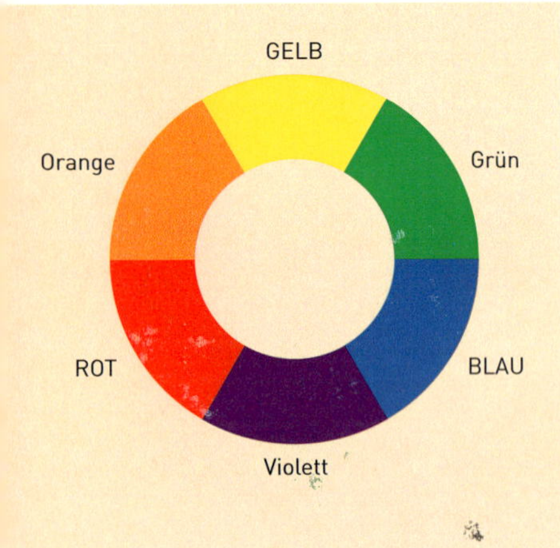

Abb. 1: 6-teiliger Farbkreis

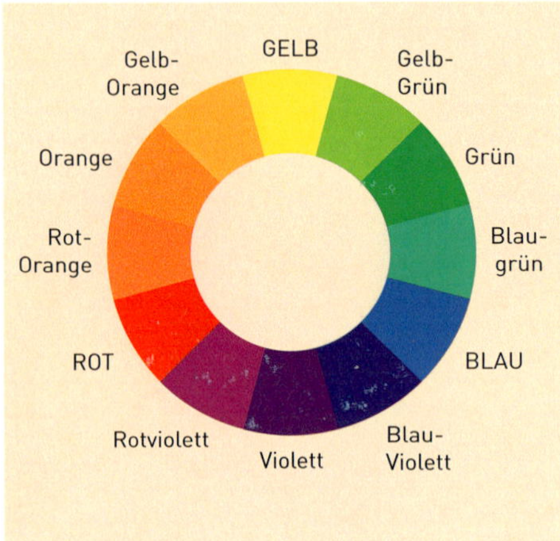

Abb. 2: 12-teiliger Farbkreis

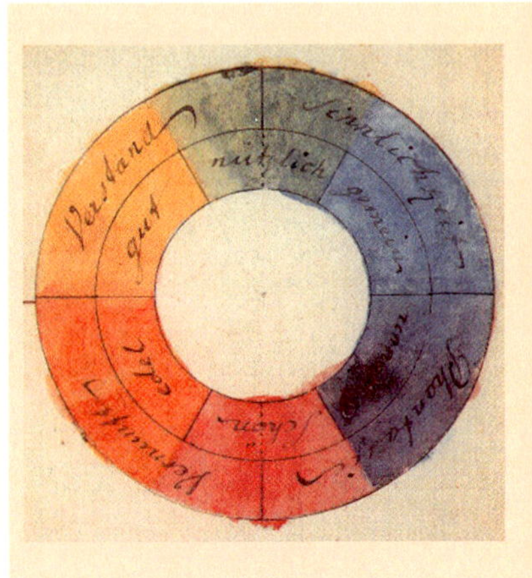

Abb. 3: Farbkreis von Goethe

Werden alle drei Primärfarben miteinander gemischt, so entstehen Tertiärfarben (Drittfarben). Auch wenn die Mengenanteile der jeweiligen zugemischten Farbtöne unterschiedlich sein können, müssen hierbei immer alle drei Primärfarben beteiligt sein. Dadurch entsteht eine große Fülle an Brauntönen.

Der Farbkreis
Die subtraktive Farbmischung von jeweils zwei Primärfarben ergibt die entsprechende Sekundärfarbe. Aus diesen insgesamt sechs Farben kann der 6-teilige Farbkreis erstellt werden (Abb. 1). In diesem Farbkreis liegen sich jeweils die komplementären Farben gegenüber. Komplementärfarben oder Gegenfarben ergänzen sich und ergeben in ihrer subtraktiven Mischung immer ein neutrales Grauschwarz.

Der 12-teilige Farbkreis ergibt sich, indem mit Tertiärfarben nach Johannes Itten (→ Kap. 4.2.1) gearbeitet wird. Die Tertiärfarben nach Itten entstehen durch ein Mischverfahren, bei dem eine Primärfarbe mit der benachbarten Sekundärfarbe gemischt wird. Z. B. entsteht durch Mischung von Gelb und Orange das Gelborange, Gelb und Grün ergibt Gelbgrün.

Auch im 12-teiligen Farbkreis liegen die Komplementärfarben gegenüber (Abb. 2).

4.2 Farbordnungen, Farbordnungssysteme

Der Mensch ist in der Lage, ca. 10 Millionen verschiedene Farbtöne zu sehen. Um diese Farbtöne zu ordnen, wurde eine Vielzahl an Farbordnungssystemen entwickelt. Die Wichtigsten und Gebräuchlichsten werden nachfolgend aufgezeigt. Farbordnungssysteme dienen erstens der genauen Bestimmung von Farbtönen, zweitens beschreiben sie die Beziehungen zwischen den einzelnen Farbtönen (Buntfarben) und deren Ausmischungen zu Schwarz und Weiß, (Unbuntfarben).

Zur Erklärung der Farbordnungssysteme müssen einige Fachbegriffe erläutert werden.

Der **Farbton** (Buntton [hue]) bezeichnet den Namen der Farbe, z.B. Rot, Orange, Blau.

Die **Sättigung** (Intensität, [chroma or saturation]) gibt den Grad der Buntheit, also die Reinheit der Farbe an.

Die **Helligkeit** (Hellbezugswert [lightness] Schwarz/Weißanteil [value or propotion of black/white]) bezieht sich auf die Menge des Lichts, die vom Farbton reflektiert wird.

Mit den Begriffen Farbton, Sättigung, Helligkeit kann jede Farbe in ihrer Nuance genau beschrieben werden (Abb. 7).

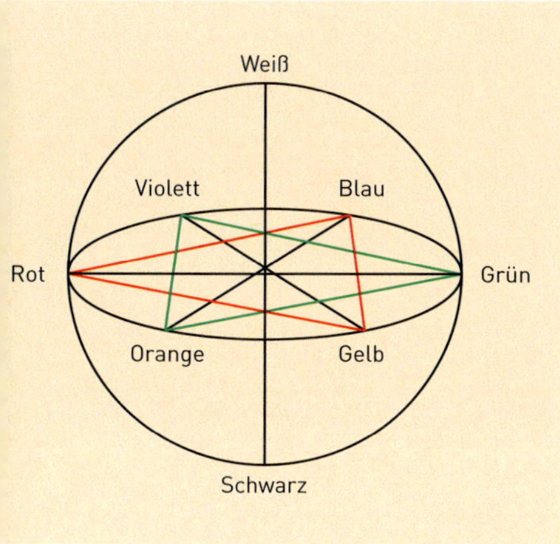

Abb. 4: Farbdreiecke innerhalb der Farbkugel von Runge

Abb. 5: Farbkugel von Runge

Abb. 6: 12-teiliger Farbkreis nach Itten

4.2.1 Konstruierte Farbordnungssysteme

Im Farbkreis von Johann Wolfgang von Goethe (1749–1832) werden die Farben Gelb und Blau nicht gegensätzlich angeordnet, sondern ergeben mit Rot ein Dreieck (Abb. 3). Zwischen die drei Primärfarben setzt er die entsprechend ausgemischten Sekundärfarben: Grün, Violett und Orange.

Auf der Farbkugel von Philipp Otto Runge (1777–1810), die gleich einer Erdkugel mit Äquator und Polen angeordnet ist, sind entlang der Mittellinie (des Äquators) die reinen Farben in Form von 2 Dreiecken angeordnet. Diese überlagern sich und ergeben dadurch ein Sechseck. Die Primärfarben bilden das eine Dreieck, die Sekundärfarben das zweite (Abb. 4).

Die Pole der Kugel sind Schwarz und Weiß. Die reinen Farben werden zum einen untereinander und zum anderen mit Schwarz und Weiß ausgemischt. So entsteht in der Mitte der Kugel ein Grau, da sowohl die Mischung der reinen Farben (gebrochenen Farben), als auch Schwarz und Weiß in ihrer Mischung Grau ergeben (Abb. 5).

Johannes Itten (1888–1967) entwickelte aus den Farben 1. Ordnung (Primärfarben) den 12-teiligen Farbkreis. In der Mitte des Kreises befindet sich ein gleichseitiges Dreieck, in dem Gelb in der oberen Ecke, Blau unten links und Rot unten rechts angeordnet wird. Über das Dreieck konstruierte Itten drei weitere Dreiecke, jeweils mit den ausgemischten Farben 2. Ordnung (Sekundärfarben). Auf diese Art und Weise steht über Rot und Blau das Violett, über Blau und Gelb das Grün und über Gelb und Rot das Orange. So entsteht ein konstruiertes Sechseck innerhalb des Kreises. Diese sechs Farben werden in den 12-teiligen Farbkreis übertragen, die freien Felder werden mit den ausgemischten Farben 3. Ordnung (Tertiärfarben) gefüllt (Abb. 6).

Abb. 7: Beispiele für Buntton/Farbton, Sättigung und Helligkeit

4.2.2 Wahrnehmungsorientierte Farbordnungssysteme

DIN-Farbtonkarte (DIN 6164)
Das DIN-Farbsystem legt die Farbtöne nach Buntton, Sättigungsstufe und Dunkelstufe fest. Die Sättigungsstufe beginnt beim 24-teiligen DIN-Farbtonkreis mit S = 6 und endet im Unbuntpunkt mit S = 0. Die Besonderheit der Dunkelstufe ist ein Maß für die Helligkeitsbeziehung zwischen den Farbtönen.

RAL-Classic
Das Deutsche Institut für Gütesicherung und Kennzeichnung e.V. (RAL, ehemals Reichsausschuss für Lieferbedingungen) hat ca. 210 Bunttöne in neun Farbreihen genormt. Im Farbregister RAL-840 HR für matte Farbtöne (Tab. 1) und im Farbregister RAL 841-GL für glänzende gibt die vierstellige Nummer den genauen Farbton an.
Das RAL Register beinhaltet Kennzeichnungs,- Sicherheits- und Signalfarben (Tab. 2).

RAL-Design
Das RAL Design System ist ein Farbatlas mit ca. 1700 genormten Farben innerhalb von 39 Bunttonbereichen. Die Farben werden, im Gegensatz zu RAL Classic, nicht mit willkürlich festgelegten Farbnummern versehen, sondern mit Buntton, Sättigung und Helligkeit beschrieben.

Tab. 1: Farbregister RAL 840 HR

1000 er Reihe	23 gelbe Farbtöne
2000 er Reihe	8 orange Farbtöne
3000 er Reihe	19 rote Farbtöne
4000 er Reihe	6 violette Farbtöne
5000 er Reihe	19 blaue Farbtöne
6000 er Reihe	28 grüne Farbtöne
7000 er Reihe	29 graue Farbtöne
8000 er Reihe	17 braune Farbtöne
9000 er Reihe	8 weiße und schwarze Farbtöne, Aluminiumfarbtöne

Farbsystem DIN 6164

Abb. 1: DIN-Farbtonkarte

Abb. 2: Farbfächer für Maler

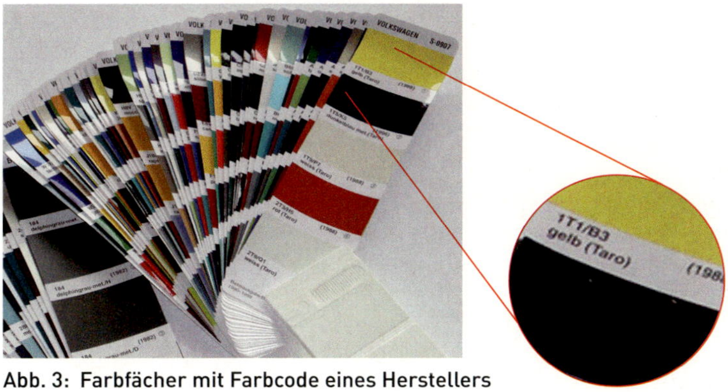

Abb. 3: Farbfächer mit Farbcode eines Herstellers

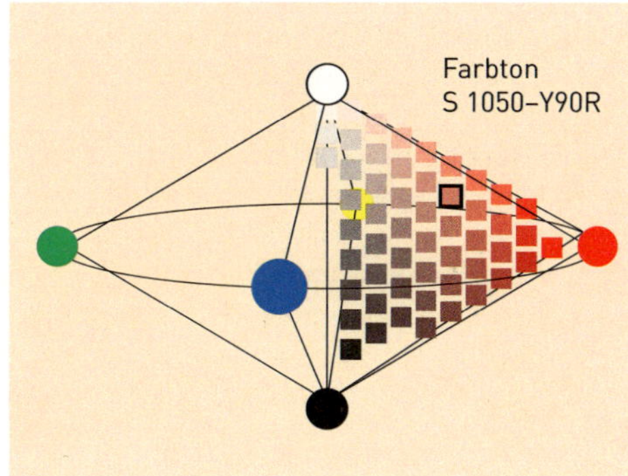

Abb. 4: NCS-Farbraum

Farbauswahlsysteme
Farbfächer bzw. Farbtabellen sind Farbauswahlsysteme, die aus den jeweiligen Farbtönen der Farbenhersteller bestehen. Die Auswahl der Farben ist nicht durch Normen festgelegt. Die Farbtöne werden häufig mit zusammengesetzten Fantasienamen bezeichnet z. B. Zitronengelb, Chilirot, Schlammgrau (Abb. 2 und 3).

NCS (Natural Color System [natürliches Farbsystem])
Das NCS-System beschreibt die Farben auf natürliche Weise, so wie der Mensch sie sieht. Das Farbsystem geht von sechs Farben aus: Gelb (Y), Rot (R), Blau (B), Grün (G), Schwarz (S = Schwarzanteil) und Weiß (W = Weißanteil). Die Farben befinden sich an den sechs Ecken eines sogenannten Farbraumes, der in der Form eines Doppelkegels dargestellt wird (Abb. 4 und Abb. 2, Seite 106). Die vier Bunttonfarben bilden als Volltonfarben in Rot, Gelb, Blau und Grün auf dem Äquator des Doppelkegels einen Farbkreis (Abb. 1, Seite 108).

In den beiden Spitzen des Doppelkegels befinden sich Weiß (oben) und Schwarz (unten), wobei die Verbindung zwischen jeder der vier Grundfarben und den beiden unbunten Spitzen ein gleichseitiges Dreieck ergibt, in dem jede Farbe des NCS-Systems zu finden ist.

Tab. 2: Kennzeichnungsfarben aus dem Farbfächer RAL-F 14 nach DIN 6146

Kennzeichnungsfarbe	RAL-Nummer	Sicherheitshinweise
Signalrot	RAL 3001	Verbote, unmittelbare Gefahr, Notschalter, Feuerlöscheinrichtungen ...
Signalgelb	RAL 1003	Warnung vor Gefahrenstellen mit beweglichen Teilen, Explosionsgefahr, Radioaktivität
Signalblau	RAL 5005	Sicherheitsgebote, Verhaltensregeln, Verhaltensmaßnahmen
Signalgrün	RAL 6032	Notausgänge, Rettungswege, Erste Hilfe Einrichtungen
Signalweiß	RAL 9003	In Kombination mit den Signalfarben wird die Wahrnehmungsfähigkeit der Zeichen erhöht.
Signalschwarz	RAL 9004	In Kombination mit den Signalfarben wird die Wahrnehmungsfähigkeit der Zeichen erhöht.

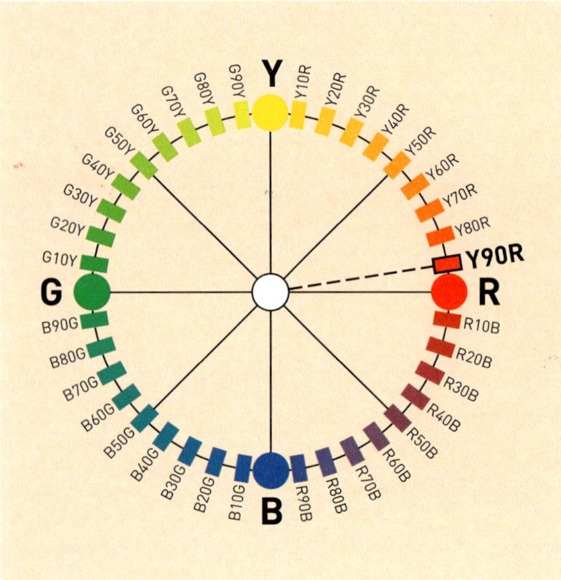

Abb. 1: NCS-Farbkreis

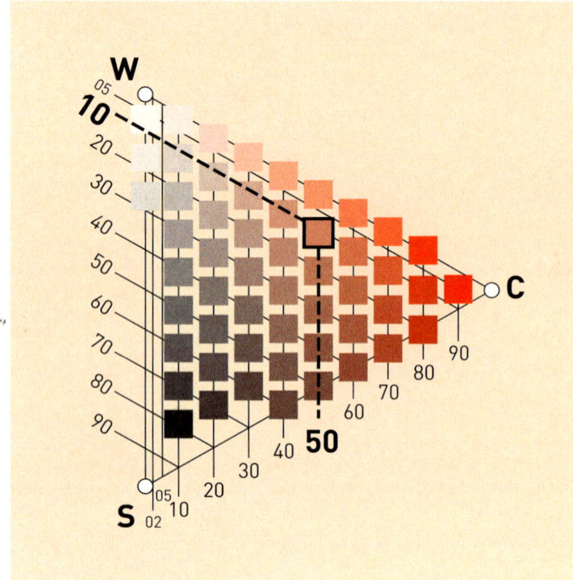

Abb. 2: NCS-Farbdreieck

In vertikaler Richtung enthält das Farbdreieck Farben, deren Weißanteil nach oben und deren Schwarzanteil nach unten zunimmt. Die horizontale Richtung gibt die Farbanteile, die Intensität einer jeden Volltonfarbe an (Abb. 2).

Innerhalb des Farbdreiecks kann die so genannte Farbnuance genau definiert werden. Angegeben werden die Weiß- , Schwarz- und Farbanteile durch eine Codierung. Die Codierung der Farbnuance ergibt sich aus der empfindungsgemäßen prozentualen Zusammensetzung des Weiß-, Schwarz- und Farbanteils, der in Summe immer 100 % ergibt.

Die Farben des Bunttonfarbkreises werden mit den jeweils benachbarten Farbtönen gemischt. Beispielsweise wird zum Blau immer mehr mit Grün hinzugemischt, bis über eine Vielzahl an blaugrünen Farbtönen letztlich ein reines Grün entstanden ist.

Die Codierung des Bunttons zeigt die prozentuale Zusammensetzung jeder Farbe. Aus dem NCS-Farbkreis ist ersichtlich, dass jeder Farbton höchstens aus zwei Buntfarben bestehen kann.

Beispiel einer NCS-Codierung

S 10 50 - Y 90 R bedeutet:

10 50 (Nuance)

10 = Schwarzanteil (S)

50 = Buntanteil (C)

S + C + W = 100 %
daraus ergibt sich ein Weißanteil (W) von 40 %

Y 90 R (Buntton)
Ein Gelb (Y) mit einem Rotanteil (R) von 90 %

S drückt lediglich aus, dass es sich um die zweite (second), die aktuelle Ausgabe des NCS-Systems handelt.

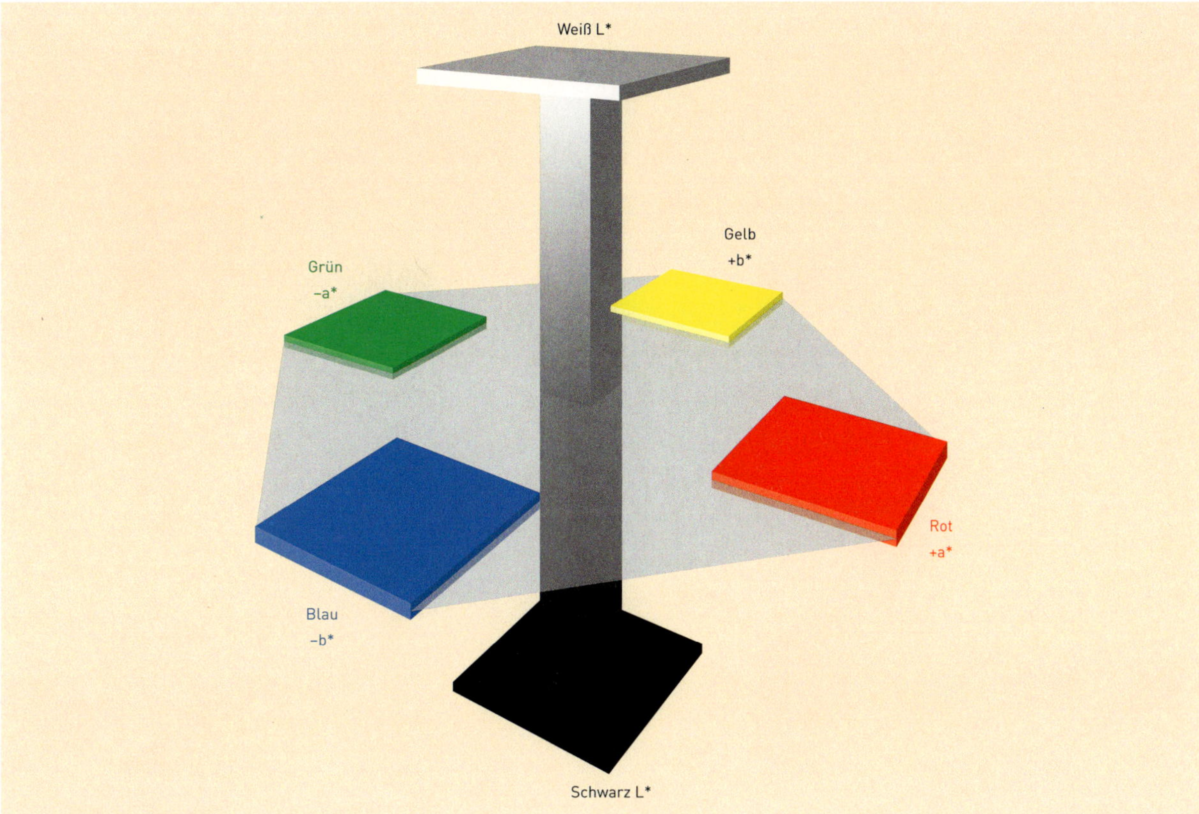

Abb. 3: Normfarbtafel

4.2.3 Farbmaßsysteme

Farbmaßsysteme sind Farbordnungssysteme, die es ermöglichen, Farbtöne mit speziellen Geräten messbar zu machen. Die Bedingungen, unter denen Körperfarben mit diesen Geräten zu messen sind, wurden in der DIN 5033-Farbmessung festgelegt.

CIE-Lab-Farbraum

Das in Europa meist verwendete Farbmaßsystem ist der CIE-Lab Farbraum – eigentlich L*a*b*-Farbraum der Internationale Beleuchtungskommission beziehungsweise französisch Commission Internationale de l'Éclairage (CIE). Das L*a*b*-Farbsystem wurde 1976 von der CIE entwickelt, um die empfindungsgemäße Farbcharakterisierung besser darstellen zu können als in der Normfarbtafel der von 1931 (📖➡). Außerdem erlaubt der L*a*b*-Farbraum mathematische Berechnungen, z. B. von Farbunterschieden.

Der L*a*b*-Farbraum wird durch ein dreidimensionales Koordinatensystem eingeteilt:

- L*, die Helligkeit (Luminanz), von 0 = Schwarz bis 100 = weiß.
- a* ist die Rot-Grün-Achse. Grün hat negative Werte, Rot positive.
- b* ist die Gelb-Blau-Achse. Blau hat negative Werte, Gelb positive.

Anwendungen:

- Fotobearbeitungsprogramme verwenden zur Umrechnung L*a*b* als Referenzfarbsystem. Beispielsweise lassen sich so die RGB-Werten des Monitors in das zum Ausdrucken benötigte CMYK-System umwandeln.
- L*a*b*-Koordinaten werden als Datentransfer zwischen unterschiedlichen Farbmessgeräten genutzt.
- L*a*b*-Koordinaten können zur Kommunikation von Farbwerten (per Email oder Fax) genutzt werden, ohne dass eine eigentliche Farbdarstellung notwendig ist.
- Das RAL DESIGN-System basiert auf dem L*a*b*-System.
- Die DIN 6176: 2001 „Farbmetrische Bestimmung von Farbabständen bei Körperfarben nach der DIN 99-Formel" schreibt die Nutzung des L*a*b*-Systems verbindlich vor.

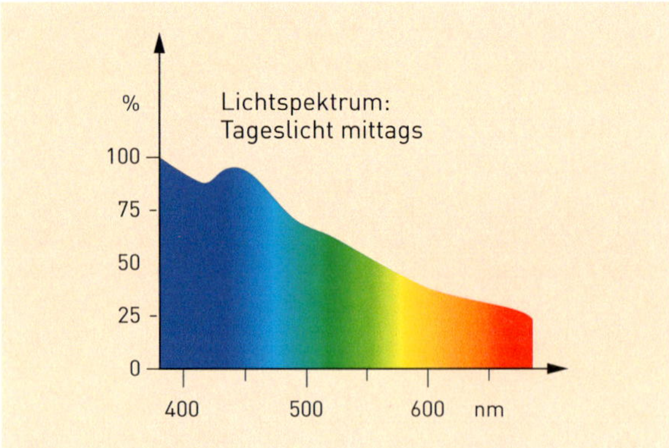

Abb. 1: Tageslicht mittags

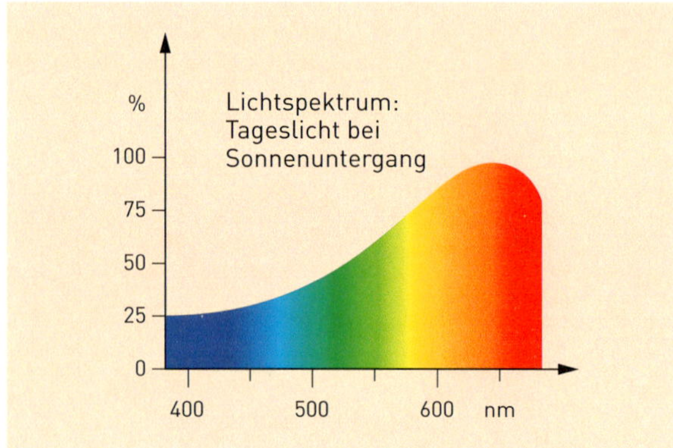

Abb. 2: Tageslicht bei Sonnenuntergang

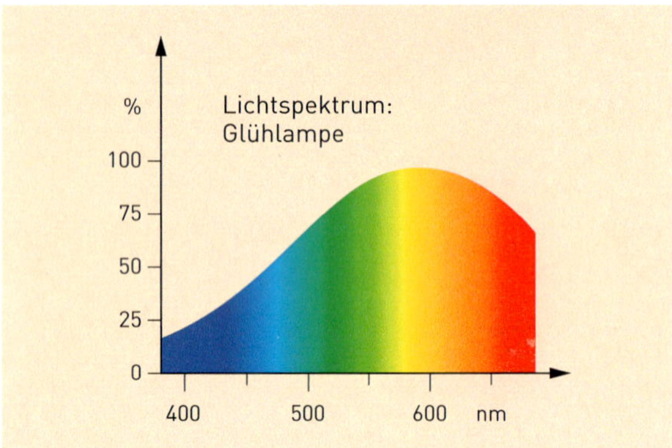

Abb. 3: Glühlampe

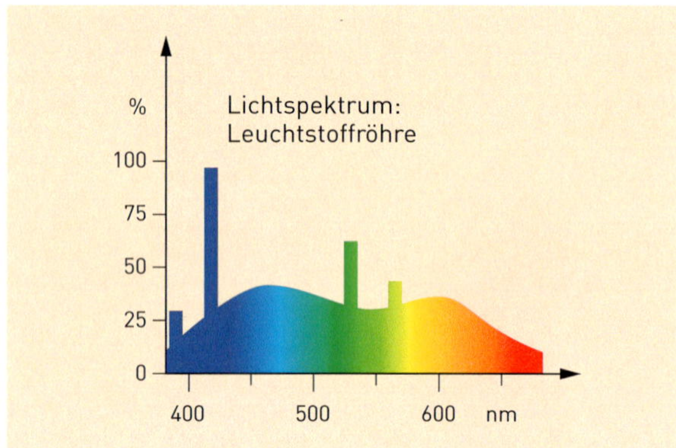

Abb. 4: Leuchtstoffröhre

4.3 Farbe und Lichtquelle

Lichtquellen beeinflussen den Farbeindruck. Das Auge nimmt Bunttöne bei unterschiedlicher Beleuchtung unterschiedlich wahr, da die Abstrahlung (Emission) der Lichtquellen unterschiedlich ist (Abb. 1–4). So überwiegt z. B. beim Sonnenlicht am frühen Vormittag und am späten Nachmittag das angenehme, rötliche Lichtspektrum. Mittags hingegen ist ein hoher Blauanteil im Lichtspektrum enthalten.
Das unterschiedliche Aussehen gleicher Farbtöne, in Abhängigkeit von der spektralen Zusammensetzung der Lichtquelle wird **Metamerie** genannt. Aufgrund dieses Phänomens müssen die jeweiligen Lichtquellen mit den gewünschten Farbwirkungen bei jeder Farbplanung berücksichtigt werden (Abb. 5–7).

Abb. 5: Raumbeleuchtung: Glühlampe

Abb. 6: Raumbeleuchtung: Leuchtstofflampe

Abb. 7: Raumbeleuchtung: Halogenlampe

4.3.1 Lichtfarbe

Der unterschiedlich wahrgenommene Farbeindruck entsteht durch die Lichtfarbe. Sie bezieht sich auf das farbige Aussehen der Lichtquelle bei direkter Betrachtung. Die Lichtfarben werden in drei Gruppen aufgeteilt, denen entsprechende Farbtemperaturen in Kelvin (K) zugeordnet werden. Je höher dabei die Temperatur ist, desto weißer erscheint das Licht.

Das Licht mit der niedrigsten Farbtemperatur nennt man warmweißes Licht (ww), es erscheint gemütlich und behaglich. Darauf folgt das neutralweiße Licht (nw), das eine sachliche Stimmung erzeugt.

Das Licht mit der höchsten Farbtemperatur ist das tageslichtweiße Licht (tw), das dem Tageslicht bei bewölktem Himmel entspricht und als sehr kalt empfunden wird (Tab. 1).

Tab. 1: Beispiele für Farbtemperaturen

Beispiele	Farbtemperatur (T_F)
Kerzenlicht	1500 K
Glühlampe (ww)	3000 K
Sonnenaufgang/ Sonnenuntergang	2000–3000 K
Halogenglühlampe	3400 K
Leuchtstofflampe (nw)	4000 K
Leuchtstofflampe (tw)	6000 K
Mittagssonne	5000 K
blauer Himmel	9000–18000 K

Das kalte tageslichtweiße Licht besitzt eine sehr gute Farbwiedergabe und ist für den Einsatz in Lackierereien, technischen Bereichen und an Arbeitsplätzen, die zur Farbkontrolle und zum Farbtonabgleich genutzt werden, geeignet. Neutralweißes Licht mit guter Farbwiedergabe wird meist in Bad, Küche, Flur, Verkaufsraum oder Büro eingesetzt. In einem behaglich wirkenden Raum sollten trotz schlechter Farbwiedergabe Leuchtkörper mit warmweißem Licht eingesetzt werden, die einen hohen Rotanteil des Lichts zurückwerfen (Abb. 1–4, Emissionsspektren).

4.3.2 Farbwiedergabeindex

Die Farbwiedergabe beschreibt die Fähigkeit der Lampe, die Körperfarben korrekt und unverzerrt wiederzugeben. Die Farbwiedergabe wird durch die spektrale Verteilung des Lichtes, das Spektrum, beeinflusst. Der Farbwiedergabeindex (R_a) ist eine dimensionslose Zahl. Der höchste und damit beste zu erreichende Wert liegt bei $R_a = 100$. Das entspricht der ersten von vier Stufen. Die DIN 5035 unterteilt die Farbwiedergabe gemäß der Tabelle 2.

Tab. 2: Farbwiedergabestufen, DIN 5035 Teil 1, S. 8

Farb-wiedergabe-stufe	Farb-wiedergabe-index R_a	Farb-wiedergabe-eigenschaft
1A 1B	≥ 90 80 ... 89	sehr gut
2A 2B	70 ... 79 60 ... 69	gut
3	40 ... 59	genügend
4	20 ... 39	ungenügend

Die korrekte Farbwiedergabe bei künstlichem Licht ist bei der Betrachtung von Gegenständen sehr wichtig. Die unterschiedlichen Farbwiedergabeeigenschaften von Lampen führen auch bei gleicher Lichtfarbe zu unterschiedlich wahrgenommenen Farbtönen.

Befindet sich z. B. in dem Spektrum einer Lichtquelle wenig Rot, so können die roten Körperfarben auch nur verfälscht wiedergegeben werden (S. 112, Abb. 1).

Abb. 1: Metamerie

Abb. 2: Reflexblendung

4.3.3 Direkt- und Reflexblendung

Zusätzlich zur Lichtfarbe und zur Farbwiedergabe sollte auf eine auf blendfreie Farbgestaltung geachtet werden.

Die **Direktblendung** ist eine Blendung, die unmittelbar durch Leuchten oder leuchtende Flächen hervorgerufen wird. Um eine Blendung zu umgehen, müssen Lampen abgeschirmt werden.

Eine **Reflexblendung** wird verursacht, wenn das Licht von z. B. Lampen, Leuchten oder Fenstern an spiegelnden oder glänzenden Oberflächen reflektiert wird.

Zur Vermeidung von Reflexblendung sollten helle Oberflächen, in denen sich das Licht spiegeln kann, matt oder entspiegelt gestaltet werden.

4.4 Farbe als Gestaltungsmittel

Bei der Farbgestaltung von Innen- und Außenräumen ist es für den Handwerker von großer Bedeutung, den richtigen Farbton für den entsprechenden Einsatz zu wählen. Farben bestimmen in hohem Maße die Wirkung von Räumen und deren Einrichtungsgegenständen. Mit Hilfe von Farben werden die Stimmung und der Charakter eines Raums beeinflusst. Ein Raum kann z. B. eine ruhige, anregende oder heitere Wirkung ausüben. Farben üben derart starke Reize auf den Menschen aus, dass Körperfunktionen, z. B. Blutdruck und Puls, beeinflusst werden können.

Damit die Bewohner sich in ihrer Umgebung wohl fühlen, ist es notwendig, die Farbwirkungen im Einzelnen und in der Kombination mehrerer Farben zu kennen.

4.4.1 Farbpsychologie

Die Farbpsychologie beschäftigt sich mit den Gefühlen und Stimmungen, die bestimmte Farben hervorrufen. Obwohl die Farbwirkungen auf den Einzelnen je nach Geschlecht, Alter und sozialem Umfeld unterschiedlich sein können, ergeben sich für unseren Kulturkreis allgemeingültige Farbbevorzugungen. Farben besitzen zum Einen symbolische Bedeutungen. So kann Rot mit Blut, Feuer und Leidenschaft in Verbindung gebracht werden.

Zum Anderen werden mit bestimmten Farben spezielle Gefühle verbunden (assoziiert). Blau z. B. ruft die Assoziation von Himmel, Meer und Weite hervor. Des weitern beeinflussen Farben die Stimmungen des Menschen. Die Farbe Gelb wirkt jugendlich und strahlend und ruft dadurch eine fröhliche Stimmung hervor. In Tabelle 1 werden die wichtigsten Farben, deren symbolische Bedeutung in unserem Kulturkreis und deren Einfluss auf das Gemüt, beispielhaft aufgeführt.

Tab. 1: Farbwirkungen, Beispiele

Farbtonbereiche	Symbolik, Assoziation	Einfluss auf die Stimmung
Rot	Liebe, Feuer, Aktivität, Leidenschaft, Blut	aktivierend, erregend, mächtig, kraftvoll, erotisch, laut
Gelb	Sonne, Sommer, frisches Licht, Neid, Eifersucht, Krankheit	lebhaft, heiter, jung, anregend, strahlend, oberflächlich
Blau	Himmel, Meer, Ruhe, Kälte, Ferne, Treue, Vertrauen, Friede	ernst, fest, beruhigend, frisch, sauber
Blaugrün	Eis, Wasser, Kälte, Starre, Sachlichkeit, Distanz	kühl, frisch, technisch, zurückhaltend
Orange	Energie, Wärme, Freude, Sonnenglut	lebendig, mitteilsam, belebend, wärmend
Grün	Natur, Frühling, Fruchtbarkeit, Hoffnung, Sicherheit, Normalität	natürlich, beruhigend, frisch, friedlich, schlicht
Violett	Glaube, Mystik, Alter, Schatten, Depression	magisch, feierlich, zwiespältig, melancholisch
Rotviolett (Purpur)	Würde, Reichtum, Königlichkeit, Reife, Alter	festlich, feierlich, würdevoll, prachtvoll
Braun	Erde, Bequemlichkeit, Anpassung, Schwere	behäbig, passiv, robust, beständig
Weiß	Schnee, Kälte, Reinheit, Unschuld, Vollkommenheit, Friede, Verletzlichkeit	unnahbar, steril, zeitlos, schwebend, feierlich
Grau	Intelligenz, Neutralität, Würde, Sachlichkeit, Langeweile, Verfall	vornehm, unauffällig, seriös, gedämpft, zeitlos
Schwarz	Unheil, Trauer, Tod, Angst, Nacht, Böses, Stabilität	ernst, traurig, negativ, finster, schwer, seriös

4.4.2 Farbkontraste

Bei der Erstellung eines Farbplanes wird in der Regel mit mehr als einem Farbton gearbeitet. Das Zusammenwirken von mindestens zwei Farbflächen lässt sich durch die in Tabelle 1 aufgeführten Farbkontraste von Johannes Itten beschreiben.

Tab. 1: Farbkontraste nach J. Itten

Farbe-an-sich-Kontrast
Hell-Dunkel-Kontrast
Kalt-Warm-Kontrast
Komplementärkontrast
Qualitäts- oder Sättigungskontrast
Quantitätskontrast (Proportionskontrast)
Simultan- und Sukzessivkontrast

Abb. 1: Farbe-an-sich-Kontrast

Abb. 2: Hell-Dunkel-Kontrast

Abb. 3: Kalt-Warm-Kontrast

Man spricht von einem Farbkontrast, wenn zwischen zwei nebeneinander liegenden Farbflächen deutliche Unterschiede zu erkennen sind. Die fünf wichtigsten Kontraste für das Malerhandwerk werden nachfolgend beschrieben.

- **Farbe-an-sich-Kontrast**
  Der Farbe-an-sich-Kontrast ist der einfachste Kontrast, es wirken lediglich nebeneinander gestellte reine Farben. Der stärkste Farbe-an-sich-Kontrast entsteht bei der Gestaltung mit Primärfarben. Die Wirkung des Kontrastes ist sehr auffällig, kraftvoll und bunt. Durch Verwendung von Sekundär- und Tertiärfarben verringert sich die Wirkung (Abb. 1).

- **Hell-Dunkel-Kontrast**
  Der Hell–Dunkel-Kontrast ist der wichtigste Kontrast für die Gestaltung, da die Verwendung des Kontrasts immer eine harmonische Wirkung

erzielt. Schwarz und Weiß bilden den stärksten Kontrast bei den unbunten Farben, die Komplementärfarben Gelb und Violett bei den bunten. Je näher die Farben im Farbkreis zusammen liegen, desto abgeschwächter wird die Wirkung des Hell-Dunkel-Kontrastes. Durch den Einsatz von hellen, strahlenden, in Kombination mit dunklen, in den Hintergrund tretenden Farbtönen entsteht eine verstärkte räumliche Wirkung. Werden kleine, enge Räume mit hellen Wandfarben gestrichen, so wirken die Zimmer größer (Abb. 2).

- **Kalt-Warm-Kontrast**
  Eine Farbgestaltung mit dem Kalt-Warm-Kontrast ruft starke, meist entgegengesetzte, Eindrücke hervor (z. B. Sommer und Winter, Licht und Schatten, Ruhe und Erregung). Wird ein Raum in warmen Farbtönen gestrichen, so wird er bis zu 3 Grad wärmer empfunden, als derselbe Raum in kalten Farbtönen (Abb. 3).

  Obwohl die Farbempfindungen beim Menschen unterschiedlich sind, sind die Ansichten über warme und kalte Farben gleich. Blaugrün wird als die kälteste Farbe im Farbkreis angesehen, die komplementäre Farbe Rotorange als wärmste. Je enger zwei Farben im Farbkreis beieinander liegen, desto geringer fällt der Kalt-Warm-Kontrast aus. Da warme Farben sich in den Vordergrund drängen, während kalte in den Hintergrund treten, wird bei einer Gestaltung mit kalten und warmen Farben die räumliche Wirkung vertieft. Ein kalter Deckenfarbton lässt selbst einen niedrigen Raum höher erscheinen.

- **Komplementärkontrast**
  Einen Komplementärkontrast bilden alle Farben, die sich im zwölfteiligen Farbkreis gegenüberstehen und die in ihrer Mischung als Körperfarbe ein neutrales Grau ergeben (Abb. 4).

  Alle komplementären Farbenpaare bilden die größte Verschiedenheit innerhalb der Bunttöne und steigern sich dadurch zur höchsten Leuchtkraft. Komplementärfarbe bedeutet Ergänzungsfarbe, das heißt, die jeweiligen Farben ergänzen sich. Sie ergeben ein vollkommenes Gleichgewicht und bilden immer einen harmonischen Zweiklang. Achtung ist bei der Gestaltung mit Farben gleicher Helligkeit (Rot und Grün) geboten, es entstehen so starke Spannungen, dass ein Flimmereffekt vor dem Auge entsteht.

Abb. 4: Komplementärkontrast

Abb. 5: Qualitäts- oder Sättigungskontrast

- **Qualitäts- oder Sättigungskontrast**
  Die Spannung des Qualitätskontrastes entsteht durch die Kombination zwischen reinen (gesättigten) und gebrochenen (ungesättigten) Farben. Je größer die Sättigungsdifferenz ist, desto stärker erscheint der Kontrast, wobei die Farbintensität der reinen Farbe unterstrichen wird (Abb. 5).

  Die gesättigten Farben wirken in einer Gestaltung immer nach vorne, wohingegen die ungesättigten nach hinten treten. Reine Farben werden in ihrer Leuchtkraft (Sättigung) reduziert, durch Zugabe von Schwarz, Weiß, Grau oder ihrer Komplementärfarbe.

Abb. 1: Gestaltungselement Punkt

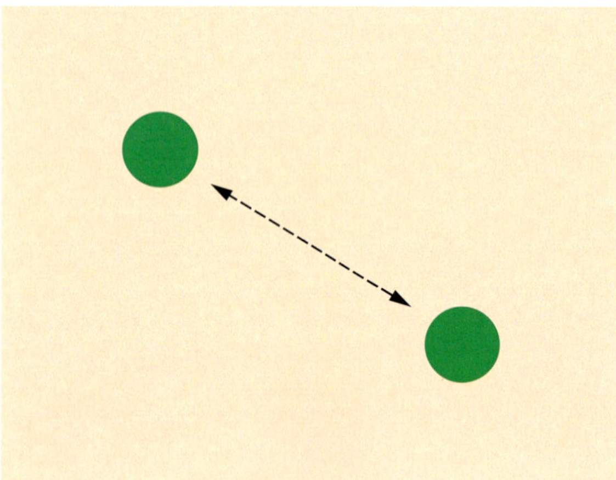

Abb. 2: Beziehung zwischen zwei Punkten

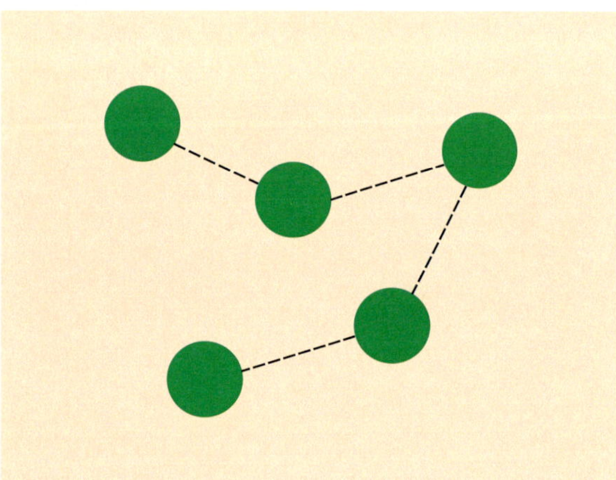

Abb. 3: Bildung imaginärer Linien

4.5 Gestaltungsgrundlagen

Der Gesamteindruck einer Fläche wird nicht nur durch Farbe, sondern auch durch das Gestaltungselement „Form" bestimmt. Formen schaffen Übersichtlichkeit für das Auge. Sie helfen, zu ordnen oder zu unterteilen. So können beispielsweise großflächige Objekte mit Hilfe von geschickten Formengestaltungen optisch verkleinert werden. Auch die Wiedererkennbarkeit von Logos kann durch eine klar gegliedert Form erhöht werden.

4.5.1 Gestaltungselemente Punkt, Linie und Fläche

Im Wesentlichen sind die Gestaltungselemente auf die drei Grundformen Punkt, Linie und Fläche in der zweidimensionalen Gestaltung zurückzuführen.

Formenwirkungen
Der Punkt ist die kleinste, einfachste Gestaltungsform. Er zieht den Blick sofort auf sich. Der Punkt wirkt immer statisch fest und ist niemals richtungsweisend (Abb. 1).

Bei einer Gestaltung mit zwei Punkten wirken diese zusammen. Die Punkte stehen in einer engen Beziehung, da das Auge zwischen den Punkten hin und her wandert (Abb. 2).

Beim Einsatz von mehr als zwei Punkten ergibt sich eine Richtung, weil eine imaginäre Linie entsteht. Durch die imaginären, optischen Linien wirken mehrere Punkte in ihrer Gesamtheit zusammen (Abb. 3). Die Linie ist, im Gegensatz zum festen Punkt, immer richtungsweisend. Die Linien werden in geometrische (waagerechte, senkrechte, diagonale, gebogene) und organische (freie Linien, die sich aus den Formen der Natur ableiten) unterteilt.

- Die **waagerechten (horizontalen) Linien** vermitteln immer den Eindruck von Stabilität, Ferne, Distanz, Weite und Kälte, da sie an den Horizont erinnern (Abb. 4).
- Die **senkrechten (vertikalen) Linien** stehen optisch dichter vor dem Betrachter. Sie sind statisch weniger stabil und erwecken das Gefühl von Nähe und Wärme, weil sie wie aufstrebendes Feuer wirken.
- **Die Diagonale** steht in ihrer Wirkung zwischen der Waagerechten und der Senkrechten, sie hat somit etwas von Nähe und von Distanz und wirkt immer harmonisch in einer Gestaltung (Abb. 5).

Abb. 4: Waagerechte Architekturgestaltung

Abb. 5: Diagonale Gestaltung

- Geometrisch **konstruierte Kurven**, wie Halbkreis- und Spitzbögen, wirken lebendig und können im Übermaß zu Unruhe in der Gesamtform führen (Abb. 6).
- **Organische, frei geschwungene Linien** (Abb. 7), wie Blätter, die man in der Natur findet, werden immer vor streng geometrischen wahrgenommen. Sie bringen Bewegung ins Bild und benötigen, um harmonisch zu wirken, einen Ausgleich in Form von senkrechten oder waagerechten Linien.

Die Fläche hat zwei Dimensionen. Sie dehnt sich in Länge und Breite aus.

Flächen werden in geometrische Formen wie Dreieck oder Rechteck und in organische, z. B. Kristall oder Blattformen, unterteilt.

Alle Flächen lassen sich auf die drei „Urformen" (Dreieck, Quadrat, Kreis) zurückführen. In der Gestaltung mit Flächen sollte möglichst nur mit den Grundformen gearbeitet werden, da einfachste, stilisierte Formen am leichtesten verstanden und behalten werden.

- Eine gestalterische Anordnung mit **Quadraten** wirkt harmonisch, kann aber schnell langweilig werden.
- **Dreiecke** sind in einer Komposition dominant. Durch eine nach oben zeigende Spitze entsteht eine starke Aufwärtsbewegung.
- Der **Kreis** als Zeichen der vollkommenen Geschlossenheit ist harmonisch und zugleich spannungsgeladen. Kreise können problemlos mit jeder anderen Gestaltungsform kombiniert werden.
- Bei der Verwendung von **organischen Flächen** sollten diese nicht realistisch abgebildet werden. Man stellt nur das Wesentliche dar, geht dabei in eine flächenhafte, einfache, stilisierte Wiedergabe in den Grundformen.

Abb. 6: Geometrische Bögen

Abb. 7: Organische Linien

Abb. 1: Form-an-sich-Kontrast

Abb. 2: Form-an-sich-Kontrast (abgeschwächte Wirkung)

Abb. 3: Quantitätskontrast (groß/klein)

Abb.4: Quantitätskontrast (lang/kurz)

Abb. 5: Richtungskontrast (waagerecht/senkrecht)

Abb. 6: Richtungskontrast (diagonal)

4.5.2 Formenkontraste

Ebenso wie bei der Farbgestaltung kann eine Gestaltung mit Formen durch die Anwendung von Kontrasten belebt werden, da gegensätzliche Formen sich stärker voneinander abheben.

In der Hauptsache unterscheidet man drei Formenkontraste, den Form-an-sich-, Quantitäts- und Richtungskontrast.

- **Form-an-sich-Kontrast**
  Bei dem Form-an-sich-Kontrast bilden die drei Grundformen Rechteck, Dreieck, Kreis (ähnlich wie der Farbe-an-sich-Kontrast mit den drei Primärfarben Rot, Blau, Gelb) den einfachsten und zugleich stärksten Kontrast (Abb. 1).

  Werden die Grundformen durch Addition oder Subtraktion verändert, schwächt sich die Wirkung ab (Abb. 2).

- **Quantitätskontrast**
  Bei der Verwendung des Quantitätskontrastes beleben Mengenunterschiede, z. B. viel/wenig, groß/klein, lang/kurz, dick/dünn, die Gesamterscheinung (Abb. 3–4).

- **Richtungskontrast**
  Richtungskontrast kann sich auf den Unterschied von horizontal und vertikal beziehen, also auf ein Gestaltung mit waagerecht und senkrecht gruppierten Formen (Abb. 5) oder auch auf diagonal angeordnete Strömung und Gegenströmung (Abb. 6).

4.5.3 Formenanordnung

Um Flächen mit Formen zu unterteilen und harmonisch zu gestalten, können die einzelnen Formen in drei verschiedenen Anordnungen arrangiert werden.

- **Reihung**
  Unterschiedliche Reihungen werden erreicht durch Wiederholung gleicher oder ähnlicher Elemente (Abb. 7–12).

Abb. 7: Drehung gleicher Elemente

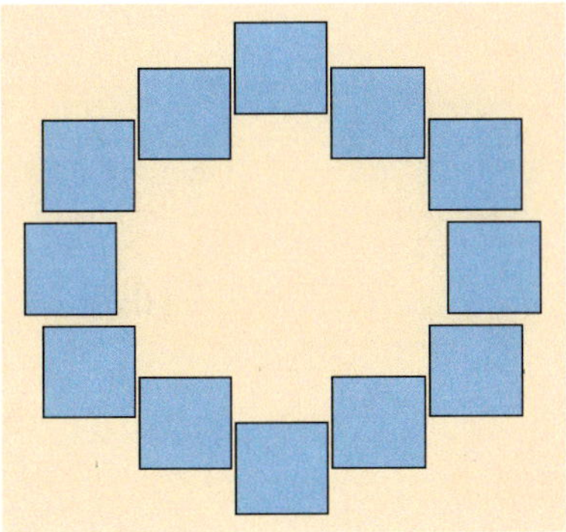

Abb. 8: Anordnung gleicher Formen um einen Mittelpunkt

Abb. 9: Spiegelung gleicher Elemente

Abb. 10: Abwechslung ähnlicher Elemente

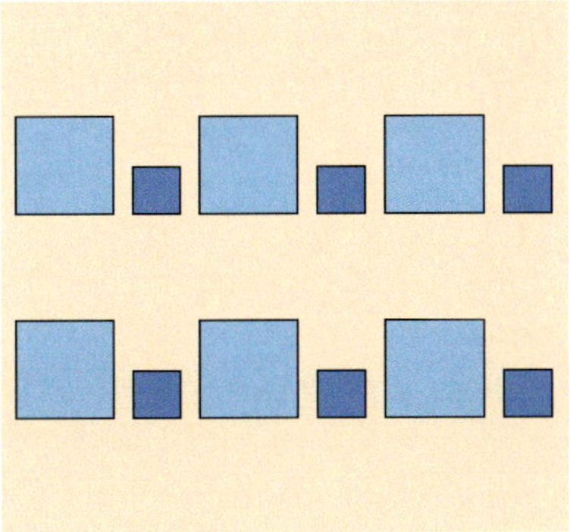

Abb. 11: Rhythmische Reihen durch verschieden große Formen

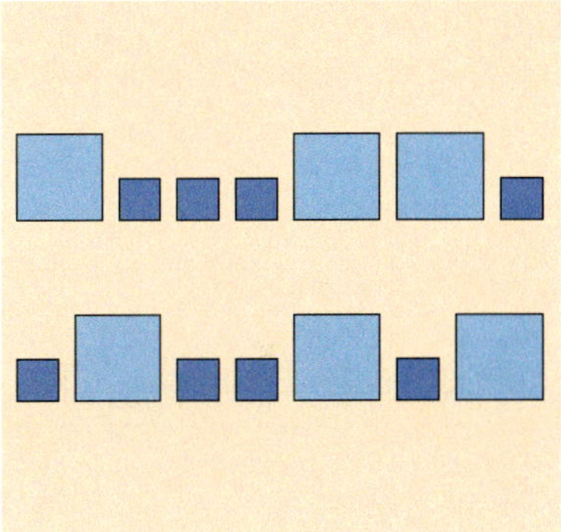

Abb. 12: Wiederholung von Formen in unregelmäßiger Reihe

Abb. 13: Symmetrische Gruppierungen

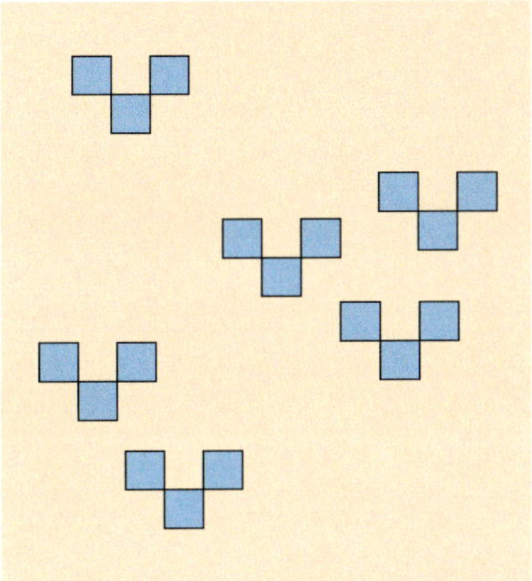

Abb. 14: Asymmetrische Gruppierungen

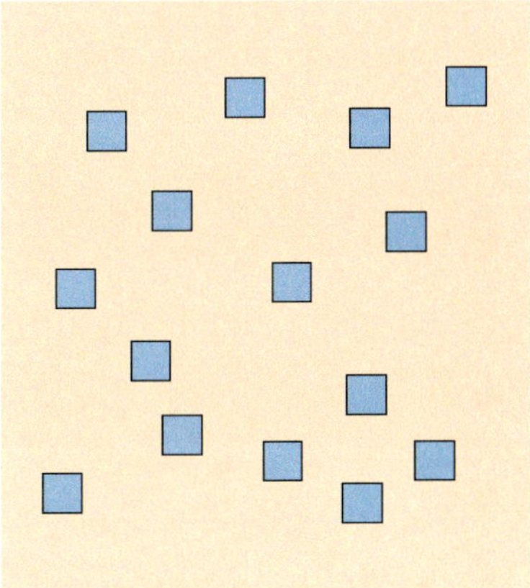

Abb. 15: Streuung

- **Gruppierung**
  Stellt man sich wiederholende Einzelelemente einer Reihe aneinander, entstehen gemusterte Flächen. Die entstandenen Gruppierungen, auch Verdichtung genannt, können sowohl symmetrische, als auch asymmetrische Gruppen ergeben (Abb. 13–14).

- **Streuung**
  Ordnet man dieselben Formen in größtmöglicher Unordnung an, so spricht man von Streuung oder Auflockerung. Hierbei muss darauf geachtet werden, dass eine möglichst gleichmäßige Verteilung, also das optische Gleichgewicht beibehalten wird (Abb. 15).

Aufgaben

1. Die fensterlose 5,50 m × 2,30 m große Wand des Speiseraums im Waldkindergarten soll neu gestaltet werden.

a) Fertigen Sie einen Entwurf an, und erklären Sie den Erzieherinnen, weshalb Sie die Wand in hellen, warmen Farbtönen und in den Grundformen gestalten möchten.

b) Angenommen Ihr Farb- und Formkonzept wird in 3 Farbtönen gehalten, die sich auf je 25 %, 65 % und 10 % Anteile der Wandfläche verteilen. Wie viel ml Acryldispersionsfarbe benötigen Sie von der jeweiligen Farbe bei einem zweimaligen Anstrich?

2. a) Welche Primärfarben ergänzen sich zu weiß?
b) Wie nennt man diese Farbmischung?

3. a) Welche Farbenpaare ergänzen sich im Idealfall zu schwarz?
b) Wie nennt man diese Farbmischung?

4. Erklären Sie den Begriff der teilweisen Reflexion anhand einer roten Haustür.

5. Aus welchen Bunttönen mischen Sie Farbtöne Blaugrün, Orangerot und Violett?
Ordnen Sie allen hierbei benötigten Farbtönen die Begriffe Primär-, Sekundär- und Tertiärfarben zu.

6. Ihr Chef möchte in der Werkstatt eine neue Beleuchtungsanlage installieren lassen.
Empfehlen Sie ihm eine Beleuchtung, indem Sie die Begriffe Farbtemperatur und Farbwiedergabe verwenden.

7. Sie sollen für einen Kunden den Farbton seines Wohnzimmers zum Zweck von Ausbesserungsarbeiten genau nachmischen.

In Ihrer Werkstatt arbeiten Sie unter dem Licht einer Leuchtstoffröhre. Das Wohnzimmer des Kunden wird von Glühlampen beleuchtet. Erklären Sie, welche Wirkung eintreten kann.

8. Beschreiben Sie die Wirkung der Gebäude in Abb. 1 und 2 in Bezug auf die Formengestaltung.

Abb. 1

Abb. 2

4.6 Beschriftungen

Eine Aufgabe des Malers und Lackierers ist es, Beschriftungen auszuführen.

In der Regel macht der Auftraggeber mehr oder weniger genaue Vorgaben, welcher Text enthalten sein soll, ob Bilder oder Piktogramme dazu gesetzt werden sollen und welche Wirkung erzeugt werden soll. Der die Beschriftung ausführende Fachmann muss dann den Vorgaben entsprechend z. B.

- die Schriftarten auswählen,
- die Schriftgrößen bestimmen,
- über Platzierung der Zeilen entscheiden,
- Farben auswählen und
- das passende Verfahren für das Anbringen der Beschriftung anwenden.

Für diese vielfältigen Entscheidungen braucht der Auftragnehmer ein breites Wissen über Schriften. Außerdem muss er ein Gespür für das passende Aussehen einer Beschriftung entwickeln.

Abb. 1: Entwicklung der europäischen Schriften

4.6.1 Schriftarten

Die Handschrift jedes Menschen hat ihre charakteristischen Besonderheiten und sagt etwas über den Menschen aus. Genauso ist es mit Schriften, die gedruckt oder sorgfältig mit Pinsel geschrieben werden. Jede Schriftart hat bestimmte Merkmale, die sie in einzigartiger Weise wirken und sie deshalb für bestimmte Zwecke besser geeignet erscheinen lassen.

Handgeschriebene Schriften
Bis zur Erfindung des Buchdrucks Mitte des 15. Jahrhunderts wurde jedes Schriftstück mit der Hand geschrieben.

Die Schreibgeräte und Schreibuntergründe waren sehr unterschiedlich:

- Gespitzte Holzstöcke oder Knochen, mit denen in Wachs oder nassen Ton geritzt wurde (überschreibbar).
- Federkiele und Pinsel, mit denen Tinte auf Pergament (dünnes Leder) und später auf Papier geschrieben wurde.
- Für besonders dauerhafte Inschriften wurde der Text in Stein graviert.

Je nach Beschriftungsverfahren ergab sich ein bestimmtes Aussehen der Schrift.

Jeder Schreiber hatte auch seinen eigenen Duktus, d. h. eine bestimmte Art und Weise zu schreiben. Weil alle Schriftstücke von Hand abgeschrieben werden mussten, veränderte sich im Laufe der Jahrhunderte die in einer Gegend üblicherweise verwendete Schrift, die dann je nach Verwendungszweck mehr oder weniger sorgfältig ausgeführt wurde.

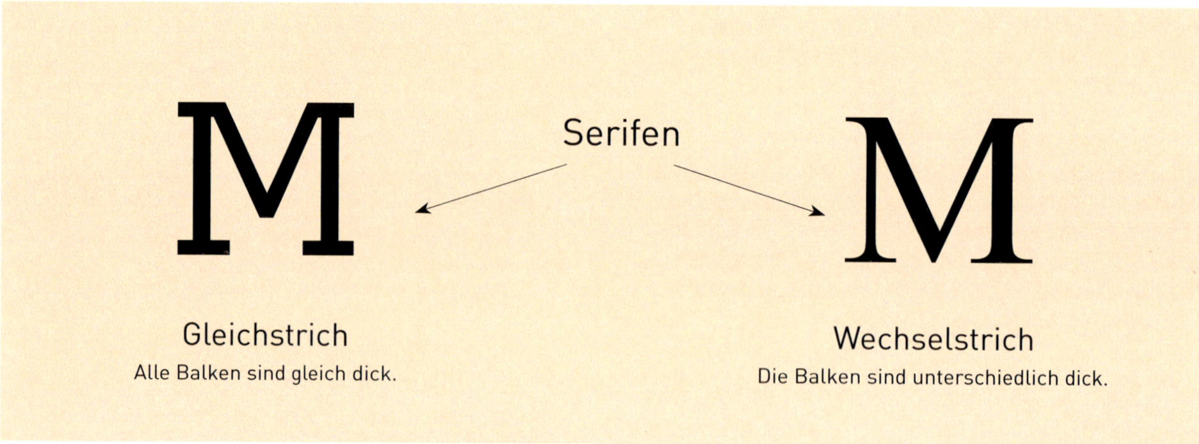

Abb. 1: Unterschied zwischen Gleichstrich- und Wechselstrichschrift

Gedruckte Schriften
Mit der Erfindung des Buchdrucks wurde es möglich, Schriftstücke in beliebig großer Zahl mit identischem Aussehen zu produzieren. Die verwendete Schrift wurde unabhängig vom Hersteller des Schriftstücks.

Zunächst kopierten die Druckletternhersteller das Aussehen der gebräuchlichen Handschriften, erst später entwarfen sie auch Schriftarten, die per Hand nicht geschrieben werden konnten. Seit dem 19. Jahrhundert entstand eine Vielzahl von verschiedenen Schriftarten, die sehr unterschiedlich aussahen.

Viele Firmen ließen eigene Schriftarten entwickeln, die zu einem einheitlichen Erscheinungsbild des Unternehmens (Corporate Design) beitragen sollten.

Mit dem Erstellen von Schriftsätzen am Computer sind die Möglichkeiten der Schriftgestaltung praktisch unbegrenzt. Damit bei Tausenden von Schriften, die auf einem Computer verwendet werden können, nicht der Überblick verloren wird und die Auswahl einer Schrift nicht nach Zufall erfolgt, muss man die Eigenheiten von Schriftgruppen kennen. Dann ist auch die Wirkung einer Schriftart einzuschätzen und kann passend für den entsprechenden Zweck ausgewählt werden.

Aufgrund von gemeinsamen Merkmalen lassen sich einzelne Schriftgruppen zusammenfassen. Die Unterscheidungskriterien sind allerdings recht unterschiedlich; die wichtigsten sind im Folgenden genannt.

4.6.2 Antiqua-Schriften

Vorbild für Antiqua-Schriften ist die Römische Capitalis, eine vor allem in Stein gemeißelte Schrift der römischen Antike. Während der Renaissance und im Barock entstanden eine Menge Variationen dieser Schriftgruppe. Kennzeichen sind der Wechselstrich und die Serifen. Antiqua-Schriften wirken vornehm und sind auch bei größerer Textmenge gut zu lesen. Deshalb werden sie auch heute noch für z. B. Bücher und Zeitungen verwendet (Abb. 1).

4.6.3 Grotesk-Schriften

Grotesk-Schriften wurden im 19. Jahrhundert entwickelt, zunächst für Überschriften, später auch für Mengentext.
Kennzeichen sind der Gleichstrich und die fehlenden Serifen. Dadurch ergibt sich ein klares, gut lesbares Schriftbild, das allerdings etwas nüchtern wirken kann. Diese Schriften werden vor allem bei technischen oder informativen Texten eingesetzt.

4.6.4 Gebrochene Schriften

Kennzeichen der gebrochenen Schriften ist die Betonung der senkrechten Linien. Rundungen werden in gerade Linien aufgebrochen. Diese Schriften waren auch als gedruckte Schriften bis zum Ende des 2. Weltkrieges vor allem im deutschen Sprachraum üblich. Heute sind sie als Mengentext schwer zu lesen.

Gebrochene Schriften, vor allem die sehr blockhaften gotischen Schriften aber auch Frakturschriften, wirken starr und altertümlich.

Eine Besonderheit bei gebrochenen Schriften ist das lange „S". Dieses S wird in der Mitte eines Wortes oder einem Teil eines zusammengesetzten Wortes verwendet. Bei Computer-Schriften ist dies meist nicht im Schriftsatz vorhanden. Als VERSALSCHRIFT (Großbuchstabenschrift) sollten gebrochene Schriften nie verwendet werden, da sie kaum lesbar sind (Abb. 2).

Abb. 2: Fassadenbeschriftung: Richtige Verwendung des „S"

4.6.5 Schreibschriften

Diese gedruckten Schriften sind an die Handschrift angelehnt. Allerdings wirken sie durch die technische erzeugte Regelmäßigkeit nicht so lebendig wie eine Handschrift. Schreibschriften werden eingesetzt, um Individualität auszudrücken. Allerdings sind viele Schreibschriften in großer Menge schlecht zu lesen, das gilt auch für die Verwendung als VERSALSCHRIFT.

4.6.6 Variation einer Schriftart

Die Eigenheiten der verschiedenen Schriftgruppen können mit Hilfe eines Computers in allen Variationen gemischt und mit zusätzlichen Elementen bereichert werden. Dadurch ergibt sich eine Vielzahl an unterschiedlichen Schriftarten.

Man kann aber auch jede Schriftart allein durch den Schriftschnitt, d. h. durch Veränderung der Balkenstärke, der Buchstabenabstände und dem Verhältnis von Schrifthöhe und Schriftbreite auf vielfältige Weise variieren.

Schriftschnitte

Normal:
➥ Jede Schriftart kann auf vielfältige Weise variiert werden.

Fett: Die Balkenstärke wird größer.
➥ **Jede Schriftart kann auf vielfältige Weise variiert werden.**

Kursiv: Die Achsen der Zeichen sind nach rechts geneigt.
➥ *Jede Schriftart kann auf vielfältige Weise variiert werden.*

Weit: Die Buchstabenabstände sind größer.
➥ Jede Schriftart kann auf vielfältige Weise variiert werden.

Eng: Die Buchstabenabstände sind klein.
➥ Jede Schriftart kann auf vielfältige Weise variiert werden.

Schmal: Die Schrifthöhe ist groß im Verhältnis zur Schriftbreite.
➥ Jede Schriftart kann auf vielfältige Weise variiert werden.

Lang: Die Schriftbreite ist groß im Verhältnis zur Schrifthöhe.
➥ Jede Schriftart kann auf vielfältige Weise variiert werden.

4.7 Typografische Regeln

4.7.1 Grundbegriffe

Die Fachbegriffe der Schriftgestaltung sollte der Fachmann einheitlich verwenden, damit keine Missverständnisse entstehen (Abb. 1).

Grundlinie
Die Basislinie, auf der die Schrift ausgerichtet wird. Rundungen von Buchstaben werden ein wenig unter die Grundlinie gezogen.

Unterlänge
Alle Linien und Bögen einzelner Buchstaben, die unter die Grundlinie reichen.

Oberlänge
Alle Linien und Bögen, die über die Mittellinie ragen.

Schrifthöhe
Entfernung vom untersten Punkt des Schriftzuges zum obersten. Bei Schriftzügen ohne Unterlängen ist die Schrifthöhe einer Schriftart kleiner.

Schriftbreite
Länge des Schriftzugs vom äußersten rechten Punkt zum äußersten linken.

Versalie (Majuskel)
Großbuchstaben. Eine Versalschrift ist eine Schrift aus lauter Großbuchstaben.

Gemeine (Minuskel)
Kleinbuchstaben.

Spationierung
Damit ein gleichmäßiges Schriftbild entsteht, sind die Abstände der Buchstaben außer bei einer Proportionalschrift nie gleich groß (optischer Ausgleich). Wie weit ein Buchstabe vom anderen entfernt ist, hängt davon ab, wie viel Leerraum bei der Kombination von zwei Buchstaben aufeinander trifft. Bei viel Leerraum müssen die Buchstaben zusammengeschoben werden, unter Umständen so weit, dass sie sich überschneiden. Wenn geschlossene Flächen aufeinandertreffen, z. B. zwei Balken, müssen die Buchstaben auseinandergeschoben werden.

Die Spationierung wird bei vielen Computerschriften nur sehr ungenau ausgeführt, sodass sie vor dem Aufbringen der Schrift auf jeden Fall überprüft und möglicherweise korrigiert werden muss (Abb. 2).

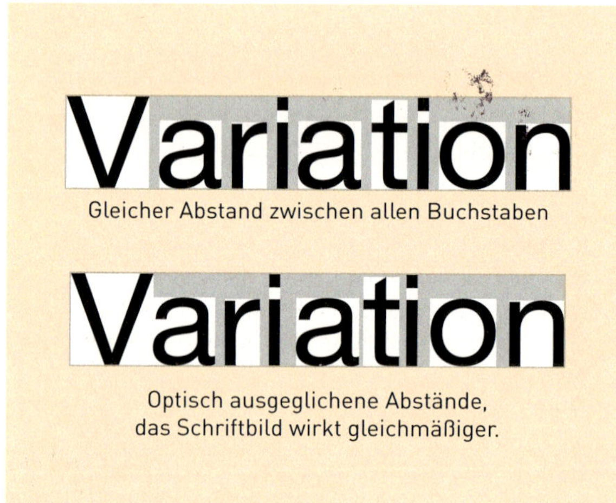

Abb. 2: Spationierung

Abb. 1: Grundbegriffe

4.7.2 Anordnung der Elemente

Bei der Beschriftung einer Fläche werden verschiedene Schriftblöcke miteinander kombiniert aufgebracht. Jeder Schriftblock kann aus mehreren Schriftzügen bestehen, die wiederum mehrere Wörter enthalten. Zusätzlich werden häufig noch grafische Elemente oder Bilder mit eingesetzt.

Die typografische Anordnung der verschiedenen Teile der Beschriftung entscheidet darüber, ob sie als gelungen angesehen wird, d. h. ob der Kunde zufrieden ist, oder nicht.

Für die Anordnung von Beschriftungselementen gibt es einige Regeln, die man einhalten sollte. Gegen die Regeln kann man aber auch bewusst verstoßen, um eine besondere Wirkung zu erreichen.

- **Der Zweck bestimmt die Gestaltung**
  Jede Beschriftung erfüllt einen bestimmten Zweck, z. B. zur Information oder Werbezwecken, Beschriftung eines Gebäudes oder Fahrzeuges. Die Beschriftung muss diese Zusammenhänge berücksichtigen.
- **Nicht nur messen, sondern auch optisch beurteilen**
  Die Abstände von Schriftblöcken werden zwar sehr genau gemessen um eine schiefe Platzierung zu vermeiden. Trotzdem muss die Gesamtwirkung der Anordnung immer wieder überprüft werden, damit keine ungewollten Proportionen entstehen. Dies gilt besonders für Schriftarten mit lang gezogenen Unterlängen und weit nach links und rechts ausladenden Bögen.
- **Die Beschriftung sollte lesbar sein**
  Wesentliche Aufgabe einer Beschriftung ist die Vermittlung von Informationen. Dies kann nur gelingen, wenn die Schrift lesbar ist. Dazu muss beachtet werden, wie viel Zeit dem Betrachter bleibt, um z. B. ein Schild zu sehen und aus welcher Entfernung er es sieht. Meist werden bestimmte Schriftblöcke, die die wichtigsten Informationen enthalten, hervorgehoben (Abb. 3).

Zum Hervorheben gibt es neben den oben genannten Variationen einer Schriftart eine Reihe von weiteren Möglichkeiten, die einzeln oder kombiniert angewendet werden können:

- Farbe,
- Schatten,
- Dreidimensional,
- Drehen,
- geschwungene Schriftlinie und Bogen,
- Strukturen.

Hier gilt der Grundsatz „weniger ist mehr", denn wenn zu viel hervorgehoben ist, sticht nichts mehr ins Auge (Abb. 4).

Abb. 3: Fahrzeugbeschriftung

Abb. 4: Gehäufte Anwendung von Schrifthervorhebung

Abb. 1: Pausen

Abb. 2: Buchstabenschablonen

4.8 Beschriftungstechniken

Die Technik zur Ausführung einer Beschriftung hängt von folgenden Faktoren ab:

- Rauer oder glatter Untergrund,
- Größe der Beschriftung,
- Anzahl der Beschriftungen,
- gewünschte Haltbarkeitsdauer.

Ziel ist es, die Beschriftung mit möglichst wenig zeitlichem Aufwand und damit kostengünstig dem Zweck entsprechend zu erstellen.

4.8.1 Konstruieren

Kurze und relativ große Schriftzüge können direkt auf dem Untergrund aufgezeichnet und anschließend ausgemalt werden. Dies ist allerdings nur bei Schriftarten mit klaren geometrischen Formen rationell durchführbar.

Der Vorteil dieses Verfahrens liegt darin, dass man eine größere Gestaltungsfreiheit bei der Ausgestaltung der Schrift hat.
Außerdem kann man damit auch sehr raue und unebene Untergründe beschichten.

4.8.2 Pausen

Werden kompliziertere größere Schriften und Formen auf den Untergrund aufgebracht ist es sinnvoll, eine Pause zu erstellen (Abb. 1).
Dazu wird der Schriftzug auf ein faserfreies Pauspapier übertragen und die Konturen anschließend perforiert – entweder mit einer Nadel oder mit einem Pausrädchen.

Das so durchlöcherte Papier wird dann auf der Fläche ausgerichtet und mit einem Pausbeutel entlang der Löcher „gestupft". Der Pausbeutel besteht aus einem Tuch, das zu einem Beutel gebunden wird. Darin befindet sich ein zur Farbe des Untergrundes kontrastierendes Pigment. Nach dem Entfernen des Pauspapiers ist die gepunktete Kontur der Schrift auf der Fläche sichtbar. Nun kann die Schrift mit geeigneten Farben ausgemalt werden, wobei darauf zu achten ist, dass das Paus-Pigment das Gemalte nicht verfärbt.

4.8.3 Schablonieren

Die Beschriftung mit Hilfe von Schablonen (Abb. 2) eignet sich besonders, wenn eine große Stückzahl des gleichen Schriftzugs aufgebracht werden muss. Beispiel: Beschriftung einer Tiefgarage mit Nummern und Pfeilen (Abb. 4).

Abb. 3: Schablonierte Schrift mit Verlauf

Gegenüber dem Kleben von Folienbuchstaben hat das Schablonieren den Vorteil, dass man durch Verläufe, Schattierungen und Glanzlichter zusätzliche Effekte erzielen kann.

Die Schablone besteht entweder aus Blech, einer stabilen Kunststofffolie oder einem speziellen, wasserbeständigen und faserfreien Papier.

Beim Ausfüllen der Schablone muss man darauf achten, dass der Beschichtungsstoff nicht zu dünnflüssig ist und nur in geringer Schichtdicke aufgetragen wird (Abb. 3). Wenn dies nicht beachtet wird, läuft die Farbe unter die Schablone und die Konturen der Schrift sehen dann entsprechend unsauber aus.

Deshalb wird auf die Schablone, mit ganz wenig Farbe und mit Hilfe eines Stupfpinsels, gestupft. Alternativ kann mit einer Spritzpistole nur leicht „angenebelt“ werden.

Bei nicht geklebten Schablonen entsteht das Problem, dass die Binnenformen, die bei vielen Buchstaben vorhanden sind, durch Stege mit dem Äußeren verbunden sein müssen. Dies verleiht einer schablonierfähigen Schrift ein besonderes Aussehen.

Abb. 4: Markierungen in einer Tiefgarage

4.8.4 Kleben

Eine moderne Methode zur Beschriftung ist das Kleben von selbstklebenden Folien.
Die Folien bestehen meist aus PVC in unterschiedlichen Stärken und Farben. Sie sind auf der Rückseite mit einem Acrylkleber beschichtet, der je nach Verwendungszweck und -dauer eine unterschiedliche Klebkraft haben kann. Die Folie ist auf einem Trägerpapier aufgebracht, auf dem sie nur schwach haftet (→ LF 8).

Beschriftungen mit Selbstklebefolien können sehr schnell erstellt werden, vor allem, wenn große Stückzahlen der gleichen Art verlangt werden. Sie können auch wieder leicht entfernt werden, indem man die Folie mit einem Fön erwärmt und abzieht. Kleberreste können mit einem Lösemittel beseitigt werden.
Klebefolien sind nicht für alle Untergründe geeignet. Bei rauen Untergründen drücken sich die Erhebungen durch die Folie und bei unebenen Flächen lässt sich die Folie nicht faltenfrei aufziehen.

Arbeitsschritte
Die folgenden Arbeitsschritte zeigen die Entstehung einer Klebebeschriftung.

1. Ein Schneideplotter schneidet zunächst die Konturen der Schrift in die Folie.

2. Die umliegende Folie wird entfernt.

3. Das Trägerpapier wird möglichst knapp abgeschnitten.

4. Eine in der Breite passende Übertragungsfolie wird blasen- und faltenfrei auf die geschnittene Schrift aufgezogen und mit einer Rakel festgedrückt.

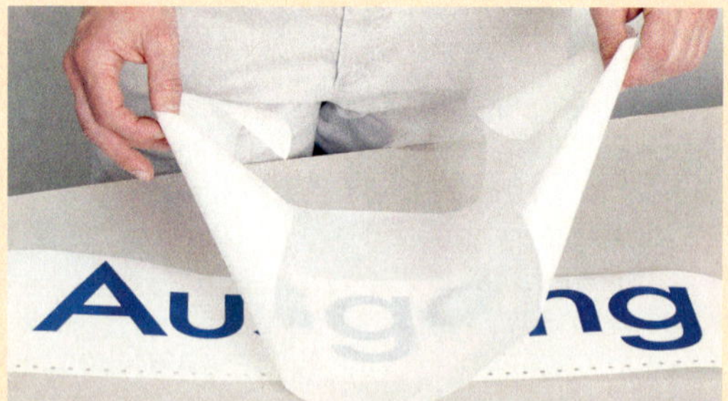

5. Meist ist es nötig, die Grundlinie und die linke und rechte Begrenzung der Schrift auf dem Trägerpapier einzuzeichnen.

6. Der Untergrund wird anschließend mit Spiritus oder Silikonentferner gereinigt und Unebenheiten beseitigt.

7. Dann kann die Schrift auf der Fläche ausgerichtet werden. Dazu legt man die Folie samt Trägerpapier und Übertragungsfolie entsprechend der Vorlage aus und fixiert nach nochmaliger optischer Kontrolle die einzelnen Teile mit den überstehenden Teilen der Übertragungsfolie.

8. Die Schriftzüge werden dann umgeklappt und das Trägerpapier vorsichtig abgezogen.

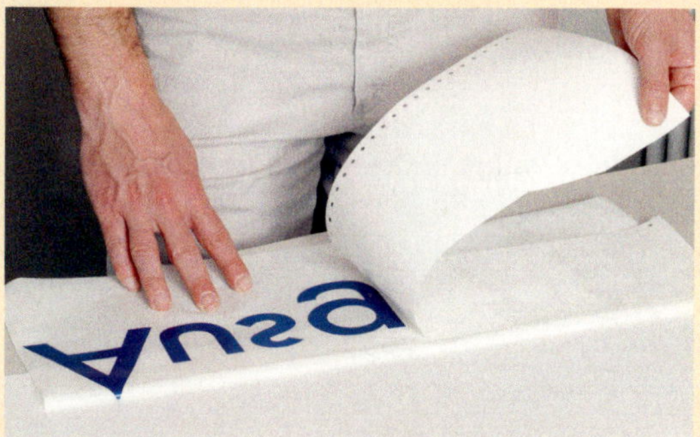

9. Nun kann man die Folie langsam auf dem Untergrund abrollen, wobei man darauf achten muss, dass keine Blasen entstehen. Bei harten Untergründen ist eine Korrektur möglich. Bei weichen Untergründen, z. B. Karton, lässt sich die Lage der Klebebuchstaben nicht mehr ändern.

Bei sehr kleinen Beschriftungsteilen kann man auch die vom Trägerpapier befreite Folie direkt auf den Untergrund auflegen.

10. Wenn der komplette Schriftzug auf dem Untergrund aufliegt streift man mit einer Rakel von innen nach außen über das Trägerpapier. Dabei ist darauf zu achten, dass keine Falten und Luftblasen in der Folie kommen.

11. Die Übertragungsfolie wird im spitzen Winkel abgezogen. Sollte sich die Folie vom Untergrund abheben muss nochmals „nachgerakelt" werden.

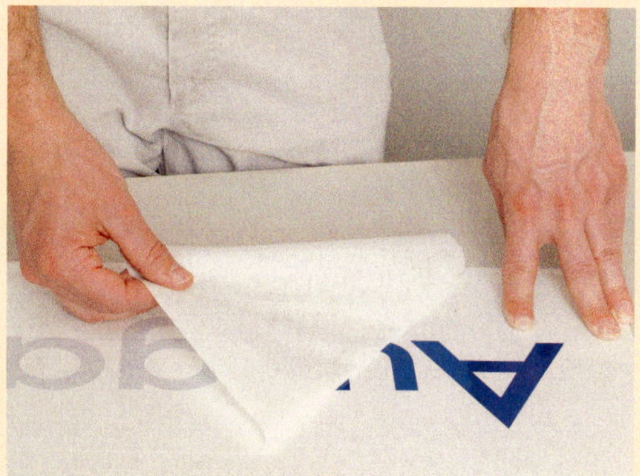

12. Zum Schluss muss kontrolliert werden, ob keine Teile verloren gegangen sind und alles richtig platziert ist. Vorhandene Luftblasen können mit einer feinen Nadel aufgestochen werden. Anschließend ist die Folie vorsichtig anzudrücken.

Abb. 1: Folienbeschriftung

Ergänzende Hinweise
Bei größerer Fläche der Folie oder bei sehr exakt ausgerichteten Mehrfarbenbeschriftungen (Abb. 1) ist es besser, die Beschriftung nass aufzuziehen. Dazu wird der Untergrund mit einem Wasser-Netzmittelgemisch besprüht und die Folie anschließend direkt aufgelegt.

Die Folie schwimmt zunächst auf dem Wasserfilm und kann so noch korrigiert werden. Anschließend wird mit einer Rakel das Wasser – zunächst mit wenig Druck – von innen nach außen gedrückt. Anschließend wird mit stärker werdendem Druck weitergearbeitet, bis alle Luftblasen nach außen geschoben sind. Nach einiger Zeit ist das Wasser verdunstet und die Folie haftet fest auf dem Untergrund.

4.9 Darstellungsverfahren

Bevor mit der Arbeit begonnen werden kann, muss man eine genaue Vorstellung haben, wie das Objekt am Ende aussehen soll.
Im Beratungsgespräch muss dem Kunden ein möglichst deutlicher Eindruck vom neu gestalteten Raum oder der Fassade vermittelt werden.
Dazu gibt es verschiedene Darstellungsmöglichkeiten, die mehr oder weniger aufwändig sind.

4.9.1 Skizze

Eine Skizze ist eine freihändig gezeichnete Darstellung eines Raumes, Objektes oder einer Fassade. Mit einer Skizze lassen sich viele Dinge leichter erklären als mit Worten (Abb. 2).

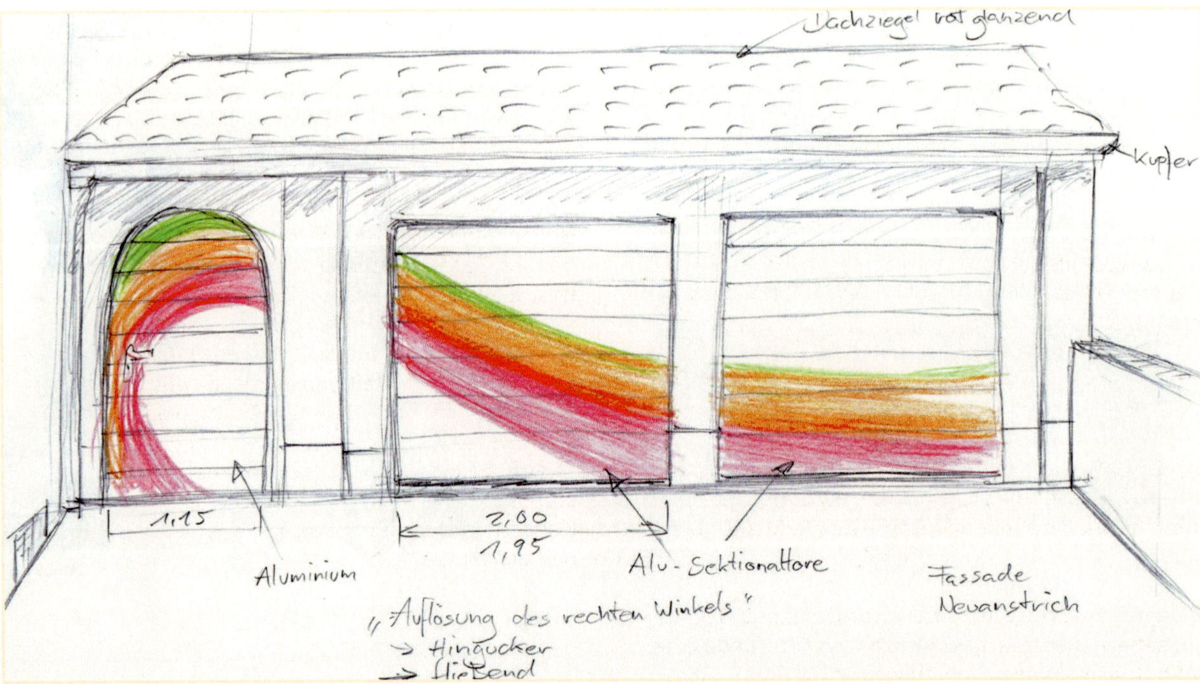

Abb. 2: Handskizze

Abb. 3: Ein mit Farbe und Pinsel erstellter Entwurf

Die Skizze braucht nicht maßstabsgetreu zu sein, allerdings sollten die Größenverhältnisse einigermaßen eingehalten werden.

Eine Skizze wird angefertigt, um die Form und das Aussehen der zu bearbeitenden Flächen zu erfassen. Es können in die Skizze auch Maße eingezeichnet werden, die als Grundlage für die Flächen- und Mengenberechnung dienen. Dazu können die Gedanken notiert werden, die im Laufe eines Beratungsgespräches geäußert wurden.

Eine dreidimensionale Skizze ist am eindruckvollsten; Voraussetzung dafür ist aber, dass man die Grundregeln der Zentralpunkt- und Fluchtpunktperspektive kennt.

4.9.2 Entwurf

Auf der Grundlage einer Skizze wird schließlich ein Entwurf erstellt. Wie viel Aufwand dafür betrieben wird hängt von der Art und Größe des Auftrags ab (Abb. 3).

Mit dem Entwurf werden meist verschiedene Gestaltungsalternativen dargestellt, sodass der Kunde eine Vorstellung vom späteren Aussehen bekommt und sich fundiert für eine Gestaltung entscheiden kann.

Manuelle Darstellungsverfahren

Einen guten, anschaulichen Entwurf mit Pinsel und Farbe zu erstellen, erfordert großes handwerkliches Geschick und viel Übung.

Es werden meist Aquarellfarben, Temperafarben, spezielle Dispersionsfarben oder Künstler-Acrylfarben verwendet. Mit diesen werden maßstäbliche Bleistift- oder Tuschezeichnungen auf Papier oder Karton farbig ausgelegt.

Es können auch Originalmaterialien (z. B. Tapeten, Bodenbeläge, Stoffe) als Collage aufgeklebt werden, um den Zusammenhang der einzelnen Materialien und Strukturen zu verdeutlichen.

Einen Gestaltungsentwurf auf diese Weise herzustellen, erfordert viel Zeit und ist meist sehr aufwändig. Die Anzahl der Variationen ist deshalb begrenzt.

Allerdings erzeugen sorgfältig gemalte, ausdrucksstarke Entwürfe einen professionellen Eindruck beim Kunden und vermitteln auch das handwerkliche Können des Malers.

Abb. 1: Programm-Screenshot zur Objektgestaltung

Digitale Darstellungsverfahren
Farbentwürfe werden häufig am Computer erstellt (Abb. 1). Dazu werden Fotos des Gebäudes oder Raumes mit Hilfe einer entsprechenden Software so eingefärbt, dass ein realistischer Eindruck entsteht. Es können auch Strukturen (z. B. Putz) oder Muster aufgebracht und Schriften platziert werden (Abb. 2).

Farbentwürfe mit dem Computer sind relativ schnell erstellt. Man kann dem Kunden viele Gestaltungsalternativen zeigen und auch sofort auf Vorschläge reagieren. Bei schlechten Bildvorlagen muss allerdings zeitaufwändig nachgearbeitet werden.

In den Programmen sind die Farbpaletten der Farbhersteller enthalten. Man kann somit durch die Farbnummer der ausgewählten Farbe den entsprechenden Farbton als Beschichtungsstoff bestellen.

Man muss sich bewusst sein, dass die am Computer erzeugten Farben (additive Farbmischung) sich mit Pigmenten (subtraktive Farbmischung) nicht ganz exakt herstellen lassen und dadurch unter Umständen deutliche Unterschiede im Aussehen der Flächen entstehen (LF 9).

Auch durch genauestes Abgleichen der Farbeinstellungen des Monitors und der Druckeinstellungen des Farbdruckers mit der Farbvorlage (Kalibrierung) können Abweichungen bei einzelnen Farben bestehen bleiben.

Abb. 2: Entwurf mit Hilfe eines Computers erstellt

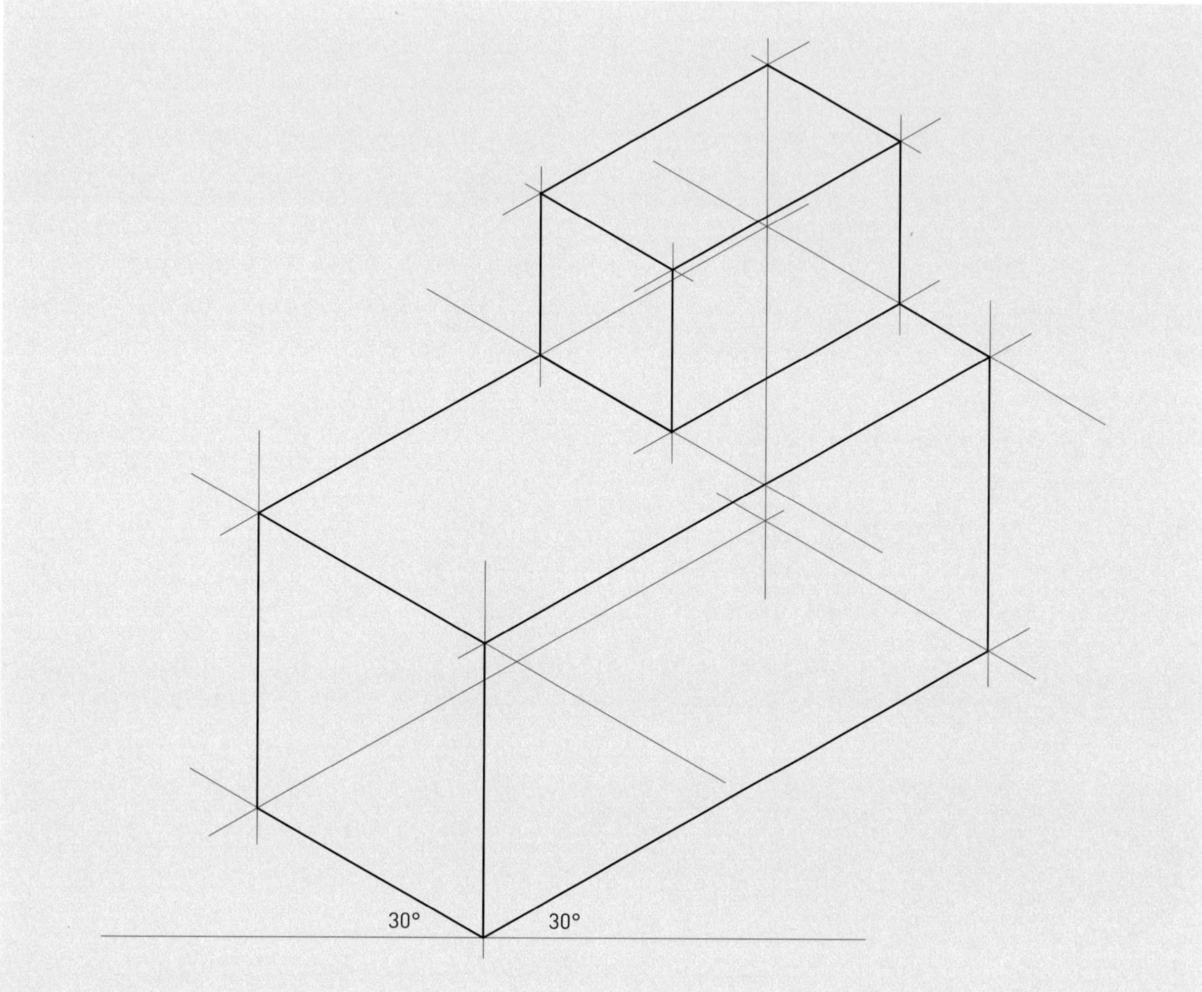

Abb. 3: Isometrische Darstellung

4.9.3 Räumliche Darstellung

Für Entwürfe werden die einzelnen Wände eines Raumes oder einer Fassade meist einzeln in der Abwicklung dargestellt. Dadurch geht aber der räumliche Eindruck verloren.
Um dies zu vermeiden, kann der Raum oder das Gebäude in dreidimensionaler Darstellung gezeichnet werden.
Eine Zeichnung hat gegenüber einer Fotografie den Vorteil, dass die Wirklichkeit idealisiert wird, d. h. störende und unwesentliche Dinge können weggelassen werden (z. B. parkende Autos, Laternenmasten). Außerdem können Räume nie vollständig mit einem einzigen Bild fotografiert werden, genauso wie die Sicht auf ein Gebäude häufig durch andere Gebäude oder Bewuchs versperrt ist.

Isometrie
Die Isometrie ist eine Parallelprojektion und wird vor allem für technische Zwecke verwendet. Es verlaufen hier alle Kanten, die in Wirklichkeit parallel sind, auch auf der Zeichnung parallel.

Die nach hinten weggehenden Linien werden in einem Winkel von 30° gezeichnet. In der isometrischen Zeichnung können überall die wirklichen Maße – im Maßstab verkleinert – eingezeichnet werden. Somit ist diese Zeichnungsart sehr gut für die Planung eines Auftrags geeignet. Allerdings wirkt die Isometrie bei einer größeren Tiefe des dargestellten Objekts unrealistisch, weil die hinteren Teile zu groß erscheinen.

Fluchtpunktperspektive
Wenn man versucht, das menschliche dreidimensionale Sehen möglichst genau auf ein zweidimensionales Blatt zu übertragen stellt man fest, dass alle parallelen Linien, die vom Betrachter weg laufen, sich in einem Punkt treffen. Diesen Punkt nennt man den Fluchtpunkt. Steht das gezeichnete Objekt schräg zum Betrachter, entstehen zwei oder sogar drei Fluchtpunkte (→ LF 9).

Eine in Fluchtpunktperspektive gezeichnete Darstellung sieht sehr realistisch aus. Wenn aber alle Details eingezeichnet und genau konstruiert werden, ist sie sehr aufwändig herzustellen. Außerdem kann man aus dieser Darstellung Maße nur sehr schwer entnehmen, da die nach hinten laufenden Strecken sich progressiv verkürzen (Abb. 1).
Ein Beispiel für eine zentrale Fluchtpunktperspektive zeigt die Abb. 2.

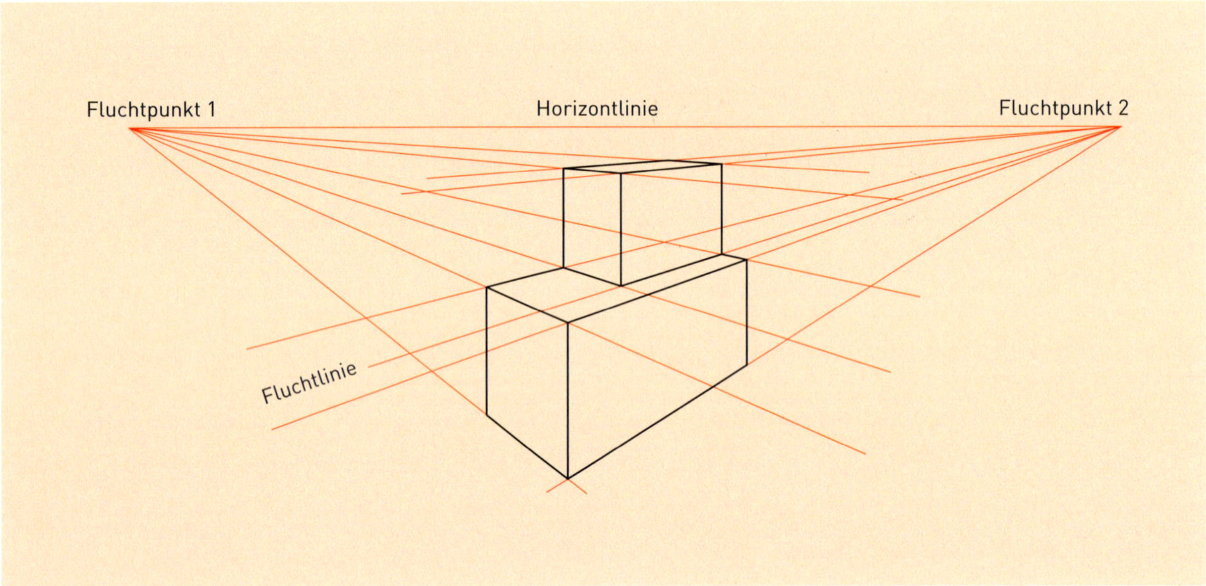

Abb. 1: Fluchtpunktperspektive mit zwei Fluchtpunkten

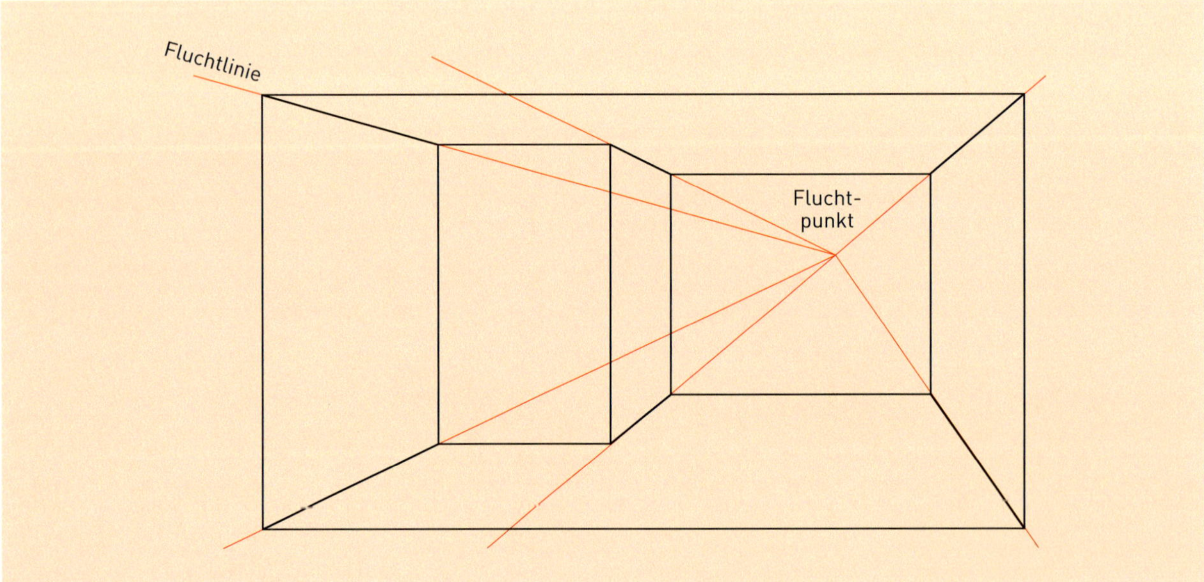

Abb. 2: Zentralpunktperspektive

Aufgaben

1. Aus welchen Farben wird bei der additiven Farbmischung Gelb gemischt?

2. Mit welchen Begriffen kann man eine Farbe eindeutig beschreiben?

3. Beschreiben Sie die Farbe mit der NCS-Zahl S 50 20 – R 70 B.

4. Wieso muss man bei einer farbigen Gestaltung eines Raumes die Farbtemperatur und die Farbwiedergabestufen der vorhandenen Lichtquellen beachten?

5. Nennen Sie die Kennzeichen einer Antiqua-Schrift.

6. Auf eine Putzfläche soll eine 2,50 m hohe Beschriftung aufgebracht werden. Begründen Sie, welches Beschriftungsverfahren hier sinnvoll ist.

7. Wie kann man einen Schriftzug hervorheben?

8. Wodurch wird der Abstand der Buchstaben bei einem Wort bestimmt?

9. Beschriftungen werden oft mit Klebefolie aufgebracht. Nennen Sie die Gründe, die für dieses Beschichtungsverfahren sprechen.

10. Nennen Sie die Schritte zur Erstellung einer Beschriftung mit Klebefolie.

11. Welchen Vorteil hat die Darstellung einer Parallelperspektive gegenüber einer Fluchtpunktperspektive?

12. Für welche Art von Beschriftung ist das Aufpausen am besten geeignet?

13. Welche Vorteile bietet die Erstellung eines Farbentwurfs mit einem Computer im Vergleich zu einem manuell erstellten Entwurf?

14.

Tragen Sie im Wort „Gestaltung" die Fachbegriffe der Schriftgestaltung ein.

5 Lernfeld 5
Schutz- und Spezialbeschichtungen ausführen

Kundenauftrag

▶ Sanierung von Sitzbänken und Metallgittern in einer Parkanlage

Arbeitsauftrag

An einem Aussichtspunkt befinden sich mehrere Sitzgruppen. Den Sitzgruppen vorgelagert sind Metallgitter und -geländer. Diese dienen als Absturzsicherung der Besucher.

Die komplette Anlage soll saniert werden.

Auszuführende Arbeiten

Pos. 1: Die Holzteile sollen gereinigt und mit einem Holzschutz versehen werden.

Pos. 2: Die Betonteile sind instandzusetzen und mit einer Schutzbeschichtung zu versehen.

Pos. 3: Die Metallgitter und -geländer sind zu lackieren.

Abb. 1: Sitzanlage

Objektbeschreibung

Die Sitzgelegenheiten und Metallgitter befinden sich seit einigen Jahren am Aussichtspunkt.

Witterungseinflüsse haben diverse Schäden an den verschiedenen Untergründen verursacht.

Pos. 1: Sitzgruppen

Die Bänke besitzen eine Sitzfläche und ein Rückenteil aus dunkel lasiertem Eichenholz. Das Holz ist stark verwittert und mit Moos- und Flächenanhaftungen überzogen.

Die Sockel sind aus Stahlbeton. Moos- und Schmutzanhaftungen sind ebenfalls vorhanden. Betonausbrüche sind zum Teil sichtbar, so dass der Bewehrungsstahl frei liegt.

Abb. 1: Sitzgruppe

Pos. 2: Metallgitter und -geländer

Die Gitter und Geländer sind aus lackiertem Stahl. Die Kanten weisen Korrosionsschäden auf. An einigen Flächen befinden sich Farbabplatzungen.

Abb. 2: Metallgeländer

Leistungsbeschreibung

Pos. 1: Holzuntergründe bearbeiten

Die Sitzflächen und Rückenteile der Bänke sind zu reinigen und mit einem entsprechenden Holzschutz zu beschichten.

Pos. 2: Betonsockel sanieren

Die Sockel der Bänke sind zu reinigen. Die Betonabplatzungen sind mit fachgerechtem Material auszubessern.

Eine Schutzbeschichtung an den Betonsockeln ist aufzubringen.

Pos. 3: Metallgitter und -geländer lackieren

Die Altlackierung der Metallteile ist zu entschichten.

Die Korrosionsanhaftungen sind restlos zu entfernen.

Die Metallteile sind mit einer Grundierung zu versehen und mit einer deckenden Lackierung zu beschichten.

Abb. 3: Metallgitter

Abb. 4: Korrodierte Metallfläche

Abb. 5: Unterrostung an einem Geländer

5.1 Korrosion

5.1.1 Begriffe

Als Korrosion bezeichnet man allgemein die langsame Zerstörung eines Stoffes durch Einwirkungen aus seiner Umgebung. Diese Einwirkungen können z. B. andere Stoffe sein. Im Einzelnen unterscheiden sich die Gebiete, die mit Korrosion umgehen, wie Chemie oder Technik jedoch in ihren Definitionen für Korrosion.

In der Chemie ist Korrosion eine chemische Reaktion, die einen Werkstoff merklich, das heißt messbar, verändert. Diese Definition lässt den Begriff Korrosion auch für nichtmetallische Werkstoffe, z. B. Beton, zu. Zunächst wird der Begriff Korrosion auf Metallkorrosion beschränkt.

Mit dem Begriff „Korrosion" werden je nach Zusammenhang unterschiedliche Dinge bezeichnet:

- der Vorgang der Korrosion,
- das Ergebnis der Korrosion,
- der Schaden, der durch Korrosion hervorgerufen wird.

Für den technischen Bereich legt DIN EN ISO 8044 „Korrosion von Metallen und Legierungen – Grundbegriffe und Definitionen" die Begriffe fest. Hier wird aus dem vorgenannten Grund genau unterschieden. „Korrosion" ist der Korrosionsvorgang. „Korrosionserscheinung" ist das Ergebnis einer Korrosion, das kein „Korrosionsschaden" sein muss. Diese Abgrenzung kann bei der Beschreibung von entsprechenden Ereignissen hilfreich sein. Nach DIN EN ISO 8044 ist Korrosion die physikalisch-chemische Wechselwirkung zwischen einem Metall und seiner Umgebung, die zu einer Veränderung der Eigenschaften des Metalls führt.

Diese Veränderung der Eigenschaften kann zu erheblichen Beeinträchtigungen der Funktion des Metalls, der Umgebung oder des technischen Systems, von dem das Metall hier jedoch einen Teil bildet, führen (Abb. 4–5).

Kurz gefasst ist eine Korrosionserscheinung eine unerwünschte Verschlechterung der Eigenschaften eines Metalls, die durch eine chemische Reaktion, die Korrosion, hervorgerufen wird.

Die Korrosionsreaktion kann auf unterschiedliche Arten ablaufen. Je nach Einwirkung von außen oder Reaktionsablauf unterscheidet die Norm zwischen 37 Korrosionsarten, von denen viele chemischer oder elektrochemischer Natur sind. Daher werden die Begriffe chemische und elektrochemische Korrosion ausführlich behandelt.

Abb. 1: Korrodiertes Stahlfass

Abb. 2: Verrosteter Eisenträger

5.1.2 Chemische Korrosion

Bei der chemischen Korrosion reagiert das Metall, z. B. Eisen, direkt mit dem korrosiven Reaktionspartner, z. B. Sauerstoff. An der Eisenoberfläche wird durch die Reaktion von Eisen (Fe) und Sauerstoff (O_2) Eisenoxid, umgangssprachlich Rost, gebildet (Abb. 1–3):

$$2\,Fe + 3\,O_2 \rightarrow 2\,Fe_2O_3$$

oder

$$2\,Fe + O_2 \rightarrow 2\,FeO$$

Da diese Reaktionen in Gegenwart von Wasser beide ablaufen können, ist Rost ein Gemisch unterschiedlicher Eisenoxide mit Wasser:

$$x\,FeO \cdot y\,Fe_2O_3 \cdot z\,H_2O$$

x, y und z sind dabei ganze Zahlen. Das Malzeichen zwischen den Bestandteilen deutet an, dass die Bestandteile im festen Verhältnis zueinander kristallisieren.

Die chemische Korrosion ist dadurch gekennzeichnet, dass oft ein ebenmäßiger, flächiger Korrosionsvorgang stattfindet, der zu einem gleichmäßigen Abtrag des Metalls von der Oberfläche führt. Wie schnell dieser Vorgang abläuft, ist von den Umgebungsbedingungen abhängig, z. B.:

- Temperatur,
- Feuchte,
- Anwesenheit von korrosionsfördernden Stoffen.

Korrosionsfördernde Stoffe sind z. B. Salze und unter diesen insbesondere die Chloride, z. B. das Kochsalz, NaCl. Aufgrund der unterschiedlichen Bedingungen korrodieren die Metalle in bestimmten Umgebungen unterschiedlich schnell. Man unterscheidet daher typische Umgebungsbedingungen, die mehr oder weniger korrosionsfördernd sind.

In Tabelle 1 sind solche Umgebungen aufgelistet. So ist „Land" eine ländliche Umgebung mit vergleichsweise sauberer Luft und wenig Staub, „Stadt" ist Stadtluft mit Staub und Autoabgasen. Beim Industrieklima kommen andere Schadgase wie Schwefeldioxid hinzu, und das Meerklima enthält korrosionsförderndes Kochsalz. Zu jeder Umgebung sind unterschiedliche Metalle und deren flächiger Abtrag pro Jahr aufgeführt.

Abb. 3: Korrodiertes Gartentor

Abb. 4: Kupfergedeckte Kuppel mit Grünspan

Dabei fällt auf, dass einige Metalle nur einen geringen Abtrag aufweisen, der fast unabhängig vom Klima ist. Kupfer beispielsweise verliert nur zwischen 2 und 4 Tausendstel Millimeter seiner Oberfläche pro Jahr. Zink, Blei und Nickel verhalten sich ähnlich. Diese Metalle bilden durch Korrosion eine Schutzschicht, die das darunter liegende Metall vor weiterer Korrosion schützt. Im Falle des Kupfers bildet sich Grünspan, eine relativ kompliziert zusammengesetzte Kupferverbindung. Diese ist so unlöslich, dass sie, wie in Abb. 4 zu sehen, als grüne Schutzschicht das Kupfer vor weiterer Korrosion schützt. Nickel, Zink, Blei und Aluminium bilden Oxidschichten, die die gleiche Funktion erfüllen.

Tab. 1: Korrosionsfortschritt in unterschiedlichen Umgebungen

Korrosionsfortschritt in µm (1/1000 mm) pro Jahr				
Metall	Land	Stadt	Industrie	Meer
Stahl	4–60	30–70	40–160	64–230
Blei	0,7–1,4	1,3–2,0	1,8–3,7	1,8
Kupfer	1,9	2,5	3,5	3,8
Nickel	1,1	2,4	4,4	2,8
Zink	1,0–3,4	1,0–6,0	4–19	2–15

Abb. 1: Verzinkter Stahl, Aluminium, Kupfer und korrodierter Stahl (von links nach rechts)

Abb. 2: Elektrochemische Korrosion, hier: Kontaktkorrosion durch Materialmix

5.1.3 Spannungsreihe der Metalle

Nicht alle Metalle korrodieren gleich schnell, manche auch gar nicht (Abb. 1). Zum Teil liegt das an Schutzschichten, die durch Korrosion ausgebildet werden, wie im vorigen Kapitel erläutert wurde. Bei anderen Metallen, z. B. bei Gold und Platin, ist keine Schutzschicht notwendig. Diese Metalle oxidieren überhaupt nicht. Man unterscheidet edle Metalle, die nicht korrodieren, und unedle Metalle, die dies schnell tun. Zwischen sehr unedlen Metallen, z. B. Magnesium und sehr edlen Metallen, z. B. Gold, liegt eine ganze Reihe von Metallen mit unterschiedlichem Verhalten.

Zur Einordnung der Metalle wird das Verhalten genutzt, das die Metalle zeigen, wenn man sie in einen Elektrolyten taucht. Ein Elektrolyt ist eine Flüssigkeit, die den elektrischen Strom leiten kann, z. B. eine Salzlösung. Taucht man Metalle in einen Elektrolyten, lösen sie sich unterschiedlich schnell auf.

Elektrochemisches Element

Bei einem elektrochemischen Element werden zwei Metalle jeweils in die Lösung eines ihrer Salze getaucht. Im Bild sind das Kupfer (Cu) in einer Kupfersulfatlösung und Zink (Zn) in einer Zinksulfatlösung. Metallstücke in den Lösungen ihrer Salze bezeichnet man als Metallelektroden. Zwischen den Behältern ist eine Trennwand, die von Ionen, hier den Sulfationen SO_4^{2-} passiert werden kann. Die beiden Metalle sind über einen elektrischen Leiter, einen Draht mit Spannungsmesser, miteinander verbunden. Zink hat das Bestreben, sich in der Lösung aufzulösen. Da Zink als Metall zwei Elektronen mehr besitzt als das Zinkion in Lösung, werden diese zwei Elektronen frei:

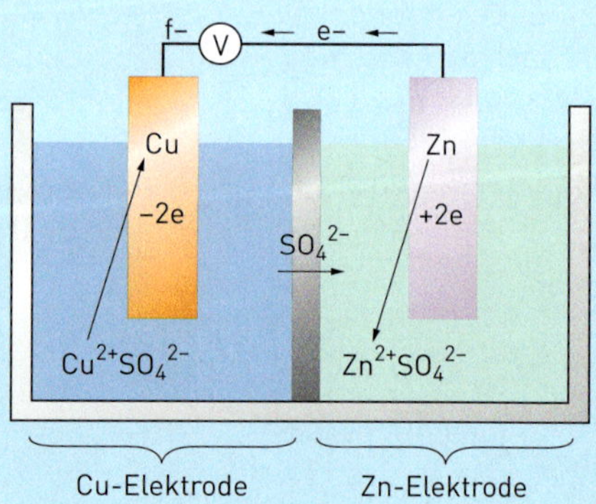

$$Zn \rightarrow Zn^{2+} + 2\,e^-$$

Kupfer ist edler als Zink und löst sich daher nicht auf. Es scheidet sich aus der Kupfersulfatlösung als metallisches Kupfer auf der Elektrode ab:

$$Cu^{2+} + 2\,e^- \rightarrow Cu$$

Bei diesem Vorgang werden zwei Elektronen benötigt. Die Elektronen werden durch den Draht vom Zink zum Kupfer geleitet. Daher kann hier eine Spannung gemessen werden. Die Größe dieser Spannung in Volt ist charakteristisch für die jeweiligen Metalle. Bei dem hier abgebildeten Daniell-Element beträgt diese Spannung ca. 1,1 V (siehe Werte für Cu und Zn in der Spannungsreihe, Abb. 5).

Abb. 3: Sich auflösendes Calcium

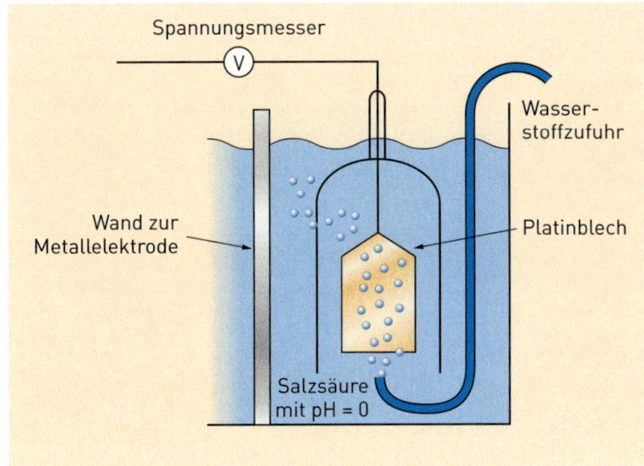

Abb. 4: Standardwasserstoffelektrode

Auflösungsverhalten:

- Explosionsartig bei Natrium,
- zügig unter Blasenentwicklung bei Calcium,
- langsam im Laufe von Wochen und Monaten bei Stahl,
- unendlich langsam, d. h. praktisch keine Auflösung, bei Edelmetallen.

Gemessen werden kann dieses Auflösungsverhalten, indem man die Metalle vergleicht.
Um eine einheitliche Reihung zu bekommen, hat man sich geeinigt, alle Metalle mit der Standardwasserstoffelektrode (Abb. 3) zu vergleichen. In einem elektrochemischen Element (→ S. 142) wird das Metall mit der Standardwasserstoffelektrode verbunden. Deren Spannung wird gleich null Volt (0 V) gesetzt, so dass nun alle Metalle eine Spannung im Vergleich dazu bekommen (Abb. 4).

Ist diese Spannung positiv, lösen sich diese Metalle nicht oder schwer auf. Ist diese Spannung negativ, lösen sich die Metalle auf. Je höher der negative Wert ist, desto schneller geschieht die Auflösung. Abb. 5 zeigt die Anordnung einiger Metalle in dieser Reihe. Sie wird Spannungsreihe der Metalle genannt. Da auch Nichtmetalle einsortiert werden, ist auch die Bezeichnung Spannungsreihe der Elemente gebräuchlich.

5.1.4 Elektrochemische Korrosion

Bei dieser Korrosionsart kommt es zur Ausbildung von Korrosionselementen (Abb. 2). In Korrosionselementen liegt zwischen zwei Elektroden, dem Anoden- und Kathodenbereich, eine Spannung vor. Die Elektroden werden durch die beteiligten Metalle und das sie umgebende Wasser gebildet. Im Prinzip ist ein solches Element genau so aufgebaut wie ein elektrochemisches Element, nur dass die elektrische Verbindung der Elektroden durch direkte Berührung erfolgt und die Lösungen nicht durch eine Wand getrennt sind.

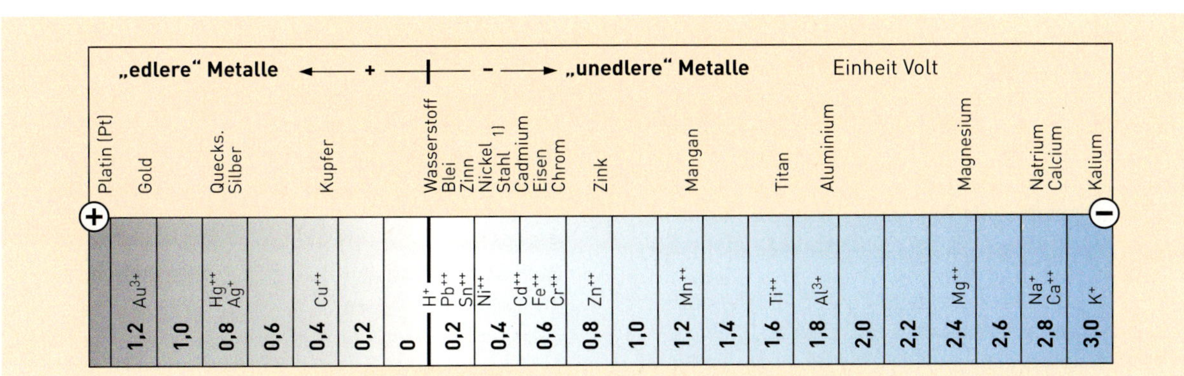

Abb. 5: Spannungsreihe der Elemente

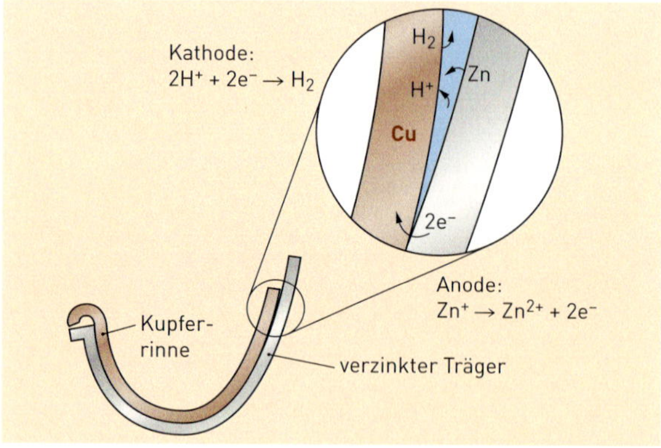

Abb. 1: Kupferrinne mit verzinktem Halter als Lokalelement

Abb. 2: Korrodierter Betonstahl

Berühren sich zwei unterschiedliche Metalle unter Einfluss von Feuchtigkeit, bauen sie ein solches Element auf. Die Folge ist, dass das unedlere Metall beginnt, sich aufzulösen.
Abb. 1 zeigt den Vorgang für eine Kupferdachrinne, die irrtümlich mit verzinkten Haltern befestigt wurde. Die Kupferrinne und der Halter berühren sich, so dass eine Leitung der Elektronen vom Zink zum Kupfer möglich ist.
Regenwasser enthält immer einige gelöste Stoffe und ist daher leitfähig. Die gelösten Stoffe sind oft Kohlendioxid oder Schwefeloxide, so dass das Wasser leicht sauer ist, es enthält Wasserstoffionen (H^+-Ionen). Durch Regen wird ein Elektrolyt bereitgestellt. Das Zink löst sich auf und gibt Elektronen ab. Da der Elektrolyt keine Kupferionen enthält, werden die im Wasser enthaltenen H^+-Ionen mit den Elektronen zu Wasserstoff reduziert:

$$2\,H^+ + 2\,e^- \rightarrow H_2$$

Zusammengenommen wird durch einen elektrochemischen Vorgang Zink korrodiert und dabei am edleren Metall, dem Kupfer, Wasserstoff erzeugt. Da dieser Vorgang auf kleinstem Raum stattfinden kann, werden diese Elemente als Lokalelemente bezeichnet. Die Elektrodenflächen sind oft nur wenige mm^2 groß. Da nur an diesen Stellen Korrosion stattfindet, ist Lochfraß ein häufiges Zeichen für elektrochemische Korrosion.
Die Korrosion von Stahl im Beton kann ebenfalls elektrochemisch ablaufen. Die Vorgänge unterscheiden sich aber etwas von denen eines Lokalelementes, wie in Abb. 2 gezeigt wird.
Das Eisen korrodiert und bildet unter Abgabe von zwei Elektronen Eisenoxid (Rost). Dies geschieht bevorzugt an Stellen, wo Risse im Beton sind oder die Betonschicht über dem Stahl dünn ist. Diese zwei Elektronen können durch den Bewehrungsstahl geleitet werden. An einer anderen Stelle der Stahloberfläche wird durch die Elektronen Sauerstoff (O_2) zu Hydroxydionen (Base, OH^-) reduziert. Da die Orte der Eisenoxidation und der Sauerstoffreduktion meterweit auseinander liegen können, spricht man hier von einer Makroelementkorrosion (makro, abgeleitet vom griechischen makros = groß, Abb. 4).

5.1.5 Weitere Korrosionsarten

Korrosionsarten werden auch anhand des Ortes ihres Auftretens oder der Ausprägung des Schadens bezeichnet.

Bei **gleichmäßiger Flächenkorrosion** wird der Werkstoff von der Oberfläche aus nahezu gleichförmig abgetragen. **Lochfraßkorrosion** bezeichnet kleinflächige, aber oft tiefe Korrosionsstellen.

Bei **Muldenkorrosion** werden Mulden gebildet, deren Durchmesser größer ist als ihre Tiefe.

Spaltkorrosion ist eine örtliche Korrosion, die in einem Spaltbereich abläuft. Der Spalt kann sich zwischen der Metalloberfläche und einer anderen Oberfläche (metallisch oder nichtmetallisch) befinden.

Bimetallkorrosion oder **Kontaktkorrosion** ist die elektrochemische Korrosion, bei der die Elektroden von unterschiedlichen Metallen gebildet werden. Eine Form der Kontaktkorrosion ist das **Lokalelement**.

Blasenbildung kann an beschichtetem Metall durch Verlust der Adhäsion zwischen der Beschichtung und dem Metall auftreten (örtliche Korrosion).

Eine Übersicht häufiger Korrosionsarten zeigen die Fotos der Tab. 1 (Tabellenbuch Maler & Lackierer).

Tab. 1: Korrosionsarten

	Flächenkorrosion auf einer gekrümmten Stahlfläche	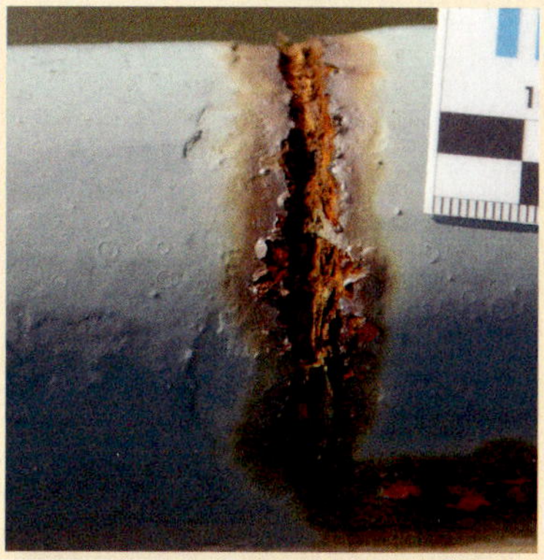	Spaltkorrosion an einer Schweißnaht
	Bodenkorrosion an einem Geländerfuß, ggf. auch als Spaltkorrosion (zwischen Stahlfuß und Beton) bezeichnet		Unterrostung einer Beschichtung mit fast völligem Verlust der Beschichtung
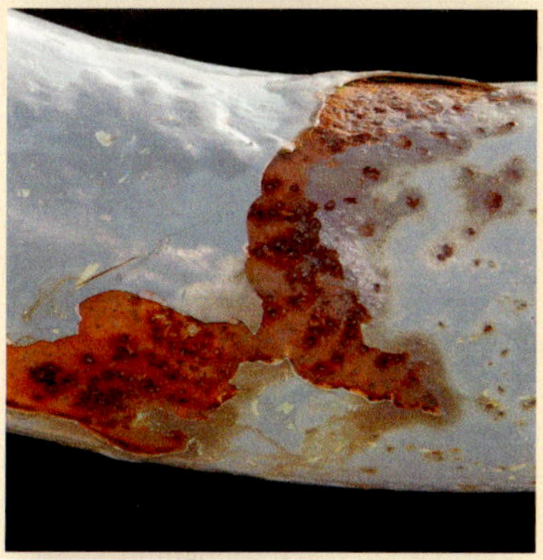	Unterrostung einer Beschichtung mit Aufwölbung der Beschichtungsbereiche		Durchrostung
	Kontaktkorrosion durch Verwendung unterschiedlicher Stahlsorten		Gehäufte Ablagerung von Korrosionsprodukten

5.2 Korrosionsschutz-beschichtungen

5.2.1 Korrosionsschutz

Im Kapitel 5.1.1 wurde bereits der Unterschied zwischen einem Korrosionsereignis und einem Korrosionsschaden herausgestellt – nicht jede Korrosion stellt gleich einen Schaden dar. So käme wohl niemand auf die Idee, eine Straßenbahnschiene aus hochwertigem Stahl mit einem Korrosionsschutz zu versehen, da trotz sichtbarer Korrosion kein Schaden auftritt. Der Zaun in Abb. 1 ist jedoch aus Gusseisen, korrodiert schneller und hat auch optische Funktionen zu erfüllen. Er wird daher mit einer Korrosionsschutzbeschichtung versehen.
Korrosionsschutz dient nicht dazu, **Korrosion** zu verhindern. Das ist in vielen Fällen auch nicht möglich. Korrosionsschutz soll Korrosionsschäden verhindern. Man unterscheidet zwischen verschiedenen Arten des Korrosionsschutzes, je nachdem welche Prinzipien dabei verfolgt werden.

- **Konstruktiver Korrosionsschutz** hält korrosionsfördernde Einflüsse durch Bauformen und Bauarten vom Metall fern. So zählen Wasserrinnen oder Ablaufwinkel zum konstruktiven Korrosionsschutz. Auch die Auswahl von Metallen, die von sich aus widerstandsfähig gegen Korrosion sind, kann zum konstruktiven Korrosionsschutz gerechnet werden.
- **Passiver Korrosionsschutz** hält korrosive oder korrosionsfördernde Substanzen, vor allem Wasser und Sauerstoff, vom Metall fern. Hierzu zählen alle Überzüge wie Beschichtungen, Passivierungen oder galvanische Überzüge.
- **Aktiver Korrosionsschutz** greift direkt in die Korrosionsvorgänge ein und verringert oder verhindert diese. Zum aktiven Korrosionsschutz zählen z. B. der kathodische Korrosionsschutz oder der Einbau von Opferanoden. Im Rahmen dieses Kapitels wird der passive Korrosionsschutz durch Beschichtungen behandelt.

Abb. 1: Eiserner Zaun mit Korrosionsschutzbeschichtung

5.2.2 Anforderungen an Korrosionsschutzbeschichtungen

Korrosionsschutzbeschichtungen gehören in den Bereich des passiven Korrosionsschutzes. Sie sollen korrosive Einflüsse und Substanzen vom Metall fernhalten (Abb. 2, 3, 5, 6).

Dazu ist es wichtig, dass die Beschichtungen eine geringe Durchlässigkeit (Permeabilität) aufweisen. Sauerstoff und Wasser dürfen nicht durch die Beschichtung gelangen. Sie sind wichtige Bestandteile der Korrosionsreaktionen. Ohne Sauerstoff und Wasser kann keine Korrosion stattfinden. Auch Schadgase wie Schwefeloxide oder Stickoxide sollten als korrosionsfördernde Stoffe nicht durch die Beschichtung gelangen.

Abb. 2: Korrosionsschutzbeschichtung auf einer Stahlbrücke

Abb. 3: Korrosionsgeschütztes Tragwerk

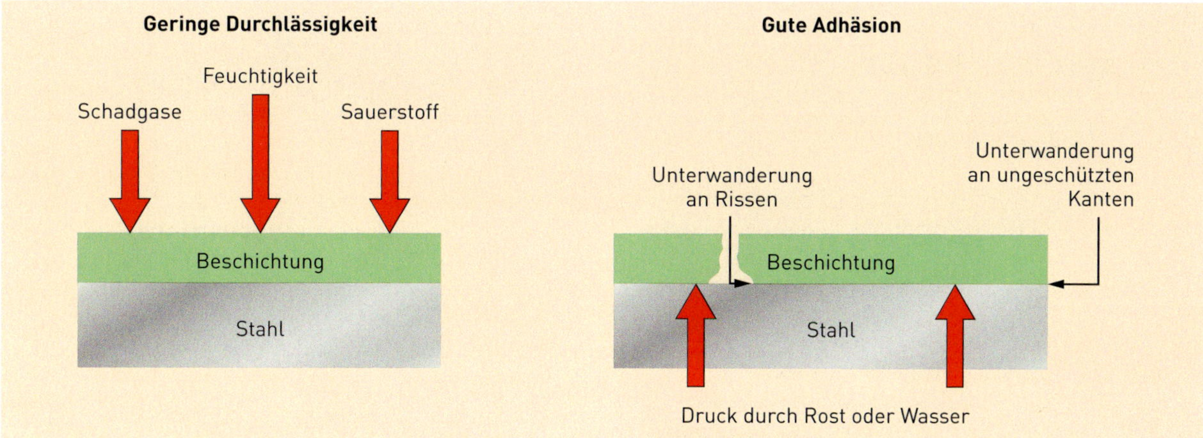

Abb. 4: Schutzwirkung einer Beschichtung auf Metall, z. B. Stahl

Außerdem muss die Beschichtung gut haften, d. h. eine gute Adhäsion haben. Dadurch wird gewährleistet, dass keine Unterwanderung durch Flüssigkeiten auftreten kann. Diese Unterwanderung kann an Kanten, die nicht beschichtet werden, auftreten. Auch Risse, die in der Beschichtung auftreten können, bringen die Gefahr der Unterwanderung mit sich. Rost, der sich unter der Beschichtung bildet, oder Wasser, das durch die Beschichtung dringt, können Druck von unten ausüben.

Abb. 4 fasst diese Schutzwirkungen schematisch zusammen.

Abb. 5: Korrosionsgeschütztes Stahltragwerk

5.2.3 Korrosionsschutzpigmente

Weitere Schutzwirkungen können durch Korrosionsschutzpigmente (Tab. 1) erreicht werden. Pigmente sind im Bindemittel der Beschichtung verteilte Feststoffe, die auf unterschiedliche Weise die Korrosion verlangsamen können.

Phosphatpigmente, **Bleipigmente** und **Chromatpigmente** verlangsamen die Korrosionsreaktion. **Plättchenpigmente** wie Glimmer (Mica) oder Aluminiumplättchen machen die Beschichtung undurchlässiger. **Metallpigmente** wie Zinkpulver oder Aluminiumpulver korrodieren selbst, bevor das geschützte Metall angegriffen wird. Aufgrund der Giftigkeit von Blei-und Chromatpigmenten werden diese heute in vielen Bereichen vermieden. Sie finden aber noch Einsatz im schweren Korrosionsschutz oder bei Schiffsbeschichtungen. Auch beim Anschleifen von Altbeschichtungen können diese Pigmente gefährlich sein.

Abb. 6: Korrosionsschutz im Tunnel

Abb. 1: Korrosionsschutzarbeiten an einer Stahlbrücke

5.2.4 Rostumwandler

Manchen Korrosionsschutzbeschichtungen werden Rostumwandler zugesetzt. Dies sind flüssige Stoffe, die zur Umkehrung des Oxidationsprozesses von Eisenoberflächen dienen sollen. Durch eine chemische Reaktion wird der Rost in besser haftende Eisenverbindungen umgewandelt. Diese Produkte können allerdings nur bei dünnen Rostschichten eine gewisse Wirksamkeit erzielen. Diese kann darin bestehen, die Adhäsion des Anstrichs zu erhöhen. Bei dicken, abblätternden Rostschichten sind die Produkte nicht wirksam.

5.2.5 Bindemittel für Korrosionsschutzbeschichtungen

Die Beschichtungsstoffe für den Korrosionsschutz können nach verschiedenen Kriterien eingeteilt werden. Meist wird aber nach den Bindemitteln gegliedert. Die können wiederum in ein- und zweikomponentige, chemisch härtende und physikalisch trocknende oder in lösemittel- und wasserverdünnbare unterschieden werden (→ Tabellenbuch Maler & Lackierer).

Ausführlich sind die Bindemittel in der Norm DIN EN ISO 12944-5 beschrieben. Hier wird auf die oft benutzten Bindemittel Acrylharz, Alkydharz und Epoxydharz eingegangen werden (→ LF 3 und → Tabellenbuch Maler & Lackierer).

- **Alkydharze** werden aus Polyestern und Ölen hergestellt. Durch diese „künstliche" Herstellung im Gegensatz zu den früher gebräuchlichen natürlichen Ölen spricht man im Zusammenhang mit Alkydharz auch vom Kunstharz. Alkydharzlacke sind mit Lösemitteln zu verdünnen. Sie werden einkomponentig angewendet, da sie mit dem Sauerstoff der Luft chemisch härten (oxidative Trocknung). Diese sollte nicht mit der physikalischen Trocknung, d. h. dem Verdampfen von Lösemittel oder Wasser, verwechselt werden. Durch die chemische Härtung vernetzen die Alkydharze.

  Typisches Anwendungsgebiet ist der Korrosionsschutz im Bereich mittlerer Belastungen wie bei Balkongeländern, Treppengeländern und anderen gering mechanisch belasteten Metallbauteilen im Außenbereich.

- **Epoxidharze** bestehen meist aus den Epoxidharzkomponenten und Aminhärtern, sind also zweikomponentig. Sie werden als wasserverdünnbare Dispersionen, als lösemittelhaltige Systeme oder lösemittelfrei angeboten. Epoxidharz ist im ausgehärteten Zustand ein duroplastischer Kunststoff und von hoher Festigkeit und chemischer Beständigkeit.

  Zur Herstellung müssen die Harzkomponente und der Härter sehr sorgfältig im angegebenen Mischungsverhältnis gemischt werden. Je nach Harztyp und Umgebungstemperatur erfolgt die Aushärtung des flüssigen Gemisches innerhalb von wenigen Minuten bis einigen Stunden. Das typische Anwendungsgebiet der Epoxidharze ist der schwere Korrosionsschutz im Außenbereich. Bauwerke wie Stahlbrücken (Abb. 1) oder Stahlträger werden durch Epoxidharze geschützt.

- **Acrylharze** oder **Acrylate** sind dispergierte oder gelöste thermoplastische Kunststoffe, die physikalisch trocknen. Die wasserverdünnbaren, dispergierten Beschichtungsstoffe werden umgangssprachlich auch als „Wasserlacke" bezeichnet. Acrylharze werden in allen Bereichen von geringer bis mittlerer Belastungen eingesetzt.

  Sie können teilweise auch mit anderen Materialien zu Beschichtungssystemen kombiniert werden.

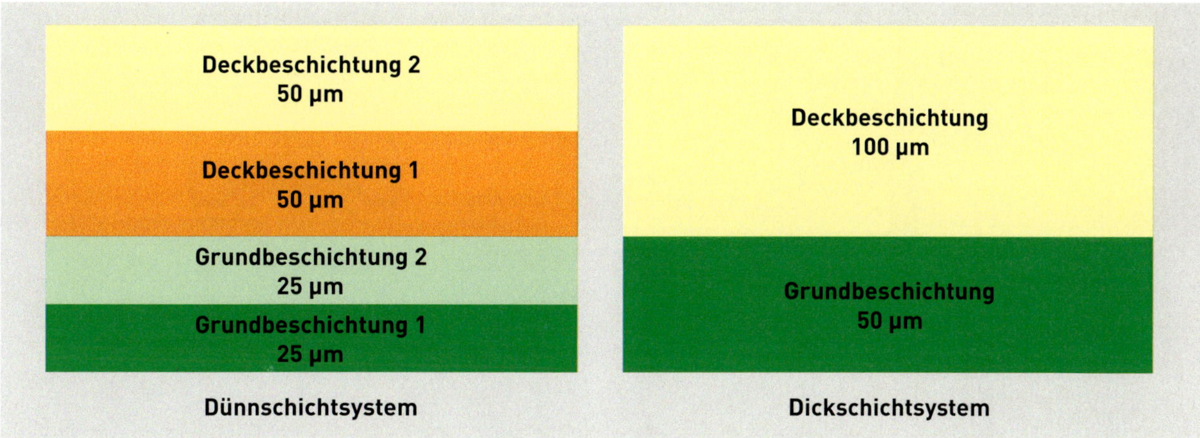

Abb. 2: Schema eines Dick- und eines Dünnschichtsystems

5.2.6 Schichtaufbauten und Schichtdicken

Die notwendigen Schichtdicken einer Korrosionsschutzbeschichtung richten sich nach der Korrosivität der Umgebung. Im Kapitel 5.1 wurde gezeigt, dass unterschiedliche Umgebungen aggressiv wirken. DIN EN ISO 12 944-2 teilt die Umgebungen in Korrosivitätsklassen von C1 bis C5 ein. Dabei ist C1 sehr wenig korrosiv und erfordert keinen Korrosionsschutz, C5 ist sehr korrosiv und erfordert stabile Korrosionsschutzsysteme. Zusätzlich wird noch nach der erwarteten Schutzdauer unterschieden. Hohe Schutzdauer bedingt in der Regel hohe Schichtdicken. Die Norm DIN EN ISO 12 944-5 differenziert mehr als 100 unterschiedliche Schichtaufbauten je nach Korrosivität der Umgebung, Bindemittel und erwarteter Schutzdauer (Tab. 1). Kurze Schutzdauer bedeutet hier zwei bis fünf Jahre, mittlere Schutzdauer fünf bis 15 Jahre und lange Schutzdauer über 16 Jahre. In der Praxis ist die Unterscheidung in Dünnschicht- und Dickschichtsysteme oft anzutreffen. Diese bezieht sich jedoch nicht auf die Gesamtschichtdicke, die, wie oben erläutert, von den Anforderungen abhängig ist. Dick- oder Dünnschichtsystem bezieht sich auf die Zahl von Schichten, aus denen ein System aufgebaut ist. Abb. 2 zeigt ein Schemata für ein Dünn- und ein Dickschichtsystem gleicher Gesamtschichtdicke.

Tab. 1: Korrosivitätskategorien nach DIN EN ISO 12 944-2

Korrosivitäts-kategorie	Dickenverlust im 1. Jahr [µm]		Beispiele typischer Umgebungen	
	C-Stahl	Zink	Freiluft	Innenraum
C1 unbedeutend	≤ 1,3	≤ 0,1	-	≤ 60 % relative Luftfeuchtigkeit, geheizte Gebäude (mit neutralen Atmosphären)
C2 gering	> 1,3–25	> 0,1–0,7	Gering verunreinigte Atmosphäre, trockenes Klima, meist ländliche Bereiche	Ungeheizte Gebäude mit zeitweiser Kondensation
C3 mäßig	> 25–50	> 0,7–2,1	Stadt-/Industrieatmosphäre mit mäßiger SO_2-Belastung oder gemäßigtes Küstenklima	Räume mit hoher relativer Luftfeuchtigkeit und etwas Verunreinigungen, Produktionsräume
C4 stark	> 50–80	> 2,1–4,2	Industrieatmosphäre und Küste mit mäßiger Salzbelastung	Z. B. Produktionshallen in der chemischen Industrie, Schwimmbäder
C5-I sehr stark	> 80–200	> 4,2–8,4	Industrieatmosphäre mit hoher relativer Luftfeuchtigkeit und aggressiver Atmosphäre	Gebäude mit nahezu ständiger Kondensation und starker Verunreinigung
C5-M sehr stark	> 80–200	> 4,2–8,4	Küsten- und Offshorebereich mit hoher Salzbelastung	

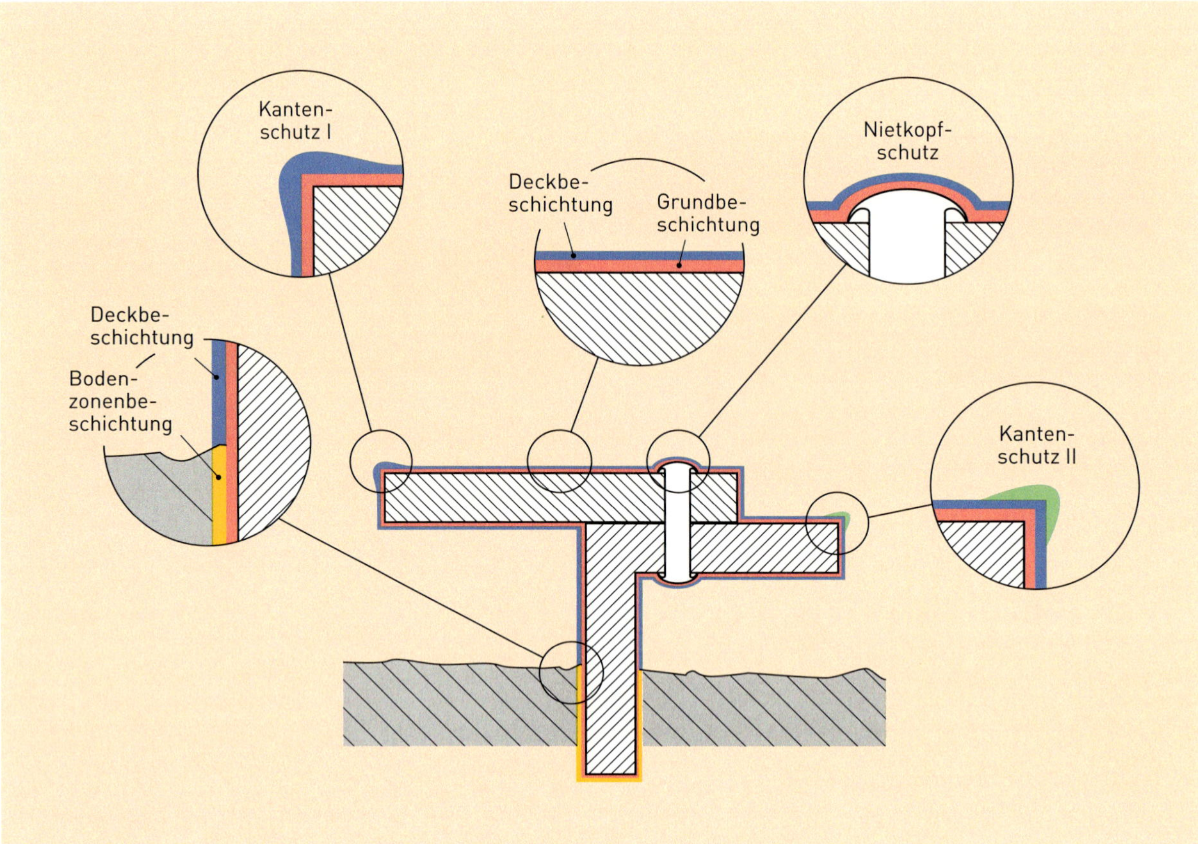

Abb. 1: Besonders zu behandelnde Bereiche des Korrosionsschutzes

Tab. 1: Beschichtungssysteme nach DIN EN ISO 12 944-5 (Auswahl)

System-Nr.	Korro-sivität	Grundbeschichtung(en)			Deckbeschichtung(en)			Schicht-dicke gesamt	Schutz-dauer
		Binde-mittel	Schichten	Schicht-dicke	Binde-mittel	Schichten	Schicht-dicke		
nach DIN	Kate-gorie	Typ	Zahl	in µm	Typ	Zahl	in µm	in µm	
A2.01	C2	Alkyd	1	40	–	–	–	40	Kurz
A1.01	C2	Acrylat	1–2	100	–	–	–	100	Mittel
A2.15	C2	Epoxi	1–2	80	Epoxi	1	80	160	Lang
A03.03	C3	Alkyd	1–2	80	Alkyd	1–2	80	160	Kurz
A3.23	C3	Epoxi	1	60	Acrylat	1	140	160	Lang
A4.01	C4	Alkyd	1–2	80	Alkyd	2–3	120	200	Kurz
A4.13	C4	Epoxi	1	80	Epoxi	1–2	160	240	Mittel
A5I.04	C5	Epoxi	1	150	Epoxi	1	150	300	Mittel
A5M06	C5	Epoxi	1	250	Epoxi	1	250	500	Lang

Weiterhin werden für unterschiedliche Bereiche eines Stahlbauwerkes unterschiedliche Beschichtungssysteme (Tab. 1) eingesetzt. Neben den Bereichen, die sich aus den Korrosivitätskategorien (Tab. 1, S. 149) ergeben, werden auch Funktionsbereiche besonders behandelt. Dazu gehören z. B.

- Kanten,
- Nieten,
- Verbindungsbereiche allgemein (Abb. 2),
- Bodenzonen (siehe auch Korrosivitätskategorien),
- Besonders belastete (z. B. befahrene) Bereiche,
- Durchbrüche von Leitungen und Rohren.

Abb. 1 zeigt hierzu einige Beispiele als Übersicht.

Abb. 2: Aufbringen eines schweren Korrosionsschutzes

Aufgaben zu Kapitel 5.1 und 5.2

1. Nennen und beschreiben Sie drei unterschiedliche Korrosionsarten.

2. Was sind Korrosivitätskategorien nach DIN EN ISO 12944?

3. Wie unterscheidet sich ein Dickschichtsystem von einem Dünnschichtsystem für den Korrosionsschutz?

4. Nennen Sie Beispiele für aktiven und passiven Korrosionsschutz.

5. Nennen Sie Gründe, warum ein Korrosionsschutzsystem an einem Bauwerk unterschiedliche Schichtaufbauten benötigen kann.

6. Erläutern Sie die Schutzfunktionen eines Korrosionsschutzsystems.

7. Ordnen Sie den Bildern a) bis c) die Bezeichnungen für die Korrosionsarten zu:

a) ____________

b) ____________

c) ____________

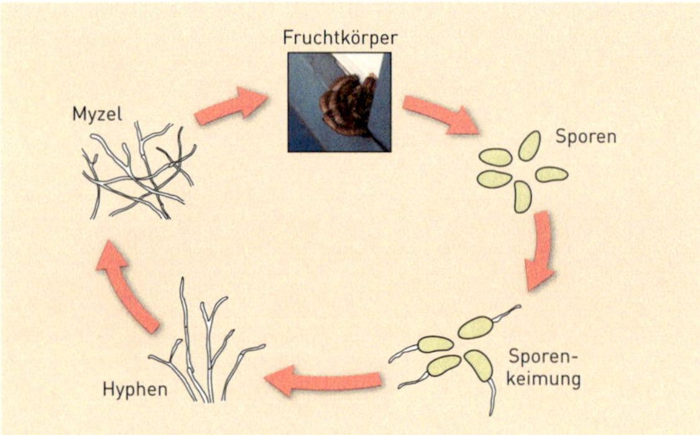

Abb. 1: Entwicklung der Holzpilze

Abb. 2: Holzschädling Brauner Kellerschwamm

5.3 Holzschutz

Der Holzschutz beschäftigt sich mit dem Schutz des Holzes vor Holzschädlingen. Witterungsschutz und UV-Schutz werden in einem späteren Abschnitt behandelt, auch wenn sich die Maßnahmen teilweise überschneiden. Der Holzschutz ist in DIN 68800 geregelt.

5.3.1 Holzschädlinge

Holzschädlinge zerstören Holz in Bauwerken und Möbeln. Sie nutzen die Inhaltsstoffe des Holzes als Nahrung. Dabei wird die Holzstruktur angegriffen und unter ungünstigen Umständen zerstört. Holzschädlinge sind vor allem Pilze und Insekten. Diese brauchen geeignete Umgebungsbedingungen, um auf oder im Holz leben zu können:

- Alle Holzschädlinge benötigen Sauerstoff.
- Alle Holzschädlinge benötigen Feuchte.
- Die Holzschädlinge brauchen bestimmte Umgebungstemperaturen, die von Schädling zu Schädling variieren.
- Das Holz muss als Nahrung geeignet sein. Unterschiedliche Schädlinge bevorzugen unterschiedliche Holzarten. Manche Hölzer sind im verbauten Zustand auch fast völlig resistent gegen Schädlinge.

Da alle Bedingungen erfüllt sein müssen, ergibt sich hieraus auch ein Ansatz für den Schutz des Holzes vor Schädlingen. Hält man das Holz hinreichend trocken, ist z. B. eine der Lebensbedingungen nicht erfüllt.

5.3.2 Pilze

Pilze bilden neben den Pflanzen und Tieren eine eigene Gruppe von Lebewesen. Pilze bestehen aus dem Mycel und den Fruchtkörpern (Abb. 1–4). Bei Speisepilzen wie dem Champignon ist der sichtbare und essbare Teil der Fruchtkörper. Das Mycel, ein fadenartiges Geflecht, befindet sich im Substrat. Substrat bezeichnet das Material, auf dem der Pilz wächst. Holzschädliche Pilze zeichnen sich dadurch aus, dass sie als Substrat eben das Holz bevorzugen. Das Mycel treibt das Wachstum voran. Dabei kann es sich geflechtartig im Substrat oder auf der

Abb. 3: Mycel des Hausschwamms

Abb. 4: Fruchtkörper des Hausschwamms

Abb. 5: Bläue an Fichtenholz

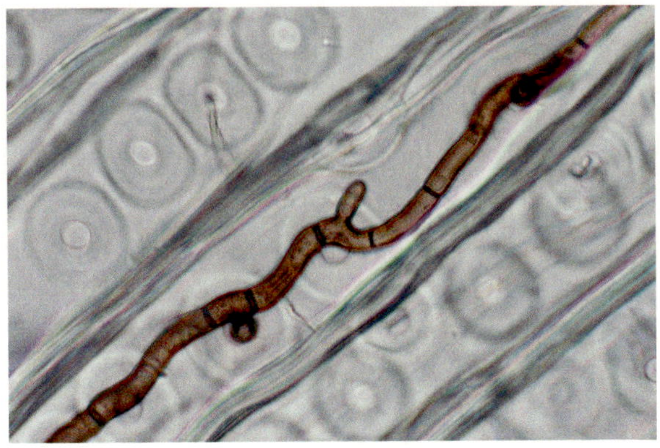

Abb. 6: Bläue verursachende Pilze unter dem Mikroskop

Oberfläche ausbreiten, kann aber auch in Form von Strängen substratfremdes Material wie Putz oder Mauerwerk durchwachsen. Es zieht dabei Nährstoffe aus dem Substrat. Für das Holz bedeutet das in der Regel eine Schädigung, die von Verfärbung beim Bläuepilz bis zur vollständigen Zerstörung beim Hausschwamm reichen kann. Es gibt sehr viele unterschiedliche Pilze, die auf und im Holz wachsen können. Die folgenden Beispiele besonders wichtiger Pilze sollen dies verdeutlichen.

Bläue

Bei der Bläue handelt es sich nicht um einen einzelnen Pilz, sondern um eine Verfärbung, die durch etwa 100 unterschiedliche Pilze hervorgerufen werden kann. Sie wirken nicht holzzerstörend, daher ist die oft zu hörende Bezeichnung „Blaufäule" falsch. Die Verfärbungen können von blau über grau bis hin zu schwarz reichen. Wie alle folgenden Pilze benötigt die Bläue Temperaturen zwischen etwa 18 °C bis 28 °C sowie hohe Holzfeuchten, um sich ausbreiten zu können (Abb. 5–6).

Echter Hausschwamm

Der echte Hausschwamm ist ein besonders gefährlicher Pilz, da er Holz vollständig zerstören kann. Außerdem ist er schwer zu beseitigen. Der Pilz entzieht dem Holz die Cellulose und damit jegliche Tragfähigkeit. Das Auftreten von Hausschwamm ist in einigen Bundesländern meldepflichtig (Anzeige bei der Baubehörde). Der Hausschwamm bildet ein silberweißes bis graues Oberflächenmycel und durchwächst auch Putz, Mörtel und Mauerwerk mit cremefarbenen bis grauen, bis zu daumendicken Strängen. Die Fruchtkörper sind von wenigen Zentimetern bis zu 1,5 Metern groß und sehen pfannkuchenartig braun mit einem weißen Rand aus. Vertrocknete Fruchtkörper sind schwarz, leicht zerbrechlich und haben netzartig verteilte Grate. Der Hausschwamm hinterlässt braune Fäule und würfelförmig brechendes Holz. Er tritt an Nadel- und Laubholz auf (Abb. 7–8).

Die Bekämpfung ist zwingend durch ein autorisiertes Fachunternehmen (Sachkundige) und nicht durch den Maler durchzuführen.

Abb. 7: Schaden an Holz durch den Tannenblättling

Abb. 8: Mycel des Tannenblättlings

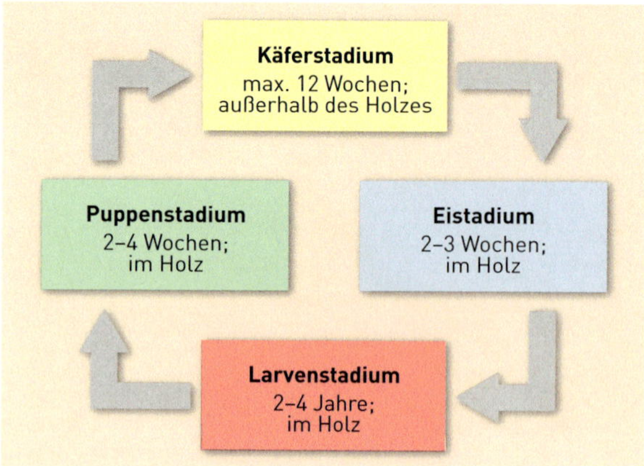

Abb. 1: Entwicklungsschema der Holzkäfer

Abb. 2: Hausbock

Balkenblättling oder Fensterholzpilz
Das Mycel des Fensterholzpilzes wächst in Spalten und Rissen des Holzes. Es füllt diese nach und nach aus. Die Farbe des Mycels kann von weiß über gelb bis braun variieren. Der Festerholzpilz bildet auch ein wattig-filzartiges Oberflächenmycel. Die Fruchtkörper sind braun und haben eine sich vom Holz abwölbende Hutkante. Der Fensterholzpilz befällt hauptsächlich bewittertes Nadelholz und nur selten Laubholz. Er hinterlässt sehr starke Braunfäule.

Brauner Kellerschwamm
Der braune Kellerschwamm bildet zunächst ein sehr feines, spinnwebartig gelblich-weißes Mycel. Dieses verdickt sich mit der Zeit und wird nach wenigen Monaten grau bis schwarz. Die Stränge können Mauerwerk und Putz durchwachsen. Die Fruchtkörper sind unregelmäßige, warzige Gebilde, ein bis sechzig Zentimeter groß und nur wenige Millimeter dick. Das befallene Holz wird zunächst punktuell und dann insgesamt schwarz, dann folgt Würfelbruch und Braunfäule (Abb. 2, S. 152). Es wird sowohl Nadel- als auch Laubholz mit hoher Feuchte (Keller!) befallen.

5.3.3 Tierische Holzschädlinge

Tierische Holzschädlinge gehören in aller Regel zu den Insekten. In unseren Breiten treten insbesondere Käfer als Schädlinge auf. Die Käfer selbst sind für das Holz nicht schädlich. Sie legen jedoch ihre Eier im Holz ab. Die sich daraus entwickelnden Larven („Holzwürmer") leben als Fraßschädlinge vom Holz. Sie hinterlassen Fraßgänge („Wurmlöcher") sowie Nagespäne und Kotpartikel, die zusammen als Bohrmehl bezeichnet werden. Die Entwicklungszeiten vom Käfer über Larve, Verpuppung bis zur nächsten Generation (Abb. 1) können sehr unterschiedlich sein. Je nach Käferart und Umgebungsbedingungen kann diese Generationszeit von vier bis zu zehn Jahren betragen. Die Käfer können anhand der Larven, der Fraßgänge, des Bohrmehls oder der Form des Kots identifiziert werden (Abb. 2–3).

Abb. 3: Larve des Hausbocks

Abb. 4: Fraßspuren des Hausbocks

Abb. 5: Möbelkäfer

Abb. 6: Gescheckter Nagekäfer

Hausbockkäfer oder Balkenbock
Der Hausbock ist ein 7 mm bis 30 mm großer, schwarzer bis brauner Käfer. Seine Larven sind hell und werden bis zu 35 mm lang. Damit ist er einer der größten holzzerstörenden Insekten. Er befällt vor allem Nadelholz und frisst im Splintholz. Typisch sind ovale Löcher (3 mm bis 4 mm mal 5 mm bis 10 mm), z. B. im Bauholz von Dachstühlen oder anderen Holzkonstruktionen. Auch die Fraßgänge sind oval. Darin befindet sich helles, lockeres Bohrmehl mit zylinderförmigen Kotteilchen (Abb. 3–4).

Gewöhnlicher Nagekäfer oder Möbelkäfer
Der Möbelkäfer ist 2,5 mm bis 5 mm lang, seine Larven messen 1 mm bis 6 mm, sind zur Bauchseite hin gekrümmt und hell. Der Käfer befällt trockenes, verbautes Holz und ist an runden, nur 1 bis 2 mm messenden Ausfluglöchern zu erkennen. Er hinterlässt holzfarbenes, lockeres Bohrmehl und einseitig spitze Kotteilchen (Abb. 5–6).

Brauner Splintholzkäfer
Der braune Splintholzkäfer befällt Laubholz außer Rotbuche. Er ist 2 mm bis 8 mm groß, seine Larven messen 1 mm bis 6 mm, sind zur Bauchseite hin gekrümmt und hell. Das Holz wird durch die Larven teilweise pulverisiert, dabei bleibt die Außenschicht intakt. Die Gänge sind rund bei etwa 1 mm Durchmesser, das Bohrmehl ist weiß und talkumartig.

Gescheckter Nagekäfer oder Totenuhr
Dieser Käfer befällt feuchtes, auch pilzbefallenes Laubholz, vor allem Eiche. Die erwachsenen Käfer produzieren auf dem Holz Tickgeräusche, daher auch der Name „Totenuhr". Die Käfer sind 3 mm bis 8 mm groß und haben gelbe, borstige Flecken, die hellen Larven messen 1 mm bis 10 mm. Sie hinterlassen eine schwammartige Zerstörung des Holzes mit 2 mm bis 4 mm messenden Gängen. Es findet sich lockeres Bohrmehl und linsenförmige Kotteilchen (Abb. 6).

5.3.4 Holzschutzmaßnahmen

Die Temperatur und Feuchte in Wohngebäuden sind nicht so einstellbar, dass Holzschädlinge ausgeschlossen werden können. Die Lebensbedingungen vieler Holzschädlinge liegen im Bereich des normalen Wohnklimas. Auch ein Sauerstoffentzug ist nicht möglich. Vorbeugende Holzschutzmaßnahmen sind darauf ausgerichtet, einen Befall des Holzes zu vermeiden. Dabei sollen bevorzugt konstruktive Maßnahmen und eine gezielte Auswahl widerstandsfähiger Hölzer zum Einsatz kommen. Erst, wenn dies nicht möglich ist, kommt chemischer Holzschutz zum Einsatz. Ist ein Befall mit Holzschädlingen eingetreten, werden bekämpfende Maßnahmen getroffen.

Bevor Holzschutzmaßnahmen ergriffen werden, muss beurteilt werden, ob das Holz überhaupt gefährdet ist.

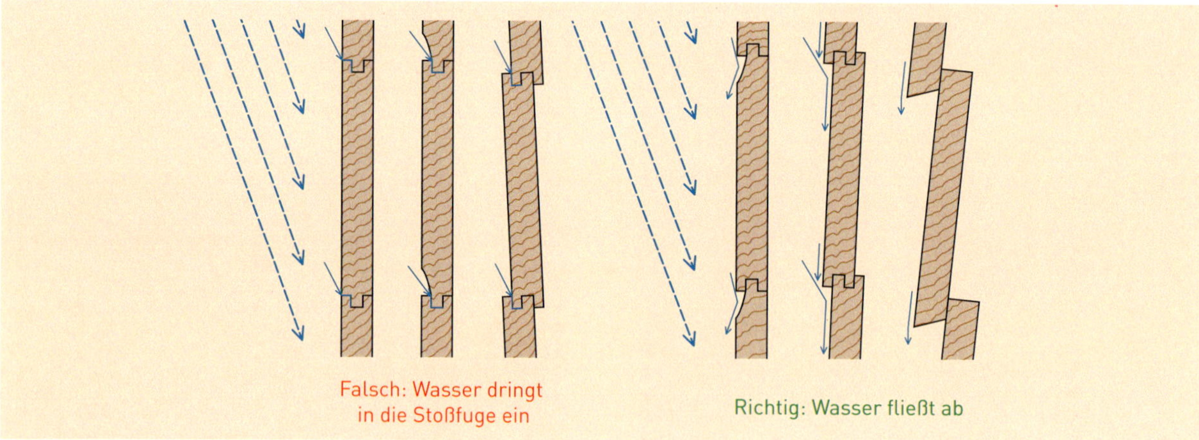

Abb. 1: Fugenanordnung bei Holzaußenverkleidung

5.3.5 Gebrauchsklassen

Nach DIN 68800 werden die verbauten Hölzer in Gebrauchsklassen eingeteilt. Dabei werden unterschiedliche Rahmenbedingungen berücksichtigt. Ist das Holz kontrollierbar? Ist es vor direkter Bewitterung geschützt? Hat es Boden- oder Wasserkontakt? Solche Fragen führen zur Eingruppierung eines Bauteils in eine Gebrauchsklasse.

Tab. 1, S. 158 zeigt die nach DIN 68800 geltenden Gebrauchsklassen. Ziel muss immer sein, ein Holzbauteil durch zusätzliche konstruktive Maßnahmen in eine niedrigere Gebrauchsklasse zu bekommen. Chemische Holzschutzmaßnahmen sind zurückhaltend zu verwenden.

5.3.6 Konstruktiver Holzschutz

Obwohl der Maler und Lackierer in der Regel nicht für die konstruktiven Holzschutzmaßnahmen sorgt, sollte er erkennen können, ob deren Möglichkeiten ausgeschöpft sind.

Konstruktive Holzschutzmaßnahmen sorgen dafür, dass das Holz so eingebaut und ausgerichtet wird, dass eine hohe Holzfeuchte vermieden wird.

Abb. 1 bis 6 zeigen unterschiedliche Konstruktionsmaßnahmen, die alle zum Ziel haben, Eindringen und Aufstauen von Wasser zu vermeiden. Kann Wasser an einer Stelle der Konstruktion stehen bleiben, ist die Gefahr hoch, dass Wasser in das Holz eindringt. Dies würde wiederum das Ansiedeln von Holzschädlingen fördern. Wasser auf Holzflächen muss schnell abfließen können. Besonders gefährdet sind Fugen an Verbindungsstellen. Horizontale Holzflächen im Außenbereich sind deshalb zu vermeiden. Günstig für ein schnelles Abfließen sind geneigte Flächen mit einem Winkel von mindestens 10° bis 15°. Auch Abtropfmöglichkeiten sind wichtig, da Wasser sonst an Holzteilen hängen bleibt und bevorzugt von Hirnholzflächen aufgenommen wird. Weitere Maßnahmen des konstruktiven Holzschutzes sind:

- vor Bewitterung schützen,
- vor Spritzwasser schützen,
- vor Bodenkontakt schützen,
- Trocknen ermöglichen,
- Schwachstellen vermeiden.

Die Auswahl widerstandsfähiger Hölzer kann ebenfalls den Einsatz chemischen Holzschutzes vermeiden und gehört damit zum konstruktiven Holzschutz. Tab. 1 zeigt Dauerhaftigkeitsklassen (früher: Resistenzklassen) und zugehörige Hölzer eingeordnet von Dauerhaftigkeitsklasse 1, sehr widerstandsfähig bis Dauerhaftigkeitsklasse 5, nicht widerstandsfähig. Kernholz ist grundsätzlich widerstandsfähiger als Splintholz. Deswegen sollte der Einbau von Splintholz vermieden werden.

Abb. 2: Konstruktiver Holzschutz durch Balkenabdeckung

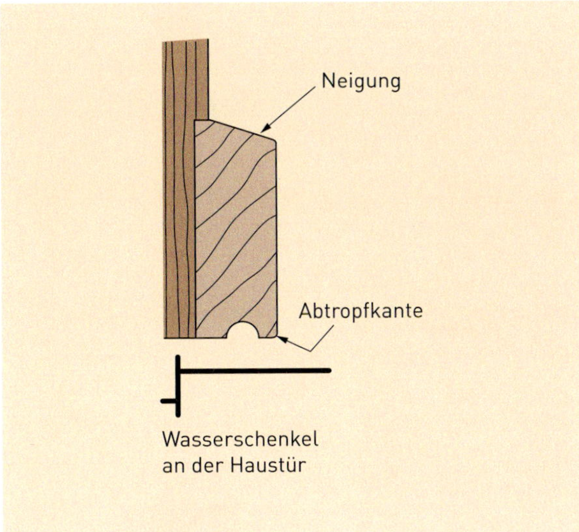

Abb. 3: Abtropfkante an einer Haustür

Abb. 4: Konstruktiver Holzschutz durch Abdeckung des Hirnholzes

Durch den Einbau ausreichend resistenter Hölzer können Bauteile in niedrigere Gefährdungsklassen eingestuft werden. Ein Fenster aus Holz mit Anstrich gehört in die Gefährdungsklasse 2. Besteht das Fenster aus splintfreier Douglasie oder Lärche, kann es in Gefährdungsklasse 0 eingeordnet werden. Chemischer Holzschutz ist dann überflüssig und muss vermieden werden.

Anstriche gehören ebenfalls zum konstruktiven Holzschutz. Sie halten Feuchtigkeit fern, sofern sie durchgehend mit ausreichender Schichtdicke ausgeführt werden. Auch Schwachstellen und Schadstellen führen zum Eindringen von Wasser. An Kanten muss daher das Holz verrundet werden.

Tab. 1: Holzarten und zugehörige Dauerhaftigkeitsklassen

Holzarten	Dauerhaftigkeits-klasse
Teak, Robinie, Bongossi, Palisander	1 (sehr resistent)
Eiche, Mahagoni, Zeder, Redwood, Meranti	2 (resistent)
Lärche, Douglasie, Nussbaum	3 (mäßig resistent)
Kiefer	3 bis 4
Fichte, Tanne, Rüster, Limba	4 (wenig resistent)
Ahorn, Buche, Erle, Esche, Pappel, Linde	5 (nicht resistent)

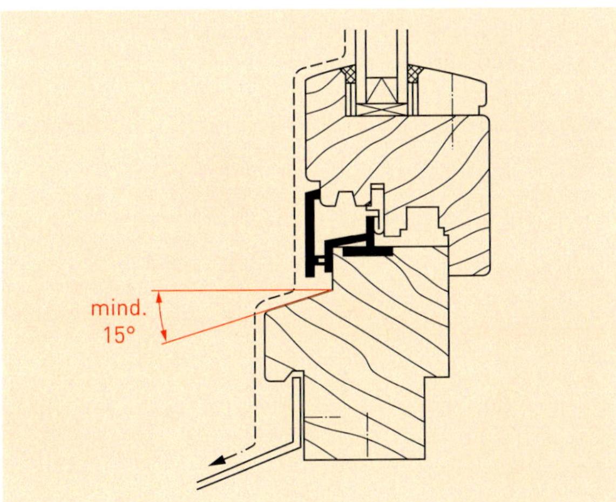

Abb. 5: Ablaufwinkel und Verrundung am Fenster

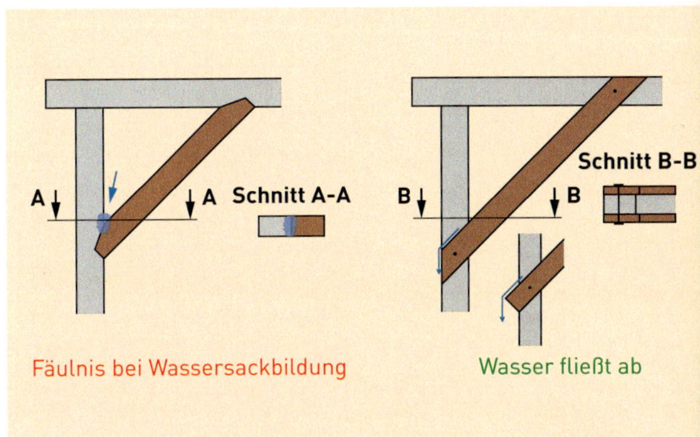

Abb. 6: Verhinderung von Wasserstau an einer Pergola

Tab. 1: Gebrauchsklassen nach DIN 68 800

Gebrauchs-klasse (GK)	Beanspruchung	Bildbeispiel	erforderlicher Holzschutz
0	Trockener Innenausbau, Anflug durch holzschädigende Insekten nicht möglich oder Holzquerschnitt kontrollierbar (allseitig einsehbar)		Kein chemischer Holzschutz erforderlich
1	Trockener Innenausbau, Anflug durch holzschädigende Insekten möglich		Vorbeugender chemischer Holzschutz gegen Insekten
2	Holz, das vor Erdkontakt und direkter Bewitterung oder Auswaschung geschützt ist, vorübergehende Befeuchtung möglich		Vorbeugender chemischer Holzschutz gegen Insekten und Pilze
3	Holz, das der Witterung ausgesetzt ist, aber ohne Erdkontakt		Vorbeugender chemischer Holzschutz gegen Insekten und Pilze, Schutz gegen Auswaschung
4	Holz in dauerndem Erdkontakt oder mit ständiger starker Befeuchtung		Vorbeugender chemischer Holzschutz gegen Insekten, Pilze und Moderfäule, Schutz gegen Auswaschung

Abb. 1: Schaden durch faulendes Holz

Amtliches Zeichen der Material-Prüfanstalten	Zeichen der Gütegemeinschaft Holzschutzmittel e.V.	Jury-Umweltzeichen des Umwelt-Bundesamtes „Blauer Engel"
(Beispiel)	Gütezeichen RAL Holzschutzmittel	
■ Für vorbeugende Holzschutzmittel zur Anwendung auf tragenden/ aussteifenden Bauteilen ■ Für Brandschutzbeschichtungen für Holz und Stahl	■ Für vorbeugende Holzschutzmittel zur Anwendung auf nichttragenden Bauteilen ■ Für bekämpfende Holzschutzmittel zur Anwendung auf tragenden und nichttragenden Bauteilen	■ Für schadstoffarme Lacke, Holzveredelungs- und Wetterschutzmittel. Kennzeichnung gemäß Vergaberichtlinie RAL - UZ 12a

Abb. 2: Prüfzeichen

5.3.7 Chemischer Holzschutz

Vor Einsatz chemischer Holzschutzmittel müssen alle konstruktiven Möglichkeiten ausgeschöpft werden. Chemische Holzschutzmittel dürfen nur dann eingesetzt werden, wenn konstruktive Maßnahmen wie beschrieben nicht ausreichen, um das Holz dauerhaft zu erhalten. Chemische Holzschutzmittel sind starke Gifte. Sie sind vorgesehen, um Pilze und Insekten zu töten.
Der Einsatz von Holzschutzmitteln hängt von der Funktion der jeweiligen Bauteile ab. Tragende Bauteile wie Dachsparren oder Deckenbalken müssen, wenn sie den Gefährdungsklassen 1 bis 4 zugeordnet werden, chemisch geschützt werden. Türen und Fenster sind keine tragenden Bauteile. Hier kann auf chemischen Holzschutz verzichtet werden, wenn mit dem Kunden eine schriftliche Vereinbarung geschlossen wird. Bei Verkleidungen aus Holz muss im Einzelfall entschieden werden. Nur, wenn der Wert des Bauteils die Gefährdung von Gesundheit und Umwelt beim Einsatz von Holzschutzmitteln rechtfertigt, dürfen diese eingesetzt werden. In Innenräumen sollte grundsätzlich auf chemische Holzschutzmittel verzichtet werden. Großflächige Einsätze sind in Innenräumen nicht zulässig. Maßnahmen des chemischen Holzschutzes müssen sorgfältig geplant und durchgeführt werden. Dies betrifft die vorherige Auswahl konstruktiver Maßnahmen genauso wie die Auswahl und Anwendung der Holzschutzmittel selbst. Grundsätzlich gilt:
So viel wie nötig und so wenig wie möglich.

5.3.8 Chemische Holzschutzmittel

Holzschutzmittel sind Stoffe, die dazu bestimmt sind, einen Befall von Holz durch Holzschädlinge zu verhindern oder einen solchen Befall zu bekämpfen (Abb. 1). Man unterscheidet die Wirkstoffe Fungizide (Pilzgifte) und Insektizide (Insektengifte). Alle ohne solche Wirkstoffe ausgerüsteten Beschichtungsstoffe wie Lacke fallen nicht unter den Begriff „Holzschutzmittel". Je nach Anwendungsbereich (tragende oder nichttragende Bauteile) werden verschiedene Holzschutzmittel eingesetzt:

- DIBt-Holzschutzmittel für tragende Holzbauteile,
- RAL-Holzschutzmittel für nicht tragende Holzbauteile,
- Holzschutzmittel ohne Prüfbescheid oder -zeugnis, die aber üblicherweise nicht verwendet werden.

Für Hölzer tragender Bauteile dürfen nur Holzschutzmittel angewendet werden, die vom Deutschen Institut für Bautechnik (DIBt) in Berlin eine allgemeine bauaufsichtliche Zulassung erhalten haben (DIBt-Holzschutzmittel). Die geprüften Holzschutzmittel werden jährlich in einem amtlichen Holzschutzmittelverzeichnis veröffentlicht.
Für den vorbeugenden Schutz nicht tragender Holzbauteile gegen Verfärbungen, Fäulnisbildung und Schadinsekten sowie für bekämpfende Holzschutzmittel, die bei nicht tragenden Hölzern verwendet werden, sind Produkte mit dem Gütezeichen RAL der Gütegemeinschaft Holzschutzmittel e. V., Frankfurt vorgesehen (Abb. 1).

Gefahren- und Hinweissymbole

Essen und Trinken verboten

Feuer, offenes Licht und Rauchen verboten

Handschutz benutzen

Atemschutz benutzen

Augenschutz benutzen

Umweltgefährlich

Auch für RAL-Holzschutzmittel gibt es ein ständig aktualisiertes Verzeichnis, das im nichtamtlichen Teil des Holzschutzmittelverzeichnisses abgedruckt ist.

DIBt- und RAL-Holzschutzmittel werden im Rahmen des Zulassungsverfahrens bzw. der Erteilung des Gütezeichens einer gesundheitlichen Bewertung durch das Bundesinstitut für gesundheitlichen Verbraucherschutz und Veterinärmedizin (BGVV) unterzogen. Holzschutzmittel ohne Prüfbescheid oder -zeugnis dürfen von Fachleuten nicht verwendet werden.

Eine zusätzliche Kennzeichnung ist der „Blaue Engel", bei der nach einer Vergaberichtlinie schadstoffarme Holzschutzmittel gekennzeichnet werden. Dies entspricht aber nicht einem amtlichen Prüfzeichen für Holzschutzmittel.

Tab. 1: Prüfprädikate für Holzschutzmittel

Prüfprädikat	Schutzwirkung
P	Vorbeugend gegen Pilze
I_v	Vorbeugend gegen Insekten
W	Für Holz, das der Witterung ausgesetzt, aber nicht in ständigem Erd- oder Wasserkontakt ist
E	Für Holz, das der Witterung und ständigem Erd- oder Wasserkontakt ausgesetzt ist

Bei den Prüfprädikaten wird nach vorbeugendem Schutz gegen Insekten, Pilze und bei Witterungseinfluss gegen Erd- und Wasserkontakt unterschieden. Tab. 1 listet die Prüfprädikate auf.
Anzuwenden ist jeweils ein der Gebrauchsklasse entsprechendes Mittel. Dabei ist genau das der Gebrauchsklasse entsprechende Mittel zu nehmen. Es dürfen keine Mittel mit höherem Prüfprädikat eingesetzt werden, da dann stärkere Gifte als notwendig verwendet würden. Tab. 1 verdeutlicht die für die Gebrauchsklassen nach Tab. 2 erforderlichen Prüfprädikate.

Tab. 2: Zuordnung der Prüfprädikate zu Gebrauchsklassen

Gebrauchsklasse	Erforderliche Prüfprädikate des Holzschutzmittels
0	Kein chemischer Holzschutz
1	I_v
2	I_v, P
3	I_v, P, W
4	I_v, P, W, E

Die Holzschutzmittel werden in die Gruppen

- wasserlösliche Salze mit anorganischen Wirkstoffen und
- lösemittelhaltige Holzschutzmittel mit organischen Wirkstoffen eingeteilt.

Wasserlösliche Holzschutzmittel
enthalten giftige Salze, z. B. Kupfersalze mit Arsenverbindungen oder Chromate. Sie dringen nur in Holz mit einer Holzfeuchte von über 20 % gut ein. Aufgrund ihrer Wasserlöslichkeit besteht die Gefahr des Auswaschens. Sie werden beispielsweise bei Bauhölzern wie Dachsparren angewendet.

Lösemittelhaltige Holzschutzmittel
enthalten in Lösemitteln gelöste organische Wirkstoffe. Sie dringen nur in trockenes Holz gut ein. Die Lösemittel und z. T. auch die Wirkstoffe können nach der Applikation noch über einen längeren Zeitraum ausgasen. Sie werden für Fenster und andere Bauteile im Außenbereich eingesetzt.

5.3.9 Holzschutzmittel anwenden

Holzschutzmittel sind Gifte. Deshalb sind Vorsichtsmaßnahmen bei der Verarbeitung zu ergreifen. Auf keinen Fall sollte mit der Verarbeitung begonnen werden, ohne die Betriebsanweisung gründlich zu lesen. Alle Schutzmaßnahmen, die dort aufgeführt sind, sind bereitzustellen. Allgemein ist nur in sehr gut gelüfteten Räumen zu arbeiten. Ist keine ausreichende Belüftung vorhanden, muss eine Atemschutzmaske getragen werden. Die Hände sind mit Handschuhen zu schützen, zusätzlich sollte die Haut mit Hautschutzsalbe geschützt werden. Nach der Arbeit und in Pausen sind die Hände gründlich zu waschen. Die Augen sind mit einer Schutzbrille vor Spritzern zu schützen.

Die Holzschutzmittel müssen in vollständig gekennzeichneten Gebinden gelagert und am Arbeitsplatz transportiert werden. Die vorgeschriebenen Sicherheitssymbole müssen auf den Gebinden sein, daher ist ein Umfüllen in nicht vollständig beschriftete Gebinde nicht erlaubt. Auch ein Überkleben oder Übermalen der Symbole ist nicht gestattet. Das Verarbeiten der Holzschutzmittel selbst kann in unterschiedlichen Verfahren erfolgen. Einzelne Holzteile können vorteilhaft im Tauchverfahren behandelt werden. Ist dies nicht möglich, wird mit dem Pinsel gearbeitet. Größere Flächen können gespritzt werden. Holzschutzmittelreste müssen fachgerecht entsorgt werden. Sie dürfen keinesfalls in das Erdreich, ins Wasser oder in die Kanalisation gelangen. Zur Entsorgung sind die Reste grundsätzlich im Originalgebinde zu belassen, da dann sichergestellt ist, dass alle darauf befindlichen Informationen und Kennzeichnungen beim Material verbleiben.

5.4 Witterungsschutz

Alle Schutzfunktionen für Holz, die nicht unter den im Kapitel 5.3 behandelten Holzschutz fallen, können im weitesten Sinne als Witterungsschutz bezeichnet werden. Geschützt werden muss vor allem vor UV-Licht und Wasser. Hier spielen auch rein optische Gesichtspunkte eine Rolle. So dient der UV-Schutz vor allem dazu, eine Farbveränderung des Holzes zu vermeiden.

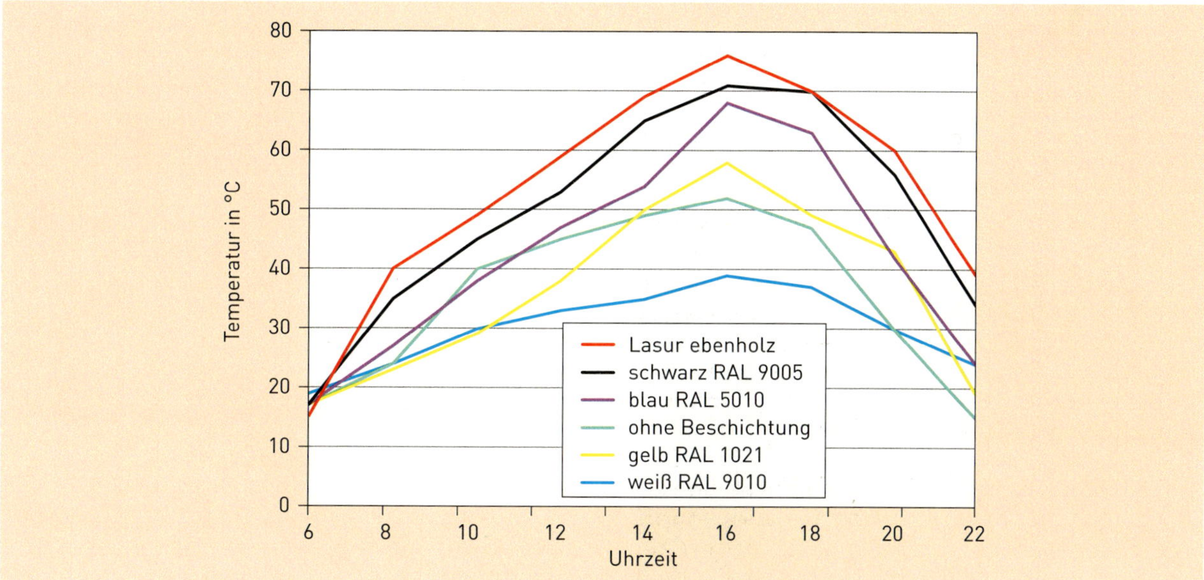

Abb. 1: Temperaturverläufe unterschiedlich farbiger Holzoberflächen an einem Sommertag

5.4.1 Vergrauung

Eine Vergrauung an der Holzoberfläche ist eine natürliche Erscheinung. Unter Einfluss des UV-Lichts laufen photochemische und biologische Prozesse durch Mikroorganismen, Pilze und Bakterien ab. Dazu kommen Auswaschungen durch Regenwasser. Dabei verändert sich die Holzoberfläche. So lange die Prinzipien des konstruktiven Holzschutzes gewährleistet sind, ist dies kein Schaden. Es handelt sich um einen optischen Effekt, der aber oft nicht erwünscht ist.

Chemisch gesehen wird in der Holzoberfläche durch UV-Licht das Lignin abgebaut. Dies führt zu einer Braunfärbung. Die Abbauprodukte werden dann durch Regenwasser ausgewaschen. Die zurückbleibenden, weißen Zellulosefasern wirken dann silbriggrau.

Eine natürliche Vergrauung ist vor allem an alten und sehr stark bewitterten Holzbauwerken zu finden (Abb. 1).

5.4.2 Feuchteschutz

Feuchteschutz ist ein wichtiger Faktor im Rahmen des Holzschutzes (→ Kap. 5.3). Daneben ist der Schutz vor Wasser auch wichtig, um

- Auswaschungen zu vermeiden und
- schädliche Quell- und Schwindvorgänge des Holzes zu vermindern.

Eine Beschichtung kann für diesen Feuchteschutz sorgen.

Abb. 1: Vergrautes Holz eines alten Speichers

5.4.3 Beschichtungen auf Holz im Außenbereich

Beschichtungen auf Holz im Außenbereich dienen dem Feuchteschutz und dem UV-Schutz. Daneben sollen sie optische Funktionen erfüllen. Weiterhin darf die Beschichtung keine negativen Folgen für das Holz haben. So kann eine zu dunkle Beschichtung zu sehr hohen Oberflächentemperaturen bei Sonneneinstrahlung führen. Abb. 1 auf S. 161 zeigt die Temperatur von Fichtenholz im Verlauf eines Sommertages. Der Verlauf der Temperatur ist von der Farbe der Beschichtung abhängig. Auch die höchste Temperatur schwankt zwischen ca. 40 °C für eine weiße Beschichtung und fast 80 °C für eine Ebenholzlasur.

An die Eigenschaften der Beschichtungen sind besondere Forderungen zu stellen.

Die Beschichtungen müssen:

- UV-Licht von der Holzfläche abschirmen, z. B. mit einer Pigmentierung,
- eine geschlossene Oberfläche mit gleichmäßigen Schichtdicken bilden,
- undurchlässig für Wasser sein,
- das Holz vor Temperaturschwankungen schützen, z. B. durch Meiden dunkler Pigmente,
- Haarrissbildung im Holz überbrücken.

Um möglichst viele dieser Forderungen zu erfüllen, sind unterschiedliche Beschichtungstypen im Einsatz. Sie werden teilweise nach ihrer Transparenz und teilweise nach ihren Schichtdicken unterschieden. Lacke haben Schichtdicken, die größer sind als 60 µm – das entspricht etwa der Dicke eines menschlichen Haares.

Lasuren haben geringere Schichtdicken, Dünnschichtlasuren bis etwa 30 µm und Dickschichtlasuren bis etwa 60 µm. Oft werden auch durchscheinende, wenig pigmentierte Beschichtungsstoffe unabhängig von ihrer Schichtdicke als Lasuren bezeichnet. Diese Bezeichnung ist aber eher beschreibend als technischer Natur. Fachleute unterscheiden Lasuren und Lacke anhand der Schichtdicken. Aufgrund der unterschiedlichen Schichtdicken haben Lacke, Dünnschicht- und Dickschichtlasuren jeweils eine verschiedene Lebensdauer. Sie müssen nach unterschiedlicher langer Zeit erneuert werden. Aufgrund der unterschiedlichen Dicke sind sie auch unterschiedlich durchlässig für UV-Licht. Wasser wandert ebenfalls unterschiedlich schnell durch die Schichten. Diese und einige andere Unterschiede sind in Tab. 1 aufgeführt.

Abb. 2: Beschichtete Holzfassade

Abb. 3: Beschichtete Holztür

Transparente, unpigmentierte Beschichtungsstoffe werden auch Klarlacke genannt. Ohne Pigmente können sie nicht vor UV-Licht schützen. Dies schädigt sowohl das Holz als auch das Bindemittel der Beschichtung. Sofern sie nicht transparente, das ultraviolette Licht blockende Pigmente enthalten, sind sie für den Außeneinsatz ungeeignet.

Aufgrund der unterschiedlichen Schichtdicken bauen die Beschichtungen bei Bewitterung unterschiedlich schnell ab. Außerdem bieten höhere Schichtdicken besseren Schutz gegen Quellen und Schwinden, da weniger Wasserdampf durchgelassen wird. Aus diesen beiden Gründen ergeben sich für die Beschichtungen von Holz im Außenbereich unterschiedliche Verwendungsmöglichkeiten und Wartungsintervalle, wie sie in Tabelle 1 aufgeführt sind.

Tab. 1: Holzbeschichtungen für den Außenbereich

Beschichtungen auf Holz im Außenbereich					
Beschichtung	Schichtdicke (µm)	UV-Schutz	Feuchteschutz	Anwendungsbereich Beispiele	Wartungs-intervalle
keine	–	–	–	nicht maßhaltige Bauteile (Verbretterungen, Gartenmöbel, Zäune, usw.)	–
farblose Beschichtung, „Klarlack"	für Holz im Außenbereich in der Regel ungeeignet				
Dünnschichtlasur	0–30	gering	mäßig	nicht maßhaltige Bauteile, ggf. für Fenster und Türen	1 Jahr
Dickschichtlasur	30–60	gut	gut	maßhaltige Bauteile (Fenster und Türen)	2 Jahre
deckender Lack	> 60	vollständig	sehr gut	für alle Bauteile geeignet	5 Jahre

Abb. 1: Betonieren

Abb. 2: Betonkorrosion

5.5 Betonschutz

Beton besteht aus Wasser, Zement, Gesteinskörnung, Zusatzstoffen und Zusatzmitteln (Abb. 1, Aushärtung von Beton → LF 2).
Der erhärtete Beton wird von vielen für unzerstörbar gehalten. Dies ist so nicht richtig. Äußere Einflüsse können schädigend auf den Beton wirken. Zu diesen äußeren Einflüssen gehören

- Wasser und darin gelöste Stoffe,
- Kohlendioxid (CO_2) aus der Luft,
- Schadgase wie Stickoxide (NO_x) und Schwefeldioxid (SO_2) und
- Frost.

Die Beschädigung des Betons durch äußere Einflüsse bezeichnet man auch als Betonkorrosion.

5.5.1 Betonkorrosion

Wasser transportiert gelöste Salze, z. B. Streusalz. Diese können schwer lösliche Bestandteile des Betons in leicht lösliche Bestandteile verwandeln. Dadurch verliert der Beton an Bindemittel. Die Festigkeit sinkt dadurch.

Auch im Wasser gelöste Schadgase können den Beton angreifen. Löst sich zum Beispiel Schwefeldioxid in Wasser, entsteht eine Säure. Auch diese löst das Bindemittel auf. Dadurch sinkt auch die Festigkeit.

In den Betonporen kann Wasser gefrieren. Da das Volumen des Eises größer ist als das des flüssigen Wassers, wird dadurch der Beton beschädigt.

In den Beton gelangendes Kohlendioxid führt zur Carbonatisierung. Kohlendioxid reagiert mit dem Wasser im Beton als Kohlensäure. Auch diese reagiert mit dem Bindemittel. Hierbei wird der pH-Wert des Betons gesenkt.

Diese Vorgänge greifen das Bindemittel des Betons an und werden daher insgesamt als Betonkorrosion bezeichnet. Diese ist nicht zu verwechseln mit der Korrosion des Stahls im Beton, die als Folge der Carbonatisierung auftreten kann (Abb. 2).

5.5.2 Schutz vor Betonkorrosion

Um den Beton vor Korrosion zu schützen, können unterschiedliche Maßnahmen ergriffen werden.
Alle Maßnahmen sind darauf ausgelegt, einen oder mehrere der schädlichen Einflüsse fernzuhalten. So können fast alle schädlichen Einflüsse durch dichte Beschichtungen ferngehalten werden. Epoxidharzbeschichtungen sind beispielsweise chemisch stabil und so dicht, dass alle genannten Einflüsse ferngehalten werden können.

Dispersionsbeschichtungen können den Einfluss des Kohlendioxids stark vermindern. Sie setzen die CO_2-Diffusion herab. Dadurch wird die Carbonatisierung stark verlangsamt.

Ein anderer Weg ist, das Wasser fernzuhalten. Dies kann durch z. B. durch Hydrophobierungen geschehen.

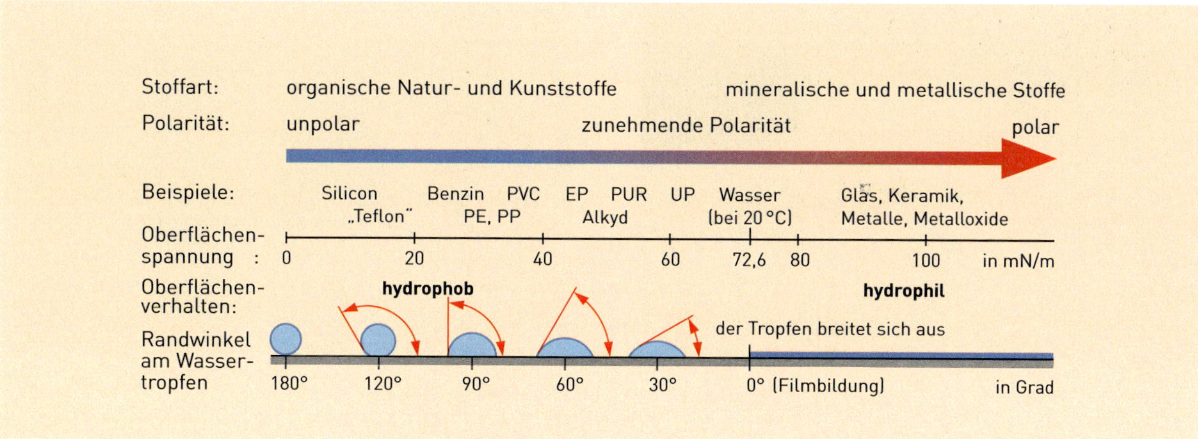

Abb. 3: Zusammenhang zwischen Randwinkel und Oberflächenspannung

5.5.3 Hydrophobierungen

Die Aufgabe einer Hydrophobierung ist die Verhinderung des kapillaren Wassertransports.
Mineralische Baustoffe wie Naturstein, Ziegel, Putze und Beton nehmen Wasser auf. Dieses Wasser bringt eine Reihe von Problemen mit sich. Das eingedrungene Wasser kann zu Frostschäden führen. Außerdem bringt das Wasser Salze oder Schadgase in den Baustoff ein. Durch die Anwesenheit von Wasser wird biologischer Bewuchs, z. B. durch Algen, Flechten und Pilze, gefördert. Außerdem verschlechtert das Wasser die Wärmedämmung von Außenwänden.

Aus diesen Gründen hat der Mensch schon lange versucht, das Wasser fernzuhalten.

Anstriche sind eine Methode, aber auch Imprägnierungen haben schon eine lange Geschichte. So tränkten bereits die Römer Ziegel mit Ölen, um sie trocken zu halten. Heutige Hydrophobierungen beruhen auf demselben Prinzip, allerdings mit modernen Materialien (Abb. 1).

Das Prinzip der Hydrophobierung besteht darin, die Oberflächenenergie des Betons herabzusetzen. Wasser ist eine Flüssigkeit mit vergleichsweise hoher Oberflächenspannung. Wasser wird daher von Oberflächen mit hoher Oberflächenspannung angezogen, von solchen mit niedriger Oberflächenspannung aber abgestoßen. Abb. 3 verdeutlicht die Zusammenhänge zwischen Oberflächenspannung und Benetzung durch Wasser. Wird ein Stoff mit niedriger Oberflächenspannung nicht durch Wasser benetzt, so kann auch kein Wasser in dessen Kapillare eindringen.

Moderne Hydrophobierungsstoffe sind beispielsweise Silane. Diese sind Zwittermoleküle, die einen hydrophoben (wasserabstoßenden) und einen hydrophilen (wasseranziehenden) Teil besitzen. Die hydrophile Seite des Moleküls stellt die Verbindung zur mineralischen Baustoffoberfläche her. Außerdem verbinden sich die Moleküle untereinander und bilden so ein Silikon. Dadurch entsteht eine neue, hydrophobe Oberfläche. Da Silane Flüssigkeiten mit sehr kleinen Molekülen sind, werden sie vom Porensystem des Baustoffs aufgesaugt.

Diffusion (lateinisch diffundere: verstreuen, ausbreiten) ist ein physikalischer Prozess, der zu einer gleichmäßigen Verteilung von Teilchen und somit zur vollständigen Durchmischung zweier Stoffe führt.
Ursache dafür ist die Bewegung der Teilchen, die durch Wärme hervorgerufen wird.
Gibt man auf ein ruhig stehendes Glas mit Wasser vorsichtig einen Tropfen Tinte, so wird sich die Farbe auch ohne umzurühren langsam im ganzen Glas verteilen. Die Tintenteilchen **diffundieren** durch das Wasser.
Es können auch Flüssigkeiten durch Feststoffe diffundieren, zum Beispiel Wasser durch eine Beschichtung.
Je dicker und je dichter eine Beschichtung ist, desto mehr Widerstand setzt sie der Diffusion des Wassers entgegen. Der Diffusionswiderstand steigt mit der Schichtdicke.
Auch Gase können durch Beschichtungen diffundieren. Kohlendioxid (CO_2) kann durch eine Beschichtung zum Beton diffundieren. Ebenso kann gasförmiges Wasser (Wasserdampf) durch Beschichtungen dringen. Hier sind als Maßzahlen der Wasserdampfdiffusionswiderstand bzw. der CO_2-Diffusionswiderstand zu nennen.

Abb. 1: Wassertropfen auf hydrophobiertem Beton

Abb. 2: Aufbringen einer Hydrophobierung

Dadurch wird der Baustoff bis in einige Millimeter Tiefe imprägniert. Obwohl die Hydrophobierung unsichtbar ist, wird ein so behandelter Baustoff derart wasserabweisend, dass beispielsweise Regenwasser selbst in kleinere Risse nicht mehr eindringen kann (Abb. 1). In Abb. 3 ist diese Schutzfunkion schematisch dargestellt.

Es sind viele unterschiedliche Hydrophobierungsprodukte auf dem Markt (Tab. 1). Es werden unter anderem lösemittelhaltige Systeme und wässerige Dispersionen angeboten. Diese unterscheiden sich stark im Wirkstoffgehalt, d. h. im Anteil an Silan oder Siloxan im Mittel. Diese flüssigen Stoffe werden durch Spritzen oder Fluten aufgetragen. Neuere Entwicklungen sind Hydrophobierungscremes und -gele, die durch Spritzen oder mit dem Zahnspachtel aufgetragen werden.

5.5.4 Anwenden von Hydrophobierungen

Fertiggestellte Hydrophobierungen sind unsichtbar. Der Erfolg einer Hydrophobierung ist daher nicht einfach durch eine Sichtkontrolle zu beurteilen. Anders als bei einem Anstrichstoff muss die aufgetragene Menge daher gemessen werden. Dies kann entweder durch eine Waage oder durch regelmäßige Kontrolle des verbrauchten Volumens geschehen. Am Ende muss der Facharbeiter wissen, wie viel Material etwa pro Quadratmeter eingesetzt und vom Baustoff aufgenommen wurde.

Die Verfahren zum Aufbringen einer Hydrophobierung auf den Beton sind unterschiedlich. Stand der Technik der Applikation sind Sprühverfahren. Dabei wird im einfachsten Fall mit einer Gartenspritze die Oberfläche des Betons so lange angesprüht, bis sie

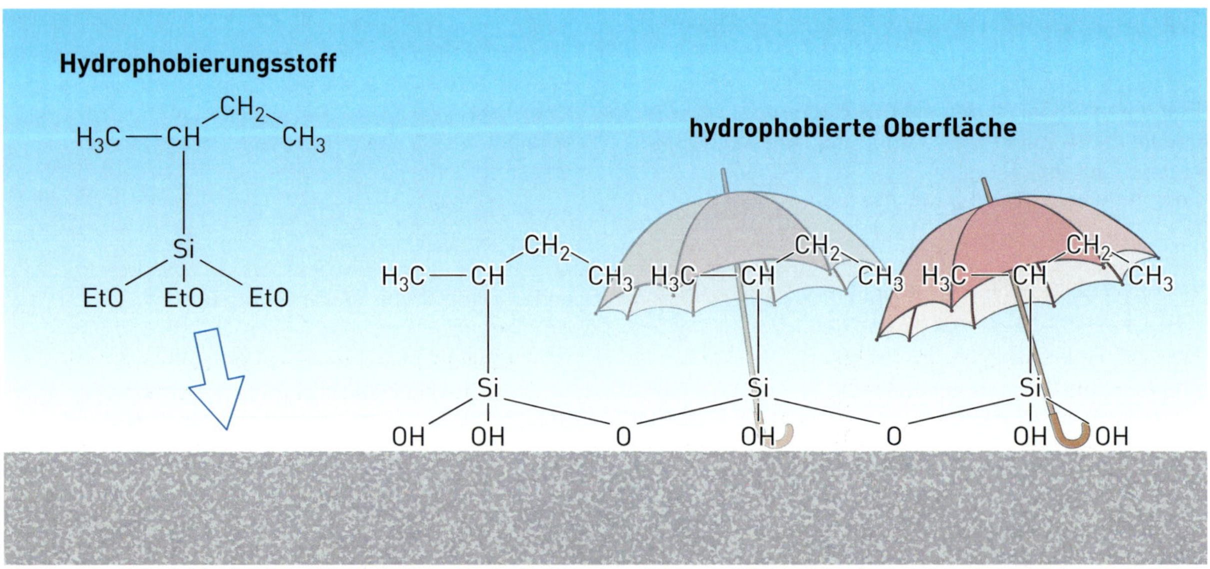

Abb. 3: Schutzwirkung einer Hydrophobierung

Abb. 4: Auftragen einer Hydrophobierungspaste

Abb. 5: Oberflächenfilm durch misslungene Hydrophobierung

mattfeucht glänzt. Danach zieht das Material in die Poren ein. Der Vorgang muss einige Male wiederholt werden, um eine ausreichende Auftragsmenge zu erreichen (Abb. 2).

Weiterhin können Airless-Spritzgeräte eingesetzt werden. Auch andere Methoden wie Kasten- und Flutverfahren sowie Pinsel und Quaste werden eingesetzt. Auch mit allen diesen Geräten muss eine Flüssigkeitsmenge aufgetragen werden, die groß genug ist, um Eindringtiefen von mindestens mehreren Millimetern zu gewährleisten.

Die Gele und Pasten werden mit einem Zahnspachtel aufgetragen, der eine leichte Kontrolle der aufgetragenen Menge erlaubt (Abb. 4). Die Pasten ziehen im Verlauf einiger Stunden in die Oberfläche ein und ersetzen ein mehrfaches Auftragen mit Quaste/Bürste oder Spritzverfahren. Sie sind wesentlich einfacher in der Handhabung.

Schwierige klimatische Randbedingungen dürfen nicht unterschätzt werden. Bei nasskalter Witterung kann Beton wassergesättigt sein; die Poren sind schon mit Wasser gefüllt. Dadurch kann die Hydrophobierung nicht eindringen. Das Hydrophobierungsmaterial bleibt an der Oberfläche liegen und härtet dort. Dies führt zu unschönen Filmen (Abb. 5).

Tab. 1: Lieferformen von Hydrophobierungsstoffen

Typ	Zustand	Gehalt an hydrophobierendem Wirkstoff
		Massenprozent
Reine Silane	Flüssig	100
Lösemittelverdünnte Silane und Siloxane		3 bis 50
Wasserverdünnte Silane und Siloxane		15 bis 50
Mit Wasser zu verdünnende Siloxan-„Konzentrate"		Gehalt wird vom Anwender bestimmt, sollte ca. 20 Massenprozent betragen
Lösemittelverdünnte Polysiloxane		5 bis 20
Hydrophobierungscremes bzw. -gele	Pastös, gelartig	25 bis 45

5.6 Kostenberechnungen

Bei jedem Auftrag, den ein Malerbetrieb ausführt, entstehen Kosten. Für die Kalkulation des Angebots müssen diese Kosten möglichst genau bekannt sein. Dann kann ein Preis genannt werden, der weder für den Kunden zu hoch und noch so niedrig ist, dass der Gewinn für den Betrieb zu gering ausfällt. Für die Kalkulation und somit für die Angebotserstellung und Abrechnung gibt es drei Möglichkeiten:

Abrechnung nach Arbeitszeit
Hier wird nach geleisteten Arbeitsstunden und verbrauchtem Material abgerechnet. Es ist die genaueste und gerechteste Abrechnungsart, allerdings auch die für den Kunden mit der größten Unsicherheit verbundene. Sie wird vor allem angewendet bei Renovierung von Altbauten, bei denen häufig nicht vorhersehbare Schwierigkeiten bei der Arbeitsausführung entstehen können.

Abrechnung nach Quadratmeter
Beim Quadratmeterpreis ergibt sich der Gesamtpreis aus der bearbeiteten Fläche. Diese Methode hat den Vorteil, dass die Preise verschiedener Betriebe leicht vergleichbar sind und eine weitgehende Sicherheit über den zu bezahlenden Betrag besteht. Wird ein Vertrag nach VOB abgeschlossen, gelten für die Ermittlung der Fläche deren Regeln (→ LF 1). Der Malerbetrieb muss für die Ermittlung des Quadratmeter-Preises aber die entstehenden Kosten genau kennen, damit der Preis auch kostendeckend ist.

Diese Abrechnungsart eignet sich vor allem im Neubaubereich, bei dem standardisierte und genormte Arbeitsverfahren und Materialien eingesetzt werden.

Abrechnung mit Festpreis
Nennt ein Malerbetrieb dem Kunden einen Festpreis für einen Auftrag, so ist dieser Betrag auf jeden Fall fix, d. h. unabhängig von den tatsächlich anfallenden Kosten. Der Festpreis ist für den Malerbetrieb meist mit einem höheren Risiko verbunden, da er zusätzliche notwendige Arbeiten nicht bezahlt bekommt. Es kann sich aber auch zugunsten des Betriebs auswirken, wenn die Arbeit z. B. schneller ausgeführt wird als ursprünglich kalkuliert.

5.6.1 Berechnung des Materialbedarfs

Der Bedarf an Material ergibt sich aus der Größe der zu bearbeitenden Fläche und dem Verbrauch bzw. Ergiebigkeit. Diese sind im Technischen Merkblatt und meist auch auf den Eimern oder Dosen angegeben.

Der **Verbrauch** wird in ml/m² oder kg/m² angeben. Er gibt somit an, welche Menge Material für 1 m² Fläche benötigt wird. Die **Ergiebigkeit** besagt dagegen wie viel m² mit 1 Liter oder 1 kg eines Materials beschichtet werden kann. Die Größeneinheit ist deshalb der Kehrbruch des Verbrauchs, nämlich m²/l oder m²/kg.

	Verbrauch = 1 : Ergiebigkeit
Beispiel:	130 ml/m² = 1 : 0,130 l/m² = 7,692 m²/l

Meist ist eine bestimmte Spannbreite aufgeführt (z. B. 100–130 ml/m²) mit dem Hinweis, dass der genaue Wert anhand von Probeanstrichen zu ermitteln ist. Die tatsächlich benötigte Menge hängt von vielen Faktoren ab, z. B.:

- Saugfähigkeit des Untergrundes,
- Rauheit des Untergrundes,
- Beschichtungsverfahren,
- Viskosität des Materials,
- Schichtdicke.

Basierend auf dem angegebenen Verbrauch kann man für eine bestimmte Fläche leicht die benötigte Menge an Material bestimmen:

130 ml/m² · 100 m² = 13.000 ml = 13 l

Ausgehend von der Ergiebigkeit ergibt sich folgende Rechnung:

100 m² : 7,692 m²/l = 13 l

Tab. 2: Beispiele für Verbrauch und Ergiebigkeit verschiedener Materialien

Material	Verbrauch (Mittelwert)	Ergiebigkeit (Mittelwert)
Dispersionsfarbe	220 ml/m²	4,54 m²/l
Lack	100 ml/m²	10,00 m²/l
Lasur	90 ml/m²	11,11 m²/l
Kunstharzputz	3000 g/m²	0,33 m²/kg

5.6.2 Berechnung der Arbeitskosten

Bei der Rechnung für einen Auftrag macht der Betrag für die geleisteten Arbeitsstunden meist den größten Anteil aus. Die Kosten ergeben sich aus der abrechenbaren Arbeitszeit und dem Stundenverrechnungssatz. Dieser ist abhängig vom Stundenlohn des Handwerkers und den daraus entstehenden Kosten für den Betrieb, wie z. B. dem betrieblichen Anteil der Sozialversicherungen. Außerdem werden hier auch noch die sonstigen betrieblichen Kosten einkalkuliert.Die Arbeitszeit muss hier in Dezimalschreibweise angegeben werden, z. B. 7,5 Std.

Tab. 1: Einheiten für die Arbeitskosten

Stundenverrechnunssatz	Lohnminute	Arbeitswert 1 AW = 5 Min	Kosten pro Arbeitswert
42 €/Std	0,70 €/Min	3,50 €/AW	4,20 €/AW

Die Kosten für die Arbeitszeit bei einem **Stundenverrechnungssatz** von 42 €/Std. betragen dann
7,5 Std · 42 €/Std = 315 €.

Als kleinste Einheit für die Arbeitskosten wird häufig die Lohnminute verwendet. Sie gibt an, wie viel ein Arbeiter in einer Minute Arbeitszeit kostet. Da eine minutengenaue Abrechnung meist nicht möglich ist, wird in Rechnungen als kleinste Einheit ein Arbeitswert (AW) angeführt. 1 AW entspricht meist 5 oder 6 Minuten.

Tab. 2: Schreibweisen von Zeiteinheiten

Stunden und Minuten	Bruch	Dezimal
7 Std. 30 Minuten	7 ½ Std.	7,5 Std.

Die Arbeitskosten können auch im Verhältnis zur bearbeiteten Fläche berechnet werden. Bei einem Stundenverrechnungssatz von 42 €/Std, einer Arbeitszeit von 7,5 Std und einer bearbeiteten Fläche von 120 m^2 ergeben sich folgende m^2-Kosten:
42 €/Std · 7,5 Std : 120 m^2 = 2,625 €/m^2

Wenn man diesen Wert weiß, können bei einer vergleichbaren Arbeit, bei der die Fläche bekannt ist, die Kosten schnell errechnet werden. Bei einer Fläche von 210 m^2 ergibt sich folgende Rechnung:
2,625 €/m^2 · 210 m^2 = 551,25 €

Beispiel für eine Kalkulationstabelle

Minutenverrechnungssatz: 0,67					Materialgemeinkosten: 25 %
Beschreibung:					
Werkstoff:					
MPA 06					
Silikatfarbe der PG 2 eine Zwischen- und eine Schlussbeschichtung mit Silikatfarbe, matt, wetterbeständig, Farbstufe 2, auftragen					
Zeitvorgabe:	14,50 • 1,000 =	14,50 • 0,67 € =			9,72 €
Werkstoffvorgabe:					
Reinsilikatfarbe PG 2	0,200 • 1,000 =	0,20 •	7,65 € •	1,25 =	1,91 €
Reinsilikatfarbe PG 2	0,200 • 1,000 =	0,20 •	7,65 € •	1,25 =	1,91 €
Gesamtpreis für 1 m^2 der zu behandelnden Fläche:					
Vorgabezeit	:	14,50 Minuten			
Lohnanteil	:	9,72 €			
Werkstoffanteil	:	3,83 €			
Netto-Preis:	:	13,55 €			

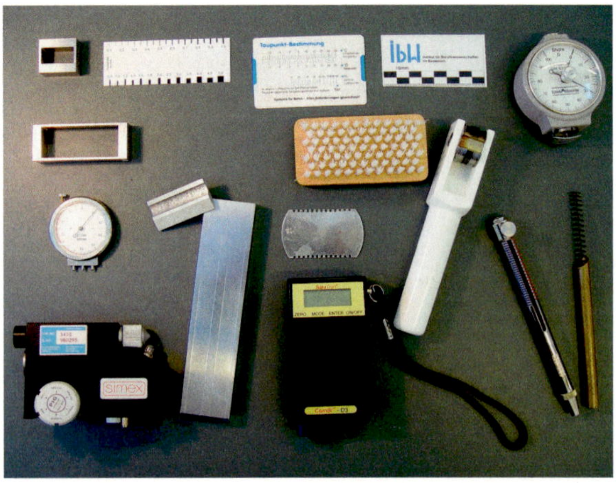

Abb. 1: Mess- und Prüfgeräte für Maler und Lackierer

Abb. 2: Kastenrakel und Kontrastkarton

5.7 Mess-und Prüfgeräte

Zu allen Phasen des Beschichtungsvorganges können Mess- und Prüfgeräte eingesetzt werden (Abb. 1). Oft sind sie zur Kontrolle des korrekten Ablaufs unerlässlich. Sie dienen zur

- Überprüfung des Beschichtungsmaterials,
- Prüfung des Untergrundes,
- Messung der noch nicht trockenen Beschichtung und
- Prüfung der festen Beschichtung.

Messgeräte sind dabei solche Geräte, mit denen eine Messung vorgenommen werden kann, deren Ergebnis ein Messwert (Zahl mit Einheit) ist. Prüfgeräte lassen lediglich eine **Ja/Nein-Entscheidung** zu: Ein Prüfergebnis ist geeignet zum Beschichten oder nicht geeignet zum Beschichten. In diesem Kapitel werden weitere Mess- und Prüfgeräte für die oben genannten Bereiche vorgestellt. Einige Mess- und Prüfgeräte wurden bereits in früheren Kapiteln vorgestellt; auf diese wird nur kurz Bezug genommen.

5.7.1 Beschichtungsmaterial

Der **Auslaufbecher** wurde in LF 1 beschrieben. Er dient zur vergleichenden Messung der Viskosität. Damit kann beispielsweise die Veränderung durch Lagerung des Materials oder die korrekte Verdünnung eines Materials überprüft werden.

Zur Prüfung der **Deckkraft** eines Beschichtungsstoffes werden Kontrastkarton und Kastenrakel benutzt (Abb. 2 und 3). Mit dem Kastenrakel wird durch Befüllen und Ziehen eine definierte Schichtstärke erzeugt. Im Beispiel Abb. 2 wäre dies eine Nassschichtdicke von 360 µm. Nassschichtdicke bezeichnet die Schichtdicke des frischen Anstrichfilms bevor er anfängt zu trocknen. Mit dem Kastenrakel wird das Beschichtungsmaterial auf einen Kontrastkarton aufgetragen. Abb. 2 zeigt einen Streifen eines roten Alkydlackes auf dem Kontrastkarton. Der Kontrastkarton ist schwarz-weiß gemustert. Verschwindet das schwarz-weiß Muster durch den Beschichtungsstoff in der gewählten Schichtdicke vollständig, ist ein deckender Anstrich erreicht. Abb. 2 zeigt einen unvollständigen Deckungsgrad.

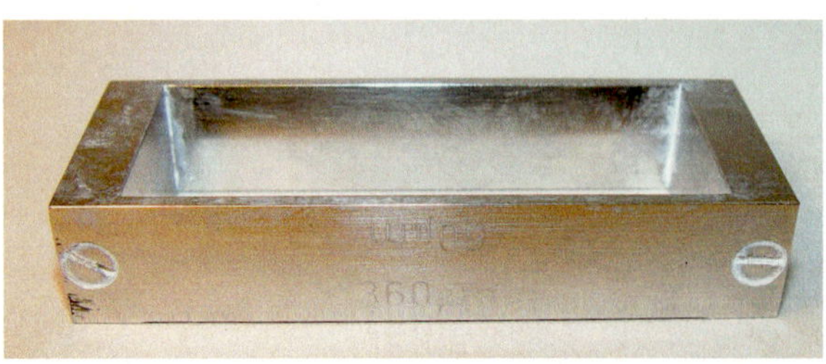

Abb. 3: Kastenrakel, die Unterseite erzeugt einen Nassfilm von 360 µm Dicke

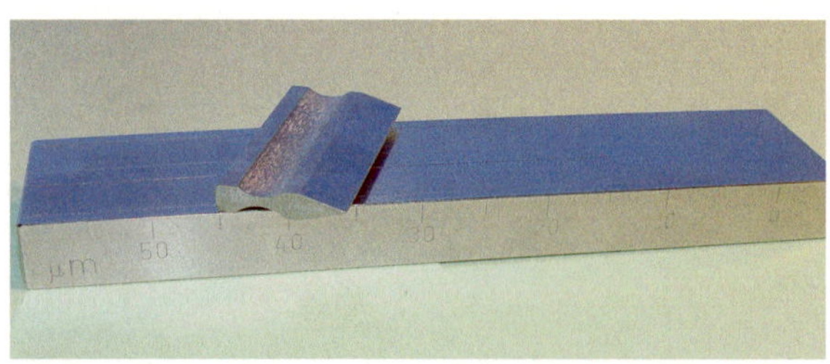

Abb. 4: Grindometer

Abb. 5: Aufbringen des Beschichtungsstoffes auf das Grindometer

Abb. 6: Ausziehen des Beschichtungsstoffes und Ablesen

Das **Grindometer** dient zur Bestimmung der **Kornfeinheit** eines Beschichtungsstoffes (Abb. 4). Die Kornfeinheit bezieht sich auf die Größe der in ihm enthaltenen Pigment- und Füllstoffteilchen. Die Korngröße ist vom Vermahlungsgrad bei der Herstellung des Beschichtungsstoffes abhängig. Durch langes Lagern eines Beschichtungsstoffes kann die Körnung durch Agglomeration (Zusammenlagerung) der Pigment- und Füllstoffteilchen wieder gröber werden. Die Kornfeinheit beeinflusst Glanz, Verlauf, Deckkraft und Schichtdicke. Das Grindometer (nach Hegmann; DIN EN ISO 1524) besteht aus einem Stahlblock mit keilförmiger Rinne und einem Rakel (Schaber), (Abb. 5). An der Seite des Stahlblocks ist die Tiefe der Rinne in µm angegeben. Zur Einordnung der Korngröße existiert u. a. eine Klassifizierung wasserverdünnbarer Beschichtungsstoffe nach maximaler Korngröße (DIN EN 13300) mit folgenden Grenzwerten:

- Fein: bis zu 100 µm,
- Mittel: bis zu 300 µm,
- Grob: bis zu 1500 µm,
- Sehr grob: über 1500 µm.

An die tiefste Stelle der Rinne des Grindometers werden einige Tropfen Lack gegeben (Abb. 5). Nach dem Ausziehen des Lackes mit dem Schaber wird die Probe sofort unter einem Blickwinkel von 20° bis 30° visuell beurteilt (Abb. 6). Mit dieser Methode lässt sich die für die Messung entscheidende Anhäufung von Körnchen am besten erkennen.

Auf der Skala wird die Rinnentiefe am Ort der Anhäufung abgelesen und die Körnigkeit in µm angegeben. In Abb. 6 befindet sie sich bei etwas mehr als 50 µm.

5.7.2 Untergrund

Zur Prüfung des Untergrundes findet eine ganze Reihe von Mess- und Prüfverfahren Anwendung. **Wischprobe, Kratzprobe** und **Alkalitätsprüfung** werden im Lernfeld 8 im Zusammenhang mit dem Tapezieren näher betrachtet. Im Lernfeld 1 wurde bereits auf einfache Prüfungen für den Metalluntergrund eingegangen und im Lernfeld 2 ein **Holzfeuchtemessgerät** vorgestellt.

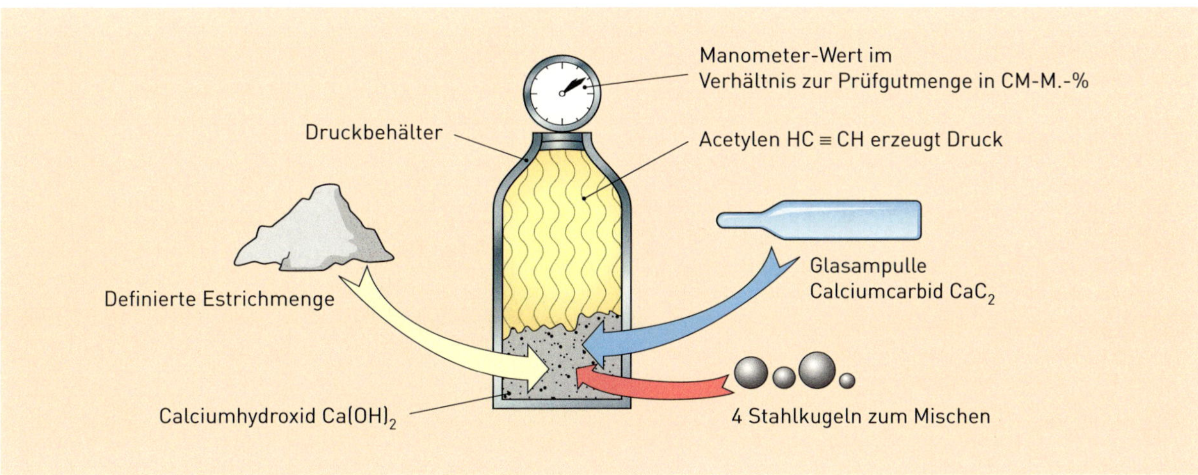

Abb. 7: Prinzip des CM-Verfahrens (schematisch)

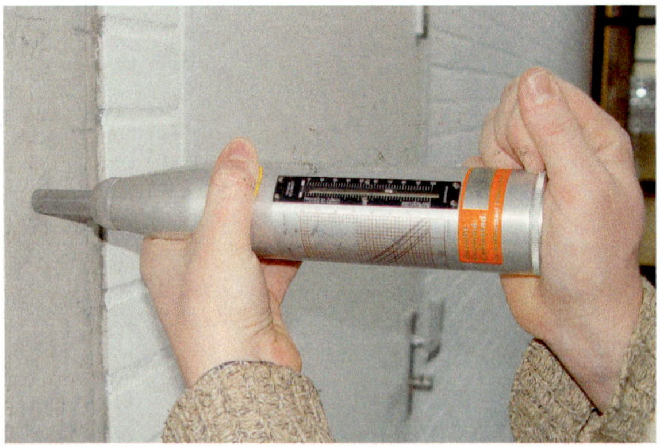

Abb. 1: Schmidt-Hammer im Einsatz

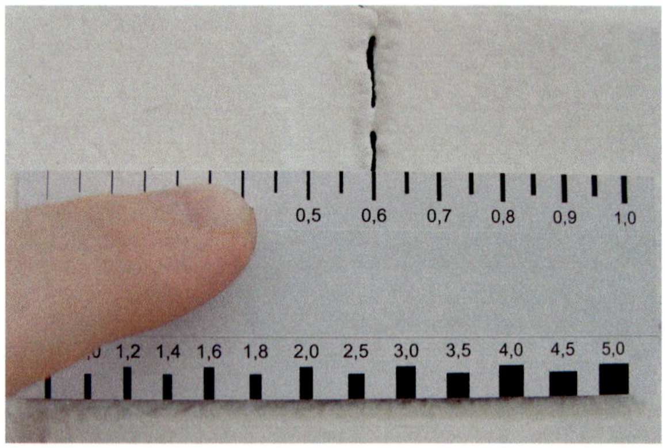

Abb. 2: Rissbreitenmaßstab

Zur Messung der Feuchte mineralischer Untergründe kommt das **CM-Verfahren** (**C**arbid-**M**ethode) zum Einsatz. Eine Probe des Estrichs wird zerkleinert, gewogen und im druckdichten Behälter mit Calciumcarbid (CaC_2) umgesetzt, nach der Gleichung: $CaC_2 + 2\,H_2O \rightarrow C_2H_2 + Ca(OH)_2$ entsteht Ethin (C_2H_2), das einen Druck erzeugt, der proportional der vorhandenen Feuchtigkeit ist. Das Ergebnis wird in CM-Masseprozent angegeben. Abb. 7, S. 171, zeigt das Verfahren schematisch.

Der **Rückprallhammer** oder **Schmidt-Hammer** dient der näherungsweisen Messung der Druckfestigkeit eines mineralischen Untergrundes. Meistens wird er für Betonuntergründe eingesetzt. Eine im Gerät befindliche Stahlstange mit rundem Ende wird mit einer gespannten Feder auf die Betonoberfläche geschlagen. Die Stahlstange prallt gegen die Feder zurück. Das Maß, wie weit die Stange zurückschlägt, wird als Maß für die Festigkeit des Betons genommen. Ausgewertet wird mit einem beim Gerät befindlichen Diagramm. Die Methode hinterlässt nur kleine Druckstellen im Beton und arbeitet zerstörungsfrei. Es ist daher möglich, bei größeren Flächen zu überprüfen, ob die Untergrundqualität einheitlich ist. Abb. 1 zeigt das Gerät im Einsatz.

Mit dem **Rissbreitenmaßstab** kann die Breite von Rissen festgestellt werden. Schwarze Streifen mit gekennzeichneter Breite werden an den Riss gehalten. Durch Vergleich kann so einfach die Breite im mm ermittelt werden. Im Beispiel wird an einem Mauerwerk eine Rissbreite von 0,6 mm gemessen (Abb. 2).

5.7.3 Nasser Beschichtungsfilm

Der **Messkamm für die Nassschichtdicke** dient der Messung der Nassschichtdicke. Zum Schutz des Untergrundes ist eine bestimmte Schichtdicke erforderlich. In einigen Fällen wird die Schichtdicke durch Normen vorgeschrieben, beim Korrosionsschutz (DIN EN ISO 12944) oder bei Brandschutzbestimmungen. Daher muss oft die Schichtdicke schon beim Beschichten kontrolliert werden. Die Abb. 3 zeigt die Handhabung des Messkammes und die Abb. 4 das Prinzip.

Die beiden äußeren Zähne des Kammes ruhen auf dem Beschichtungsuntergrund. Der letzte, noch von der Beschichtung benetzte Zahn zeigt die Schichtdicke an, im Beispiel zwischen 300 und 400 µm (Abb. 4).

Die Messung sollte an mehreren Stellen wiederholt werden, um ein sicheres Messergebnis zu gewährleisten. Je nach Auftrag kann eine Mindestzahl von Messungen pro m^2 festgelegt sein.

Abb. 3: Ablesen des Messkamms

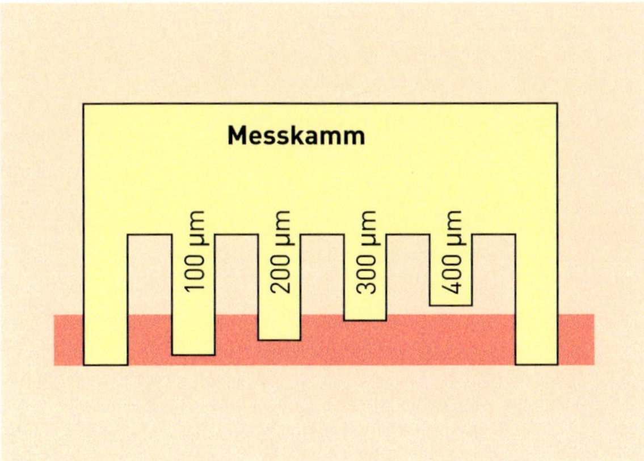

Abb. 4: Prinzip des Messkamms

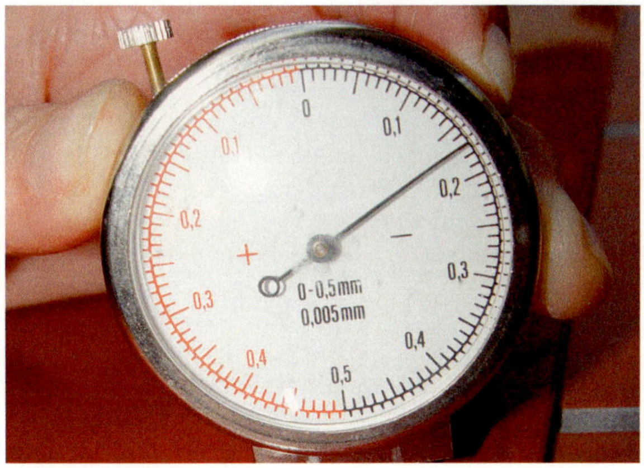

Abb. 5: Trockenschichtdickenmessuhr

5.7.4 Trockener Beschichtungsfilm

Am trockenen Beschichtungsfilm kann die **Schichtstärke** mit der Schichtdickenmessuhr (Abb. 5) gemessen werden. Dazu wird die zu prüfende Beschichtung ca. 3 mm breit vorsichtig bis zum Untergrund abgeschabt. Der Untergrund darf dabei nicht verletzt werden. Die zuvor mit dem Rädchen in Nullstellung gebrachte Uhr wird so aufgesetzt, dass die beiden äußeren Füßchen auf der Beschichtung stehen und der dazwischen liegende Fühler frei liegt. Mit dem Rädchen wird der Taster bis auf den Untergrund herabgelassen und die Trockenschichtstärke auf der Skala abgelesen. Im Beispiel der Abb. 5 beträgt die Trockenschichtdicke der Wandbeschichtung 0,17 mm = 170 µm.

Die Messung sollte an mehreren Stellen wiederholt werden, um ein sicheres Messergebnis zu gewährleisten. Je nach Auftrag kann eine Mindestzahl von Messungen pro m^2 festgelegt sein.

Neben der Messung der Trockenschichtdicke mit der Messuhr kommt auch die Messung mit elektronischen Geräten zum Einsatz. Die Geräte, die nach dem magnet-induktiven Verfahren und Wirbelstromverfahren arbeiten, sind für metallische Untergründe geeignet. Auf nichtmetallischen Untergründen, die auf die oben genannten, elektrischen Messverfahren nicht ansprechen, kann z. B. die Messung mit Ultraschallverfahren eingesetzt werden.

Neben der Trockenschichtdicke kann an der festen Beschichtung die Haftung durch den **Gitterschnitttest** nach DIN EN ISO 2409 geprüft werden. Hierbei wird mit einem Kopfmesser die Lackschicht 6 x (im Abstand von 1 mm bei Schichtstärken unter 60 µm, im Abstand von 2 mm bei Schichtstärken von 60–120 µm, im Abstand von 3 mm bei Schichtstärken über 120 µm) eingeschnitten, danach wird rechtwinklig ein Querschnitt zum Längsschnitt durchgeführt.

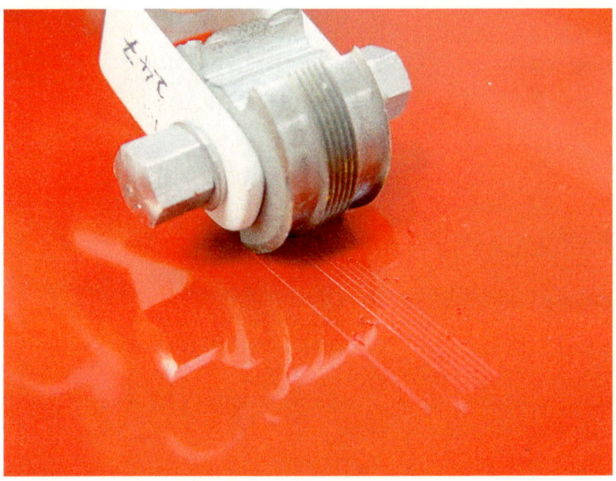

Abb. 6: Gitterschnitt mit dem Kopfmesser

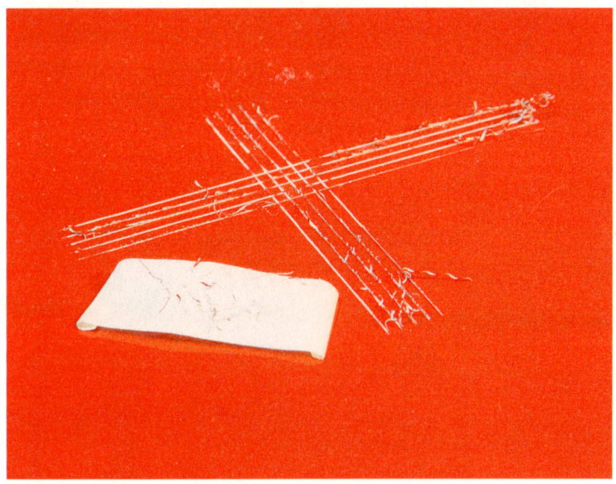

Abb. 7: Messergebnis nach dem Klebebandtest

Dazu können entweder spezielle Messer mit mehreren Klingen (Abb. 6, S. 173) oder ein Messer mit entsprechender Schnittschablone benutzt werden.

Hierzu und zu den passenden Schnittabständen bei unterschiedlichen Bedingungen macht DIN EN ISO 2409 ausführliche Angaben. Anschließend an den Schnitt kann zusätzlich der Klebeband-Test durchgeführt werden. Dazu wird ein in der Norm definiertes Klebeband auf das entstandene Schnittraster geklebt, angedrückt und senkrecht wieder abgezogen. Die Belastung der Beschichtung wird hierdurch erhöht. Das so entstandene Gitter kann nach der Tab. 1 beurteilt werden. Das Messergebnis wird als Gitterschnittwert protokolliert. Im Beispiel der Abb. 7, S. 173, entspricht dieses dem Gitterschnittkennwert (GT) 1.

Tab. 1: Auswertung des Gitterschnitttestes nach DIN EN ISO 2409

Gitter-schnitt-Kennwert	**Beschreibung**	**Aussehen der Oberfläche im Bereich des Gitterschnittes, an der Abplatzung aufgetreten ist** (Beispiel für sechs parallele Schnitte)
0	Die Schnittränder sind vollkommen glatt; keines der Quadrate des Gitters ist abgeplatzt.	–
1	An den Schnittpunkten der Gitterlinien sind kleine Splitter der Beschichtung abgeplatzt. Abgeplatzte Fläche nicht größer als 5 % der Gitterschnittfläche.	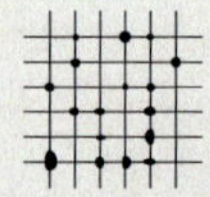
2	Die Beschichtung ist längs der Schnittränder und/oder an den Schnittpunkten der Gitterlinien abgeplatzt. Abgeplatzte Fläche größer als 5 %, aber nicht größer als 15 % der Gitterschnittfläche.	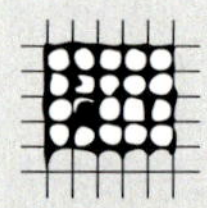
3	Die Beschichtung ist längs der Schnittränder teilweise oder ganz in breiten Streifen abgeplatzt, und/oder einige Quadrate sind teilweise oder ganz abgeplatzt. Abgeplatzte Fläche größer als 15 %, aber nicht größer als 35 % der Gitterschnittfläche.	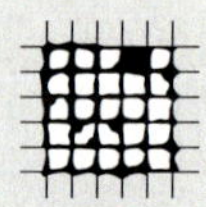
4	Die Beschichtung ist längs der Schnittränder in breiten Streifen abgeplatzt, und/oder einige Quadrate sind ganz oder teilweise abgeplatzt. Abgeplatzte Fläche größer als 35 %, aber nicht größer als 65 % der Gitterschnittfläche.	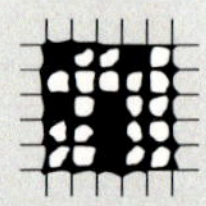
5	Jedes Abplatzen, das nicht mehr als Gitterschnitt-Kennwert 4 eingestuft werden kann.	–

Aufgaben zu Kapitel 5.3 bis 5.7

1. a) Nennen Sie die unterschiedlichen Gruppen von Holzschädlingen.

b) Welche Voraussetzungen sind für den Befall durch Holzschädlinge günstig?

2. Begründen Sie, warum Mauerwerk nicht vor Pilzbefall schützt.

3. Nennen Sie vier Maßnahmen des konstruktiven Holzschutzes.

4. Bei welcher Gebrauchsklasse darf kein chemischer Holzschutz eingesetztwerden?

5. Erklären Sie einem Kunden den Zusammenhang zwischen Schichtdicke und Wartungsintervallen bei Fensterbeschichtungen.

6. Nennen Sie Faktoren, die zur Betonkorrosion beitragen.

7. Beschreiben Sie, warum Kohlendioxid den Beton angreift.

8. a) Welche Eigenschaften einer Beschichtung werden durch die Kornfeinheit beeinflusst?

b) Beschreiben Sie, wie die Kornfeinheit gemessen werden kann.

9. Geben Sie für nebenstehende Abbildung an,

a) um welches Messinstrument es sich handelt und
b) was in der Abbildung gemessen wird (Messgröße und Einheit).

10. a) An einem Gebäude wird eine Fläche von 325 m^2 beschichtet. Es wird eine Silikonharzfarbe verwendet, für die ein Verbrauch von 180–250 ml/m^2 angegeben ist.
Berechnen Sie die benötigte Menge in Litern bei einem mittleren Verbrauchswert.

b) An diesem Auftrag arbeiteten der Geselle A insgesamt 9 Stunden und 15 Minuten, der Geselle B insgesamt 12 ½ Stunden. Der Stundenverrechnungssatz für einen Gesellen beträgt 42,– €.
Wie hoch ist der Lohnpreis, der dem Kunden in Rechnung gestellt wird?

6 Lernfeld 6
Instandhaltungsmaßnahmen ausführen

Kundenauftrag

▶ Sanierung einer Gewerbehalle

Arbeitsauftrag

Im Innen- und Außenbereich einer Gewerbehalle mit integrierten Büroflächen sollen Instandhaltungsarbeiten ausgeführt werden.

Auftraggeber ist eine Immobilienfirma.

Die Komplettsanierung soll durchgeführt werden, um den Marktwert der Gewerbeimmobilie zu steigern.

Auszuführende Arbeiten

Pos. 1: Die Fassade soll mittels Hochdruckreiniger gesäubert werden.

Pos. 2: Das Mauerwerk am Untergeschoss ist zu prüfen, Fehlstellen sind auszubessern und der gesamte Bereich mit einem neuen Farbanstrich zu versehen.

Pos. 3: Die im Innenbereich befindlichen Dachstahlstreben sind mit einem neuen Anstrich zu versehen.

Pos. 4: Der Industrieboden im Hallenbereich soll entschichtet werden.

Pos. 5: Die Büroräume sind nicht zu bearbeiten.

Abb. 1: Außenansichten einer Gewerbehalle

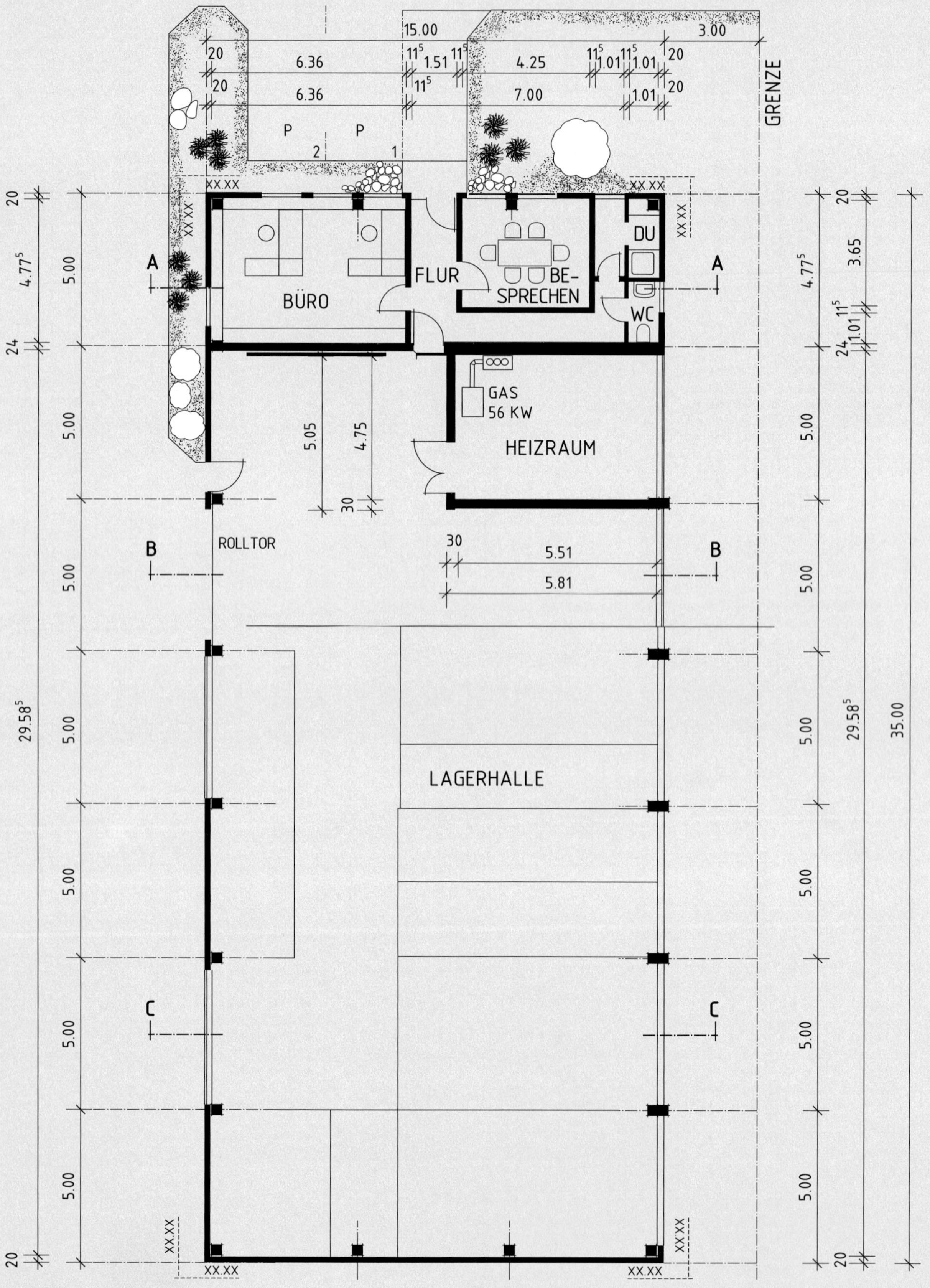

Abb. 1: Grundriss Gewerbehalle

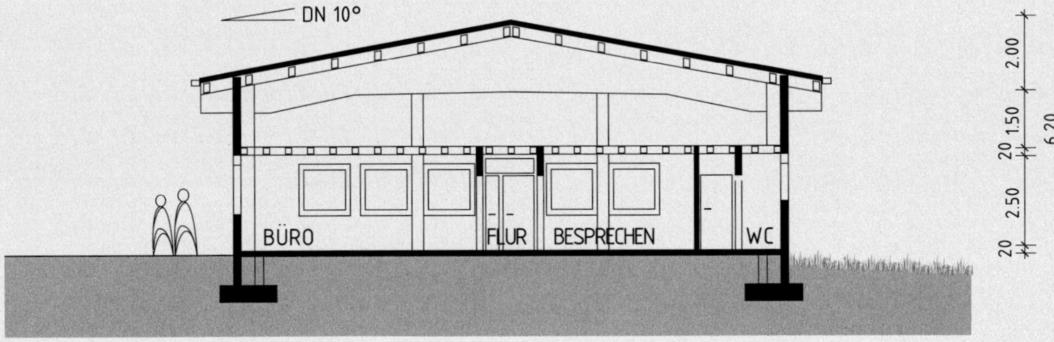

Schnitt A-A

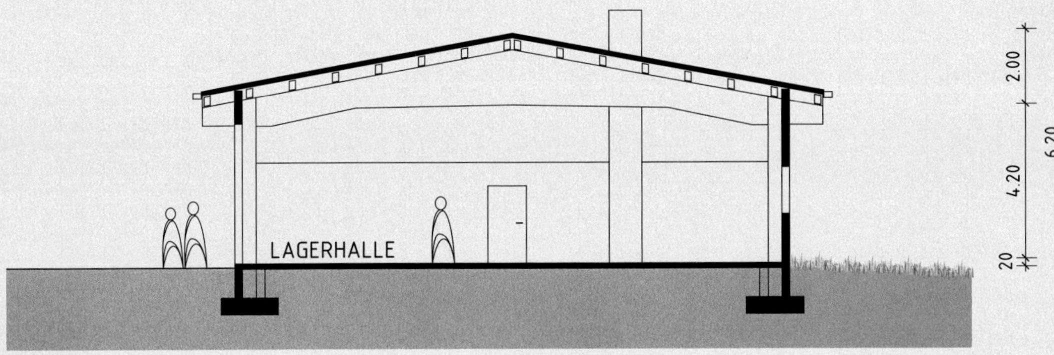

Schnitt B-B

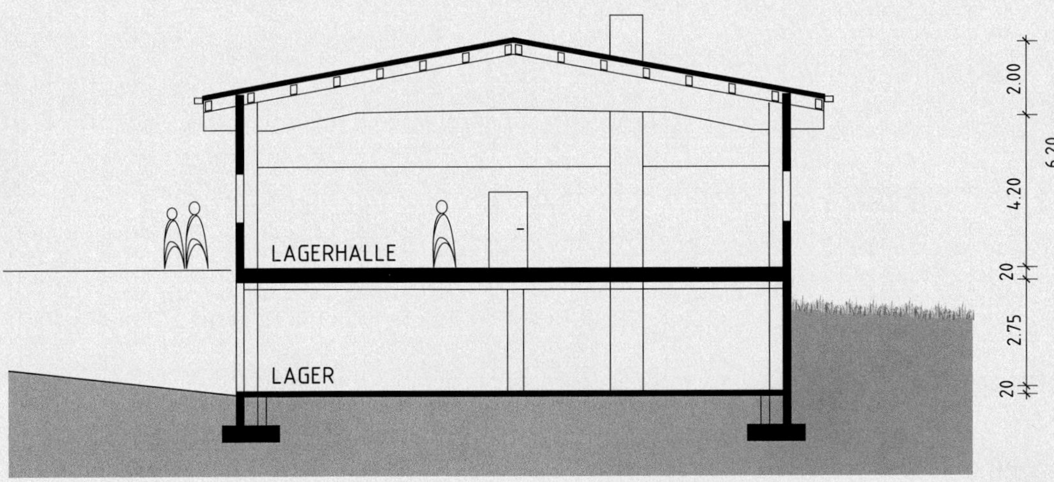

Schnitt C-C

Abb. 2: Querschnittzeichnungen Gewerbehalle

Objektbeschreibung

Die 35 m x 15 m große Halle wurde 1985 in Stahlbetonskelettbauweise erstellt. Die Satteldachkonstruktion besteht aus Stahlträger-Fertigelementen.

Entsprechend des natürlichen Geländeverlaufs ist die Halle im Norden auf einer Breite von 10 m unterkellert.

Pos. 1: Fassade

Die Außenwände aus beschichtetem Aluminium weisen Verschmutzungen durch Umwelteinflüsse auf. Die Beschichtung ist in einem makellosen Zustand.

Pos. 2: Mauerwerk Untergeschoss

Das Mauerwerk des Untergeschosses ist aus Stahlbeton in Schalungsbauweise hergestellt. Es weist Verschmutzungen sowie kleine Risse auf.

Kleinere Abplatzungen an der Altbeschichtung sind vorhanden.

Pos. 3: Stahldachstreben

Die Dachstreben aus beschichtetem Stahl weisen partielle Korrosionsstellen auf. Die Altbeschichtung der Stahlträger kreidet und hat einige Abplatzungen.

Pos. 4: Hallenboden

Der Hallenboden besteht aus Zementestrich mit einer Altbeschichtung. Er ist stark verschmutzt durch Farb- und Ölrückstände.

Die alte Bodenbeschichtung ist zum Teil nicht mehr vorhanden, so dass Schutz und Verunreinigungen tief in den Estrich eindringen konnten.

Leistungsbeschreibung

Pos. 1: Reinigen der Fassade

Die beschichteten Flächen der Außenfassade sind mittels Hochdruckreinigung zu säubern.

Dabei sind die Umweltschutzrichtlinien zu beachten.

Pos. 2: Mauerwerk Untergeschoss

Das Mauerwerk ist zu reinigen und auf Schäden zu prüfen. Fehlstellen sind fachgerecht zu behandeln und instand zu setzen.

Eine Neubeschichtung mit Silikatfarbe soll durchgeführt werden.

Pos. 3: Stahldachstreben neu beschichten

Die Stahlstreben sind zu entschichten.
Die Korrosionsstellen sind zu entfernen und ein Korrosionsschutz ist auszuführen.

Als Endbeschichtung soll eine farbige Lackbeschichtung durchgeführt werden.

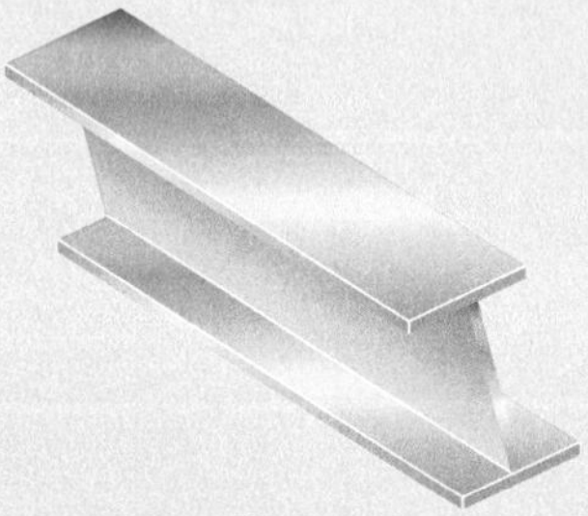

Abb. 1: Stahlstrebe in Doppel-T-Träger-Ausführung

Pos. 4: Hallenboden instand setzen

Der Hallenboden ist von seiner Altbeschichtung zu befreien und neu zu beschichten.

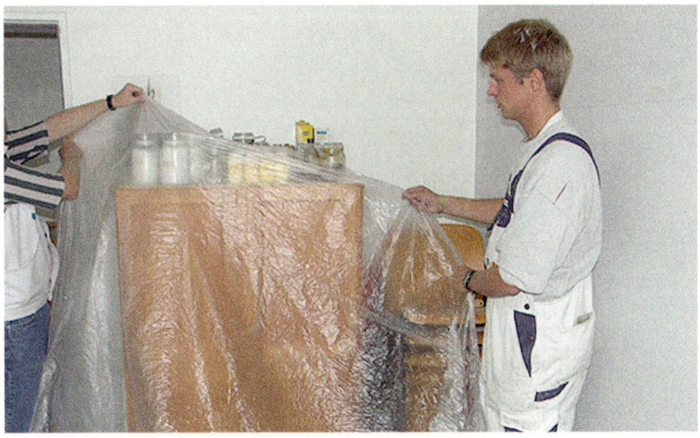

Abb. 2: Abdecken eines Möbelstücks

Abb. 3: Abgeklebte Ablaufrinne bei der Beschichtung eines Parkdecks

6.1 Abdeckarbeiten

Überall, wo Bauteile und Objekte geschliffen, ent- oder beschichtet werden, müssen angrenzende Bereiche vor Verschmutzung geschützt werden. Auch ein vorsichtigeres Arbeiten könnte dies in fast allen Fällen nicht verhindern (Abb. 2–3).

Am Einfachsten ist es, wenn Anbauten oder Gegenstände aus dem gefährdeten Bereich entfernt werden. Ist dies nicht möglich, sind diese Partien abzudecken, damit sie nicht verunreinigt werden.

6.1.1 Folien

Zum Abdecken werden meistens Kunststoffplanen aus Polyethylen (PE) verwendet, deren Dicke und Reißfestigkeit je nach Anwendung variiert. Die meisten Abdeckfolien müssen befestigt werden; einige sind mit Klebestreifen am Rand versehen oder selbstklebend. Folien werden in Rollen geliefert, die auf Konfektioniergeräte zur leichteren Entnahme gespannt werden können (Abb. 4–5).

Abb. 4: Abdeckfolie mit Klebestreifen

Abb. 5: Abdeckfolie auf Konfektioniererät

Abb. 6: Bodenabdeckung mit Papierbahnen

Je nach Einsatzgebiet benutzt man auch Papierbögen in unterschiedlicher Größe und Stärke zum Abkleben im Innenbereich.
Die Abdeckung von Böden wird im Innenbereich meist mit Vliesmaterial, im Außenbereich häufig mit Altteppichen vorgenommen, da beide stabiler als die meisten Folien sind (Abb. 1, S. 182).

Abb. 1: Vliesrolle als Abdeckmaterial

Abb. 2: Gewebeband

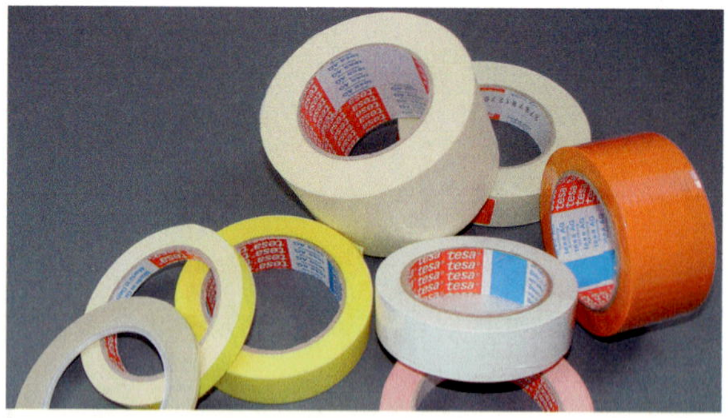

Abb. 3: Klebebänder in unterschiedlicher Dicke

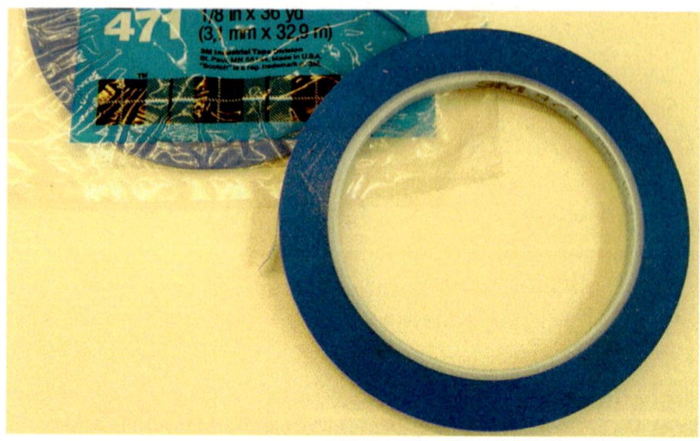

Abb. 4: Glattes Kunststoffklebeband zum scharfen Abkleben

6.1.2 Klebeband

Zur Befestigung von Folie und Papier werden unterschiedliche Klebebänder verwendet, die in Rollen geliefert werden (Abb. 2–4). Basismaterial sind Papier und Textilien, die mit Kunststoffen verarbeitet werden. Klebebänder müssen mehreren Belastungen, z. B. UV-Strahlung, Wasser, Lösemittel, Wärme, Kälte, eine möglichst lange Zeit widerstehen können und sich rückstandslos entfernen lassen. Zum Befestigen von Folien sind Krepp- und Gewebebänder sinnvoll, die besonders stabil sein müssen. Gewebebänder werden mit reißfestem Kunststoff verstärkt, womit sie in Längsrichtung stabilisiert werden. Man kann sie jedoch quer sehr leicht mit der Hand abreißen, was die Verarbeitung einfach macht. Klebebänder können nach längerem oder intensivem Einfluss von UV-Strahlung bzw. Sonnenlicht meistens nicht mehr rückstandsfrei entfernt werden.

Kreppbänder enthalten einen hohen Bestandteil an Cellulose, die aus Holz gewonnen wird. Diese Bänder werden imprägniert, damit sie sich beim Kontakt mit Wasser oder wässrigen Beschichtungsmaterialien nicht anlösen oder aufweichen.
Soll ein Band zum scharfen Abkleben (z. B. beim Beschneiden eines Musters auf einer Wand) verwendet werden, darf es nicht von Anstrichstoffen hinterlaufen werden. Hierzu werden auf rauen und unebenen Flächen gut klebende Kreppbänder und auf ebenen Flächen meistens glatte Kunststoffbänder verwendet. Die Fläche, die abgeklebt werden soll, muss trocken, frei von Trennmitteln, Staub und Schmutz sein. Um Klebstoffrückstände beim Abziehen des Klebebands zu vermeiden und keine Ablösungen vom Untergrund zu erhalten, ist das Klebeband in einem Winkel von etwa 30° abzuziehen, ohne dabei ruckartig zu handeln.

Klebebänder dürfen nicht mehr als ein Jahr gelagert werden. Der Lagerort muss kühl, trocken oder dunkel sein. Andernfalls verändern sie ihre Eigenschaften.

6.2 Reinigungs- und Entschichtungsarbeiten

Bevor Untergründe vom Maler und Lackierer mit Anstrichstoffen beschichtet werden können, müssen Vorbehandlungsmaßnahmen durchgeführt werden.

Dazu gehört die Entschichtung bereits beschichteter Flächen sowie die Reinigung und Oberflächenvergrößerung neuer oder bislang unbeschichteter Objekte. Einige Reinigungsverfahren lassen sich auch zur Entschichtung verwenden.

In technischen Merkblättern wird stets darauf hingewiesen, dass der Untergrund trocken, fettfrei und sauber zu sein hat. Besonders nach Schleif- und Strahlarbeiten muss man einen Untergrund ausreichend reinigen. Würden sich Wasser, Fett, Staub oder andere Verunreinigungen auf dem zu beschichtenden Objekt befinden, hätte das einen negativen Einfluss auf die Adhäsion der Beschichtung.

6.2.1 Abwaschen/Entfetten

Bei der Herstellung von Stahlblechen werden Gleit- und Trennmittel verwendet.

Ebenso versieht man für den Korrosionsschutz während der Lagerung und des Transports Bleche häufig mit einem silikonhaltigen Fett.

Vor der Weiterverarbeitung müssen diese Materialien vom Blech entfernt werden (Abb. 5). Dazu verwendet man Silikonentferner, Entfettungsmittel oder Reinigungsverdünnungen. Das Reinigungsmittel sprüht man auf die Fläche oder wischt es mit einem getränkten Lappen ab. Rückstände sind hinterher mit einem anderen Tuch aufzunehmen. Beim Abwaschen von Oberflächen mit lösemittelhaltigen und sonstigen hautschädigenden Stoffen sind geeignete Handschuhe zu tragen (Abb. 6). Welches Handschuhmaterial auszuwählen ist, wird meist auf dem Sicherheitsdatenblatt beschrieben. Sollten dort keine Informationen zu finden sein, muss beim Lieferanten oder Herstellerbetrieb nachgefragt werden, um Gesundheitsschäden zu vermeiden.

Abb. 5: Manuelle Reinigung eingefetteter Bleche

Spezialhandschuhe verfügen über eine Beschriftung mit Piktogrammen, die auf die Einsatzmöglichkeiten hinweisen (→ Kap. 6.6).

Bauteile aus Kunststoff, die werksseitig nicht beschichtet worden sind, haben verarbeitungsbedingt oft silikon- oder wachshaltige Trennmittel auf der Oberfläche und im Kunststoff selbst. Diese Trennmittel sorgen bei der Produktion dafür, dass das Bauteil nicht in der Herstellungsform oder Presse kleben bleibt, sondern einfach herausgenommen werden kann.

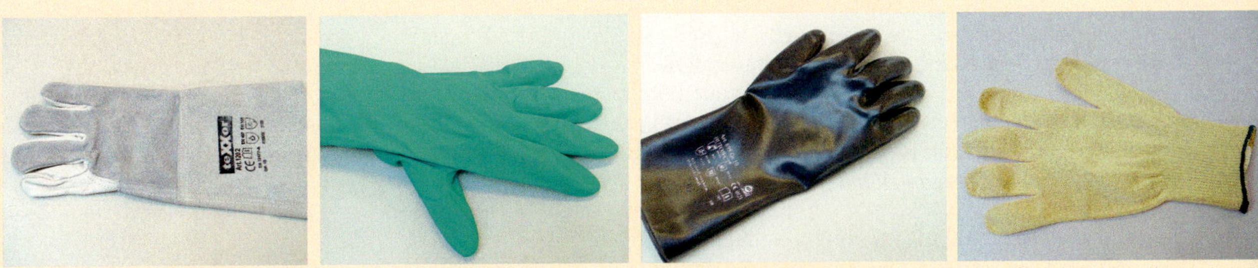

Abb. 6: Handschuhmaterial

Gefahren durch Altbeschichtungen

In Altbeschichtungen können gefährliche Stoffe enthalten sein. Diese Beschichtungen sind zu einer Zeit appliziert worden, als noch weniger auf den Gesundheitsschutz geachtet worden ist.

Der Maler und Lackierer kann beim Entschichten und Schleifen mit giftigen Blei- und Chromverbindungen (Bleimennige, Chromatfarben), die sich häufig in Korrosionsschutzanstrichen befinden, konfrontiert werden. Bei Schleifarbeiten muss konsequent ein Atemschutz mit Partikelfilter getragen und auf eine intensive Reinigung des Raumes nach der Arbeit geachtet werden. Das Nassschleifen solcher Untergründe vermeidet die Entwicklung gefährlicher Stäube.

Die Trennmittelrückstände können mit Spezialreiniger abgewaschen werden. Ähnlich wie beim Entfetten von Blechen muss auch hier mit einem sauberen Lappen nachgereinigt werden. Befinden sich Fremdmaterialien innerhalb des Bauteils, muss man diese durch Tempern entfernen (LF 2).

Verzinkte Bleche müssen zur Verbesserung der Haftfestigkeit mit einer ammoniakalischen Netzmittelwäsche (Gemisch aus Wasser, Salmiakgeist und Spülmittel) gereinigt werden (Abb. 1 und LF 1).

Hierbei ist das Mischungsverhältnis von 10 : ½ l plus einer geringen Menge Spülmittel zu beachten. Salmiakgeist wird auch als Ammoniaklösung, Ammoniakwasser oder Ammoniumhydroxid bezeichnet und ist eine 25 %ige Lösung von Ammoniak (NH_3) in Wasser (H_2O).

Oberflächen aus Aluminiumlegierungen sollen mit einem milden Flüssigreiniger (z. B. Spülmittel) und warmem Wasser abgewaschen werden. Bei oxidierten Flächen ist ein Reiniger mit Säureanteilen zu wählen, der nach der Einwirkzeit mit klarem Wasser abgespült werden muss.

6.2.2 Schleifen

Mit entsprechenden Schleifmitteln (LF 1) kann man manuell oder maschinell Beschichtungsschichten entfernen oder unbehandelte Oberflächen anrauen.

Im Regelfall werden nur vergleichsweise glatte Flächen geschliffen, da mit den üblichen Schleifmitteln bloß ein geringer Abtrag erfolgen kann.

Manuelles Schleifen kann durch einen Schleifklotz unterstützt werden. Mit einem Schleifklotz kann eine größere Fläche gleichmäßiger als nur mit der Hand geschliffen werden.

Man kann trocken oder nass schleifen. Der Nassschliff wird häufig beim Bearbeiten gefüllerter Flächen, beim Zwischenschliff auf Metall oder beim Bearbeiten von Staubeinschlüssen eingesetzt. Dabei schleift man unter Zuhilfenahme einer ausreichenden Wassermenge mit speziellem Wasserschleifpapier.

Ein gröberer Abtrag kann nur durch den Trockenschliff erfolgen; allerdings entsteht dabei Schleifstaub, vor dem man sich mit einer Staubmaske schützen muss.

Maschinell wird je nach Untergrundcharakter und gewünschtem Schleifergebnis mit Schwingschleifern („Rutschern"), Exzenterschleifern oder Winkelschleifern gearbeitet (Abb. 2–5).

Elektrisch betriebene Schwingschleifer werden mit einem Motor angetrieben, der die rechteckige Schleifplatte in eine schwingende Bewegung bringt. Mittels eines Klemmverschlusses oder einer Kletthaftung werden Schleifpapierstreifen auf die Schleifplatte angebracht (Abb. 6).

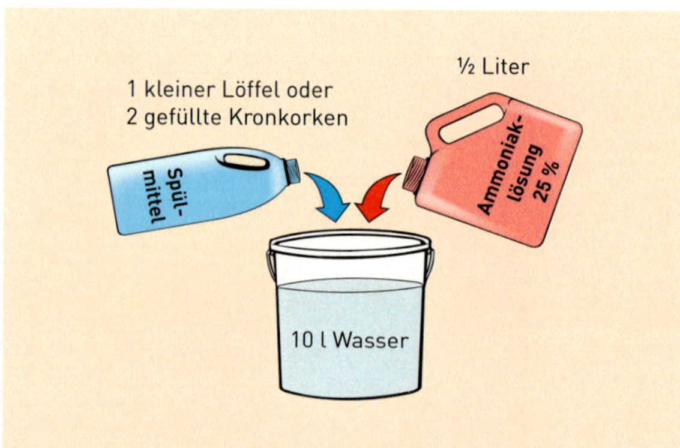

Abb. 1: Ammoniakalische Netzmittelwäsche

Abb. 2: Schwingschleifer

Abb. 3: Exzenterschleifer

Exzenterschleifer verfügen über eine rotierende Schleifscheibe, bei der versetzt vom Zentrum zusätzlich eine Kreisbewegung ausführt wird. Im Gegensatz zu den meisten Schwingschleifern kann bei Exzenterschleifern die Drehzahl eingestellt und somit der Abtrag beeinflusst werden. Es gibt auf dem Markt Geräte mit unterschiedlichem Hub. Dieser nimmt ebenso Einfluss auf das Abtragen des Materials.

Winkelschleifer (Abb. 4) werden zum Entfernen fest sitzender Altbeschichtungen und zum Entrosten von Stahl verwendet. Durch die hohe Drehzahl des Werkzeuges entsteht an der Schleifstelle viel Wärme. Vor allem beim Schleifen von Stahl werden daher glühende Späne mit hoher Geschwindigkeit weggeschleudert (Funkenflug). Treffen diese Partikel konzentriert auf brennbares Material, besteht akute Brandgefahr.

Abb. 5: Arbeiten mit einem Schwingschleifer

Da die Späne Augenverletzungen verursachen können, ist eine Schutzbrille notwendig. Die Verwendung von Arbeitshandschuhen und nicht brennbarer Kleidung wird empfohlen.

Abb. 4: Winkelschleifer

Abb. 6: Schleifklötze

Tab. 1: Vergleich von Schleifbildern (hier mit Körnung P 80)

Handschliff	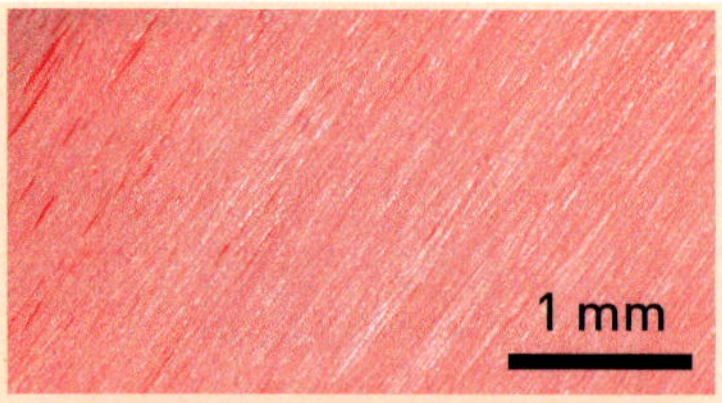
Schleifklotz	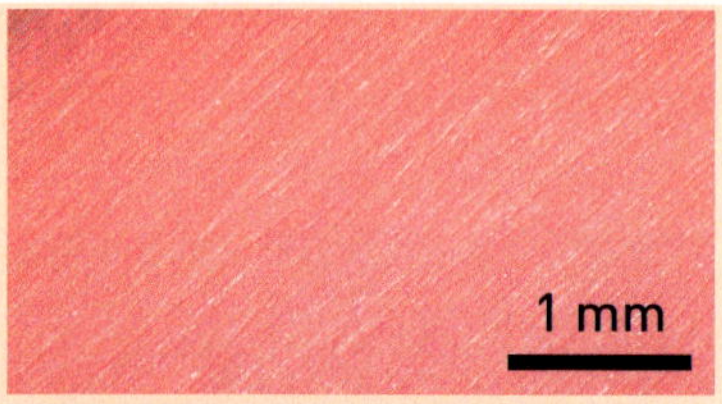
Schwing-schleifer	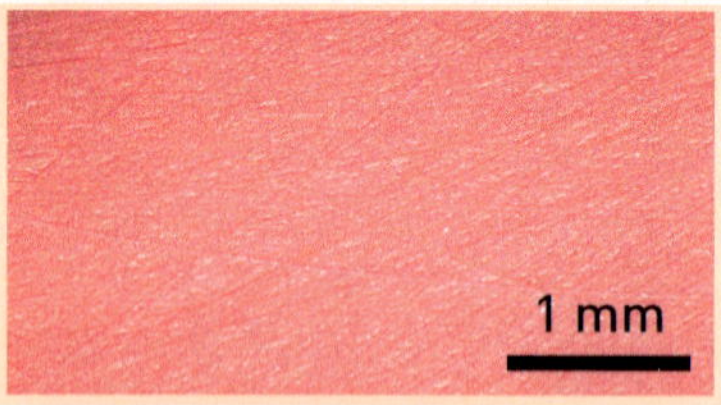
Exzenter-schleifer	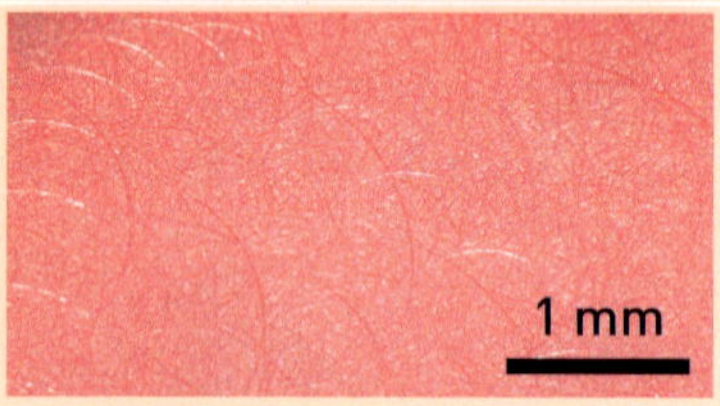

Man kann unter Zuhilfenahme der entsprechenden Schleifmittel maschinell sowohl trocken als auch nass schleifen. Allerdings eignen sich nur wenige Maschinen zum Nassschliff. Ein Vergleich unterschiedlicher Schleifbilder zeigt die Tab. 1. Wegen der Staubentwicklung beim Trockenschliff muss man die Schleifmaschine an einen Industriestaubsauger anschließen. Die Verwendung von Staubsaugern ersetzt jedoch nicht das Benutzen von Staubmasken (S. 185, Abb. 5 und Abb. 5).

Holzfußböden (Parkett, Dielen) werden mit größeren **Walzenschleifmaschinen** (Abb. 1) an- bzw. abgeschliffen. Hierbei werden Schleifpapierkörnungen ab P 16 eingesetzt, die auch fest sitzende Altbeschichtungen entfernen können.

Es ist in Richtung des Dielenverlaufs zu schleifen. Ist der Boden aber uneben oder verfügt über dicke Farbschichten, empfiehlt es sich, den ersten Schliff quer (zum Abnehmen der Beschichtung in den Vertiefungen) oder diagonal (um den Boden zu begradigen) zum Dielenverlauf durchzuführen (Abb. 3).

Abb. 1: Walzenschleifmaschine

Weitere Schleifgänge werden mit feinerem Papier wieder in Längsrichtung durchgeführt. Die Wahl der Körnung ist vom Zustand des Bodens abhängig. Vor einer Beschichtung muss der Boden sorgfältig staubgesaugt werden.

Man führt die Maschine vorwärts und zieht sie dann auf derselben Spur und mit derselben Geschwindigkeit zurück. Die nächste Spur schleift man um eine halbe Walzenbreite versetzt. Randbereiche werden mit einer kleineren Handschleifmaschine bearbeitet.

6.2.3 Abbürsten

Lose Beschichtungs- oder Rostschichten und fest haftende Verunreinigungen können mit Handbürsten (Stahl- oder Bronzeborsten) entfernt werden (Abb. 2). Maschinell ist die gleiche Arbeit mit einer Bohrmaschine und Bürstenaufsatz (Abb. 3) oder mit einer Nadelpistole ausführbar. Dabei können besonders profilierte Untergründe entrostet oder entschichtet werden. Beim maschinellen Abbürsten ist zum Schutz der Augen vor umherfliegenden Partikeln eine Schutzbrille zu tragen.

Abb. 2: Drahtbürste

Abb. 3: Zopfbürstenaufsatz

6.2.4 Abfegen/Entstauben

Wenn Schmutz oder Schleifstaub nur lose auf der zu beschichtenden Oberfläche aufliegt, kann er mit einem einfachen Abstauber oder Handbesen abgefegt werden (Abb. 4).

Damit der Staub nicht eingeatmet wird, ist eine Staubmaske zu tragen (Abb. 5). Ist die Partikelgröße unbekannt, sollte man auf Feinstaubmasken zurückgreifen, die jeglichen Staub aufnehmen. Bei Lackierungen auf glatten Oberflächen muss im Anschluss zur Vermeidung von Staubeinschlüssen mit einem Staubbindetuch (mit leicht klebrigem Harz versehenes Mullgewebe) nachgewischt werden. Staub und trockener Schmutz wird damit rückstandslos von der Oberfläche entfernt und gebunden.

Bei der Staubentfernung kann unterstützend eine Druckluftpistole eingesetzt werden. Mit ihr können auch lose Schichten oder schlecht haftende Beschichtungen gründlicher als mit dem Besen entfernt werden.
Die Größe der Staubpartikel entscheidet über die entsprechenden Schutzmaßnahmen. Partikel mit einem Durchmesser > 10 µm (1 Mikrometer ist ein tausendstel Millimeter), bezeichnet man als Grobstaub. Dieser bleibt in der Nase oder an den Schleimhäuten des Nasen-Rachenraums hängen. Um dies zu verhindern, trägt man eine Grobstaubmaske.
Kleinere Staubpartikel (Feinstaub) können über die Luftröhre und die Bronchien bis in die Lungenbläschen vordringen. Allgemein anerkannte Bezeichnungen für Feinstaub existieren nicht. In der Regel wird unter Feinstaub Staub mit einer Partikelgröße < 10 µm bezeichnet. Stäube mit einer Partikelgröße < 0,1 µm werden als ultrafeine Partikel bezeichnet (S. 188, Abb. 1). Siehe hierzu auch → Kap. 6.6.3 (Filter).

Abb. 4: Handbesen

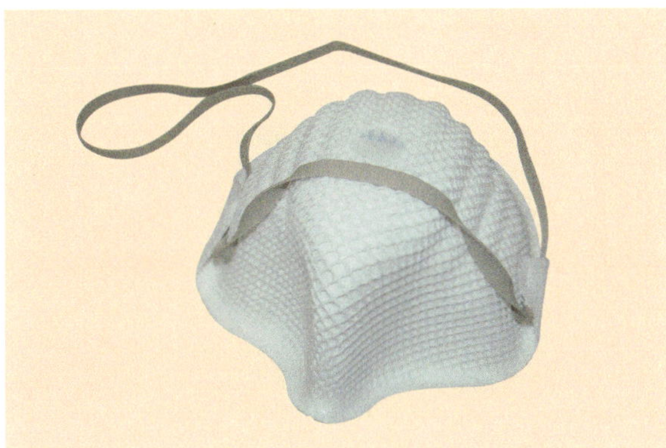

Abb. 5: Staubmaske

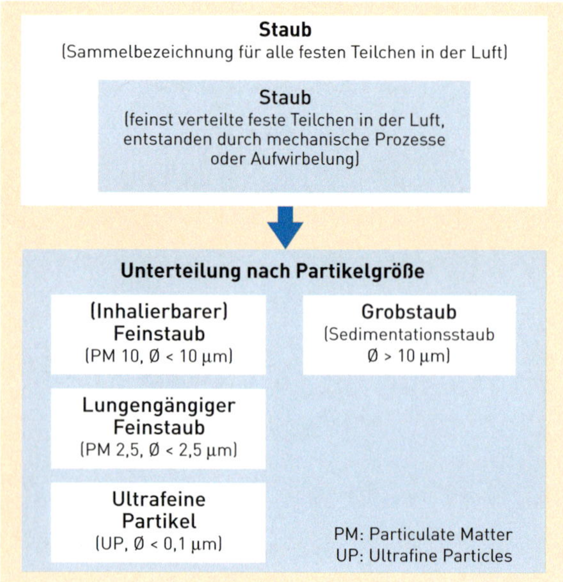

Abb. 1: Einteilung von Staub

Abb. 2: Hochdruckwasserstrahlen

6.2.5 Hochdruckreinigung

Poröse und raue Untergründe, wie z. B. Putz-und Betonflächen, sind wegen ihres Oberflächencharakters besonders anfällig für einen Bewuchs mit Pilzen, Moosen, Algen, aber auch für sonstigen Schmutz.

Vor weiteren Arbeiten müssen diese Verunreinigungen entfernt werden. Dazu wird meistens ein Dampfstrahlgerät bzw. ein Hochdruckreiniger verwendet (Abb. 2–3). Diese Geräte werden elektrisch betrieben und können je nach Verschmutzungsgrad mit bis zu 2500 bar Wasserdruck ggf. unter Zusatz von Reinigungsmitteln angewendet werden. Bei hartnäckigeren Verschmutzungen kann die Reinigungsleistung mittels einer rotierenden Düse verbessert werden. Geräte, die mit einem Arbeitsdruck von über 500 bar funktionieren, werden je nach Hersteller auch Höchstdruckreiniger genannt.

Dem Wasser werden je nach Anwendung z. T. Granulat oder Sand zugegeben. Bedingt durch den Druck können mehrere Millimeter einer Beschichtung abgetragen werden. Das Arbeitsergebnis entspricht in etwa dem des Sandstrahlens.

Höchstdruckreiniger können folgende Entschichtungen vornehmen:

- Entfernung von Beschichtungen auf festen Untergründen,
- Abtrag von Putz und Mörtel,
- Entfernung von Graffiti,
- Abtrag und Reinigung von Beton (Abb. 4),
- Entfernung von Zementschlamm,
- Freilegen von Fugen,
- Entfernen von Markierungen, z. B. auf Parkplätzen.

Bei Arbeiten mit Hoch- und Höchstdruckreinigern muss Nässeschutz und je nach Arbeitsdruck auch eine Schutzbrille getragen werden.

Abwässer z. B. aus der Fassadenreinigung dürfen nicht in die Kanalisation geleitet, sondern müssen aufgefangen und entsorgt werden (Abb. 5).

Abb. 3: Hochdruckreiniger

Abb. 4: Reinigung von Beton

Abb. 5: Auffangen von Abwässern mit einer Folienwanne

6.2.6 Strahlen

Oberflächen können mit unterschiedlichen Verfahren gestrahlt werden. Dazu gehören das Sandstrahlen und das Kugelstrahlen.

Das Sandstrahlen ist besonders zum Aufrauen von Betonoberflächen oder Entrosten von Stahl (z. B. Bewehrungen) geeignet. Beim Sandstrahlen werden Quarzsand, Kupferhüttenschlacke oder Schmelzkammerschlacke durch eine Düse auf die zu bearbeitende Fläche gestrahlt.

Das Problem beim Sandstrahlen ist die Staubentwicklung. In jedem Fall hat der Verarbeiter unter Vollschutz zu arbeiten, da der Quarzsand beim Einatmen Silikose („Staublunge") verursachen kann (Abb. 6). Einzelne Bauteile können in einer Strahlkabine bearbeitet werden. Bei nicht transportablen Objekten kann es trotz einer Einhausung zu Emissionen kommen. Wegen dieser Sicherheitsgründe und der daraus resultierenden Kosten kommt das Sandstrahlen selten zum Einsatz.

Beim Kugelstrahlen (S. 190, Abb. 1) werden mit Hilfe eines Schleuderrads metallisches Strahlmittel maschinell auf eine Betonfläche aufgebracht. Dadurch kann man Zementschlämme, Gummiabrieb oder dünne Beschichtungen und Spachtelmasse vom Untergrund entfernen. Strahlmittel und Strahlstaub werden abgesaugt, gereinigt und in den Strahlmittelkreislauf zurückgeführt.

Abb. 6: Sandstrahlen

Abb. 1: Kugelstrahlgerät

Abb. 2: Flammstrahlgerät im Einsatz

Darüber hinaus kommen noch weitere, beschädigungsfreie Strahlverfahren zum Einsatz, die im Vergleich zu konventionellen Verfahren recht teuer sind:

- **Partikelstrahlen**
  Oberflächenreinigung mit Sand, Glasperlen, Wasser, Reinigungslösungen für grobe Flächen, z. B. Böden, Wände, Fassaden.

- **Sweepen**
  Anrauen mit metallischem Strahlmittel, meist auf verzinkten Untergründen.

- **Trockeneisstrahlen**
  Trockeneis-Pellets (festes Kohlendioxid, –79 °C kalt) unterkühlen Altbeschichtungen, die sich dadurch ablösen.

- **Laserreinigung**
  Aufbringen eines sehr kurzen (Sekunden-Bruchteile) Laserstrahls auf die Oberfläche, welcher die Energie absorbiert und die Altbeschichtung kalt verdampfen lässt.

Diese können nur von Spezialbetrieben angeboten werden, welche über die notwendigen Geräte und Anlagen verfügen. Deren Fachleuchte sind für diese sehr präzisen Arbeiten besonders geschult und müssen neben den anspruchsvollen Entschichtungsarbeiten z. T. sehr aufwändige Sicherheitsbestimmungen einhalten.

6.2.7 Abbrennen/Flammstrahlen

Sollen auf porösen Untergründen Reste von Wurzeln oder sonstiger Pflanzenbewuchs entfernt werden, kann dies mit einem Gasbrenner („Lötlampe") durchgeführt werden. Mit dem gleichen Gerät können auf Holzuntergründen auch Altbeschichtungen entfernt werden. Dabei wird die Flamme über die Altbeschichtung geführt, bis sich die Farbe vom Holz trennt. Die Farbschichten werden sofort mit einem Spachtel abgehoben und entfernt. Bei dieser Technik ist Vorsicht angebracht, um das Holz nicht zu verbrennen. Der Anwender muss eine Atemschutzmaske tragen, da die Verbrennung der Beschichtungen gesundheitsschädliche Gase freisetzt.

Mit einem Heißluftgebläse kann man in ähnlicher Technik Holzbeschichtungen entfernen.

Auch Betonflächen können abgebrannt werden; dieses Verfahren nennt man Flammstrahlen. Dabei wird eine Betonfläche mit einem breiten Brenner befahren, der Flammen mit einer Temperatur von bis zu bis 1500 °C erzeugt (Abb. 2).

Man kann mit diesem Verfahren oberflächlich eingedrungene Öle und Fette, chemische Verunreinigungen und Anstriche entfernen. Anschließend muss Fräsen, Kugelstrahlen oder Bürsten erfolgen, um die Oberfläche für weitere Arbeiten vorzubereiten.

6.2.8 Fräsen

Um Betonböden vor einer neuen Beschichtung von Schlämmen, Altbeschichtungen, Resten von Isolierungen oder Verunreinigungen millimetergenau zu befreien, werden diese abgefräst.

In den Fräsen sind Diamantscheiben oder Stahllamellen auf einer Walze angeordnet.
Sie rotieren und haben je nach Typ schneidende, spanende oder schlagende Wirkung auf den Untergrund. Man kann beim Fräsen mehrere mm Schicht entfernen.

Abb. 3: Abkratzen einer abgebeizten Fläche mit einem Spachtel

6.2.9 Abbeizen/Entschichten mit Lösemitteln

Das Abbeizen von Altbeschichtungen erfordert den Einsatz von Abbeizern auf lösemittelhaltiger oder alkalischer Basis.
Diese Materialien sind sowohl für die menschliche Gesundheit als auch für die Umwelt gefährlich. Daher sollte das Abbeizen nur als letzte Möglichkeit verwendet werden, wenn technisch oder wirtschaftlich kein anderes Verfahren in Betracht kommt.

Es existieren zwei Arten von Abbeizern:

- Ablauger und
- Abbeizfluide.

Ablauger enthalten **alkalische** Verbindungen, wie z. B. **Natronlauge**, **Ammoniak** und **Natriumcarbonat**. Sie sind anwendbar bei ölhaltigen Beschichtungen und Alkydharzlacken.

Abbeizfluide bestehen aus Lösemittelgemischen (u. a. Kohlenwasserstoffen) und können bei Dispersionen, Kunstharzputzen und Acryllacken eingesetzt werden.

Nach dem Anlösen der Altbeschichtung mittels eines Pinsels mit Kunststoffborsten oder einer Bürste muss man eine Einwirkzeit abwarten. Dann werden die alten Schichten zunächst abgekratzt und getrennt entsorgt (Abb. 3). Damit lässt sich der Aufwand des Abspülens verringern. Durch das notwendige Nachreinigen der Oberfläche zum Entfernen von Abbeizerresten fällt Abwasser an, das nicht ohne weiteres in die Kanalisation geleitet werden darf. Die Abwässer müssen aufgefangen und fachgerecht entsorgt werden.

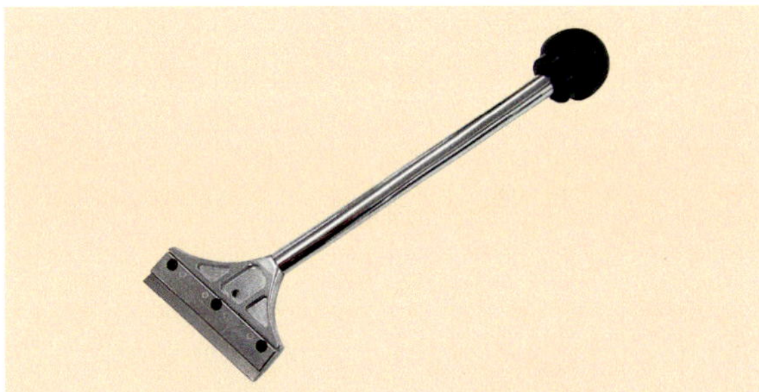

Abb. 4: Handschaber

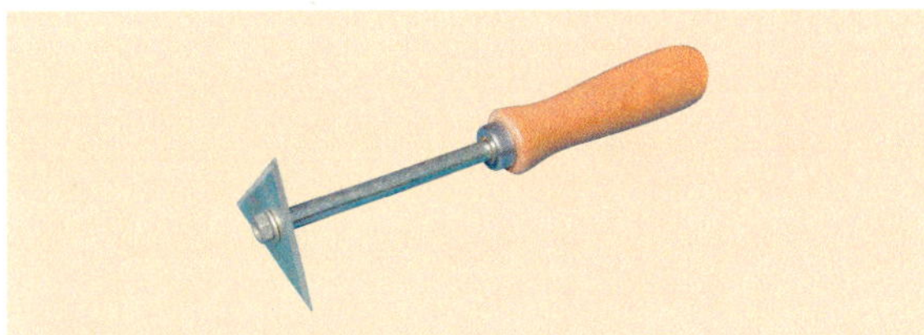

Abb. 5: Dreikantschaber

6.2.10 Abkratzen/Abschaben

Flache Oberflächen können in vielen Fällen durch einfaches Abkratzen oder Abschaben gereinigt werden. Je nachdem, ob man in Ecken oder auf abgerundeten Partien arbeiten will, gibt es entsprechende Schaber oder Spachtel (Abb. 4–5). Man muss beim Abschaben und Abkratzen darauf achten, keine tiefen Spuren in die Oberfläche zu kratzen, die dann nachgearbeitet werden müssten (Werkzeuge → Tabellenbuch Maler und Lackierer).

Gefahren beim Abbeizen

Folgende Hinweise im Umgang mit Abbeizern sind zu beachten:

- Abbeizer, die Dichlormethan (DCM) enthalten, werden wegen ihrer universellen Einsetzbarkeit immer noch häufig verwendet. Das Gefahrenpotenzial dieser Materialien ist aus der Kennzeichnung nur unzureichend ersichtlich. Aufgrund der hohen Flüchtigkeit des Dichlormethans ist bei Tätigkeiten mit DCM-haltigen Abbeizern mit hohen Konzentrationen zu rechnen, auch im Freien.
- Bei Aufnahme von flüssigem Dichlormethan (auch über die Haut) oder Dichlormethandämpfen treten Vergiftungserscheinungen auf wie Kopfschmerzen, Schwindel, Appetitlosigkeit, bis hin zu narkoseähnlichen Zuständen. Hohe Konzentrationen von Dichlormethan (DCM) können zur Bewusstlosigkeit und zum Tod durch Ersticken führen.
- Dichlormethandämpfe sind schwerer als Luft und können in Bodennähe konzentrierter auftreten.
Man sollte Raumluftabsaugung in Bodenhöhe vorsehen und unter Abzug oder Absaugung arbeiten.
Die Dämpfe dürfen auf keinen Fall eingeatmet werden.
- Beim Umgang mit Dichlormethan sollte Schutzkleidung einschließlich Handschuhen getragen werden.
Latex- oder Nitril-Kautschukhandschuhe sind nicht ausreichend.
Stattdessen sollten Handschuhe aus Viton oder Butylkautschuk verwendet werden.
- Diese aufwändigen und teuren Schutzmaßnahmen, die beim Arbeiten mit Abbeizern erforderlich sind, werden in der Regel leider nicht getroffen. Untersuchungen der Berufsgenossenschaften bei Betrieben zeigten, dass sie sich der Gefahren nicht bewusst waren. Auch war nicht klar, dass weniger gefährliche Ersatzstoffe eingesetzt werden können.

6.3 Rissbearbeitung

Risse müssen im Vorfeld von Beschichtungsmaßnahmen beseitigt oder überbrückt werden, da sie durch die üblichen Anstriche oder Wandbeläge nur selten optisch verborgen werden können. An Außenwänden kann durch die Risse Regenwasser ins Bauwerk eintreten, das wiederum Bauschäden verursachen kann.

Es ist wichtig, die genaue Rissursache festzustellen. Dabei müssen der Rissverlauf in die Tiefe, der Konstruktionsaufbau des Bauteiles und die bauphysikalischen Randbedingungen berücksichtigt werden.

Man muss herausfinden, ob ein Riss statisch (unbeweglich) oder dynamisch (beweglich) ist. Um dies zu überprüfen, wird auf einen Riss, von dem nicht klar ist, ob er statisch oder dynamisch ist, eine Gipsmarke gesetzt. Dabei handelt es sich je nach Rissbreite um einen Gipsstreifen von 1 mm bis 10 mm Dicke und 10 mm bis 100 mm Breite, der quer über den Riss angebracht wird. Handelt es sich um einen dynamischen Riss, reißt auch die getrocknete Gipsmarke. Dieses Problem muss eine Baufirma beseitigen, bevor der Maler weiterarbeiten kann.

Ergibt sich auch nach Ablauf eines festgelegten Zeitraums kein Riss, hat man es mit einem statischen Riss zu tun, der vom Malerbetrieb überarbeitet werden kann.

Die Breite der Risse wird mit einem Rissbreitenmesser ermittelt (Abb. 1). Die Tiefe wird mit einer Nadel gemessen. Diese Nadel wird so weit es geht in den Riss eingeführt und daran die Tiefe gemessen. Zu diesem Zweck gibt es auch Nadeln mit einer Millimeterskala. Bei der Begutachtung von Rissen sind folgende Fragen zu berücksichtigen:

- Wird die Optik des Bauwerks durch die vorhandenen Risse beeinträchtigt?
- Versagt die Funktion des Bauwerks durch die Risse?
- Ist mit einer Zunahme der vorhandenen Rissbreite oder der Anzahl der Risse zu rechnen?

Bauwerksbedingte Risse, die durch Setzung des Bauwerks oder Konstruktionsfehler entstanden sind, müssen von einem Bauunternehmen behoben werden, ehe ein Malerbetrieb an dem Objekt weiterarbeitet.

Abb. 1: Rissbreitenmesser

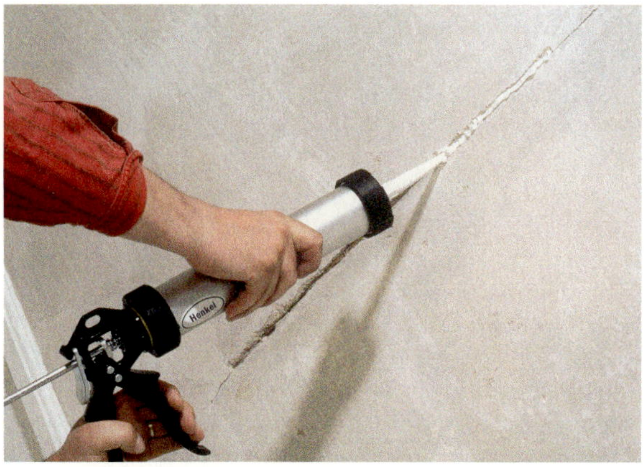

Abb. 2: Füllen von Rissen mit elastoplastischer Fugenmasse

Abb. 3: Überkleben der gefüllten Risse mit Glasgewebe

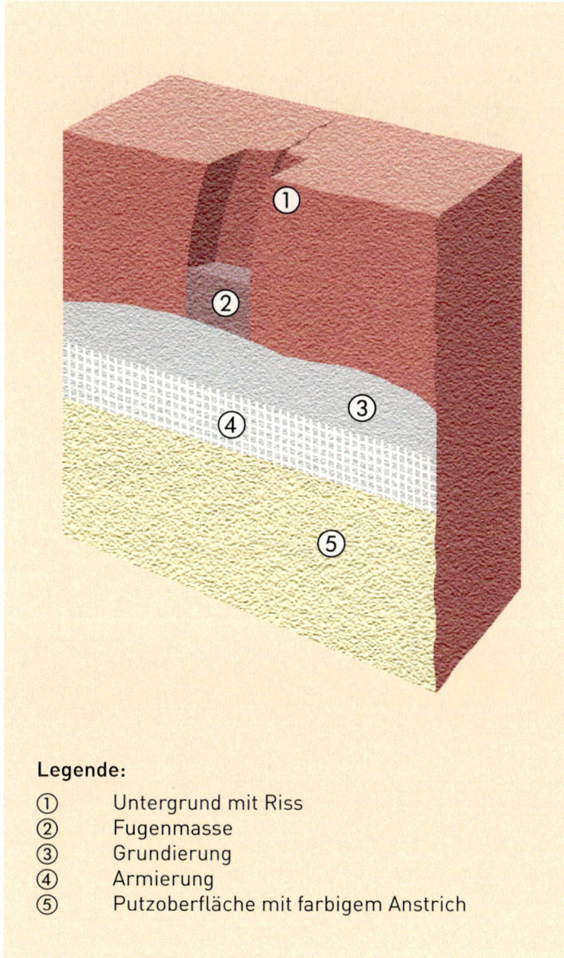

Abb. 4: Schema: Rissüberbrückung mit Armierungsgewebe

6.3.1 Risse auf Putzuntergründen

Mit Rissen kann der Maler z. B. bei Putzuntergründen konfrontiert werden. Dort unterscheidet man, abgesehen von bauwerksbedingten Rissen, zwischen Fugenrissen, Netzrissen und Haarrissen (LF 2). Risse treten im Putz auf, wenn der Oberputz eine höhere Festigkeit als untere Putzschichten aufweist oder wenn eine zu hohe Putzdicke vorhanden ist. In Innenräumen können Risse mit Glasgewebe oder Vlies überklebt werden, nachdem die Risse mit elasto-plastischer Fugenmasse ausgefüllt worden sind (Abb. 2 und 3). Das Gewebe kann anschließend mit herkömmlichen Tapeten überklebt werden.

Auf Außenwänden muss der Putz je nach Schaden ausgebessert oder erneuert werden. Zur Erneuerung des Putzes wird der Altputz abgeschlagen und komplett neu verputzt. Die Ausbesserung von Haar- und Netzrissen im Putz kann mit elastischen Rissfüllmassen und Anstrichsystemen vorgenommen werden. Bei Fugenrissen wird zur Rissüberbrückung zunächst ein Armierungsgewebe aus Kunststoff aufgeklebt, ehe mit elastischen Beschichtungen weitergearbeitet wird (Abb. 4).

Bei Altbauten wird bei Putzschäden oder Rissen oft aus Gründen des Wärmeschutzes ein Wärmedämmverbundsystem (WDVS, LF 7) auf die schadhafte Fassade aufgebracht, das anschließend verputzt wird. Somit verschwinden die Risse und gleichzeitig wird Energie gespart.

Abb. 1: Risse im Betonuntergrund

6.3.2 Risse auf Betonuntergründen

Bei Betonteilen ist es unvermeidbar, dass es aus konstruktiven Gründen zu Rissen kommt. Dies ist zulässig und kein Mangel (Abb. 1).
Risse sind nicht von vornherein mit Risiken für das Bauwerk verbunden, wenn die Risse nicht breiter als 0,1 mm bis 0,4 mm sind. Es existiert zunächst keine Gefährdung für Dauerhaftigkeit und Gebrauchsfähigkeit des Bauwerks, wenn sich die Rissweiten innerhalb der erlaubten Grenzen bewegen und keine sonstigen negativen Einflüsse vorliegen.

Überschreitet man die Grenzwerte und lässt Schadstoffe in den Beton eindringen, kann das zur Korrosion an der aus Stahl hergestellten Verstärkung (Bewehrung) des Betons und somit zu Bauschäden führen. Nur besondere Bauteile, z. B. Böden von Tankstellen, müssen völlig rissfrei sein, damit keine umweltgefährdenden Stoffe ins Erdreich eindringen können.

Die Bewehrung des Betons kann die Risse nicht verhindern. Sie sorgt aber dafür, dass statt breiter Risse schmale und somit für das Bauwerk ungefährliche Risse entstehen.

Von diesen nicht vermeidbaren Rissen sind Oberflächenrisse zu unterscheiden, die grundsätzlich unerwünscht sind und häufig betontechnologische Gründe haben.

Um ein Bauteil gegen das Eindringen aggressiver Stoffe in vorhandene Risse zu schützen, müssen rissüberbrückende Beschichtungen eingesetzt werden. In einem Bauteil kann es durch jahreszeitlich bedingte Temperaturänderungen, wechselnde Einstrahlung der Sonne sowie Abkühlung zwischen Tag und Nacht zu einer Vielzahl an Rissweitenänderungen kommen. Besonders, wenn man mit auffallenden Rissweitenänderungen rechnen und von weiterer Rissbildung im Untergrund ausgegangen werden muss, wird der Einsatz rissüberbrückender Beschichtungssysteme notwendig.
Die Beschichtung muss auch Bewegungen in der Konstruktion ausgleichen, ohne dass der Rissverschluss nachlässt. Der Möglichkeit der Rissüberbrückung wird in der Instandsetzungsrichtlinie durch die Aufteilung in Rissüberbrückungsklassen Rechnung getragen (Tab. 1).

Tab. 1: Rissüberbrückungsklassen nach Instandsetzungsrichtlinie

Rissüberbrückungsklassen		Rissart	Prüfbedingungen[1] (Auswahl)
Symbol	Beschreibung		
I_T	Gering	Vorhandene und nachträglich entstehende oberflächennahe Risse Rissbreite maximal 0,15 mm Rissbewegung durch Temperaturwechsel max. 0,06 mm	T: −20 °C RW: 1000 kRW: 0,1 mm gRW: 0,15 mm
II_T	Erhöht	Vorhandene und nachträglich entstehende oberflächennahe Risse und/oder Trennrisse Rissbreite maximal 0,3 mm Rissbewegung d. Temperatur- o. Lastwechsel max. 0,2 mm	T: −20 °C RW: 1000 kRW: 0,3 mm gRW: 0,1 mm
A2	Statisch nach DIN EN 1062-7	Vorhandene und nachträglich entstehende, nicht bewegliche Risse; Rissbreite maximal 0,1 mm	T: −10 °C gRW: 0,1 mm

Kürzel Prüfbedingungen: T: Prüftemperatur; RW: zu prüfende Risswechsel; kRW: kleinste Rissweite; gRW: größte Rissweite

[1] Erläuterung: Die Prüfbedingungen für I_T bedeuten beispielsweise, dass ein Beschichtungssystem für diese Rissüberbrückungsklasse 1000 Rissweitenwechsel von 0,1 mm auf 0,15 mm und zurück bei −20 °C überstehen muss.

6.4 Entsorgung von Abfallstoffen

Je nach Art und Umfang der Auftragserteilung an den Malerbetrieb muss die Entsorgung von Abfallstoffen sehr unterschiedlich gehandhabt werden.

Auf einer Baustelle können unterschiedliche Abfälle anfallen, die unterschiedlichen Entsorgungsregeln unterworfen sind. Maler haben z. B. in Bezug auf Reste von Beschichtungsmaterialien mit Sondermüll zu tun, der keinesfalls in die Kanalisation oder den Erdboden gelangen darf. Es fallen auf Malerbaustellen häufig farbverschmutzte Abdeckmaterialien, wie Folien, Klebebänder oder Papierbögen an. Darüber hinaus ergibt sich eine erhebliche Menge unterschiedlicher Verpackungsabfälle, da die meisten Materialien in Papiersäcken, mit Polystyrolverstärkungen oder -chips, in Folienverpackungen oder mit Umreifungen mit Kunststoffbändern geliefert werden. Beton-, Mörtel-, Putz- und Zementreste fallen bei Arbeiten an Innenwänden oder Fassaden an. Altholz kann u. a. in Form ausgebauter Fußleisten als Bauabfall vorkommen.

6.4.1 Planung der Abfallentsorgung

Die Voraussetzung für die richtige Abfallentsorgung auf der Baustelle ist die Berücksichtigung der maximal anfallenden Abfallmengen sowie der Entsorgungsmöglichkeiten. Der zu erwartende Aufwand der Entsorgung muss insbesondere bei der Kalkulation von Angeboten mit einbezogen werden. Bei größeren Aufträgen wird empfohlen, ein detailliertes Entsorgungskonzept zu erstellen.

Folgende Gesichtspunkte sind bei der Planung der Abfallentsorgung zu berücksichtigen:

- Umgang mit ggf. gefährlichen Abfällen,
- Abfalltrennung,
- Bereitstellung von Sammelbehältern,
- Rücktransport von Abfällen in den Betrieb zur Entsorgung,
- Entsorgungsmöglichkeiten von Abfällen auf der Baustelle,
- Einweisung der Mitarbeiter vor Ort.

Kalkulationsblatt für die Abfallentsorgung (Bauleitung)

Baustelle: Kasseler Straße — *– Beispielkalkulation –*

Grundlage: Leistungsverzeichnis (Rohbau)

	Erwartete Abfallmenge in m³											**Kosten EUR**	**Entsorgt**		
	in Position												**Menge (m³/t)**	**Kosten EUR**	
Abfallart	**1**	**2**	**3**	**4**	**5**	**6**	**7**	**8**	**9**	**Re**	**Ges**				**Behälter**
Erdaushub															
Bauschutt				5	10				1	10	26	307	60 m³	**450**	Cont. / 7 m³
Holz				20	10						30	869	52 m³	**1435**	Cont. / 7 m³
Schrott				1							1	51	1 m³	**0**	lose
Verpackungen, allg.															
Folien					5						5	26	5 m³	**0**	Säcke
Papiersäcke					2						2	5	5 m³	**0**	Säcke
Umreifungsbänder					2						2	5	0	**0**	Säcke/Schrott
Styropor															
Grüner Punkt											2	0		**0**	Gelbe Säcke
Bitumenanstrich								10			10	10	Rückgabe		lose
Baustellenabfälle					1			1		15	17	1534	16 m³	**617**	Cont. / 7 m³
Hm-ähnl. Gewerbeabfall											5	153	5 m³	**107**	Abfalleimer
Mineralrolle					2						2	128	3	**61**	Säcke
Styrodur					2						2	2128	3	**67**	Säcke
Sonderabfälle															

Hm-ähnl.: Hausmüll-ähnlich   Re: Abfälle aus Baustellenreinigung   Ges.: Erwartete Gesamtmenge

Abb. 2: Kalkulation der Abfallentsorgung auf der Baustelle

6.4.2 Abfallvermeidung

Die rechtliche Grundlage für den Umgang mit Abfällen ist das „Kreislaufwirtschafts-und Abfallgesetz". Dieses ist das zentrale Gesetz des deutschen Abfallrechts und wird durch spezielle Rechtsverordnungen (z. B. Gewerbeabfallverordnung, Verpackungsverordnung) ergänzt. Das Abfallrecht fordert, das Entstehen von Abfällen grundsätzlich zu vermeiden. Es gilt der Grundsatz „Vermeidung vor Verwertung vor Beseitigung". Die Vermeidung von Abfall ist für einen Betrieb auch wirtschaftlich sinnvoll, da sowohl Entsorgungskosten als auch Arbeitsaufwand der eigenen Mitarbeiter reduziert werden können.

Die Abfallvermeidung setzt schon z. B. bei der Bestellung von Gebinden mit Beschichtungsmaterial an. Bestellt man zu viele Kleingebinde, erhöht dies den Verpackungsmüll. Werden zu große Gebinde geordert, bleiben häufig nicht mehr verarbeitbare Materialreste übrig, die entsorgt werden müssen.

Zum Beispiel trägt schon die mehrmalige Verwendung von Abdeckfolien oder -papier zur Müllreduzierung bei. Der dennoch anfallende Abfall des Betriebes muss nach wieder verwertbaren Materialien und Bau- bzw. Abbruchabfällen getrennt werden. Nur dann kann er separat verwertet oder entsorgt werden. Die Einzelheiten werden in der Gewerbeabfallverordnung geregelt.

Tab. 1: Trennung von Baustellenabfällen nach Gewerbeabfallverordnung

Bauabfälle	Verpackungsabfälle
Bauschutt Mörtel und Zement, Fliesen, Keramik, Mauerbruch, Betonreste	**Papier-Verpackungen** Papier, Pappe, Papiersäcke (restentleert)
Holzabfälle Bretter, beschädigte Paletten, Verschnittreste	**Styropor-Verpackungen** Saubere Formteile und Chips Keine Dämmstoffe/ Baustyropor!
Schrott Rohrabschnitte, restentleerte Blechgebinde, Umreifungsbänder aus Stahl	**Folien-Verpackungen** Saubere Folien, restentleerte Säcke
Baustellenabfälle Baufolien, verschmutzte Verpackungen, Abdeckpapier, Gipskarton, ...	**Umreifungen** Kunststoff-Umreifungen Stahl-Umreifungen ➡ Schrott
Sonderabfälle Sammelstelle, Abgabe nur in Anwesenheit eines Poliers	**Kunststoffgebinde** Restentleerte Kanister, Hobbocks (Rundeimer), Fässer

Abb. 1: Gesammelte Reste von Beschichtungsstoffen

Für Verdünnungen, Putze und sonstige in Malerbetrieben und auf Baustellen verwendete Großmengen können Pfandgebinde, Kleinsilos usw. verwendet werden.

Komplett restentleerte, trockene oder durchgehärtete Gebinde können in den regulären Gewerbemüll gegeben oder an den Hersteller zurückgegeben werden. Das Aushärten und Austrocknen von Restbeschichtungsstoffen kann auch die Gefährlichkeit der Materialien verringern (Abb. 1).

Im Rahmen kleinerer Baustellen, bei denen nur geringe Mengen Abfall entstehen, muss der Rücktransport des Mülls in die Firma oder zur Annahmestelle gewährleistet werden.

Die Behälter, in denen der Abfall getrennt nach Sorten gesammelt wird, müssen auch transportierbar sein. Bei größeren Mengen werden von Spezialfirmen Container zum Sammeln des Abfalls bereitgestellt und später abgeholt. Der Malerbetrieb muss während der Verwendung darauf achten, dass niemand z. B. stark verschmutzte Abfälle oder Fremdmaterialien (Altöl, Autoreifen usw.) in die Behälter werfen kann, was die Entsorgung verteuern könnte. Daher sind Container abzudecken oder deren Deckel abzuschließen, wenn sie nicht gebraucht werden (Abb. 3).

Verpackungsmaterialien mit dem „Grünen Punkt" sowie Kartons, Verpackungsfolien, Kanister, Fässer, Eimer, Paletten usw.

können über Recycling-Systeme zurückgegeben werden. Über diese Möglichkeiten kann sich der Malerbetrieb bei seinem Lieferanten erkundigen.

Beschichtungsmaterialreste werden nach wasser- und lösemittelverdünnbaren getrennt (Abb. 2) und von Spezialfirmen entsorgt.

Verschmutzte Altverdünnungen können in einem Sammelbehälter an den Lieferanten zurückgegeben werden. Der Hersteller kann aus diesen Materialien unter Zuhilfenahme eines Destilliergeräts Lösemittel rückgewinnen, die als Wasch- bzw. Reinigungsverdünnung wieder verwendet werden können.

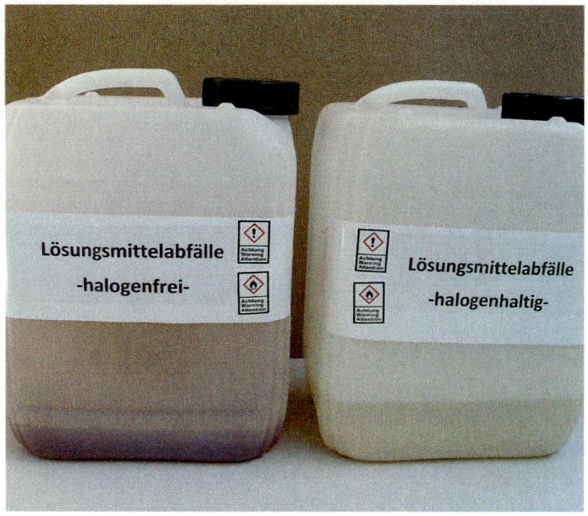

Abb. 2: Sammelbehälter für Altverdünnung

Kennzeichnung von Abfällen
Mit dem Kreislaufwirtschafts und Abfallgesetz (KrW-/AbfG) ist 1999 als Grundlage einer europaweiten einheitlichen Beschreibung und Identifikation von Abfällen und Reststoffen der Europäische Abfallkatalog eingeführt worden. Dieser wurde durch die Abfallverzeichnisverordnung (AVV) in deutsches Recht umgesetzt. In diesen Vorschriften zur Kennzeichnung von Abfällen ist die jeweilige Abfallart ist mit einer sechsstelligen Schlüsselnummer (EAK-Abfallschlüssel) bezeichnet. Tabelle 1 gibt beispielhaft Abfallschlüssel aus der AVV für typische Abfälle aus dem Beschichtungsbereich an.

Grundsätzlich gilt das Vermischungsverbot für Abfälle. Fallen Beschichtungsstoffreste oder Verdünnungsreste an, so sind sie getrennt mit Abfallschlüssel versehen zu entsorgen. Fallen sie in vermischter Form an, so wird dieser Mischabfall in Recyclinganlagen sortiert und die verwertbaren Anteile abgetrennt. Dies kann zu stark erhöhten Entsorgungskosten führen.

Tab. 1: Abfallschlüssel für Beschichtungsmaterialien lt. AVV (Auswahl, Beispiel in Klammern)

Schlüssel	Beschreibung
08	Abfälle aus HZVA von Beschichtungen (Farben, Lacke), Klebstoffen, Dichtmassen und Druckfarben (HZVA = Herstellung, Zubereitung, *Verarbeitung und Anwendung*)
08 01	Abfälle aus HZVA und Entfernung von Farben und Lacken
08 01 11	Farb- und Lackabfälle, die organische Lösemittel oder andere gefährliche Stoffe enthalten (z. B. Reste lösemittelhaltiger Alkydlacke)
08 01 12	Farb- und Lackabfälle mit Ausnahme derjenigen, die unter 08 01 11 fallen (z. B. Reste von Dispersionen)
08 01 13	Farb- oder Lackschlämme, die organische Lösemittel oder andere gefährliche Stoffe enthalten
08 01 14	Farb- oder Lackschlämme mit Ausnahme derjenigen, die unter 08 01 13 fallen
08 01 15	wässrige Schlämme, die Farben oder Lacke mit organischen Lösemitteln oder anderen gefährlichen Stoffen enthalten (z. B. Reinigungslaugen mit Resten lösemittelhaltiger Alkydlacke)
08 01 17	Abfälle aus der Farb- oder Lackentfernung, die organische Lösemittel oder andere gefährliche Stoffe enthalten (z. B. Verdünner mit abgelöster Beschichtung)

6.5 Arbeitsbühnen

Für die Arbeit an höher gelegenen Stellen können statt Leitern und Gerüste auch Arbeitsbühnen verwendet werden. Das Aufstellen der Arbeitsbühnen geht im Vergleich zu einem Gerüst sehr schnell und ist deshalb auch besonders kostengünstig. Vor allem bei kleinflächigen Arbeiten in großer Höhe sind sie bestens geeignet.

Ungünstig ist der Einsatz bei Objekten, bei denen an einer größeren Fläche mehrere Arbeiter gleichzeitig beschäftigt sind. Beispiel: Mehrere Personen rollen die Fassade während andere die Laibung ausmalen.

Für Malerarbeiten werden meist Arbeitsbühnen verwendet, die auf einem Anhänger montiert sind. Im Innenbereich sind besonders die kleinen Maße des eingefahrenen Gerätes wichtig, damit es durch die Türen passt.

Die Anschaffung einer eigenen Arbeitsbühne lohnt sich für einen Malerbetrieb meist nicht. Deshalb werden sie von Spezialfirmen für bestimmte Objekte ausgeliehen.

Schutzgerüste und Arbeitsbühnen sind genormt (Tab. 1).

Abb. 1: Teleskop-Hebebühne als Anhänger

Abb. 2: Scherenhubarbeitsbühne

6.5.1 Arten von Hubarbeitsbühnen

Teleskoparbeitsbühne
Bei einer Teleskoparbeitsbühne wird die erforderliche Länge dadurch erreicht, dass sich das letzte Segment in die Länge ausfahren lässt. Das Teleskopgestänge ist an einer Stelle drehbar auf dem Gestell befestigt (Abb. 1).

Scheren-Arbeitsbühne
Scherenbühnen lassen sich nur senkrecht nach oben fahren. Ihr Vorteil ist die Standsicherheit und der breitere Korb, in dem auch mehrere Personen gleichzeitig arbeiten können (Abb. 2).

Gelenkarbeitsbühne
Im Gegensatz zu reinen Teleskop-Arbeitsbühnen sind Gelenk-Arbeitsbühnen an mehreren Gelenkpunkten drehbar. Durch den mehrfachen Knick und Drehung können auch schwierig zu erreichende Stellen an einem Gebäude bearbeiten werden. Wenn das letzte Segment teleskopartig ausfahrbar ist, handelt es sich um eine Gelenkteleskoparbeitsbühne (Abb. 3).

Tab. 1: Normen für Schutzgerüste und Arbeitsbühnen

DIN 4420-1	Arbeits- und Schutzgerüste – Teil 1: Schutzgerüste – Leistungsanforderungen, Entwurf, Konstruktion und Bemessung
DIN EN 280	Fahrbare Hubarbeitsbühnen – Berechnung – Standsicherheit – Bau – Sicherheit – Prüfungen; Deutsche Fassung prEN 280: 2009
DIN EN 1004	Fahrbare Arbeitsbühnen aus vorgefertigten Bauteilen – Werkstoffe, Maße, Lastannahmen und sicherheitstechnische Anforderungen; Deutsche Fassung EN 1004: 2004

Abb. 3: Gelenk-Arbeitsbühne

Abb. 4: Gelenk-Arbeitsbühne

6.5.2 Sicherheitsbestimmungen

Allgemeine Hinweise
Hubarbeitsbühnen dürfen nach den Regeln der Berufsgenossenschaft (BGR 260) nur Personen bedienen, die entsprechend ausgebildet und vom Unternehmer dafür beauftragt sind. Jugendliche unter 18 Jahren dürfen im Rahmen ihrer Berufsausbildung Arbeitsbühnen nur unter Aufsicht einer dafür vorgesehenen Person bedienen.
Die Arbeitsbühnen müssen sicher auf einer waagrechten Position aufgestellt sein. Die Ausleger sind auszufahren. Die Stützen müssen bei weichem Untergrund mit Brettern unterlegt werden.
Besonders bedeutsam ist bei der Arbeit mit Arbeitsbühnen die Sicherung der Verkehrswege. Es muss sicher gestellt sein, dass sich keine Personen unter dem Arbeitsbereich befinden. Wenn die Arbeitsbühne auf öffentlichen Straßen steht, ist die Gefahr besonders groß, dass vorbeifahrende Fahrzeuge einen Standfuß berühren und dadurch eine Person aus dem Arbeitskorb geschleudert wird. Deshalb muss das Gerät ausreichend gesichert werden.

Abstand zu Hochspannungsleitungen
Besonders zu beachten ist der Abstand zu elektrischen Hochspannungsleitungen. Die Abstände nach Tabelle 2 müssen unbedingt eingehalten werden, da sonst schwerste Verletzungen und Tod drohen.

Tab. 2: Abstände zu Hochspannungsleitungen nach VDE 0105-100

Spannung	Mindestabstand
Bis 1 kV	1 m
1 kV – 110 kV	3 m
110 kV – 220 kV	4 m
220 kV – 380 kV	5 m

Auffanggurte
Die wichtigste persönliche Schutzausrüstung (PSA) ist der Auffanggurt (Abb. 4 und → Kap. 6.6.5). Dieser muss beim Aufenthalt im Korb ständig angelegt sein. Das Halteseil sollte so kurz wie möglich eingestellt sein, damit bei einer unvorhergesehenen Bewegung des Korbes der Arbeiter nicht hinausstürzen kann.

Aufgaben zu Kapitel 6.1 bis 6.5

1. Sie möchten eine ammoniakalische Netzmittelwäsche durchführen. Um die Mischung anzusetzen, steht Ihnen nur ein kleinerer Kanister zur Verfügung.
   Berechnen Sie, wie viel Liter Ammoniaklösung hinzu gegeben werden muss, wenn sich drei Liter Wasser im Kanister befinden?

2. Bevor Sie bei der ammoniakalischen Netzmittelwäsche das Spülmittel hinzugeben, haben Sie insgesamt 12 Liter der Mischung vorliegen. Wie viel Liter Wasser sind Bestandteil dieser Mischung?

3. Woraus werden Materialien hergestellt, die zum Abdecken von Möbelstücken und Fußböden im Rahmen von Beschichtungsarbeiten verwendet werden?

4. Beschreiben Sie die sachgerechte Lagerung von Klebebändern.

5. Nennen Sie persönliche Schutzmaßnahmen beim Abwaschen von Oberflächen mit hautschädigenden Stoffen.

6. Nennen Sie die Kategorien, in die Schwebstaub eingeteilt wird.

7. Welche Schutzmaßnahmen sind vom Anwender bei der Verwendung eines Winkelschleifers zu beachten?

8. Bei welchem Arbeitsdruck wird ein Höchstdruckreiniger betrieben?

9. Was veranlasst ein Malerbetrieb, wenn verschmutzte Verdünnung bei Arbeiten anfällt?

10. Durch welches Verfahren kann festgestellt werden, ob ein Riss statisch oder dynamisch ist?

11. Nennen Sie drei unterschiedliche Strahlverfahren und das jeweilige Anwendungsgebiet.

12. Beschreiben Sie, welche Sicherheitsaspekte beim Abbeizen zu beachten sind.

13. Nennen Sie die Kennzeichen von Teleskop-, Gelenk- und Scheren-Hubarbeitsbühnen.

14. Bei der Arbeit in einer Hubarbeitsbühne muss ein Auffanggurt getragen werden. Nennen Sie Gründe, warum die Gefahr des Absturzes von einer Arbeitsbühne besonders groß ist.

15. Sie arbeiten in der Nähe einer 100 kV-Hochspannungsleitung.
    Nennen Sie den Abstand, den Sie mindestens einhalten müssen.

6.6 Persönliche Schutzausrüstung

Maler und Lackierer kommen nicht nur mit gefährlichen Arbeitsstoffen in Kontakt, sondern auch mit risikoreichen Arbeitsstellen. Um Unfälle und Gesundheitsgefährdungen zu vermeiden, ist eine entsprechende persönliche Schutzausrüstung unverzichtbar. Diese ist den Mitarbeitern oft nicht bekannt. Der Arbeitgeber ist jedoch verpflichtet dem Arbeitnehmer diese zur Verfügung zu stellen.

Neben der Bereitstellung der Schutzausrüstung müssen alle Mitarbeiter über die im Betrieb verwendeten Gefahrenstoffe und die dazu nötigen Schutzmaßnahmen einmal im Jahr informiert werden.

Tab. 1: Sicherheits- und Gefahrensymbole nach DIN 4844-1 und BGV A8

Beschreibung	Zeichen
■ **Verbotszeichen** ist ein Sicherheitszeichen, das ein Verhalten, durch das eine Gefahr entstehen kann, untersagt. **DIN 4844-2 und BGV A8**	
■ **Warnzeichen** ist ein Sicherheitszeichen, das vor einem Risiko oder einer Gefahr warnt. **DIN 4844-1 und BGV A8**	
■ **Gebotszeichen** ist ein Sicherheitszeichen, das ein bestimmtes Verhalten vorschreibt. **DIN 4844-1 und BGV A8**	
■ **Rettungszeichen** ist ein Sicherheitszeichen, das den Rettungsweg oder Notausgang, den Weg zu einer Ersten-Hilfe-Einrichtung oder diese Einrichtung selbst kennzeichnet. **DIN 4844-2 und BGV A8**	
■ **Brandschutzzeichen** ist ein Sicherheitszeichen, das Standorte von Feuermelde- und Feuerlöscheinrichtungen kennzeichnet. **DIN 4844-2 und BGV A8**	

6.6.1 Sicherheitskennzeichnung am Arbeitsplatz

Ist am Arbeitsplatz mit Gefahren und Belastungen zu rechnen, müssen entsprechende Sicherheits- und Gefahrensymbole sichtbar angebracht sein (Tab. 1). Die Umsetzung ist in der Berufsgenossenschaftsverordnung (BGV) A8 (Sicherheits- und Gesundheitsschutzkennzeichnung am Arbeitsplatz) geregelt. Zweck jeder Sicherheitskennzeichnung ist es, schnell und leichtverständlich die Aufmerksamkeit auf Gegenstände und Sachverhalte zu lenken, die bestimmte Gefahren verursachen können.

Begriffsbestimmung:
Im Sinne der Unfallverhütungsvorschriften ist

- **Sicherheits- und Gesundheitsschutzkennzeichnung** eine Kennzeichnung, die – bezogen auf einen bestimmten Gegenstand, eine bestimmte Tätigkeit oder eine bestimmte Situation – jeweils mittels eines Sicherheitszeichens, einer Farbe, eines Leucht- oder Schallzeichens, eines Sprechzeichens oder eines Handzeichens eine Sicherheits- und Gesundheitsschutzaussage (Sicherheitsaussage) ermöglicht.
- Ein **Sicherheitszeichen** ist ein Zeichen, das durch Kombination von geometrischer Form und Farbe sowie Bildzeichen eine bestimmte Sicherheits- und Gesundheitsschutzaussage ermöglicht (Tab. 1, S. 202).

Welche persönliche Schutzausrüstung zu tragen ist, wird mit den Gebotszeichen gekennzeichnet.

Tab. 1: Bedeutung der geometrischen Form und Sicherheitsfarbe

Sicherheits-farbe	Form	Bedeutung oder Aufgabe	Anwendungsbeispiele	Beispiele
Rot		Halt Verbot	Notausschalteinrichtungen Verbotszeichen	
		Brandschutz	Kennzeichnung von Material zur Feuerbekämpfung	
Gelb	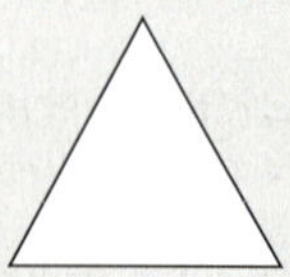	Warnung Vorsicht Mögliche Gefahr	Hinweis auf Gefahren (Feuer, Explosion, Strahlen, chem. Einwirkungen usw.) Kennzeichnung von Schwellen, gefährlichen Durchlässen, Hindernissen	
Grün	 	Gefahrlosigkeit Rettung Erste Hilfe	Kennzeichnung von Rettungswegen und Notausgängen, Rettungsduschen, Erste Hilfe- und Rettungsstationen	 
Blau		Gebot	Besonderes Verhalten oder Tätigkeit, z. B. Verpflichtung zum Tragen einer persönlichen Schutzausrüstung	
		Hinweis		

Abb. 1: Gebotszeichen „Leichter Atemschutz“

Abb. 2: Gebotszeichen Atemschutz

6.6.2 Leichter Atemschutz

Als leichter Atemschutz werden Masken gegen Partikel (feste oder flüssige Teilchen) bezeichnet. Sie sind unter anderem bei Schleifarbeiten zu verwenden und schützen gegen Stäube, Rauch und Nebel.
Unterteilung der Partikelgrößen → Kap. 6.2.4.

Für Asbestarbeiten sind diese Partikelmasken nicht geeignet.

Masken gegen Partikel werden in drei Filterstufen eingeteilt (Tab. 2).

Tab. 2: Filterstufen nach DIN EN 405

Filterstufe	Schutzwirkung
P1	Bis zum 4-fachen des Grenzwertes*
P2	Bis zum 10-fachen des Grenzwertes
P3	Bis zum 30-fachen des Grenzwertes

* landesspezifisch festgelegt

Die Zuordnung der Filterstufe zur Tätigkeit kann der Tab. 3 entnommen werden.

6.6.3 Atemschutz

Bei diesem Gebotszeichen sind Masken, die gegen Gase, Dämpfe und Partikel geeignet sind, zu benutzen. Die zu verwendenden Atemschutzmasken werden in drei Kategorien eingeteilt:

- Halbmasken,
- belüftete Halbmaske,
- belüftete Sicherheitshaube.

Filter und deren Anwendungsbereiche werden durch unterschiedliche Buchstaben und Kennfarben unterschieden.
Halbmasken werden meist mit Kombinationsfilter bestückt (Abb. 3). Das gilt sowohl für Partikelfilter mit dem Kennbuchstaben P und der Kennfarbe Weiß, als auch Filter für Gase und Dämpfe mit dem entsprechenden Kennbuchstaben A und der daraus resultierenden Kennfarbe.

So entsteht zum Beispiel die Kennung:
A2P2 welche als gängige Kombination für Lackierarbeiten eingesetzt wird.
Die Lebenszeit eines Filters ist von der Einsatzdauer abhängig. Daher kann man keinen festen Zeitraum nennen. Wird bei der Verarbeitung jedoch das Lösemittel trotz Maske durch die Nase wahrgenommen, muss unverzüglich der Filter gewechselt werden.

Tab. 3: Filterstufen und zugeordnete Tätigkeiten

Tätigkeit	Filterstufe	
Schleifen, Schneiden, Bohren	Rost, Eisen, Spachtelmasse/Füller	P1
	Mauerwerk/Beton, Stein	P1
	Zement, Holz, Stahl	P2
	Farben/Lacke/Rostschutzanstriche	P2
	Stahl, hochlegiert (Edelstahl)	P3
	Anti-Fouling-Lacke	P3
Verarbeiten von Glas- und Mineralfasern		P2
Müllsortierung		P3
Spritzen	Dispersionsfarben	P2
	Pflanzenschutzmittel (wässrige Lösung)	P2

Abb. 1: Halbmaske mit wechselbaren Filtern

Abb. 2: Belüftete Halbmaske

Abb. 3: Belüftete Sicherheitshaube

Bei längeren Arbeitsunterbrechungen ist der Filter auszubauen. Die Maske ist in einem luftdurchlässigen Behälter zu lagern. Der Filter ist luftdicht zu verpacken. Dies verhindert einen schnelleren Abbau der Aktivkohle im A-Filter.

Halbmaske
Halbmasken sind geeignet für Schleifarbeiten, leichte Lackierarbeiten und Umfüllen von Lösemitteln. Vorteile dieser Masken sind der geringe Preis in der Anschaffung, die leichte Tragbarkeit und ein uneingeschränktes Sichtfeld. Nachteile dieser Masken sind das erschwerte Ein- und Ausatmen, die ungeschützten Augen und das leichte Schwitzen unter der Maske (Abb. 1).

Belüftete Halbmaske
Diese Masken sind geeignet bei längeren Spritzarbeiten. Gegenüber den Halbmasken mit Filter ist hier ein leichtes Ein- und Ausatmen möglich. Die Maske ist von der Umgebungsluft unabhängig. Nachteile dieses Maskentyps sind die ständige Anbindung an einen Kompressor und die damit eingeschränkte Reichweite sowie der fehlende Augenschutz (Abb. 2).

Belüftete Sicherheitshaube
Belüftete Sicherheitshauben sind für gesundheitsschädliche Arbeitsverfahren, Strahlarbeiten und die Verarbeitung giftiger Stoffe besonders geeignet. Der Benutzer hat stets eine saubere Atemluft und ist umgebungsluftunabhängig. Größter Vorteil dieses Maskentyps ist der Komplettschutz des gesamten Gesichtsfeldes. Diese Maske ist von allen Maskentypen die teuerste, aber auch die sicherste. Einziger Nachteil ist der eingeschränkte Sichtbereich (Abb. 3).

Die Zuordnung der Filter zur Tätigkeit kann der Tab. 1 entnommen werden.

Tab. 1: Tätigkeiten und die zu benutzenden Filter

Tätigkeit	Gefahrstoff	Kurzzeichen
Abbeizen	Organische Lösemittel/ Dichlormethan	AX
	Ammoniakhaltige Abbeizmittel	ABEK
Streichen	Lösemittelbasierende Lacke	A2
	Wasserbasierende Lacke mit Restlösemittel	A1
Spritzen	Lösemittelhaltige Lacke, Kunstharze	A2P2
	Isocyanathaltige Lacke	A2P2
	Pflanzenschutzmittel (organisch/verdampfend)	A2P2
Kleben	Lösemittelhaltiger Kleber	A1
Umgang mit:	Schwefeldioxid	ABE
	Hydrogenchlorid (Salzsäure)	ABE
	Ammoniak	K
	Waschbenzin/Nitroverdünnung	A2

Abb. 4: Gebotszeichen Schutzhandschuhe

6.6.4 Schutzhandschuhe

Die am häufigsten verletzten Körperteile bei Arbeitsunfällen sind nach Statistiken der Berufsgenossenschaften die Hände und Finger. Daher ist das Tragen von Schutzhandschuhen unverzichtbar.
Ein Schutzhandschuh ist Bestandteil der persönlichen Schutzausrüstung zum Schutz der Hand oder aller Handbereiche vor Verletzungen. Der Handschuh kann auch einen Teil des Unterarms oder Armes bedecke.
Die Auswahl des richtigen Schutzhandschuhes setzt die richtige Beurteilung der Arbeitsbedingungen, der Gefährdungen und der entstehenden Belastungen mit den daraus folgenden Risiken voraus.

Es gibt keinen universell einsetzbaren Schutzhandschuh. Die im europäischen Markt in Verkehr gebrachten Schutzhandschuhe müssen bestimmte Norm-Voraussetzungen erfüllen und werden nach diesen in Gruppen eingeteilt.

- **DIN EN 388:** Schutzhandschuhe gegen mechanische Risiken.
- **DIN EN 374:** Schutzhandschuhe gegen Chemikalien und Mikroorganismen.
- **DIN EN 407:** Schutzhandschuhe gegen Wärme und Feuer.

Zusätzlich regelt die Norm **DIN EN 420** die allgemeinen Anforderungen von Schutzhandschuhen (Tab. 2).

Allgemeine Anforderungen an Schutzhandschuhe (EN 420):

- **Gestaltung und Konstruktion**
  Die Handschuhe müssen den höchstmöglichen Schutz bei den spezifischen Einsätzen gewährleisten.
  Bei Handschuhen mit Nähten darf die Naht die Leistungsfähigkeit des Handschuhes nicht beeinträchtigen.

- **Unschädlichkeit**
  Die Handschuhe dürfen keine Schädigung des Anwenders verursachen.
  Der pH-Wert der Handschuhe muss zwischen 3,5 und 9,5 betragen.

- **Größe**
  Die Passformangaben können der Tab. 1 entnommen werden.

- **Kennzeichnung und Produktinformation**
  Jeder in der EU verwendete Schutzhandschuh muss folgende Kennzeichnungen tragen:

  - Name des Herstellers,
  - Handschuh- und Größenbezeichnung,
  - CE-Kennzeichnung,
  - entsprechende Piktogramme und geltende Leistungsindikatoren,
  - Gebrauchsinformationen, z. B. einfache Ausführung für nur minimale Risiken oder mittlere und höchste Ausführung mit entsprechenden Piktogrammen.

Tab. 2: Passform Schutzhandschuhe – Handschuhgrößen nach DIN EN 420

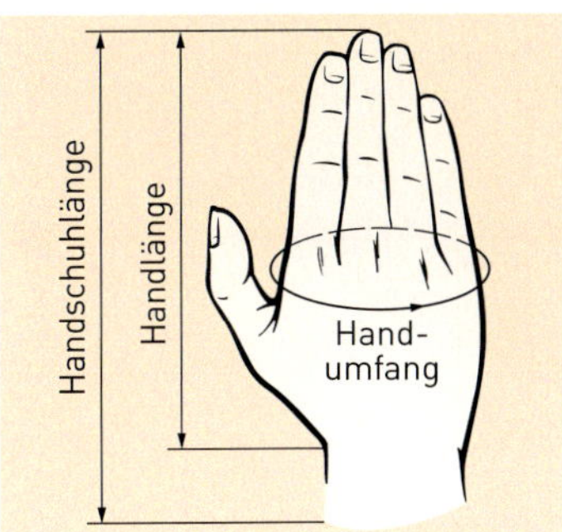

	(in mm)		
Größe	**Handumfang**	**Handlänge**	**Handschuhmindestlänge**
S	165	165	165
M	190	176	176
L	216	187	187

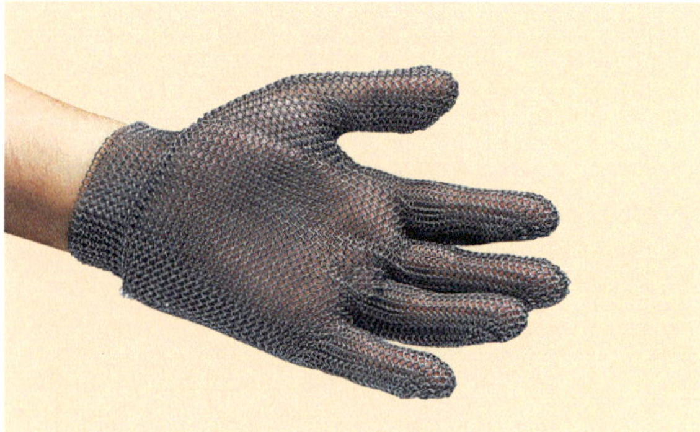

Abb. 1: Schutzhandschuh gegen mechanische Risiken

Abb. 2: Kennzeichnung eines Schutzhandschuhs

Die Kennzeichnung muss während der ganzen Lebensdauer des Schutzhandschuhes lesbar sein. Ist die Kennzeichnung aufgrund der spezifischen Eigenschaften des Handschuhes nicht möglich, muss sie auf der Außenverpackung angegeben sein.

Schutzhandschuhe zum Schutz vor mechanischen Risiken

Bei diesen Handschuhen handelt es sich um Handschuhe zum Schutz vor physischen oder mechanischen Verletzungen durch Abrieb, Klingen, Stiche oder Risse (Abb. 1).

Die Schutzfunktion gegen mechanische Verletzungen wird mit einem Piktogramm und vier Ziffern (Leistungsindikatoren) angezeigt (Abb. 2–3). Diese weisen auf die entsprechenden Leistungstestergebnisse hin.

Das Piktogramm „Mechanische Gefahren" wird von einem vierstelligen Zahlencode ergänzt. Die einzelnen Zahlen geben eine bestimmte Prüfwertung an. Die Zahlenbereiche bewegen sich von 0 bis 4 (bei Schnittfestigkeit bis 5, Abb. 3). 0 bedeutet die geringste Sicherheit, 4 bzw. 5 ist die höchste Sicherheit. Sollte ein X in der Zahlenreihe stehen, bedeutet dies „nicht geprüft".

Bedeutung der Kennzahlen:

- Die erste Zahl gibt die Abriebfestigkeit an.
- Die zweite Zahl gibt die Schnittfestigkeit an.
- Die dritte Zahl gibt die Reißfestigkeit an.
- Die vierte Zahl gibt die Stichfestigkeit an.

Schutzhandschuhe zum Schutz vor Chemikalien und Mikroorganismen

Diese Handschuhe schützen den Anwender vor Chemikalien und/oder Mikroorganismen (Abb. 4–5). Um einen wirksamen Schutz zu gewährleisten, müssen sie vor jeder Benutzung auf Beschädigungen überprüft und gegebenenfalls erneuert werden.
Zur Verwendung des richtigen Handschuhs muss zuerst überprüft werden, welche Anforderungen an den Schutzhandschuh gestellt werden.

Abb. 3: Piktogramm mechanische Risiken

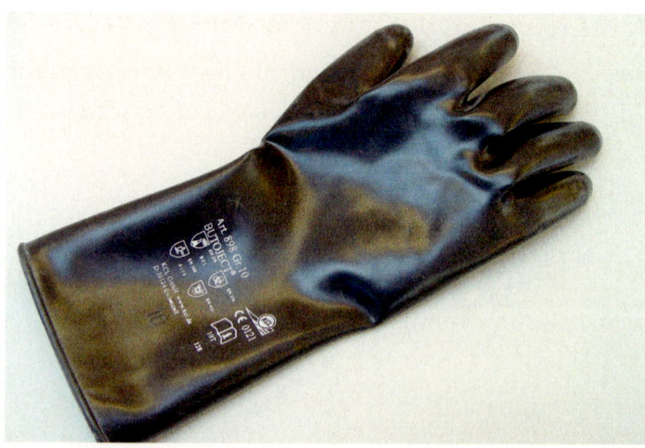

Abb. 4: Schutzhandschuh gegen Chemikalien

Abb. 5: Piktogramme Chemikalien

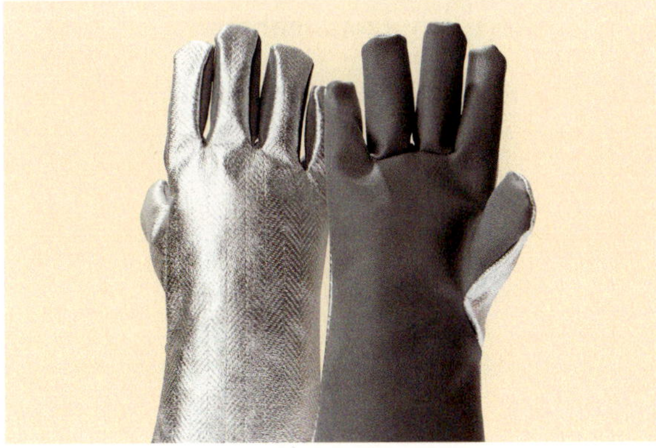

Abb. 6: Schutzhandschuh gegen thermische Risiken

Weiterhin sind folgende Kriterien auch noch für die Auswahl des geeigneten Handschuhmaterials von Bedeutung:

- **Permeation:** Durchtritt von festen, flüssigen oder gasförmigen Stoffen im molekularen Bereich.
- **Degradation:** Verschlechterung des Materials durch Einwirkung von Chemikalien.

Für diese Kriterien werden für jeden Handschuhtyp Schutzklassen von 0–6 abgeleitet (Tab. 1).

Handschutz zum Schutz vor thermischen Risiken

Diese Handschuhe schützen vor Hitze und/oder Flammen (Abb. 6). Die Art und der Grad der Schutzfunktion wird von einem Piktogramm und sechs Leistungsindikatoren (von 0–4) in Verbindung mit spezifischen Schutzeigenschaften angegeben (Abb. 7).

123456

Die Leistungsindikatoren sind:

1 Brandfestigkeit,
2 Kontakthitzefestigkeit,
3 Konfektionshitzefestigkeit,
4 Strahlhitzefestigkeit,
5 Festigkeit gegen Schmelzmetallspritzer,
6 Festigkeit gegen große Schmelzmetallspritzer.

Abb. 7: Leistungsindikatoren

Tab. 1: Einteilung der Schutzklassen nach DIN EN 374

Gemessene Durchbruchzeit	Schutzklasse	Gemessene Durchbruchszeit	Schutzklasse
> 10 Minuten	Klasse 1	> 120 Minuten	Klasse 4
> 30 Minuten	Klasse 2	> 240 Minuten	Klasse 5
> 60 Minuten	Klasse 3	> 480 Minuten	Klasse 6

6.6.5 Weitere Schutzmaßnahmen

Beim Umgang mit Gefahrenstoffen gelten folgende Hinweise:

- Hautkontakt vermeiden,
- am dafür vorgesehenen Arbeitsplatz arbeiten,
- Be- und Entlüftung des Arbeitsplatzes gewährleisten,
- Verschmutzte Kleidung rechtzeitig wechseln,
- Verbot von Essen und Trinken beim Arbeiten mit Gefahrstoffen,
- geeigneten Hautschutz verwenden,
- Betriebsanweisungen beachten.

Tab. 1: Gebotszeichen und die dafür geeignete persönliche Schutzausrüstung

Gebotszeichen	Bedeutung	Schutzausrüstung	Hinweise
	Augenschutz benutzen		Umgang mit ätzenden Stoffen, sowie bei Schleifarbeiten
	Gesichtsschutzschild benutzen		Umgang mit ätzenden Stoffen, sowie bei Schleif- und Strahlarbeiten
	Schutzhelm benutzen		Schützt vor herabfallenden Teilen bei Gerüstarbeiten sowie vor Unfällen mit schwebenden Lasten. Auf Bausstellen ist immer ein Schutzhelm zu tragen.
	Gehörschutz benutzen		Umgang mit lauten Maschinen, zum Beispiel Kreissägen, Kompressoren
	Schutzschuhe benutzen		Sind erforderlich auf Baustellen, um Fußverletzungen durch Nageldurchtritt und Quetschungen zu vermeiden
	Schutzkleidung benutzen		Schützt den kompletten Körper vor Farbspitzern, aggressiven Materialien, sowie mechanischen Einwirkungen
	Auffanggurt benutzen	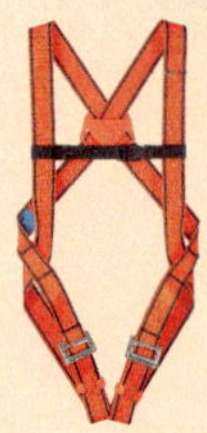	Ist beim Arbeiten auf großen, und ausgesetzten Höhen erforderlich

Vermeidung von Gefahren

Neben der Verwendung einer Schutzausrüstung sind die Hinweise zur Vermeidung von Gefahren zu beachten:

- Gesundheitsgefährdende Arbeitsverfahren und gesundheitsschädliche Substanzen durch weniger belastende ersetzen.
- Neuere technische Verfahren können eventuell Gefahren veralteter Technik reduzieren.
- Mitarbeiter sollten sich während des Arbeitens abwechseln, damit nicht eine Person immer der gleichen starken Belastung ausgesetzt ist.

Betriebsanweisung

Eine Betriebsanweisung (BA) ist ein Dokument, welches ausschließlich auf Gefahren hinweisen soll (Abb. 1).

Betriebsanweisungen müssen für den Umgang mit Gefahrenstoffen, Maschinen und technische Anlagen erstellt werden.

Von den Berufsgenossenschaften werden folgende Inhalte für eine Betriebsanweisung vorgeschlagen:

- Anwendungsbereich,
- Gefahren für Mensch und Umwelt,
- Schutzmaßnahmen und Verhaltensregeln,
- Verhalten bei Störungen,
- Verhalten bei Unfällen, Erste Hilfe,
- Sachgerechte Entsorgung oder Instandhaltung,
- Folgen der Nichtbeachtung.

Betriebsanweisungen können mit zu Hilfenahme der Sicherheitsdatenblätter, der Unfallverhütungsvorschriften, des Arbeitsschutzgesetzes, der Betriebssicherheitsverordnung und der Gefahrenstoffverordnung erstellt werden.

Die Berufsgenossenschaften unterstützen das Erstellen einer Betriebsanweisung mit Merkblättern und Arbeitshilfen.

Betriebsanweisungen sollen zentral oder an den Zugängen zum Betrieb ausgehängt werden.

Anhand der Betriebsanweisung hat der Arbeitgeber seine Arbeitnehmer mindestens einmal jährlich mündlich und arbeitsplatzbezogen zu unterweisen.

Der Arbeitgeber hat zu prüfen, ob die Unterweisung sprachlich und inhaltlich von den Beschäftigten verstanden wurde.

Inhalte, Teilnehmer sowie Datum der Unterweisung sind schriftlich festzuhalten. Der Arbeitnehmer hat die Teilnahme an den Unterweisungen durch Unterschrift zu bestätigen. Die Unterlagen über die Unterweisung sind vom Arbeitgeber zwei Jahre aufzubewahren.

Betriebsanweisung **gemäß § 14 GefStoffV**

Firma: **Datum:**

Abteilung/Arbeitsplatz:

Tätigkeit: Verwenden des Verdünners **Unterschrift:**

GEFAHRSTOFFBEZEICHNUNG

Verdünner

Lösungsmittelgemisch aus Aromaten, Aliphaten, Naphthenen und Glykoläthern; klare, farblose Flüssigkeit; enthält Xylol.

Hersteller:

GEFAHREN FÜR MENSCH UND UMWELT

gesundheitsschädlich entzündlich

Der Verdünner ist entzündlich und gesundheitsschädlich. Er kann durch das Einatmen der Dämpfe und als Flüssigkeit durch die Haut in den Körper gelangen. Augen und Schleimhäute können gereizt werden. Leber, Nieren und Zentralnervensystem können bei übermäßiger Einwirkung geschädigt werden. Der Verdünner ist wassergefährdend und darf deshalb nicht in die Kanalisation oder ins Grundwasser gelangen.

SCHUTZMASSNAHMEN UND VERHALTENSREGELN

Der Verdünner darf nur im Deko-Raum verwendet werden. Dort sind das Essen, Trinken und Rauchen verboten; Speisen und Getränke dürfen dort nicht aufbewahrt werden.

Der Verdünner darf nicht mit den Augen und der Haut in Berührung kommen, es wird empfohlen, die im Deko-Raum bereitgestellten Schutzhandschuhe zu tragen und die angebotene Hautschutzcreme zu verwenden.

Die Gefäße, die Verdünner enthalten, dürfen nicht offen stehen gelassen werden, sondern sind nach Gebrauch sofort zu verschließen.

Im Deko-Raum sind Zündquellen wie Flammen und offenes Licht verboten; während der Verwendung des Verdünners dürfen Elektrogeräte nicht benutzt werden.

VERHALTEN IM GEFAHRFALL Notruf:

Verschütteten Verdünner sofort mit dem im Deko-Raum bereitgestellten Bindegranulat aufnehmen.

Im Brandfall Notruf wählen und Meldung machen; mit dem im Deko-Raum angebrachten Feuerlöscher löschen.

ERSTE HILFE Notruf:

Benetzte oder durchtränkte Kleidung entfernen. Nach Einatmung Frischluft zuführen.

Nach Augenkontakt mit viel Wasser ausspülen; bereitstehende Augenwaschflasche benutzen; Augenarzt aufsuchen.

Nach Hautkontakt benetzte Haut mit Wasser und Seife abwaschen.

Nach Verschlucken über Notruf Arzt anfordern.

SACHGERECHTE ENTSORGUNG

Der Verdünner darf nicht in die Kanalisation oder ins Grundwasser gelangen. Reste des Verdünners, verunreinigten Verdünner sowie das zum Aufsaugen verschütteten Verdünners verwendete Kieselgur in einen leeren Lieferbehälter füllen und diesen mit „Verdünner-Abfälle“ kennzeichnen. Abfall-Behälter und leere Verdünner-Gefäße gut verschlossen in der Hausinspektion zur sachgerechten Entsorgung abgeben.

Abb. 1: Betriebsanweisung

Flucht- und Rettungsplan
Die Arbeitsstättenverordnung verlangt vom Arbeitgeber einen Flucht- und Rettungsplan aufzustellen, wenn Lage, Ausdehnung und Nutzung der Arbeitsstätte es erfordern. Dies ist z. B. dann gegeben, wenn die regelmäßige Anwesenheit betriebsfremder und ortsfremder Personen (z. B. Kunden) eine zusätzliche Gefährdung der Arbeitnehmer darstellen kann.
Ein Flucht- und Rettungsplan ist im Wesentlichen ein aus Piktogrammen zusammengestellter Lageplan eines Gebäudes, eines Stockwerks oder einer Werkstätte.

Er ist eine große Hilfe, falls es trotz aller Vorsichtsmaßnahmen zu einem Brand oder Unfall kommt. Der Plan enthält eine Auflistung von notwendigen Informationen in Tabellenform (Abb. 1–2).

Informationen eines Flucht- und Rettungsplanes sind z. B.:

- Standort des Betrachters,
- Wegeführungen zu Sammelstellen oder Treffpunkten,
- Zufahrtswege des Rettungsdienstes,
- Standorthinweise zu Brandschutz- und Erste-Hilfe-Materialien,
- Name, Anschrift und Telefonnummer der verantwortlichen Sicherheitsunternehmen bzw. der örtlichen Notrufzentrale.

Abb. 1: Büroflur mit Flucht- und Rettungsplan

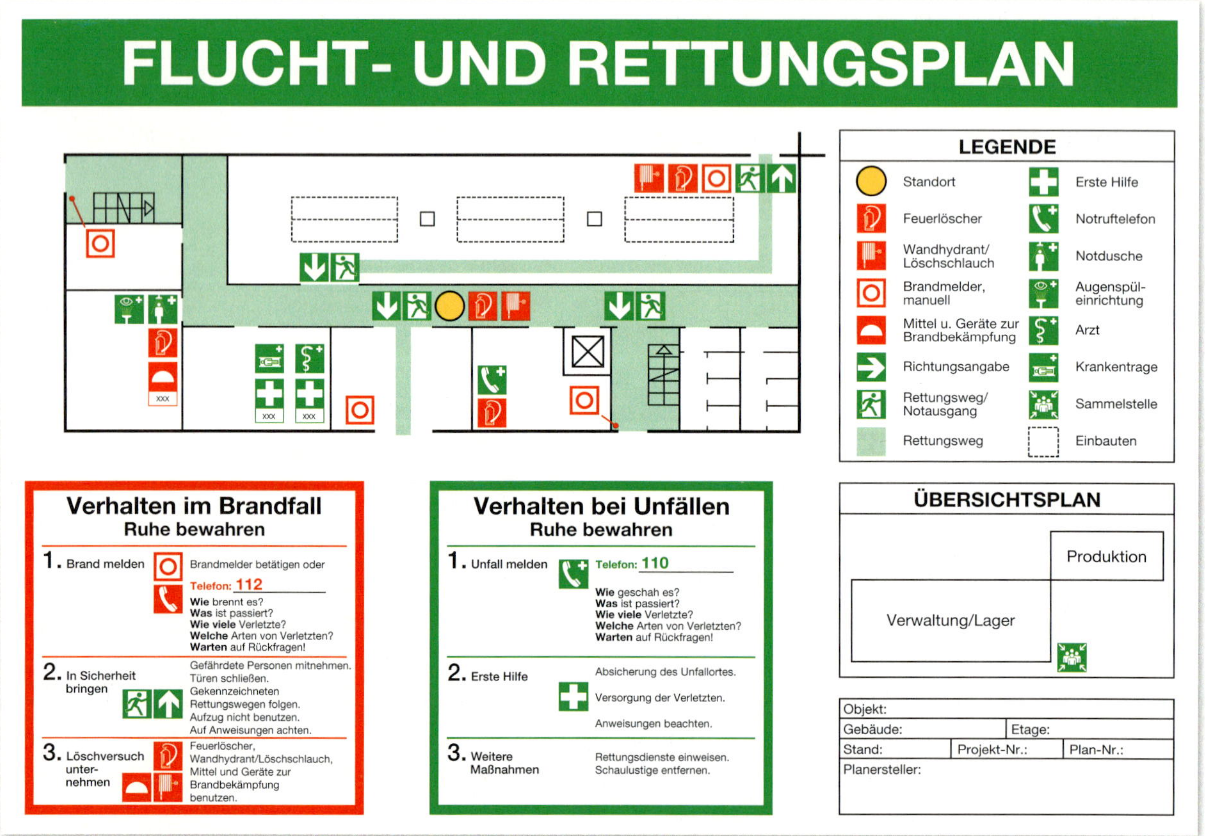

Abb. 2: Flucht- und Rettungsplan

Aufgaben zu Kapitel 6.6

1. Benennen Sie die abgebildeten Gebotszeichen und geben Sie je zwei Verwendungsbeispiele aus der Praxis an.

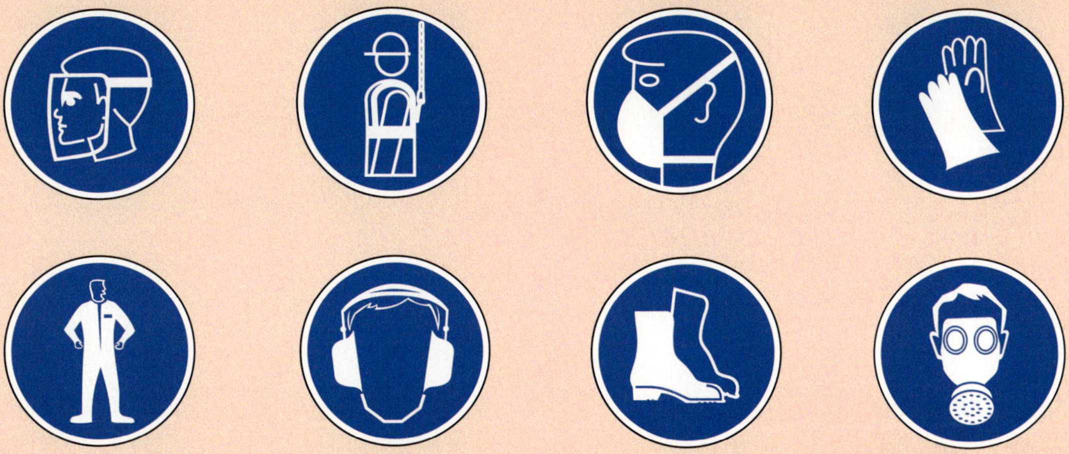

2. Wie oft muss der Ausbilder die Auszubildenden über die im Betrieb verwendeten Gefahrenstoffe und nötigen Schutzmaßnahmen unterweisen?

3. Für welche Arbeiten ist ein leichter Atemschutz nicht geeignet?

4. Erklären Sie die Filterkennung A2P.

5. Erklären Sie die Begriffe Permeation und Degradation.

6. Wie können im Arbeitsbereich auftretende Gefahren im Vorfeld schon eingeschränkt werden?

7. Nennen Sie Inhalte, die in einer Betriebsanweisung enthalten sein sollten.

8. Auf Schutzhandschuhen finden Sie die folgenden Abbildungen. Gegen welche Risiken schützen diese Schutzhandschuhe?

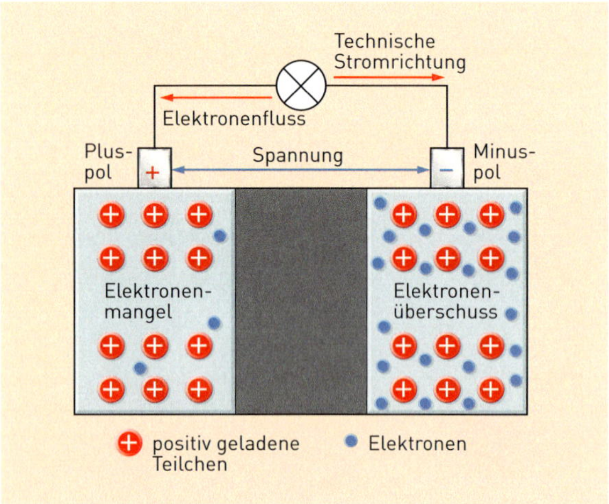

Abb. 1: Spannung und Stromfluss

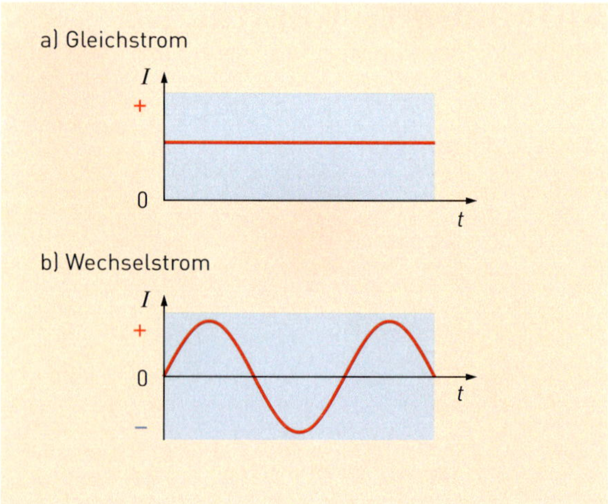

Abb. 2: Stromarten

6.7 Umgang mit elektrischen Geräten, Maschinen und Anlagen

6.7.1 Elektrischer Stromkreis

Ein elektrischer Stromkreis besteht aus einer Spannungsquelle, den elektrischen Leitungen und einem Verbraucher (Tab. 1).

Tab. 1: Teile eines Stromkreises

Teile eines Stromkreises	Beispiele
Spannungsquelle	Netzgerät, Generator, Batterie, Akkumulator
Leiter	elektrische Leitungen
Verbraucher	Glühlampe, Motor

Elektrische Spannung entsteht durch Trennen von elektrischen Ladungen. Am Minuspol einer Spannungsquelle überwiegen negativ geladene Teilchen, die Elektronen. Am Pluspol überwiegen die positiv geladenen Teilchen, dort herrscht Elektronenmangel (Abb. 1). Werden die Pole einer Spannungsquelle durch einen elektrischen Leiter verbunden, fließen die Elektronen vom Minuspol zum Pluspol.

Es ist festgelegt, dass der elektrische Strom vom Pluspol zum Minuspol fließt. Dies nennt man die technische Stromrichtung.

Die **technische Stromrichtung** geht vom Pluspol zum Minuspol.

Bewegen sich die Elektronen stets in die gleiche Richtung, so spricht man von Gleichstrom (Direct Current, DC). Batterien und Akkumulatoren liefern Gleichstrom. In einem Diagramm, in dem der Strom in Abhängigkeit von der Zeit dargestellt wird, ergibt sich eine Parallele zur Zeitachse (Abb. 2a). In grafischen Darstellungen verwendet man für den Gleichstrom das Symbol — .

Ändert der Strom in regelmäßigen Zeitabständen seine Größe und Richtung, spricht man von Wechselstrom (Alternating Current, AC). In einem Diagramm, in welchem der Strom in Abhängigkeit von der Zeit dargestellt wird, ergibt sich eine Sinuskurve (Abb. 2b). In grafischen Darstellungen verwendet man für den Wechselstrom das Symbol ~.

Gleichstrom fließt stets in die gleiche Richtung. Wechselstrom ändert seine Flussrichtung.

Wechselstrom verwendet man im Haushalt und in der Industrie. Er wird durch Generatoren in Kraftwerken erzeugt. Der Strom wechselt 50 mal in der Sekunde seine Richtung. Er hat eine Frequenz von f = 50 Hertz.

In einem Stromkreis hemmen Leiter und Verbraucher den Stromfluss. Diese Eigenschaft wird als **elektrischer Widerstand** bezeichnet.

Abb. 3: Kennzeichnung elektrischer Geräte

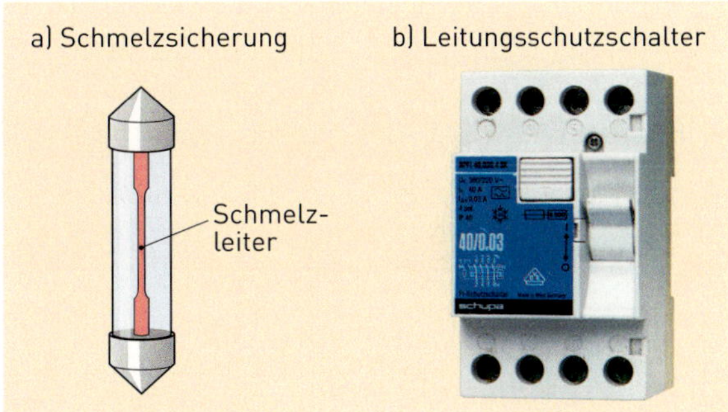

Abb. 4: Sicherungen

6.7.2 Schutzmaßnahmen

Der elektrische Strom ist für den Menschen gefährlich. Fast alle menschlichen Organe, z. B. das Herz oder das Gehirn, funktionieren aufgrund elektrischer Impulse. Durch die Berührung von spannungsführenden Teilen fließt Strom durch den menschlichen Körper. Ist dieser Strom größer als der körpereigene Strom, beeinträchtigt er die Funktion der Organe. Es kann zu Verletzungen oder tödlichen Unfällen kommen.

Ströme über 50 mA und Spannungen über 50 V sind lebensgefährlich.

Schutzzeichen
Elektrische Geräte müssen so ausgeführt sein, dass von ihnen keine Gefahren für den Menschen ausgehen. Daher unterliegen Elektrogeräte, Steckverbindungen und Leitungen den VDE-Bestimmungen (VDE = Verein deutscher Elektrotechniker). Sie werden mit einem VDE- und/oder einem GS-Zeichen gekennzeichnet (Abb. 3).

Schutzmaßnahmen gegen gefährliche Körperströme
Viele Elektrounfälle werden durch schadhafte Steckverbindungen und nicht isolierte Leitungen verursacht. Um gefährliche Körperströme zu vermeiden, muss jedes elektrische Gerät so ausgestattet sein, dass auch bei einem auftretenden Fehler der Personenschutz gewährleistet ist. Alle elektrischen Geräte sind in drei Schutzklassen eingeteilt (Tab. 1). Die Schutzklassen sind durch entsprechende Symbole gekennzeichnet (S. 214, Tab. 1–2).

- **Schutzklasse I**

Geräte mit Metallgehäuse sind durch den gelb-grünen Schutzleiter geerdet. Der Strom fließt bei einem Defekt nicht über den Körper, sondern durch den Schutzleiter. Dabei wird die Sicherung ausgelöst und der Stromfluss unterbrochen.

- **Schutzklasse II**

Elektrische Leitungen sind mit nichtleitendem Kunststoff überzogen. Elektrische Geräte, z. B. eine Handbohrmaschine, sind so aufgebaut, dass sie vollständig elektrisch isoliert sind.

- **Schutzklasse III**

Bei Arbeiten in Metallbehältern, z. B. im Kesselbau, sind niedrige Spannungen vorgeschrieben. Diese Schutzkleinspannung beträgt höchstens 50 V Wechselspannung oder 120 V Gleichspannung. Die Spannung wird durch einen Sicherheitstransformator erzeugt.

Schutz von Leitungen und Geräten
In Leitungen und Geräten darf der höchstzulässige Strom nicht überschritten werden. Sicherungen begrenzen den Strom. Dadurch wird eine zu große Erwärmung verhindert, die zur Zerstörung z. B. der Isolierungen der Leitungen führen kann.

Man verwendet Schmelzsicherungen und Leitungsschutzschalter (Abb. 4).

- Bei einer **Schmelzsicherung** schmilzt bei zu hohem Stromfluss ein drahtförmiger Schmelzleiter. Der Stromkreis wird unterbrochen. Die Sicherung muss nach Beseitigung des Fehlers erneuert werden.

- **Leitungsschutzschalter** unterbrechen bei zu hohem Stromfluss den Stromkreis. Sie können nach Beseitigung des Fehlers wieder eingeschaltet werden.

Unfallverhütungsmaßnahmen
Defekte Elektrogeräte und defekte elektrische Anlagen sofort stilllegen. Reparaturen an elektrischen Leitungen und Geräten sind nur von Fachleuten auszuführen. Nur Elektrogeräte mit VDE- und/oder GS-Zeichen benutzen.

Tab. 1: Schutzklassen elektrischer Betriebsmittel nach DIN VDE 0100-410

Schutzklasse I	Schutzklasse II	Schutzklasse III
Schutzleiter Kenn- zeichen: 	Schutzisolierung Kenn- zeichen: 	Schutzkleinspannung Kenn- zeichen: 
Betriebsmittel mit Metallgehäuse	Betriebsmittel mit Kunststoff- gehäuse	Betriebsmittel mit Nennspannungen bis 25 V ~ bzw. bis 50 V ~ und bis 60 V – bzw. 120 V –
z. B. Elektro- motor	z. B. Elektrische Haushaltsgeräte	z. B. Elektrische Handleuchten

Abb. 1: Warn- und Hinweisschild

6.7.3 Allgemeine Sicherheitshinweise

Beim Umgang mit Strom sind unterschiedliche Sicherheitshinweise zu beachten.

- **Wartungsarbeiten**

Um die Sicherheit für das Wartungspersonal zu gewährleisten, müssen Sicherheitsmaßnahmen und eine entsprechende Umsicht bei dem Umgang mit technischen Systemen eingehalten werden. Warn- und Hinweisschilder weisen auf mögliche Gefahren hin (Abb. 1).
Wartungsarbeiten dürfen nur durchgeführt werden, wenn der Maschinen-Hauptschalter ausgeschaltet ist und die Anlage gegen ein unbeabsichtigtes Wiedereinschalten gesichert ist. Dies kann durch ein Hinweisschild und durch das Anbringen eines Vorhängeschlosses erfolgen.

- **Benutzung von Kabeltrommeln**

Kabeltrommeln müssen vor der Benutzung vollständig abgerollt werden, um einer Hitzeentwicklung und einer daraus folgenden Brandgefahr vorzubeugen.

- **Elektrogeräte in feuchter Umgebung**

Beim Einsatz von Elektrogeräten in Verbindung mit Feuchtigkeit ist darauf zu achten, dass die entsprechenden Sicherheitszeichen auf dem Gerät angebracht sind.

- **Tapezieren über Schalter und Steckdosen**

Bei Tapezierarbeiten werden die Blenden von Schaltern und Steckdosen abgenommen und die Öffnung übertapeziert. Vor diesem Vorgang muss unbedingt der Strom abgestellt werden. Ist dies nicht der Fall, kann Kleister in die Öffnungen eindringen und zu lebensgefährlichen Stromunfällen führen. Das spätere Öffnen der übertapezierten Schalter und Steckdosen geschieht in der Regel mit einer Schere oder einem Cutter. Dabei könnte es ebenso zu einem Kontakt mit den stromführenden Leitungen kommen.

Vor Inbetriebnahme des Stromnetzes sind sämtliche Steckdosen und Schalter von Kleisterresten zu reinigen, da sonst keine Sicherheit gegeben ist.

Tab. 2: Bildzeichen für Schutzarten nach DIN 40 050-9

Bildzeichen	Schutzumfang	Bildzeichen	Schutzumfang
	staubgeschützt		spritzwassergeschützt
	staubdicht		strahlwassergeschützt
	tropfwassergeschützt; Schutz gegen tropfendes Wasser, hohe Luftfeuchte		wasserdicht, Schutz gegen Eindringen von Wasser ohne Druck
	sprühwassergeschützt, regengeschützt	 ...bar	druckwasserdicht, Schutz gegen Eindringen von Wasser unter Druck
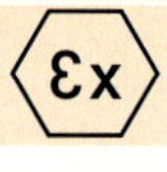 Ex	explosionsgeschützt		Für rauhen Betrieb

6.7.4 Erste Hilfe bei Stromunfällen

Ebenso wie beim Umgang mit elektrischen Leitungen oder Geräten, ist auch bei der Ersten Hilfe besondere Vorsicht geboten, um Folgeschäden zu vermeiden. Insbesondere ist es wichtig, sich selbst gegen Stromschlag zu schützen.

Die einzelnen Schritte nach dem Eintritt eines Stromunfalles (bis 1000 V) sind:

Stromquelle abschalten. Stecker herausziehen, Sicherung oder Hauptschalter ausschalten.	Ist ein Abschalten der Stromquelle nicht gleich möglich, sich selbst auf isolierende Teile stellen und Verletzten mit nichtleitenden Gegenständen von der Stromquelle trennen.

↓

Verunglückten aus dem Gefahrenbereich bringen.

↓

Kontrollieren des Bewusstseins, der Atmung und des Pulses.

↓

Notruf veranlassen.

↓

Bei bewusstlosen und atmenden Verunglückten sind diese in stabile Seitenlage zu bringen.

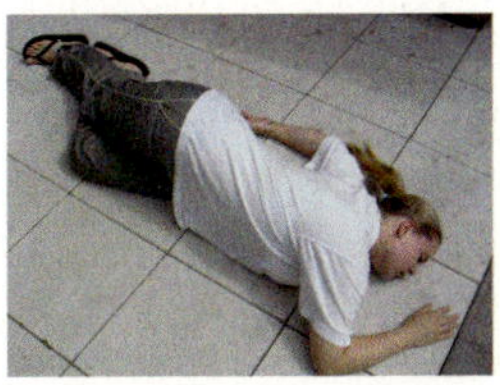

↓

Bei Atemstillstand aber vorhandenem Puls, mit Beatmen des Patienten beginnen: 10 mal, z. B. Mund zu Nase mit normaler Luftmenge und Frequenz, Puls prüfen, wenn Zustand unverändert, Beatmung fortsetzen.

↓

Wenn weder Atmung noch Puls vorhanden, Patient in Rückenlage bringen, Brustkorb freimachen, 2 mal beatmen und anschließend Herzmassage vornehmen: 15 mal mit einem Tempo von 100 mal pro Minute, Puls prüfen, wenn Zustand unverändert, Herzmassage fortsetzen.

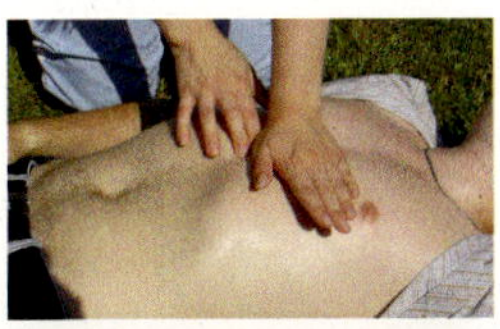

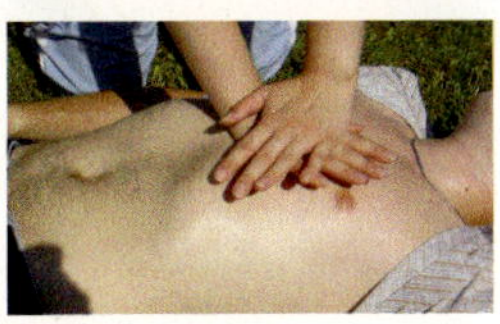

Die Handhabung der beschriebenen Maßnahmen sind in einem Erste-Hilfe-Kurs zu erlernen.

Aufgaben zu Kapitel 6.7

1. Erklären Sie die Begriffe Gleichstrom und Wechselstrom.

2. Welche beiden Schutzzeichen sollten auf den von Ihnen verwendeten elektrischen Geräten vorhanden sein?

3. Benennen Sie die abgebildeten Kennzeichen.

4. Ein Arbeitskollege hat einen Stromunfall erlitten. Erläutern Sie in Stichpunkten die Vorgehensweise zur Ersten Hilfe.

5. Nennen Sie allgemeine Sicherheitshinweise im Umgang mit elektrischen Geräten.

6. Worauf ist bei Tapezierarbeiten in Bezug auf Strom zu achten?

7. Nennen Sie Sicherheitsmaßnahmen, die beim Umgang mit Kabeltrommeln zu beachten sind.

8. Erklären Sie die Bedeutung der abgebildeten Zeichen:

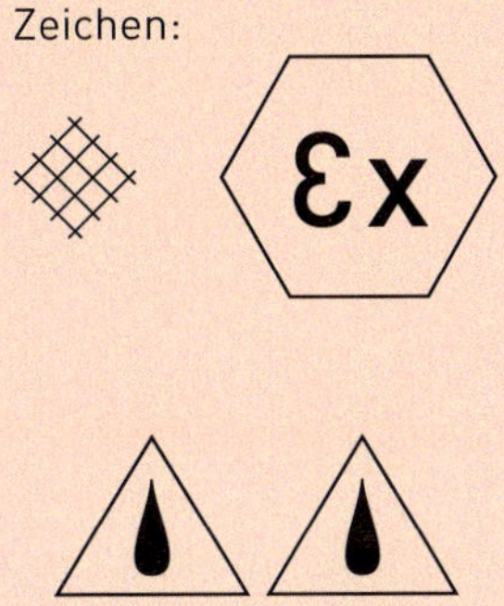

7 Lernfeld 7

Dämm-, Putz- und Montagearbeiten ausführen

Kundenauftrag

▶ Sanierung eines denkmalgeschützten Gebäudes

Arbeitsauftrag

Ein denkmalgeschütztes Gebäudes aus der Gründerzeit muss saniert werden. Im Rahmen der Sanierung sollen Wärmedämmungen durchgeführt werden. Weiterhin ist das Dachgeschoss durch Trockenbauwände in Räume zu gliedern.

Auszuführende Arbeiten

Pos. 1: Eine Wärmedämmung der denkmalgeschützten Straßenfassade ist durchzuführen.

Pos. 2: Die schmucklose Hofseite soll eine Wärmedämmung erhalten.

Pos. 3: Das Dachgeschoss ist durch Trockenbauwände in Räume zu gliedern, zu verputzen und zu beschichten.

Objektbeschreibung

Pos. 1: Gebäude
Das Gebäude ist das zweite Haus eines Ensembles bestehend aus den Hausnummern 9 und 11. Das Haus wurde 1906 gebaut und steht unter Denkmalschutz. Die Sanierung wird daher detailliert mit den entsprechenden Behörden abgestimmt und wird von diesen überwacht.

Pos. 2: Fassade Straßenseite
Die strukturierte Fassade ist stark verschmutzt. Rissbildungen und Putzabplatzungen sind vorhanden.

Abb. 1: Denkmalgeschütztes Gebäude

Abb. 1: Fassadenzeichnung

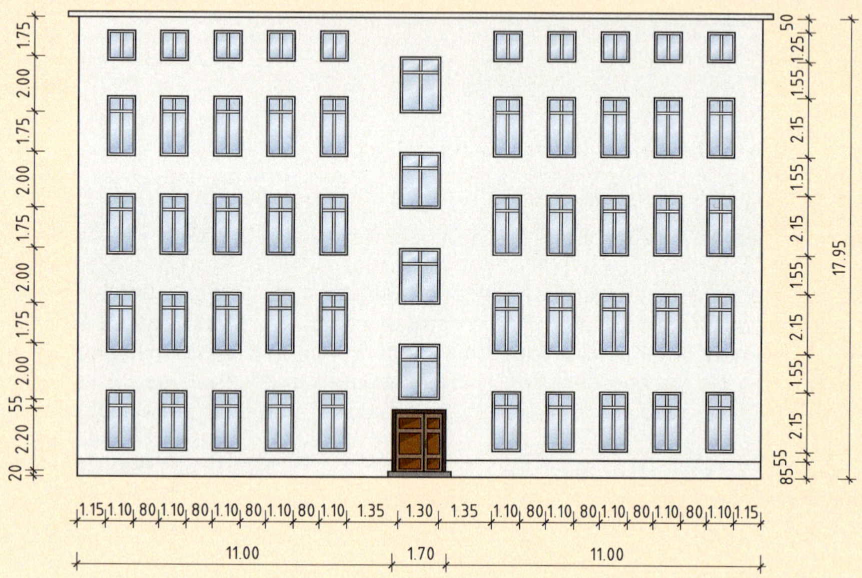

Pos. 3: Fassade Hofseite

Die schmucklose Fassade ist mit einem Kalkzementputz verputzt und weist kleinere Abplatzungen und Risse auf.

Pos. 4: Dachgeschoss

Das Dachgeschoss ist ein großer Raum. Die Außenwände bestehen aus Ziegelmauerwerk, welches noch nicht verputzt ist.

Abb. 2: Dachgeschoss

Leistungsbeschreibung

Pos. 1: Wärmedämmung der denkmalgeschützten Fassade

Die Frontseite des Hauses soll eine Wärmedämmung erhalten. Zusätzlich soll die Fassade neu beschichtet werden. Dabei ist die Farbigkeit der Bauzeit des Gebäudes anzupassen.

Pos. 2: Wärmedämmung der schmucklosen Hofseite

Die Rückseite des Gebäudes ist mit einer Wärmedämmung zu versehen, zu verputzen und zu beschichten.

Pos. 3: Trockenbaugliederung des Dachgeschosses

Das Dachgeschoss ist nach dem Plan des Architekten durch Trockenbauwände in Räume zu gliedern. Diese sind zu verspachteln, zu verputzen und zu beschichten.

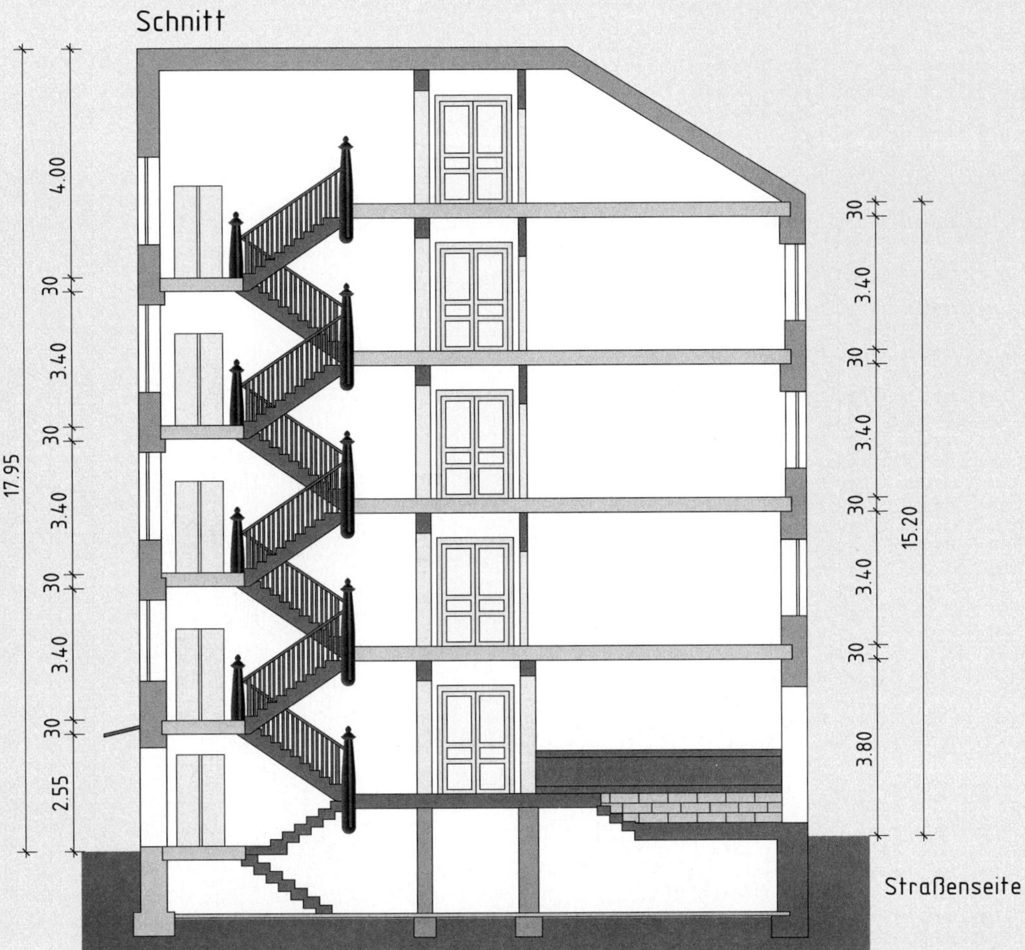

Abb. 3: Gebäudequerschnitt

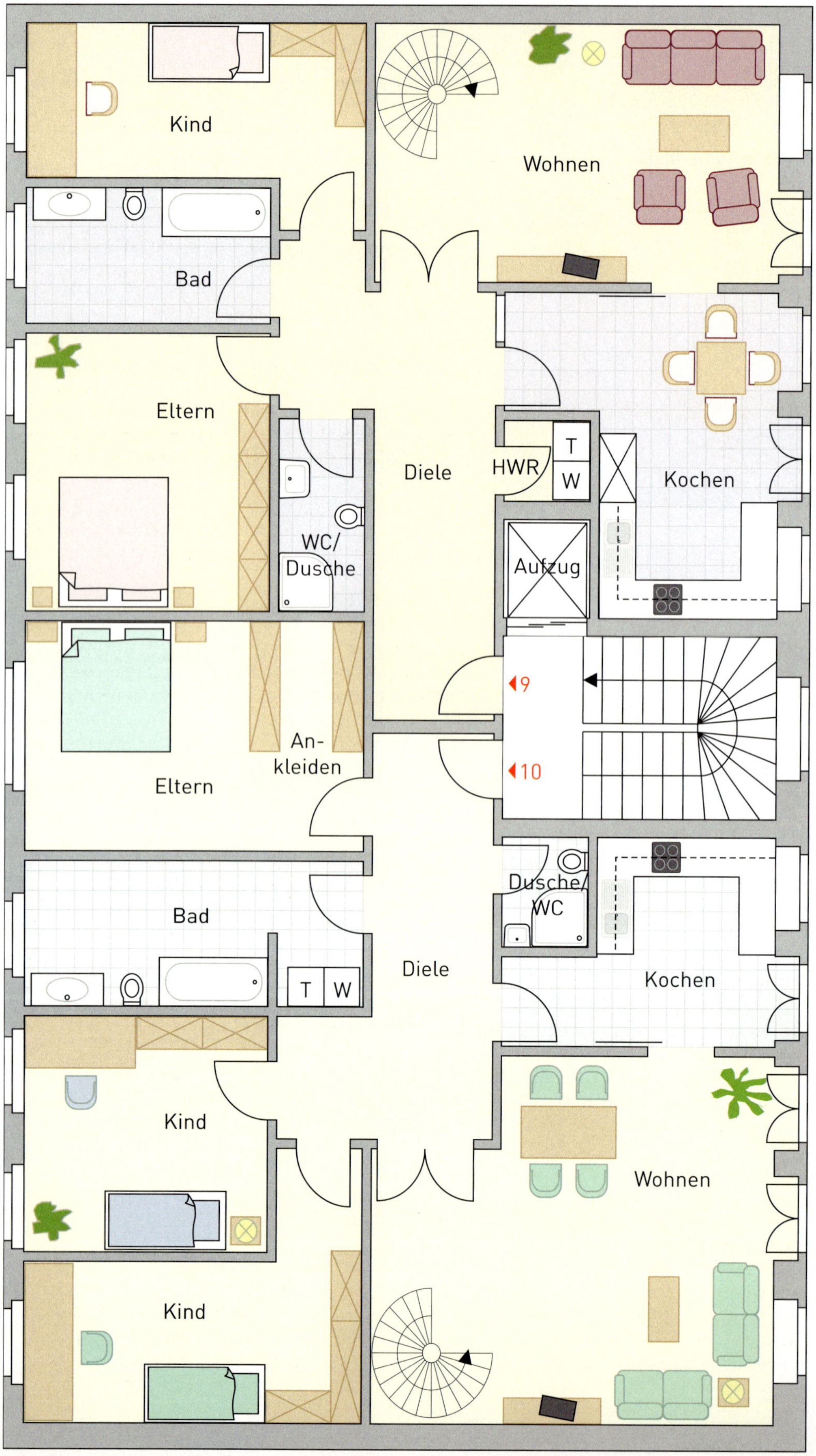

Abb. 4:
Etagengrundriss
Maßstab 1:100

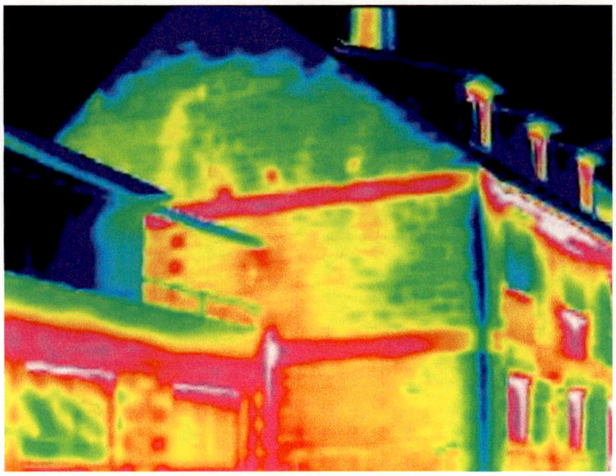

Abb. 1: Thermografie-Aufnahme

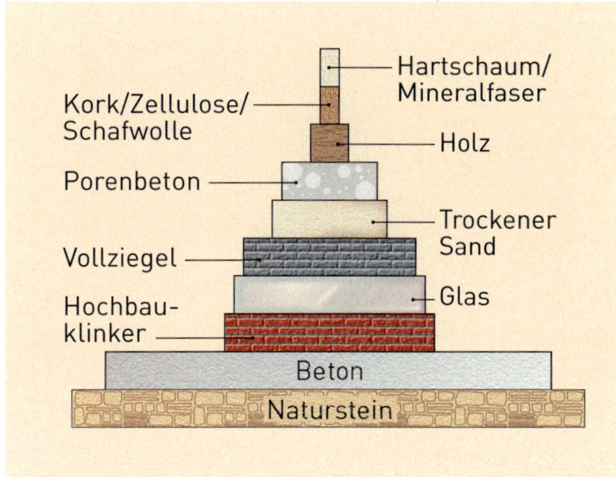

Abb. 2: Wärmeleitfähigkeit verschiedener Bauwerkstoffe (größere Breite = höhere Wärmeleitfähigkeit)

7.1 Dämmung an einem Gebäude

Ein Gebäude soll die Bewohner vor äußeren Einflüssen schützen. Dies sind vor allem das unterschiedliche Wetter mit Temperaturschwankungen, Wind, Regen, Schnee und Hagel. Durch ein Gebäude wird aber auch der Lärm von außen abgehalten. Durch diesen Schutz kann der Mensch ein angenehmes und gesünderes Leben führen.

Die Wohnung kann aber auch zur Quelle für Krankheiten werden, wenn sie kalt und feucht ist und sich in Folge dessen Schimmel bildet. Außerdem kann ein Gebäude bei einem Brand leicht zu einer Falle werden, aus der man nur schwer flüchten kann.

7.1.1 Wärmedämmung

In einer Wohnung ist es nur dann angenehm zu wohnen, wenn die Temperatur in einem als angenehm empfundenen Bereich liegt. In Wohnräumen ist dies eine Temperatur um 20 °C, in Schlafräumen im Bereich von 16 °C. Es kann aber durchaus sein, dass ein Raum trotz ausreichender Raumtemperatur als kalt empfunden wird. Ursache dafür sind kalte Wände oder Wandteile.

Um die in einem Raum eingebrachte Heizenergie wirksam zu nutzen, muss der Energiestrom im Gesamtgebäude betrachtet werden. Die Effizienz der Energienutzung wird für Neubauten und vermieteten Altbauten im Energiepass dokumentiert. Grundlage dafür ist die Energieeinsparungsverordnung (EnEV).

Die Energiemenge, die in einem Gebäude eingebracht werden muss, hängt von folgenden Faktoren ab:

- **Baumaterialien**
Die unterschiedlichen Materialien leiten Wärme unterschiedlich gut. Stahl nimmt z. B. Wärme sehr schnell auf und gibt sie aber auch schnell wieder an die Umgebung ab. Ziegel dagegen braucht zum Erwärmen bzw. Abkühlen deutlich länger. Die Wärmeleitfähigkeit eines Stoffes wird im λ-Wert ausgedrückt (S. 225, Tab. 3).

- **Konstruktion**
Ein Gebäude sollte so konstruiert sein, dass möglichst wenig Wärmebrücken entstehen, d. h. Bauteile mit hohem Wärmeleitwert in den Raum hineinreichen. An solch kalten Stellen kondensiert der im Raum enthaltene Wasserdampf und es kann Schimmel entstehen (S. 222, Abb. 1). Die Anordnung der Räume sollte so sein, dass Wohnräume direkt aneinandergrenzen und nicht durch „kalte" Räume (z. B. Abstellkammer) voneinander getrennt sind. Die Dämmung der in den Boden ragenden Mauerteile muss ausreichend sein, da hier sonst die Wärme in den Boden abgeleitet wird und Feuchtigkeit nach oben steigen kann.

- **Heizanlage**
Die Heizanlage muss entsprechend der Nutzung und dem Energiebedarf gebaut sein.

- **Nutzung der äußeren Energie**
Auch an kalten Tagen liefert die Sonne Energie, die durch entsprechende bauliche Maßnahmen genutzt werden kann. Die nach Süden gerichteten Wandflächen sollten große Fenster haben, damit die einstrahlende Sonne diese Räume erwärmen kann.

Abb. 1: Schimmel in einer Ecke

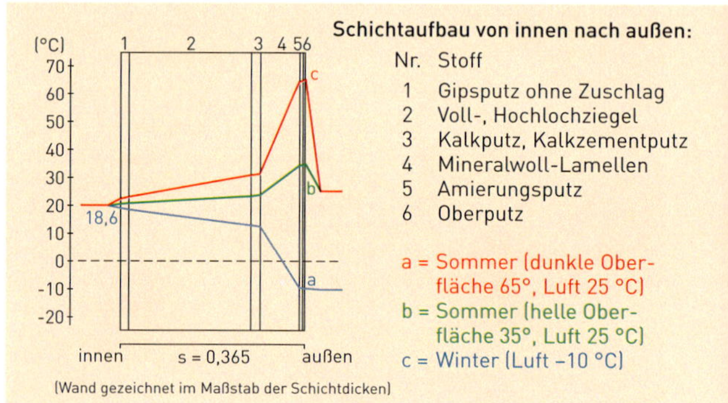

Abb. 2: Temperaturverlauf einer innengedämmten Wand

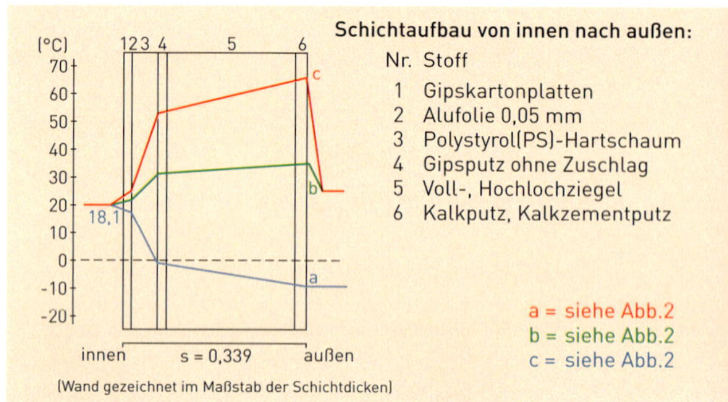

Abb. 3: Temperaturverlauf einer außengedämmten Wand

- **Lüftung**

Für ein gesundes Wohnen muss in einem Raum ein regelmäßiger Luftaustausch stattfinden. Dies erreicht man am besten dadurch, dass man zwei- bis dreimal am Tag die Fenster für einige Minuten öffnet (Stoßlüftung). Dadurch ist die Luftwechselrate größer, d. h. die Luft wird komplett erneuert, und die Räume kühlen nicht aus. Schlecht ist es, ein Fenster die ganze Zeit gekippt zu halten, weil dabei die Wandteile über dem Fenster stark abkühlen und sich Schimmel bildet. Außerdem ist der Luftaustausch bei gekippten Fenstern zu gering.

Bei Neubauten werden heute diese Faktoren schon bei der Planung mit einbezogen. Bei einem Altbau können neben der Erneuerung der Heizungsanlage und dem Einbau neuer Fenster die größten Einsparungen durch das Aufbringen einer Wärmedämmschicht auf die Wand erzielt werden. Dabei besteht die Möglichkeit die Dämmung innen im Raum anzubringen oder außen an der Fassade.
Der Vorteil einer Innendämmung ist, dass sie mit deutlich weniger Aufwand und somit auch weniger Kosten anzubringen ist. Die Stärke der Dämmschicht ist aber meist begrenzt, da hierdurch Raumfläche verloren geht. Ein wichtiger Unterschied zwischen Außen- und Innendämmung besteht im Temperaturverlauf innerhalb der Wand. Bei einer Außendämmung wird der Wärmeverlust an der Außenseite der Wand vermindert (Abb. 3), d. h. die Wand selbst ist relativ warm und dient somit als Wärmepuffer. Bei der Innendämmung wird der Energieübergang in die Mauer vermindert (Abb. 2). Dadurch bleibt die Wand kalt und der Taupunkt verschiebt sich in das Innere der Mauer. Infolge der erhöhten Feuchtigkeit kann sich Schimmel hinter der Dämmschicht bilden. Aus diesen Gründen ist meist eine Außendämmung bauphysikalisch sinnvoller. Bei historischen Gebäuden würde eine Dämmschicht an der Fassade allerdings den Charakter des Gebäudes zerstören.

7.1.2 Schalldämmung

Die Qualität einer Wohnung wird auch dadurch bestimmt, dass innerhalb eines Raumes Geräusche nicht zu laut empfunden werden und dass die Wohnung nicht zu „hellhörig" ist, d. h. Geräusche aus den anliegenden Räumen übertragen werden.

Ist ein Bewohner andauernd störenden Geräuschen ausgesetzt, so kann dies zu Schlafstörungen, Konzentrationsschwächen, Kopfschmerzen und anderen psychischen und körperlichen Schäden führen.

Der Schall entsteht, weil durch die Bewegung eines Körpers auch die umliegende Luft bewegt wird. Diese Bewegung setzt sich wellenförmig fort, bis sie auf einen Widerstand trifft oder mit zunehmender Entfernung von der Quelle „ausläuft". Der Schall kann bei tiefen, lauten Tönen mit dem ganzen Körper gespürt werden, das empfindlichste Sinnesorgan für die Wahrnehmung des Schalls ist aber das Ohr.
Der Schall kann durch die Schwingung des festen Körpers oder durch die Schwingung der Luft übertragen werden (Abb. 4–7). Man bezeichnet dies entsprechend des Leitmediums entweder als Körperschall oder als

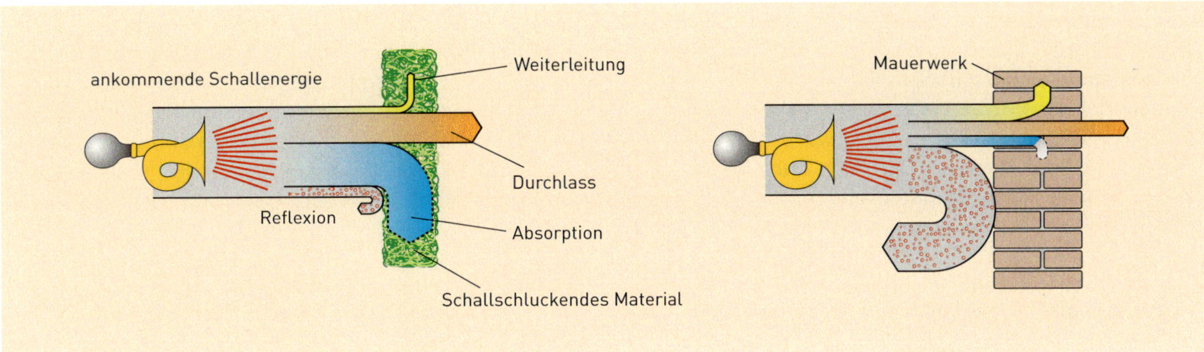

Abb. 4: Übertragungswege des Schalls in den angrenzenden Raum

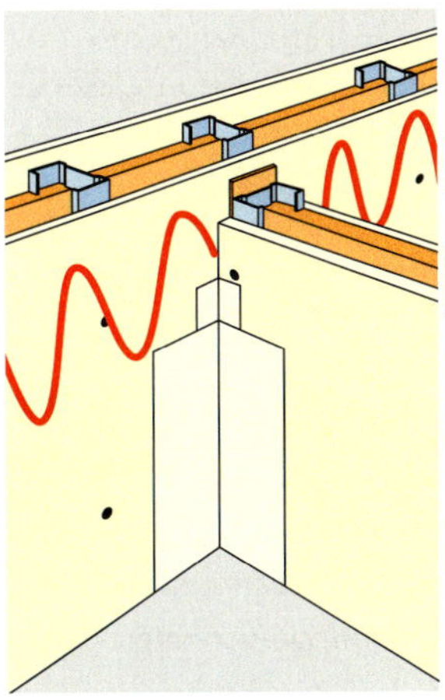

Abb. 5: Ungünstige Konstruktion des Wandabzweigs

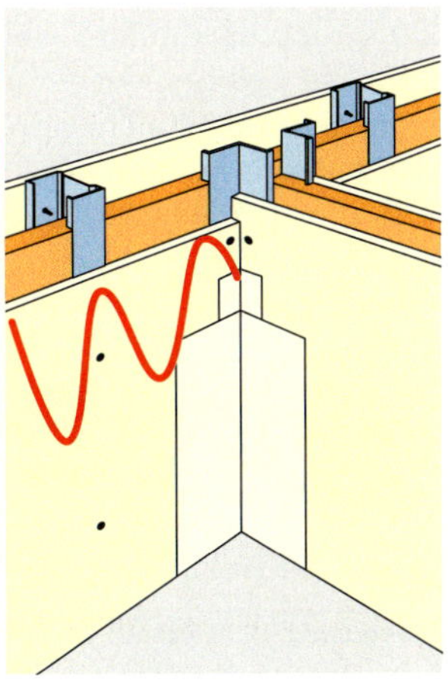

Abb. 6: Unterbrechung des Schallwegs

Abb. 7: Luft- und Körperschall

Luftschall. In einem Gebäude treten beide Schallarten auf, letztendlich werden aber die Schallwellen durch die Luft auf das Ohr übertragen. Der Schall lässt sich physikalisch durch den Druck und die Geschwindigkeit der Schwingung messen. Die Stärke eines Geräusches wird durch den A-Schalldruckpegel angegeben. Er wird in der Einheit Dezibel angegeben mit dem Kurzzeichen dB(A) (Tab. 1). Die Dezibelzahl nimmt mit zunehmender Entfernung sehr stark ab. Um die Ausbreitung von Schall einzudämmen, kommen Materialien zum Einsatz, die den Schall nicht weiterleiten, sondern absorbieren. Dies sind Materialien, die weich und wenig elastisch sind. Die einfachste Form sind dabei Bänder aus geschäumten Kunststoff oder Filz, die zwischen zwei Wandteile geklebt werden, um den Übergang des Körperschalls von einem Teil zum anderen zu unterbinden.
Aufwändiger zu verarbeiten sind Schüttdämmungen, die z. B. zwischen Boden und Tragkonstruktion einer Etagendecke aufgebracht werden. Dadurch wird der Trittschall gleichmäßiger auf die Fläche verteilt und durch die Schüttung absorbiert.

Entscheidend ist auch die Wanddicke. Je dicker eine Wand, desto schlechter kann sie schwingen und den Schall in den anderen Raum übertragen.

Tab. 1: Schallpegel unterschiedlicher Geräusche

Geräusch	A-Schallpegel in dB(A)
Ruhiger Raum, nachts	10 ... 20
Ruhiger Raum, tags	25 ... 30
Leise Sprache	50
Normale Sprache	60
Zimmerlautstärke	60 ... 70
Verkehrslärm	70 ... 80
Hauptverkehrsstraße	80 ... 90
Disco	90 ... 110
Presslufthammer	100 ... 120
Schmerzschwelle	120

7.1.3 Brandschutz

Durch Brände sind in früheren Jahren, in denen Gebäude meist aus Holz gebaut waren und die Dächer häufig mit Stroh oder Holz gedeckt waren, ganze Städte und Dörfer vernichtet worden. Auch heute noch entstehen durch Brände große materielle Schäden, und zahlreiche Menschen sterben oder werden verletzt. Deshalb gibt es viele Vorschriften beim Bau eines Gebäudes, die verhindern sollen, dass ein Brand entsteht oder sich dieser schnell ausbreitet.

Das Ausmaß der Schutzmaßnahmen hängt davon ab, wie das Gebäude genutzt wird. Bei öffentlichen Gebäuden, in denen sich sehr viele Menschen aufhalten, gelten sehr strenge Vorschriften, die auch regelmäßig überprüft werden. In einer Privatwohnung müssen wesentlich weniger Vorschriften eingehalten werden. Außerdem spielt es eine Rolle, wie hoch ein Gebäude ist, ob es freisteht oder sich in der Nähe von anderen Gebäuden befindet.

In Deutschland ist hierzu die DIN 4102 maßgeblich. Parallel dazu gibt es die europäische Norm DIN EN 13 501. In diesen Normen wird ein Baustoff untersucht und klassifiziert, wie er sich unter Hitzeeinwirkung verhält. Dazu gehören neben der Brandtemperatur und die Brandgeschwindigkeit auch das Rauchverhalten und die Schmelzbarkeit.

Die für den Handwerker wichtigsten Klassifizierungen sind die Einordnung der Baustoffe nach ihrer Brennbarkeit und nach dem Widerstand, den der Baustoff einem Feuer entgegensetzt (Tab. 1).

Tab. 1: Baustoffklassen nach DIN 4102-1

Baustoffklasse		Benennung	Beispiele
A	A1	Nicht-brennbare Baustoffe	Ziegel
	A2		Gipskarton-platten
B	B1	Schwerent-flammbare Baustoffe	Polystyrol-Dämmplatten
	B2	Normalent-flammbare Baustoffe	Holzbalken
	B3	Leichtent-flammbare Baustoffe	Deko-materialien

Die Baustoffe der Klasse A sind auf keinen Fall brennbar. Stoffe der Klasse B können je nach Unterklasse beim Vorhandensein einer offenen Flamme selbst anfangen zu brennen. Bei der Beurteilung der Brennbarkeit einer Wand muss immer der Gesamtaufbau betrachtet werden, da hier meist ganz unterschiedlich brennbare Materialien verwendet werden.

Bei der Einteilung nach Feuerwiderstandsklassen wird beurteilt, wie lange ein Bauteil dem Feuer Widerstand bietet, ohne sich zu verformen oder seine Tragfähigkeit zu verlieren (→ Tabellenbuch Maler und Lackierer). Außerdem wird gemessen, wie hoch die Temperatur auf der dem Feuer abgewandten Seite ist. Soll bei einer Wand eine hohe Feuerwiderstandsklasse erreicht werden, so muss auch die Gesamtkonstruktion darauf ausgerichtet sein. Wenn z. B. die Wandanschluss-Fugen nicht entsprechend ausgebildet sind, kann ein Feuer über diese Stellen auf die benachbarten Räume übergreifen.

Die Tab. 2 listet wichtige Fachbegriffe und deren Bedeutung auf.

Tab. 2: Physikalische Größen zur Wärmedämmung

Bedeutung	Zeichen	Erklärung	Einhe
Temperatur	**Θ**	Maß für den Wärmezustand eines Körpers	**K** (Kel
Wärme	**Q**	Energieform, die aus der Eigenbewegung der Atome oder Moleküle in gasförmigen, flüssigen oder festen Körpern herrührt	**J** (Jou **kWh** (wattst
Wärmeleit-fähigkeit	**λ**	Gibt die Wärmemenge an, die bei gegebener Temperaturdifferenz durch eine 1 m dicke Schicht eines Stoffes durchgeleitet wird	**W/(m**
Wärme-durchlass-widerstand	**R**	Maß für den Widerstand eines Bauteils gegen das Durchströmen von Wärme; abhängig von der Dicke und dem λ-Wert jeder einzelnen Bauteilschicht	**m² · K**
Wärme-übergangs-widerstand	R_{si} und R_{se}	Gibt den Widerstand der angrenzenden Luftschicht beim Wärmeabfluss an	**m² · K**
Wärme-durchgangs-widerstand	R_t	Summe aus $R + R_{si} + R_{se}$	**m² · K**
Wärme-durchgangs-koeffizient	**U**	Maß für die Wärmemenge, die durch ein Bauteil bestimmer Dicke hindurchgeht; Kehrwert des Wärmedurchgangswiderstands	**W (m²**
Wasser-dampf-Diffu-sionswider-standszahl	**μ**	Gibt an, um wie viel größer der Diffusionswiderstand einer beliebigen Schicht eines Stoffes im Vergleich zu einer gleich dicken Luftschicht ist	–
Wasser-dampfdiffu-sionsäqui-valente Luft-schichtdicke	**Sd**	Gibt an, wie dick eine Luftschicht ist, die den gleichen Diffusionswiderstand wie das entsprechende Baumaterial aufweist $Sd = \mu \cdot s$, wobei s = Bauteildicke	**m**

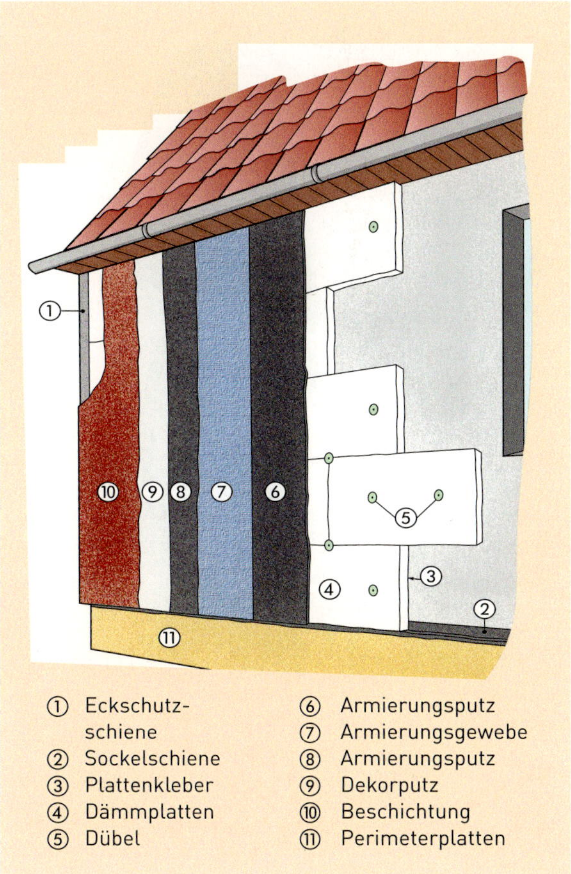

Abb. 1: Aufbau einer Wärmedämmung

7.2 Wärmedämmverbundsysteme (WDVS)

7.2.1 Aufbau eines WDVS

Die WDVS aller Hersteller haben grundsätzlich den gleichen Aufbau, auch wenn sie sich in den einzelnen Materialien unterscheiden (Abb. 1). Die einzelnen Bestandteile eines WDVS sind genau aufeinander abgestimmt. Deshalb sollte man immer die Materialien, die im System des Herstellers vorgeschrieben sind, verwenden.

In den meisten Fällen muss der Untergrund von Schmutz, Algen, Moos gereinigt und alle nicht tragfähigen Teile entfernt werden. Große Unebenheiten müssen geglättet werden.

Die Dämmplatten werden durch unterschiedlich aufwändige Verfahren an der Wand befestigt. Auf die Platten wird ein Putz aufgebracht, in den ein Armierungsgewebe eingelegt wird. Anschließend wird eine weitere Putzschicht aufgetragen, die dann meist noch beschichtet wird. Die Dämmplatten werden von unten nach oben auf einer genau waagrecht ausgerichteten Sockelschiene aufgebaut und erhalten an den Außenecken eine Verstärkung durch Eckschutzschienen.

Die Platten werden durch verschiedene Systeme versetzt an der Wand befestigt. Dabei muss man darauf achten, dass die Platten genau plan und dicht anschließen. Unebenheiten müssen mit dem Plattenhobel abgefräst werden.

Anschließend wird der Armierungsmörtel mit der Zahnkelle gleichmäßig aufgetragen und in die noch feuchte Masse das Armierungsgewebe eingelegt. Das Armierungsgewebe nimmt die Spannungen in den Schichten auf, so dass keine Risse entstehen. Es besteht aus Glasgewebe für die normale Beanspruchung oder aus Kunststoff bei stärkerer Belastung.

Das Gewebe wird mit der Glättkelle eingedrückt und der Armierungsmörtel so glatt abgezogen, dass das Gewebe gleichmäßig überdeckt ist und eine ebene Fläche entsteht.

Nach der Grundierung kann die Dämmung mit einem Strukturputz beschichtet oder mit Flachverblendern bedeckt werden.

Die Hersteller bieten meist zwei Gruppen von Systemen an, zum einen die organischen Systeme und zum anderen die mineralischen.

- Bei einem **organischen Aufbau** ist das Bindemittel des Klebers, Armierungsmörtels und des Putzes eine Kunststoff-Dispersion. Als Dämmstoff werden hier EPS-Platten verwendet.

- Bei **mineralischen Systemen** sind die Hauptbindemittel Zement und Kalk, allerdings mit Zusätzen von Kunststoff-Dispersion. Die Platten bestehen hier aus Glas- oder Steinwolle.

Mineralische Systeme sind weniger elastisch als organische, dagegen ist der Wasserdampfdiffusionswiderstand etwas geringer. Der wichtigste Vorteil ist, dass sie nicht brennbar sind.

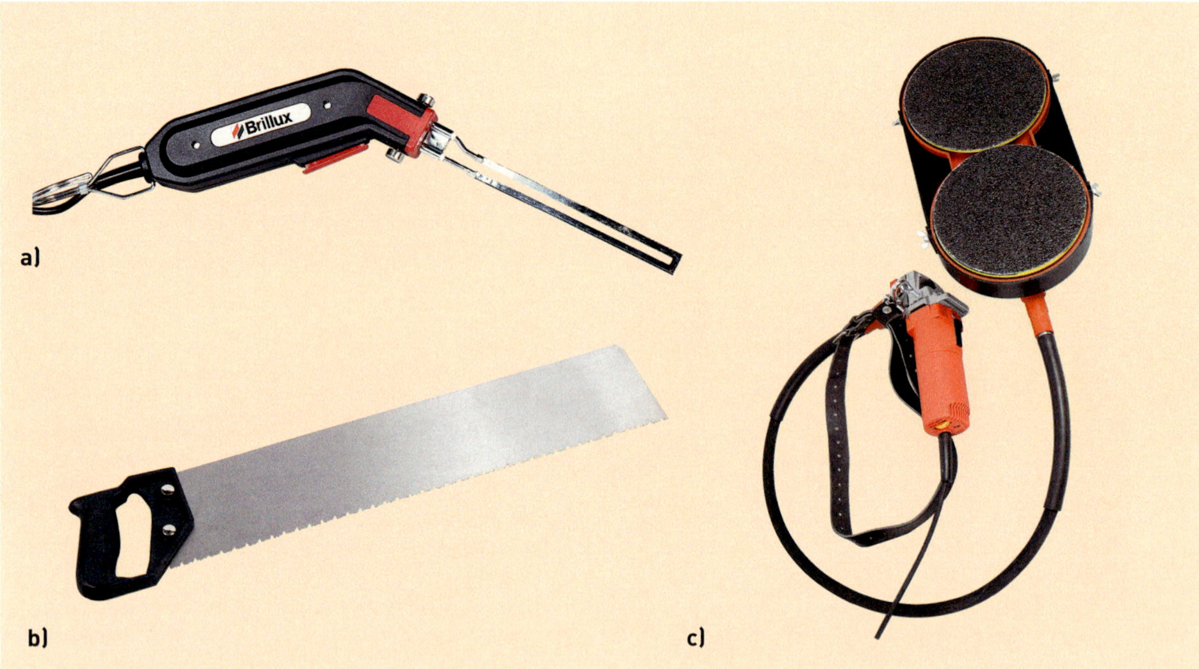

Abb. 1: Werkzeuge zum Bearbeiten von Dämmplatten
a) Elektro-Thermo-Schneider b) Hartschaumsäge c) Plattenschleifer

7.2.2 Dämmplatten

Die Materialien für Dämmstoffplatten müssen als wichtigste Eigenschaft eine sehr geringe Wärmeleitfähigkeit haben.

Außerdem sollten sie eine ausreichende Festigkeit besitzen, um mechanische Belastungen auszuhalten. Eine jahrzentelange Haltbarkeit ist wichtig, da die Renovierung einer Außendämmung mit einem sehr hohen Aufwand verbunden ist.

Je dicker die Platten sind, desto besser ist der Dämmeffekt. Allerdings leidet bei vielen Gebäuden das Aussehen oder die Funktionsfähigkeit bei einer zu dicken Dämmschicht. Dies lässt sich nur durch relativ teure konstruktive Maßnahmen vermeiden. Beispiele:

- Versetzen der Fenster nach außen, um keine zu tiefe Laibung zu erzeugen.
- Verlängern des Dachs für einen ausreichenden Dachüberstand.

Werkzeuge zum Bearbeiten von Dämmplatten zeigt die Abb. 1.

EPS-Platten

Der am häufigsten verwendete Dämmstoff für WDVS ist **e**xpandiertes **P**oly**s**tyrol (EPS). Der reine Kunststoff Polystyrol ist ein durchsichtiges, relativ brüchiges Material. Erst durch das Aufschäumen mit einem Treibmittel (expandieren) zu kleinen Kugeln erhält es seine charakteristische weiße Farbe und wird elastischer. Die Kugeln werden durch den beim Schäumen entstehenden Druck in einer Form zu Platten gepresst. Es werden auch verstärkt dunkel eingefärbte Platten verwendet, die die Wärme besser speichern können und somit zu einer besseren Dämmung beitragen.

EPS hat einen λ-Wert von 0,032 bis 0,040 W/m · K.

Der Nachteil von EPS ist, dass es nicht in der besten Klasse bezüglich des Brandwiderstands eingeordnet wird. Es ist nur schwer entflammbar (Klasse B1). Das hat zur Folge, dass es ab einer bestimmten Höhe des Gebäudes nicht verwendet werden darf, da hier die Brandschutzvorschriften nicht brennbare Materialien vorschreiben.

EPS-Platten werden in Dicken von 8 cm bis 40 cm angeboten. Das Standardmaß ist 50 cm × 100 cm.

Abb. 2: Perimeterplatte im Sockelbereich

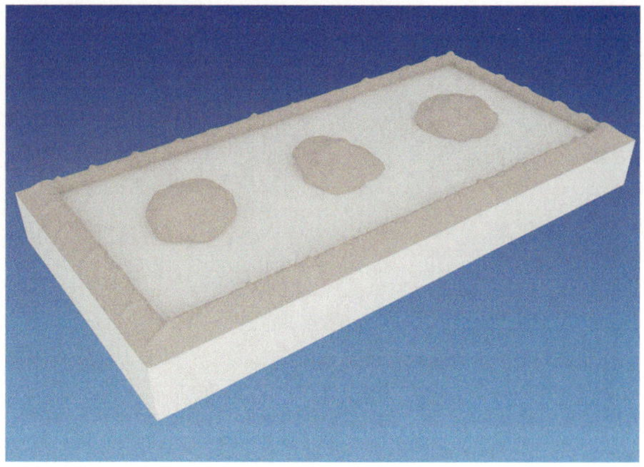

Abb. 3: Kleberauftrag auf der Dämmplatte

Mineralische Platten
Mineralische Platten bestehen aus dünnen Glasfasern oder Steinwolle, die zu dichten Matten verfilzt sind. Sie sind in der Baustoffklasse A eingeordnet, d. h. sie sind nicht brennbar. Deshalb werden sie zur Dämmung von Hochhäusern eingesetzt sowie im Bereich des Fenstersturzes, da hier im Brandfall das Feuer nach außen schlagen kann. Das Plattenformat beträgt im Allgemeinen 80 cm × 62,5 cm.

Perimeterplatten
Perimeterplatten (Abb. 2) werden im erdnahen Bereich und in Laibungen verwendet. Sie bestehen meist aus dichterem EPS oder aus geschäumtem Polyurethan (PUR). Sie haben eine höhere Dichte als die anderen Dämmmaterialen bei einem etwas niedrigerem λ-Wert. Sie sind widerstandsfähiger gegen mechanische Belastungen wie Schläge und Kratzer, die im Sockelbereich verstärkt auftreten können. In Laibungen werden sie wegen ihrer geringeren Dicke eingesetzt.

7.2.3 Befestigungsarten

Die Befestigung der Dämmplatten an der Wand sollte mit möglichst wenig Aufwand erfolgen. Allerdings müssen die Platten auch so gut befestigt sein, dass sie zuverlässig für eine lange Zeit fest an der Wand haften.

Die Hersteller geben in ihren Merkblättern die notwendige Befestigung für bestimmte Systeme an. Diese Hinweise sollte man unbedingt beachten, da diese Systeme eine allgemeine bauaufsichtliche Zulassung haben, d. h. auf ihre Sicherheit und Eignung hin geprüft sind.

Die Auswahl des Befestigungssystems hängt von folgenden Faktoren ab:

- Tragfähigkeit des Untergrundes,
- Gewicht der Dämmung,
- Windstärke, die an dem Gebäude maximal zu erwarten ist. Dies ist abhängig vom Gebiet (Küste oder Binnenland), von der Form und von der Höhe des Gebäudes.

Verkleben
Voraussetzung für die Befestigungsart Kleben ist ein tragfähiger Untergrund. Dies ist in der Regel bei unverputztem Ziegelmauerwerk oder Beton gegeben und auch bei unbeschichtetem, fest haftenden Putz. Wenn die zu erwartende Windlast zu groß ist, muss trotz eines einwandfreien Untergrundes zusätzlich verdübelt werden. Das Befestigen der Dämmplatten nur durch Kleben ist die zeitsparendste und somit kostengünstigste Variante. Außerdem werden hier Wärmebrücken durch die in das Mauerwerk gehenden Dübel vermieden.

Als Klebemasse werden entweder Produkte mit Dispersions-Bindemittel verwendet oder Kleber mit mineralischen Bindemitteln. Der Kleber wird meist auf die Platte in der „Punkt-Wulst-Methode" aufgetragen, d. h. auf die Mitte der Platte werden mit der Kelle oder Putzmaschine mehrere Kleberpunkte gesetzt und an der Plattenkante entlang ein Strang gezogen (Abb. 3).

Bei manchen Systemen kann der Kleber auch auf den Untergrund aufgetragen werden.

Abb. 1: Dübelauswahl

Verkleben und Dübeln
Bei der Altbausanierung sind die Untergründe meist nicht so beschaffen, dass hier ohne Probleme nur verklebt werden kann. Es muss eine zusätzliche Befestigung durch Dübel erfolgen.

Es gibt verschiedene Dübelarten (Abb. 1). Die Auswahl ist abhängig vom Material der Wand, dem Gewicht der Dämmung und von der Nutzung des Gebäudes. Die einfachste Dübelart ist der **Schlagdübel**. Hier wird die Dübelhülse durch das Einschlagen eines Nagels gespreizt. Der **Schraubdübel** erreicht durch das Eindrehen einer Schraube eine höhere Befestigungskraft.

Bei der Verwendung von **Bohrdübeln** wird ein Arbeitsgang gespart, da hier in einem Arbeitsgang gebohrt und verankert wird.

Jeder Dübel ist eine Wärmebrücke, die den Dämmwert des Gesamtsystems herabsetzt. Da an den Dübelstellen die Feuchtigkeit schneller kondensiert, zeichnen sich gelegentlich diese an der Fassade ab (Abb. 2). Um dies zu vermeiden, können die Dübel einige Zentimeter in die Dämmung versetzt werden. Die versenkten Dübel werden dann mit einer genau passenden Dämmstoffscheibe abgedeckt.

Abb. 2: Sichtbare Dübel auf einer Fassade an einem kalten Morgen

Abb. 3: Arbeitsschritte bei einer Verdübelung

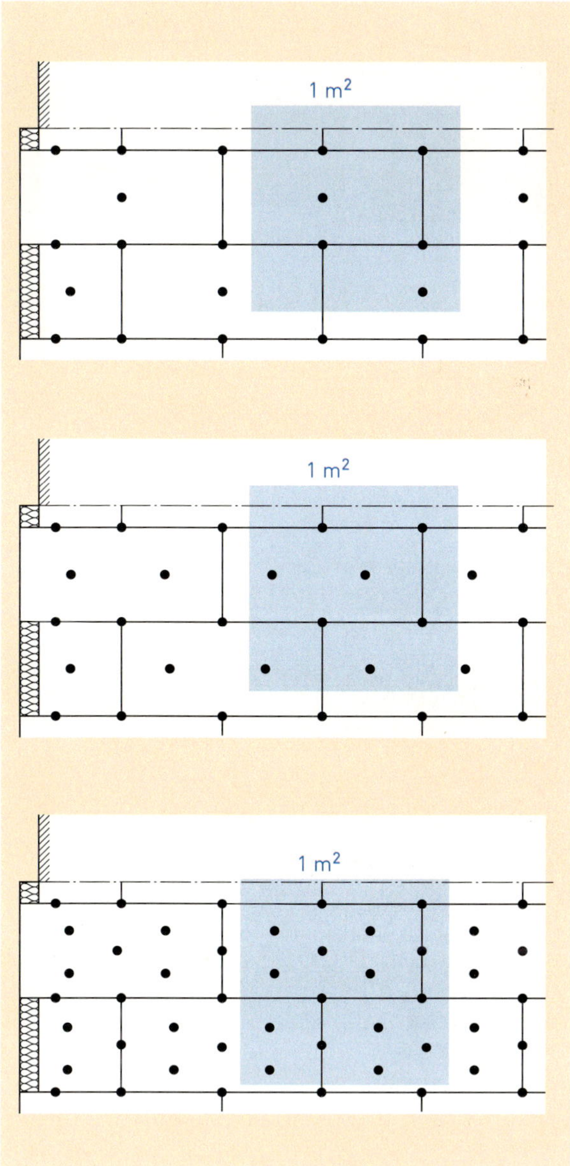

Abb. 4: Dübelanordnung nach DIN 55 699

Zum Setzen der Dübel wird durch die an die Wand geklebten Platten ein Loch in die Wand gebohrt. In dieses Loch wird der Dübel eingeschlagen und meist anschließend verschraubt. Auf der Oberfläche sorgt die große Fläche des Kunststofftellers dafür, dass die Platten genügend Halt haben.

Es ist darauf zu achten, dass die Dübelteller genau bündig mit der Dämmstoff-Oberfläche abschließen, damit sie sich später nicht abzeichnen.

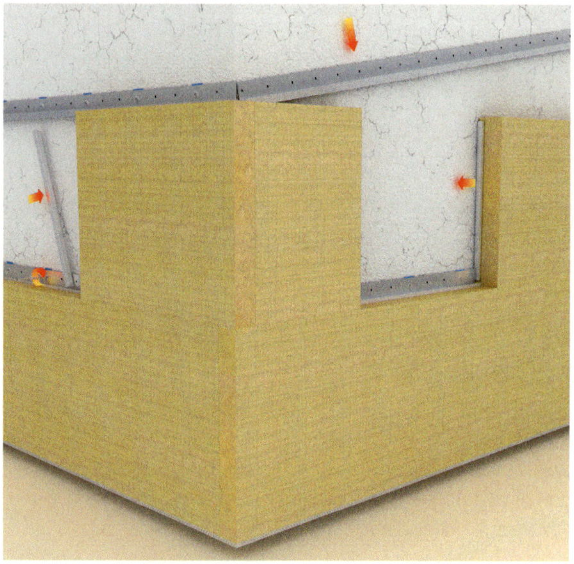

Abb. 5: Schienenbefestigung

Die Anzahl der Dübel kann von 4 Dübel/m^2 bis 18 Dübel/m^2 variieren. Die Anzahl hängt von den oben genannten Faktoren ab. Je nach Anzahl der Dübel ergibt sich eine Anordnung nach Abb. 4.

Schienensysteme
Die Befestigung mit Schienen ist das aufwändigste System. Hier werden die Dämmplatten nur relativ leicht durch einen Kleberstreifen an der Wand fixiert. Den eigentlichen Halt bekommen sie durch waagrechte und senkrechte Aluminium-Schienen zwischen jeder Platte (Abb. 5).

Durch die nicht vollflächige Verbindung zur Wand kann die Dämmung Bewegungen des Untergrundes ausgleichen. Die Untergrundvorbehandlung muss bei diesem System nicht besonders sorgfältig ausgeführt werden, so dass hier Zeit eingespart werden kann.

Deshalb ist es vor allem für Gebäude sinnvoll, bei denen die Fassade erst nach aufwändigen Arbeiten für eine Klebe- oder Dübelbefestigung bereit wäre. Die Dicke der Dämmung ist auf ca. 16 cm beschränkt, da die Schienen die Dämmplatten sonst nicht mehr halten könnten.

7.2.4 Putze und Fassadenfarben

Die beiden letzten Schichten auf einem WDVS sind der Putz und die Fassadenfarbe. Sie sollten von ihren Eigenschaften aufeinander abgestimmt sein, damit sie möglichst lange ohne Schäden bleiben. Bei den einzelnen Systemen bestehen Putz und Farbe meist aus einem gleichartigen Bindemittel, d. h. Dispersionsfarbe auf Kunstharzputz oder Silikatfarbe auf mineralischem Putz.

Abb. 1: Dispersionsfarbe

Dispersionsfarbe
Das Bindemittel besteht bei Dispersions-Fassadenfarben (wie bei den Innendispersionen) aus Kunststoffteilchen, die in Wasser dispergiert sind (→ LF 3). Als Kunststoff werden überwiegend Acrylate verwendet (Abb. 1).

Dispersionsfarben bilden einen relativ dichten Film auf dem Untergrund und sind deshalb stark wasserabweisend. Allerdings lassen sie auch Wasserdampf und andere Gase schlecht diffundieren, so dass eingedrungene Feuchtigkeit schlecht entweichen kann. Acrylate sind thermoplastisch, d. h. die Beschichtung wird bei höheren Temperaturen weich. Dadurch können Schmutzpartikel leichter auf der Oberfläche haften. Die Fassade sieht unter ungünstigen Umständen dann sehr schnell schmutzig aus.

Abb. 2: Silikatfarbe

Silikatfarbe
Das Bindemittel für die Silikatfarbe ist Kaliwasserglas. Bei der Herstellung werden Kaliumcarbonat (Pottasche) und Siliciumoxid (Quarzsand) miteinander verschmolzen und anschließend unter Druck in Wasser gelöst. Bei diesen Vorgängen entweicht Kohlendioxid und Wasser wird aufgenommen. Ähnlich wie beim Kreislauf des Kalkes (→ LF 2) laufen bei der Erhärtung der Silikatfarbe diese beiden Vorgänge entgegengesetzt ab. Zunächst verdunstet das Wasser, und das noch flüssige Kaliwasserglas nimmt Kohlendioxid aus der Luft auf. Neben dieser Karbonatisierung reagiert das Bindemittel auch mit den mineralischen Bestandteilen des Untergrundes und bildet dadurch eine unlösbare Verbindung zwischen Beschichtung und Untergrund. Dieser Vorgang wird als **Verkieselung** bezeichnet.

Abb. 3: Silikonharzfarbe

Silikatfarben (Abb. 2) werden in zwei unterschiedlichen Formen angeboten. Zum einen als reine Silikatfarbe und zum anderen als Dispersionssilikatfarbe. Die reine Silikatfarbe ist die ursprüngliche Form, wie sie seit Ende des 19. Jahrhunderts verarbeitet wird. Das Bindemittel und die Pigmente werden hier getrennt geliefert und erst einen Tag vor der Verarbeitung mit Wasser vermischt. Diesen Vorgang nennt man **ansumpfen**. Die mineralischen Pigmente verkieseln ebenfalls mit dem Kaliwasserglas, so dass die angemischte Silikatfarbe innerhalb von einigen Tagen verarbeitet werden muss. Die reine Silikatfarbe lässt zwar Wasserdampf gut passieren, nimmt aber auch sehr viel Wasser auf. Sie wird heute meist bei der Renovierung historischer Gebäuden eingesetzt.

Wesentlich einfacher zu verarbeiten ist die moderne Form, die **Dispersionssilikatfarbe**. Hier sind dem mineralischen Bindemittel maximal 5 % Kunststoffdispersion zugesetzt. Dadurch kann die Fassadenfarbe gebrauchsfertig geliefert und gelagert werden.

Dispersionssilikatfarben verkieseln ebenfalls mit dem Untergrund und sind etwas weniger offen für Wasserdampfdiffusion sowie stärker hydrophob (wasserabweisend) als reine Silikatfarben.

Der Vorteil aller Silikatfarben ist die gute Verbindung zum mineralischen Untergrund. Durch die Weiterentwicklung zu Kiesel-Sol-Farben haften sie auch auf organischen Untergründen, so dass sie auch auf alten Disperionsfarbschichten verwendet werden können. Ein weiterer Vorteil ist , dass sie nicht brennbar sind. Dadurch sind sie der richtige Beschichtungsstoff, wenn ein nicht brennbarer Wandaufbau vorgeschrieben ist.

Kaliwasserglas ist eine ätzende Lauge. Deshalb muss bei der Verarbeitung darauf geachtet werden, dass alle Glas-, Keramik- und Marmorflächen abgedeckt sind, da Farbspritzer deren Oberfläche anätzen können.

Silikonharzfarbe
Silikonharz, das überwiegende Bindemittel in einer Silikonharzfarbe, besteht in seinem chemischen Aufbau aus Silicium- und Sauerstoffatomen, die zusammen ein charakteristisches Netz bilden (Abb. 3).

Neben dem Silikonharz enthalten Silikonharzfarben auch noch eine Kunststoff-Dispersion als Bindemittel, da sie ohne diesen Bestandteil zu wenig fest und dehnbar wären. Der Anteil an Dispersion kann unterschiedlich sein. Bei einer „echten" Silikonharzfarbe sollte er unter 10 % liegen.

Silikonharzfarben vereinigen die Vorteile der organischen Dispersionsfarben mit den Vorteilen der anorganischen Silikatfarben. Silikonharzfarben bilden eine relativ poröse Schicht, durch die Wasserdampf diffundieren kann. Trotzdem kann flüssiges Wasser (Regen) nicht eindringen, da ein Teil des Silikonharzes die Wände der Poren so auskleidet, dass diese hydrophob werden und das Wasser dadurch abperlt.

Ein Teil des Silikonharznetzes reagiert auch mit dem Untergrund und den anorganischen Pigmenten und bildet deshalb eine fest haftende, widerstandsfähige Schicht.

Mischformen
Die Hersteller versuchen zunehmend, die Vorteile der verschiedenen Systeme miteinander zu verbinden. So gibt es z. B. siloxanverstärkte Dispersionsfarben, die vom Charakter her wie eine Silikatfarbe wirken.

Ziel ist die Entwicklung einer Fassadenfarbe, die

- sehr lange auf allen Untergründen hält,
- schmutzabweisend ist,
- durch Regen leicht abgewaschen werden kann und
- trotzdem wasserdampfdiffusionsfähig ist.

Außerdem sollte sie auch durch Airlessspritzen zu verarbeiten sein, da mit diesem Verfahren immer mehr Fassaden nebelfrei beschichtet werden.

Tab. 1: Vergleich der Fassadenfarben, Einstufungen nach DIN EN 1062-3

	Wasserdampf-diffusion	Wasser-durchlässigkeit
Dispersions-silikatfarbe	hoch	mittel
Dispersions-farbe	mittel	niedrig
Silikon-harzfarbe	hoch	niedrig

Klassifizierung → Tabellenbuch Maler und Lackierer

7.3 Trockenbau

7.3.1 Begriffsbestimmung und Vorteile

Herkömmliche Wände werden mit Steinen aufgebaut, die mit „nassem" Mörtel zu einem festen Verbund zusammengefügt werden. Im Gegensatz dazu wird beim Trockenbau ein Tragskelett aus Metall oder Holz erstellt, auf das dann Platten geschraubt werden.

Durch diese Bauweise können mit wenig Aufwand schnell und kostengünstig auf die entsprechende Raumsituation abgestimmte Wände erstellt werden. Eine Trockenbauwand hat ein relativ geringes Gewicht, deshalb ist diese Bauweise vor allem im Dachgeschossausbau besonders geeignet.

Im Objektbereich (Geschäfte und Büros) werden Räume auch deshalb im Trockenbau erstellt, weil hier Kabel und Installationsleitungen ohne Brucharbeiten verlegt und die Wände im Bedarfsfall auch leicht wieder demontiert werden können.

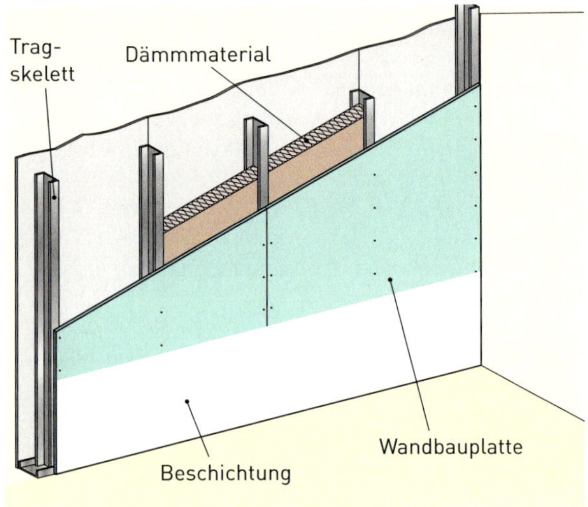

Abb. 1: Aufbau einer Trockenbauwand

7.3.2 Aufbau einer Trockenbauwand

Der Aufbau einer Trockenbauwand kann sehr vielfältig gestaltet werden. Die Festlegung einer bestimmten Bauweise hängt vor allem von den Anforderungen des Schall-, Brand- und Wärmeschutzes ab. Außerdem muss man auch auf das Gewicht der Wandkonstruktion achten, um die Tragfähigkeit des Bodens nicht zu überfordern.

Jede Trockenbauwand (Abb. 1) besteht aus den Teilen:

- Tragskelett,
- Wandbauplatten,
- Dämmmaterial,
- Beschichtung.

Die einfachste Konstruktion setzt sich aus einem einzelnen Ständerwerk mit einer einlagigen Beplankung zusammen. Dies ist für den normalen Dachgeschossausbau in einer Wohnung ausreichend. Wenn ein erhöhter Schallschutz vorhanden sein muss, kann die Wand mit einem doppelten Ständerwerk ausgeführt werden und dazu noch zwei- oder sogar dreilagig beplankt werden.

Unterkonstruktion
Das tragende Skelett für die Wand kann aus Holz oder Metall hergestellt werden. Holz bietet den Vorteil, dass es beim Dachgeschossaufbau aus dem gleichen Material besteht wie der Dachstuhl und sich deshalb ähnlich verhält. Es lässt sich auch leichter verarbeiten und ist etwas kostengünstiger. Metallkonstruktionen bestehen aus Profilen aus verzinktem Stahlblech.

Sie sind stabiler als Holz bei gleichzeitig geringerem Gewicht. Außerdem bieten sie bei einem Brand länger Widerstand (Abb. 2).

Die senkrechten Ständer für Wände werden nach ihrer Form des Querschnitts als CW-Profile bezeichnet. Sie werden bei der Ständerbauweise in die waagrechten UW-Profile gesteckt (Abb. 2, S. 235). Bei der Riegelbauweise werden die UW-Profile senkrecht angebracht und die CW-Profile waagrecht eingeschoben.

Abb. 2: CW-Profil (links) und UW-Profil (rechts)

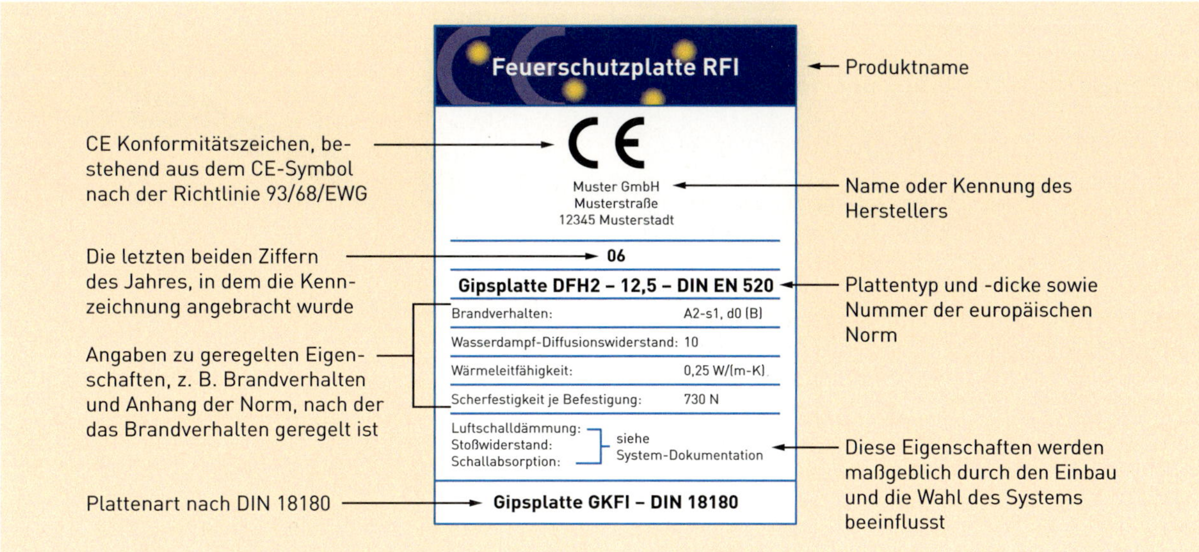

Abb. 3: Kennzeichnung einer Gipsplatte

Für einen besseren Schallschutz können MW-Profile verwendet. Diese leiten durch zusätzliche Einkerbungen den Schall weniger als CW-Profile.
Für Decken werden UD- und CD-Profile verwendet, die etwas stabiler sind als die Ständer für Wände.
Die Profile sind üblicherweise 10 cm breit und bis zu 5 m lang.

Wandbauplatten
Die für eine Trockenbauwand möglichen Platten können aus unterschiedlichen Materialien hergestellt werden. Es sind meist Verbundwerkstoffe, d. h. es sind zwei Materialien miteinander kombiniert, die sich in ihren Eigenschaften ergänzen. Am weitaus häufigsten werden Bauplatten aus Gips mit einer Oberfläche aus Karton verwendet. Gips hat die für diesen Zweck positiven Eigenschaften, dass er nicht brennbar, brandhemmend und schalldämmend ist. Außerdem kann er eine große Menge an Feuchtigkeit aufnehmen und trägt dadurch zu einem angenehmen Raumklima bei. Der Nachteil von Gips ist seine geringe Elastizität und Härte. Damit die Bauplatten nicht brechen, sind sie mit einer Kartonschicht umgeben.

Nach der DIN EN 520 werden folgende Gipsplatten unterschieden:

- **Typ A**
  Standard-Gipsplatte.
- **Typ D**
  Gipsplatte mit einer Dichte von mindestens 800 kg/m^3.
- **Typ F**
  Feuerschutzplatten, die auch bei höheren Temperaturen stabil bleiben.
- **Typ H**
  Imprägnierte Platten, die weniger Feuchtigkeit aufnehmen. Sie sind vorgeschrieben beim Einsatz in Feuchträumen.
- **Typ I**
  Gipsplatte mit erhöhter Oberflächenhärte.
- **Typ P**
  Putzträgerplatte, deren Ansichtsseite speziell zum Auftrag von Putzen geeignet ist.
- **Typ R**
  Gipsplatte mit erhöhter Festigkeit.
- **Typ E**
  Gipsplatten für die Außenbeplankung von Außenwandelementen.

Die Platten sind mit den entsprechenden Buchstaben, die meistens kombiniert sind, gekennzeichnet (Abb. 3). Außer den Gipsplatten werden auch Produkte aus nachwachsenden Rohstoffen für den Trockenbau verwendet. Hier sind vor allem die Holzfaserplatten zu nennen.

Diese bestehen aus gepressten Holzspänen. Sie weisen allerdings schlechtere Schall-, Wärme- und Brandschutzeigenschaften als Gipsplatten auf.
Die Dimensionen der Bauplatten können sehr unterschiedlich sein. Die Standardplatte hat eine Breite von 1,25 m und eine Höhe von 2,50 m. Sie ist damit für normale Neubauräume gut geeignet und gut zu transportieren.

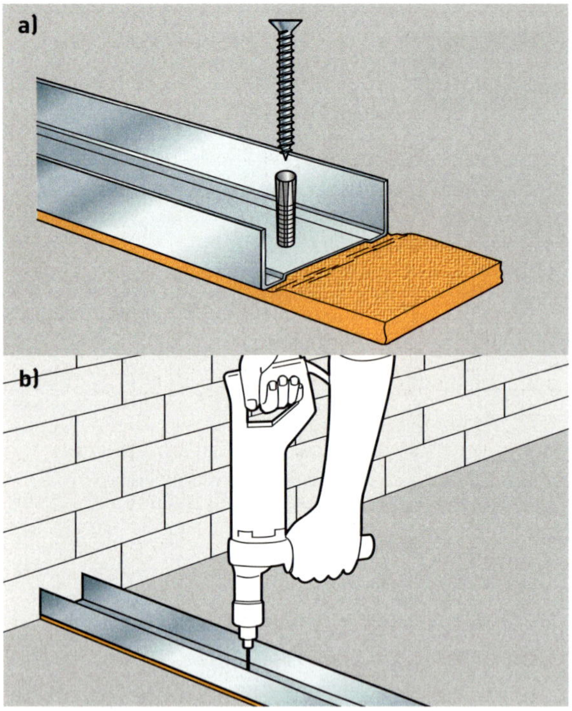

Abb. 1: Befestigen des UW-Profils mit unterlegtem Dämmstreifen

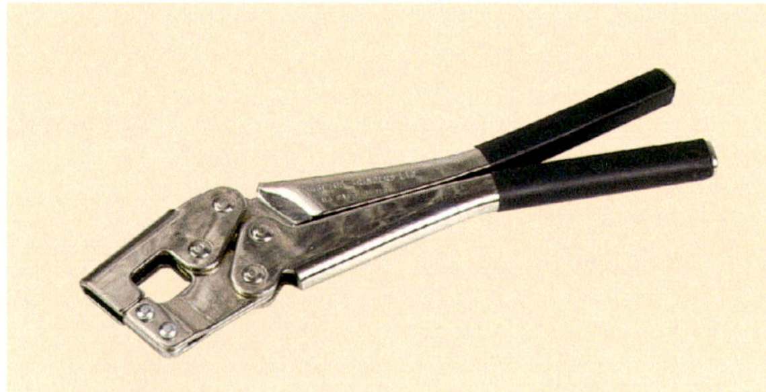

Abb. 2: Krimperzange zum Fixieren der Profile

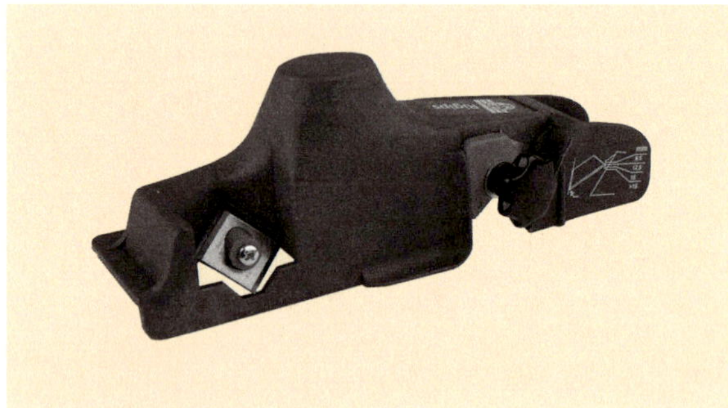

Abb. 3: Kantenhobel zum Anfasen der geschnittenen Platten

Es werden aber noch weitere Platten in meist kombinierbaren Dimensionen angeboten (Tab. 1).

Tab. 1: Übliche Maße für Trockenbauplatten

Breiten in mm	Höhen in mm	Dicken in mm
625 900 1000 1245 1250	2000 2500 2750 3000	9,5 12,5 15 18 20 25

Die Platten werden mit Schnellbauschrauben an der Unterkonstruktion befestigt. Sie werden ohne Vorbohren direkt in das Holz bzw. Metall eingedreht.

7.3.3 Arbeitsschritte

Anzeichnen des Wandverlaufs

Beim Festlegen des Wandverlaufs sollte darauf geachtet werden, dass möglichst lange Montagewandstücke aneinanderstoßen.

Aufbringen des Dämmstreifens am Boden und an der Decke

Die Dämmstreifen aus Filz oder geschäumten Kunststoff sind nötig, um eine Übertragung des Schalls auf die anschließenden Wände zu verhindern (Abb. 1a).

Anschrauben der UW-Profile

Die Profile müssen genau im rechten Winkel am Boden und an der Decke verschraubt werden. Dies geschieht je nach Material der Wände mit Schnellbauschrauben oder Dübel (Abb. 1b).

Einstellen der CW-Profile

Die senkrechten CW-Profile werden im Abstand einer halben Plattenbreite (gemessen von der Mittelachse) in die UW-Profile eingesteckt und mit einer Krimperzange fixiert. Man beginnt das Setzen der Profile am besten von der Türöffnung her, da hier auf beiden Seiten durchgehende CW-Profile stehen müssen (Abb. 4).

Die Profile können mit einer Eisensäge oder einem Knabber gekürzt werden.

Ein Winkelschleifer sollte dazu nicht benutzt werden, da dadurch die Zinkschicht beschädigt wird. Wenn die Raumhöhe größer ist als die Länge eines CW-Profils, können zwei Profile ineinander gesteckt werden.

Abb. 4: Einstellen der CW-Profile

Abb. 5: Anbringen der ersten Seite

Abb. 6: Einlegen des Dämmmaterials

Abb. 7: Befestigen der Platten auf der zweiten Seite

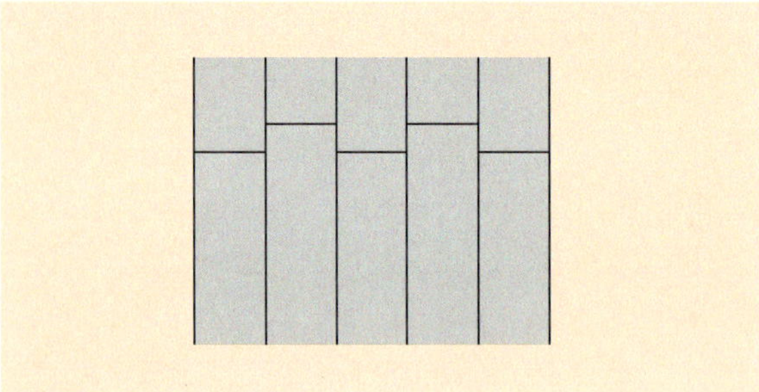

Abb. 1: Versetzte Anordnung der Platten

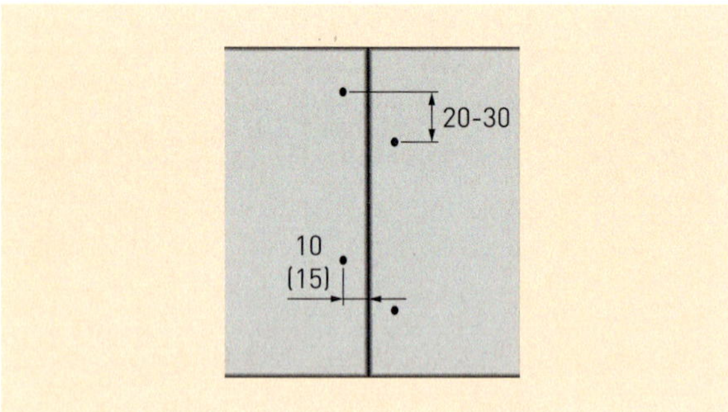

Abb. 2: Abstände der Schrauben

Abb. 3: Einlegen des Bewehrungsstreifens

Befestigen der Platten auf der ersten Seite
Die erste Platte wird senkrecht mit ca. 5 mm Abstand zum Boden zur Wand links und rechts und in der Mitte an die CW-Profile angeschraubt. Der Abstand der Schrauben beträgt ca. 25 cm. Bei der nächsten Platte sollten die Schrauben etwas versetzt werden (Abb. 1–2). Eventuell notwendige horizontale Fugen müssen versetzt angebracht werden, sodass keine Kreuzfugen entstehen (S. 235, Abb. 5).

Zum Kürzen müssen die Platten entweder mit einem Cutter angeritzt und dann gebrochen oder mit einer Stichsäge geschnitten werden. Die aneinander stoßenden Seiten einer horizontalen Fuge müssen auf jeden Fall gefast werden, d. h. schräg angeschnitten. So kann der Gips, mit dem die Fuge geschlossen wird, einen ausreichenden Halt finden.
Die Schrauben müssen so tief in die Platten eingedreht werden, dass sie nach der Verspachtelung nicht mehr sichtbar sind. Sie dürfen jedoch nicht so weit eingedreht werden, dass sie die Kartonummantelung durchdringen.

Einlegen des Dämmmaterials
Die Dämmmatten werden so eingelegt, dass möglichst keine Lücken bleiben. Sie sollten aber auch nicht zu sehr gedrückt werden, weil sonst die Schalldämmung vermindert wird (S. 235, Abb. 6).

Befestigen der Platten auf der zweiten Seite
Nach dem Verlegen der elektrischen Leitungen und sonstiger Installationen kann die zweite Seite mit den Platten geschlossen werden. Es ist darauf zu achten, dass die Plattenstöße versetzt zur anderen Wand laufen (S. 235, Abb. 5 und 7).

Verspachteln der Fugen und der Schraublöcher
Es sollte zunächst kontrolliert werden, dass alle Platten ausreichend verschraubt und alle Schrauben tief genug versenkt sind.

Zum Verspachteln wird spezieller Gips verwendet, der kleine Fasern enthält und so besonders reißfest ist. In Fugen muss meistens ein Bewehrungsstreifen aus Glasfaser eingelegt werden, um ein späteres Reißen zu verhindern (Abb. 3).

Zunächst sind die Vertiefungen zwischen den Platten zu füllen und mit einer Traufel oder einer speziellen Spachtel scharf abzuziehen. Die Schraublöcher müssen ebenfalls gefüllt werden. Die weiteren Spachtelgänge hängen davon ab, welche Oberflächenqualität erreicht werden soll und wie Eck- und Anschlussausbildung ausgeführt wird.

7.3.4 Anschlüsse an Mauerwerk und Boden

Ein besonders schwieriger Bereich bei der Konstruktion einer Trockenbauwand ist die Verbindung zu bestehenden gemauerten oder betonierten Wänden und Böden.

Diese bestehen aus anderen Werkstoffen, die sich bei Temperaturänderung anders verhalten als die Trockenbaumaterialien. Außerdem nehmen diese Wände die Bewegungen eines Gebäudes anders auf. Deshalb ist die Entstehung eines Spalts an diesen Übergangsstellen unumgänglich.
Durch die Art und Weise der Eckausbildung kann man die Rissbildung bis zu einem gewissen Grad steuern bzw. auffangen.

Geschlossene Fugen
Die häufigste Methode, die Anschlussstellen zwischen unterschiedlichen Bauteilen zu gestalten, ist das Ausfüllen mit dehnbaren Fugenstoffen (→ Kap. 7.4). Dabei ist darauf zu achten, dass die Platten zweier aneinander stoßenden Wände nicht starr (z.B. durch die Verspachtelung) miteinander verbunden sind. Die Trennung der Bauteile kann dadurch erfolgen, dass an die anstoßende Mauer ein Klebeband aufgebracht wird, das nach der Beschichtung der Wände abgeschnitten wird. Auf diesem Klebeband haftet die Verspachtelung schlechter als an den anderen Stellen. Deshalb verläuft die Fuge dann genau an dieser Stelle. Um eine gerade Kante und somit auch eine gerade Fuge zu erhalten, kann an die anstoßende Platte ein Eckschutzprofil eingespachtelt werden.
Außerdem darf die Fuge nicht durch eine Tapete zugeklebt oder durch die Beschichtung überdeckt werden, da diese unweigerlich reißen würden.

Offene Fugen
Man kann Wandanschlüsse so gestalten, dass die Fuge sichtbar bleibt. Die Bewegungen der Wände können hier ungehindert erfolgen. Das Ziel ist, die entstehende Fuge optisch ansprechend auszuformen. Die Fuge kann auch durch ein Abschlussprofil überdeckt werden. Wichtig ist, dass das Profil nur auf einer Seite befestigt ist, so dass die beiden Wände sich ungehindert bewegen können.

Wenn größere Bewegungen der Wandteile zu erwarten sind, ist die Gestaltung durch eine Schattenfuge meist die optisch ansprechenste Lösung. Allerdings muss man hier darauf achten, dass trotz der offenen Fuge die Schall- und Brandschutzanforderungen erfüllt werden.

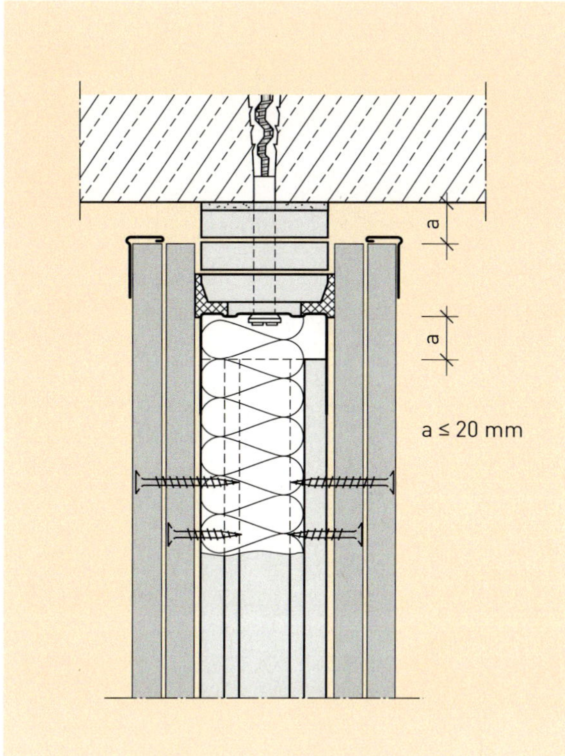

Abb. 4: **Gleitender Deckenanschluss bei einer Trockenbauwand**

Die Konstruktion eines solchen gleitenden Deckenanschlusses einer Trockenbauwand zeigt Abb. 4. Wichtig ist hierbei, dass die Platten nicht mit dem UW-Profil verschraubt werden sondern nur mit den CW-Profilen. Nur so haben die Platten genügend Bewegungsfreiheit, um die zu erwartenden Durchbiegungen der Decke auszugleichen.

7.3.5 Oberflächengüten

Nach Abschluss der Beschichtungsarbeiten an einer Trockenbauwand zeichnen sich häufig die Plattenstöße an der Wand ab. Dies führt meist zu Reklamationen und Streitigkeiten.

Der Maler, der die Wand bearbeitet, kann zu diesem Zeitpunkt nicht eindeutig feststellen, ob sich die Plattenstöße später abzeichnen, da die Lichtverhältnisse im bewohnten Raum ganz anders sein können. Wenn z. B. Deckenfluter als Lichtquelle verwendet werden, entsteht ein extremes Streiflicht, das jede kleinste Unebenheit sichtbar macht. Um solche Überraschungen zu vermeiden, sollte der Verarbeiter die

Abb. 1: Trockenbauwand bei Frontallicht

Abb. 2: Dieselbe Wand bei Streiflicht

Fugen mit einem Strahler im Streiflicht anstrahlen. Eventuelle Unebenheiten können so erkannt werden (Abb. 1 und 2).

Als allgemein anerkannte Richtlinien zur Ebenheit von Trockenbauwänden haben sich die Oberflächengüten des Bundesverbandes der Gipsindustrie durchgesetzt. Hier werden vier Qualitätsstufen unterschieden, die folgendermaßen definiert sind:

Qualitätsstufe 1 (Q1) – Grundverspachtelung
Hier werden die Fugen einmal verspachtelt und dann scharf abgezogen. Die Fugen zeichnen sich hier nach der Beschichtung auch bei günstigeren Lichtbedingungen ab. Deshalb ist diese Oberflächengüte nur für niedrigste optische Ansprüche geeignet (z. B. Abstellraum) oder zum Bekleben mit Fliesen.

Qualitätsstufe 2 (Q2) – Standardverspachtelung
Diese Qualitätsstufe genügt den üblichen Anforderungen an Wand- und Deckenflächen. Es werden hier die Fugen nach der Verspachtelung wie bei Q1 noch einmal breiter nachgespachtelt und anschließend geschliffen. Die Qualitätsstufe Q2 ist geeignet für strukturierte, matte Anstriche, Putze mit Korngröße über 1 mm und grob oder mittel strukturierte Tapeten. Das Abzeichnen der Plattenfugen ist bei Q2 nicht auszuschließen.

Qualitätsstufe 3 (Q3)
Werden höhere Ansprüche an die Ebenheit der Oberfläche gestellt, muss die Qualitätsstufe Q3 erreicht werden. Zusätzlich zu den Verspachtelungen wie bei Q1 und Q2 werden die Gipskartonplatten vollflächig überzogen, scharf abgezogen und anschließend geschliffen. Diese Qualitätsstufe muss erreicht werden, wenn anschließend Putze mit Korngröße unter 1 mm, matte bzw. nicht strukturierte Anstriche oder fein strukturierte Tapeten aufgebracht werden. Unter ungünstigen Bedingungen zeichnen sich auch hier die Plattenstöße ab.

Qualitätsstufe 4 (Q4)
Für höchste Ansprüche an die Oberflächenebenheit muss die Oberflächengüte Q4 geschaffen werden. Dazu wird zusätzlich zu den vorhergehenden Verspachtelungen die Fläche vollflächig verspachtelt (Schichtdicke ca. 3 mm) und anschließend geschliffen. Solche vorbereiteten Flächen sind geeignet für Beschichtungen bis zu mittlerem Glanz, glatte Wandbekleidungen und hochwertige Glättetechniken. Bei dieser aufwändigen Bearbeitung der Wand lassen sich auch bei ungünstigem Streiflicht Schattierungen meist vermeiden. Ganz ausschließen kann man sie aber trotzdem nicht.

Abb. 3: Gerissener Weichfaserputz im Bereich der Plattenfugen

7.3.6 Beschichtung

Die Verspachtelung der Trockenbauwände erfolgt mit kunststoffvergüteten Gipsspachtelmassen. Diese lassen sich sehr gut verziehen und sind gut schleifbar. Man muss allerdings beim Anmischen die Hinweise des Herstellers genau beachten. Besonders die richtige Menge an Wasser ist wichtig, um eine gut zu verarbeitende Masse zu erhalten. Den angerührten Gips kann man ca. 30 Minuten lang verarbeiten. Bereits angehärtetes Material darf man auf keinen Fall mit Wasser wieder verdünnen, da dieses nicht mehr einwandfrei fest wird und auch schlechter haften würde.

Nach der vollständigen Trocknung der verspachtelten Wände müssen die Trockenbauplatten grundiert werden. Damit wird ein gleichmäßig saugender und farblich einheitlicher Untergrund für die nachfolgende Beschichtung geschaffen. Als Grundiermittel wird meist ein wasserverdünnbarer Tiefengrund verwendet, dem noch feiner Quarzsand zugesetzt sein kann. Damit wird eine bessere Haftung der nachfolgenden Schicht erreicht. Es ist allerdings auch möglich, mit verdünnter Dispersionsfarbe zu grundieren.

Es sollte darauf geachtet werden, ob sich an einzelnen Platten Verfärbungen abzeichnen. Diese müssen mit einer Isolierfarbe abgesperrt werden, da es sich hierbei um gelöste Inhaltsstoffe des Kartons handelt, die später durch die Beschichtung hindurchschlagen können. Ursache für diese Verfärbungen ist die falsche Lagerung der Platten vor der Verarbeitung. Wenn eine Platte längere Zeit der Sonne ausgesetzt ist, kann sie sich verfärben, ebenso wenn sie nass wird.

Die vorbereitete Wand kann nun mit unterschiedlichen Materialien beschichtet oder beklebt werden. Beim Tapezieren muss darauf geachtet werden, dass ein Kleister verwendet wird, der für Gipsuntergründe geeignet ist. Das Aufbringen eines Tapetenwechselgrundes erleichtert bei der späteren Renovierung das Entfernen der Tapete erheblich.

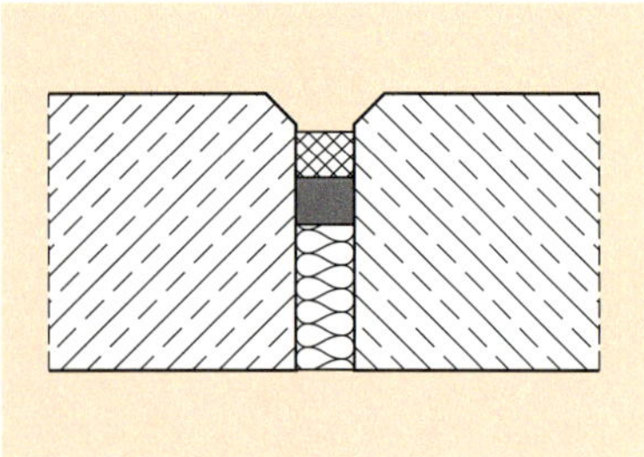

Abb. 1: Fugendichtstoff

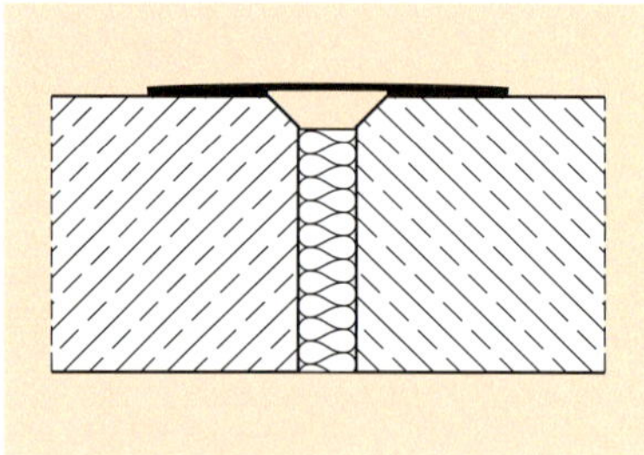

Abb. 2: Fugenband

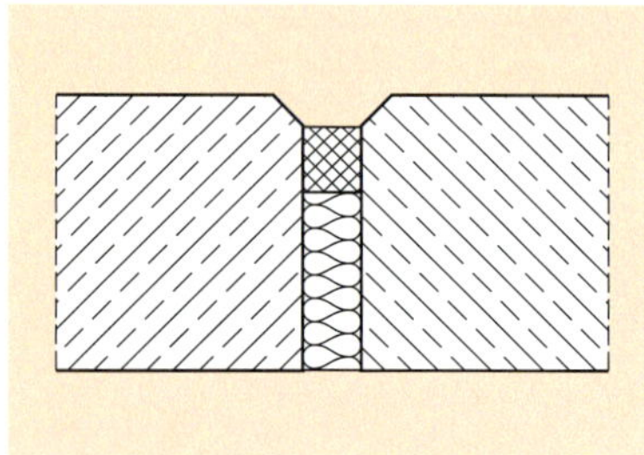

Abb. 3: Dichtband (Kompriband)

7.4 Fugen und Fugenmassen

Fugen sind Räume zwischen angrenzenden Bauteilen. Sie dienen zur Vermeidung von Spannungen und/oder zur Erzielung eines problemlosen Zusammenfügens von Bauteilen.

Je nach ihrer Funktion unterscheidet man unter anderem:

- Dehnfugen oder Dehnungsfugen,
- Arbeitsfugen,
- Bewegungsfugen,
- Trennfugen,
- Scheinfugen.

Fugen können zwischen allen Arten von Bauteilen auftreten und unterschiedlichste Zwecke haben. Daher ist die Zahl möglicher Fugenkonstruktionen sehr groß. Abb. 1–3 zeigen einige Beispiele. Je nach Art und Ort der Fugen (im Beton, im Estrich, im Mauerwerk etc.) gelten sehr viele unterschiedliche Normen in diesem Bereich.

In diesem Abschnitt werden beispielhaft die Fugen mit elastischen Füllmassen (Abb. 1) behandelt. Bevor in die Fuge ein Fugenmaterial eingebaut wird, werden in der Regel die Fugenflanken behandelt. Ein Primer oder Sperrgrund sorgt dafür, dass das Fugenmaterial gut und dauerhaft haftet. Danach wird ein Hinterfüllstoff eingebaut, der für den Abschluss des spritzbaren Materials nach innen sorgt. Meist sind dieses Schnüre aus Polyethylen-Schaum (PE). Sie werden in gleichmäßigem Abstand zur Bauteiloberfläche in die Fuge gedrückt (Abb. 4–5).

Zum Schluss wird das spritzbare Fugenmaterial eingebaut. Dabei muss die Dicke des Fugenmaterials an den Flanken am höchsten sein. Dadurch wird gewährleistet, dass die Anhaftung an den Bauteilen groß genug ist.

Fugen werden stark beansprucht. Die Bewegungen der angrenzenden Bauteile wirken mechanisch auf die Fugen ein. Wind, Temperaturwechsel, UV-Strahlung und Regen beanspruchen die Oberfläche des Fugenmaterials.

Abb. 4: Aufstreichen des Primers auf die Fugenflanken

Abb. 5: Einbau des Fugenmaterials

Abb. 6: Ankleben des Fugenbandes

Abb. 7: Verspachteln des Fugenbandes

Die Materialien der angrenzenden Bauteile und eine nachfolgende Beschichtung können chemisch auf das Fugenmaterial einwirken. Daher ist es wichtig zu wissen, welche Dichtstoffe als Fugenmaterialien verwendet werden.
Ein möglicher Dichtstoff ist ein Werkstoff zum Abdichten von Fugen, Spalten und Durchbrüchen.
Der Dichtstoff wird in der Regel flüssig oder pastös verarbeitet und härtet zu einem plastischen, elastoplastischen oder elastischen Material aus. Plastische Stoffe lassen sich verformen wie Knetmasse. Elastische Stoffe gehen nach einer Verformung in den Ausgangszustand zurück wie Gummi. Elastoplastische Stoffe haben Anteile von beiden Verhaltensweisen.
Der Dichtstoff muss an den Fugenflanken haften, damit er funktioniert. Statt des Begriffes „Dichtstoff" werden in der Praxis auch die synonymen Begriffe Dichtmasse, Fugendichtmasse oder Fugendichtstoff benutzt.

Man unterscheidet chemisch reaktive und nicht reaktive Dichtstoffe.

Zu den **reaktiven Dichtstoffen** gehören:

- Silikone oder korrekter Dichtstoffe auf Basis silanmodifizierter Polymere (SMP),
- Polyurethane,
- Polysulfide.

Polyurethane werden sehr viel im Hochbau eingesetzt. Polysulfide gelten als besonders chemikalienbeständig, während Silikone besonders wasserabweisend sind. Silikone können in der Regel nicht überbeschichtet werden.

Der früher gebräuchliche Fensterkitt ist ebenfalls ein reaktiver Dichtstoff aus Leinöl und Füllstoffen.

Zu den **nicht reaktiven Dichtstoffen** gehören:

- Acrylate oder korrekter Dispersionsdichtstoffe,
- lösemittelhaltige Dichtstoffe,
- Butyldichtstoffe.

Butyldichtstoffe sind rein plastisch. Sie werden wie Knetmasse in die Fuge gedrückt und können keine äußeren Kräfte aufnehmen. Die angrenzenden Bauteile müssen mechanisch miteinander verbunden sein.

Dispersionsdichtstoffe trocknen ebenso wie lösemittelhaltige Dichtstoffe physikalisch. Durch den Verlust an Wasser oder Lösemittel beim Trocknen stellen sich konkave Oberflächen ein.

7.5 Berechnung des Materialbedarfs

Für die Erstellung einer Trockenbauwand werden sehr viele unterschiedliche Materialien benötigt, die teilweise recht kostspielig sind. Deshalb muss man vor jedem Auftrag den Materialbedarf möglichst genau berechnen.

Es gibt hier unterschiedlich genaue Methoden der Berechnung. Welche angewendet wird, hängt von der Größe und Schwierigkeit des Auftrags ab.

Berechnung mithilfe einer Tabelle

Bei einfachen Raummaßen kann der Bedarf sehr schnell mithilfe von Tabellen berechnet werden. Diese werden von den Herstellern zur Verfügung gestellt. Vorrausetzung für diese Berechnung ist, dass die Fläche der zu erstellenden Wand oder Decke bekannt ist. In der Tab. 1 ist der Bedarf der einzelnen Materialien pro m^2 angegeben. Somit müssen nur noch diese Werte mit der Fläche multipliziert werden, um die benötigten Mengen zu ermitteln. Der tatsächliche Verbrauch kann allerdings auch stark abweichen. Wenn z. B. viele Türen in einer Wand eingebaut werden, steigt die Anzahl der Profile.

Verlegeplan

Beispiel für einen Verlegeplan

Bei komplizierten Wandaufbauten empfiehlt es sich, einen Verlegeplan zu zeichnen. Hier werden in einer maßstäblichen Zeichnung alle Profile und Platten in ihrer geplanten Lage eingezeichnet. Mit einem solchen Plan lassen sich auch konstruktive Probleme lösen.

Tab. 1: Beispiel für eine Bedarfstabelle

Materialbedarf pro m^2 für beide Seiten	
Gipsplatten 12,5 mm	2,0 m^2
Wandprofil CW 75, verzinkt	1800 mm
Wandprofil UW 75, verzinkt	700 mm
Anschlussdichtung Filz, einseitig selbstklebend, 75 mm	1100 mm
Nageldübel (6 × 40 mm)	1,33 St.
Schnellbauschrauben TN 25 × 3,5 mm	24 St.
Mineralwolle	1,0 m^2
Fugenspachtel	0,30 kg

Die benötigten Mengen kann man aus der Zeichnung entnehmen und somit sehr genau berechnen (Abb. 1).

Berechnung über die Längen

Man kann auch ohne Verlegeplan den Materialbedarf errechnen. Allerdings bleibt hier eine Ungenauigkeit bestehen, so dass man hier meist einen Zuschlag dazurechnet.

Die Berechnung der Anzahl der ganzen Platten erfolgt im Wesentlichen so wie beim Tapetenbedarf (→ LF 8). Da aber bei Gipsplatten auch Reststücke verwendet werden können, ist die Berechnung über die Fläche ausreichend genau.

Die Anzahl der Profile wird bestimmt durch die Breite und die Höhe der Wand. Da links und rechts an jeder Wand senkrecht Profile stehen müssen, muss man einen Ständer dazuzählen. Es ergibt sich folgende Rechnung:

Anzahl der Ständer = Länge der Wand : Achsabstand der Ständer + 1

Für das Beispiel aus dem Verlegeplan:

Anzahl Ständer = 6,80 : 0,625 + 1 =
= 11,88 ≈ 12 Stück

Passend zur Raumhöhe muss die optimale Profillänge ausgesucht werden, so dass möglichst wenig abgeschnitten werden muss.

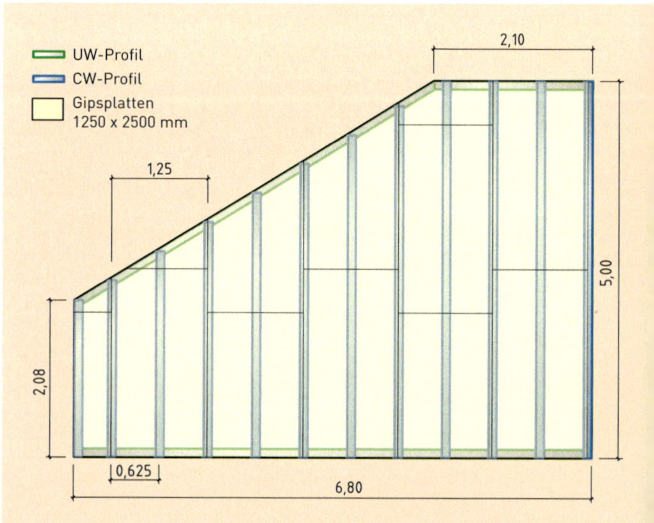

Abb. 1: Beispiel für einen Verlegeplan (M 1:100)

Aufgaben zu Kapitel 7

1. Erklären Sie, warum sich an kalten Stellen besonders leicht Schimmel bilden kann.
2. Beschreiben Sie, warum die Außendämmung eines Gebäudes meist besser als eine Innendämmung ist.
3. Erklären Sie, auf welche Weise sich der Schall ausbreitet.
4. Durch welche Maßnahmen kann man die Ausbreitung des Körperschalls eindämmen?
5. In welche Baustoffklasse bezüglich ihres Brandverhaltens werden Gipskartonplatten eingeordnet?
6. Wie lange muss eine feuerhemmende Wand bei einem Brand ihre Tragfähigkeit beibehalten?
7. Mit welcher Formel wird der Wärmedurchgangskoeffizient U berechnet?
8. Nennen Sie die einzelnen Bestandteile eines Wärmedämmverbundsystems.
9. Welcher Werkstoff wird für Dämmplatten am häufigsten verwendet?
10. Wo werden Perimeterplatten eingesetzt?
11. Nennen Sie die möglichen Befestigungsarten für Dämmplatten und die jeweiligen Vor- und Nachteile.
12. Von welchen Faktoren hängt die Anzahl der Dübel für die Befestigung der Wärmedämmplatten ab?
13. Welche Bindemittel können für Fassadenfarben und Putze verwendet werden?
14. Aus welchen Materialien kann das Tragskelett einer Trockenbauwand hergestellt werden?
15. Nennen Sie den Verwendungszweck für folgende Profile: CW-Profil, UW-Profil, CD-Profil.
16. Welche Eigenschaften hat eine Gipsplatte, die mit HF nach DIN EN 520 gekennzeichnet ist?
17. Eine Wand soll in Trockenbau-Ständerbauweise erstellt werden.
    Nennen Sie die einzelnen Arbeitsschritte.
18. Eine Trockenbauwand soll mit einem Streichputz (Körnung 0,2 mm) endbeschichtet werden.
    In welcher Qualitätsstufe muss die Wand gespachtelt sein?
19. Nennen Sie drei nach ihrer Funktion unterschiedliche Fugenarten.
20. Nennen Sie die wichtigste Voraussetzung für das gute Funktionieren eines Dichtstoffes in der Fuge.
21. Nennen Sie den wesentlichen Unterschied zwischen plastischen und elastischen Dichtstoffen.

8

Lernfeld 8

Oberflächen und Objekte bearbeiten und gestalten

Kundenauftrag

▶ Neugestaltung der Innenräume eines Restaurants

Arbeitsauftrag

Die Innenräume eines Restaurants sollen neu gestaltet werden. Hierbei handelt es sich um einen Komplettumbau des gesamten Lokals. Nur die Küche und die beiden Lagerräume werden nicht bearbeitet.

Durch den Einsatz von Gestaltungstechniken soll das Restaurant ein exklusives Erscheinungsbild erhalten.

Auszuführende Arbeiten

Pos. 1: Sämtliche Decken sind zu beschichten.

Pos. 2: Der Eingangsbereich mit Garderobe und die daran anschließenden Sanitärräume sind mit einer Glättetechnik zu gestalten.

Pos. 3: Die Wände des Speisesaals sind mit einer Lasurtechnik zu versehen.
Zur Decke hin soll eine schablonierte Bordüre umlaufend aufgebracht werden.

Der Bereich des im Speisesaals befindlichen Podestes ist mit einer zum Farbkonzept des Raumes passenden Mustertapete zu versehen.

Die Pfeiler im Speisesaal sollen mit einer Gestaltungstechnik versehen werden.

Pos. 4: Der abgetrennte Nebenraum soll mit einem zur Farbgebung passenden Effekt gestaltet werden.

Pos. 5: Beschriftungen an den Türen und Wänden sind anzubringen.

Pos. 6: Verlegen eines Teppichbodens im Nebenraum.

Objektbeschreibung

Pos. 1: Decken
Die Decken sämtlicher Räume sind verputzt mit Kalkputz der Mörtelgruppe P II.

Pos. 2: Wandflächen im Eingangsbereich und der Sanitärräume
Die Wände des Eingangsbereichs sind verputzt mit Kalkputz der Mörtelgruppe P II. Die Trennwand zwischen den beiden Sanitärräumen und die freistehende Wand zur Abtrennung der Garderobe sind in Trockenbauweise gefertigt worden.

Spachtel- und Verfugungsarbeiten sind daran noch nicht vorgenommen worden.

Pos. 3: Wände des Speisesaals
Die Wände des Speisesaals sind mit Kalkputz der Mörtelgruppe P II verputzt und weisen einen intakten Altanstrich mit Kunstharzdispersionsfarbe auf.

Pos. 4: Nebenraum
Die Wände des Nebenraums sind mit Kalkputz der Mörtelgruppe P II verputzt und mit Kunststoffdispersionsfarbe beschichtet.

Die Bodenfläche ist ein Zementestrich.

Pos. 5: Tür im Eingangsbereich
Die Eingangstür und die Tür zum Speisesaal sind Aluminium umrahmte Glastüren. Die Aluminiumrahmen und die Türzargen befinden sich in einem unbehandelten Neuzustand.

Pos. 6: Türen im Sanitärbereich
Die Türen der Sanitärräume sind neue unbehandelte Holztüren.

Pos. 7: Tür Speisesaal zum Nebenraum
Die Tür, die den Speisesaal mit dem Nebenraum verbindet, ist eine unbehandelte Holztür.

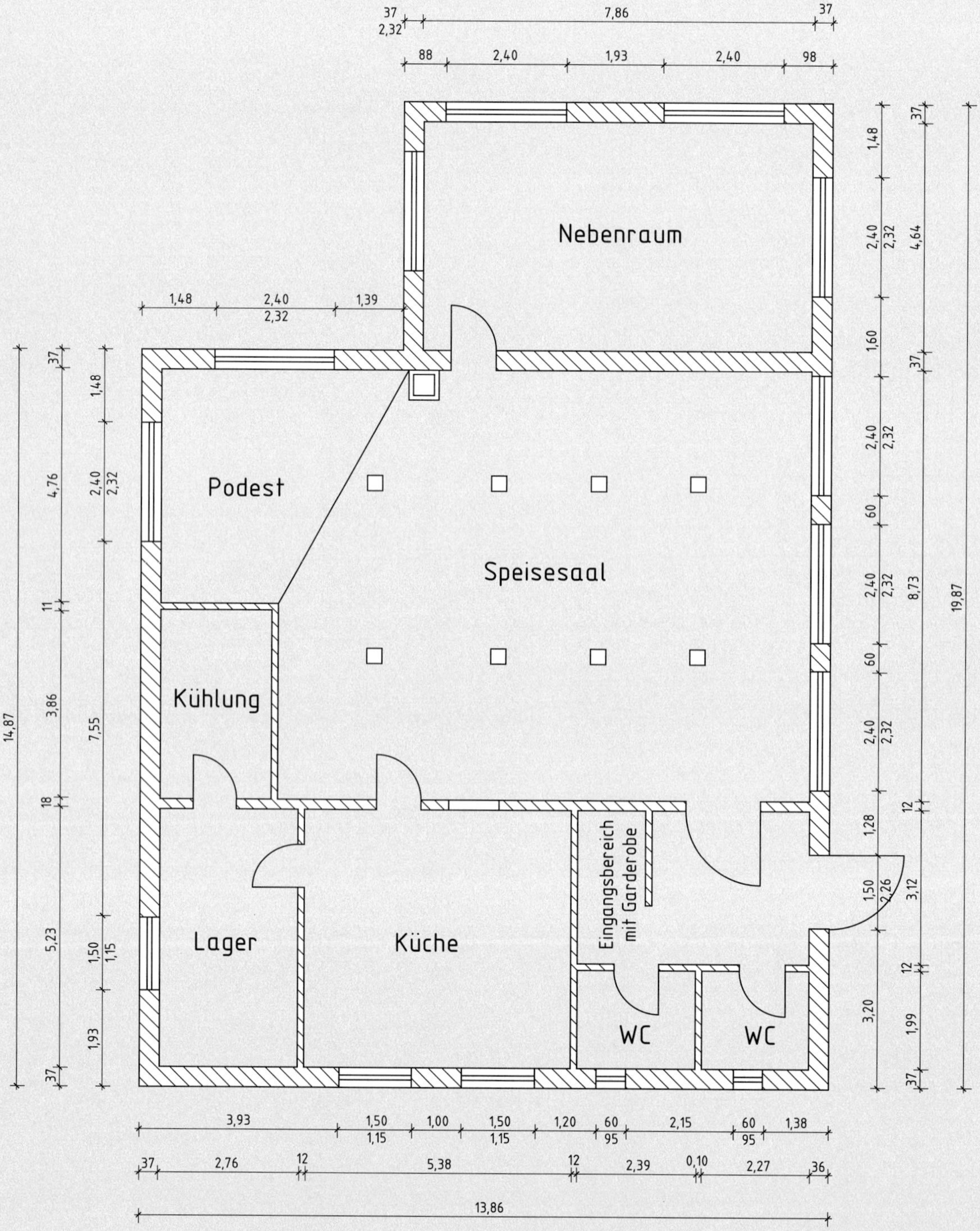

Abb. 1: Grundriss des Restaurants

Leistungsbeschreibung

Pos. 1: Deckenflächen der Lokalräume

Die Deckenflächen der gesamten Räume sind mit weißer Dispersionsfarbe zu beschichten.

Pos. 2: Wandflächen des Eingangsbereichs und der Sanitärräume

Die Trennwände im Sanitärbereich und im Garderobebereich sind zu verspachteln. Sie sind mit einer Grundierung und einer Grundspachtelschicht zu glätten. Im gesamten Eingangs- und Sanitärbereich ist eine Glätte-/Spachteltechnik auszuführen.
Als Material ist mineralische Spachtelmasse zu verwenden.

Pos. 3: Wandflächen des Speisesaals

- Die Wände sind zu grundieren und mit einem Grundanstrich zu versehen.
  Darauf soll eine Wischtechnik ausgeführt werden.
- Eine schablonierte Bordüre ist um den Raum aufzubringen.
- Die Wände im Podestbereich sind mit einer Mustertapete zu tapezieren.
- Die acht Pfeiler des Speisesaals sind mit einer zum Konzept passenden Effekttechnik zu versehen.

Pos. 4: Nebenraum

Die Wandflächen sind zu grundieren und mit einer Effekttechnik zu versehen.

Auf dem Fußboden ist ein strapazierfähiger Teppichboden zu verlegen.

Pos. 5: Türen im Eingangsbereich

- Die Rahmen der Eingangstür und der Tür zum Speisesaal sind zu grundieren und mit Acryllack zu beschichten.
- Eine Folienbeschriftung mit dem Restaurant-Logo ist auf der Glasscheibe anzubringen (Abb. 2).

Pos. 6: Türen im Sanitärbereich

Die Türen sind zu grundieren und mit Acryllack zu beschichten. Eine entsprechende Kennzeichnung (Damen/Herren) ist aufzubringen.

Pos. 7: Tür Speisesaal zum Nebenraum

Die Tür ist zu grundieren und mit Acryllack zu beschichten. Eine Beschriftung mit der Raumbezeichnung ist vorzunehmen.

Pos. 8: Weitere Beschriftungen

- Neben dem Durchgang zur Küche soll der Schriftzug „Küche" aufgebracht werden.
- Der Schriftzug „Toiletten" soll an verschiedenen Stellen im Lokal angebracht werden.
- An der Stellwand im Eingangsbereich ist der Schriftzug „Garderobe" aufzubringen.

Abb. 2: Logo des Restaurants

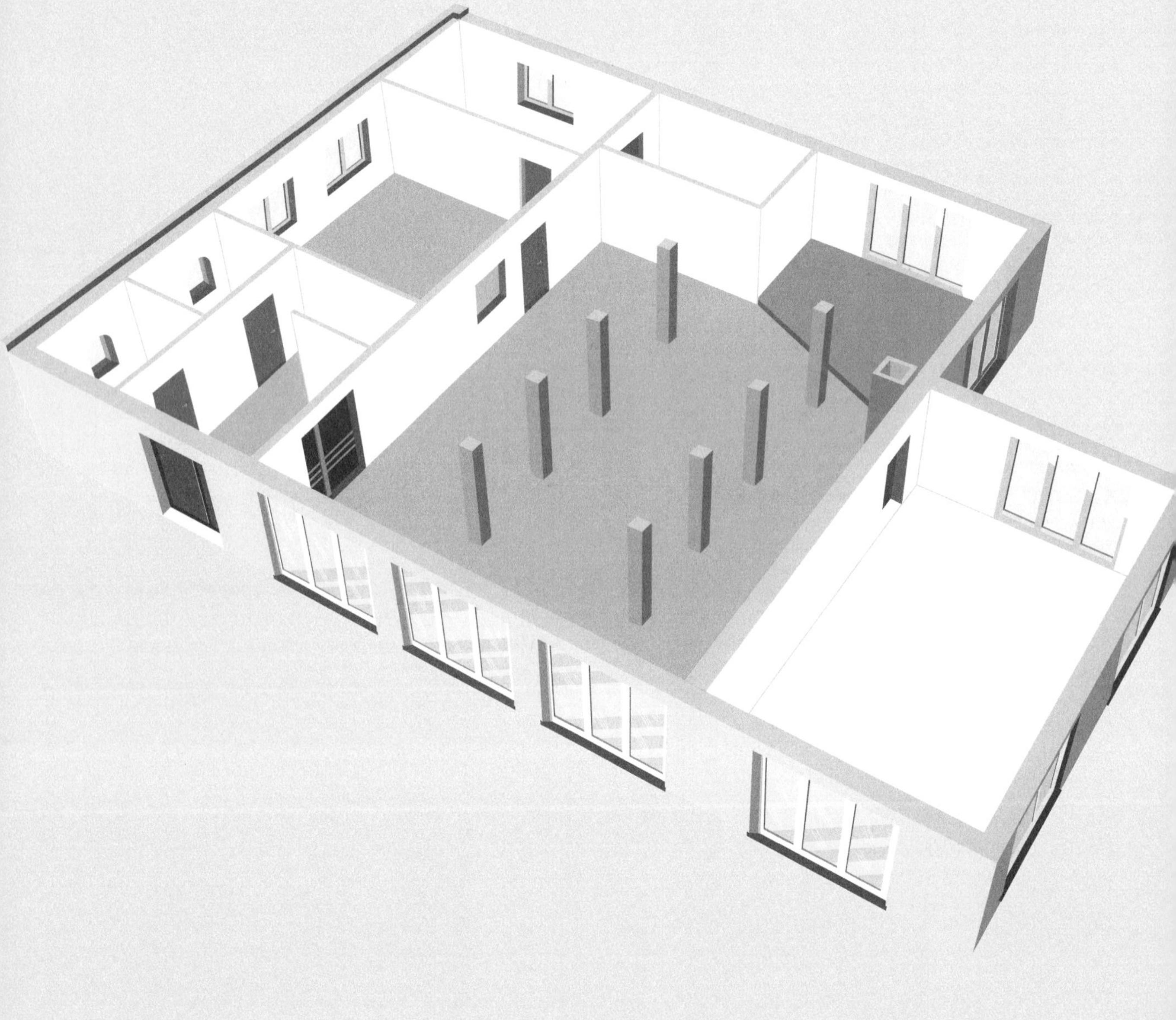

Abb. 1: Vorlage zum Erstellen eines Farbentwurfs

8.1 Gestaltungslehre/Farbe

8.1.1 Kontraste

Um Objekte und Oberflächen nach einem selbst erarbeiteten Farbplan wirkungsvoll zu gestalten, eignet sich eine Anordnung mithilfe von Kontrasten. Kontrast bedeutet, dass zwischen zwei zu vergleichenden Farbwirkungen deutliche Unterschiede oder Intervalle festzustellen sind. Das Anfertigen einer kontrastreichen Farbgestaltung kann z. B. durch Anwendung eines der Farbkontraste nach J. Itten erfolgen (LF 4):

- Farbe-an-sich-Kontrast,
- Hell-Dunkel-Kontrast,
- Kalt-Warm-Kontrast,
- Komplementärkontrast,
- Qualitätskontrast,
- Quantitätskontrast (Proportionskontrast),
- Simultankontrast/Sukzessivkontrast.

Quantitätskontrast (Proportionskontrast)
Der Quantitätskontrast beschäftigt sich mit den Größenverhältnissen von zwei oder mehr Farbflächen zueinander. Die Wirkung des Kontrastes wird durch die Leuchtkraft und die Flächengröße der Farbe bestimmt. Jede Farbe besitzt eine eigene Leuchtkraft, den so genannten Lichtwert.

Um die Leuchtkraft (Lichtwerte) der einzelnen Farben festzustellen, werden diese vor einem neutralen grauen Hintergrund miteinander verglichen.

Dabei ergeben sich Zahlenwerte, die bereits Goethe festgehalten hat.

Tab. 1: Goethes Lichtwerte

Gelb	:	Orange	:	Rot	:	Violett	:	Blau	:	Grün
9	:	8	:	6	:	3	:	4	:	6

Aus der Tab. 1 ergibt sich, dass Gelb z. B. dreimal so stark leuchtet wie Violett. Das entspricht einem Verhältnis von 9 : 3. Soll eine violette Fläche gegenüber dem Gelb gleichwertig wirken, muss das Violett in einer dreimal so großen Fläche vorliegen.

Wird beispielsweise mit zwei gleichgroßen Farbflächen nebeneinander gestaltet, tritt die Fläche mit der

Abb. 2: Harmonische Flächenaufteilung

größeren Leuchtkraft in den Vordergrund. Orange würde in Kombination mit Blau nach vorne, das Blau in den Hintergrund treten.

Möchte man eine harmonische, gleichwertige Farbgestaltung vornehmen, müssen die Lichtwerte in Flächengrößen verwandelt werden. Dabei werden die Lichtwerte umgetauscht (Abb. 2).

Bei der Verwendung von Primär- und Sekundärfarben ergeben die Flächengrößen der entsprechenden Komplementärfarben in ihrer Addition immer die Summe 12.

Gelb + Violett = 3 + 9 = 12
Blau + Orange = 8 + 4 = 12
Rot + Grün = 6 + 6 = 12

Um eine ausdruckstarke, spannungsreiche Gestaltung zu erzielen, müssen die Größenverhältnisse verändert werden. Setzt man eine Farbe mit einem hohen Lichtwert nur punktuell in ganz kleiner Fläche ein, so tritt diese Fläche intensiv in den Vordergrund. Sie hat Signalwirkung erhalten (Abb. 1, S. 250).

Simultankontrast/Sukzessivkontrast
Simultan und sukzessiv erzeugte Farben und Helligkeitseindrücke sind reine Sinnesempfindungen. Dennoch können sie in der Gestaltung von Bedeutung sein, da sie die Wahrnehmung einer Gestaltung oder die Lesbarkeit eines Schriftzuges verstärken oder vermindern können.

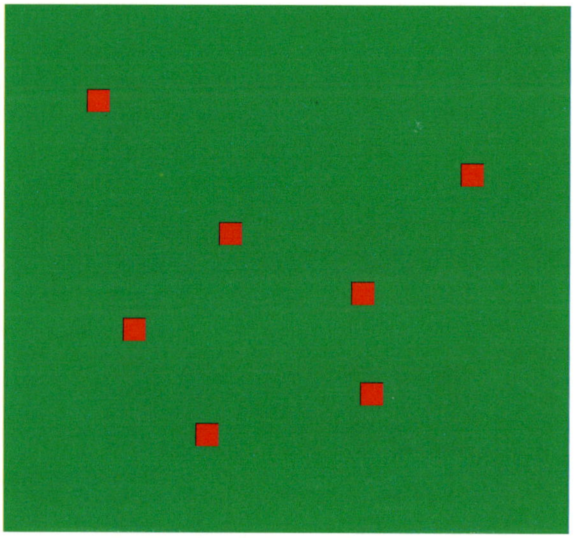

Abb. 1: Signalwirkung durch die „Kleine Menge Farbe"

Der **Simultankontrast** besagt zum einen, dass das Auge zu einer Farbe gleichzeitig (simultan) die Ergänzungsfarbe (Komplementärfarbe) erzeugt. Deshalb erscheinen graue Flächen, die neben oder auf farbigen Flächen stehen, in der Komplementärfarbe der angrenzenden Farbe. Wird z. B. ein gelbes Motiv auf eine graue Wand gemalt, so erscheint das Grau leicht violett, eine blaue Musterung würde die graue Fläche schwach orange erscheinen lassen (Abb. 2 und 3).

Der Simultankontrast bewirkt durch dieses Phänomen eine Kontraststeigerung, also eine empfundene Steigerung der Farbintensität.

Sollen simultane Eindrücke vermieden werden, so muss mit Farben in unterschiedlicher Helligkeit bzw. Sättigung gearbeitet werden, oder es werden der bunten Farbe geringe Mengen der entsprechenden Komplementärfarbe beigemischt.

Zum anderen sagt der Simultankontrast aus, dass das Auge zu jeder Helligkeit eine entgegensetzte Helligkeit hervorruft. Das bedeutet, dass beispielsweise eine intensiv farbige Motivgestaltung auf einer weißen Wand dunkler wirkt, als auf einer dunkel gestrichenen (Abb. 4 und 5).

Sukzessive Erscheinungen sind farbige Nachbilder.

Abb. 2 und 3: Simultane Farberscheinungen

Abb. 4 und 5: Simultane Helligkeitseindrücke

Abb. 6 und 7: Sukzessive Farberscheinungen

Sie erscheinen in komplementären Farben beziehungsweise in entgegengesetzten Helligkeiten. Zu beobachten ist dieses Phänomen sowohl auf anders farbigen Flächen, als auch vor den geschlossenen Augen.

Betrachtet man z. B. einige Sekunden lang ein rotes Quadrat und schaut anschließend sofort auf eine weiße Fläche, so entsteht dem Anschein nach ein hellgrünes Quadrat auf der weißen Fläche (Abb. 6 und 7).

Betrachtet man einige Zeit lang den schwarzen Kreis aus Abb. 8 und fixiert danach sofort den Punkt in Abb. 9, taucht im weißen Quadrat ein noch hellerer Kreis als sukzessive Helligkeitserscheinung auf.

Sukzessive Nachbilder entstehen bevorzugt und besonders stark ausgeprägt bei der Verwendung reiner, ungebrochener Farben. Zu beobachten sind diese Erscheinungen jedoch auch beim Gestalten mit getrübten oder aufgehellten Farben.

Sollen Nachbilder unterbleiben, kann zum einen der Helligkeitskontrast zwischen den dargestellten Flächen verringert werden. Zu anderen wird der simultane Effekt vermindert, wenn gebrochene Farbtöne zum Einsatz kommen.

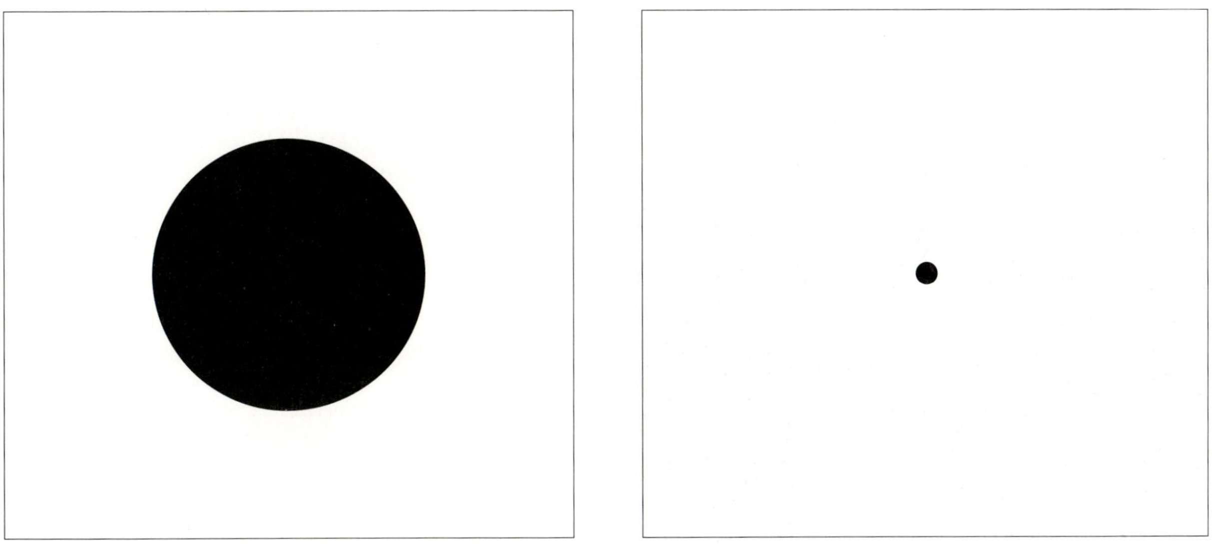

Abb. 8 und 9: Sukzessive Helligkeitseindrücke

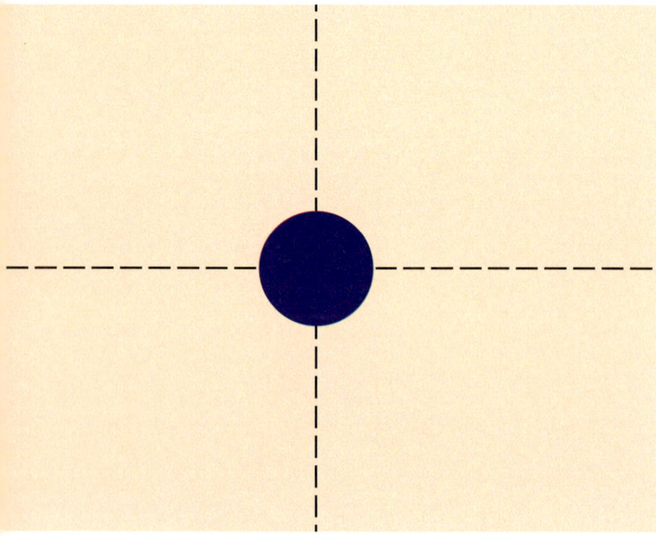

Abb. 1: Betonung einer Fläche durch Setzen eines Schwerpunkts

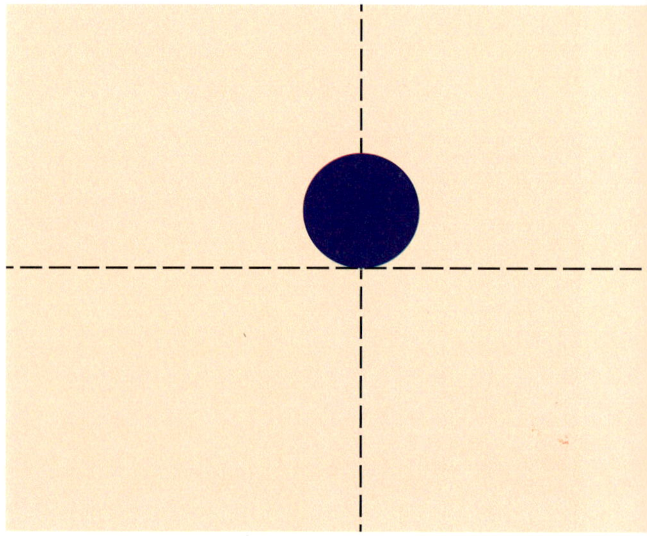

Abb. 2: Setzen des Schwerpunkts auf der optischen Mitte

8.2 Gestaltungslehre/Form

8.2.1 Gestaltbeziehungen

Der Charakter, den ein Raum ausstrahlt, wird nicht nur durch Material- und Farbwahl bestimmt, sondern auch durch den Einsatz von unterschiedlichen Formen. Die Wirkung der Gestaltungselemente Punkt, Linie, Fläche und deren Formenanordnung wurde bereits in LF 4 erläutert. Im Folgenden werden, daran anknüpfend, die Beziehungen von Gestaltungen und Formen dargestellt.

Gestaltbeziehungen entstehen durch die Unterscheidungsmerkmale der einzelnen Formen und deren Anordnung auf der Fläche bzw. im Raum. Eine geschickte Anordnung kann den Ausdruck einer Gestaltung positiv beeinflussen.

Unter Gestaltbeziehungen versteht man u. a. die Schwerpunktbildung, die optische Mitte und die Proportionen, die Flächen zueinander aufweisen.

Schwerpunktbildung
Durch die Positionierung eines einzelnen Gestaltungsmerkmals bildet sich an dieser Stelle ein Schwerpunkt. Dieser Ort wird „schwerpunktmäßig" betont, er tritt in den Vordergrund (Abb. 1).

Optische Mitte
Die optische Mitte ist etwas höher angesetzt als die geometrische Mitte. Der Betrachter empfindet die geometrische Mitte immer als ein wenig zu tief liegend. Wird eine mittige angeordnete Gestaltung hingegen etwas höher gesetzt, wird diese als harmonisch und ästhetisch angesehen. Das Arbeiten mit der optischen Mitte findet man häufig in der Bildgestaltung wieder (Abb. 2).

Proportionen
Proportionen sind die Maßverhältnisse der einzelnen Teile, der Formen und Gestaltungen zum Ganzen.

Werden Räume gestaltet, so sollte für das Auge ein harmonisches Ganzes entstehen. Dazu ist es notwendig, die Proportionen des Raumes (Verhältnisse zwischen Helligkeit, Farbe und Größe) zu erfassen. Das führt dazu, dass z. B. die Anordnung eines Gestaltungselements auf einer Wand in einem harmonisch wirkenden Verhältnis von Größe und Platzierung auf der Wandfläche gelingt.

Im Wesentlichen existieren drei Möglichkeiten, Flächen proportional zu teilen.

Die einfachste Proportion ergibt sich aus der **fortlaufenden Halbierung** einer Strecke oder Fläche.

Wird eine Fläche im Verhältnis 1 : 2, 1 : 3, 1 : 4 und so weiter geteilt, erhält man eindeutige, klare Proportionen. Mit ansteigender Teilung (1 : 11, 1 : 12) erreicht man allerdings weniger harmonische Proportionen (Abb. 5).

Abb. 3 und 4: Wandgestaltungen nach dem Goldenen Schnitt

Abb. 5: Teilung einer Fläche in den Verhältnissen 1 : 3, 1 :5, 1 : 11

Der Goldene Schnitt

Eine Gestaltung nach dem Goldenen Schnitt wird stets als harmonisch und ausgeglichen wahrgenommen, da sich die Proportionen in der Natur und am menschlichen Körper wiederfinden. Da der Goldene Schnitt als Inbegriff von Ästhetik und Harmonie empfunden wird, wurde und wird dieser vorrangig in Architektur, Kunst und im Maler- und Lackiererhandwerk angewendet (Abb. 3 und 4).

Mithilfe des Goldenen Schnitts können harmonische Flächen- und Raumaufteilungen erreicht werden. Die Teilung einer Strecke im Goldenen Schnitt heißt, dass sich bei der Teilung einer Strecke (AB), der kleinere Teil der Strecke, der Minor (CB), zum größeren Teil, dem Major (AC) verhält, wie der Größere zum Ganzen.

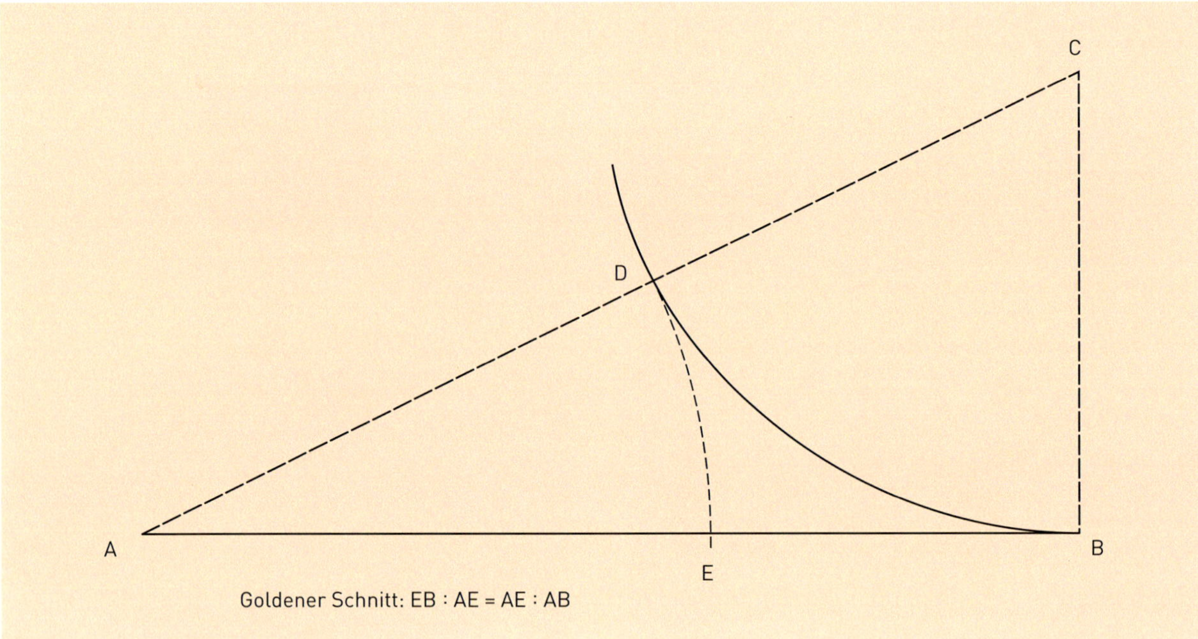

Abb. 1: Konstruktion des Goldenen Schnitts

Konstruktion des Goldenen Schnitts
Der Einfachheit halber kann bei der Gestaltung im Goldenen Schnitt mit angenäherten Zahlenverhältnissen von 2 : 3; 3 : 5; 5 : 8; 8 : 13 und so weiter gearbeitet werden. Soll die Teilung mathematisch exakt erfolgen, ergibt sich das rechnerische Verhältnis von etwa 1 : 1,618.

Die genaue Teilung einer Strecke (Abb. 1) kann durch die Konstruktion mit Lineal und Zirkel in folgenden Arbeitsschritten erfolgen:

- Auf einer vorgegebenen Stecke AB wird auf dem Punkt B eine Senkrechte mit der Hälfte der Länge der Strecke AB gezeichnet. Dies ergibt den Punkt C.
- Zwischen den Punkten AC wird eine Linie gezeichnet.
- Um C wird ein Kreis mit dem Radius BC geschlagen. Daraus entsteht der Schnittpunkt D.
- Um A wird ein Kreis mit dem Radius AD geschlagen.
- Dadurch wird der Teilungspunkt E ermittelt, der die Strecke im Verhältnis des Goldenen Schnitts teilt.

Auch Flächen können nach den Regeln des goldenen Schnitts geteilt werden. Die Teilung erfolgt ebenfalls nach den Verhältnissen 3 : 5, 5 : 8. 8 : 13 usw.

Um weitere Größenverhältnisse zu errechen, werden erstens die Zahlen der vorigen Verhältnisse addiert. Zweitens ergibt die größere Zahl der vorhergehenden Zahlenreihe die kleinere Zahl der folgenden Reihe.

Beispielsweise ergibt sich 21 aus 8 plus 13 als größere Zahl. Die 13 der vorangegangenen Reihe bildet die kleinere Zahl der neuen Verhältnisreihe. Würde z. B. eine Fläche von 160 cm × 320 cm nach diesem Verhältnis geteilt, ergäbe sich die Teilung von ca.:
160 cm in 60 cm zu 100 cm und 320 cm in 120 cm zu 200 cm.

Dabei entsteht ein kleineres Rechteck und ein Quadrat. Die fortlaufende Teilung der Fläche würde immer wieder ein Quadrat und ein Rechteck ergeben.

So geteilte Flächen wirken einerseits ausgewogen und ruhig, andererseits erzeugen sie durch die leichte Asymmetrie Spannung in einer Gestaltung.

Ob bei der Plakatgestaltung, bei der Schriftanwendung oder einer Wand-Gestaltung, das gestalterisch Wichtige sollte da platziert werden, wo die imaginäre Linie die Fläche nach den Proportionen des Goldenen Schnittes teilt.

8.2.2 Optische Täuschungen

Eine optische Täuschung entsteht, wenn das, was das Auge sieht, nicht der Realität entspricht. Das liegt daran, dass der Mensch sich auf seine Sinne verlässt. In rasanter Geschwindigkeit müssen immer wieder neue Eindrücke aus der Umwelt, die auf unsere Sinne einwirken, verarbeitet werden. Um nicht stets Neues erlernen zu müssen, greift das Gehirn zum Teil auf bereits verarbeitete, gespeicherte Eindrücke zurück. Hierbei kann das Auge fehlgeleitet werden und nimmt etwas wahr, was nicht existiert.

Allgemein kann man zwei Gruppen von optischen Täuschungen unterscheiden. Zum einen die, die durch den Hintergrund geschaffen werden und die, die durch die Figur selbst hervorgerufen werden.

Auch im Maler- und Lackiererhandwerk treten optische Täuschungen in Form von Linien-, Größen-, Farb und Helligkeitstäuschungen auf.

Die Linien- und Größentäuschungen müssen z. B. bei Wandgestaltungen oder bei der Anordnung von Schrift beachtet werden.

Die Farb- und Helligkeitstäuschungen haben Einfluss auf die Illusionsmalerei. Der Einsatz von optischen Täuschungen verstärkt die Tiefenwirkung der Malereien (Abb. 2).

Auch gemusterte Tapeten können helfen, die Proportionen von Räumen zu verändern. Sie lassen Räume höher, tiefer, länger oder breiter erscheinen, als sie in Wirklichkeit sind (Abb. 3, 4).

Abb. 2: Illusionsmalerei

Abb. 3: Mustertapete, senkrechte Streifen

Abb. 4: Mustertapete, waagerechte Streifen

Abb. 1 und 2: Paralleltäuschungen

Linientäuschungen
In Abb. 1 erscheinen die Balken keilförmig angeordnet. Tatsächlich verlaufen sie parallel und die vermeintlichen Trapeze sind quadratisch.

Die Linien in Abb. 2 wirken abgelenkt, nicht parallel durch die kleinen Querstriche, die die langen Linien im spitzen Winkel schneiden. In Wirklichkeit sind sie exakt parallel ausgerichtet.

Größentäuschungen
Die scheinbare Größe von Flächen und Strecken wird von den Dingen beeinflusst, die sie umgeben.
So erscheinen die blauen Kugeln in Abb. 3 unterschiedlich groß, obwohl sie in Wirklichkeit gleich groß sind.

Da das Auge auch Gegenstände immer im Zusammenhang mit der Umgebung sieht, erscheint der hintere Zylinder am größten. Die gewonnene Erfahrung lehrt das Auge, dass sich in perspektivischen Zeichnungen die hinteren Gegenstände immer verkleinern. Deshalb wirken die Zylinder im Säulengang von vorne nach hinten zunehmend hoch. Tatsächlich sind sie alle gleich hoch (Abb. 4).

Farbtäuschungen
Der Simultan- und der Sukzessivkontrast zeigen deutlich, dass die Wahrnehmung von Farbtönen von der umgebenden Farbe abhängig ist.

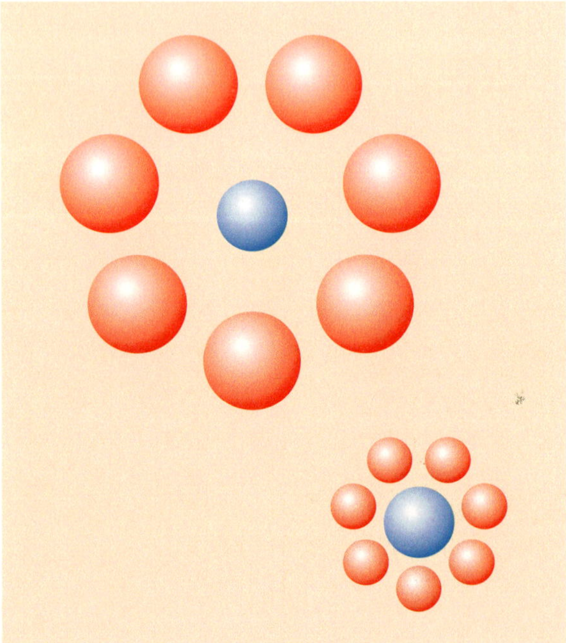

Abb. 3 und 4: Größentäuschungen

Abb. 5: Simultane Täuschung

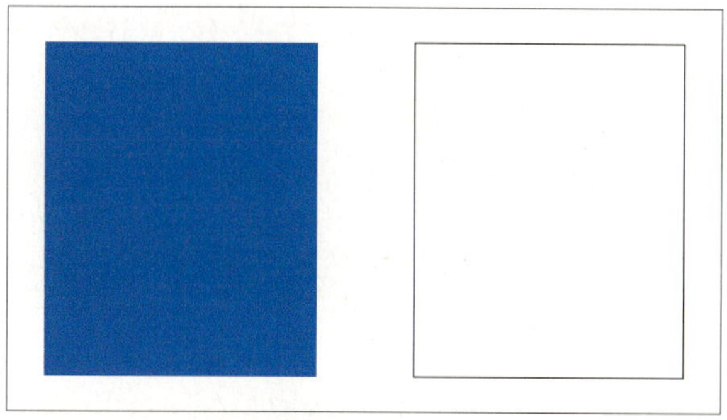

Abb. 6: Sukzessive Täuschung

So erscheinen die inneren Ringe in Abb. 5 durch verschieden farbige Untergründe unterschiedlich hell (Simultane Täuschung).

Eine sukzessive Täuschung ist in Abb. 6 zu sehen. Schaut man einige Sekunden auf das blaue Quadrat und im Anschluss auf das weiße, so scheint sich das weiße Quadrat mit der Komplementärfarbe Orange zu überziehen.

Helligkeitstäuschungen
Helligkeitstäuschungen entstehen wiederum durch Einwirkung der umgebenden Helligkeiten. Dunkle Hintergründe lassen Gegenstände heller aussehen, als sie tatsächlich sind.

Als weiteres Phänomen der optischen Täuschung gilt die Tatsache, dass dunkle Gegenstände kleiner erscheinen als helle Gegenstände der gleichen Größe.

Der schwarze Kreis in Abb. 7 sieht kleiner aus als der identisch große weiße Kreis in Abb. 8.

Der graue Balken in Abb. 9 wird vom menschlichen Auge als ein Balken mit einem Verlauf des Grauwerts von hell nach dunkel wahrgenommen. In Wirklichkeit allerdings besitzt der Balken einen einheitlichen Grauntonwert.

Abb. 7 und 8: Helligkeitstäuschungen

Abb. 9: Simultane Veränderung des Grauwerts

Aufgaben zu Kapitel 8.1 und 8.2

1. Erklären Sie den Unterschied zwischen Simultan- und Sukzessivkontrast.

2. a) Erläutern Sie die Wirkungsweise des Quantitäts- und des Qualitätskontrasts.
b) Nennen Sie je ein Beispiel, bei dem die Kontraste gestaltend eingesetzt werden können. Begründen Sie Ihre Wahl.

3. Die Trennwand der Eingangshalle eines Jugendzentrums (siehe Abbildung) soll farbig gestaltet werden.
a) Bieten Sie dem Kunden zur Auswahl eine Gestaltung nach dem Quantitätskontrast oder nach dem Qualitätskontrast an.
b) Erstellen Sie jeweils einen Gestaltungsvorschlag. Wählen Sie einen geeigneten Maßstab, in dem Sie Ihre Vorschläge darstellen.
c) Präsentieren Sie dem Kunden Ihre Ergebnisse, indem Sie die Wirkung der von Ihnen gewählten Farben und Formen erklären.

4. Erläutern Sie den Unterschied zwischen Schwerpunktbildung und optischer Mitte.

5. a) Die 6,60 m × 2,30 m große Wand eines Veranstaltungsraumes soll eine Gestaltung mithilfe des „Goldenen Schnitt" erhalten.
Wenden Sie die Konstruktion des goldenen Schnittes so an, dass Sie die Fläche in mindestens 5 Teile zerlegen.
b) Zeichnen Sie diese Fläche im Maßstab 1 : 20.

Abb. 1: Farbe vorstreichen

Abb. 2: Farbe stupfen

8.3 Gestaltungstechniken

Einen Trend im Malerhandwerk bilden die alten Maltechniken, die als Wandgestaltung wieder entdeckt wurden. In den vergangenen Jahrhunderten wurden die Pigmente in Pulverform individuell zu den Bindemitteln wie Knochenleim, Gips oder Kasein hinzu gegeben. Die einzigartige Farbgebung, die dabei entstand, ist auch heute noch im Malerhandwerk über das Mischen von Pigmenten in jegliche Art von Beschichtungsstoffen möglich. Anwendung finden die so genannten „Kreativen Gestaltungstechniken" auf den meisten Untergründen, die lediglich eine intakte Untergrundbeschichtung benötigen. Diese Techniken verleihen Räumen dadurch einen Hauch von Individualität.

Im Malerhandwerk existiert eine Vielzahl an Kreativtechniken. Zu den bekanntesten gehören die Wisch-, Wickel- und Stupftechnik, die Illusionsmalerei, die Lasurtechnik, das Schablonieren und die Spachtelglättetechniken.

8.3.1 Wickeltechnik

Die Wickeltechnik lässt eine leicht marmorartige Wirkung entstehen, in dem das Muster mit einem gerollten (gewickelten) Tuch oder Fensterleder aufgebracht wird.

Es gibt zwei Möglichkeiten, die Wickeltechnik umzusetzen.

Bei der Ersten wird die Farbe vorgestrichen, um sie anschließend mit dem Wickeltuch wieder abzuheben. Dabei ist darauf zu achten, dass dies nur mit langsam trocknenden Farben und Lasuren möglich ist. Um keine Ansätze zu erhalten, sollte im Team gearbeitet werden. Eine Person streicht die Farbe vor, eine weitere stupft die Fläche mit einer Stupfbürste, um Pinselstrukturen auszugleichen. Die dritte Person wickelt die Fläche ab (Abb. 1–3).

Bei der gängigeren Technik, wird die Farbe direkt mit dem Wickeltuch aufgebracht (Abb. 4).

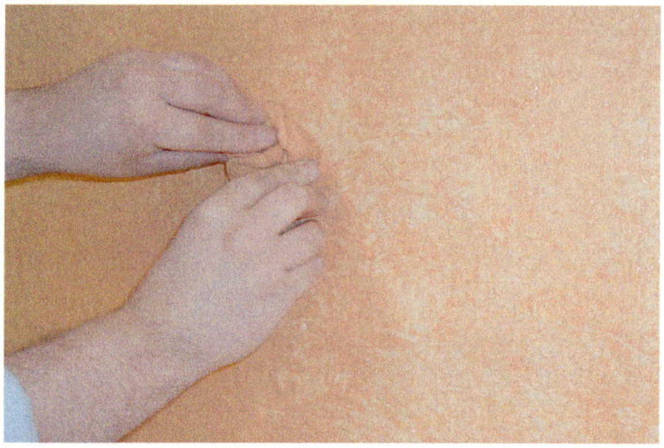

Abb. 3: Farbe abwickeln

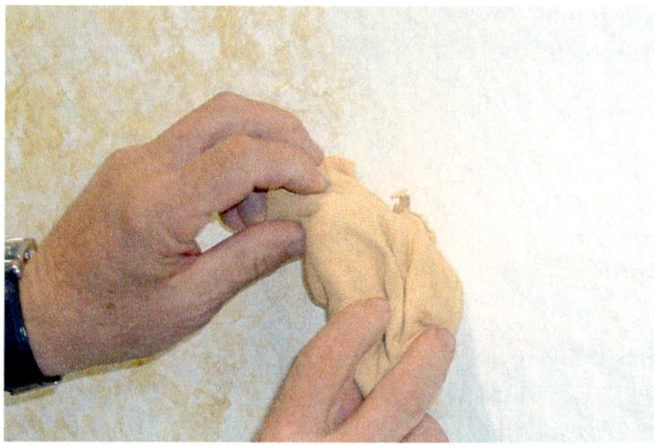

Abb. 4: Farbe aufwickeln

Abb. 1: Leichtes Wickeln

Abb. 2: Starkes Wickeln

Sowohl bei der ersten, als auch bei der zweiten Ausführungsmethode, sollte die zu gestaltende Fläche von ein und derselben Person gewickelt werden, da jeder seine eigene „Handschrift" bei dieser Technik hinterlässt.

So beeinflusst leichtes oder stärkeres Wickeln das Strukturbild (Abb. 1 und 2).

Der Lappen oder das Leder sollten nicht rund gerollt, sondern leicht verdreht oder verknüllt werden. Ebenso muss der Lappen immer wieder neu geformt werden, um eine zu gleichmäßige Struktur zu vermeiden. Das Vornässen der Wickelrolle verbessert die Farbverteilung.

Um eine einheitliche Farbabgabe zu gewährleisten, sollte die Farbe stark verdünnt angewendet werden.

Ein Vorteil dieses direkten Farbauftrages ist es, dass sich neben einfarbigen Varianten auch mehrfarbige durchführen lassen. Hierbei wird der Wickelauftrag mit einem zweiten oder dritten Farbton wiederholt. Mehr als dreilagige Wickeltechniken sollten jedoch vermieden werden, da sonst die gewünschte Struktur kaum mehr in Erscheinung tritt.

Je nach persönlichem Geschmack und Kundenwunsch erfolgt die jeweilige Ausführung in gleich bleibender Richtung, oder man arbeitet kreuz und quer.

Vor der Umsetzung auf dem Objekt ist es immer ratsam, die Struktur auf einer Übungsunterlage auszuprobieren.

8.3.2 Wischtechnik, Lasurtechnik

Die Wischtechnik eignet sich für alle nicht saugenden Untergründe. Sie lässt sich rasch und einfach ausführen und ist daher speziell für große Flächen geeignet. Verarbeitet werden Lasuren auf Acryl- oder Silikatbasis, die den Untergrund durchscheinen lassen. Im Handel sind fertige Lasuren erhältlich, die entsprechend abgetönt werden können. Vorteil dieser Fertiglasuren ist die lange offene Zeit. Dies bedeutet, dass die Lasuren nicht zu schnell trocknen und somit

Abb. 3: Lasurbürste

Abb. 4: Naturschwamm

Abb. 5: Negatives Stupfen

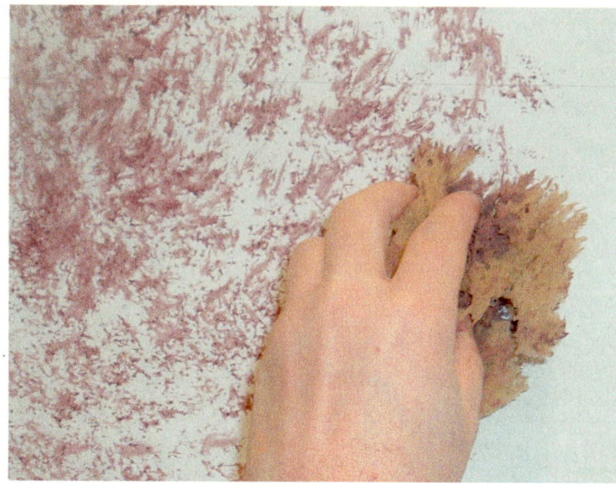

Abb. 6: Positives Stupfen

Ansatzflecken vermieden werden. Die Lasur wird mit der Lasur- oder Ovalbürste aufgetragen in der gewünschten Richtung verwischt (Abb. 3).

Um eine gleichmäßige, leicht wolkige Oberflächenstruktur zu erhalten, hat sich ein Verteilen im Kreuzschlag bewährt. Das Ausführen einer Lasurtechnik sollte stets von ein und derselben Person ausgeführt werden, da jede Person eine eigene, individuelle Struktur mit der Bürste hinterlässt.

8.3.3 Stupftechnik

Die Stupftechnik kann auf allen Untergründen und mit den meisten Beschichtungsstoffen durchgeführt werden. Bei dieser leicht auszuführenden Technik sind die Deckkraft und der farbliche Kontrast zum Untergrund vom individuellen Geschmack des Auszuführenden bzw. des Kunden abhängig.

Um einen Stupfeffekt zu erzielen, existieren mehrere Möglichkeiten. Gearbeitet wird entweder mit einer speziellen Stupfbürste oder durch das Aufstupfen mit einem Naturschwamm (Abb. 4). Synthetische Schwämme sind hierbei weniger geeignet, da sie eine zu gleichmäßige Form und Porenstruktur besitzen. Die unregelmäßige Porenstruktur der Naturschwämme sorgt für ein individuelles Strukturmuster und eine gleichmäße, ansprechende Flächenstruktur. Die Gestaltung einer gestupften Fläche kann in der negativen oder der positiven Stupftechnik erfolgen.

Negatives Stupfen
Hierbei wird zuerst die Farbe auf den Untergrund aufgestrichen und dann mit dem Stupfwerkzeug vorsichtig wieder abgehoben (Abb. 5).

Positives Stupfen
Die einfachere Variante ist das positive Stupfen.

Hierbei wird die Farbe mit dem Stupfwerkzeug direkt auf den Untergrund aufgebracht (Abb. 6).

Beim Auftragen muss darauf geachtet werden, dass sich nicht zu viel Farbe in der Stupfbürste oder im Schwamm befinden. Ein Abstupfen der überflüssigen Farbe auf Papier vor dem Beginn der Arbeit sorgt für eine gleichmäßige Verteilung der Farbe im Stupfwerkzeug.

Zu viel Farbe im Werkzeug würde zu unerwünschter Fleckenbildung führen. Um beim Arbeiten mit dem Naturschwamm eine fleckfreie Gestaltung zu erreichen, sollte der Schwamm vor dem Benetzen mit Farbe angefeuchtet werden. So kann er die Farbe gleichmäßig aufnehmen und wieder abgeben.

Um eine gleich bleibende Struktur auf dem Untergrund zu erzielen, ist darauf zu achten, dass sich immer die gleiche Menge Farbe im Stupfwerkzeug befindet bzw. der Andruck stets mit der gleichen Kraft erfolgt. Das Aussehen einer gestupften Fläche kann in Farbton, Struktur und Dichte sehr stark variieren. Man kann die Wand mit nur einem Farbton oder mehreren gestalten. Durch die Verwendung von starken oder dezenten Farbkontrasten lassen sich sowohl intensive, als auch dezente Effekte erzielen.

Eine Verwendung von mehr als drei Farbtönen ist nicht ratsam, da dies die gestaltende Wirkung zerstören würde.

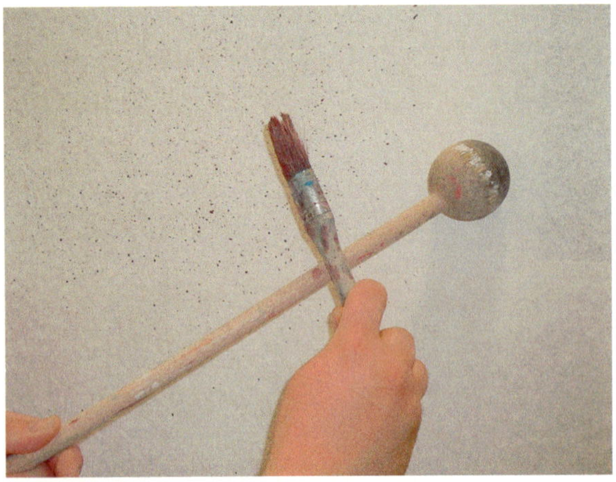

Abb. 1: Klopfen

Abb. 2: Daumentechnik

8.3.4 Sprenkeltechnik

Beim Sprenkeln wird der Effekt durch Einspritzen der Farbe auf eine Fläche erzielt. Dies geschieht, indem die Farbe entweder aus einem Pinsel geklopft (Abb. 1), aus den Pinselborsten mit Hilfe des Daumens gesprenkelt (Abb. 2) oder mit einer Spritzpistole aufgetragen wird.

Beim Einsatz einer Spritzpistole ist darauf zu achten, dass mit geringem Luftdruck gearbeitet wird. Der Abstand zum Untergrund muss geringer sein als bei der Pinsel- oder Borstentechnik.

Um die Technik auszuführen, wird nur wenig Farbe benötigt. Diese sollte stark verdünnt sein, denn zu dickflüssige (hochviskose) Farbe lässt sich nicht aus dem Pinsel sprenkeln. Die entsprechende Viskosität lässt sich am besten in Vorversuchen ermitteln.

Der verwendete Pinsel sollte relativ kurze, nicht zu weiche Borsten besitzen. Oft ist ein alter, bereits zugearbeiteter Pinsel das ideale Werkzeug zum Sprenkeln.

Durch die Entfernung zum Untergrund beim Sprenkeln, kann die Größe der Sprenkel beeinflusst werden. Je näher man am Untergrund arbeitet, desto kleiner werden die Sprenkel. Je weiter man sich entfernt, desto größere Sprenkel entstehen. Sollen gleich große Sprenkel entstehen, so muss immer der gleiche Abstand zum Untergrund eingehalten werden.

8.3.5 Folientechnik

Die Folientechnik ist eine einfache und effektvolle Gestaltungstechnik. Sie wird auch als „Abklatschtechnik" bezeichnet.

Bei der Folientechnik darf der Untergrund keine Saugwirkung aufzeigen und muss ohne Unebenheiten sein. Nur bei einem glatten Untergrund kommt die Wirkung der Folientechnik zur kompletten Geltung (Abb. 3).

Als Beschichtungsstoff sind alle Materialien geeignet, die eine lange Trocknungsdauer haben. Will man eine Folientechnik mit Kunststoffdispersionsfarbe ausführen, ist es ratsam, diese mit etwas Tapetenkleister zu versetzen. Auf diese Art wird die Trockenzeit verlängert und es können auch größere Flächen bearbeitet werden Als Folie können gewöhnliche Haushaltsfolien, aber auch Abdeckfolien verwendet werden. Die Foliengröße richtet sich nach der zu gestaltenden Fläche, die abgedeckt werden muss. Zunächst wird der gewünschte Beschichtungsstoff mit einem Flächenstreicher auf die Fläche appliziert (Abb. 4).

Danach wird die entsprechend große Folien in die noch feuchte Beschichtung eingelegt (Abb. 5). Die eingelegte Folie wird nun mit den Händen angedrückt und zu Falten zusammen geschoben (Abb. 6). Diese so entstandenen Falten ergeben später den für diese Technik typischen Effekt.

Die Folie bleibt so lange auf der Arbeitsfläche, bis die Beschichtung beginnt an der Folie anzutrocknen. So wird ein Zusammenlaufen der gequetschten Farbstrukturen verhindert. Beim folgenden Abziehen der

Abb. 3: Folientechnik

Abb. 4: Beschichten der Gestaltungsfläche

Abb. 5: Einlegen der Folie

Abb. 6: Quetschen der Folie

Folie bleiben Teile der bereits an der Folie angetrockneten Beschichtung haften. Dadurch ergeben sich helle Adern auf der Oberfläche.

Sollen größere Flächen gestaltet werden, ist es ratsam, im Team zu arbeiten, da große Folien nur unter Schwierigkeiten allein eingelegt werden können. Ebenso besteht die Gefahr, dass beim Abziehen der Folie ungewollte Strukturen durch Handabdrücke oder zurückfallende Folieteile auf der Fläche entstehen können.

Abb. 1: Füllende Kunststoff-Dispersionsspachtelmasse

Abb. 2: Glätten des Untergrundes

8.3.6 Glätte- und Spachteltechnik

Die Wirkung der Spachtel- oder Glättetechniken beruht auf einer vollständig geglätteten, glänzenden Oberfläche mit marmorartigem Aussehen. Zum Einsatz kommen unterschiedliche Spachteltechniken, z. B. die Venezianische Spachteltechnik oder die Gestaltung mit Japanspachteln. Das Erreichen des marmorähnlichen Aussehens beruht bei sämtlichen Spachteltechniken auf dem Aufbringen mehrerer Spachtelschichten.

Venezianische Spachteltechnik
Die venezianische Spachteltechnik ist entwickelt worden, um einen preiswerten Ersatz für Marmorflächen zu erhalten.
Anwendung findet die venezianische Spachteltechnik im Innenraum auf allen tragfähigen, sauberen, festen, trockenen und glatten Untergründen, z. B. mineralische Putze, Gipskartonplatten oder Beton. Gestalterisch wirkungsvoll sind nicht nur vollflächige Wand- und Deckengestaltungen, sondern auch das Veredeln von Teilflächen wie Säulen oder Einfassungen.

- **Ausführung**
  Gearbeitet wird mit einem Kalkspachtel. Die Spachtelmasse kann beliebig farbig pigmentiert sein. Kalkspachtel weisen einen hohen pH-Wert auf, sie sind folglich alkalisch.
  Deshalb dürfen lediglich Pigmente verwendet werden, die gegen Alkalien beständig sind. Die Gruppen der Eisenoxidpigmente und der Erdfarbenpigmente können beispielsweise problemlos eingesetzt werden.

- **Glätten**
  Zu Beginn der Arbeit muss der tragfähige Untergrund von großen Poren befreit werden. Dazu wird eine gut füllende Kunststoff-Dispersionsspachtelmasse verwendet (Abb. 1–2). Die Fläche wird im Anschluss mit einer Körnung von 150 geschliffen und abgestaubt. Im Anschluss wird der Untergrund mit lösemittelfreier Grundierung behandelt.

- **Vorspachtelung**
  Zunächst wird die mineralische Spachtelmasse vollflächig und gleichmäßig mit der Venezianer

Abb. 3: Diagonales Vorspachteln

Abb. 4: Spachtelgang in Batzen oder Flecken

Glättekelle aufgetragen (Abb. 2). Die Glättkellen für Spachteltechniken weisen abgerundete Ecken auf, um ein Verkratzen der Oberfläche zu vermeiden.
Anschließend wird die nasse Schicht zuerst mit der Glättekelle in diagonalem Verlauf vorgeglättet (Abb. 3). Sofort im Anschluss wird mit der Glättekelle nachgeglättet. Sämtliche Arbeitsgänge erfolgen „nass in nass".

- **Grundspachtelung**
  Bei der Grundspachtelung, auch 1. Dekospachtelung genannt, wird die Spachtelmasse in kleinen Haufen (Batzen) locker auf dem Untergrund verteilt. Daran anschließend wird die Masse mit der Glättekelle unregelmäßig auf der Fläche verteilt. Hierbei entsteht ein individuelles Erscheinungsbild, da jeder Maler seine eigene „Spachtelhandschrift" in die Wandgestaltung mit einbringt (Abb. 4).
  Im folgenden 2. Grundspachtelgang werden die entstandenen Grate geglättet und es entsteht eine einheitliche Fläche ohne Fehlstellen. Gearbeitet wird von oben nach unten unter leichtem Druck, nur so kann die Spachtelmasse matt auftrocknen. Ist ein feines Marmorbild gewünscht, muss die Oberfläche vor dem nächsten Arbeitsgang geschliffen und entstaubt werden.

- **Verdichten**
  Das Verdichten der gespachtelten Fläche erfolgt in der Schlussspachtelung, dem 2. Dekospachtelgang. Die mineralische Spachtelmasse wird in Form von Flecken aufgebracht. Die Spachtelflecken müssen in dünner Schicht und unregelmäßig auf dem Untergrund verteilt werden. Direkt im Anschluss wird beim Glätten der Materialüberschuss entfernt. Hierbei ist stets auf eine saubere Glättekelle zu achten. Sind die gespachtelten Stellen leicht matt aber immer noch etwas feucht aufgetrocknet, muss mit dem Verdichtungsvorgang begonnen werden. Bei dem Verdichten wird die Glättekelle mit erhöhtem Anpressdruck von unten nach oben, kreuz und quer über die Fläche geführt. Die Kelle muss während des Glättens wiederholt mit Wasser angefeuchtet werden. Gleichzeitig muss wiederum auf eine stets saubere Glättekelle geachtet werden. Auch in diesem Arbeitsschritt entsteht ein individuelles Gestaltungsbild des Malers. Durch das Verpressen wird das Material so weit verdichtet, dass die Oberfläche ein marmorähnliches, glattes und hoch glänzendes Aussehen erhält.

- **Oberflächenbehandlung**
  Benötigen die Oberflächen einen zusätzlichen Schutz, z. B. bei Verwendung in Feuchträumen, können diese abschließend behandelt werden. Hierbei wird meist ein Wachsüberzug gewählt, der aufgrund seiner hydrophoben (wasserunfreundlich) Eigenschaft das Eindringen von Wasser verhindert (→ Kap. 5.5.3).

Die Untergründe müssen auch bei der Japanspachtelglättetechnik
- tragfähig,
- sauber,
- fest,
- trocken und
- glatt

sein.

Um sämtliche Unebenheiten zu beseitigen und die nachfolgende Farbspachtelung nicht zu beeinträchtigen, wird der Untergrund mit einer gut füllenden Spachtelschicht überzogen.
Als Spachtelmaterial dienen Spachtelmassen auf mineralischer oder Kunststoffdispersionsbasis. Die mineralischen Spachtelmassen sind eingefärbt im Fachhandel erhältlich. Sie können aber auch, ebenso wie die Kunststoffdispersionsspachtel, mit Volltonfarben beliebig abgetönt werden.

Vorsichtsmaßnahmen:

Vermeidung von Gesundheitsschäden beim Verarbeiten von alkalischen Spachtelmassen, wenn das Gefahrenzeichen Xi (reizend) auf dem Material zu finden ist.

- Nicht einatmen,
- Kontakt mit Haut und Augen vermeiden,
- nicht verschlucken.

Erste-Hilfe-Maßnahmen:

- Allgemeine Hinweise: Rasch helfen.
- Einatmen: Nase und Kehle mit viel Wasser ausspülen, eventuell Arzt aufsuchen.
- Hautkontakt: Mit Wasser abwaschen
- Augenkontakt: Mit viel Wasser ausspülen und den Arzt aufsuchen.
- Verschlucken: Sofort den Arzt aufsuchen, Verpackung mitnehmen und vorzeigen.

Abb. 1: Fleckspachtelgang

- **Ausführung einer Fleckspachtelung**
  Als erstes wird ein Spachtelgang mit wenig Material im Fleckspachtelgang ausgeführt.
  Hierbei wird in lockerer Struktur nur partiell gespachtelt, so dass nur ca. 30 % der Fläche bedeckt sind (Abb. 1). Dabei ist darauf zu achten, dass beim Abziehen mit dem Spachtel keine Grate entstehen und dass die Spachtelmasse nur sehr dünn aufgetragen wird.

  Dieser Arbeitsgang wird nun so oft wiederholt, bis sich die Spachteloberfläche mehr und mehr schließt. Auch bei den folgenden Spachtelgängen muss stets dünn und ohne Grate gearbeitet werden (Abb. 2).

Abb. 2: Zweiter Spachtelgang

Durch das schichtweise Spachteln ergeben sich deckende und transparente Spachtelschichten, die die wolkige, marmorartige Wirkung erzielen.

Die unterschiedlichen Spachtelgänge können, je nach Wunsch, in einem oder in mehreren Farbtönen durchgeführt werden.
Abschließend muss die Oberfläche geglättet werden. Dies geschieht in der Regel mit der sauberen Fläche eines Spachtels (Abb. 3).
Durch starken Druck mit dem Spachtel erhält die Fläche ihren Glanz. Unebenheiten, so genannte Nester, die nach dem Glätten zu sehen sind, können noch mit Spachtelmasse ausgeglichen werden.

Wird ein zusätzlicher Oberflächenschutz gefordert, so wird auch in einer Spachteltechnik ein dünner Wachsüberzug aufgetragen (Abb. 4).
Erfolgt der Wachsauftrag zu dick, kann es zu verstärktem Vergrauen der Oberfläche kommen. Ein dünner Wachsüberzug verstärkt zusätzlich die Farbintensität und die Tiefenwirkung der gespachtelten Fläche.

Abb. 3: Glätten

Abb. 4: Wachsüberzug

Abb. 5: Moderne Schablonenmalerei

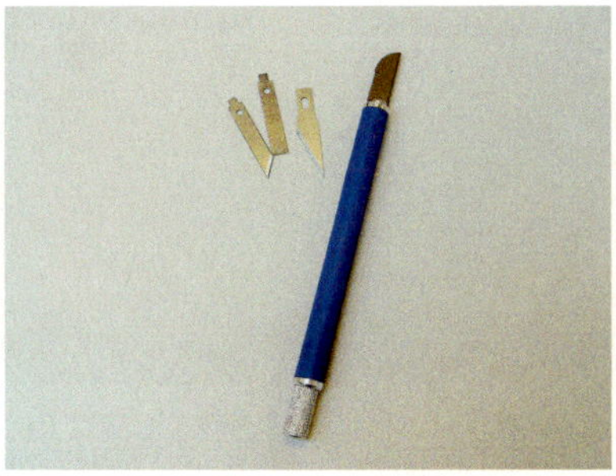

Abb. 6: Schabloniermesser

Abb. 7: Schablone mit Anlegemarken (Kreise)

8.3.7 Schablonieren

Die Technik des Schablonierens ist eine historische Technik die ihren Ursprung in der Imitation von Tapeten und Flächengestaltungen hatte. Heute tritt das Schablonieren als „künstlerisches" und „industrielles" Schablonieren auf. Das „industrielle" Schablonieren ohne gestalterischen Hintergrund findet z. B. bei der Parkhaus- und Fluchtwegbeschriftung seine Anwendung. Das „künstlerische" Schablonieren mit selbstgefertigten oder gekauften Schablonen bietet eine Vielzahl an Farb- und Formeffekten bei der individuellen Gestaltung von Flächen (Abb. 5). Die Materialien für die Schablonenherstellung haben sich im Laufe der Zeit geändert. Früher wurde mit mit Öl getränktem oder mit Schelllack überzogenem Papier oder Pappe als Schablone gearbeitet. Heute greift man hauptsächlich auf Kunststofffolien zurück. Folien aus Kunststoff gewährleisten eine längere Haltbarkeit, da sie durch die Schablonierfarben nicht aufweichen.

Während der Maler und Lackierer früher die Schablonen selbst herstellen musste, gibt es mittlerweile eine große Anzahl von vorgefertigten Schablonen zu kaufen.

Für individuelle Motive müssen jedoch immer noch Schablonen von Hand geschnitten werden.

Zum Schneiden einer Schablone ist ein Messer für Rundungen besonders geeignet (Abb. 6). Einen Cutter kann man zum Schneiden von geraden Linien verwenden.

Wichtig beim eigenen Herstellen einer Schablone ist das Versehen der Schablone mit Anlegemarken (auch Passermarken genannt) (Abb. 7). Anlegemarken sind Markierungen am Rand. An den Markierungen erkennt man, an welcher Stelle ein erneutes, gezieltes und gerades Anlegen der Schablonen an den bereits schablonierten Teil vorgenommen werden muss. Ohne Anlegemarken kann es zu einem Verschieben des Musterrapports kommen.

Als Schablonieruntergrund eignen sich alle glatten Flächen. Raue Flächen würden ein unsauberes Schablonenbild ergeben, da Farbe hinter die Schablone laufen kann.

Kleine Schablonen lassen sich bei der Ausführung von Hand an der zu schabloniernden Fläche halten, größere Schablonen sollten mit Klebeband fixiert werden.

Für das Aufbringen der Farbe gibt es spezielle Schablonier- oder Stupfpinsel, aber auch mit einem feinen Schwamm oder einem Farbspray kann der Farbauftrag erfolgen (Abb. 9). Die gängigste Variante ist das Auftragen der Farbe mit dem Schablonierpin-

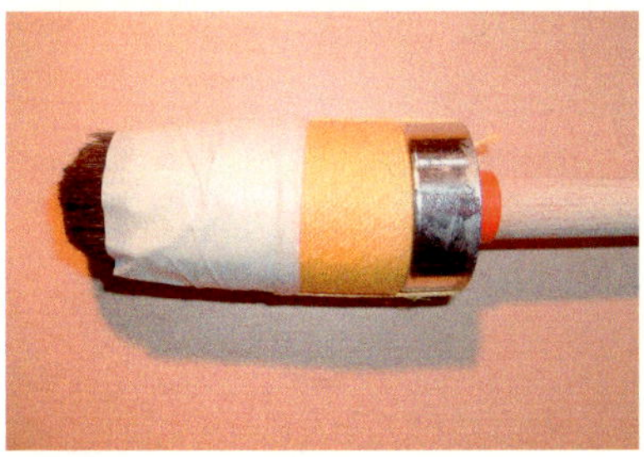

Abb. 8: Abgebundener Ringpinsel

Abb. 9: Stupfen einer Schablone

Abb. 10: Fehlerhafte Schablonierung

Abb. 1: Einschlägige Schablone

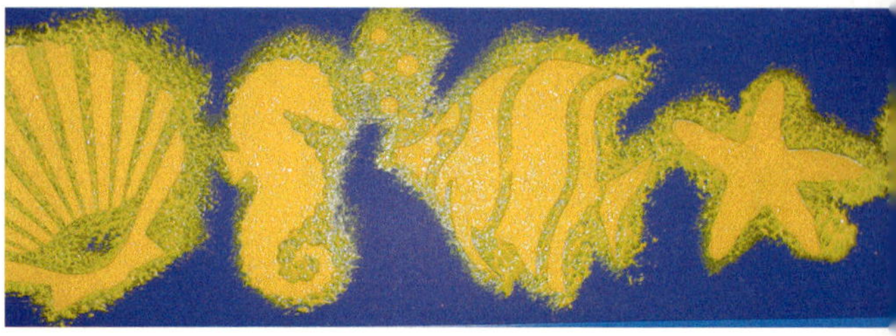

Abb. 2: Bearbeitete einschlägige Schablone

sel. Hierbei ist darauf zu achten, dass der verwendete Pinsel nicht all zu lange Borsten besitzt. Ist dies der Fall, muss der Pinsel mit Klebeband abgebunden werden. Zu lange Borsten würden leicht unter die Schablonenmusterränder gleiten und ein unsauberes Bild ergeben. Durch dieses Verfahren kann man auch aus einem Ringpinsel einen Schablonierpinsel machen (S. 267, Abb. 8). Um klare saubere Ränder zu erzielen, sollte der Pinsel nur leicht in den Beschichtungsstoff eingetaucht und auf einem Übungspapier abgestupft werden. Zu viel Beschichtungsstoff im Pinsel erhöht wiederum die Gefahr, dass Farbe hinter die Schablone läuft (S. 267, Abb. 10).

Wird beim Schablonieren nur eine Farbe verwendet, spricht man von einer einschlägigen Schablone. Für die Wiedergabe des Motivs wird in diesem Fall eine Farbe benutzt („Schlag", Abb. 1 und 2).

Eine mehrfarbige Gestaltung mit einer einschlägigen Schablone ist nur möglich, wenn in ein und das selbe Motiv unterschiedliche Farben gestupft werden, oder die aneinandergereihten Schablonenteile jeweils unterschiedlich farbig gearbeitet werden (S. 267, Abb. 9).

Fügt sich ein Ornament aus mehreren Schablonen zusammen, spricht man von zweischlägigen, dreischlägigen, bzw. mehrschlägigen Schablonen.
Das Muster besteht in diesem Fall aus mehreren Schablonen, wobei jeder Schablone eine Farbe zugeordnet wird. Bei mehrschlägigen Schablonen ist es besonders wichtig, die Ansatzmarkierungen jeder einzelnen Schablone genau zu beachten, um ein Verrutschen der übereinaderliegenden Schablonen und somit des Muster zu vermeiden. Sinnvoll ist hierbei die Wahl einer transparenten Schablone, um das Anlegen an die vorangegangene, darunter liegende Schablonierung zu erleichtern (Abb. 3).

Zur Wahl stehen deckende oder lasierende Beschichtungsstoffe, die jeweils eine deckende oder eine leicht schattierende Gestaltung der schablonierten Fläche hervorrufen.

Abb. 3: Dreischlägige Schablone

Aufgaben zu Kapitel 8.3

Ihr Kunde möchte, dass Sie in seinem Wohnzimmer eine kreative Wandgestaltung ausführen. Zur Wahl stehen die Lasur- und Wischtechnik.

1. Erklären Sie dem Kunden kurz die Unterschiede und die Wirkung der jeweiligen Technik auf der Wand.

2. a) Nennen und beschreiben Sie die verschiedenen Spachtelarten, die bei den Spacheltechniken zum Einsatz kommen können.
b) Berechnen Sie den Materialverbrauch und die Materialkosten für das Gestalten einer 4,20 m × 2,40 m großen Wand in der „Venezianer Spachteltechnik".

Nach dem technischen Merkblatt ergibt sich folgender Verbrauch:

Untergrundvorbehandlung (Glätten des Untergrunds):	1600 g/m²
Vorspachtelung:	120 g/m²
1. Dekogang (Grundspachtelung):	90 g/m²
2. Dekogang (Verdichten):	75 g/m²

Die Kosten für die Materialien betragen 1,55 €/kg für die Untergrundvorbehandlung und jeweils 6,10 €/kg für die Spachtelungen.

3. Die im Kundenauftrag abgebildeten Pfeiler im Speisesaal sollen mit einer Folientechnik verziert werden. Beschreiben Sie in Stichpunkten die Arbeitsschritte bei der Durchführung.

4. Der Speisesaal (siehe Kundenauftrag) soll eine Schablonierung erhalten. Welche Voraussetzungen sind bezogen auf den Untergrund, das Material und der Werkzeuge zu beachten?

5. Beschreiben Sie, warum eine Wickeltechnik mit mehr als drei Lagen vermieden werden soll.

6. Lasurtechnik soll nur von einer Person ausgeführt werden. Begründen Sie diese Aussage.

7. Begründen Sie, warum synthetische Schwämme für die Stupftechnik ungeeigneter sind als Naturschwämme.

8. Zum Aufbringen der Sprenkel bei der Sprenkeltechnik gibt es verschiedene Möglichkeiten. Nennen Sie diese.

9. Beschreiben Sie, welche Gesundheits- und Vorsichtsmaßnahmen bei der Glätte- und Spachteltechnik berücksichtigt werden müssen.

10. Beschreiben Sie die Aufgabe von Anlegemarken auf einer Schablonenfolie.

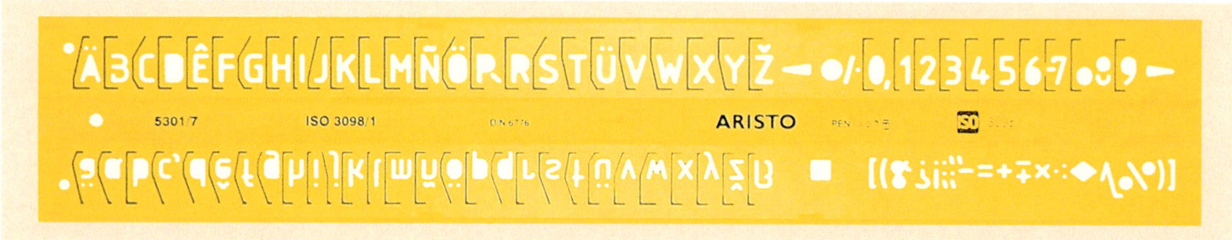

Abb. 1: Schriftschablone

8.4 Schriftkonstruktionen

8.4.1 Normschrift

Zur einheitlichen Beschriftung von Zeichnungen wird Normschrift verwendet. Hierbei handelt es sich um eine Schriftart, deren Aussehen in der DIN EN ISO 3098 festgelegt ist (Abb. 2).

Für die Normschrift gibt es mehrere genormte Größen von Groß- und Kleinbuchstaben und Linienbreiten.

- Bei einer Linienbreite von 0,25 mm ist eine Schrifthöhe von 2,5 mm festgelegt. Die Höhe der Kleinbuchstaben beträgt 7/10 der Höhe der Großbuchstaben. Das sind in diesem Fall 1,75 mm.
- Bei einer Linienbreite von 0,5 mm ergibt sich eine Schrifthöhe von 5,0 mm. Die daraus folgende Höhe der Kleinbuchstaben ist in diesem Fall 3,5 mm.
- Ist die Linienbreite mit 0,7 mm angegeben, so resultiert daraus eine Schrifthöhe von 7,0 mm. Die Kleinbuchstaben haben dann eine Höhe von 4,9 mm.

Ein Hilfsmittel für das Schreiben von Normschrift ist das Zeichnen von Linien.Es können eine Grund- und Oberlinie für die Großbuchstaben sowie eine Mittellinie für die Kleinbuchstaben gezeichnet werden.

Ein weiteres Hilfsmittel zum Schreiben und Erlernen der Normschrift sind Schablonen (Abb. 1). Mit einem Stift werden die ausgestanzten Schriftzeichen nachgefahren.

Hat man die Bewegung zum Ziehen der Buchstaben erlernt, können diese danach leichter freihand geschrieben werden.

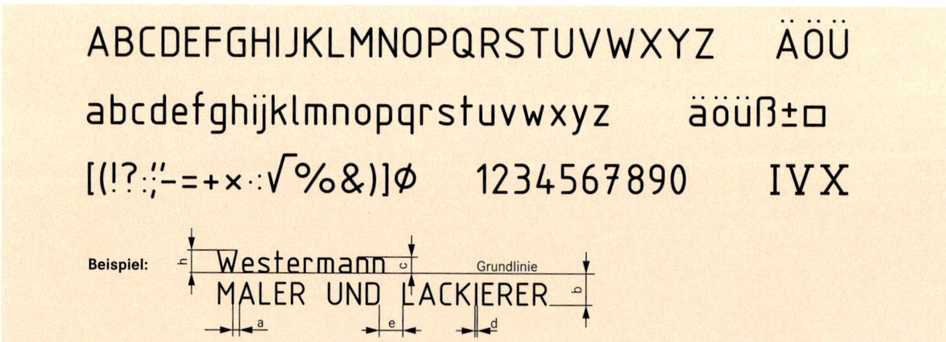

Beschriftungsmerkmal		Verhältnis		Maße in mm/Schriftform		
		Schriftform A	Schriftform B	B und (A)		
Schriftgröße						
Höhe der Großbuchstaben	h	(14/14) h	(10/10) h	3,5	5	7
Höhe der Kleinbuchstaben (ohne Ober- und Unterlängen)	c	(10/14) h	(7/10) h	2,5	3,5	5
Abstand zwischen den Schriftzeichen	a	(2/14) h	(2/10) h	0,7 (0,5)	1 (0,7)	1,4 (1)
Abstand zwischen den Grundlinien	b	(20/14) h	(14/10) h	5	7	10
Abstand zwischen den Wörtern	e	(6/14) h	(6/10) h	2,1 (1,5)	3 (2,1)	4,2 (3)
Linienbreite	d	(1/14) h	(1/10) h	0,35 (0,25)	0,5 (0,35)	0,7 (0,5)
Die Schriftform A und B darf vertikal oder unter einem Winkel von 15° nach rechts geneigt kursiv sein.						

Abb. 2: Normschrift nach DIN EN ISO 3098

8.4.2 Schriftkonstruktion

Gelegentlich müssen große einfache Schriften per Hand konstruiert werden. Dabei werden die Eigenheiten einer Schrift besonders gut wahrgenommen.

Beispiele zeigt die Tab. 1.

Tab. 2: Buchstabenabstände

Buchstabenkombination	Beispiel	Teile
Geschlossene Buchstaben nebeneinander	**H E**	1,25 Teile
Geschlossene und offene Buchstaben nebeneinander	**K E**	1 Teil
Offene und schräge Buchstaben nebeneinander	**AF**	0,75 Teile
Runde Buchstaben	**O C**	1,5 Teile

Tab. 1: Beispiele für die Schriftkonstruktion

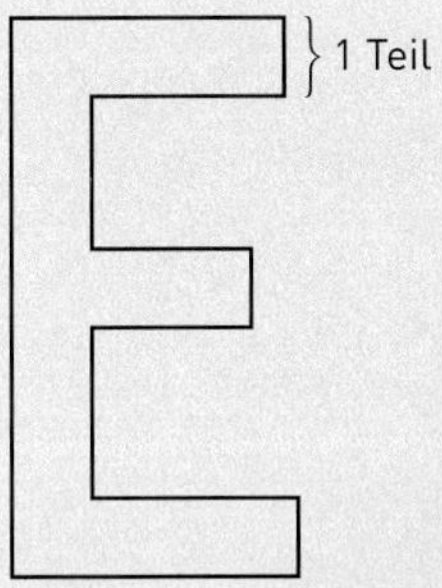

Abb. 1
Für die Konstruktion einer schmalen Grotesk-Schrift ist die Balkenstärke der Ausgangspunkt. Sie wird im folgenden Beispiel mit einem Teil angegeben.

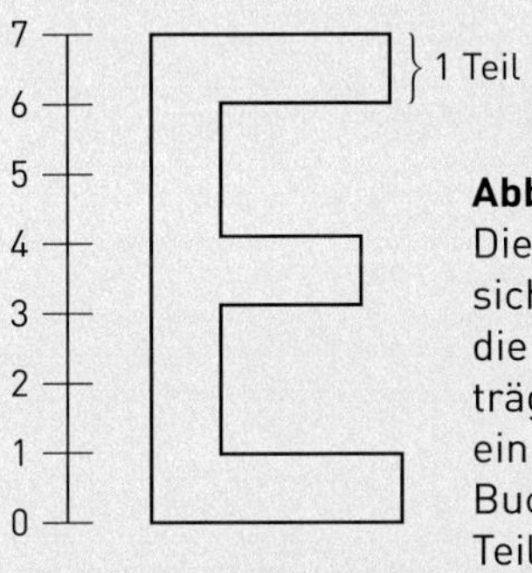

Abb. 2
Die Buchstabenhöhe ergibt sich aus der Balkenstärke, die das Verhältnis 1 : 7 beträgt. Ist die Balkenstärke ein Teil, so ergibt sich eine Buchstabenhöhe von sieben Teilen.

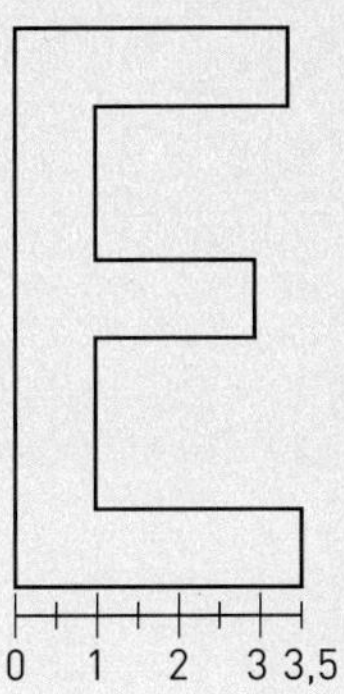

Abb. 3
Um die Konstruktion zu erleichtern, finden sich Zahlen unter den Buchstabenvorlagen. Diese geben die Buchstabenbreite an. Diese Zahlenangaben sind Teile, keine Zentimeterangaben.

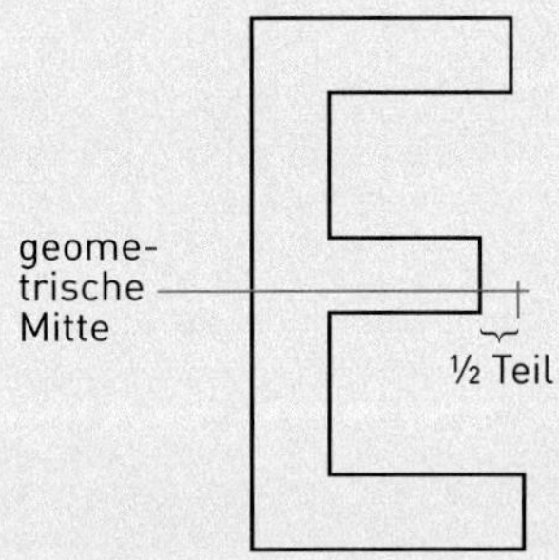

Abb. 4
Bei den Buchstaben E und F ist eine Verkürzung des Mittelbalkens um eine halbe Balkenstärke zu beachten. Des Weiteren ist der Mittelbalken in die optische Mitte nach oben versetzt. Dieser Ausgleich wird mit 1/10 Balkenstärke vorgenommen.

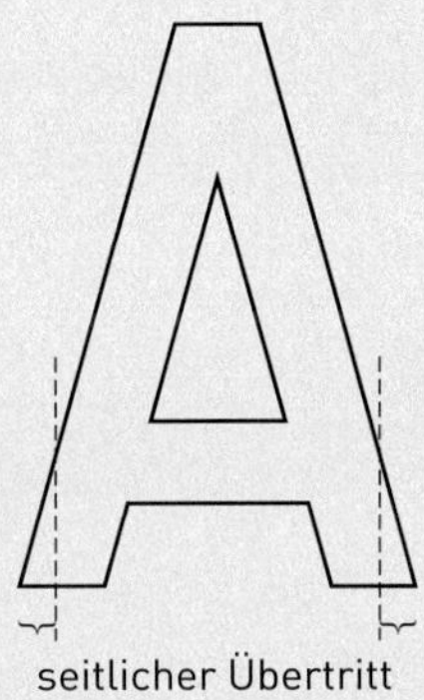

Abb. 5
Die Buchstaben A, K, V, W, X, Y müssen mit einem seitlichen Übertritt konstruiert werden, um sie nicht zu schmal wirken zu lassen. Bei der angegebenen Buchstabenbreite und bei den Buchstabenabständen werden diese Übertritte nicht berücksichtigt.

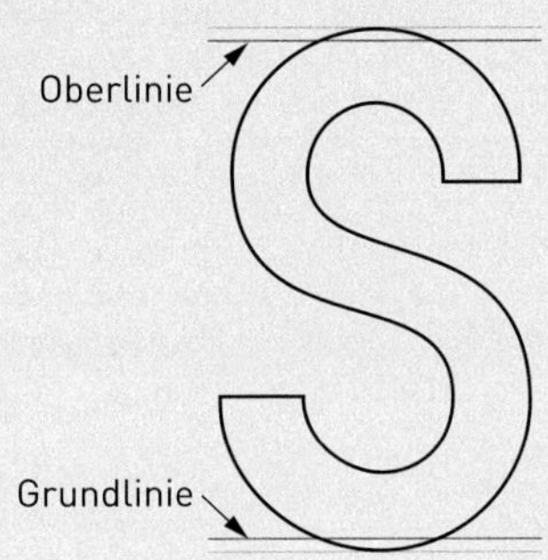

Abb. 6
Runde Buchstaben wie S, C, G, O und Q reichen über die Grund- und Oberlinie hinaus. Dies bewirkt einen optischen Ausgleich in der Buchstabenhöhe.

Abb. 1 und 2: Schriftkonstruktion am Zeichenbrett

Buchstabenabstände
Um eine gute Lesbarkeit des Wortes zu gewährleisten, sind die richtigen Buchstabenabstände zu berücksichtigen (optischer Ausgleich, LF 4).

Eine festgelegte Berechnung zur Bestimmung der Buchstabenabstände gibt es nicht. Die folgenden Angaben gehen von einem Standardabstand von 1,5 Teilen (= 1,5 Balkenbreiten) aus. Bei den Angaben handelt es sich um Näherungswerte (S. 271, Tab. 2).

Eine Besonderheit ist bei Buchstabenkombinationen z. B. LT und LY zu berücksichtigen. Dabei werden die Buchstaben überlappend angeordnet. Daraus ergibt sich ein Negativabstand von –½ Teil.

Beispiel: Im Wort SPALT ragt der obere T-Balken in den unteren L-Balken hinein.

Hilfslinien zur Schriftkonstruktion
Sind Balkenstärke und Schrifthöhe bekannt, kann mit dem Zeichnen der Hilfslinien begonnen werden (siehe Folgeseiten). Wichtig ist dabei sowohl der waagerechte Verlauf zur Blattkante, als auch der parallele Verlauf der Linien zu einander. Wird ungenau gearbeitet, ist eine unsaubere Schriftkonstruktion die Folge.

Die Konstruktionslinien sollten mit einem dünnen Bleistift nur leicht aufgezeichnet werden. Zu weiche Bleistifte können leicht verschmieren. Durch leichtes Anzeichnen der Linien werden unsaubere Schriftkonstruktionen vermieden. Ein Radieren am Ende der Konstruktion wird dadurch überflüssig.

Vorlagen für Schriftzeichen

- Gerade Buchstaben

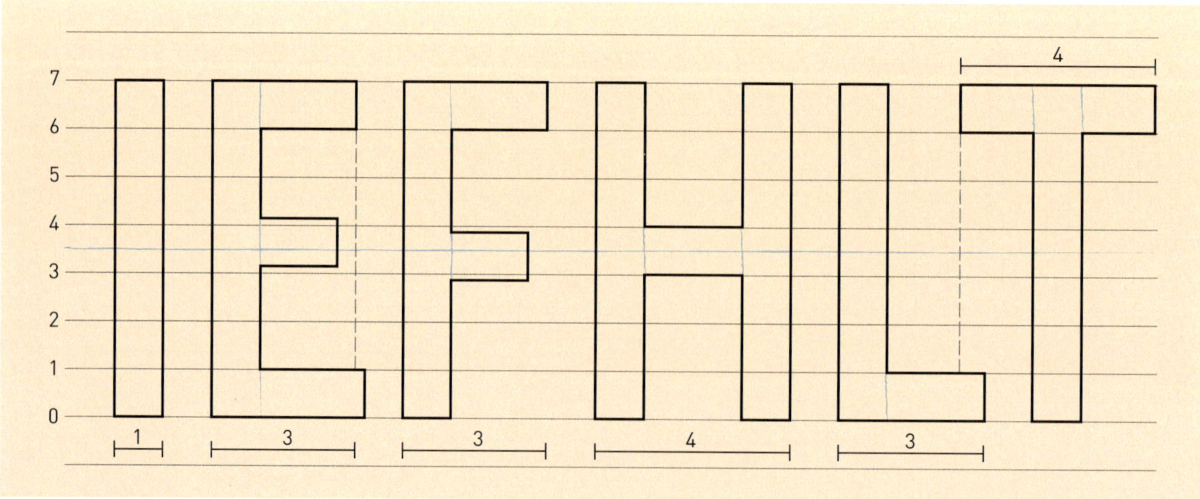

■ Schräge Buchstaben

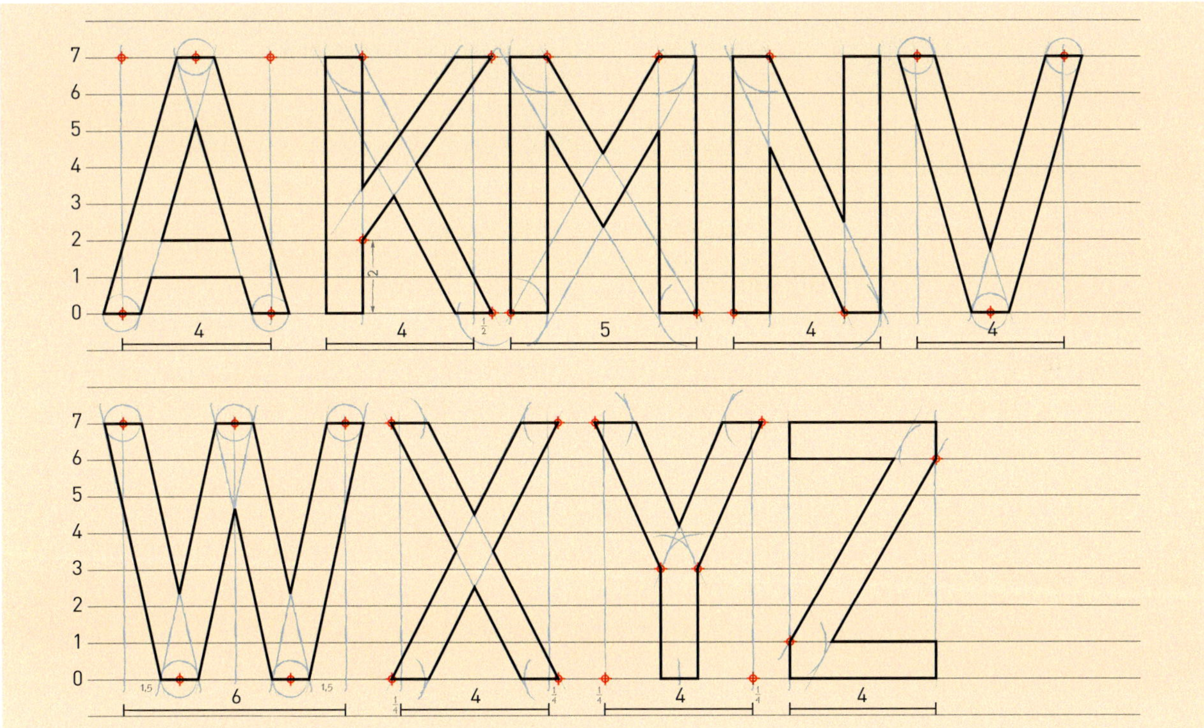

■ Runde Buchstaben

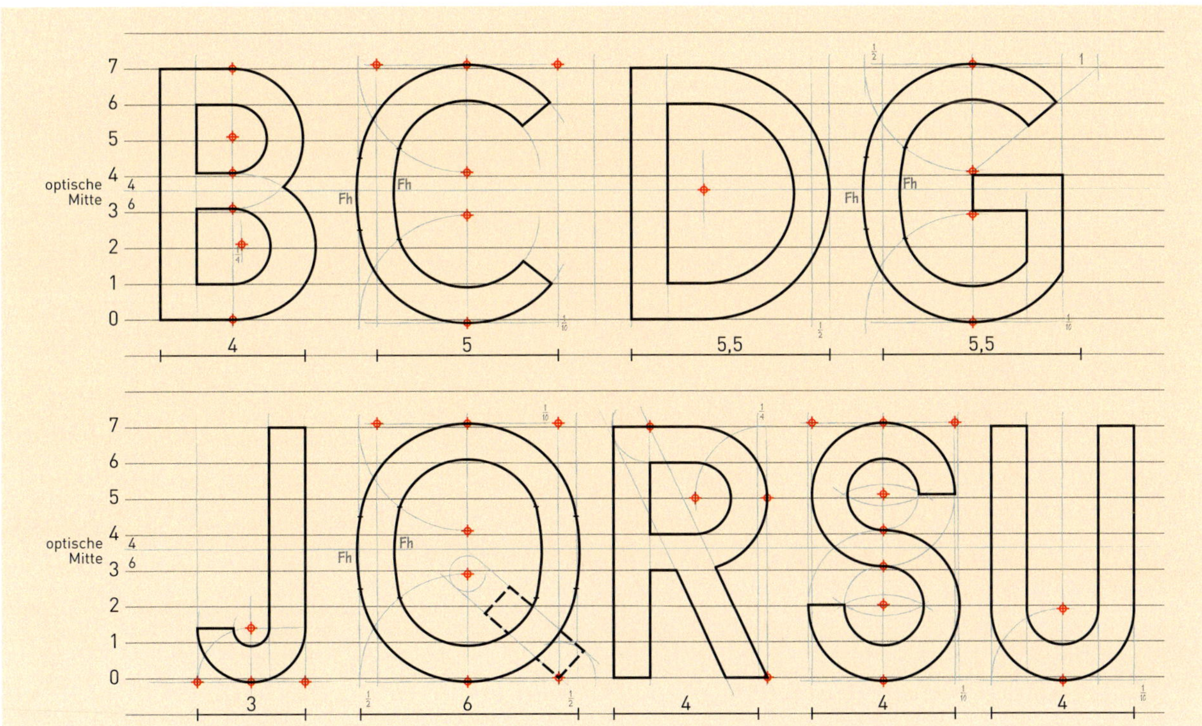

= Zirkeleinstichpunkt, Fh = Freihand ergänzen, blaue Linien = Konstruktionslinien

Koordinatensystem zu den Buchstabenabständen

Das Koordinatensystem der Tab. 1 gibt Auskunft über die Buchstabenabstände.

Zur Abstandsermittlung wird in der senkrechten Spalte der vorhergehende Buchstabe gesucht. Danach sucht man in der waagerechten Zeile den nachfolgenden Buchstaben.

Beispiel: FL = 0,5 Teile

Tab. 1: Buchstabenabstände

	nachfolgender Buchstabe																									
vorhergehender Buchstabe	A	B	C	D	E	F	G	H	I	J	K	L	M	N	O	P	Q	R	S	T	U	V	W	X	Y	Z
A	1,25	0,75	0,75	0,75	0,75	0,75	0,75	0,75	0,75	0,75	0,75	0,75	0,75	0,75	0,75	0,75	0,75	0,75	0,75	0	0,75	0,5	0,5	1	0,25	0,75
B	1	1	1,25	1	1	1	1,25	1	1	1	1	1	1	1	1,25	1	1,25	1	1	0,5	1	1	1	1	1	1
C	0,75	0,75	0,75	0,75	0,75	0,75	0,75	0,75	0,75	0,75	0,75	0,75	0,75	0,75	0,75	0,75	0,75	0,75	0,75	0,5	0,75	0,75	0,75	0,75	0,75	0,75
D	1	1	1,5	1	1	1	1,5	1	1	1	1	1	1	1	1,5	1	1,5	1	1	0,5	1	1	1	1	1	1
E	0,75	1	1	1	1	1	1	1	1	1	1	1	1	1	1	1	1	1	1	0,5	1	1	1	1	1	1
F	0	0,5	0,5	0,5	0,5	0,5	0,5	0,5	0,5	0,5	0,5	0,5	0,5	0,5	0,5	0,5	0,5	0,5	0,5	0,5	0,5	0,5	0,5	0,5	0,5	0,5
G	1	1	1	1	1	1	1,5	1	1	1	1	1	1	1	1,5	1	1,5	1	1	0,5	1	1	1	1	1	1
H	0,75	1,25	1	1,25	1,25	1,25	1	1,25	1,25	1	1,25	1,25	1,25	1,25	1	1,25	1	1,25	1	0,5	1	1	1	1	1	1
I	0,75	1,25	1	1,25	1,25	1,25	1	1,25	1,25	1	1,25	1,25	1,25	1,25	1	1,25	1	1,25	1	0,5	1	1	1	1	1	1
J	1	1	1	1	1	1	1	1	1	1	1	1	1	1	1	1	1	1	1	0,5	1	1	1	1	1	1
K	1,25	1	1	1	1	1	1	1	1	1	1	1	1	1	1	1	1	1	1	0,75	1	1,25	1,25	1	1	1
L	0,75	0,5	0,5	0,5	0,5	0,5	0,5	0,5	0,5	0,5	0,5	0,5	0,5	0,5	0,5	0,5	0,5	0,5	0,5	–0,5	0,5	0,5	0,5	0,5	–0,5	0,5
M	0,75	1,25	1	1,25	1,25	1,25	1	1,25	1,25	1	1,25	1,25	1,25	1,25	1	1,25	1	1,25	1	0,5	1	1	1	1	1	1
N	0,75	1,25	1	1,25	1,25	1,25	1	1,25	1,25	1	1,25	1,25	1,25	1,25	1	1,25	1	1,25	1	0,5	1	1	1	1	1	1
O	1	1	1,5	1	1	1	1,5	1	1	1	1	1	1,25	1	1,5	1	1,5	1	1	0,5	1	1	1	1	1	1
P	0,75	1	1,25	1	1	1	1,25	1	1	1	1	1	1	1	1,25	1	1,25	1	1	0,5	1	1	1	1	1	1
Q	1	1	1,5	1	1	1	1,5	1	1	1	1	1	1,25	1	1,5	1	1,5	1	1	0,5	1	1	1	1	1	1
R	1	1	1,25	1	1	1	1,25	1	1	1	1	1	1	1	1,25	1	1,25	1	1	0,5	1	1	1	1	1	1
S	1	1	1	1	1	1	1	1	1	1	1	1	1	1	1	1	1	1	1	0,5	1	1	1	1	1	1
T	0	0,5	0,5	0,5	0,5	0,5	0,5	0,5	0,5	0,5	0,5	0,5	0,5	0,5	0,5	0,5	0,5	0,5	0,5	0,25	0,5	0,75	0,75	0,75	0,75	0,5
U	1	1	1	1	1	1	1	1	1	1	1	1	1	1	1	1	1	1	1	0,5	1	1	1	1	1	1
V	1	1	1	1	1	1	1	1	1	1	1	1	1	1	1	1	1	1	1	0,75	1	1,25	1,25	1,25	1,25	1
W	0,5	1	1	1	1	1	1	1	1	1	1	1	1	1	1	1	1	1	1	0,75	1	1,25	1,25	1,25	1,25	1
X	1	1	1	1	1	1	1	1	1	1	1	1	1	1	1	1	1	1	1	0,75	1	1,25	1	1	1	1
Y	0,25	0,75	1	0,75	0,75	0,75	1	0,75	0,75	1	0,75	0,75	0,75	0,75	1	0,75	1	1	1	0,75	0,75	1	1	1	1	1
Z	1	1	1	1	1	1	1	1	1	1	1	1	1	1	1	1	1	1	1	0,5	1	1	1	1	1	1

Hinweis: Die Buchstabenabstände werden immer ohne Berücksichtigung der Übertritte gemessen. Ein Beispiel zeigt die nebenstehende Zeichenfolge.

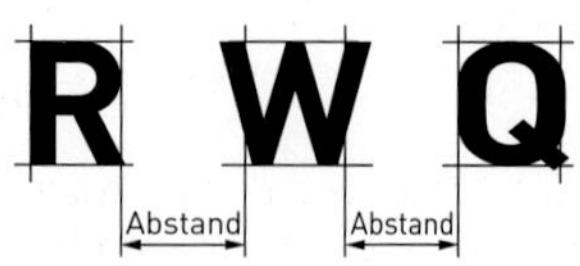

Anleitung zur Konstruktion von Buchstaben mit schräg verlaufenden Schriftbalken

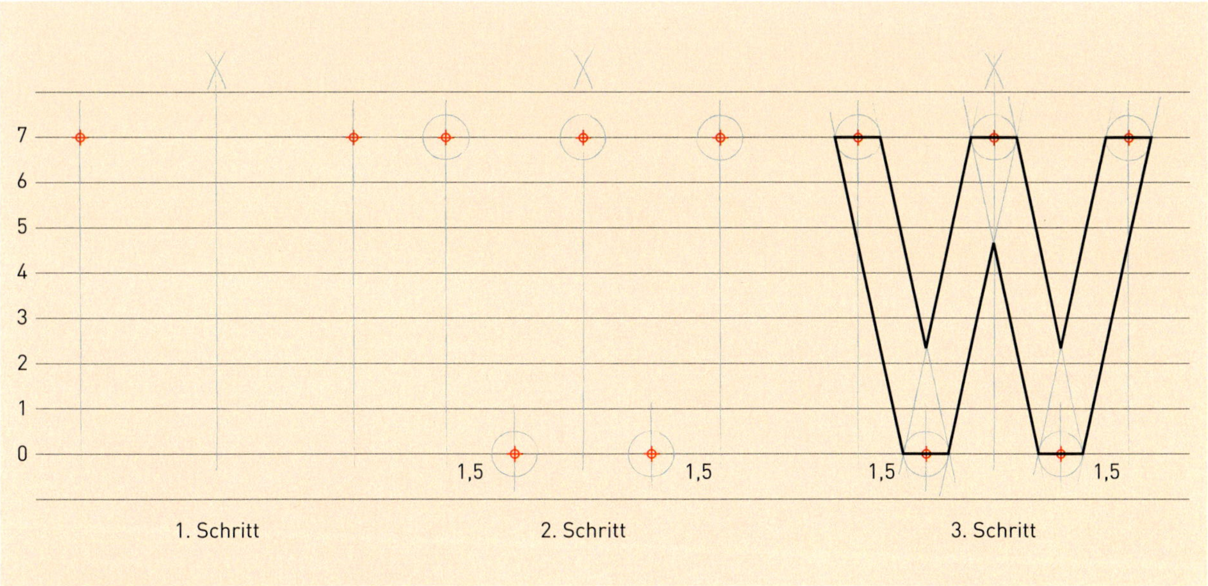

Abb. 1: W-Konstruktion

Schritt 1: Zwei Senkrechte im Abstand von sechs Balkenbreiten aufzeichnen. Dieser Abstand wird nun durch die Verwendung eines Zirkels halbiert. Daraus ergibt sich der mittige Einstichpunkt auf der Oberlinie.

Schritt 2: Auf der Schriftlinie wird von beiden Seiten 1,5 Balkenstärken eingerückt. Diese Schnittpunkte ergeben die beiden Einstichpunkte.

Um die Einstichpunkte auf Ober- und Schriftlinie werden Kreisbögen mit dem Radius einer halben Balkenstärke gezogen.

Schritt 3: Die Schräglinien einzeichnen, in dem diese die Kreise nur berühren dürfen.

Die Konturen des Buchstabens werden zum Schluss nachgezogen.

Ein häufiger Fehler bei der Konstruktion von Schrägbuchstaben ist die falsche Balkenstärke der Schräglinien. Dieser Fehler entsteht, wenn kein Zirkel für die Konstruktion verwendet wird.

Ist kein Zirkel zur Hand, muss die Balkenstärke im rechten Winkel zur Schräglinie gemessen werden.

Abb. 2: Y-Konstruktion

Anleitung zur Konstruktion von Buchstaben mit Rundbogen

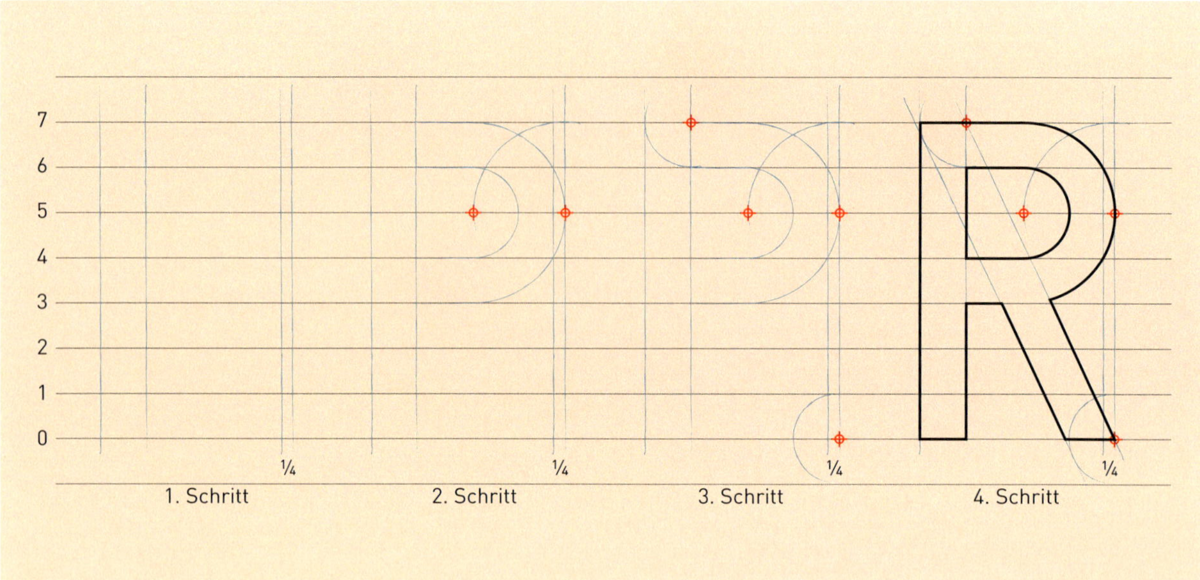

Abb. 1: R-Konstruktion

Schritt 1: Senkrechter Balken mit einer Balkenstärke einzeichnen. Buchstabenbreite und einen Überstand von ¼ Balkenstärke markieren.

Schritt 2: Einstichpunkt für die Rundung ermitteln. Hierzu die 2 Balkenbreiten von oben auf der äußersten rechten Begrenzungslinie nach unten gehen. Mit dem Zirkel einstechen und den Radius bis zur Oberlinie in den Zirkel einstellen. Kreisbogen nach unten schlagen.

Schritt 3: Äußere Rundung um den Einstichpunkt einzeichnen. Der Radius ergibt sich aus der Strecke, Einstichpunkt – Oberlinie. Innere Rundung durch die Verringerung des Radius um eine Balkenbreite konstruieren.

Schritt 4: Einstichpunkt für den Schrägbalken ermitteln. Einen Kreis mit dem Radius der Balkenstärke um den Einstichpunkt zeichnen.

Mit den Hilfskreisen den Schrägbalken einzeichnen unter Berücksichtigung der Balkenbreite.

Buchstabenlinien nachzeichnen.

Die Buchstaben B und P werden wie der Buchstabe R konstruiert.

Bei dem Buchstaben B ist darauf zu achten, dass die untere Rundung breiter ist als die obere Rundung.

Ohne der Verwendung eines Zirkel sind die Konstruktionen der runden Buchstaben nicht möglich.

Die Buchstaben B und S sind typische Beispiele für Konstruktionen mit Rundbögen. Im Vergleich zu den einfach darzustellenden Buchstaben mit Schrägbalken ist es hier notwendig mit einem Zirkel zu arbeiten (Abb. 1–2).

Abb. 2: Buchstaben mit Rundbögen

Anleitung zur S-Konstruktion

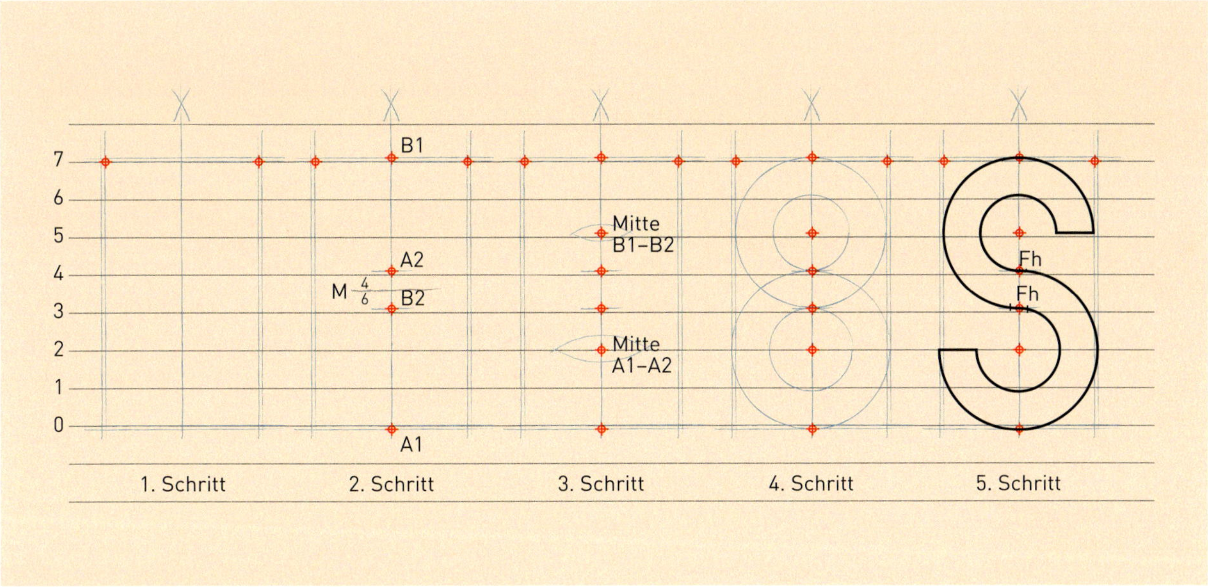

Abb. 3: Arbeitsschritte S-Konstruktion

Schritt 1: Aufzeichnen der Buchstabenbreite und eines Überstandes von $^1/_{10}$. Konstruktion der Mittelsenkrechten.

Schritt 2: Ermittlung der optischen Mitte mit den Punkten A1, A2 und B1 und B2.

Schritt 3: Teilung der Strecken A1–A2 und B1–B2. Die ermittelten Mitten sind die Einstichpunkte für die Rundungen.

Schritt 4: Einzeichnung der Rundungen, so dass eine Acht entsteht. Dabei ist der Übertritt über die Ober- und Grundlinie zu beachten (Übertritt $^1/_{10}$ Balkenstärke).

Schritt 5: Die Enden ergeben sich aus einer Waagerechten zu den Einstichpunkten.

Schritt 6: Die Mittelverbindung ist freihand einzuzeichnen. Buchstabenkontur am Ende nachzeichnen.

Hinweis:
Bei der S-Konstruktion ist der häufigste Fehler das ungenaue Einstechen mit dem Zirkel. Wird dabei unsauber gearbeitet, ergeben sich falsche Kreisbogengrößen. Die oberen Kreise müssen etwas kleiner sein als die unteren Kreise.

Abb. 3: Zeichnung S-Konstruktion

Abb. 1: Aufbringen einer Folie

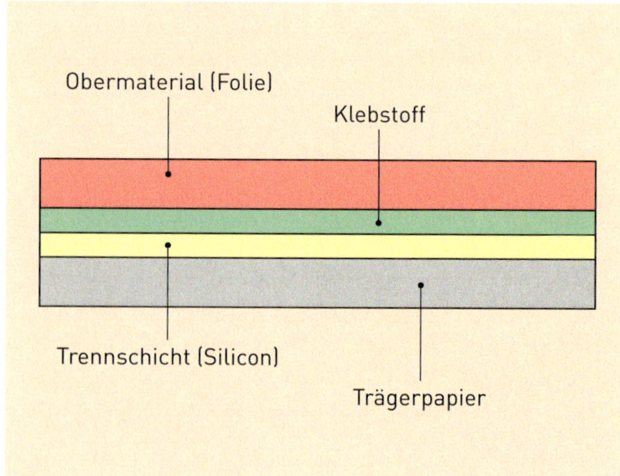

Abb. 2: Aufbau einer Folie

8.5 Folien

Folien werden im Maler- und Lackiererhandwerk für Beschriftungen wie Hinweisschilder eingesetzt. Im gestalterischen Bereich werden sie z. B. für Farbgestaltungen und die Erstellung von Schablonen verwendet (Abb. 1).
Den weitaus größten Teil dieser verwendeten Folien nehmen die selbstklebenden Folien ein. Selbstklebende Folien besitzen auf ihrer Rückseite einen dünnen Klebefilm, der sich dem Untergrund anpassen kann.

8.5.1 Aufbau einer Folie

Eine handelsübliche Folie setzt sich aus Obermaterial, Kleber, Trennschicht und Trägerpapier zusammen (Abb. 2).

Obermaterial (Folie)
Kunststofffolien werden aus Polyester, Polyolefinen wie Polyethylen (PE), Polypropylen (PP) oder Polyvinylchlorid (PVC) hergestellt.

Polyesterfolien sind sehr widerstandsfähig gegen Lösemittel, temperaturbeständig und schrumpfen nicht. Sie besitzen eine starre Struktur und können sich deshalb unebenen Flächen nicht anpassen. Polyesterfolien sind nur glasklar und in gold- und silberfarben herzustellen.
Wegen ihres hohen Glanzgrades und der Transparenz werden sie meist als Dekorfolien benutzt.

Polyethylen-und Polypropylenfolien werden als so genannte umweltschonende Folien gehandelt. Sie weisen eine kurze Lebensdauer auf und sind sehr teuer.

Aus **Polyvinylchlorid** werden die meisten Folien hergestellt. Sie können für alle Haltbarkeitsbereiche produziert werden, für den kurz-, mittel- und langfristigen Einsatz. Polyvinylchloridfolien gelten als qualitativ hochwertig und sind kostengünstig herzustellen.

Kleber
Die Eigenschaften eines **Klebers** haben ebenso großen Einfluss auf die Anwendungsmöglichkeiten und Haftungsdauer einer Folie. Versagt der Kleber, kann die Folie nicht mehr am Untergrund haften.
Selbstklebende Folien werden entweder mit Kautschuk- oder Polyacrylatkleber versehen.

Kautschukkleber weisen durch ihre Fließeigenschaft schlechte Schneideeigenschaften auf. Das bedeutet, dass der Kleber nach dem Schneiden (Plotten) an den Schneidekanten wieder zusammenfließt. Das macht ein Entgittern (Entfernen überflüssiger Folienteile) von Motiven und Schriften nahezu unmöglich.

Kautschukkleber hat eine hohe Anfangshaftung, da sich der Kleber durch die Fließfähigkeit sofort der Oberfläche anpasst. Die Klebkraft kann jedoch nicht mehr erhöht werden, was zu einem leichten Ablösen der Folie führt.

Kautschukkleber finden ihren Einsatz meist auf „Application-Tape" zur Übertragung des Folienplots vom Trägerpapier auf den Untergrund. Da keine hohe Endfestigkeit erreicht wird, ist das Tape leicht und rückstandsfrei abzuziehen.

Vorwiegend sind Kleber aus **Polyacrylat** im Einsatz. Die Kleber sind witterungsund alterungsbeständig. Sie finden Verwendung im Innen- und Außenbereich, für den kurz- bis langfristigen Einsatz. Folien für den kurzfristigen Einsatz müssen bis zu zwei Jahre haltbar sein. Der mittelfristige Einsatz einer Folie fordert eine Haltbarkeit von bis zu sieben Jahre. Folien mit einer Lebensdauer von sieben bis 10 Jahren sind für die langfristige Verwendung Anwendung vorgesehen. Polyacrylatkleber zeichnen sich durch eine geringe Anfangshaftung aus. Durch fachgerechtes Anrakeln erlangen sie jedoch eine bessere und langfristigere Endhaftung als Kautschukkleber. Aufgrund ihres transparenten Aussehens ermöglichen Polyacrylatkleber sogar Hinterglas-Gestaltungen.

Polyacrylatkleber sind auch als Gleitkleber im Handel zu finden. In diesen Klebern sind kleine „Justierelemente" in Form von Hohlglaskugeln eingebettet. Diese Kügelchen werden beim Rakeln zerstört und die Haftung tritt ein. Das ermöglicht ein genaues Positionieren der Folien im Vorfeld. Dies ist besonders bei mehrteiligen und sehr großen Gestaltungen und Beschriftungen von Vorteil. In diesem Fall kann auf das Nassklebeverfahren (→ LF 4) verzichtet werden.

Silikon- und Trägerpapier

Die Silikonschicht, die sich auf dem Trägerpapier befindet, fungiert gemeinsam mit dem Trägerpapier als Schutzabdeckung. Die Silikonschicht verhindert das Zusammenkleben der aufgerollten Folie. Das Trägerpapier schützt den Klebstoff vor Verschmutzung und Austrocknung. Zudem „trägt" das Trägerpapier das Motiv bis zur Übertragung auf den Untergrund. Es muss einerseits ein beim Übertrag leicht abzulösen sein. Andererseits muss das Trägerpapier eine ausreichende Haftung auf der Folie beim Schneiden besitzen.

8.5.2 Plotten

Gestaltungen und Schriften aus selbstklebenden Folien werden meist mit Schneideplottern hergestellt. Schriftzüge können am Computer entworfen und auf die entsprechende Große gebracht werden. Die Daten werden an den Plotter geschickt. Dieser funktioniert ähnlich wie ein Drucker. Er hat allerdings anstelle eines Druckerkopfes ein Schneidemesser (Abb. 3–4). Dieses Messer schneidet die Konturen von Motiven und Schriften in die Folie. Die Plottertechnik ermöglicht es, die Folien-und Klebstoffschicht zu durchtrennen, ohne das Trägerpapier durchzuschneiden (Verarbeitung von Folien → LF 4).

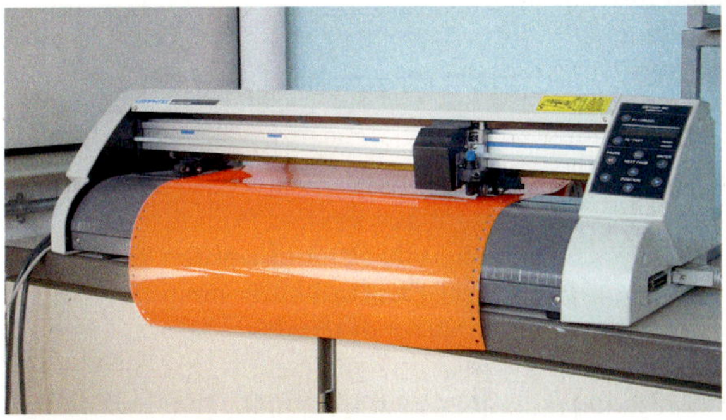

Abb. 3: Rollenplotter

Abb. 4: Schneidmesser eines Plotters

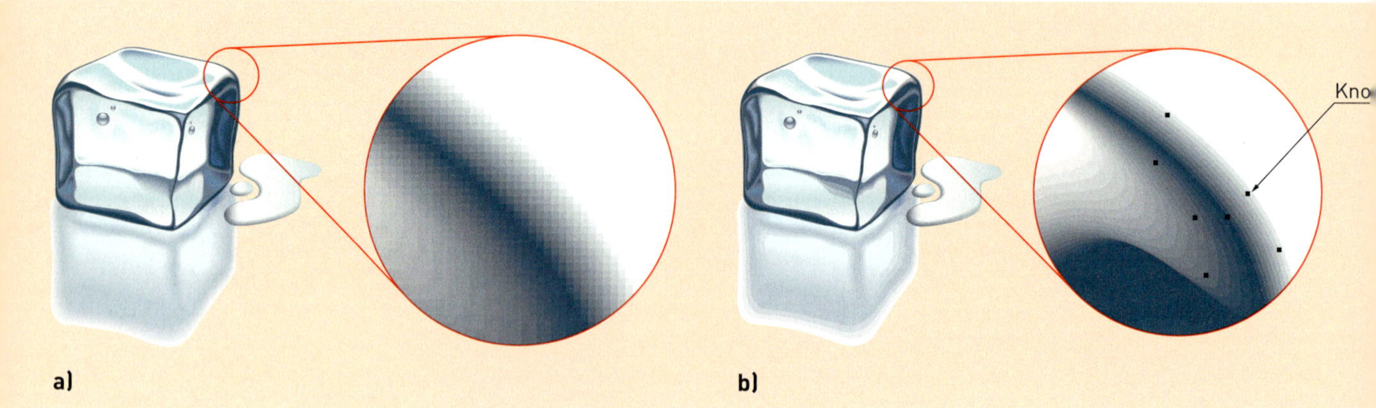

Abb. 1: a) Bild als Pixelgrafik, b) Bild als Vektorgrafik

8.5.3 Bilddateien

Bilder werden an einem Bildschirm durch farbige Punkte (Pixel) erzeugt. Zum Schneiden einer Folie benötigt der Plotter jedoch Linien, an denen das Schneidemesser entlang geführt werden kann. Diese Linien werden am Computer durch ein anderes Berechnungssystem erzeugt. Solche Bilder werden als Vektorgrafiken bezeichnet.

Pixeldateien
Jeder Monitor besteht aus kleinen Punkten, auf denen jeweils ein Farbpunkt erzeugt werden kann. Je größer die Anzahl der Pixel auf einer bestimmten Fläche ist, desto schärfer erscheinen die Konturen des Bildes. Die Konturen bei einer Pixeldatei sind bei sehr genauer Betrachtung treppenartig abgestuft. Außerdem unterscheiden sich die Farben benachbarter Pixel meist nur schwach voneinander. Bei einem Monitor mit einer Auflösung von z. B. 1280 × 1024 Pixel sind 1 310 720 Pixel vorhanden. Bei einem sehr großen Monitor sieht das Bild mit dieser Auflösung auf kurze Entfernung eher unscharf, bei einem kleinen Monitor sieht es gestochen scharf aus.

Die Anzeige des Bildes am Monitor sagt allerdings noch nichts darüber aus, wie hoch die Auflösung eines digitalen Bildes ist. Sie kann unter Umständen deutlich besser sein als der Monitor es darstellen kann. Aber auch eine hohe Anzahl der Pixel des Bildes kann eine hohe Auflösung nur vortäuschen, wenn z. B. ein Bild mit 6 Millionen Pixeln eine Seitenlänge von 100 cm hat. Eine verlässliche Größe für die Auflösung eines Bildes ist die Angabe in dpi (Dots per Inch = Punkte pro Inch). Hier wird angegeben, wie viele Punkte sich auf einer Länge von einem Inch (2,54 cm) befinden. Für Druckqualität ist eine Auflösung von 300 dpi meist ausreichend.

Gängige Dateiformate für Pixeldateien tragen die Endungen jpg, bmp, gif oder tif.

Vektorgrafiken
Eine Datei, die von einem Plotter zum Schneiden von Folien verwendet werden soll, muss klare Konturlinien besitzen. Diese Linien werden nicht durch viele Punkte erzeugt, sondern durch wenige Knoten, die Informationen über die Verbindung zum vorhergehenden und nachfolgenden Knoten enthalten. So entsteht eine eindeutige Linie zwischen zwei Knoten. Diese kann durch Verschieben und Veränderung der Knoteneigenschaften bei Bedarf verändert werden. Pixeldateien müssen zur Verarbeitung im Plotter in eine Vektorgrafik umgewandelt werden. Für diese Vektorisierung gibt es spezielle Programme. Das Ergebnis ist allerdings nur bei kontrastreichen Schwarzweiß-Bildern so gut, dass es ohne Weiterbearbeitung geplottet werden kann. Häufig müssen störende Knoten beseitigt und unpassende Linien geändert werden.

Vektorgrafiken werden z. B. als HPGL-Datei (Endung plt) gespeichert und verarbeitet.

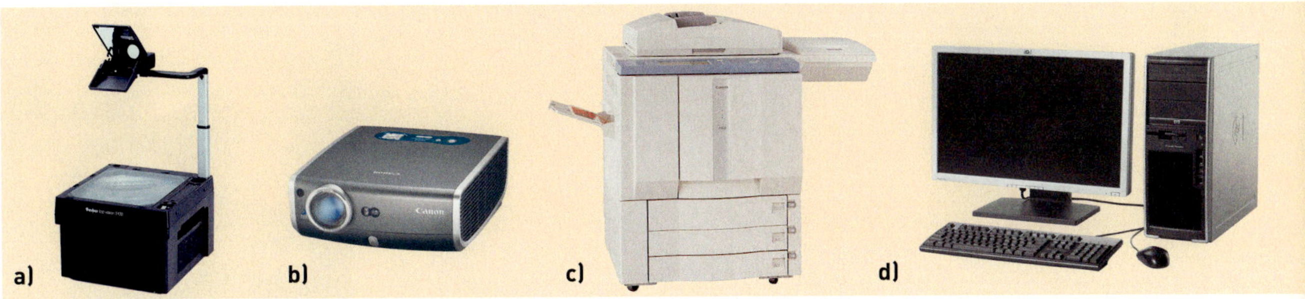

Abb. 3: Geräte für Übertragungstechniken
a) Overheadprojektor; b) Beamer; c) Kopiergerät; d) PC

8.5.4 Übertragungsarten für Vergrößerungen/Verkleinerungen

Beim Übertragen von Motiven müssen diese vergrößert oder verkleinert werden. Dabei wird unterschieden zwischen der

- geräteunterstützten Methode und der
- manuellen Methode.

Geräteunterstützte Methode
Bei der geräteunterstützten Methode können Motive durch Computer, Beamer, Scanner, Tageslicht- bzw. Diaprojektoren oder Fotokopiergeräte in ihrer Größe verändert werden (Abb. 3).

Manuelle Methode
Sollen großformatige Motive übertragen werden, wird häufig die manuelle Methode angewendet.
Die einfachste Art ist, das Motiv auszumessen. Hierzu wird ein Maßstab festgelegt und mithilfe eines Lineals die vergrößerte Zeichnung angefertigt. Das ist jedoch nur möglich, wenn es sich um ein geometrisch einfaches Motiv handelt.

Für komplexe Motive ist eine Übertragung mit Hilfe eines Netzrasters gebräuchlich.

Dazu wird über die Vorlage ein quadratisches Raster gezeichnet. Die Rastergröße ist abhängig von der Komplexität des zu übertragenden Motivs. Die horizontalen und vertikalen Linien des Rasters können zur besseren Übersichtlichkeit mit Ziffern und Buchstaben gekennzeichnet werden (Abb. 4).

Soll das zu übertragende Motiv z. B. in vierfacher Vergrößerung gezeichnet werden, zeichnet man das Raster in vierfacher Größe auf den Untergrund. Die Anzahl der Quadrate auf der Vorlage muss mit der Anzahl der Quadrate des Vergrößerungsrasters übereinstimmen.

Anschließend werden die Schnittpunkte zwischen Motiv und Rasterlinien der Vorlage auf das Vergrößerungsraster übertragen. Durch Verbinden der Schnittpunkte entsteht die vergrößerte Darstellung (Abb. 5).

Abb. 4: Netzraster Ausgangsmotiv

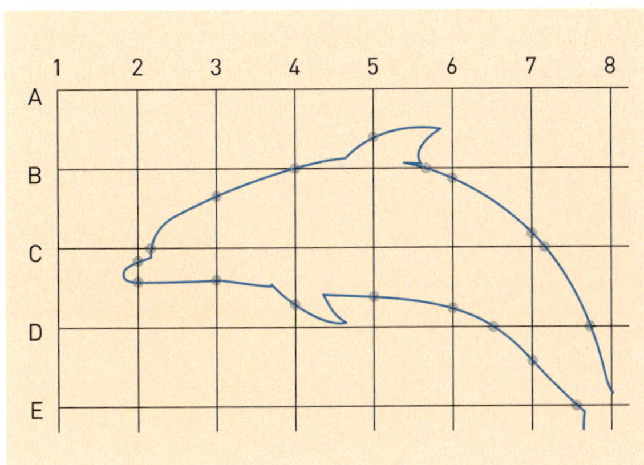

Abb. 5: Vergrößertes Netzraster

Abb. 1: Geräteunterstützte Methode (Overheadprojektor)

Aufgaben zu Kapitel 8.4 und 8.5

1. a) Empfehlen Sie dem Kunden eine Folienart und begründen Sie Ihre Wahl.

b) Empfehlen Sie dem Kunden einen Kleber und begründen Sie Ihre Wahl.

2. Vergrößern Sie das im Kundenauftrag abgebildete Delfinlogo im Maßstab 3 : 1.

3. Konstruieren Sie das Wort „Delfin" mit einer Balkenstärke von 2 cm.

4. Berechnen Sie die Schrifthöhe und die Wortlänge des Wortes „Restaurant", wenn die Balkenstärke mit 5 cm angegeben ist.

5. Beschreiben Sie die Bedeutung der Angabe „300 dpi" bezogen auf ein Bild.

6. Wodurch unterscheidet sich eine Vektorgrafik von einem Pixelbild?

Abb. 2: Feuchtemessung

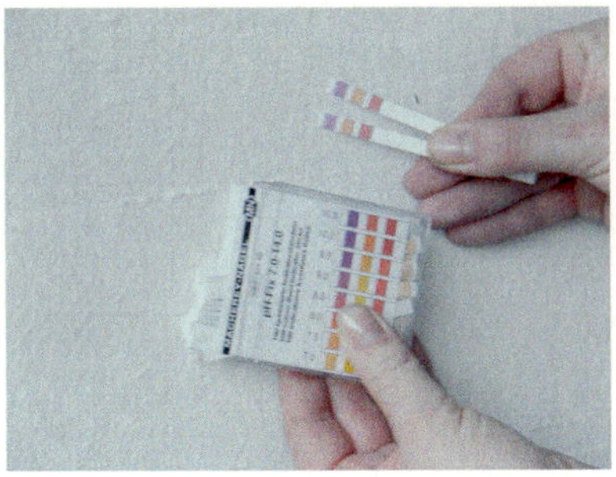

Abb. 3: Folienprobe

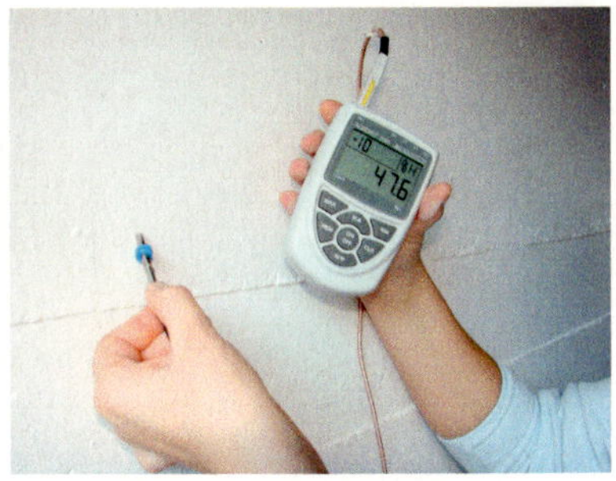

Abb. 4: Prüfung auf Alkalität

8.6 Tapeten

Eine Tapete kann zu einer stimmungsvollen Raumgestaltung beitragen. Tapeten können als Gestaltungselement Räume verändern und verzieren.
Wählt der Kunde eine Mustertapete, kann die Raumwirkung je nach Anordnung der Musterung locker und beschwingt oder geometrisch streng wirken. Einen gänzlich anderen Eindruck vermitteln Naturwerkstofftapeten. Der Raum strahlt einen warmen, gemütlichen Charakter aus.
Um eine Tapezierung fachgerecht durchzuführen, muss der Untergrund sorgfältig vorbereitet werden. Der Untergrund muss trocken, sauber, tragfähig, leicht saugfähig, glatt und einheitlich hell sein. Die Prüfungen für Tapetenuntergründe beschränken sich auf die Beurteilung der Oberfläche.

8.6.1 Untergrundprüfung

Einen **feuchten Untergrund** erkennt man an dunklen Flecken, Wasserrändern, die Bildung von Kondenswasser, Ausblühungen oder Schimmelbelag.

Ausblühungen sind weißlich-gelbe Salzkristalle. Diese löslichen Salze können durch Wassertransport an die Oberfläche wandern und werden dort sichtbar.

Eine Messung der Untergrundfeuchte erfolgt mithilfe des Hygrometers (Abb. 2). Reicht die bloße Feststellung der Feuchte aus, so kann die Folienprobe durchgeführt werden (Abb. 3). Hierbei werden mindestens 30 cm mal 30 cm große Folienflächen mit Klebeband auf den Tapetenuntergrund geklebt. Haben sich nach ca. 24 Stunden Wassertropfen an der Folie gebildet, ist zu viel Feuchte im Untergrund vorhanden. Maßnahmen zur Beseitigung sind zum einen das Abschaffen der Ursachen und zum anderen das Austrocknen der Wände durch Lüften und/oder Heizen. Eventuell vorhandene Ausblühungen werden trocken abgerieben.

Schimmelflecken entstehen durch zu hohe Luftfeuchtigkeit und mangelnde Lüftung. Sie werden beseitigt indem die Pilze nach dem Austrocknen abgebürstet werden. Anschließend werden die Stellen mit fungizider (pilztötend) Lösung behandelt.

Da eine hohe **Alkalität** bei Metall- und Naturwerkstofftapeten zu Verfärbungen führt, muss vor dem Tapezieren die Alkalität des Untergrundes überprüft werden. Zur Bestimmung wird der Putz mit destilliertem Wasser angefeuchtet. In die feuchte Stelle wird Indikatorpapier gedrückt und der pH-Wert wird abgelesen (Abb. 4). Ein Beseitigen der Alkalität kann durch Fluatieren erfolgen (Tränken der Oberfläche mit verdünnter Fluorkieselsäure). Für Metall- und Naturwerkstofftapeten reicht ein Fluatieren des Untergrundes jedoch nicht aus. Die Flächen sollten vor dem Tapezieren mit Makulatur beklebt werden. Frische Putze und nachgeputzte Stellen dürfen erst nach ausreichender Trocknung tapeziert werden.

Einer Benetzungsprobe können **ungleichmäßig saugende Putze** erkannt werden. Dazu wird der Untergrund mit Wasser (Sprühpistole) benetzt. Perlt das Wasser ab, so weist das auf ölige Trennschichten oder auf Sinterschichten hin. In diesem Fall muss die Wand maschinell oder manuell geschliffen werden. Sie ist anschließend entweder mit verdünntem Kleister oder einem Grundiermittel vorzustreichen oder mit Makulatur zu bekleben.
Wird das Wasser sofort vom Untergrund aufgenommen und ist eine dunkle Verfärbung zu beobachten, ist der Putz zu stark saugend. Um die Saugfähigkeit zu egalisieren wird, wie oben beschrieben vorgegangen.

Die **Oberflächenfestigkeit** (ausreichende Tragfähigkeit), wird mittels Kratzprobe, Wischprobe und Abreißtest bestimmt. Die Kratzprobe (S. 284, Abb. 1) kann baustellenüblich mit einem harten, scharfen Gegenstand (Cent-Stück, Nagel o. ä.) oder mit dem Gitterschnitttest durchgeführt werden (Gitterschnitt

Abb. 1: Kratzprobe

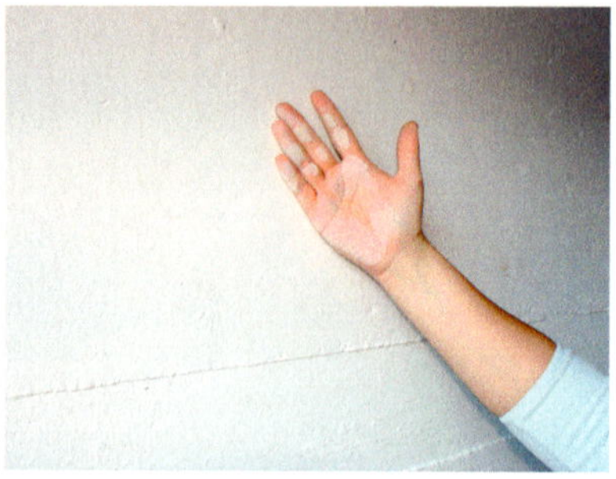
Abb. 2: Wischprobe

Abb. 3: Abreißtest

LF 1 und 5). Sollten sich Mängel herausstellen, müssen die losen Teile entfernt und ausgebessert werden. Anschließend wird der Untergrund mit Grundiermittel gefestigt. Ein kreidender, sandender Untergrund, wirkt wie eine Trennschicht auf die Tapezierung. Um einen solchen Untergrund zu erkennen, wird mit der Hand über den Putz gewischt. Das Kreiden und Sanden wird per Augenschein beurteilt. Beseitigen lassen sich diese Schichten durch Abfegen und ggf. Streichen eines Grundiermittels (Abb. 2). Der Abreißtest mit einem Klebeband zeigt durch verbleibende Putzrückstände auf dem Klebeband, dass alte Anstriche nicht mehr ausreichend auf dem Untergrund haften (Abb. 3). Diese nicht tragfähigen Anstriche müssen vollständig entfernt werden. Mit der Augenscheinprobe lassen sich **Risse** leicht erkennen.

Vorhandene Schwund-, Haar- und Netzrisse werden mit (faserhaltigem) Kunststoffdispersionsspachtel geschlossen. Risse, die vom Putzträger ausgehen, können mithilfe eines Gewebes oder Vlieses armiert (überbrückt) werden. Baudynamische Risse, die durch die Bewegung im Bauwerk entstehen, können dauerhaft nicht beseitigt werden. Dieser Sachverhalt ist auch im BFS-Merkblatt Nr. 7/16 nachzulesen.

8.6.2 Untergrundvorbereitung

Bietet der Untergrund nach fachgerechter Prüfung eine tragfähige Basis für die Tapete, wird eine sorgfältige Untergrundvorbereitung vorgenommen.

Entfernen alter Tapeten und Anstriche
Alttapeten müssen vor dem erneuten Tapezieren restlos entfernt werden. Alte Tapeten werden mit Wasser und Tapetenlöser (möglich ist auch der Zusatz von Spülmittel), unter Zuhilfenahme von Deckenbürste und Spachtel entfernt (Abb. 4). Sollten sich die Tapeten trotz mehrmaligen Wässerns nicht lösen, wird die Tapete mit einer Igelrolle perforiert und erneut gewässert (Abb. 5). Tapeten, die mit Dispersionskleber verklebt wurden, können meist nur mithilfe eines Heißdampfgeräts abgedampft werden.

Spaltbare Alttapeten, die eine einwandfreie Haftung aufweisen und beim Übertapezieren nicht zu Blasenbildung neigen, können auf dem Untergrund verbleiben.

Altanstriche werden vor dem Tapezieren auf ihre Oberflächenfestigkeit hin überprüft. Nicht tragfähige

Abb. 4: Entfernen der alten Tapete

Abb. 5: Perforieren mit der Igelwalze

Abb. 6: Streichmakulatur

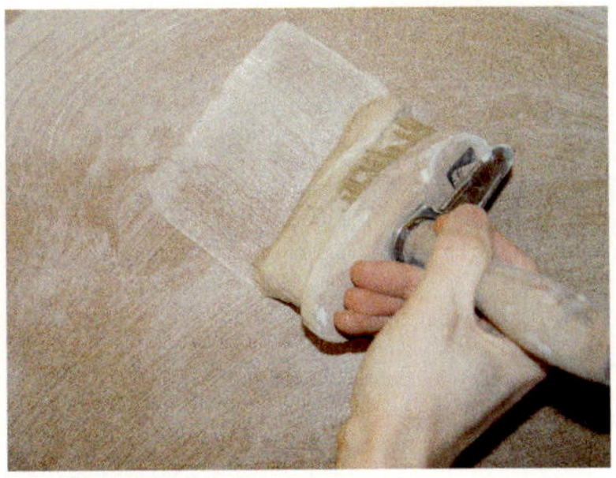

Abb. 7: Verarbeitung von Streichmakulatur

Abb. 8: Verarbeitung von Makulaturtapete

Altanstriche müssen durch Schleifen oder Ablaugen restlos entfernt werden. Leimfarbenanstriche sind auf jeden Fall vollständig abzuwaschen.

Da Tapeten keine **Untergrundmängel** verdecken, sollte nur auf glatten und sauberen Untergründen gearbeitet werden. Kleine Fehlstellen können mit Füllspachtel beseitigt werden. Geringe Verfärbungen (Öl-, Nikotin-, Farbstift-, Wasserflecken) können mit Absperrmitteln, die ein Durchschlagen der Flecke verhindern, entfernt werden. Größere Fehlstellen werden verspachtelt und ggf. mit Faservliesen armiert. Auf Gipsputzen und Gipskartonplatten kann mit gipshaltigem Füllspachtel gespachtelt werden. Da gipshaltige Füllstoffe auf kalk- und zementhaltigen Putzen zur Fleckenbildung neigen, sollte auf diesen Untergründen mit Kalk-, Zement- oder Kunststoffdispersionsspachtel gearbeitet werden.
Liegen sehr unebene Wände vor oder werden hochwertige Tapeten verklebt, müssen die Untergrundflächen durch vollflächiges Spachteln geglättet werden. Dazu schabt man lose Teile und Grate ab und schleift manuell oder mit Rotationsschleifmaschinen. Anschließend wird der Untergrund entstaubt und mit der Glättekelle verspachtelt.

Die Basis für eine fachgerechte Tapezierung bildet die **Grundierung** vor dem Verkleben der Tapete. Je nach Tapete und Untergrundbeschaffenheit richtet sich das verwendete Grundiermittel.

Der **Tapetenwechselgrund** ist eine mit Trennmitteln (z. B. Wachsen) versetzte, dünnflüssige Acrylatdispersion, die mit einer Bürste aufgetragenen wird. Die Trennschicht ermöglicht, dass Tapetenbahnen sich leicht verschieben lassen und mühelos mehrfach wieder abgezogen werden können. Tapetenwechselgrund wird deshalb an Wänden eingesetzt, die ein häufiges Neutapezieren verlangen.

Grundiermittel sind wasser- oder lösemittelverdünnbar im Handel erhältlich. Sie werden zur Egalisierung der Saugfähigkeit verwendet. Im Allgemeinen werden die wasserverdünnbaren Grundierungen verarbeitet, die lösemittelverdünnbaren Grundierstoffe sind bei problematischen, z. B. sandenden, Untergründen erforderlich.

Weißpigmentierter Tapetengrund gleicht Farbunregelmäßigkeiten aus. Das ist notwendig, sollten dünne Naturwerkstofftapeten (Seiden-, Gras-, Textiltapeten) oder Vliestapeten verklebt werden.

Streichmakulatur, auch Feinmakulatur genannt, ist eine Zellstoffmischung (Abb. 6), die mittels Bürste aufgetragen wird. Streichmakulatur egalisiert den Untergrund, füllt grobe Putzporen aus und bereitet den Untergrund für leichte bis mittelschwere Tapeten vor (Abb. 7).

Sehr hochwertige Tapeten, z. B. Seiden-, Metall-, Stofftapeten, erhalten als Vorbehandlung zusätzlich zur Grundierung einen **festen Unterlagsstoff** (Unterlagsstoffe → LF 3). Unterlagsstoffe sind laut VOB kein Ersatz für Grundanstriche bei Tapezierarbeiten. Ihren Einsatz finden feste Unterlagsstoffe auch dann, wenn sich Untergrundmängel nicht beheben lassen.

Das Verkleben von **Vlies- oder Rollenmakulatur** verhindert bei schweren Tapeten, die beim Trocknen Spannungen entwickeln, das Aufplatzen der Nähte. Rollenmakulaturen werden in der Regel in einer Breite von 56 cm angeboten. Dieses Rollenmaß ist 3 cm breiter als eine Europatapetenrolle. Das verhindert, dass deckungsgleiche Nähte von Tapete und Unterlagsstoff auftreten. So wird ein Aufplatzen der Nähte umgangen. Die Verarbeitung von Makulaturvlies erfolgt in der Wandklebetechnik. Mit Tapezierbürste, Gummiroller oder Andrückspachtel wird die Vliesmakulatur in den Kleber gedrückt (Abb. 8).

Das Verarbeiten einer **Stripmakulatur**, einem Unterlagsstoff mit Kunststoffbeschichtung, ermöglicht ein mehrmaliges, problemloses Abziehen der Tapete.

8.6.3 Tapetensymbole

Die Tapetensymbole helfen, die verschiedenen Oberflächenbeschaffenheiten und damit den möglichen Einsatz und die Verarbeitung der unterschiedlichen Tapetenarten erkennen und unterscheiden zu können.

Die Symbole, Anfertigungsnummern und Verarbeitungshinweise finden sich auf dem Etikett einer jeden Tapetenrolle (Abb. 1).

Die Tabellen zeigen die wichtigsten Tapetensymbole.

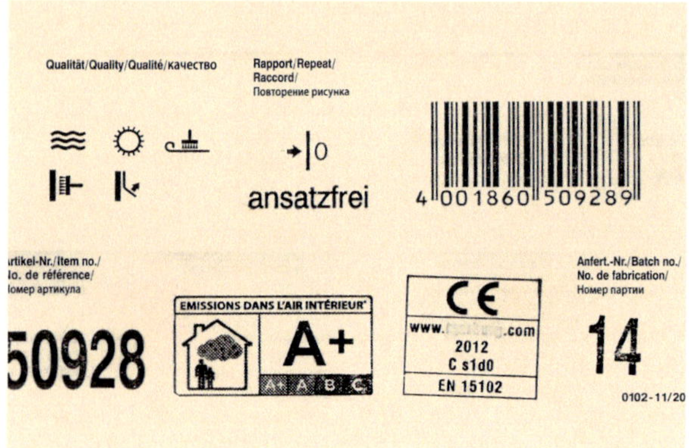

Abb. 1: Tapetenetikett

Weitere Informationen können dem Tabellenbuch Maler und Lackierer entnommen werden.

Tab. 1: Wasser- und Waschbeständigkeit nach DIN EN 235

			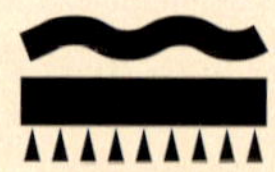	
Wasserbeständig während des Verarbeitens. Mit einem leicht feuchten Schwamm können frische Kleisterflecken vorsichtig entfernt werden.	**Waschbeständig** Leichte Verschmutzungen können vorsichtig mit einem feuchten Lappen entfernt werden.	**Hoch waschbeständig** Verschmutzungen, die kein Fett oder Öl enthalten, können mit einer milden Seifenlauge entfernt werden.	**Scheuerbeständig** Verschmutzungen können mit einer milden Seifenlauge und einer weichen Bürste gereinigt werden.	**Hoch scheuerbeständig** Verschmutzungen können mit Scheuermittel oder Seifenlauge mithilfe einer Bürste entfernt werden.

Tab. 2: Lichtbeständigkeit

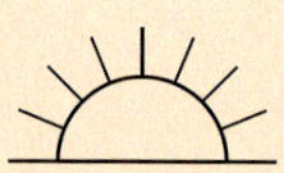				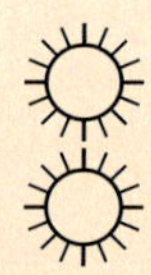
Ausreichende Lichtbeständigkeit Die Tapeten neigen bei direkter Sonneneinstrahlung zum Vergilben.	**Befriedigende Lichtbeständigkeit**	**Gute Lichtbeständigkeit**	**Sehr gute Lichtbeständigkeit** Selbst bei direkter Sonneneinstrahlung sind die Farben lange farbecht.	**Ausgezeichnete Lichtbeständigkeit** Die Tapeten bleiben auch bei extremer Sonneneinstrahlung farbecht.

Tab. 3: Verarbeitung

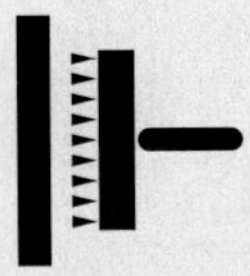		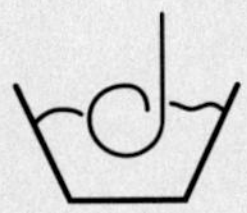	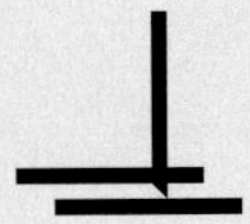	
Wand einkleistern Die Tapete ist in der Wandklebetechnik zu verarbeiten.	**Tapete einkleistern**	**Vorgekleistert** Die Rückseite der Tapete ist mit Klebstoff vorbeschichtet, dieser wird durch kurzes Wässern verarbeitungsfähig.	**Doppelnahtschnitt** Bei schweren Wandbelägen werden die Bahnen mit dem Gleitfußmesser überlappend geschnitten.	**Stoßfestigkeit** Die Tapete ist mit einer besonders robusten, widerstandsfähigen Oberfläche ausgerüstet.
				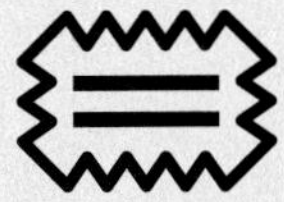
Trocken restlos abziehbar Die Tapete lässt sich beim Renovieren trocken, ohne Rückstände, abziehen.	**Spaltbar trocken abziehbar** Die obere Schicht der Tapete lässt sich trocken abziehen, die untere bleibt als Makulatur auf der Wand.	**Nass zu entfernen** Die Tapete kann nach dem Einweichen mit dem Spachtel entfernt werden.	**Dupliert** Die Prägung der Tapete besteht aus zwei kaschierten Papierschichten, dadurch bleibt diese beim Tapezieren erhalten.	**Abgestimmter Stoff** Zu dieser Tapete sind passende Stoffe im Handel. Das Zeichen gehört nicht zu den genormten Tapetensymbolen.

Tab. 4: Musteransatz

		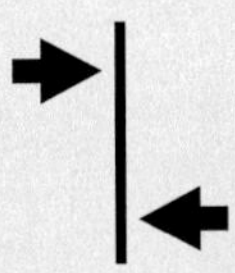	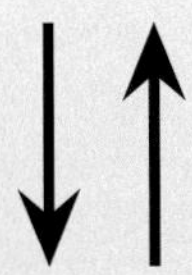	
Ansatzfrei Beim Tapezieren muss auf kein Ansatzmuster geachtet werden.	**Gerader Ansatz** Die Bahnen müssen so zugeschnitten werden, dass das folgende Muster auf die gleiche Höhe der vorherigen Bahn geklebt wird.	**Versetzter Ansatz** Die Bahnen müssen so zugeschnitten werden, dass das folgende Muster jeweils um die angegebene Versatzhöhe verschoben wird.	**Gestürzt kleben** Jede zweite Tapetenbahn muss umgekehrt, also auf dem Kopf, verklebt werden.	**Horizontal ansetzen** Die Bahnen müssen waagerecht verklebt werden.

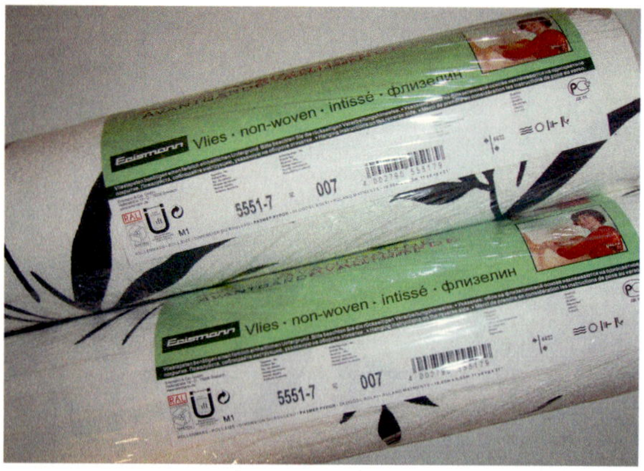

Abb. 1: Beipackzettel der Tapetenrollen Mustertapete

Abb. 2: Fächerprobe

8.6.4 Verarbeitungstechniken

Vor der Verarbeitung von Tapeten, speziell von Mustertapeten, müssen einige Dinge beachtet werden.

Zu Beginn muss sichergestellt werden, dass die Anfertigungsnummern auf den Verpackungen identisch sind. Nur gleiche Anfertigungsnummern sichern identische Muster und Farbtöne, da die Tapetenrollen in ein und dem selben Druckvorgang gedruckt worden sind (Abb. 1). Tauchen Tapeten mit unterschiedlichen Anfertigungsnummern auf, dürfen die Tapetenrollen nur an verschiedenen Wänden verklebt werden.

Um Druckfehler oder Farbabweichungen innerhalb einer Anfertigungsnummer auszuschließen, sollte vor allem bei Mustertapeten eine Fächerprobe vorgenommen werden. Dazu wird von jeder Rolle ca. 1,50 Meter abgerollt, fächerartig übereinandergelegt und verglichen (Abb. 2).

Zuschnitt von Mustertapeten
Der Zuschnitt von Mustertapeten erfordert ein exaktes Ausmessen der einzelnen Bahnen (Abb. 3–4).

Bei Mustertapeten wiederholt sich das Muster in gleichmäßigen Abständen. Dadurch ist es möglich, auch mit großen gemusterten Flächen, ohne sichtbaren Übergang an den Nähten zu gestalten. Der Abstand, in dem sich das Muster wiederholt, wird Rapport genannt. Man unterscheidet zwischen einem geraden und einem versetzten Musteransatz.

Die Länge eines jeweiligen Rapports ist in Zentimetern auf dem Beipackzettel der Rolle angegeben.

Ein gerader Musteransatz von z. B. „45/0" besitzt ein Muster von 45 cm Höhe. Das bedeutet, dass die Bahnen so zugeschnitten werden müssen, dass das Muster der folgenden Bahn jeweils auf die gleiche Höhe der vorherigen Bahn geklebt werden kann.

Abb. 3: Mustertapete

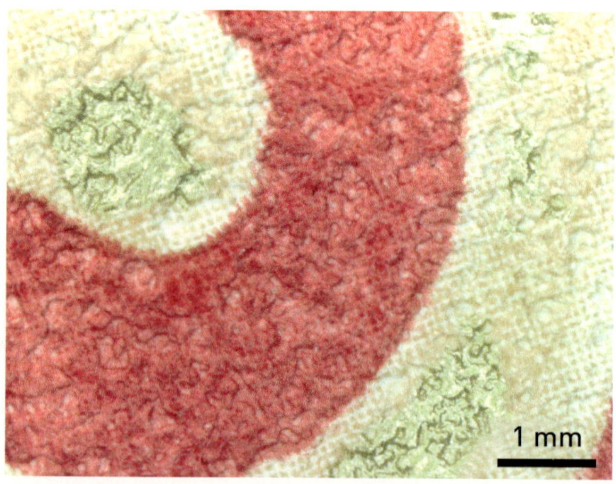

Abb. 4: Mustertapete in stark vergrößerter Ansicht

Wird eine Bahn mit versetztem Musteransatz verarbeitet, wird die erste Bahn zunächst auf die erforderliche Länge zugeschnitten und verklebt. Die folgende Tapetenbahn wird nun um die Hälfte des angegeben Rapports versetzt geklebt. Werden beispielsweise Rapportzahlen von „56/28" angegeben, gibt die obere Zahl eine Musterhöhe von 56 cm an, die untere die Versatzhöhe von 28 cm. Die folgende Tapetenbahn muss folglich um 28 cm nach oben oder unten versetzt geklebt werden.

Einkleistern

Je nach Tapete wird der geeignete Tapetenkleister oder -kleber ausgewählt (LF 3).

Methylzellulosekleister wird zum Verkleben von leichten und mittelschweren Papiertapeten verwendet (Tab. 1).

Tab. 1: Papierstärken

Tapetenart	Flächengewicht
Leichte Papiertapeten	ca. 90–110 g/m²
Mittelschwere Papiertapeten	ca. 110–140 g/m²
Schwere Papiertapeten	ca. 140–180 g/m²

Durch Zusätze von z. B. PVAc oder Acrylat-Styrol-Copolymerisatharz zum Methylzellulosekleister entstehen so genannte Spezialkleister mit verstärkter Klebekraft. Diese werden zum Verkleben von schweren Papiertapeten, Prägetapeten, Strukturtapeten, Vlies- und Vinyltapeten mit kaschiertem Papierrücken benutzt.

Dispersionskleber werden beim Tapezieren von Wasserdampf undurchlässigen und/oder sehr schweren Wandbekleidungen wie Vinyl-, Metall-, Velourtapeten, für textile Wandbekleidungen, Glasfasergewebe etc. verklebt. Dispersionskleber enthalten z. B. durch Polymerisation entstandenes Polyvinylacetat (PVAc) und Polyvinylpropionat (PVP).

- Die Tapetenbahnen werden mit der Musterseite nach unten mit dem Quast oder der Kleistermaschine eingekleistert (Abb. 5). Da die vom Hersteller angegebenen Weichzeiten unbedingt einzuhalten sind, muss der Kleisterauftrag zügig erfolgen. Nur so kommt es zu einheitlichen Weichzeiten der Tapeten.

- Bei Tapeten, die in der Wandklebetechnik verarbeitet werden, beispielsweise Vliestapeten, Gewebetapeten, Glasfasergewebe und Metalltapeten, entfallen die Weichzeiten (Abb. 6).

Abb. 5: Einkleistern mit dem Quast

Abb. 6: Vorbereitung der Wandklebetechnik

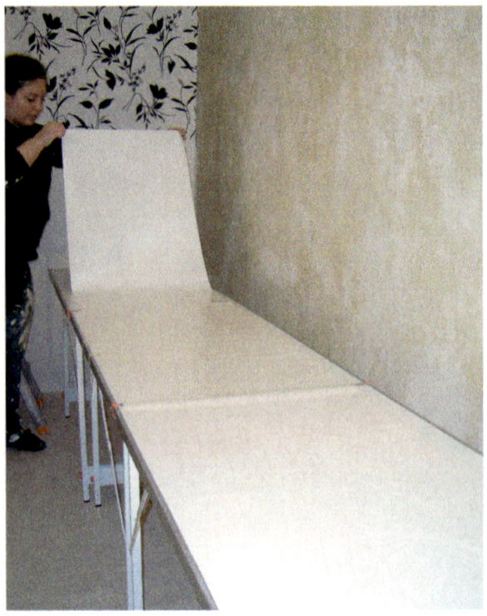
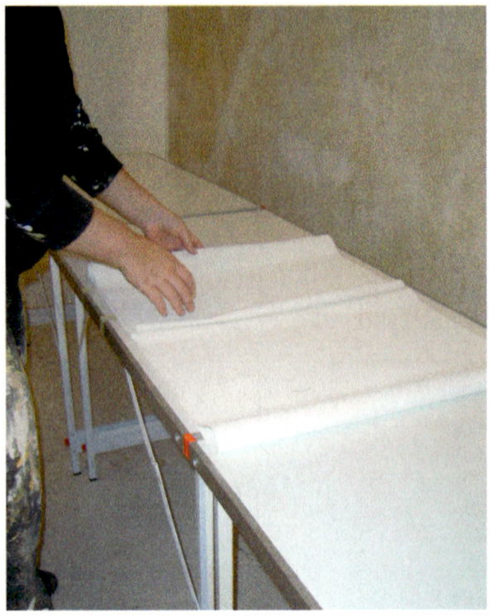

Abb. 1 und 2: Zusammenlegen der Bahnen zum Weichen

Abb. 3: Ausloten der Wand

Zusammenlegen

Damit der Kleister nicht vorzeitig trocknet und somit seine Klebekraft verliert, werden die Bahnen zum Weichen zusammengelegt.

- Dazu wird
  - das obere Ende der Bahn ca. zu zwei Dritteln,
  - das untere ca. zu einem Drittel,

  immer Kante auf Kante aufeinanderliegend zusammengelegt (Abb. 1 und 2).

Tapezieren

- Vor dem Kleben der ersten Bahn sollte mithilfe eines Senklots eine gerade Linie an der Wand markiert werden (Abb. 3).
- Nun kann die erste Bahn an der ausgeloteten Linie entlang geklebt werden (Abb. 4).
- Während des Anklebens wird die Tapete mit einer Tapezierbürste, einer Gummirolle oder einem Tapezierwischer vorsichtig von der Mitte nach außen angedrückt (Abb. 5).
- Die oben überstehenden Reste werden mit der Schere oder einer Reißschiene entfernt, die unteren Reste mit einer Schere abgeschnitten (Abb. 6).
- Die folgenden Bahnen werden genau dem Muster entsprechend wie die erste Bahn geklebt (Abb. 7).
- Anschließend werden die Nähte angedrückt (Abb. 8). Dazu kann, je nach Tapete, eine Bürste oder auch der Nahtroller verwendet werden.
- Dabei muss darauf geachtet werden, dass der Kleister nicht aus den Nähten auf die Tapete gedrückt wird. Sollte dies geschehen sein, wird der Kleister sofort vorsichtig mit einem feuchten Tuch abgewischt, um glänzende Stellen zu vermeiden.
- Abschließend werden die Tapetenbahnen nochmals mit der Gummirolle oder der Tapezierbürste angedrückt (Abb. 9).

Abb. 4: Kleben der ersten Bahn

Abb. 5: Andrücken mit der Tapezierbürste

Abb. 6: Entfernen der überstehenden Tapetenbahnen

Abb. 7: Kleben der Mustertapete

Abb. 8: Andrücken der Nahtstellen

Abb. 9: Andrücken der Tapetenbahn

Naturwerkstofftapeten
Naturwerkstofftapeten bestehen aus einem Trägerpapier, auf das Naturwerkstoffe wie Gräser, Blätter, Hanf, Schilf, Bast, Kork oder Holz aufgeklebt werden. Da mit natürlichen Stoffen gearbeitet wird, sehen die einzelnen Tapetenbahnen ungleichmäßig aus.

Um ein möglichst gleichmäßiges Gesamtbild in Struktur und Farbe zu erreichen, sollten die Bahnen vor dem Verkleben nebeneinander gelegt und möglichst ähnlich aussehende nebeneinander an die Wand gebracht werden. Trotzdem gehört es zum typischen Erscheinungsbild der Naturwerkstofftapeten, dass die einzelnen Tapetenbahnen sichtbar bleiben (Abb. 10 und 11 sowie S. 292).

Hinweise zur Verarbeitung von Naturwerkstofftapeten

- Die Tapeten werden entsprechend der Raumhöhe mit 5 bis 10 cm für Verschnitt an Ober- und Unterkante zugeschnitten.
- Das Aufbringen des Klebers erfolgt möglichst gleichmäßig. Der zu verwendende Kleber ist ein Dispersionskleber auf PVAc oder Acrylat-Styrol-Copolymerisat.
- Die Weichzeit richtet sich nach Stärke und Qualität des Tapetenpapiers, sie wird vom Tapetenhersteller vorgegeben und ist unbedingt zu beachten. Die Weichzeit der einzelnen Bahnen sollte gleich lang sein.
- Beim Zusammenlegen der Bahnen sind Knicke zu vermeiden, die später an der Wand zu sehen sein würden.
- Die Tapetenbahnen werden auf Stoß tapeziert und anschießend mit einer Moosgummiwalze oder dem Tapezierspachtel vorsichtig angedrückt.

Abb. 10: Naturwerkstofftapete, Gras

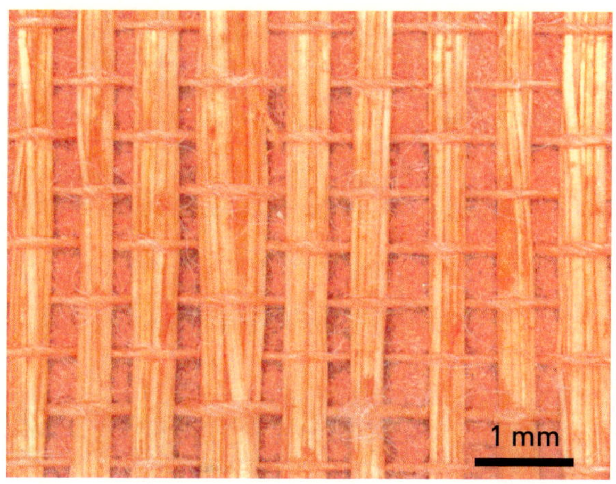

Abb. 11: Naturwerkstofftapete, Gras in stark vergrößerter Ansicht

Abb. 1: Naturwerkstofftapete, Kork

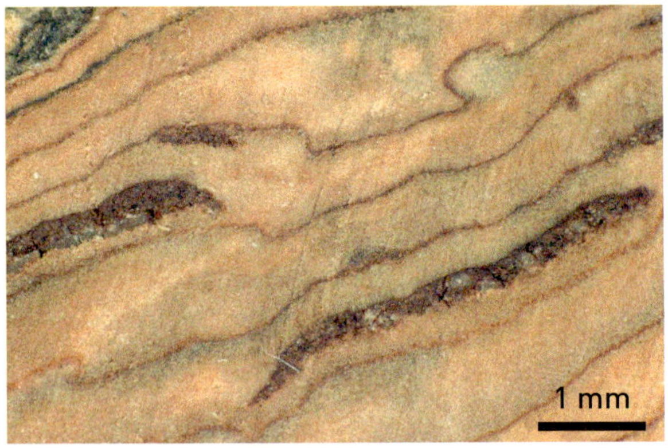

Abb. 2: Naturwerkstofftapete, Kork in stark vergrößerter Ansicht

- Sollte Klebstoff an den Nahtstellen herausquetschen, darf dieser auf keinen Fall auf der Tapete verteilt werden, sondern muss sofort mit einem feuchten Tuch abgetupft werden.
- Die Tapete sollte unter möglichst günstigen Bedingungen an der Wand trocknen, da Durchzug oder starkes Heizen in den frisch tapezierten Räumen zu einer zu schnellen Oberflächentrocknung führt. Infolge der auftretenden Spannungen können offene Nahtstellen entstehen.

Metalltapeten, Metalleffektwandbekleidungen

Zu besonders exklusiven Tapeten zählen Metalltapeten. Sie treten als dünne, gewalzte Metallfilme oder metallisierte Kunststofffilme auf. Diese Metallfolien sind auf einen Vliesträger kaschiert worden.
Die Oberflächen werden häufig durch Ätzungen oder durch Oxidation zusätzlich bewusst verfärbt.
Desweiteren entstehen Metalleffektwandbekleidungen durch Beschichtungen oder Druck auf Trägerpapier mit Druckfarben, die Metallpulver oder künstlich oxidierte Eisenspäne enthalten (Abb. 3–4).

Jede Tapetenbahn kann herstellungsbedingt unterschiedlich aussehen. Deshalb sollten die Bahnen vor dem Verkleben überprüft und nur möglichst ähnliche aussehende nebeneinander verarbeitet werden.

Hinweise zur Verarbeitung von Metalltapeten

- Unbedingt den Strom abschalten, Metalltapeten leiten Strom.
- Untergründe müssen sehr glatt, neutral und trocken sein, deshalb ist es sinnvoll, Makulatur zu kleben.
- Knicke vermeiden, da diese immer zu sehen sein werden.
- Handschweiß, Fetteintrag, Kleisterreste und ähnliche Verschmutzungen vermeiden, weil sie zu unschönen Verfärbungen der Tapeten führen. Sicherheitshalber sollten Baumwollhandschuhe getragen werden.
- Um Luftblasen herauszudrücken, einen mit weichem Tuch umwickelten Tapezierspachtel verwenden. Dadurch werden Beschädigungen vermieden.

Abb. 3: Metalltapete (Vergrößerung)

Abb. 4: Metalltapete

8.6.5 Berechnungen für Tapezierarbeiten

Für Tapezierarbeiten müssen unterschiedliche Berechnungen durchgeführt werden:

- Berechnung der Wandflächen,
- Berechnung der Laibungsflächen,
- Berechnung der Bahnenlänge.

Berechnung der Wandfläche: Ein Raum besteht in den meisten Fällen aus vier gleich hohen Wänden, in denen sich mindestens eine Tür und im Regelfall auch ein Fenster befindet. Es können aber auch mehrere unterschiedlich hohe Wände vorhanden sein mit ganz verschiedenen Öffnungsformen.

Raum mit verschiedenen Höhen und Winkeln

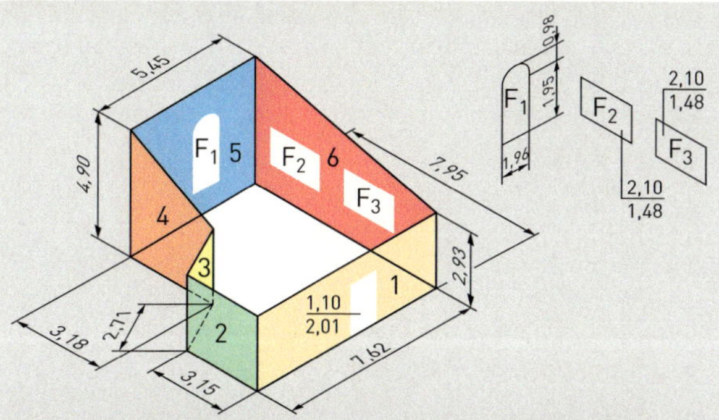

Hier sind die Maße der meisten Wände und Öffnungen unterschiedlich. Deshalb ist es sinnvoll jede Fläche einzeln zu berechnen.
Als Schreibregel gilt, dass zuerst alle Zuzüge geschrieben werden und anschließend alle Abzüge. Man sollte eine klar erkennbare Reihenfolge der Flächen einhalten (z. B. im Uhrzeigersinn).

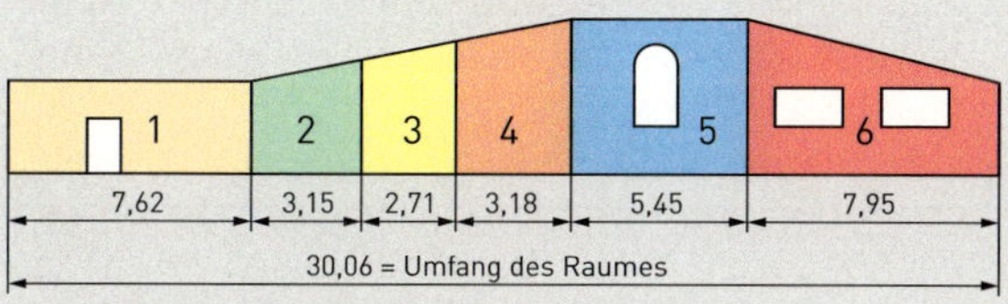

Raum mit gleichen Höhen und rechten Winkeln

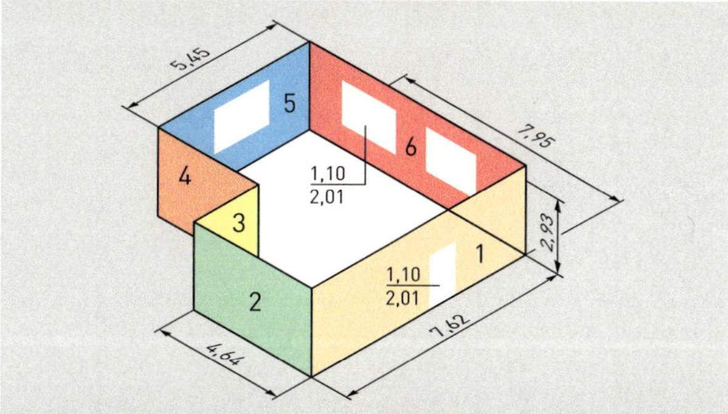

Alle Wände haben die gleiche Höhe. Aneinandergereiht würde sich ein langes Rechteck ergeben, dessen Länge sich aus dem Umfang des Raumes ergibt.

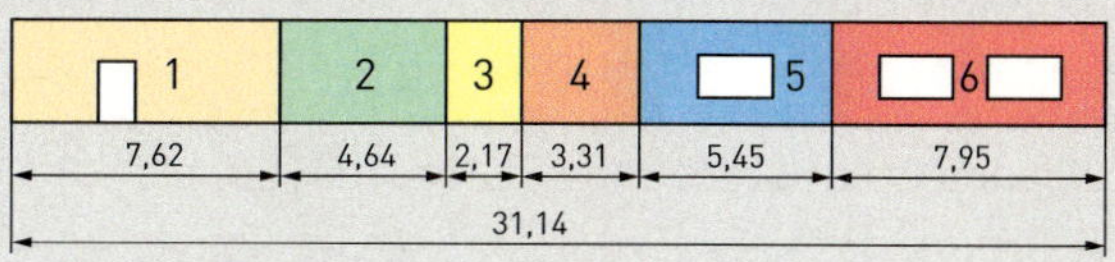

Die Summe der Länge der Wände 2 + 4 ist gleich der Länge der gegenüberliegenden Wand 6, ebenso entspricht die Wandlänge 3 + 5 der Wandlänge 1. Deshalb kann der Umfang dieses Raumes wie beim Rechteck berechnet werden.

Hinweis: Öffnungen, die kleiner als 2,50 m² sind werden bei der Abrechnung nach VOB nicht abgezogen! (→ LF 1)

Berechnung
Gesamtfläche = Summe der Einzelflächen – Fläche der Öffnungen

Beispiel

$A_1 = 7{,}62 \cdot 2{,}93 = 22{,}33$
$+ A_2 = (2{,}93 + 3{,}80) : 2 \cdot 3{,}18 = 10{,}70$
$+ A_3 = (3{,}80 + 4{,}31) : 2 \cdot 2{,}71 = 10{,}99$
$+ A_4 = (4{,}31 + 4{,}90) : 2 \cdot 3{,}15 = 14{,}51$
$+ A_5 = 5{,}45 \cdot 4{,}90 = 26{,}71$
$+ A_6 = (2{,}93 + 4{,}90) : 2 \cdot 7{,}95 = 31{,}12$
$- A_{F2+F3} = 2 \cdot 2{,}10 \cdot 1{,}48 = 6{,}22$
$- A_{F1} = 1{,}96 \cdot 1{,}95 + 0{,}98 \cdot 0{,}98 \cdot 3{,}14 : 2 = 5{,}33$
$\mathbf{A_{Gesamt} = 104{,}81\ m^2}$

Berechnung
Gesamtfläche = Umfang · Raumhöhe – Fläche der Öffnungen

Beispiel

$A_{Wände} = (7{,}62 + 7{,}95) \cdot 2 \cdot 2{,}93 = 91{,}24$
$- A_{Fenster} = 3 \cdot 2{,}10 \cdot 1{,}48 = 9{,}32$
$\mathbf{A_{Gesamt} = 81{,}92\ m^2}$

Berechnung der Laibungsfläche
Eine Laibung ist die seitliche Begrenzung einer Öffnung. Bei einer rechteckigen Öffnung besteht sie aus vier Seiten, die in den meisten Fällen die gleiche Tiefe haben. Häufig wird die untere Seite nicht beschichtet, da hier ein Fensterblech oder -brett angebracht ist.

Berechnung

Fläche der Laibung = Länge der beschichteten Seiten · Laibungstiefe

Beispiele: Laibungstiefe jeweils 14 cm

Vier Seiten

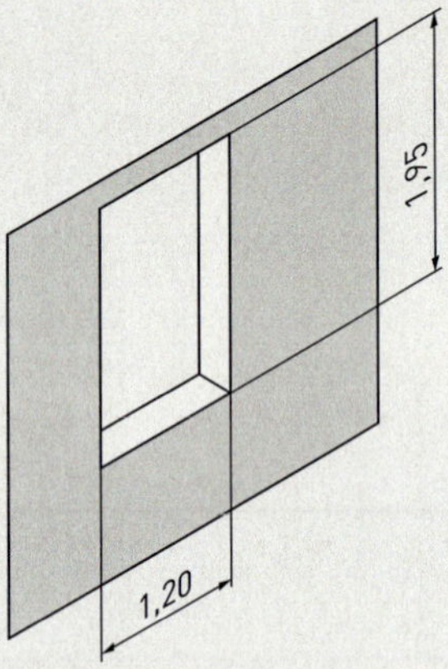

$A_{Laibung}$ =
(1,20 + 1,95) · 2 · 0,14
= 0,88 m²

Drei Seiten

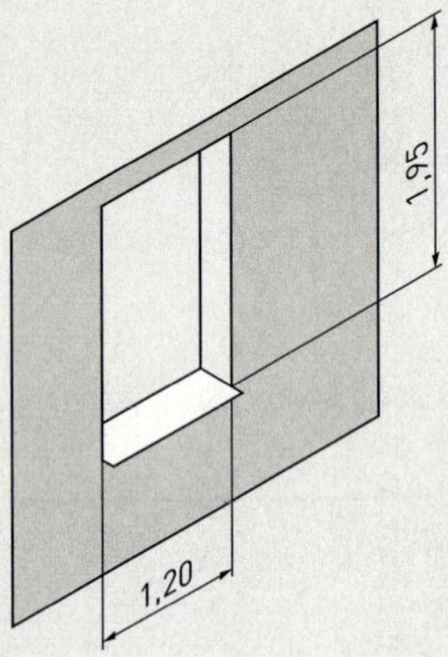

$A_{Laibung}$ =
(1,20 + 1,95 · 2) · 0,14
= 0,71 m²

Mit Rundung

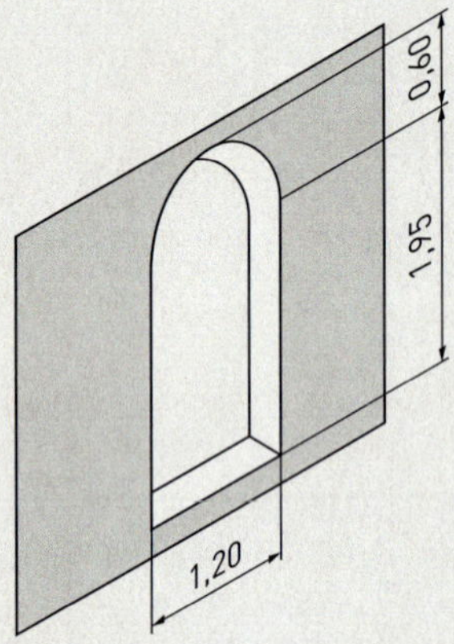

$A_{Laibung}$ =
(1,20 + 1,95 · 2 + 1,20 · 3,14) · 0,14
= 1,24 m²

Berechnung nach VOB

Nach den neuen Vorschriften der VOB werden alle Laibungen (auch von Öffnungen < 2,50 m²) mit ihrem Längenmaß abgerechnet.

Beispiel
Laibungen von Fenster und Tür, dreiseitig

$L_{Laibungen}$ = 3 · (2,01 + 1,48 · 2) + 1,10 + 2 · 2,01 = 14,11 m

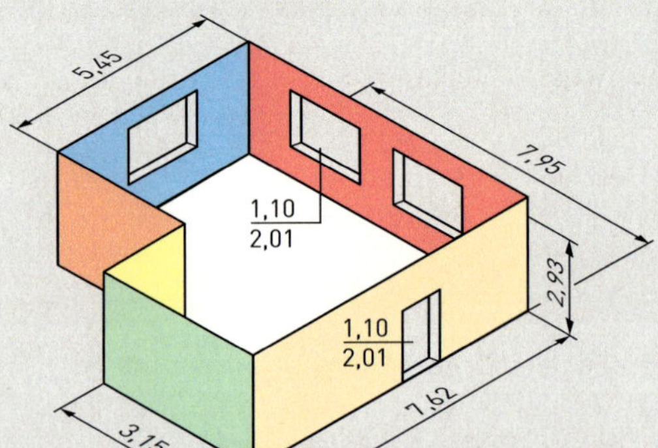

Berechnung der Bahnenlänge bei Tapeten mit Rapport

Die Berechnung des Tapetenbedarfs erfolgt bei Tapeten mit Rapport genauso wie bei ansatzfreien Tapeten (LF 3). Bei ungünstiger Raumhöhe kann allerdings die Bahnenlänge so groß werden, dass sich weniger ganze Bahnen pro Rolle ergeben.

In diesem Beispiel ist die erste Bahn wie üblich mit 10 cm Zugabe zugeschnitten. Wenn nun die zweite Bahn die gleiche Länge hat, ist sie beim korrekten Ansatz des Musters zu kurz. Deshalb müssen die Bahnen, wie hier Bahn 3, immer die Mindestzahl an **vollen** Rapporten enthalten

Berechnung:
1. Anzahl Rapporte = Wandhöhe : Rapportlänge
2. Aufgerundete Anzahl Rapporte · Rapportlänge

Ohne Rapport:	**Mit Rapport:**
	Anzahl der Rapporte: 3,20 : 0,45 = 7,11 ≈ 8 Rapporte
Bahnenlänge: 3,20 + 0,10 = 3,30 m	Bahnenlänge: 8 · 0,45 + 0,10 = 3,70 m
Anzahl der Bahnen pro Rolle: 10,05 : 3,30 = 3,04 ≈ **3 Bahnen**	Anzahl der Bahnen pro Rolle: 10,05 : 3,70 = 2,71 ≈ **2 Bahnen**

Aufgaben zu Kapitel 8.6

1. Welche baustellenüblichen Untergrundprüfungen sollten vor dem Tapezieren durchgeführt werden?

2. a) In welchen Fällen muss der Untergrund vor dem Tapezieren fluatiert werden?

b) Erklären Sie den Begriff „Fluatieren".

3. Wie können alte Tapeten entfernt werden?

4. Erklären Sie, warum Leimfarben vor dem Tapezieren restlos entfernt werden müssen.

5. Erläutern Sie den Unterschied zwischen Methylzellulose, Spezialkleister und Dispersionskleber und nennen Sie deren jeweiligen Einsatzbereich.

6. In welchen Fällen ist es sinnvoll, eine Makulaturtapete auf den Untergrund zu kleben?

7. a) Wie viele Euro-Rollen Mustertapete müssen Sie für die Tapezierung der Wand eines 15,60 m × 2,30 m großen Speisesaals kaufen? Beachten Sie dabei einen Verschnitt von 10 cm.

b) Auf dem Beipackzettel der Tapetenrollen sind folgende Zeichen zu finden:

Beschreiben Sie die Eigenschaften der Tapete, die diese auf Grund der Symbole aufweist.

8. Berechnen Sie die Wandfläche eines Raumes:
Länge = 5,30 m,
Breite = 4,80 m,
Höhe = 2,45 m.
In dem Raum befinden sich zwei Fenster mit den Maßen 1,82 m × 1,20 m und eine Tür mit den Maßen 0,98 m × 2,01 m.

9. Berechnen Sie die Fläche einer Laibung (drei Seiten) eines Fensters. Die Maße sind
Breite = 1,35 m,
Höhe = 1,86 m,
Laibungstiefe = 18 cm.

10. In einem Raum mit 2,45 m Raumhöhe wird eine Tapete mit 42 cm Rapport tapeziert. Berechnen Sie
a) die Bahnenlänge,
b) die Anzahl der ganzen Bahnen pro Rolle.

Abb. 1: Nadelvlies

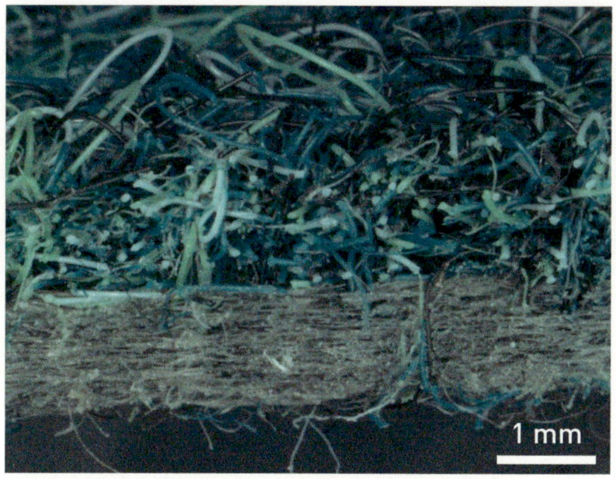

Abb. 2: Nadelvlieskante in starker Vergrößerung

8.7 Bodenbeläge

Bodenbeläge lassen sich in zwei große Gruppen unterteilen: in harte Bodenbeläge, wie z. B. Parkett, Laminat oder keramische Fliesen und in weiche Bodenbeläge, wie beispielsweise Teppichböden oder PVC-Beläge.

Die weichen Bodenbeläge werden wiederum in textile und elastische Beläge untergliedert.

Textile Beläge (Teppichböden):

- aus pflanzlichen Fasern wie Baumwolle, Sisal oder Kokos,
- aus tierischen Fasern wie Wolle oder Seide,
- aus synthetischen Fasern wie Polyamid, Polyester, Polypropylen oder Polyacryl.

Elastische Beläge:

- Kunststoffbeläge aus PVC, Polyamid oder Polyolefin,
- Linoleum,
- Kautschukbeläge,
- Korkbeläge.

8.7.1 Teppichböden

In diesem Lernfeld werden ausschließlich textile Bodenbeläge behandelt.

Elastische Beläge → LF 12.

Teppichböden sind Auslegewaren in Form von Rollen oder Platten und werden in einem Raum von Wand zu Wand ausgelegt. Mit der Wahl eines Teppichbodens wird die gesamte Raumwirkung beeinflusst. Je nach Herstellungstechnik und Material sind sie für die unterschiedlichsten Anwendungsbereiche geeignet.

Gewebte Teppichböden
Gewebte Teppichböden sind Auslege- bzw. Rollenware, die in den Standardbreiten von 200 cm bis 400 cm hergestellt werden. Bei gewebten Teppichböden wird die Schlinge mit dem Grundgewebe verwebt. Dadurch sind diese Bodenbeläge sehr stabil und strapazierfähig.

Tufting-Teppichboden
Im Gegensatz zu den gewebten Teppichböden wird bei den Tufting-Teppichböden der Faden durch eine Vielzahl an Nadeln nach dem Nähmaschinenprinzip von hinten in das Grundgewebe eingenadelt („tufting" engl. tuft = Büschel, Noppe, Flor).

Aus den Fäden werden Schlingen gebildet, die entweder erhalten bleiben oder aufgeschnitten werden. Ein Tufting-Teppichboden ist als Bouclé (Schlingenflor) oder Velours (Schnittflor) im Handel erhältlich.

Nadelvlies
Bei der Nadelvliestechnik werden Faservliese in sich kreuzenden Lagen übereinander gelegt und mit einer Nadelmaschine mit einem Träger, z. B. einem Jutegewebe, vernadelt. Nadelvlies-Teppichböden sind in ihrer Herstellung sehr preiswert und weisen eine hohe Strapazierfähigkeit auf. Deshalb werden sie häufig im gewerblichen Bereich und im Objektbereich verwendet (Abb. 1–2).

Abb. 1: Velours

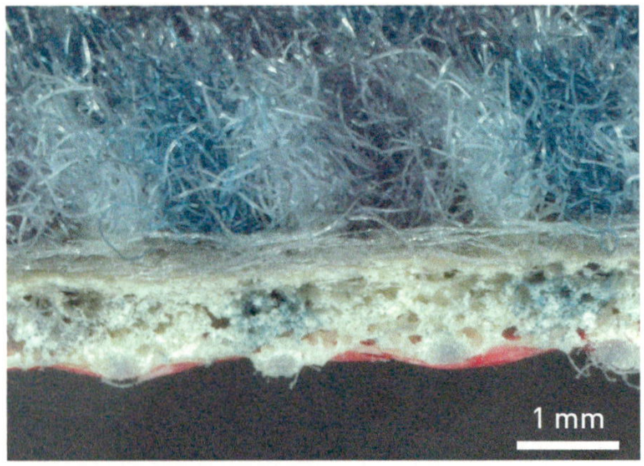

Abb. 2: Velourskante in starker Vergrößerung

Velours

Ein Velours ist ein getufteter oder gewebter Teppichboden bei dem die Schlingen aufgeschnitten werden (Abb. 1–2). Es entsteht ein 4 mm bis 6 mm hoher Schnittpol (Schnittflor). Der aufrecht stehende Schnittpol bildet eine glatte Oberfläche mit kurzem bis langem, offenen Flor. Veloursteppiche werden in uni oder gemustert im Handel angeboten.
Beim Verlegen eines Velours ist verstärkt darauf zu achten, dass eine einheitliche Verlegerichtung eingehalten wird. Werden die Bahnen unterschiedlich gelegt, teilweise gegen den Strich, entstehen ungleichmäßige Schattierungen.

Schlingenware

Schlingenware besteht aus fortlaufenden kleinen, sehr dichten noppenartigen Schlingen (Abb. 3–4). Schlingenware ist aufgrund ihrer Herstellungstechnik immer in sich gemustert und strukturiert. Die Garnschlingen können entweder die gleiche Länge und Höhe haben oder gemustert, unterschiedlich hoch ausfallen. Eine andere Möglichkeit der Musterung besteht darin, einige Schlingen aufgeschnitten, andere als Schlinge zu belassen.
Auf robusten Schlingenteppichböden zeichnen sich kaum Trittspuren ab und sie zeigen das beste Wiedererholungsvermögen. Aus diesem Grund eignen sie sich für stark frequentierte Flächen.

Abb. 3: Schlinge

DIN EN 1307 Textile Bodenbeläge
– Einstufung von Polteppichen,
DIN EN 1470 Textile Bodenbeläge
– Einstufung von Nadelvlies-Bodenbelägen,
DIN EN 15 114 Textile Bodenbeläge
– Einstufung textiler Bodenbeläge ohne Pol

8.7.2 Teppichrücken

Teppichrücken beeinflussen die Gebrauchseigenschaften wie Trittelastizität, Verschleißfestigkeit, Dimensionsstabilität (Formbeständigkeit), Schall- und Wärmedämmung. Es existieren Teppichrücken aus Schaum (synthetischer Latexschaum oder Polyurethanschaum) (Abb. 5).

Abb. 4: Schlingenkante in starker Vergrößerung

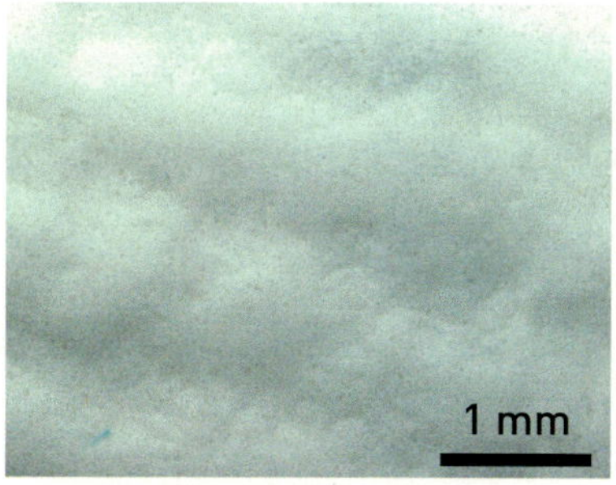

Abb. 5: Teppichrücken Schaum, in starker Vergrößerung

Abb. 6: Teppichrücken Vlies, in starker Vergrößerung

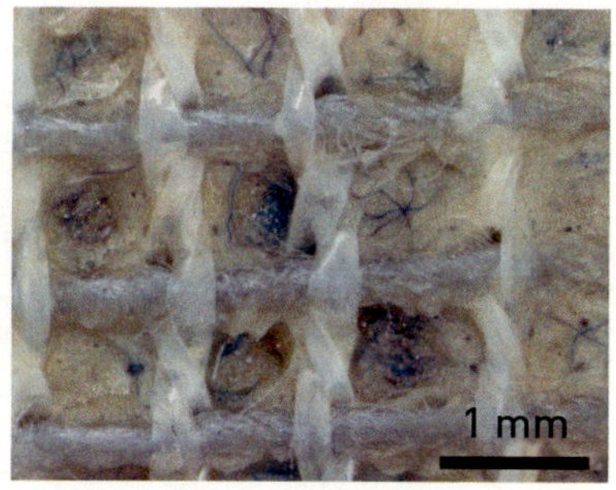

Abb. 7: Teppichrücken Gewebe, in starker Vergrößerung

Auch Teppichrücken aus Textil (meist Jutegewebe oder Polyester-Faservlies) werden angeboten (Abb. 6–7). Textilrücken weisen einen geringeren Wärmedurchlasswiderstand als Teppichböden mit Schaumrücken auf, deshalb eignen sie sich gut zur Verlegung auf Fußbodenheizungen. Zudem halten Textilrücken starken Belastungen stand, z. B. durch Stuhlrollen.

8.7.3 Teppichsymbole

Die Qualität und damit das Einsatzgebiet von Teppichböden ist je nach Materialwahl und Herstellungsverfahren unterschiedlich. Einen Überblick über die Verwendung bieten die unterschiedlichen Qualitätssiegel und Gütezeichen.

Tab. 1: Beanspruchungsklassen für Teppichböden nach DIN EN 685

Symbol	Beanspruchungsklassen
	Teppichboden für geringe Belastung und für Belastungen, die nur zeitweise auftreten.
	Teppichboden für **mittlere Beanspruchung**, mit der Eignung für Schlaf-, Gäste-, Ess- und Wohnzimmer.
 	Teppichboden für **starke Beanspruchung**, mit der Eignung für stark beanspruchte Wohnzimmer, Eingangsbereich, Arbeits- und Kinderzimmer, Hotelzimmer sowie den Bereich „mittlere Beanspruchung“.
	Teppichboden für **intensive Beanspruchung**, mit der Eignung für Büros, Verkaufsräume, Restaurants, Konferenzräume sowie die Bereiche „mittlere Beanspruchung“ und „starke Beanspruchung“.
	Teppichboden für **extreme Beanspruchung**, mit der Eignung für besonders beanspruchte Büros, Restaurants, Veranstaltungsflächen, Warenhäuser, Schulen sowie die Bereiche „mittlere Beanspruchung“, „starke Beanspruchung“ und „intensive Beanspruchung“.

„Certificate of Quality"
Das Teppichsiegel „Certificate of Quality" (Qualitätszertifikat) der Europäischen Teppich-Gemeinschaft e. V. (ETG) gibt Aufschluss über Komfort, die Strapazierfähigkeit und über Zusatzeignungen wie stuhlrollengeeignet oder die Eignung für Fußbodenheizungen (→ Tabellenbuch Maler und Lackierer).

Sternekategorien
Die Sternekategorie steht für die Gesamtbewertung des Teppichbodens. Je mehr Sterne desto besser ist die Qualität.

Das „Certificate of Quality" bietet zusätzlich Informationen über die möglichen Einsatzbereiche des Teppichbodens. Auf den Folgeseiten werden die wichtigsten Symbole dargestellt.

Zusätzlich zu den Symbolen der Beanspruchungsgruppen sind auf Teppichböden Symbole zu finden, die die Zusatzeigenschaften beinhalten.

Kontrollnummer
Jedes Produkt, das mit dem „Certificate of Quality" versehen ist, erhält eine Kontrollnummer. Mit dieser Nummer können die Prüfergebnisse des Produktes bei der ETG abgefragt werden.

Pro Teppichboden
„Pro Teppich" ist eine Qualitätsauszeichnung der ETG für Händler und Handwerker die besonders hochwertige Produkt-, Beratungs- und Serviceleistungen anbieten (→ Tabellenbuch Maler und Lackierer).

Das GuT-Signet
Das Prüfsiegel der „Gemeinschaft umweltfreundlicher Teppichboden e. V." (GuT) wird für Teppiche vergeben, die in unabhängigen Prüfinstitutionen auf ihre Gesundheits- und Umweltverträglichkeit überprüft wurden und die keine Gesundheit gefährdenden Substanzen enthalten (→ Tabellenbuch Maler und Lackierer).

Das RAL-Testat beeinhaltet eine freiwillige informative Warenkennzeichnung des Deutschen Instituts für Gütesicherung und Kennzeichnung e. V. (RAL). Auf der Warenkennzeichnung werden die wesentlichen Teppichmerkmale, wie Materialien, Eigenschaften, Eignungsbereiche und Komfort aufgelistet (→ Tabellenbuch Maler und Lackierer).

Tab. 1: Zusatzeignungen der Teppichböden

Symbol	Zusatzeignung
	Geeignet für Geschäftsräume mit Stuhlrollenbeanspruchung
	Geeignet für private Räume mit Stuhlrollenbeanspruchung
	Geeignet für Treppen in Geschäftsräumen und öffentlichen Gebäuden
	Geeignet für Treppen in Privathäusern
	Geeignet für Räume mit Fußbodenheizung
	Verfügt über antistatische Ausrüstung
	Verfügt über stabile Schnittkanten

Abb. 1: Pro Teppichboden

8.7.4 Untergrundprüfungen

Der Fußbodenverleger ist verpflichtet, vor dem Verlegen eines Teppichbodens den Untergrund für die vorgesehene Verlegung auf seine Eignung zu prüfen. Untergrundmängel können zu Schäden und zu schnellem Verschleiß des Bodenbelags führen.

Folgende Prüfungen sind vorzunehmen:

Unebenheiten
Der Untergrund muss vor der Verlegung eben sein, da sich bereits kleine Unebenheiten auf der Oberfläche des Bodenbelags nach seiner Verklebung abzeichnen können. Der Belag hat an dieser Stelle einen höheren Verschleiß.

Die Ebenheit des Untergrundes kann durch eine 2–4 m lange Messlatte geprüft werden, die mit einer Wasserwaage verbunden ist. Zulässige Ebenheitstoleranzen sind in der DIN 18202 festgelegt.

Risse in der Oberfläche
Risse im Estrich werden durch Inaugenscheinnahme unter Zuhilfenahme des Rissbreitenmaßstabs festgestellt. Hier wird zwischen Haar- und Feinrissen mit Breiten zwischen 0,05 und 0,3 mm und Setzrissen von über 0,3 mm unterschieden. Im Gegensatz zu den Fein- und Haarrissen durchziehen die Setzrisse die gesamte Estrichschicht und können durch Druckbelastung zu unterschiedlichen Höhenverhältnissen innerhalb des Fußbodens führen. Setzrisse müssen daher vor der Fußbodenverlegung geschlossen werden.

Feuchtigkeit
Eine zu hohe Feuchtigkeit innerhalb des Untergrundes kann zu Belagsbeschädigungen und Pilzbefall führen. Eine optische Beurteilung reicht in diesem Fall nicht aus. Die Feuchtigkeit muss immer gemessen werden. Eine genaue Feststellung der Feuchtigkeit des Untergrundes lässt sich mit der **CM-Messmethode** ermitteln (→ Kap. 5.7.2). Ein mineralischer Untergrund ist verlegereif, wenn er eine max. zulässige Restfeuchte aufweist (siehe Tab. 1). Beim Verlegen von Fußböden wird häufig der Begriff der Haushaltsfeuchte benutzt. Diese bezieht sich auf die durch Luftfeuchte- sowie Temperaturschwankungen variable Wassermenge (Ausgleichsfeuchte) im Estrich. Der zulässige Wert für den Feuchtigkeitsgehalt eines verlegereifen Estrichs ist bei der Rest- und bei der Haushaltsfeuchte identisch.

Unterschieden wird jedoch zwischen Estrichen mit und ohne Fußbodenheizung (Tab. 2).

Tab. 2: Restfeuchte/Haushaltsfeuchte

Estrichart	Feuchte
Zementestrich unbeheizt	2,0 CM-%
Zementestrich beheizt	1,8 CM-%
Calciumsulfatestriche unbeheizt	0,5 CM-%
Calciumsulfatestriche beheizt	0,3 CM-%
Werte gemäß der Empfehlungen des Bundesverbands Estrich und Belag e. V. und des Instituts für Baustoffprüfung und Fußbodenforschung (IBF).	

Oberflächenfestigkeit
Eine feste Verbindung zwischen Untergrund und Bodenbelag kann nur dann zustande kommen, wenn der Untergrund ausreichend fest ist. Die Oberflächenfestigkeit wird durch die Gitterritzprüfung getestet. Mit einem Ritzgerät, einem Cutter, einem Stahlnagel oder ähnlichem wird ein Gitternetz in die Oberfläche geritzt. An den Schnittpunkten des Gitternetzes dürfen keine Ausbrüche zu sehen sein.

Rauheit und Porosität der Oberfläche
Ein zu rauer und zu poröser Untergrund nimmt in kurzer Zeit zu viel Feuchtigkeit aus der Spachtelmasse auf, die dadurch zu schnell abbindet. Poröse Oberflächen werden durch Inaugenscheinnahme oder mithilfe der Benetzungsprobe untersucht. Hierbei werden einige Tropfen Wasser auf die Oberfläche gegeben. Werden diese sehr schnell aufgesogen, weist der Untergrund eine zu hohe Saugfähigkeit auf.

Tritt eine zu raue Oberfläche auf, kann durch einen einmaligen Spachtelgang keine gleichmäßige Schicht erreicht werden. In diesem Fall muss der Untergrund zusätzlich ausgeglichen werden

Verunreinigungen der Oberfläche
Die Oberfläche wird auf Verunreinigungen wie Staub, Farbreste, Wachs oder Öl durch Inaugenscheinnahme und zusätzlich durch die oben genannte Benetzungsprobe geprüft. Diese müssen gegebenenfalls entfernt werden, um die Haftfestigkeit zu gewährleisten.

Höhenniveau zu angrenzenden Räumen
Nach einer Belagsverlegung dürfen sich keine unterschiedlichen Höhenlagen zu angrenzenden Räumen abzeichnen.

Höhenunterschiede wirken wie „Stolpersteine". Werden Niveauunterschiede festgestellt, müssen diese, z. B. durch Nivellieren beseitigt werden.

Temperatur- und Luftverhältnisse
Die ordnungsgemäße Verlegung eines Fußbodenbelags erfolgt bei einer Bodentemperatur von mind. 15 °C, einem Raumklima von mind. 18 °C und einer Luftfeuchtigkeit von max. 75 %. Das Raumklima ist sowohl drei Tage vor, als auch sieben Tage nach Beendigung der Belagsarbeiten zu gewährleisten. Vor der Bodenverlegung müssen sich die Werkstoffe wie Vorstrich, Spachtelmasse, Klebstoff und Bodenbelag durch zweitägige Lagerung im Verarbeitungsraum akklimatisieren.

Aufheizprotokolle bei Fußbodenheizungen
Über frische Estriche, die durch eine Fußbodenheizung aufgeheizt werden, muss ein Aufheizprotokoll geführt werden (Abb. 1). Anhand des Protokolls kann festgestellt werden, ob das Aufheizen der Fußbodenheizung gemäß der Empfehlungen des Deutschen Baugewerbes erfolgt ist. Ist das Aufheizprotokoll nicht vorhanden oder unvollständig, sollten Bedenken bezüglich der Verlegearbeiten dem Auftraggeber mitgeteilt werden.

Nutzböden
Nutzböden sind alte Fußböden, auf denen ein neuer Fußbodenbelag verlegt werden soll. Hier muss geprüft werden, ob der Nutzboden sauber und fest mit dem Untergrund verbunden ist. Treten Mängel auf, muss durch Nachkleben oder Reinigen der Oberfläche Abhilfe geschaffen werden.

Verlegetemperatur/ Vorlaufprotokoll

Eine Fußbodenheizung darf erst 21 Tage nach dem Estrichauftrag in Betrieb genommen werden, da der Estrich sonst austrocknen würde und durch die fehlende Feuchtigkeit nicht richtig abbinden kann. Die Vorlauftemperatur wird jeden Tag um 5 °C erhöht bis sie eine Temperatur von 35 °C erreicht hat. Vor den Belagsarbeiten muss zum einen die Fußbodenheizung abgeschaltet werden, zum anderen muss gewartet werden, bis der Estrich eine Oberflächentemperatur von 15–18 °C erreicht hat. Drei Tage nach den Verlegearbeiten und dem vollständigen Abbinden des Klebstoffes kann die Fußbodenheizung, wiederum in Schritten von 5 °C, bis zur gewünschten Betriebstemperatur erhöht werden.

Aufheizprotokoll zum Belegreifheizen von Estrichen

Bauherr: BREUSTÄDT
Baustelle: REHREN, AM FRIEDHOF 8
Heizungsbauer: WÄRME & WASSER
Bauleiter: HOMBACH
Heizsystem: ÖL – BRENNWERT – HEIZUNG
Estricheinbau am: 13.09.2010
mittl. Estrichdicke in mm: 70
Heizelementüberdeckung:
min: 40 mm max: 70 mm

Aufheizen (Belegreifheizen)

Datum	Bodenthermostateinstellung in °C	Unterschrift
17.09.	+25 °C	Gabi Grütter
18.09.	+35 °C	Gabi Grütter
19.09.	+45 °C	Gabi Grütter
20.09.	+55 °C	Gabi Grütter

Abb. 1: Aufheizprotokoll (Ausschnitt)

Abb. 2: Risse und Verunreinigungen im Untergrund

Abb. 3: Stripper

8.7.5 Verlegetechnik

Für die Verlegung von textilen Bodenbelägen gibt es unterschiedliche Verlegemethoden.

Bei der **Verlegung mit Nagelleisten** werden die Beläge an den Wandseiten auf Nagelleisten befestigt.

Bei der **losen Verlegung** wird der zugeschnittene Bodenbelag ohne feste Verbindung zum Untergrund ausgelegt. An Nahtstellen werden aneinander liegende Bahnen mit einem Vliesband oder einseitigem Klebeband auf der Rückseite verbunden. Diese Verlegemethode ist nur für Räume mit einer Größe unter 20 m^2 geeignet, da durch unterschiedliche Beanspruchungen Spannungen im Bodenbelag entstehen, die zu Wellen- und Beulenbildung führen.

Bei der **Verlegung mit doppelseitigem Klebeband** wird der Bodenbelag lose im Raum verlegt und lediglich an den Rändern mit doppelseitigem Klebeband mit dem Untergrund verbunden. Bei der losen Verlegung können zusätzlich Haftgitter oder Haftvliese als Antirutsch-Unterlagen ausgelegt werden.

Beim **vollflächigen Verkleben** eines Teppichbodens entsteht eine dauerhafte, feste Verbindung zum Untergrund. Die verwendeten Klebstoffe müssen passend für Untergrund und Bodenbelag ausgewählt werden.

Textilklebstoffe sind in der Regel Dispersionsklebstoffe auf Polyacrylatbasis. Die Teppiche werden entweder in das nasse Kleberbett oder nach der vom Hersteller vorgegebener Ablüftzeit (Zeitspanne innerhalb der der Belag in das Kleberbett eingelegt wird) in das Kleberbett eingelegt.

Arbeitsschritte
Ist es nötig, vor dem Legen eines neuen Bodenbelags, den alten Belag zu entfernen, kann dieser in Streifen geschnitten und durch Abziehen mit einer Reißklaue oder mit einem Fußbodenschaber entfernt werden.

Wird mit einer Ablösemaschine, dem Stripper, gearbeitet, so schält dieser den in Streifen geschnittenen Belag vom Untergrund ab (Abb. 2).

Eventuell anhaftende Schaum- und Klebstoffreste werden mit Spachtel, rotierender Stahlbürste oder Schleifmaschine entfernt.

Die nachfolgenden Arbeitsschritte sind auf S. 304 dargestellt.

Zunächst wird der Teppich mit Überstand an allen Wänden im Raum ausgelegt.
Dabei ist darauf zu achten, dass

- die Verlegerichtung mit dem geringsten Verschnitt gewählt wird,
- die Belagsbahnen auf die Hauptfensterwand zulaufen, damit die Nahtschnitte weniger in Erscheinung treten und dass
- Teppichbahnen mit Rapport unbedingt mustergleich verlegt werden müssen.

(s. S. 304, Abb. 1).

Abb. 1: Teppich mit Überstand auslegen

Abb. 2: Grober Zuschnitt

Abb. 3: Kleber auftragen

Abb. 4: Einlegen in das Klebstoffbett

Abb. 5: Andrücken von der Mitte nach außen

Abb. 6: Abschließender Zuschnitt mit Teppichmesser

Abb. 7: Zahnspachtel

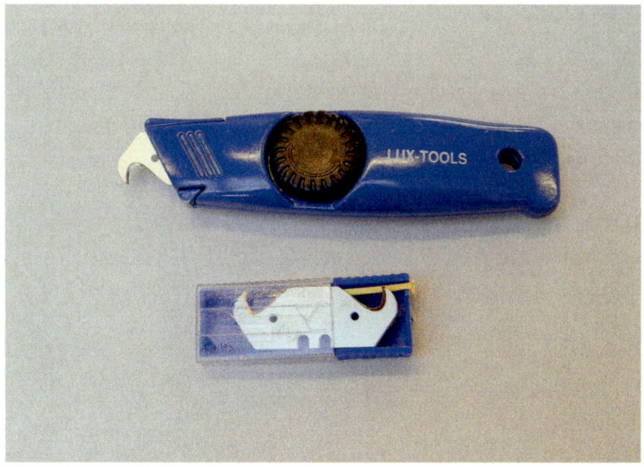

Abb. 8: Messer mit Hakenklinge

Anschließend erfolgt ein grober Zuschnitt mit der Teppichschere oder dem Teppichmesser, so dass ca. 10 cm an allen Seiten überstehen (Abb 2). An Nischen und Vorsprüngen wird der Teppich eingeschnitten, damit er eben auf dem Untergrund liegt.

Danach wird der Teppich bis zur Hälfte zurückgeschlagen. Auf den freiliegenden Untergrund wird der Klebstoff in bogenförmigen Bewegungen mit einem Zahnspachtel (Abb. 7) aufgetragen. Der Zahnspachtel gewährleistet zum einen den gleichmäßigen Kleberauftrag und beeinflusst zum anderen die Auftragsmenge des Klebers (Abb. 3).

So ergeben Spachtel mit feinen Zahnungen einen geringen und Spachtel mit groben Zahnungen einen hohen Kleberverbrauch.

Nach der vorgeschriebenen Ablüftzeit wird die hochgeschlagene Teppichbahn in das Klebstoffbett eingelegt und immer von der Mitte nach außen angerieben (Abb. 4 und 5). Mit der zweiten Teppichhälfte wird gleichermaßen verfahren.

Für den abschließenden sauberen Beschnitt des Teppichbodens kommen sowohl Bodenlegermesser mit Trapez-, Haken- oder Rundbogenklinge, als auch Universalteppichschneider zum Einsatz (Abb. 6, 8–9).

Die Nähte können mit einer Nahtrolle zusätzlich angedrückt werden. Müssen Nahtkorrekturen vorgenommen werden, wird zur Egalisierung des Flors im Nahtbereich von Velours die Florschere (Abb. 10) verwendet. Danach wird die Naht mit einer Florbürste gegen den Strich aufgebürstet.

Werden zum Ende Teppichbodensockelleisten angefertigt, werden diese mithilfe des Streifenschneiders hergestellt. Die saubere Ausführung beim Zuschneiden von Fußbodenleisten gewährleistet eine Gehrungssäge.

Weitere Werkzeuge → Tabellenbuch Maler und Lackierer.

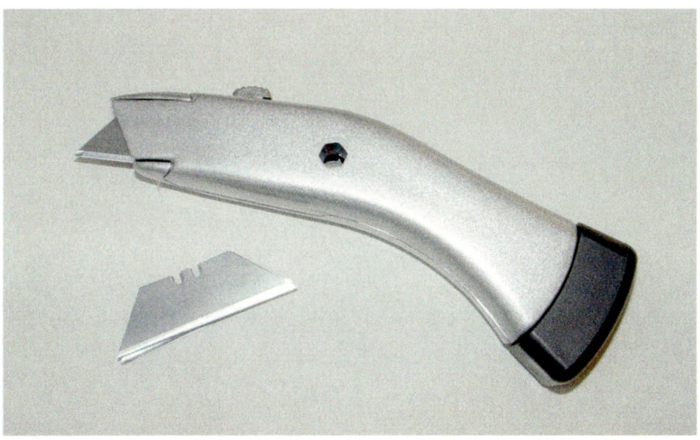

Abb. 9: Trapezmesser

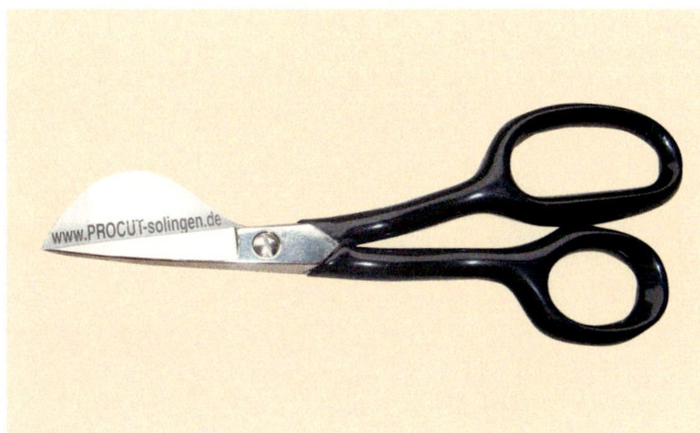

Abb. 10: Florschere

8.7.6 Bedarfsberechnung für Bodenbeläge

Bodenbeläge können sehr teuer sein. Deshalb ist es besonders wichtig, die benötigte Länge des Belags und die optimale Breite zu bestimmen.

Wenn die Verlegerichtung frei gewählt werden kann, sollte man berechnen, in welcher Richtung der Verschnitt geringer ist. Dabei wird die Verlegung parallel zur längeren Seite als **Längsverlegung** bezeichnet und die Verlegung entlang der kürzeren Seite als **Querverlegung**.

Damit der Belag passend im Raum zugeschnitten werden kann, müssen in alle Richtungen 10 cm addiert werden.

<table>
<tr><th></th><th>Verlegung quer</th><th>Verlegung längs</th></tr>
<tr><td>4 m breit</td><td>
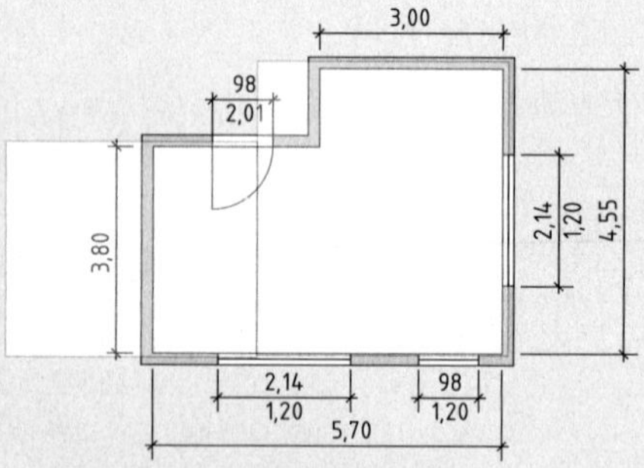

Es werden zwei Bahnen benötigt:
1. Bahn: 4,55 + 2 · 0,10 = 4,75 m
2. Bahn: 3,80 + 2 · 0,10 = 4,00 m
Gesamtlänge: 4,75 + 4,00 = 8,75 m</td><td>
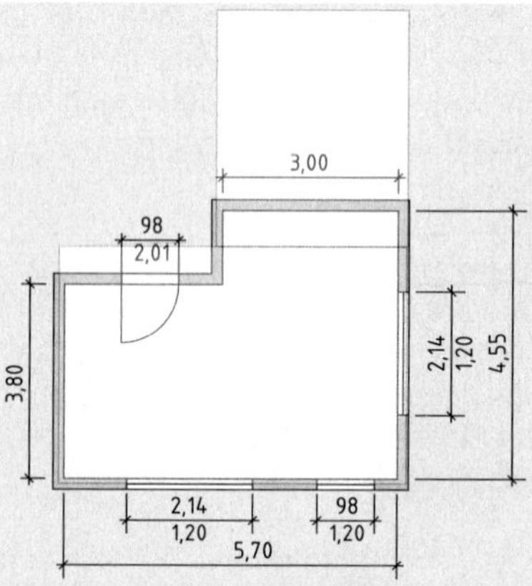

Es werden zwei Bahnen benötigt:
1. Bahn: 5,70 + 2 · 0,10 = 5,90 m
2. Bahn: 3,00 + 2 · 0,10 = 3,20 m
Gesamtlänge: 5,90 + 3,20 = 9,10 m</td></tr>
<tr><td>5 m breit</td><td>
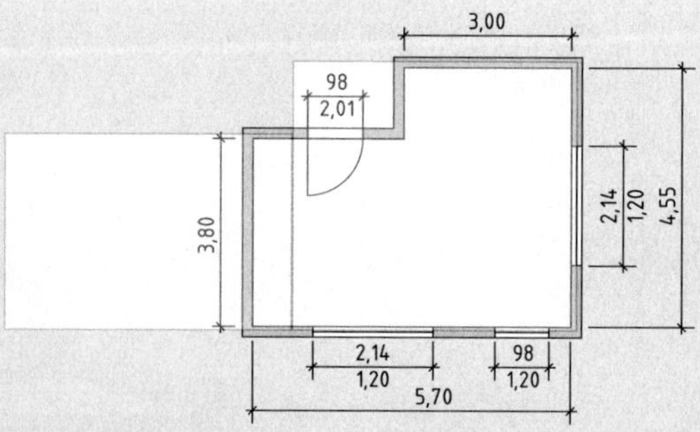

Es werden zwei Bahnen benötigt:
1. Bahn: 4,55 + 2 · 0,10 = 4,75 m
2. Bahn: 3,80 + 2 · 0,10 = 4,00 m
Gesamtlänge: 4,75 + 4,00 = 8,75 m</td><td>
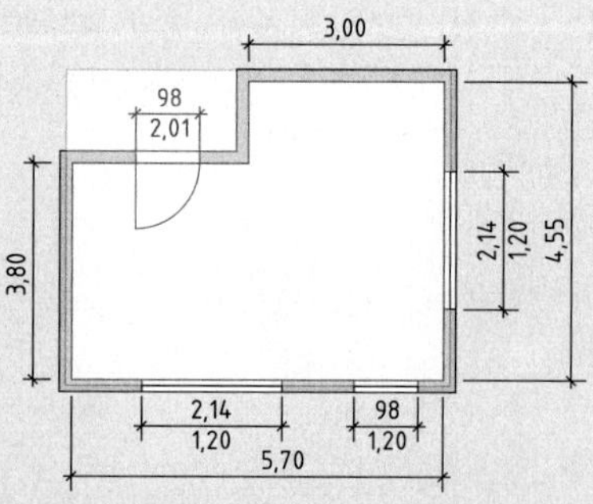

Es wird nur eine Bahn benötigt:

Gesamtlänge: 5,70 + 2 · 0,10 = 5,90 m</td></tr>
</table>

Aufgaben zu Kapitel 8.7

1. a) Erklären Sie die Unterschiede zwischen einem Tufting-Teppichboden und einem Nadelvlies.
b) Nennen und begründen Sie jeweils die bevorzugten Einsatzbereiche der beiden Teppichbodenarten.

2. Mit welchen Methoden können Sie die Oberflächenfestigkeit eines Untergrundes prüfen?

3. a) Warum darf ein Fußbodenbelag nicht auf zu feuchtem Untergrund verlegt werden?
b) Mit welcher Methode können Sie die Feuchtigkeit eines Untergrundes messen?
c) Erklären Sie die Messmethode.

4. Erläutern Sie den Begriff „Haushaltsfeuchte".

5. Erstellen Sie einen Arbeitsplan, der die wichtigsten Schritte zur Verlegung eines Teppichbodens auflistet.

6. Welche Werkzeuge benötigen Sie zum vollflächigen Verkleben eines Teppichbodens?

7. Warum muss beim Verlegen eines Velours die Verlegerichtung des Teppichbodens beachtet werden?

8. Welche Piktogramme muss ein Teppichboden aufweisen, der intensiv genutzt wird, antistatisch ausgerüstet und Rollstuhl gerecht ausgerüstet sein soll?

9. Worüber gibt das „Certificate of Quality" Auskunft?

10. Beschreiben Sie die Bedeutung der abgebildeten Symbole.

a) b) c)

11. Berechnen Sie den Kleberverbrauch für die Verlegung eines Tufting-Teppichbodens in einem Raum mit den Abmessungen 12,70 m × 7,80 m. Der Verbrauch des Klebers liegt bei 325 g/m^2.

12. In einem Raum mit einer Grundfläche von 5,60 m × 7,20 m soll ein Teppichboden verlegt werden. Berechnen Sie
a) die benötigte Länge bei einem 4 m breiten und
b) bei einem 5 m breiten Bodenbelag
jeweils für die Längs- und Querverlegung.

9

Lernfeld 9
Innenräume gestalten

Kundenauftrag

▶ Gestaltung eines Optikergeschäftes

Arbeitsauftrag

Der Neubau eines Optikgeschäftes soll gestaltet werden. In Zusammenarbeit mit einem Innenarchitekten soll dabei ein völlig neues Raum- und Farbkonzept entstehen.

Auszuführende Arbeiten

Pos. 1: Die Wandflächen des Verkaufsraumes sind zu gestalten.

Pos. 2: Farbliche Angleichung der Einbauregale und -schränke zu den Wandflächen.

Pos. 3: Gestaltung des Verkaufstresen durch Effekttechniken.

Pos. 4: Die drei im Raum befindlichen Pflanzgefäße sowie die beiden Verkaufstische werden durch eine Maserierung veredelt.

Pos. 5: Die Säule in der Raummitte soll eine Marmorstruktur erhalten.

Pos. 6: Der Fußboden wird in zwei Bereiche untergliedert. Der Bereich vor dem Verkaufstresen wird durch einen Laminatboden optisch hervorgehoben. Der äußere Bodenbereich mit den Bearbeitungstischen erhält einen elastischen Bodenbelag.

Pos. 7: Die Decke wird in Trockenbauweise abgehängt und erhält eine Spannlackdecke mit entsprechend eingelassenen Deckenspots.

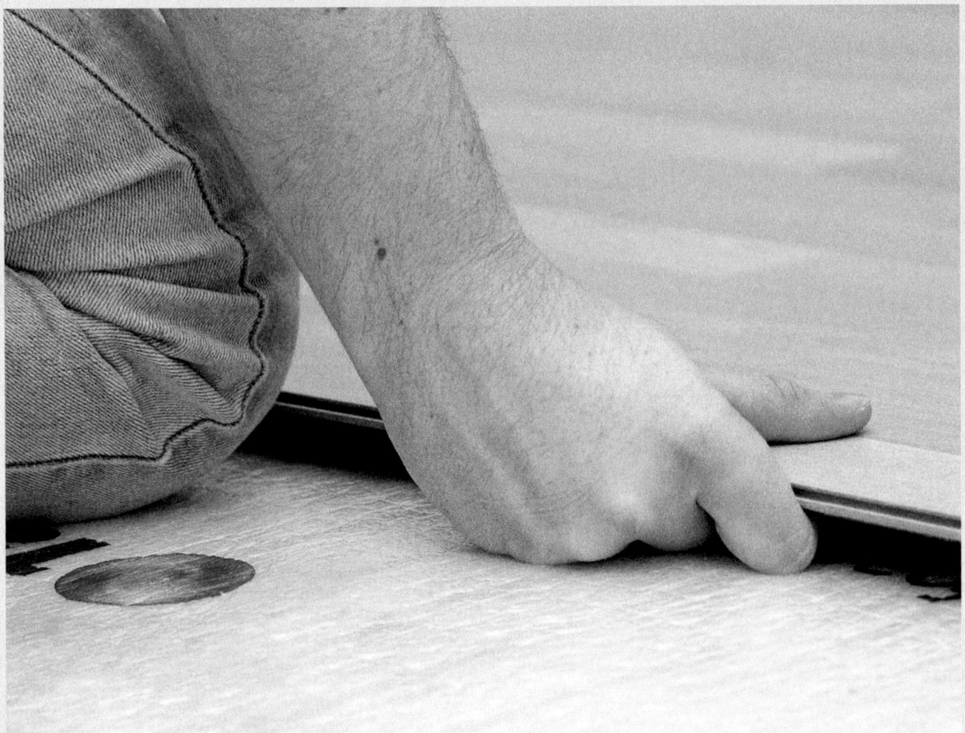

Abb. 1: Verlegen von Laminat

Objektbeschreibung

Pos. 1: Wandflächen
Die umlaufenden Wandflächen sind nur wenig sichtbar, da sie durch die im Raum befindlichen Einbaumöbel verstellt sind. Die Wände sind verputzt mit Kalkputz der Mörtelgruppe P II.

Pos. 2: Einbauregale und Einbauschränke
Die Sichtseiten der Einbaumöbel sind aus MDF-Platten gefertigt.

Pos. 3: Verkaufstresen
Der längliche Verkaufstresen ist ebenfalls aus MDF-Platten gefertigt. Er besitzt zwei quaderförmige Vertiefungen.

Pos. 4: Verkaufstische
Die Verkaufstische sind aus dem gleichen Material wie die Außenhaut der Pflanzgefäße gefertigt.

Pos. 5: Pflanzgefäße
Die Pflanzgefäße bestehen aus MDF-Platten.
Im Inneren befindet sich eine verzinkte Metallwanne, welche die Pflanzen aufnimmt und gewährleistet, dass keine Feuchtigkeit nach Außen dringt.

Pos. 6: Säule
Der Untergrund der in der Raummitte befindlichen Säule ist Sichtbeton.

Pos. 7: Fußboden
Der Fußboden im Verkaufsraum hat einen neuen Estrich bekommen.

Pos. 8: Decke
Die Decke wird durch eine Schienenkonstruktion in Trockenbauweise abgehängt. Darauf soll die Spannlackdecke aufgebracht werden. In Zusammenarbeit mit dem Elektriker werden Deckenspots eingelassen.

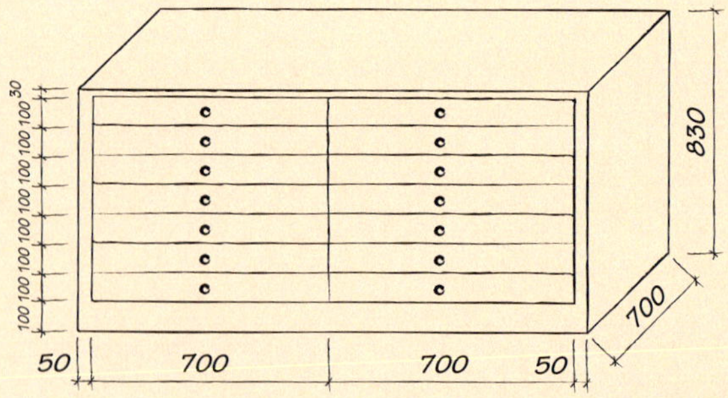

Abb. 1: Einbauschrank

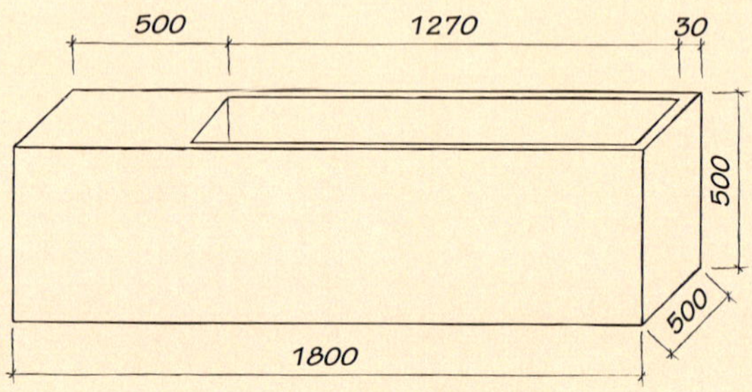

Abb. 2: Pflanzgefäß

Abb. 3: Spannlackdecke einziehen

Leistungsbeschreibung

Pos. 1: Wandflächen beschichten

Die frisch verputzten Wandflächen sind zu prüfen und entsprechend dem Farbkonzept zu beschichten.

Pos. 2: Einbauregale und Einbauschränke gestalten

Passend zum Wandfarbton sollen die Einbaumöbel farbig gestaltet werden. Die MDF-Platten sind zu grundieren, gegebenfalls zu spachteln und mit einer entsprechenden Oberfläche zu versehen.

Pos. 3: Verkaufstresen gestalten

Der Verkaufstresen aus MDF-Platten ist so zu behandeln, wie die zuvor erläuterten Einbaumöbel. Die Oberfläche muss den Beanspruchungen genüge leisten.

Pos. 4: Pflanzgefäße und Verkaufstische gestalten

Der Untergrund aus MDF-Platten ist für eine Lackierung vorzubereiten.
Für die auszuführende Maserierung ist eine entsprechende Vorlackierung erforderlich.

Die Art der zu maserierenden Holzart wird vom Kunden entschieden.

Pos. 5: Säule gestalten

Der Sichtbeton ist für eine Marmorierung vorzubereiten. Die auszuführende Marmorierung soll von der Farbigkeit zum Raumkonzept passen.

Pos. 6: Fußboden verlegen

Der Bereich vor dem Verkaufstresen ist mit einem ausgewählten Laminat zu belegen. Im Bereich der Arbeitstische ist ein zum Laminat passender elastischer Bodenbelag zu verlegen. Am Übergang von Laminat zu Bodenbelag ist eine Messingtrittleiste anzubringen.

Pos. 7: Decke abhängen und eine Lackspanndecke einziehen

Die Decke ist mit Trockenbauelementen abzuhängen. Nach dem Verspachteln der Decke wird mit Hilfe von Schienen eine Spannlackdecke im ausgewählten Farbton eingezogen.

Abb. 4: Verkaufstresen

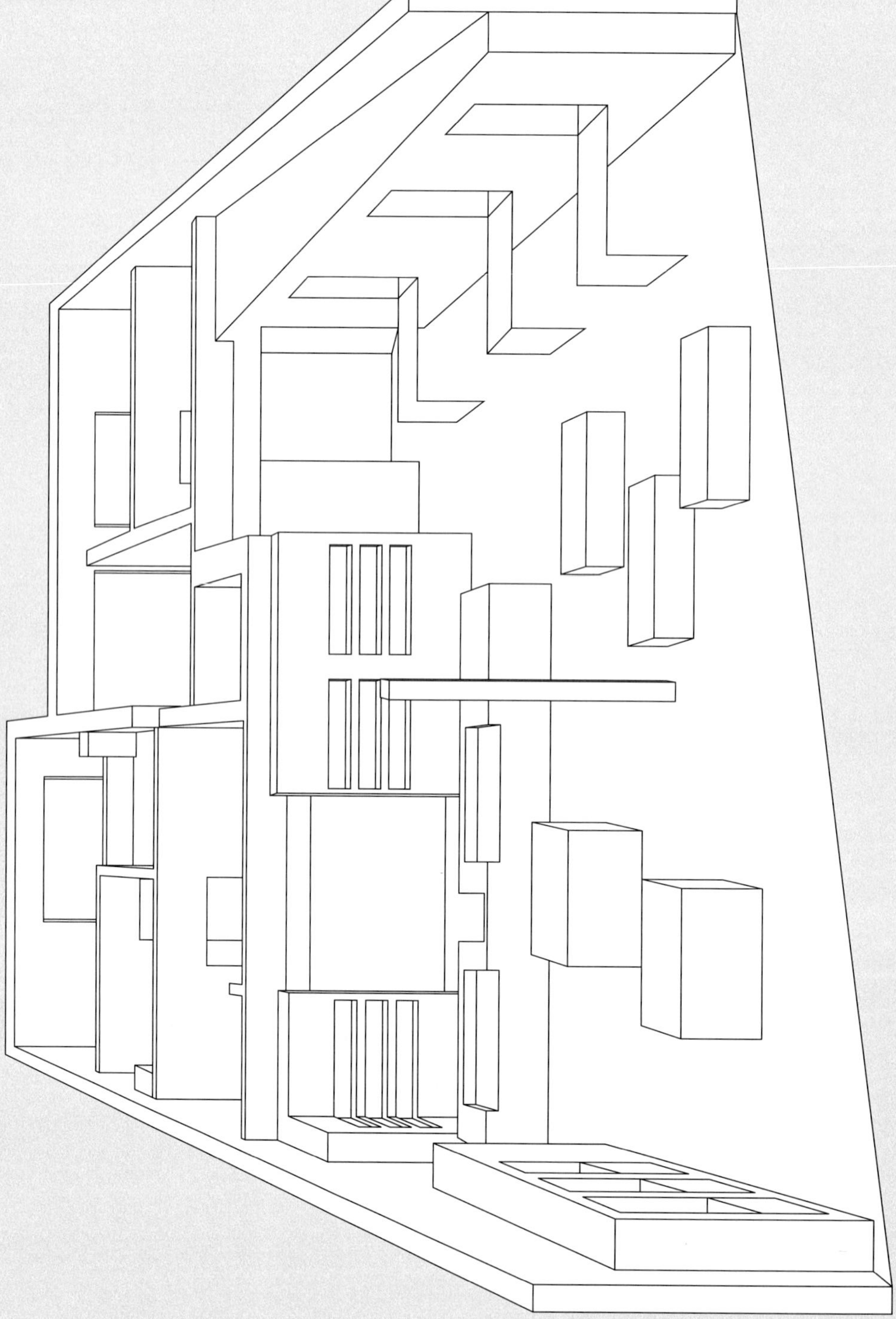

Abb. 1: Vorlage für Farbentwurf

9.1 Raumanalyse

Betritt man einen Raum, so nimmt man die Stimmung und Atmosphäre des Raumes wahr. Damit sich die Bewohner privater oder öffentlicher Räume wohl fühlen, müssen die Räume mit Hilfe von Farbe, Form und Material entsprechend gestaltet werden.

Man unterscheidet zwischen generellen und individuellen Wohnbedürfnissen. **Generelle** Wohnbedürfnisse sind Grundbedürfnisse wie Schutz vor Witterungseinflüssen, Sicherheit oder der Platz zum Schlafen, Essen und Entspannen. **Individuelle** Wohnbedürfnisse sind abhängig vom Alter, Geschlecht und den persönlichen Neigungen der Bewohner.

Die Gestaltung von Räumen richtet sich nach deren Funktionalität. Büroarbeitsplätze müssen anders gestaltet werden als Wohnräume oder rein repräsentative Plätze.

Um den jeweiligen Wohnbedürfnissen gerecht zu werden, muss zum einen eine Ist-Analyse des Raumes erstellt werden. Zum anderen sollten die Interessen und Wünsche der Nutzer mit Hilfe einer Bedarfanalyse mit einbezogen werden. Das Erkennen der Wohn- und Raumbedürfnisse sorgt für eine Atmosphäre, in der die Bewohner sich wohl fühlen können.

Im Folgenden werden Grundregeln der Raumgestaltung aufgeführt. Diese sollen helfen, ein stimmiges Gesamtkonzept zu erstellen.

9.1.1 Ist-Analyse des Raumes

Die Ist-Analyse beschäftigt sich mit dem Raum, ohne die Bewohner einzubeziehen. Hier werden die baulichen Gegebenheiten festgehalten durch:

- Grundriss.
- Detailzeichnungen der speziellen Raumform (Erker, Säulen ...) z. B. durch Schnittzeichnungen.
- ggf. Aufmaß.
- Installationen wie Wasserleitungen, Steckdosen, Lichtanschlüsse, Verkabelungen für TV, Lautsprecher, Netzwerke, usw.
- Zustand des Untergrundes (→ LF 2).

9.1.2 Bedarfsanalyse des Raumes

Die Bedarfsanalyse dient dazu, in Gesprächen die Zielvorstellungen des Kunden zu ermitteln. Dem entsprechend wird dann der Gestaltungsentwurf erarbeitet.

- Raumnutzer: Einzelperson, Familien oder arbeitende Gruppen.
- Nutzeranalyse: Interessen, Wünsche, Vorlieben, Hobbys, Tätigkeit, Alter ...
- Raumnutzung: Privat, gewerblich, repräsentativ.
- Raumlage: Räumlicher Zusammenhang zu angrenzenden Räumen.
- Lichtverhältnisse: Vorhandene und gewünschte Beleuchtung, Lichteinfall durch Fensterflächen.
- Stilrichtung: Modern, nüchtern, sachlich, festlich-elegant, historisch, natürlich ...
- Materialen im Raum: Parkett, Fliesen, Vertäfelungen ...
- Ggf. Vorschriften: für Beleuchtungsstärken, Brandschutzmaßnahmen ...

9.1.3 Anfertigen des Entwurfs

Mit Hilfe der Analysen im Vorfeld wird ein Konzept erstellt. Damit der Kunde die Gestaltungsidee nachvollziehen kann, werden unterschiedliche Präsentationsmedien angefertigt. Dazu können z. B. eine Ideen- oder Stimmungsskizze, ein Farbentwurf, eine Materialkollage, ein Grundriss, eine Abwicklung und eine perspektivische Zeichnung genutzt werden.

Die **Farb-, Ideen- oder Stimmungscollage** bildet die Grundlage für das Farb- und Materialschema unter Berücksichtigung der Kundenwünsche (S. 314, Abb. 1–2).

Steht das Grundkonzept fest, werden genauere **Farbentwürfe** gefertigt. Die Farbentwürfe können manuell oder am Computer erstellt werden (→ Kap. 9.3).

Farben gehören zu den stärksten optischen Reizen. Ziel der Farbgestaltung ist es die Farben so zu wählen, dass keine Eintönigkeit und keine Reizüberflutung, sondern Anregung und Ausgleich entstehen.

Je nach Raumnutzung werden immer wieder neue Farbkonzepte benötigt. Dabei spielen die psychologische Wirkung der Farben, die Farbharmonien und die Farbkontraste eine große Rolle (S. 315, → LF 4 und LF 8).

Abb. 1: Farbcollage mit kühler Wirkung

Abb. 2: Stimmungscollage Natur

Als harmonisch werden Farbgestaltungen mit monochromen Farbtönen (Farben innerhalb einer Farbtonreihe) empfunden. Einfarbige Gestaltungen wirken stets ausgeglichen und verhalten. Die Betrachter werden einer solchen Farbgestaltung nicht schnell überdrüssig. Um Eintönigkeit zu vermeiden, müssen unterschiedliche Materialstrukturen und Musterungen verwendet werden. Das Arbeiten mit Farben gleicher Sättigung und Helligkeit bewirkt im Raum eine ebenso ruhige Grundstimmung wie das Gestalten mit Farben, die im Farbkreis dicht beieinander liegen.

Die Kombination von unterschiedlichen Farbtönen kann durch die jeweils eigene Farbwirkung z. B. anregend und dynamisch wirken. Kontrastierende Farben beeinflussen sich gegenseitig, wirken lebhaft und interessant. Werden jedoch komplementäre Farbenpaare in hoher Sättigung verwendet, so wirken diese Räume leicht grell.

Beispielsweise sollten in Räumen, in denen sich die Nutzer sehr lange aufhalten, keine intensiven, reinen Farbtöne über alle Wände hinweg verwendet werden. Andernfalls kann es zu Konzentrationsproblemen und Nervosität kommen.

In Kindergärten sollte die Farbigkeit einladend, hell und freundlich wirken. Ein solches Konzept vermittelt zugleich Sicherheit und Lebensfreude.

Allein der geschickte Einsatz von warmen und kalten Farben lässt Räume höher oder niedriger, beengend oder weitend erscheinen. Soll die Decke optisch tiefer erscheinen, müssen dunkle Farbtöne verwendet werden. Wird der gewählte Farbton bis auf die Wände heruntergezogen, verstärkt sich der Eindruck noch. Helle Decken und senkrecht gestreifte Wände hingegen bewirken, dass der Raum optisch an Höhe gewinnt (LF 4 und LF 8).

Tabelle 1: Farbwirkungen im Raum

Farbe	Wirkung	Einsatz
Gelb	Verbreitet Optimismus und Fröhlichkeit; verstärkt Strukturen; weitet optisch Räume; bringt Helligkeit; fördert Kommunikation und Kreativität	Besprechungs- und Diskussionsräume; Esszimmer, Kinderzimmer, Jugendzimmer; enge, dunkle Räume auch ohne Tageslicht
Dunkelblau Hellblau	Sachlich, kühl, frisch, beruhigend; konzentrationsfördernd; Dunkelblau wirkt Raum verkleinernd, Hellblau erweiternd; lässt andere Farben zur Geltung kommen	Lebensmittel- und Frischebereich; Arbeits- und Schlafräume; Küche, Bad; Räume im Norden wirken noch kühler; Hellblau an Decken himmelartig
Rot	Aktivierend bis aggressiv; regt geistig und körperlich an; in Verbindung mit Gold edel; helles Rot wirkt kalt, Rot mit Braunanteilen warm und gemütlich	Bars und Restaurants; in kleinen Räumen und in großer Fläche ermüdend
Grün Dunkelgrün	Beruhigend und anregend zugleich; natürlich; gibt Sicherheit und Geborgenheit; Appetit anregend; leicht zu kombinieren; Dunkelgrün wirkt warm und trittfest, Hellgrün zart bis kühl	Gaststätten, Arbeitszimmer, Flure, Haustüren (wirkt einladend); Modesalons (verleiht Gesicht frisches Aussehen)
Orange	Heiter und stimulierend; in großen Flächen dominant; mit Erdtönen warm und Raum verkleinernd	In Nordzimmern, in Räumen mit zu wenig Licht, in Sport- und Bewegungsstätten
Violett	Feierlich, majestätisch, sakral; luxuriös in Kombination mit Gold und Silber	Empfangsräume, Räume zur Meditation und zum Hören von Musik
Rosa	Romantisch, feminin, sanft, warm; engt nicht ein; in Kombination mit Gold edel	Für kleine Räume, kleine Farbflächen für Kinderzimmer, Beautystudios
Beige	Neutral, beruhigend, unaufdringlich; gut mit anderen Farben zu kombinieren	Für alle Räume
Braun	Wärmend, dämpfend, beruhigend; tragend, trittfest	Kaffeebars; Hellbraun in allen Räumen, Dunkelbraun nur in kleineren Flächen
Schwarz	Einengend, abstrakt	An Decken drückend, nur in Kombination mit kontrastierenden Farben
Weiß	Sauber, frisch, neutral; Strukturen werden hervorgehoben; starke Veränderung durch Licht und Schatten; weitet Räume	Harmoniert in allen Räumen mit allen Farben
Grau	Lässt andere Farben leuchten, in Kombination mit Silber edel	Empfangs- und Arbeitszimmer als Kombinationsfarbe
Helle, gebrochene Farben	Sind in ihrer Wirkung abgeschwächter, leichter; lassen dunkle Räume größer erscheinen; verbreiten Ruhe und Harmonie	Ruheräume, Schlafzimmer

Abb. 1: Raumskizze im Hell-Dunkel-Kontrast

Proportionen

Die gewünschte Wirkung der gewählten Farbkontraste und Farbharmonien wird durch gezielte Verhältnisgrößen erreicht (Abb. 1). Man unterscheidet dominante, subdominante (kontrastierende Flächen) und akzentuierte Farbflächen. Dies kann im Farbentwurf zum Ausdruck gebracht werden (Abb. 2). Aufeinander abgestimmt wird eine flächenmäßige Aufteilung von ungefähr 60 % für die Dominante, 30 % für die Subdominante und 10 % für die Akzentfarbe empfunden.

- Die **Dominante** macht den flächenmäßig größten Anteil aus und bestimmt damit die Grundstimmung des Raumes. Sie darf keinen zu hohen Buntanteil aufweisen, damit das Auge diesen als harmonisch empfindet, und dennoch Abwechslung bietet.

- Dazu gewählt wird die **Subdominante**. Diese Farbe dient als Begleitfarbe, die auf die Dominante abgestimmt ist und dennoch Abwechslung bietet.

Abb. 2: Farbentwurf

Tabelle 1: Materialwirkung

Oberfläche	Materialbeispiele	Wirkung
Gegliedert, strukturiert	Mauerwerk, Naturstein, Gewebe ...	Belebend, raumgliedernd, auffällig, deutliche Hervorhebung der Struktur durch seitlich einfallendes Licht (Streiflicht), diffuse oder direkte Lichteinstrahlung mindern die Struktur
Rau, körnig	Raufaser, Naturwerkstofftapete, Putzflächen, Ton, Stein, Holz, Wildleder ...	Behaglich wärmend, angenehm, diffus, Licht brechend
Hochglänzend	Spiegelflächen, Metall, Lack, Glattleder, Fliesen, Glas, Beschichtungsstoffe ...	Edel, kalt, sauber, auffällig, Licht reflektierend
Mattglänzend	Keramik, Seidentapeten, Textilien, Laminat, weiche Bodenbeläge, Beschichtungsstoffe ...	Zurückhaltend, bescheiden, farblos
Hell/matt	Gewebe, Leder, Keramik, Bodenbeläge, Beschichtungsstoffe ...	Schlicht, dezent, tritt nicht in den Vordergrund, Raum weitend
Dunkel/matt	Gewebe, Leder, Keramik, Bodenbeläge, Beschichtungsstoffe ...	Behaglich, wärmend, manchmal düster, Raum engend

Als Subdominante kann ein Farbton mit höherem Sättigungsgrad oder Reinheit zur Dominante gewählt werden.

- Die verwendeten **Akzentfarben** können in höchster Sättigungsstufe auftauchen. Sie dürfen allerdings nur in kleinen Mengen benutzt werden. Akzentfarben sind Blickfänge. Sie heben Raumdetails hervor und beleben eine Gestaltung.

Sollen die vorhandenen **Raummaterialien** erhalten bleiben, müssen diese in die Gestaltung und das Farbkonzept mit einbezogen werden. Sie prägen den Ausdruck des Raumes. Eine Möglichkeit der Gestaltung wäre, die Raumstimmung zu unterstützen. In diesem Fall wird die Farbgebung der bereits vorhandenen Materialien farbig aufgegriffen. Alternativ können bewusst Gegensätze gebildet werden. Durch den Kontrast von Farbton und Material, z. B. hell-dunkel oder matt-glänzend, entsteht eine spannungsreiche Atmosphäre im Raum (Abb. 1, Tab. 1).

Wand, Decke und **Boden** bilden entweder eine Einheit oder es wird gegensätzlich gearbeitet. Der Boden ist ein Raum bestimmendes Element. Er kann zurückhaltend, oder hervorgehoben, z. B. durch Intarsien, Muster und Farben, gestaltet werden.

Selbst wenn ein Fußboden als Designelement dient, sollte er strapazierfähig sein.

Auch die vorhandenen oder gewünschten **Lichtverhältnisse** spielen eine große Rolle. Eine entsprechende Beleuchtung kann erwünschte Stimmungen erzeugen. Dunkle Farbtöne sollten beispielsweise nur in Räumen verwendet werden, die nach Süden ausgerichtet sind und viel natürliches Licht besitzen. Mangelnde Helligkeit und zu starke Hell-Dunkel-Kontraste können z. B. zu Ermüdungserscheinungen führen.

Folgende lichttechnische Kriterien sollten bei der Raum- und Bedarfsanalyse berücksichtigt werden:

- Grund- und Allgemeinbeleuchtung: Versorgung des ganzen Raumes mit gleichmäßiger Beleuchtung, z. B. Deckeneinbau- oder Pendelleuchten.
- Akzentbeleuchtung: Punktlichtquellen zur Betonung der Raumarchitektur oder effektvolle Inszenierungen mit wechselnden Farben.
- Geeignete Lichtfarbe: Je nach Einsatzbereich warmweiß, neutralweiß, tageslichtweiß.
- Angemessene Beleuchtungsstärke: Je schwieriger die Sehaufgabe ist, desto höher muss die Beleuchtungsstärke sein.
- Schutz vor Blendung: Direktblendung: Verhinderung durch abgeschirmte Lampen, Reflexblendung: Verhinderung durch matte anstelle hochglänzender Flächen (LF 4).

Materialcollage

Die Materialcollage oder Mustertafel verdeutlicht das gewählte Farb- und Materialschema (Abb. 1).

Die Intensität der verwendeten Farben so wie die Wirkung der ausgewählten Materialien und deren Musterung (Textur) werden im Zusammenklang zum Ausdruck gebracht.

Um eine Mustertafel möglichst professionell zu gestalten, sollten einige Regeln beachtet werden:

- Mindestens 1 cm Rand an allen Seiten.
- Oberen Rand und Seitenrand gleich groß wählen, den unteren etwas breiter anlegen (optische Mitte, LF 8).
- Muster gerade und rechteckig schneiden, einzeln aufkleben.
- Saubere Beschriftung, (Normschrift LF 8) möglichst bündig aufkleben.
- Die Tafel nicht überladen, spezielle Details besser separat präsentieren.

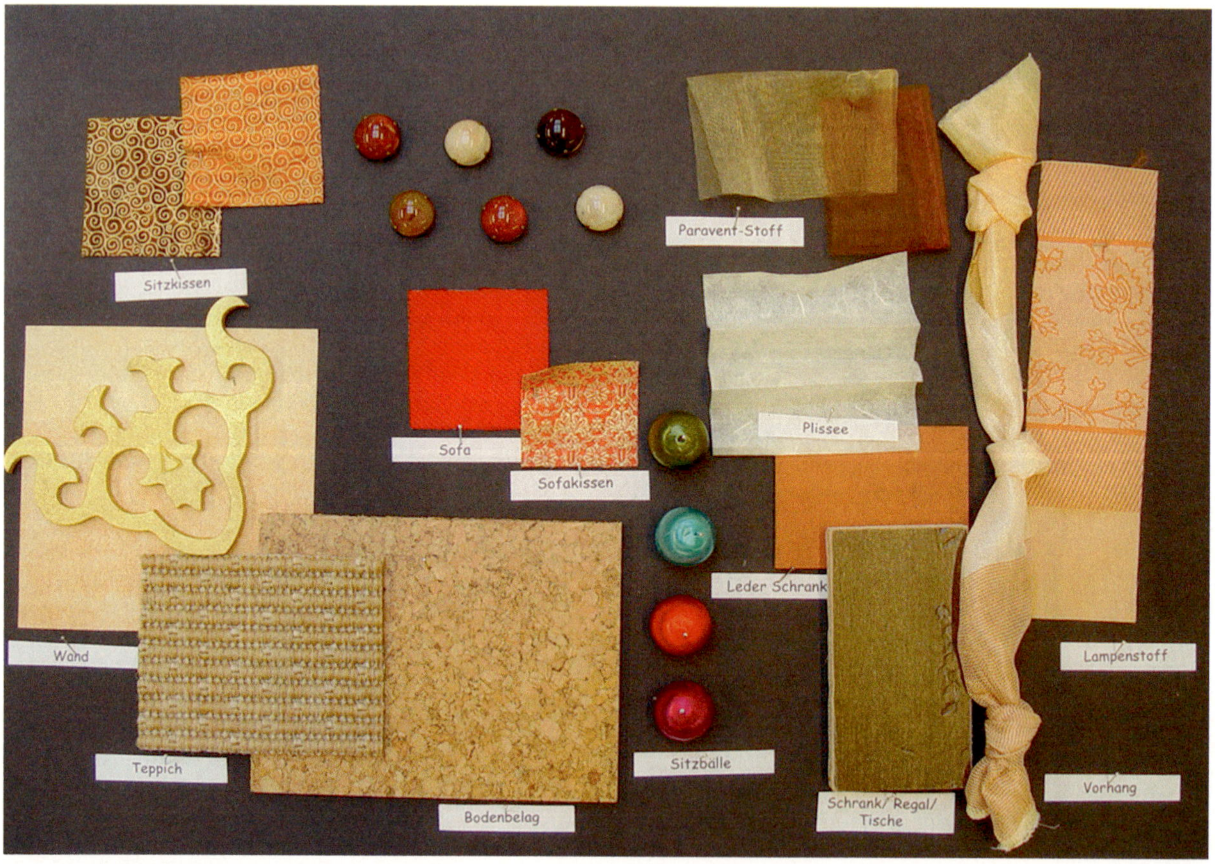

Abb. 1: Materialcollage

Grundriss
Ist der maßstabsgetreue Grundriss beim Kunden nicht vorhanden, muss dieser erstellt werden. Die Zeichnung kann durch Detailskizzen ergänzt werden.

Z. B. kann eine vorhandene Möblierung mit Hilfe von maßstabsgetreuen Schablonen oder Computerprogrammen eingezeichnet werden. Es können Einrichtungsvorschläge gemacht werden oder ein Lichtkonzept eingebaut werden (Abb. 2).

Perspektivische Zeichnung
Die Anfertigung der perspektivischen Zeichnung sollte den farbigen Eindruck des Entwurfs vermitteln (→ Kap. 9.2 und LF 4).

Dazu ist es nicht notwendig, die gesamte Zeichnung zu kolorieren. Einen Farbeindruck erhält der Kunde auch mittels einer teilkolorierten Zeichnung. So können Details hervorgehoben werden, ohne dass die Zeichnung überfüllt wirkt (S. 320, Abb. 1).

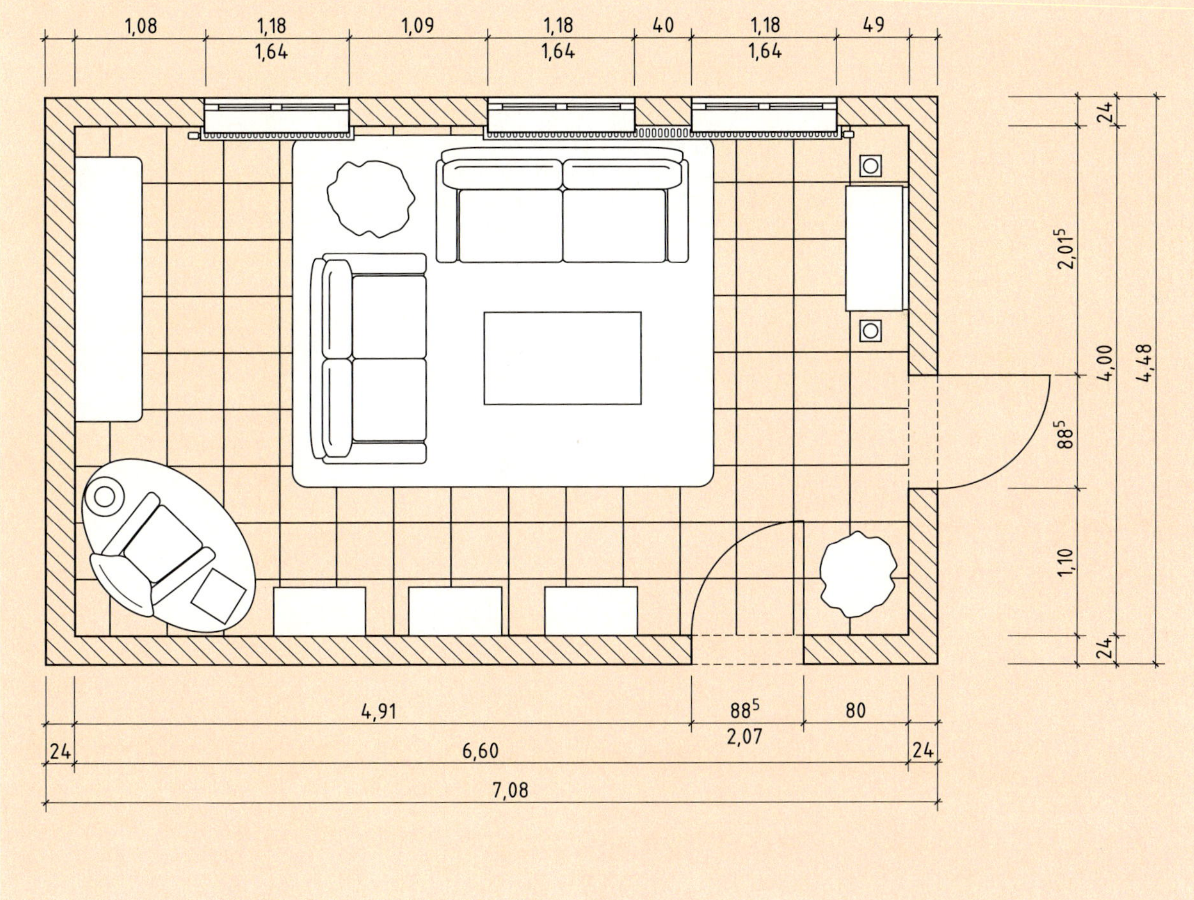

Abb. 2: Möblierter Grundriss

Abb. 1: Perspektivische Zeichnung, teilkoloriert

9.1.4 Präsentation

Um den Kunden von seinem Gestaltungskonzept zu überzeugen, sollte die abschließende Präsentation einen stichhaltigen, professionellen Charakter aufweisen.

Die Demonstration der Material- und Farbproben sollten nachvollziehbar sein.

- Dazu gehört die genaue Angabe der gewählten Produkte. Farbtonbezeichnung der Hersteller, Codierung der Farbsysteme (NCS, RAL), Sättigung, Buntheit, Helligkeit, (LF 4) Art der Beschichtungsmittel und Wahl des Beschichtungsverfahrens müssen aufgeführt sein.
- Die Präsentationsmedien sollten möglicht einheitlich groß sein und auf einheitlichem Untergrund gezeigt werden.
- Es ist sinnvoll, das vollständige Gestaltungskonzept in einer geeigneten Mappe zusammenzufassen.
- Denken Sie bei Ihrer Vorstellung unbedingt an Ihre Körpersprache und das Verhalten beim Kunden (Lernfeldübergreifend, S. 490 ff.). Nur so können Sie Ihr in sich stimmiges Konzept auch erfolgreich beim Kunden vertreten.

Aufgaben zu Kapitel 9.1

1. a) Erstellen Sie eine Bedarfsanalyse für eine Klasse von 24 Erstklässlern.
b) Stellen Sie begründet ein Farbkonzept für die Gestaltung eines Klassenraums einer Grundschule zusammen.
c) Beschreiben Sie in diesem Zusammenhang kurz die Begriffe Dominante, Subdominante und Akzentfarbe. Ordnen Sie für den unter b) zusammengestellten Farbentwurf die jeweiligen Farben den drei Begriffen zu.

2. In einem Architekturbüro soll eine neue Beleuchtung für einen Arbeitsplatz mit drei Mitarbeitern installiert werden.
Nennen Sie sämtliche lichttechnischen Kriterien, die dabei beachtet werden müssen.

9.2 Räumliche Darstellungen

Um Objekte zeichnerisch so darzustellen wie das menschliche Auge sie sieht, eignen sich perspektivische Zeichnungen.

Mit Hilfe der Fluchpunktperspektive, auch Zentralperspektive genannt, können dem Kunden Vorschläge für Farbgestaltungen auch räumlich und somit besser verständlich nahe gebracht werden.

Das heißt für Darstellungen in der Zentralperspektive, dass Dinge im Hintergrund auch kleiner gezeichnet werden müssen.

Darstellungen in der Fluchtpunktperspektive sind abhängig vom Standort und der Augenhöhe des Zeichnenden (Abb. 2).

Die Zentralperspektive eignet sich zur naturgetreuen Darstellung von Innenräumen und Gegenständen, da dadurch räumliche Tiefe erreicht wird.

Nachteil ist der relativ hohe zeichnerische Aufwand im Gegensatz z. B. zur Parallelperspektive (→ LF 4).

Bei der Konstruktion einer Zentralperspektive ist zu beachten, dass alle Linien, die in der Wirklichkeit senkrecht verlaufen, auch in der Zeichnung senkrecht bleiben.

Alle Linien, die in der Wirklichkeit waagerecht verlaufen, treffen sich in der Zeichnung in den Fluchtpunkten auf der Horizontlinie.

Linien, die direkt vor dem Betrachter in der Abbildungsebene liegen, werden maßstabsgetreu dargestellt. Linien, die hinter der Abbildungsebene liegen, werden verkürzt gezeichnet.

Abb. 2: Raumdarstellung in Fluchtpunktperspektive

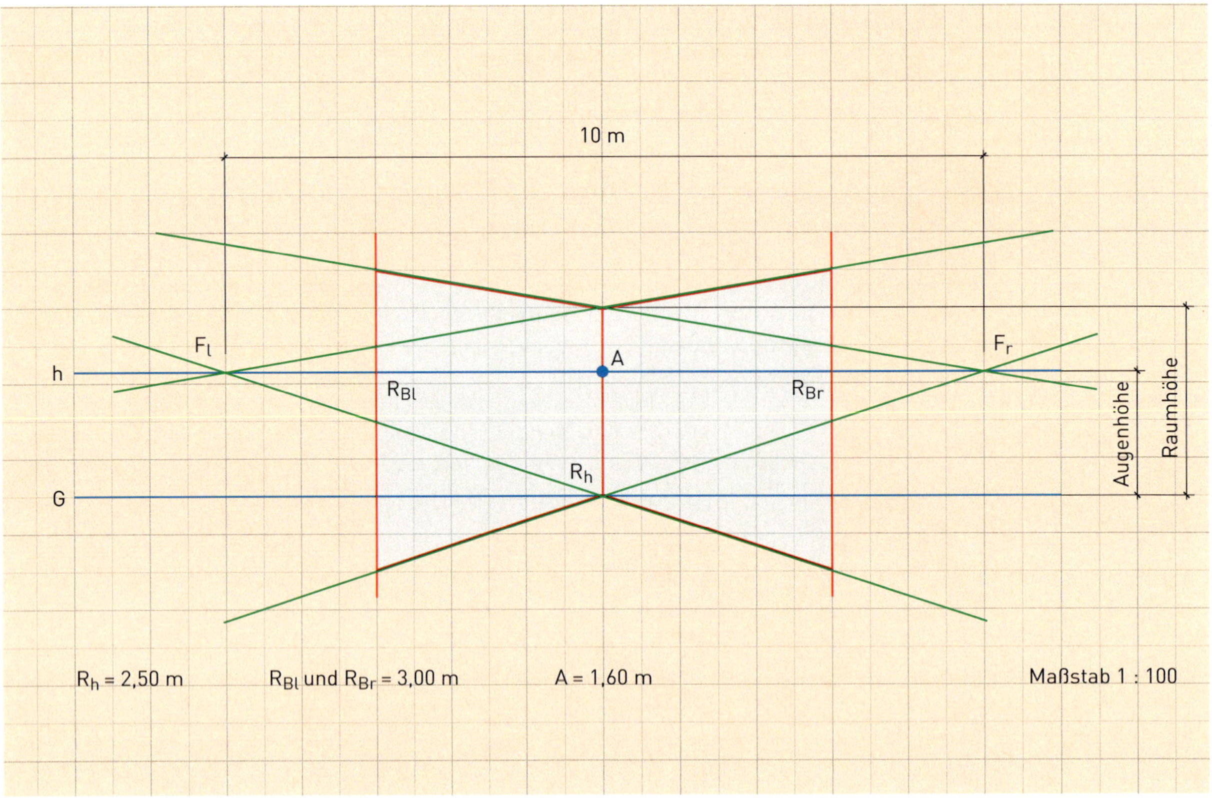

Abb. 1: Konstruktion einer Zimmerecke

9.2.1 Zwei-Fluchtpunktperspektive – Konstruktion einer Raumecke

Im Folgenden wird beispielhaft die Anleitung zur Konstruktion einer Zimmerecke mit Hilfe einer vereinfachten Zentralperspektive mit zwei Fluchtpunkten gegeben (Abb. 1).

Maßvorgaben
Maßstab 1 : 100
Raumhöhe = 2,50 m
Raumbreite je Wand = 3,00 m

Konstruktionsschritte

1. Zeichnen der Grundlinie (G).
2. Raumeckenhöhe (R_h) im angegebenen Maßstab mittig auf G einzeichnen.
3. Auf R_h die Augenhöhe (A) von ca. 1,60 m eintragen.
4. Durch A die Horizontlinie (H) einzeichnen.
5. Maßstäblich die Raumbreite (R_b) mit den jeweiligen Endpunkten rechts (R_{br}) und links (R_{bl}) auf H markieren.
6. An den beiden Enden der Horizontlinie die Fluchtpunkte links (F_l) und rechts (F_r) eintragen. Der Abstand der Fluchtpunkte voneinander beträgt ca. 10 m (bei Räumen bis ca. 4 m je Wandbreite). Sind beide Wände identisch groß, sind die Fluchtpunkte von A gleich weit entfernt. Bei unterschiedlichen Wandgrößen wird eine Aufteilung im Verhältnis zu den jeweiligen Wandflächen vorgenommen.
7. Ausgehend von F_r und F_l jeweils durch das obere und untere Ende der Raumhöhe hindurch Fluchtlinien zeichnen. Diese ergeben die Raumseiten mit Ober- und Unterkante.
8. Durch R_{br} und R_{bl} hindurch Senkrechten errichten die sich in allen Fluchtlinien schneiden und die Raumseiten begrenzen.

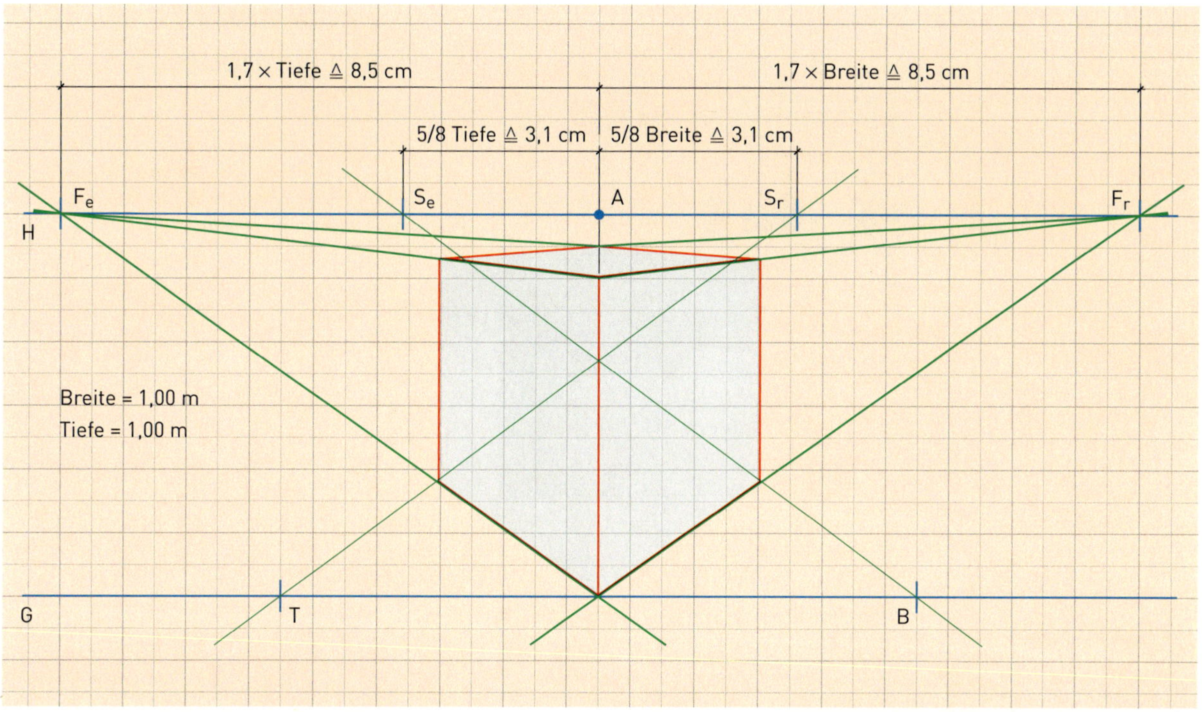

Abb. 2: Konstruktion eines Sitzwürfels

9.2.2 Zwei-Fluchtpunktperspektive – Konstruktion eines Sitzwürfels

Die Konstruktion eines Gegenstands, z. B. eines Möbelstücks, wird mit Hilfe einer anderen Darstellung vorgenommen. Nachstehend wird beispielhaft eine Anleitung zur Konstruktion eines einfachen Sitzmöbels gegeben (Abb. 2).

Maßvorgaben
Maßstab 1:20; Höhe, Breite und Tiefe des Sitzwürfels je = 1,00 m.

Konstruktionsschritte
1. Zeichnen der Grundlinie (G).
2. Parallel zu G wird die Horizontlinie (H) eingezeichnet. Den Abstand der beiden Linien voneinander maßstäblich (z. B. 1 : 20) so wählen, dass er der Augenhöhe eines sitzenden Menschen, ca. 1,20 m, entspricht.
3. Den Punkt der Augenhöhe (A) mittig auf H markieren.
4. Von der Grundlinie durch A eine Senkrechte mit der maßstäblichen Höhe des Sitzwürfels errichten.
5. Auf G rechts von dieser Senkrechten maßstäblich die Breite (B), links davon die Tiefe (T) des Würfels einzeichnen.
6. Auf H den rechten und linken Fluchtpunkt (F_r und F_l) einzeichnen. Der Abstand der Fluchtpunkte von A beträgt jeweils die 1,7 bis 2,0fache Breite, bzw. Tiefe des Möbels.
7. Einzeichnen von Schnittstellen auf H. Schnittstelle rechts (S_r) von A, Schnittstelle links (S_l) links von A. Der Abstand der Schnittstelle von A muss jeweils $^5/_8$ der Breite bzw. der Tiefe betragen.
8. Vom unteren und vom oberen Ende der Senkrechte auf G Fluchtlinien jeweils durch F_l und F_r hindurch ziehen.
9. Von B durch S_l und von T durch S_r hindurch Fluchtlinien zeichnen.
10. Von den Schnittstellen der unteren Fluchtlinien jeweils Senkrechte bis zu den oberen Fluchtlinien errichten.
11. Von den beiden entstandenen oberen Endpunkten Fluchtlinien zu den **gegenüberliegenden** Fluchtpunkten zeichnen.

Alle weiteren möglichen Details, z. B. Armlehnen, können nach demselben Konstruktionsverfahren an ein Möbelstück wie den Sitzwürfel gezeichnet werden.

Abb. 1: Ursprüngliches Bild

Abb. 2: Verbessertes Bild in wärmeren Farben

Abb. 3: Retuschiertes Bild

9.3 Farbentwürfe am Computer

Mit Hilfe eines Computers lassen sich schnell und kostengünstig viele Variationen einer Farbgestaltung eines Raumes oder Gebäudes darstellen (→ LF 4). Für solche digitalen Farbentwürfe kann fast jedes Bildbearbeitungsprogramm verwendet werden. Es gibt aber auch spezielle Software, bei denen die Funktionen auf das benötigte Maß reduziert sind und die Bedienbarkeit vereinfacht ist. Auch wenn sich die verschiedenen Programme in der Oberfläche unterscheiden, so sind doch die einzelnen Arbeitsschritte zur Erstellung eines Entwurfs überall die selben.

Bildvorlage
Man benötigt für einen Farbentwurf ein digitales Bild mit einer möglichst guten Auflösung (z. B. 300 dpi). Auf dem Bild sollten wenig störende Elemente abgebildet sein. Es sollte den Raum oder das Gebäude mit seinen charakteristischen Seiten zeigen. Die Lichtverhältnisse müssen so sein, dass sich verschiedene Flächen kontrastreich voneinander abheben.

Retusche
Meist muss das vorgelegte Bild noch optimiert werden. Durch die Veränderung von Helligkeit, Kontrast und Intensität kann man die Ausdrucksstärke des Bildes verbessern. Wenn ein Farbstich vorhanden ist, kann man diesen durch Veränderung des Farbtons beseitigen. Es können auch störende Flecken beseitigt oder Strukturen angepasst werden.

Festlegen der Flächen
Zuerst muss auf dem Bild festlegt werden, wo sich die Flächen befinden, deren Farbe geändert werden soll.
Dazu gibt es verschiedene Werkzeuge. Bei geradlinigen Formen können die Flächen durch das Eingrenzen mit Linien erzeugt werden. Bei unregelmäßigen, aber einfarbigen Formen kann man durch die Funktion „Zauberstab" die Grenzen der Form finden. Dabei sucht das Programm ähnlich farbige Pixel auf dem Bild, wobei man die Toleranz der Ähnlichkeit festlegen kann.

Aus den so definierten Flächen kann man nun Teilflächen, die nicht gefärbt werden sollen (z. B. Fenster oder Bilder), ausschneiden.

Die fertigen Flächen werden abgespeichert und mit einem Namen versehen in einer Liste abgelegt, sodass man schnell wieder darauf zugreifen kann.

Einfärben der Flächen
Wenn alle Flächen festgelegt sind, können diese mit Farben gefüllt werden. Dazu stehen die Farbpaletten der Farbsysteme (NCS; RAL-Design → LF 4) oder der Farbhersteller zur Verfügung. Man wählt eine Farbe aus und klickt auf die ausgewählte Fläche. Diese Fläche wird nun entsprechend gefärbt, und zwar so, dass die Licht- und Schattentöne erhalten bleiben und eine realistische Wirkung entsteht. Man kann die Flächen auch mit Strukturen oder Mustern (z. B. Tapeten) füllen. Dazu muss aber erst die Perspektive der entsprechenden Wand festgelegt werden. Dies erfolgt durch die Ausrichtung eines Gitternetzes entsprechend der Perspektive des Bildes.

Die verschiedenen Farbkombinationen eines Raumes oder Gebäudes können als Variation abgespeichert werden. So kann man dem Kunden verschiedene Vorschläge machen, die man aber auch leicht wieder abändern kann.

Unterschiedliche Beispiele zeigen die Abbildungen auf Seite 326.

Abb. 4: Durch Freistellungswerkzeug (Zauberstab) erstellte Fläche

Abb. 5: Durch Linienmaske erstellte Fläche

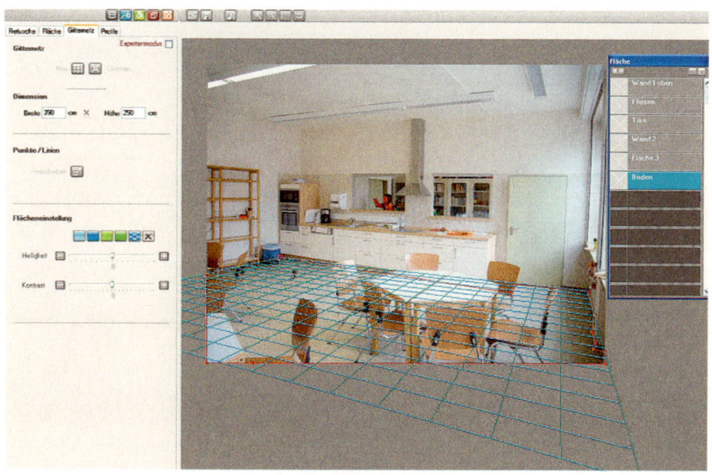

Abb. 6: Gitternetz zur Definition der Perspektive

Abb. 1: Farbvariationen des Raumes

9.4 Elastische Fußbodenbeläge

Bodenbeläge werden nach DIN EN 685 in elastische, textile und Laminat-Bodenbeläge unterteilt.

Die Klassifizierung der Bodenbeläge bezüglich der Verwendungsbereiche ist in Anlehnung an DIN EN 685 in Tab. 1 dargestellt.

Tabelle 1: Klassifizierung und Einsatzmöglichkeiten von weichen Bodenbelägen nach DIN EN 685

Klasse	Symbol	Beschreibung der Nutzung	Beispiele für den Verwendungsbereich
Wohnen		**Bereiche, die für die private Nutzung vorgesehen sind**	
21		Mäßige bis geringe oder zeitweise Nutzung	Schlafzimmer
22		Normale bis mittlere Nutzung	Wohnräume, Eingangsflure
22+		Normale bis mittlere, zeitweise intensivere Nutzung	Wohnräume, Eingangsflure, Esszimmer und Korridore
23		intensive bis starke Nutzung	Wohnräume, Eingangsflure, Esszimmer und Korridore
Gewerblich		**Bereiche, die für die öffentliche und gewerbliche Nutzung vorgesehen sind**	
31		Mäßige bis geringe oder zeitweise Nutzung	Hotels, Schlafzimmer, Konferenzräume, kleine Büros
32		Normaler bis mittlerer Verkehr	Klassenräume, kleine Büros, Hotels, Boutiquen
33		Starker Verkehr	Korridore, Kaufhäuser, Lobbys, Schulen, Großraumbüros
34		Sehr starke bis intensive Nutzung	Mehrzweckhallen, Schalterräume, Kaufhäuser
Leichtindustrie		**Bereiche, die für Nutzung durch Leichtindustrie vorgesehen sind**	
41	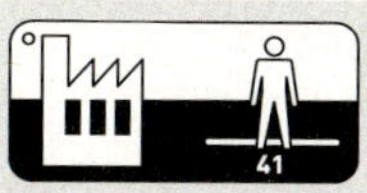	Mäßige Nutzung, überwiegend sitzende Arbeit und gelegentliche Fahrzeugnutzung	Elektronik-Werkstätten, Feinmechanik-Werkstätten
42	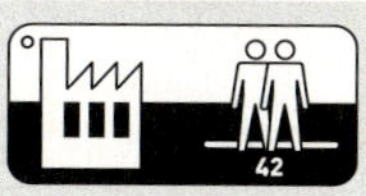	Normale Nutzung, hauptsächlich stehende Arbeit und/oder Fahrzeugverkehr	Lagerräume, Elektronik-Werkstätten
43	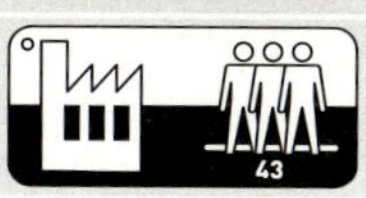	Starke Nutzung, andere Bereiche der Leichtindustrie	Lagerräume, Produktionshallen

Abb. 1: PVC-Belag

Abb. 2: Querschnitt: Homogener PVC-Belag

Da die textilen Bodenbeläge im LF 8 behandelt wurden, wird an dieser Stelle nur auf die elastischen und die Laminat-Bodenbeläge eingegangen.

Als elastische Bodenbeläge werden alle Beläge bezeichnet, die nicht zu den textilen und harten Belägen gezählt werden. Nach den textilen Bodenbelägen bilden sie die Gruppe der Bodenbeläge, die am häufigsten eingesetzt werden. Je nach dem Verwendungszweck und den geforderten Eigenschaften werden sie unterschiedlich zusammengesetzt und aufgebaut.

Elastische Bodenbelägen können unterschieden werden in:

- Kunststoffbeläge wie PVC (Polyvinylchlorid), Polyamid oder Polyolefin,
- Linoleum,
- Kautschukbeläge,
- Korkbeläge.

Elastische Bodenbeläge werden als Rollenwaren bis zu 4 m Breite und als Fliesen angeboten, in jeweils unzähliger Farb- und Designauswahl.

Im Folgenden wird stellvertretend für die Gruppe der elastischen Bodenbeläge auf PVC und Linoleum näher eingegangen.

9.4.1 PVC-Beläge

PVC-Beläge unterteilt man nach ihrem konstruktiven Aufbau in zwei Gruppen:

- PVC-Beläge mit Träger (PVC-Verbundbeläge) und
- PVC-Beläge ohne Träger.

PVC-Beläge ohne Träger werden zusätzlich in homogene und heterogene Beläge gegliedert.

Ein **homogener PVC-Belag** ist nach DIN EN 649 ein Bodenbelag mit einer oder mehreren Schichten gleicher Zusammensetzung und Farbe, gemustert über die gesamte Dicke (Abb. 1 und 2).

Ein **heterogener PVC-Belag** besteht aus einer Nutzschicht und anderen kompakten Schichten, die sich in Zusammensetzung und/oder Design unterscheiden und eine Stabilisierungseinlage enthalten können. Ein heterogener Belag kann z. B. eine hochwertige, gemusterte Nutzschicht und eine preiswertere Unterschicht mit hohem Füllstoffanteil besitzen. Durch den hohen Füllstoffanteil in der Unterschicht ist der heterogene PVC-Belag preiswerter, allerdings weniger strapazierfähig als ein homogener Belag (Abb. 3).

PVC-Beläge mit Träger (PVC-Verbundbeläge) werden auch PVC-Streichbeläge genannt. Sie bestehen aus einer PVC-Nutzschicht und einer elastischen Unterlage als Träger. Diese Unterlage kann je nach verwendetem Material die Wäre dämmende Wirkung,

Abb. 3: Querschnitt: Heterogener PVC-Belag

die Schall isolierende Wirkung und Trittelastizität verbessern.

Trägermaterialien können:
- PVC- oder PUR-Schaumstoff,
- Korkment (Korkschrot) oder
- eine Textile Unterlage, z. B. genadeltes Jutevlies, Polyestervlies

sein.

Bei den weit verbreiteten **CV-Belägen** (Cushioned Vinyls, engl. cushion = Polster) besteht die Rücken- oder Zwischenschicht aus geschäumtem PVC. Auf die Zwischenschicht wird ein Dekor aufgedruckt. Anschließend wird als Nutzschicht ein klares PVC aufgebracht.

PVC-Beläge können unterschiedliche Qualitätsmerkmale und Eigenschaften aufweisen.

Die vielfältigen Oberflächenvariationen von PVC-Belägen bieten neben unterschiedlicher Farbigkeit und Struktur auch Imitationen von Fliesen, Kork, Parkett, Marmor oder Kuhflecken.

Je nach Zusammensetzung findet man PVC-Beläge auch in stark beanspruchten Bereichen wie Industriehallen. Zur Verbesserung der Rutschfestigkeit kann Korund eingearbeitet werden. Auch in Räumen mit besonderen Hygienevorschriften (z. B. Krankenhäusern) wird PVC verwendet. Hier muss der Belag verschweißt werden, um eine gute Reinigung zu gewährleisten.

Die DIN EN 649 gibt für die Verwendungsbereiche Verschleißgruppen an. Die Gruppen werden mit den Kennbuchstaben T, P, M, oder F versehen. Mit den Prüfungen wird das Verschleißverhalten der Nutzschicht durch Dickenverlust oder Volumenverlust festgestellt. Der Buchstabe T kennzeichnet den geringsten, der Buchstabe F den höchsten Verschleiß (→ Tabellenbuch Maler und Lackierer).

9.4.2 Verlegen von PVC-Belägen

Ein einwandfreier Untergrund ist die Voraussetzung für das fachgerechte Verarbeiten von Bodenbelägen. Auf einen unsachgemäß ausgeführten oder noch nicht belegreifen Estrich darf kein Bodenbelag verlegt werden. Vor dem Verlegen muss der Untergrund gemäß DIN 18 365/VOB Teil C geprüft werden auf

- größere Unebenheiten,
- Risse,
- Feuchtigkeit,
- Oberflächenfestigkeit,
- Rauheit und Porosität,
- Verunreinigung,
- Höhenniveau,
- Temperatur,
- Raumklima sowie
- ein sachgemäß geführtes Aufheizprotokoll (→ LF 8).

Sollten Mängel auftauchen die nicht in den Aufgabenbereich des Bodenlegers fallen, müssen Bedenken angemeldet werden.

Die **Verlegerichtung** sollte so gewählt werden, dass der geringste Verschnitt entsteht (→ LF 8). Die Bahnen eines Raumes müssen immer dieselbe Musterrichtung aufweisen.

Nischen oder Türöffnungen, die in Längsrichtung der Bahnen liegen, müssen so verlegt werden, dass diese Flächen überdeckt werden. Sie dürfen nicht mit Streifen belegt werden.

Nischen oder Türöffnungen, die nicht auf die Bahnen zulaufen, dürfen mit Streifen belegt werden. Es muss darauf geachtet werden, dass die Streifen dieselbe Musterrichtung zeigen.

Abb. 1: Einscheibenrundschleifmaschine

Abb. 2: Auftragen der Spachtelmasse mit Glättkelle oder Rakel

Abb. 3: Einlegen der Bahnen zum Akklimatisieren

Untergrundvorbereitung

- Gegebenenfalls müssen Altbeläge entfernt werden.
- Mögliche Unebenheiten werden mit einer Einscheibenrundschleifmaschine beseitigt (Abb. 1).
- Wird ein Bodenbelag ohne Unterlage verarbeitet, muss der Untergrund mit Spachtel- oder Ausgleichsmasse versehen werden. Die Masse darf nicht reißen und muss ausreichend druckfest sein (Abb. 2).
- Werden Unterlagen verwendet, müssen die Stöße so verarbeitet werden, dass diese sich versetzt zu den Stößen des Bodenbelags befinden.
- Die grob zugeschnittenen PVC-Bahnen werden mindestens 24 Stunden im zu verlegenden Raum akklimatisiert. Dabei werden sie liegend gelagert. Ein kalter PVC-Belag kann beim Verarbeiten brechen (Abb. 3).
- Nach der Akklimatisierung erfolgt ein grober Zuschnitt mit dem Hakenmesser (Abb. 4).

Verklebung

PVC-Beläge werden mit Dispersionsklebstoffen vollflächig verklebt. Als Klebeverfahren kommen das Nassklebeverfahren und die Haftklebung in Frage.

Das **Nassklebeverfahren** wird auf saugfähigen Untergründen eingesetzt. Dabei wird der Bodenbelag in das nasse Klebstoffbett gelegt. Saugfähige Untergründe nehmen dabei vollständig die Feuchtigkeit des Klebstoffs auf. Deshalb darf das Nassklebeverfahren bei nicht saugenden Untergründen nicht angewendet werden.

Auf dichten, nicht saugenden Untergründen kommt das **Haftklebeverfahren** zum Einsatz. Erst nach ausreichender Ablüftzeit des Haftklebers und nach dem vollständigen Verdunsten der Feuchtigkeit darf der Belag in das Klebstoffbett gelegt werden.

Abb. 4: Grober Zuschnitt mit Hakenmesser

Abb. 5: Einlegen ins Kleberbett

Abb. 6: Anreiben

Abb. 7: Genauer Zuschnitt

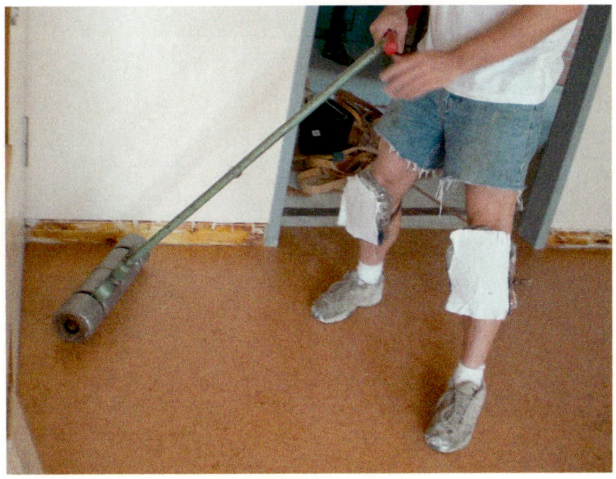

Abb. 8: Andrücken mit der Walze

Arbeitsschritte

- Zur Verklebung werden die Bahnen zur Hälfte umgeschlagen.

- Man beginnt mit der Verteilung des Klebstoffs an der Umschlagkante und trägt ihn möglichst gleichmäßig parallel zur Umschlagkante mit dem Zahnspachtel auf. Die Art der Zahnung und somit die gewünschte Kleberauftragsmenge sollte auf dem Gebinde vermerkt sein. Die Hinweise des Klebeherstellers sind dabei zu beachten. Zu dünn eingestrichene Flächen kleben ungenügend. Zu dick aufgetragener Kleber bindet zu langsam ab und führt zu Blasenbildung.

- Der überschüssige Kleber wird mit dem Spachtel aufgenommen und in den Behälter zurückgegeben.

- Sowohl beim Nassklebeverfahren als auch bei der Haftklebung sind die Herstellerangaben zur Ablüftzeit einzuhalten.

- Sofort nach dem Einlegen der Bahn in das Klebebett wird die Bahn von der Mitte aus kräftig angerieben und in den Kleber gedrückt (Abb. 5 und 6). Dabei werden Reste eingeschlossener Luft seitlich heraus gedrückt und die Verbindung mit dem Untergrund hergestellt.

- Nun erfolgt der endgültige Beschnitt mit Haken- oder Teppichmesser. Gerade Kanten können mit Stahllineal und Teppichmesser beschnitten werden (Abb. 7).

- Der PVC-Belag wird abschließend mit einer Walze angedrückt, um die Klebekraft zu erhöhen (Abb. 8).

Anbringen der Sockelleiste

Flexible Sockelleisten (Fußleisten) müssen an den Ecken und Stößen auf Gehrung zugeschnitten werden. Sie können zur dauerhaften Befestigung geklebt oder genagelt werden (Abb. 9–11).

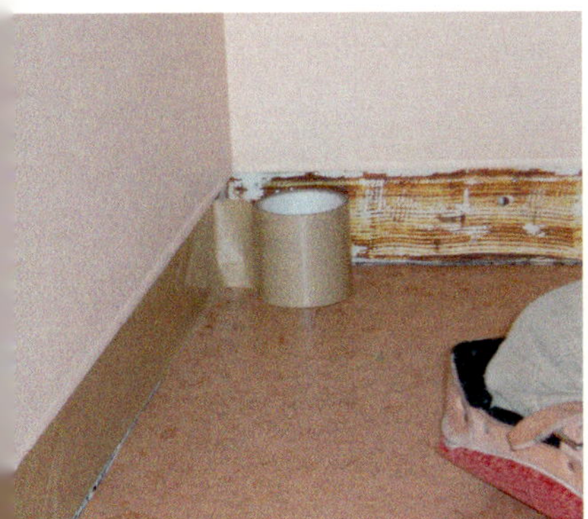

Abb. 9: Sockelband

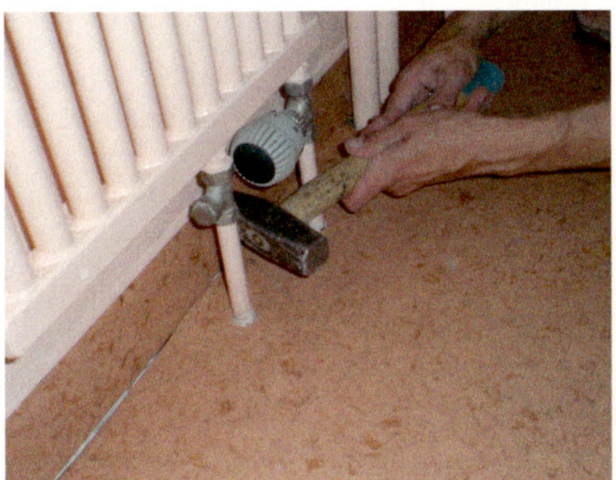

Abb. 10: Befestigen der Fußleiste

Abb. 11: Füllen mit Silikon

- Beim Klebeverfahren wird das doppelseitige Sockelklebeband in der benötigten Breite angebracht (Abb. 9, S. 331).
- Die Fußleiste wird angedrückt und zur zusätzlichen Befestigung mit einem Hammer angerieben (Abb. 10, S. 331).
- Die Fuge zwischen der Fußleiste und dem Fußboden wird mit Silikon gefüllt (Abb. 11, S. 331).
- Überschüssiges Silikon wird mit einem Abziehplättchen entfernt.

9.4.3 Linoleum

Linoleum (Abb. 1) gilt als ökologisch unbedenklicher Bodenbelag, weil er überwiegend aus natürlichen und nachwachsenden Rohstoffen hergestellt wird. Die wichtigsten Bestandteile sind Leinöl, Kork, Baumharz und Jute. Ausgangstoff für die Herstellung ist Leinöl, das unter Sauerstoffeinwirkung zum Linoxyn oxidiert. Das Linoxyn wird mit natürlichen Harzen zu Linoleumzement vermengt. Zu diesem Gemisch werden Kork- und Holzmehl, Füllstoffe (Kreide) und Pigmente gegeben und zur Linoleumgrundmasse vermengt. Die Grundmasse wird zerkleinert, gemischt und unter Temperatur- und Druckeinwirkung auf ein Jutegewebe gepresst. Die fertigen Bahnen müssen je nach Schichtdicke 2–3 Wochen in beheizten Kammern hängend „reifen".

Das gereifte Linoleum ist hoch verschleißfest und besitzt dadurch eine lange Lebensdauer. Es ist druckfest, elastisch, antistatisch, schwer entflammbar, beständig gegen Öle und Fette. Linoleum ist sehr leicht zu reinigen und wird deshalb häufig in Krankenhäusern und Schulen eingesetzt.

Im Vergleich zu Kautschuk, PVC und Polyolefinen ist Linoleum ein eher spröder Bodenbelag.

Wird Linoleum überdehnt oder zu kalt verarbeitet, bricht es.

Lieferbar ist Linoleum als Rollenware von bis zu 200 cm Breite (in Stärken von 2–5 mm) und in Fliesen.

Aus Linoleum lassen sich durch Schneiden und Zusammensetzen von unterschiedlich farbigen Stücken leicht individuelle Entwürfe und Intarsien herstellen.

Abb. 1: Linoleum

9.4.4 Verlegen von Linoleum

Zur Verlegung von Linoleum eignen sich alle Untergründe, die eben, fest, rissfrei und trocken sind (gemäß DIN 18 365/ VOB Teil C).

Wichtig beim/vor dem Einlegen des Linoleums ist das „Walken". Das heißt, dass die Kopfenden gegen die Biegung des Belags gebogen werden. So wird das Linoleum geschmeidig gemacht und ein Hochdrücken des starren Belags verhindert.

Die Untergrundvorbereitung und Verklebung (mit ein- oder zweikomponentigem Dispersionskleber) von Linoleum erfolgt ebenso wie das Verarbeiten von PVC.

Allerdings muss beim Verlegen von Linoleum das Akklimatisieren des Materials verstärkt beachtet werden.

- Linoleum muss sich der Raumfeuchtigkeit und der Raumtemperatur anpassen.
- Die Temperatur des Untergrundes muss bei mindestens +15 °C, auf Fußbodenheizung zwischen +18 °C und +22 °C liegen.
- Die relative Luftfeuchte sollte zwischen 40 % und 60 % liegen.
- Diese klimatischen Bedingungen sind 3 Tage vor Beginn und mindestens 7 Tage nach Fertigstellung der Arbeiten beizubehalten.

Fugenschluss
Eine Besonderheit beim Verlegen von Linoleum bildet der Fugenschluss. Fugen sollten mit Schmelzdraht abgedichtet werden, insbesondere in Bereichen, in denen häufig Nassreinigungen durchgeführt werden.

Abb. 2: Fugenfräse

Abb. 3: Arbeiten mit der Fugenfräse

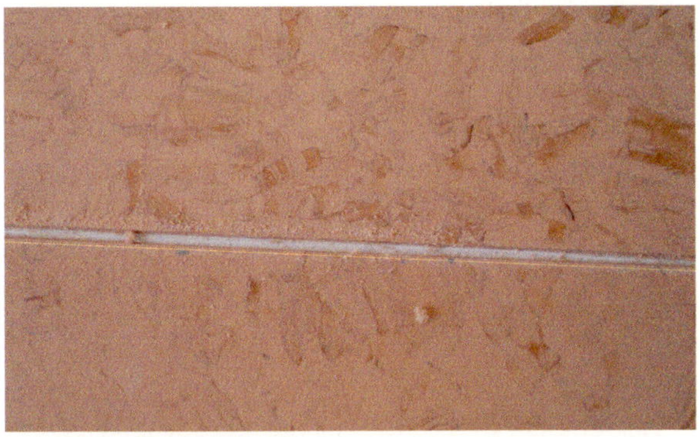

Abb. 4: Belagsfuge

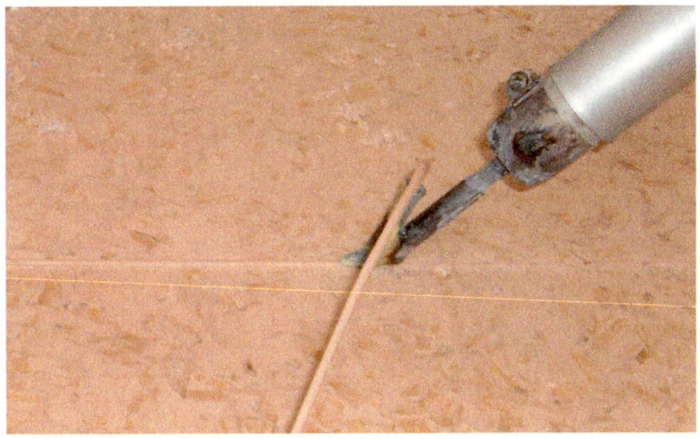

Abb. 5: Handschweißgerät

Das Abdichten erfolgt erst nach dem vollständigen Abbinden des Klebstoffs. Ein zu frühes Abdichten der Nähte kann infolge der Hitzeeinwirkung zur Minderung der Klebkraft des Klebstoffes im Nahtbereich führen.

- Mit der Fugenfräse (Abb. 2 und 3) wird die Belagsfuge einer Tiefe von ca. $^{2}/_{3}$ der Belagsdicke aufgefräst (Abb. 4).
- Die Nut wird anschließend sorgfältig gesäubert. Der Schmelzdraht kann nun entweder mit dem Handschweißgerät (Abb. 5) oder dem Schweißautomaten (S. 334, Abb. 1) verarbeitet werden. Die Verarbeitungstemperatur liegt bei ca. 400–450 °C mit einer Arbeitsgeschwindigkeit von ungefähr 2,5–3 m pro Minute.
- Der überstehende Teil des Schmelzdrahtes wird in zwei Schritten abgestoßen.
- Direkt nach dem Einbringen wird der warme Schmelzdraht mit dem Viertelmondmesser und dem aufgesteckten Schlitten abgeschnitten (Abb. 7 und Abb. 6).

Abb. 6: Abstoßen mit Viertelmondmesser und Schlitten

Abb. 7: Viertelmondmesser mit Schlitten

Abb. 1: Selbst fahrender Schweißautomat

Abb. 2: Bündiges Abstoßen

- Nach dem Erkalten wird der Schmelzdraht mit dem Viertelmondmesser bündig abgestoßen (Abb. 2).
- Nach zwei bis drei Wochen muss das Linoleum eingepflegt werden. Dazu wird die gesäuberte Fläche mit einer Polymerdispersion mit Hilfe einer Einreibemaschine und einem Polierpad gewachst. Dadurch entsteht der für Linoleum typische Glanz.
- Bei **PUR-vergütetem Linoleum** entfallen auf Grund der bereits werksseitig vorgenommenen Oberflächenvergütung das Einpflegen und die Grundreinigungsintervalle mit Polymerdispersion.

Aufgaben zu Kapitel 9.4.4

1. Für welchen Einsatzbereich ist ein Fußbodenbelag geeignet, der das folgende Symbol trägt?

2. Erklären Sie, was nach DIN EN 685 die Klasse 33 bedeutet.

3. Erläutern Sie den Unterschied zwischen einem homogenen und einem heterogenen PVC-Belag.

4. Zeigen Sie auf, in welchem Fall beim Verkleben eines PVC-Belags das Nass- oder das Haftklebeverfahren in Frage kommt.

5. Aus welchen Bestandteilen besteht Linoleum und welche Eigenschaften weist es auf?

6. a) Was bedeutet „Walken“?
b) Erklären Sie, warum ein Linoleum vor dem Verlegen gewalkt werden muss.

7. Benennen Sie folgende Symbole und erklären kurz deren Bedeutung.

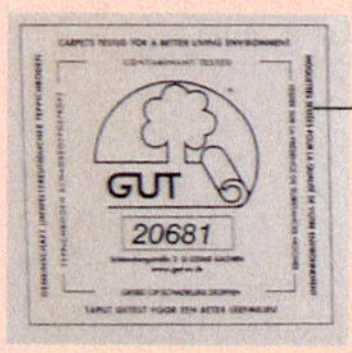

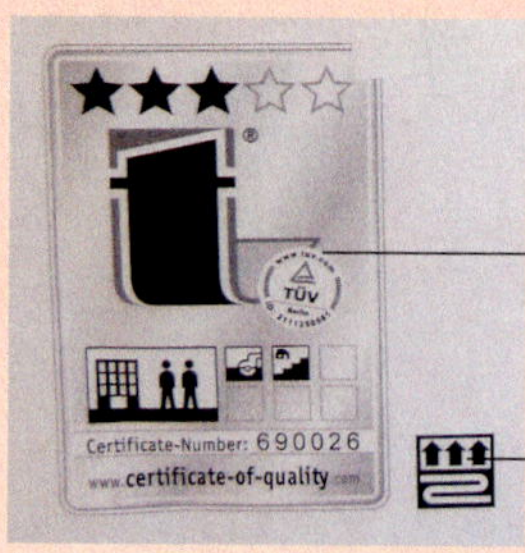

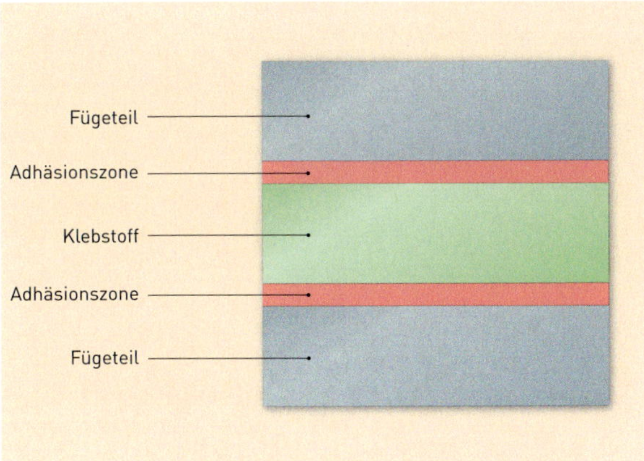

Abb. 4: Querschnitt einer Klebung

9.4.5 Klebstoffe

Nach DIN EN 923 wird ein Klebstoff definiert als „Nichtmetallischer Stoff, der Werkstoffe (Fügeteile) durch Oberflächenhaftung (Adhäsion) so verbinden kann, dass die Verbindung eine ausreichende innere Festigkeit (Kohäsion) besitzt".

Unter Adhäsion versteht man das Haftvermögen eines Klebstoffes an der Oberfläche der Fügeteile und die Anziehungskräfte, die zwischen zwei Stoffen auftreten. Kohäsion hingegen ist die innere Festigkeit eines Klebstoffes, also die Anziehung der Moleküle untereinander (Abb. 4 und → LF 2).

Im Folgenden werden die Namen der wichtigsten Klebstoffe in Anlehnung an die DIN EN 923 aufgeführt.

Im Handel finden sich auch Klebstoffbezeichnungen, die sich z. B. auf deren Anwendung, den zu verklebenden Werkstoff (Tapetenkleister), die Abbindegeschwindigkeit (Sekundenkleber), auf ihr Aussehen (Weißleim) oder auf ihre Form (Perlleim, Tafelleim) beziehen.

Ein **wässriger Klebstoff** ist ein Klebstoff, in dem das Bindemittel Wasser dispergiert ist.

Ein **Lösemittelklebstoff** ist ein Klebstoff, in dem das Bindemittel in einem Lösemittel gelöst ist.

Kleister ist ein hochviskoser, nicht fadenziehender Klebstoff. Kleister auf Stärke- oder Celluloseetherbasis werden oft zum Kleben von Papier (Tapeten), auf Basis von synthetischen Polymeren, z. B. zum Kleben von Bodenbelägen, verwendet.

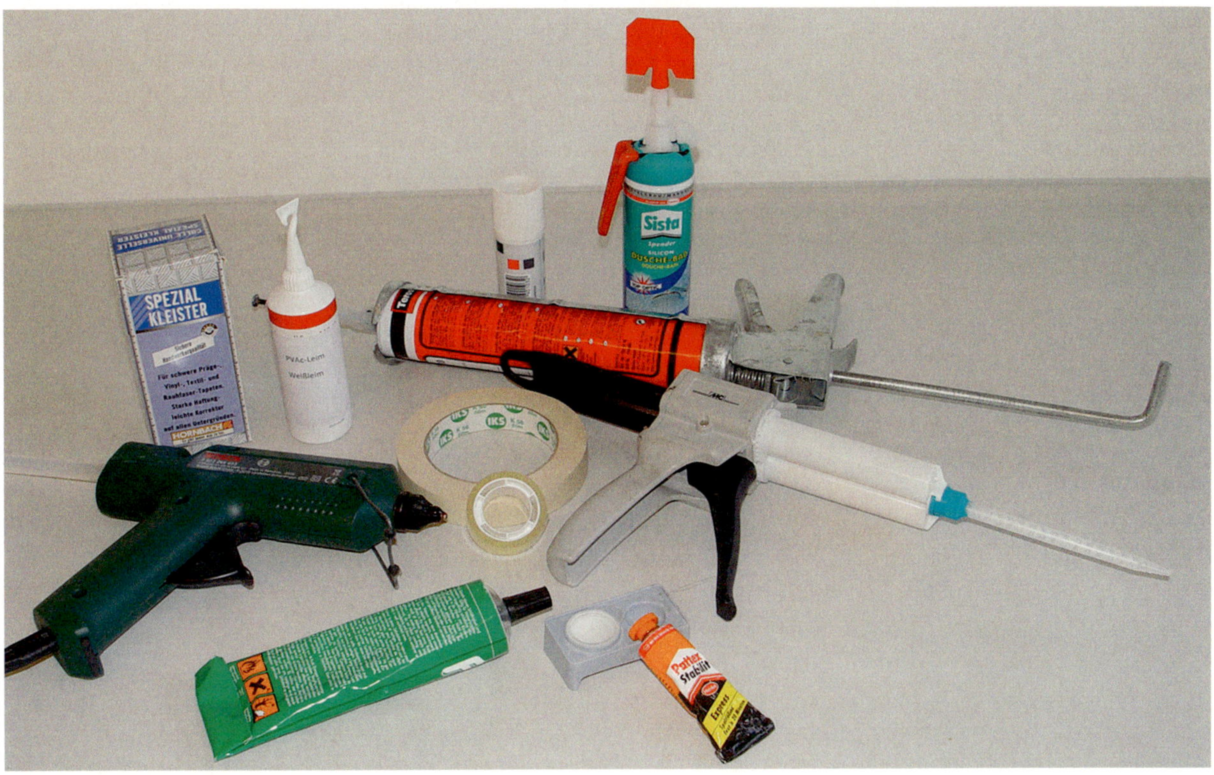

Abb. 5: Klebstoffauswahl

Leime sind wässrige Klebstoffe, die sich besonders zum Kleben von porösen Werkstoffen, z. B. Holz, eigen.

Ein **Dispersionsklebstoff** ist ein Klebstoff aus einer Dispersion eines Polymers in einer flüssigen Phase, meistens Wasser.

Dichtstoffe sind Klebstoffe, die elastische Eigenschaften besitzen, z. B. zum Füllen von Fugen.

Ein **schäumbarer Klebstoff** schäumt nach der Anwendung auf, um so stark fugenfüllend zu sein.

Schmelzklebstoff (Hotmeltklebstoff) ist ein Klebstoff, der warm aufgetragen wird und beim Abkühlen Klebungen erzeugt.

Ein **Haftklebstoff** bleibt bei Raumtemperatur dauerklebrig und haftet unter leichtem Duck an den Oberflächen.

Kontaktklebstoffe werden auf die Fügeteile aufgetragen. Die Klebeflächen werden nach annähernder Trocknung zusammengedrückt und bilden sofort eine feste Klebung.

Ein **Reaktionsklebstoff** ist ein Klebstoff, der durch chemische Reaktion der Komponenten oder durch Einwirken äußerer Stoffe abbindet.

Kleben
Als Kleben wird die Herstellung einer festen Verbindung zweier Teile durch einen Werkstoff (Klebstoff) bezeichnet. Der Werkstoff verbindet die Teile durch seine Verfestigung. Die Verfestigung kann durch physikalisches Abbinden oder chemische Reaktion erfolgen.

Einteilung der Klebstoffe
Klebstoffe können unterteilt werden nach Art des Bindemittels oder nach dem Verfestigungsmechanismus.

Nach ihrem Bindemittel werden Klebstoffe in die Gruppe der natürlichen und die synthetischen unterteilt.

Natürliche Klebstoffe sind beispielsweise

- Naturharze wie Balsame, Kolophonium (Baumharz) und fossile Harze (Dammar, Bernstein),
- Kohlenhydrate wie Stärke, Dextrin und Zucker,
- Kautschuk (Latex),
- Proteine wie Kasein und Gelatine,
- Wachse und andere Naturstoffe wie Bienenwachs und Schellack.

Die Gruppe der synthetischen Klebstoffe umfasst z. B. folgende Bindemittel:

- Polyethen (Heißkleber),
- Polyvinylalkohol (Papierkleber),
- Polyester (Metallkleber, Gießharz),
- Polystyrol (Polystyolteile wie z. B. Zierleisten),
- Epoxidharz (Metallkleber),
- Polyvinylchlorid (Kunststoffkleber),
- Polyacrylate (Kunststoff und Haftkleber),
- Polyvinylacetat („Alleskleber", Weißleim),
- Cyanacrylate (Sekundenkleber).

Werden Klebstoffe nach der Art ihrer Verfestigung unterschieden, unterteilt man sie in die Gruppe der physikalisch abbindenden und der chemisch härtenden (→ Tabellenbuch Maler und Lackierer).

Aufgaben zu Kapitel 9.4.5

1. Erklären Sie die Begriffe Adhäsion und Kohäsion.

2. Erklären Sie Unterschiede der Verfestigung eines Dispersionsklebstoffes und eines Epoxidharzes.

3. Welche Klebstoffe können für die Verarbeitung von

a) Teppichböden, Tapeten und
b) welche für die Verklebung von Kunststoffteilen verwendet werden?

Abb. 1: Unterschiedliche Laminatdekore

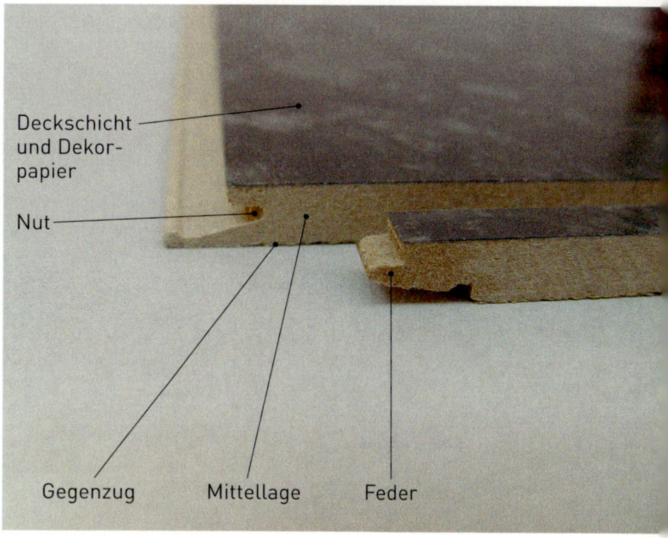

Abb. 2: Querschnitt von Laminat

9.5 Harte Bodenbeläge

Harte Bodenbeläge lassen sich in die Gruppen Hartbeläge und Mineralische Beläge einteilen.

Zu den **Hartbelägen** gehören

- Laminat,
- Fertigparkett,
- Klassisches Parkett.

Sonstige Holzböden, z. B.
- Dielen und
- Holzpflaster.

Zu den **mineralischen** Belägen gehören

- Natursteine,
- Terrazzo,
- Steingutfliesen,
- Steinzeugfliesen,
- Terracotta,
- Betonsteine,
- Steinpflaster.

Die Schichtwerkstoffe Laminat und Fertigparkett werden auf Grund ihres einfachen und schnellen Einbaus sehr häufig eingesetzt.

9.5.1 Laminat

Laminat ist ein preiswerter, strapazierfähiger und pflegeleichter Bodenbelag (Abb. 1). Die Oberseite des Laminats, die Nutzschicht, besteht aus einer widerstandsfähigen Melaminharz-Deckschicht (Overlay). Mit dieser Oberseite wird ein imprägniertes Dekorpapier verpresst. Das Dekorpapier kann nach Belieben gestaltet werden.

Die Mittellage (das Trägermaterial) besteht aus einer hoch verdichteter Holzfaserplatte (HDF).

Die Unterseite, der Gegenzug, dient als Spannungsausgleich. Er stabilisiert das Laminat und sperrt gleichzeitig Feuchtigkeit ab (Abb. 2).

Der Einsatzbereich eines Laminats erfolgt nach Bewertungskriterien gemäß DIN EN 13329.

Um Laminate hinsichtlich der Abriebfestigkeit besser unterscheiden zu können, wurden die Beanspruchungsklassen mit den Klassifizierungssymbolen der DIN EN 685 (S. 327, Tab. 1) kombiniert.

Im Zusammenhang mit der Abriebklasse (AC) und einer Bewertungszahl von 1 bis 5 ergibt sich der Verwendungsbereich des Laminats. Wobei AC1 die niedrigste und AC5 die höchste Abriebklasse angibt. (S. 338, Tab. 1).

Tab. 1: Klassifizierung und Abriebklasse

Klassifizierung nach DIN EN 685	Verwendungsbereich	Abriebklasse
21	Wohnen, geringe Belastung (Schlafzimmer)	AC1
22	Wohnen, mittlere Belastung (Wohnräume)	AC2
23	Wohnen, intensive Belastung (Wohnräume, Eingangshallen)	AC3
31	Gewerbliche Nutzung, gering oder zeitweise Nutzung (Hotels, kleine Büros	AC3
32	Gewerbliche Nutzung, mittlere Nutzung (Hotels, Geschäfte)	AC4
33	Gewerbliche Nutzung, intensive Nutzung (Kaufhäuser, Flure, Schulen)	AC5

9.5.2 Fertigparkett

Fertigparkett besteht aus einer Echtholzschicht, die in den meisten Fällen mit einer Klarlackversiegelung versehen ist (Abb. 1). Die Mittellage besteht entweder aus Holzwerkstoffen oder aus einem HDF-Träger. Die Unterseite bildet den Gegenzug (Abb. 2).

Zur Auswahl stehen unterschiedliche Parkettarten. Die Auswahl einer Holzart als Fußbodenbelag hängt nicht nur von der Optik, also der Holzstruktur und der Farbe ab, sondern auch von der gewünschten Haltbarkeit. Hierbei spielt die Härte des jeweiligen Holzes eine große Rolle.

Die Härte einer Holzart ist von der Rohdichte (ϱ_0 [g/cm^3]) und vom Wassergehalt abhängig. Je höher die Rohdichte und je geringer der Wassergehalt ist, desto härter und somit unempfindlicher ist der Bodenbelag gegen Eindrücke.

Sehr weiche Hölzer (z. B. Linde und Tanne) eignen sich als Parkettholz lediglich in schwach beanspruchten Räumen. Aber selbst auf Parkett aus sehr harten Hölzern (z. B. Ebenholz oder Pockholz) werden Gebrauchsspuren in Räumen mit starker Beanspruchung zu sehen sein.

Diese leichten Abnutzungserscheinungen, z. B. auf Tanzböden oder in stark frequentierten Eingangsbereichen, gehören zum natürlichen Aussehen eines Parketts dazu.

Die Härte einer Holzart wird geprüft, indem man den Widerstand des Holzes gegen das Eindringen eines Prüfkörpers testet.

Abb. 1: Fertigparkett

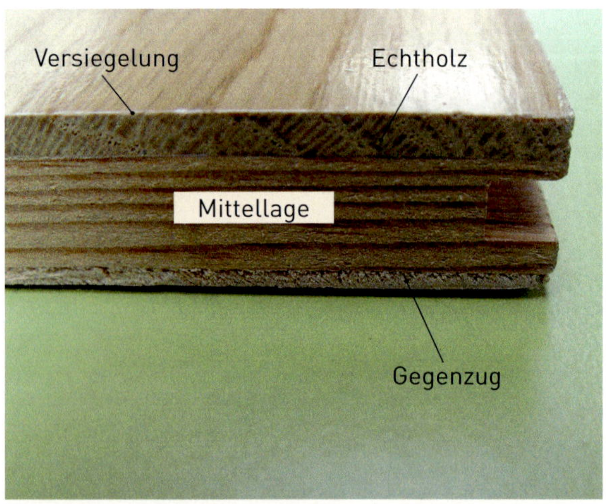

Abb. 2: Querschnitt Fertigparkett

Tab. 2: Härtegrade von Holz

Härtegrade	Holzart	Rohdichte (ϱ_0 [g/cm³])
Sehr weich bis weich	Balsa	ca. 0,2
	Fichte /Tanne	ca. 0,43
	Kiefer	ca. 0,49
	Linde	ca. 0,45
Mittelhart	Ahorn	ca. 0,57–0,68
	Birke	ca. 0,65
	Buche	ca. 0,68
	Eiche	ca. 0,65
	Kirschbaum	ca. 0,54
	Mahagoni	ca. 0,52
	Nussbaum	ca. 0,62
	Teak	ca. 0,63
Hart bis sehr hart	Ebenholz	ca. 1,04
	Palisander	ca. 0,83
	Robinie	ca. 0,72

Bei der Prüfung der **Brinell-Härte** wird eine Stahlkugel mit 10 Millimeter Durchmesser mit zunehmendem Druck für 30 Sekunden in das Holz gedrückt. Der Durchmesser des Kugeleindrucks wird mit einer Lupe ausgemessen.

Je höher der ermittelte Brinellwert ist, desto härter und somit widerstandsfähiger ist das Holz.

In der Praxis unterscheidet man der Einfachheit halber zwischen Hart- und Weichholz. Zusätzlich können die Holzarten in Abhängigkeit von ihrer Rohdichte und bei immer gleicher Holzfeuchte in Härtegradstufen unterteilt werden (Tab. 2).

9.5.3 Verarbeitung von harten Bodenbelägen

Voraussetzung für das Verlegen von Laminat oder Fertigparkett ist ein ebener, trockener und tragfähiger Untergrund (→ LF 8).

Bevor mit dem Verlegen begonnen werden kann, muss eine **Unterlagsfolie** zum Absperren der restlichen Untergrundfeuchtigkeit ausgelegt werden. In den meisten Fällen wird zusätzlich eine Schicht aus Mineralwolle oder Polystyrol-Hartschaum aufgebracht, die die Übertragung des Trittschalls mindert. Laminatböden und die meisten Fertigparkettböden werden schwimmend verlegt. Das bedeutet, dass der Bodebelag weder am Untergrund, noch an den angrenzenden Wänden verklebt wird.

Häufig wird im „Klick-Verfahren" gearbeitet. Das heißt, Nut und Feder müssen nicht verklebt werden, sondern rasten ineinander. Um eine feste Verbindung von Nut und Feder zu erreichen, wird mit dem Zugeisen gearbeitet (S. 340, Abb. 1). Das „Klick-Verfahren" hat den Vorteil, dass der Boden sofort nach dem Verlegen begehbar ist.

Zudem können einzelne, schadhafte Stellen leicht repariert werden. Bei jeder Art der **schwimmenden Verlegung** muss eine **Dehnungsfuge** (Bewegungsfuge) an allen anschließenden Wänden eingearbeitet werden. Hierzu werden Klötze als Abstandshalter an den Wänden verteilt. Diese gewährleisten einen Abstand des Bodenbelags von ca. 1,5 cm zur Wand (S. 340, Abb. 2).

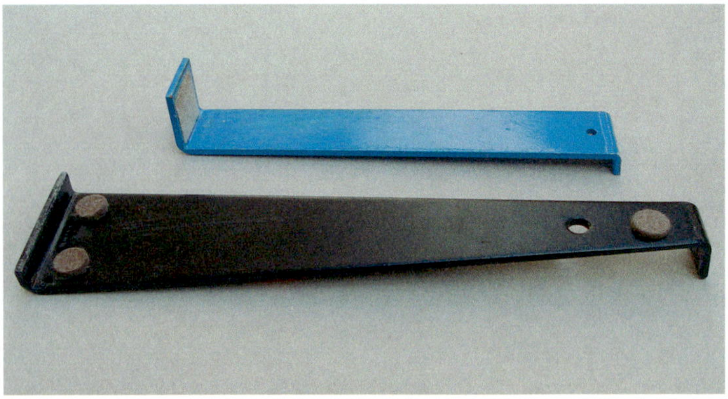

Abb. 1: Zugeisen

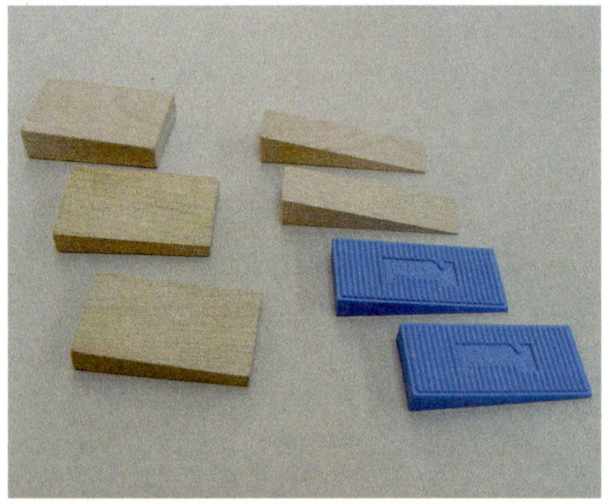

Abb. 2: Abstandhalter

Die Dehnungsfuge ermöglicht, dass sich der Fußboden entsprechend der wechselnden klimatischen Bedingungen im Raum bewegen kann. Sollte zu wenig Bewegungsfreiheit zwischen Bodenbelag und Wand bestehen, so dehnt sich der Belag gegebenenfalls aus, stößt an die Wände und hebt sich in der Mitte des Raumes an.

Wird beim Verlegen von Fertigparkett oder Laminat geklebt, so wird mit lösemittelfreiem Dispersionskleber gearbeitet. Bei hoher Beanspruchung des Bodens wird mit Zweikomponenten-Polyurethankleber verklebt.

Sollte das Parkett nicht fertig versiegelt, sondern unbehandelt geliefert worden sein, so muss eine nachträgliche Behandlung erfolgen.

Zur Auswahl stehen entweder Versiegelungen auf Polyurethan- oder Acrylatbasis oder das Ölen und Wachsen. Versiegelungen mit Klarlacken bilden eine geschlossene, unempfindliche Beschichtung auf dem Fertigparket die einen hohen Abriebwiderstand aufweist.

Bei geöltem Parkett bleibt der Holzcharakter am ehesten erhalten. Das Öl zieht tief in die Poren ein und „feuert" das Holz an. Das bedeutet, dass die Eigenfarbe des Holzes noch stärker hervorgehoben wird. Sowohl geölte als auch gewachste Flächen weisen einen geringen Abriebwiderstand auf und sind schmutzanfälliger als versiegelte Flächen.

Das Verlegen von Fertigparkett kann in unterschiedlichen Musterungen vorgenommen werden. Dies muss nicht nur im einfachen Mosaikmuster geschehen, sondern kann auch im Würfelmuster, im Schiffsbodenmuster (Abb. 3–4) oder im Fischgrätmuster geschehen. Beim Würfelmuster können unterschiedlich große, rechteckige Platten auch diagonal verlegt werden. Beim Schiffsbodenmuster werden gleich breite Dielen symmetrisch verarbeitet. Das Fischgrätmuster entsteht, indem die Elemente diagonal zueinander verlegt werden. So entsteht

Abb. 3: Schiffsbodenmusterung

Abb. 4: Würfelmuster

ein Muster, das wie die Gräten eines Fisches aussieht.

9.5.4 Fußleisten

Die Fußleisten (Sockelleisten) bilden den Abschluss der Verlegearbeit. Sie verdecken die Bewegungsfuge, die beim schwimmenden Verlegen entsteht. Außerdem schützen sie den unteren Teil der Wand vor Verschmutzung. Fußleisten dürfen niemals direkt auf Parkett oder Laminat befestigt werden. Damit würde dem Bodenbelag die Möglichkeit genommen, sich bei Temperaturänderungen auszudehnen oder zusammenzuziehen.

Die Sockelleisten sollten so zugeschnitten werden, dass möglichst wenige Ansätze zu sehen sind. An Raumecken und Nischen müssen die Leisten mit einer Gehrungssäge im Winkel von 45 Grad geschnitten werden.

Fußleisten können an die Wand genagelt, geklebt, gedübelt oder auf Systemleisten gesteckt werden. Hierbei werden entsprechende Clips an die Wand gedübelt und die passenden Leisten aufgesetzt.

Aufgaben zu Kapitel 9.5

1. a) Erklären Sie den Begriff „Abriebklasse".
b) Wie viel Abriebklassen gibt es in Bezug auf Laminat?

2. Erläutern Sie die Bedeutung der Dehnungsfuge beim Verarbeiten von harten Bodenbelägen.

3. a) Wozu dient die Messung der „Brinell-Härte"?
b) Nennen Sie zu den Härtegraden von Holz jeweils drei typische Vertreter.

4. Beschreiben Sie die Nachteile des Ölens und Wachsens im Vergleich zu einer Versiegelung.

5. Benennen Sie den Schichtaufbau des vorliegenden Laminats und erklären Sie kurz die jeweilige Bedeutung.

a)

b)

c)

Abb. 1: Wandbespannung

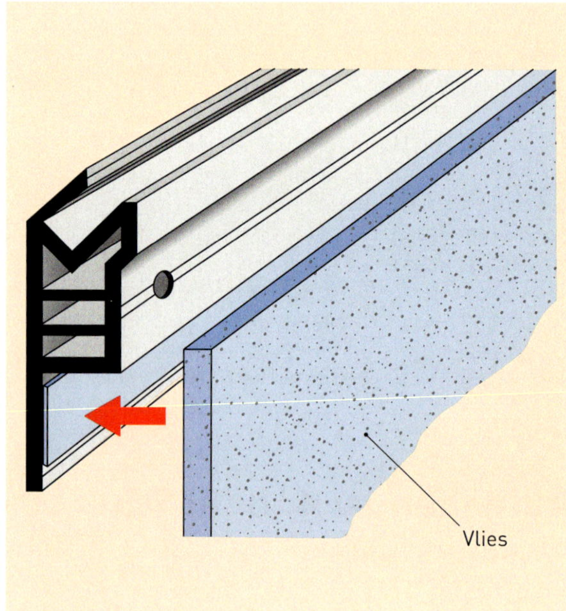

Abb. 2: Klemmleiste

9.6 Spannarbeiten

Das Verspannen von textilen Bekleidungen ist eine sehr alte Gestaltungstechnik. Bereits im 16. Jahrhundert ließen reiche Bürger Wände mit edlen Stoffen und Leder bekleiden. Dies war, wie auch das Auslegen von Teppichen, nicht nur ein Zeichen von Wohlstand, sondern diente auch der Wärmedämmung. Da die Teppiche zu Beginn noch nicht formstabil hergestellt werden konnten, wurden diese auf die Holzfußböden genagelt. Hierin liegt der Ursprung des Verspannens von Teppichböden. Heute werden nicht nur Wände und Fußböden, sondern auch Decken mit der Spanntechnik gestaltet.

9.6.1 Wandbespannung

Die Auswahl an Stoffen, die als Wandbespannung genutzt werden kann, ist vielfältig. Musterung, Textur und Farbe ist vom Gestaltungswunsch abhängig (Abb. 1). Das Material sollte allerdings ausreichend fest, formstabil und lichtecht sein.

Da Wandbespannungen leicht aus dem Spannrahmen entnommen werden können, bieten diese die Möglichkeit einer problemlosen Reinigung. Ein Musterwechsel ist entsprechend schnell durchzuführen. Zudem bieten sie eine Verstärkung des Schallschutzes und der Wärmedämmung.

Ausführung
Beim Anbringen einer Wandbespannung ist folgende Vorgehensweise ratsam:

- Die Untergründe für eine Wandbespannung müssen fest, rissfrei und trocken sein. Kleine Unregelmäßigkeiten werden vom Bespannstoff verdeckt. Auch alte, tragfähige Farbschichten oder Tapeten können unter der Wandbespannung verbleiben.
- Die Stoffe werden zugeschnitten in Klemmleisten zum Bespannen befestigt. Dies kann mittels Heftklammern, Klebstoff oder Klebebändern erfolgen (Abb. 2).
- Die Leisten sind je nach Untergrundbeschaffenheit durch Kleben, Dübeln oder Nageln umlaufend an der Wand zu montieren.
- Die Ecken müssen auf Gehrung gesägt werden.
- Die Leisten können vor dem Einlegen des Stoffes an der Wand befestigt werden. Dann wird der Stoff nachträglich in die Leisten geklemmt.
- Alternativ kann der Stoff auch vor dem Anbringen an die Wand auf einem Leistengerüst befestigt werden. Der Rahmen wird dann fertig bespannt an der Wand montiert.
- Auf eine faltenfreie Bespannung ist zu achten.

Beide Montagearten bieten die Möglichkeit einer zusätzlichen Wärmedämmung. Die Klemmleiste erzeugt eine Lücke zwischen Stoff und Wand. Diese kann vor dem Verkleiden mit einer Wärmedämmung gefüllt werden.

Abb. 3: Montage einer Lackspanndecke

Abb. 4: Hochglänzende Deckenbespannung

9.6.2 Deckenbespannung

Die Verspannung von Decken wird mit Hilfe einer reißfesten Folie durchgeführt. Dabei entstehen hoch glänzende, individuell gestaltete Decken mit „Lackeffekt" (Abb. 3).
In der Regel werden Folien aus PVC verwendet. Sie sind ein- oder mehrfarbig, bemalt oder bedruckt und in vielen Texturen und Musterungen zu erwerben. Die Spannfolien sind Feuchte unempfindlich, für Feuchträume geeignet und abwischbar. Sie kaschieren unregelmäßige oder fehlerhafte Decken.

Ausführung
Die Spanndecken werden werksseitig auf die entsprechende Raumgröße zugeschnitten bestellt.

- Danach wird eine umlaufende Unterkonstruktion aus Profilleisten hergestellt und in der gewünschten Raumhöhe befestigt.
- Gegebenfalls können vor dem Aufspannen der Folie Lichtinstallationen vorgenommen werden.
- Die Folie wird nun im Raum auf ca. 45 °C aufgeheizt, damit sie sich ausdehnen kann.
- In warmem Zustand wird sie in die Profilleisten eingespannt.
  Beim Abkühlen des Raumes zieht sich die Folie wieder zusammen und ergibt eine glatte, hochglänzende Oberfläche (Abb. 4).
- Sollten Deckenstrahler in die Folie eingebaut werden, muss die Spannfolie dafür eingeschnitten werden. Dazu wird zuvor ein Ring aufgeklebt, in dem geschnitten wird. So wird verhindert, dass die Folie einreißt.

9.6.3 Verspannen von Teppichböden

Das Verspannen von Teppichböden ist eine sehr repräsentative Verlegemethode, die heute stärker denn je Verwendung findet. Das Verfahren gilt als eine materialgerechte Verarbeitung, da die Elastizität von textilen Bodenbelägen ausgenutzt wird. Hierbei wird der Teppich ohne die Verwendung von Kleber unter Spannung auf allen Seiten in Nagelleisten einhängt (S. 344, Abb. 1).
Zum Spannen eigen sich ausschließlich Teppiche mit textilem, vorzugsweise mit gewebtem Rücken.
Das Verspannen von Teppichböden bietet viele Vorteile, z. B.:

- längere Lebensdauer als bei einem verklebten Teppichboden,
- höhere Trittschallisolierung und Wärmedämmung,
- hoher Gehkomfort, da der Teppich keinen direkten Kontakt zum Untergrund besitzt,
- geringere Gefahr der Laufstraßenbildung,
- aushaken und nach der Reinigung wieder einhaken,
- bequemes Auswechseln des Teppichbodens, da das Entfernen von Klebstoffresten, Spachtelmassen oder ähnlichem entfällt, Nagelleisten und der Spannfilz können wieder verwendet werden.

Sollen Teppiche auf Untergründen mit Fußbodenheizung verspannt werden, so muss darauf geachtet werden, dass die Heizelemente beim Anbringen der Nagelleisten nicht beschädigt werden.

Abb. 1: Nagelleisten

Abb. 2: Kniespanner

Zudem dürfen nur Teppiche zum Einsatz kommen, die durch die höheren Temperaturen am Boden nicht zum Verziehen neigen.

Ausführung
Beim Verspannen von Teppichböden sollten folgende Hinweise beachtet werden:

- Vor dem Auslegen des Teppichbodens sollte eine elastische Unterlage, der Spannfilz, verlegt werden. Der Spannfilz stellt den Höhenausgleich zu den Nagelleisten her.
- Um ein Verziehen der Unterlagen zu vermeiden, sollten diese innerhalb der Nahtkantenbereiche und der Nagelleisten geklebt, auf Holzböden mit dem Hefthammer oder Tacker befestigt werden.
- Anschließend werden die Nagelleisten an den Wänden und Nischen angebracht.
- Nagelleisten sind je nach Florhöhe des Teppichs auszuwählen. Sie sind in einer Höhe von 4 mm beziehungsweise 6 mm und für sehr dicke textile Bodenbeläge von 8 mm im Handel erhältlich.
- Die Montage erfolgt, je nach Untergrund, durch Kleben, Nageln oder Dübeln.
- Der Abstand der Leisten von der Wand ist von der Teppichstärke abhängig. Als Faustformel gilt es, einen Abstand von ca. $2/3$ der Teppichstärke einzuhalten.
- Das Spannen und Einhängen der Teppichböden erfolgt mit dem Kniespanner. Der Kopf des Kniespanners ist mit Zähnen bestückt, deren Länge passend zum Teppichboden eingestellt werden kann. Mit den Zähnen des Spannkopfes greift der Kniespanner von oben in den Teppichboden.
- Durch Kniestöße gegen das Stoßpolster des Kniespanners wird der Teppich soweit in die Richtung der Leiste bewegt, dass er in die Nagelleisten eingehängt werden kann.
- Nach dem Entfernen des Kniespanners wird der Teppichboden durch die erzeugte Spannung auf den Nagelleisten gehalten und ist faltenfrei verspannt.
- Beim abschließenden Beschneiden der Wandabschlüsse müssen ungefähr 5 mm Teppichboden stehen bleiben.
- Dieser Rest wird mit einer Ahle in den Spalt zwischen Nagelleiste und Wand gedrückt.
- Werden zur Verspannung eines Bodenbelags mehrere Teppichbahnen benötigt, so müssen diese vorher fest zusammengefügt (konfektioniert) werden.
- Das Zusammensetzen kann durch Nähen oder Kleben mit einem Vliesband erfolgen. Die häufigste Methode ist das Konfektionieren mit einem Konfektionsband. Dies ist ein Klebeband, das mit einem Schmelzklebstoff beschichtet wurde. Das Klebeband wird auf die Rückseite der zu verbindenden Teppichbahnen aufgebracht und durch Temperatur (mit einem Bügeleisen) verklebt.
- Beim Verspannen von mehreren Teppichbahnen muss immer in der gleichen Florrichtung gearbeitet werden.

Aufgaben zu Kapitel 9.6

1. Erklären Sie, warum die Folie bei einer Foliendeckenbespannung erwärmt werden muss.
2. Welche Vorteile bietet das Verspannen von Teppichböden im Vergleich zum Verkleben?

9.7 Baustellenschriftverkehr

Der Malerbetrieb ist verpflichtet, die Arbeiten so auszuführen wie es in der Leistungsbeschreibung vorgesehen ist. Auf einer Baustelle können jedoch viele Unwägbarkeiten auftreten, die die Arbeit verzögern oder einen anderen Arbeitsablauf erzwingen als vorgesehen. So kann z. B. der Untergrund Mängel aufweisen oder die Arbeiten eines vorhergehenden Gewerks (Elektriker, Fliesenleger, Verputzer) können sich verzögern. Es kann auch sein, dass der Auftraggeber Änderungen in der Ausführung wünscht.
Die Änderungen im Arbeitsgang müssen schriftlich festgehalten werden, damit der Malerbetrieb die Verzögerung dem Auftraggeber mitteilen oder seine Bedenken einwenden kann.
Als Hilfsmittel für einen sicheren Informationsfluss haben sich **Bautagebücher** bewährt. Dort werden alle Bedingungen auf einer Baustelle festgehalten. Dazu gehören die Witterung, die Anzahl der Arbeiter und besonders alle Vorkommnisse, die die eigene Arbeit erschweren oder verzögern. Der Facharbeiter sollte diese Berichte täglich erstellen und dem Chef übermitteln, damit dieser stets im Bilde ist, was auf der Baustelle abläuft (Abb. 4).
Der Malerbetrieb legt dem Auftraggeber oder einem Beauftragten (Architekt, Bauleiter) regelmäßig einen **Regiebericht** vor, in dem die geleisteten Arbeiten und besonderen Vorkommnisse festgehalten sind (Abb. 5).
Nach der Fertigstellung der Arbeiten des Malers erfolgt eine Baubegehung. Dabei kontrolliert der Auftraggeber zusammen mit dem Chef des Malerbetriebs die geleistete Arbeit. Dabei festgestellte Mängel werden im Abnahmeprotokoll festgehalten. Sind keine Mängel vorhanden, gilt die Leistung mit der Unterschrift auf dem Abnahmeprotokoll als erbracht und kann dann vom Betrieb abgerechnet werden.

Abb. 3: Bauabnahme mit der örtlichen Feuerwehr

Malerbetrieb Tester

Bautagebuch

Auftraggeber/Baustelle:	Blatt-Nr.:	Seite:
Karin Mustermann	Datum:	
	Uhrzeit:	
	Auftr.Nr:	12345

Baustellenleiter

Wetterdaten ○ Sonne ○ Regen ○ Sturm ○ Frost ○ Schnee
○ Temperatur innen: außen: ○ Luftfeuchtigkeit:

Arbeitszeit von: bis:

Mitarbeiter (Name und Funktion)	Art der Arbeit	Material	Geräte

Raum für Notizen (z. B. Dokumentation von Sachverhalten wie Anordnungen des Auftraggebers oder Bauleiters, Abnahmen, Absprachen, Übergabe von Unterlagen)

Ort und Datum der Vorlage beim AG: Unterschrift:

Abb. 4: Bautagebuch

Malerbetrieb Tester

Rapportzettel/Regiebericht

Auftraggeber/Baustellenanschrift:	Rapportnummer:
Karin Mustermann	Datum:
	Auftr.Nr: 12345

Arbeitsbeschreibung (die Art der Rapporte/Regiearbeiten ist ausführlich zu beschreiben und zu begründen, eventuell mit Angabe der Lage, Uhrzeit, wann und von wem angeordnet, usw.)

Datum/ Uhrzeit	Mitarbeiter Vor- und Zuname	FA / VA/ Helfer Meister	Std.	Zuschlag Ü-Std./N-Std./ S-Std./F-Std.	Material (Zuschlag oder genaue Bezeichnung und Menge)	Maschinen- und Geräteeinsatz
Gesamtstunden:						

Die Rapport-/Regiearbeiten wurden entsprechend den Angaben ausgeführt. Den Rapport-/Regiebericht geprüft und erhalten:

Datum und Unterschrift Auftragnehmer

Datum und Unterschrift Kunde/Auftraggeber/Baustellenleiter

Rapport-/Regiearbeiten akzeptiert

Datum und Unterschrift Kunde/Auftrageber

Abb. 5: Rapportzettel/Regiebericht

9.8 Dekorative Techniken

Dieses Kapitel ist eine Weiterführung der Gestaltungstechniken aus dem LF 8. Bei den hier vorgestellten Techniken handelt es sich um alte historische Techniken, mit denen der Maler und Lackierer im denkmalgeschützten Bereich, aber auch in der modernen Dekorationsmalerei konfrontiert wird.

9.8.1 Steinimitationen

Das Herstellen von täuschend ähnlichen Steinstrukturen geht auf eine jahrhunderte lange Geschichte zurück. Das malerische gestalten einer Steinoptik wird im Sprachgebrauch meist als „Marmorieren" bezeichnet, obwohl es nicht immer Marmor ist, der kopiert wird. Bevor eine Steinimitation angefertigt wird, muss man sich im Klaren sein, wie eine Gesteinsstruktur entstanden ist und sie aussehen kann. Gesteinsstrukturen entstanden durch Ablagerungen, die durch Druck und Hitze, über Milliarden von Jahren hinweg, zu den heute bekannten Gesteinsgruppen umgewandelt wurden.

Einige Steinstrukturen zeigt die Abb. 1.

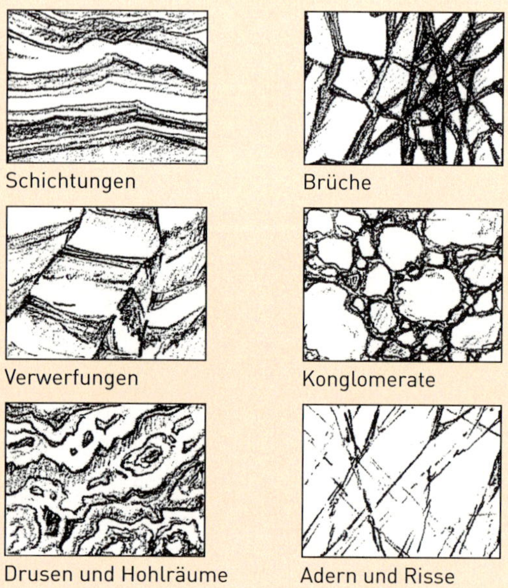

Abb. 1: Steinstrukturen

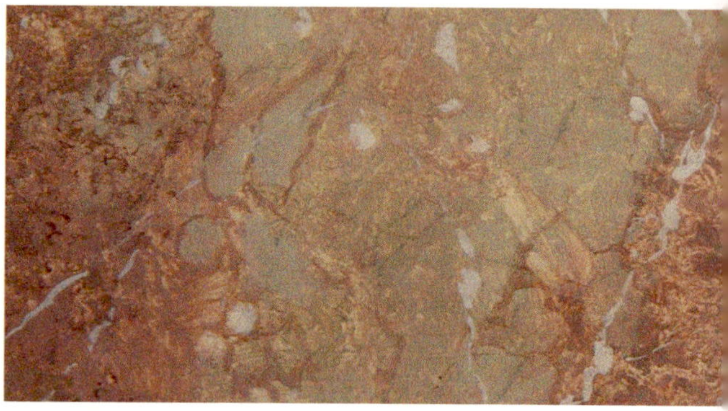

Abb. 2: Steinstrukturen

9.8.2 Marmorieren

Marmor ist ein in seiner inneren Struktur umgewandelter Kalkstein mit einer ursprünglich weißen Färbung. Durch Fremdbestandteile, Metalloxide und Metallsalze wird seine Farbigkeit beeinflusst.
Durch geologische Einflüsse haben sich die Strukturen des Marmors verändert. Sie reichen von Schichtungen und Verwerfungen, über Brüche und Konglomerate. Quarzeinlagerungen an Bruchstellen des Marmors lassen die charakteristische Aderung entstehen.

Um teuren Marmor zu imitieren, entstand die Technik der Marmormalerei bzw. des Marmorierens (Abb. 2). Blütezeit dieser Technik war das 18. Jahrhundert. Bis zur heutigen Zeit wird jedoch diese Technik zur kostengünstigen Ausschmückung angewandt. Die Schwierigkeit besteht darin, die Struktur des Steins malerisch nachzubilden.
Am Besten eignen sich dafür sehr glatte, leicht saugende Untergründe von heller Farbigkeit.

Ursprünglich wurde Kasein als Bindemittel verwendet, jedoch lassen sich Marmorierungen mit den meisten Bindemitteln durchführen. Historische Marmorierungen wurden mit Pulverpigmenten, hauptsächlich Erdfarben, ausgeführt. Der Maler konnte dabei seine Farbtöne frei mischen und war an keine Farbigkeit des Beschichtungsstoffes gebunden.

Heute verwendet der Maler und Lackierer meist fertige Abtönfarben auf Kunststoffdispersionsbasis. Allerdings ergibt sich dabei weit weniger Transparenz und Tiefenwirkung der Steinimitation.
Zur Ausführung der Marmormalerei gibt es keine speziellen Werkzeuge.
Am Besten geeignet sind ältere Pinsel, die nicht mehr richtig in Form sind. Dadurch entstehen Zufälligkeiten in der Steinstruktur. Des Weiteren benötigt

Abb. 3: Marmorierwerkzeug

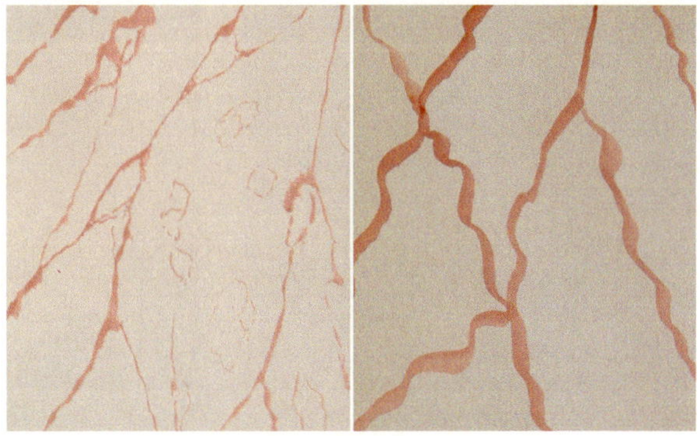

Abb. 4 und 5: Richtige/Falsche Aderung

man einen Naturschwamm, um die Farbübergänge aufzulockern (Abb. 3).
Für die Aderung werden Schlepper, langhaarige Haarpinsel oder auch Federn eingesetzt. Sie werden auch als Aderpinsel bezeichnet.
Oft wird bei der Aderung der Fehler gemacht, sie nicht als kantige Brüche mit unterschiedlicher Strichstärke einzumalen, sondern als gebogene Linien in gleich bleibender Stärke (Abb. 4–5).
Für die Ausführung einer Marmorierung gibt es keine generelle Vorgehensweise. Beispielhaft wird eine mögliche Marmorierung beschrieben (Abb. 6–10).
Zur Anfertigung der Marmorstruktur wird zuerst mit dünnflüssiger Farbe partieweise die Fläche mit einem Borstenpinsel angelegt.

Die Ränder können mit einem Naturschwamm abgetupft werden. Partien die in der Farbigkeit stärker erscheinen sollen, können mit der gleichen Lasur nochmals überarbeitet und verstärkt werden. Dadurch kann man Schritt für Schritt hellere und dunklere Wirkungen erzielen. Sollen mehrere Farbtöne verarbeitet werden, geht man nach dem gleichen Prinzip mit den weiteren Farbtönen vor. Wichtig dabei ist die Farbe nicht gleich zu deckend aufzutragen. Kräftiger und deckender zu arbeiten ist immer möglich.
Wenn die gesamte Marmorstruktur angelegt wurde, werden die Adern mit einer relativ deckenden Farbe eingebracht. Zuerst werden die etwas dunklere Adern und zuletzt die weißen Quarzadern aufgebracht. Auf dem künstlichen Marmor ist ein glänzender Schutzüberzug aufzubringen.

Die Schritte einer Marmorierung zeigt die Bildfolge 6–10.

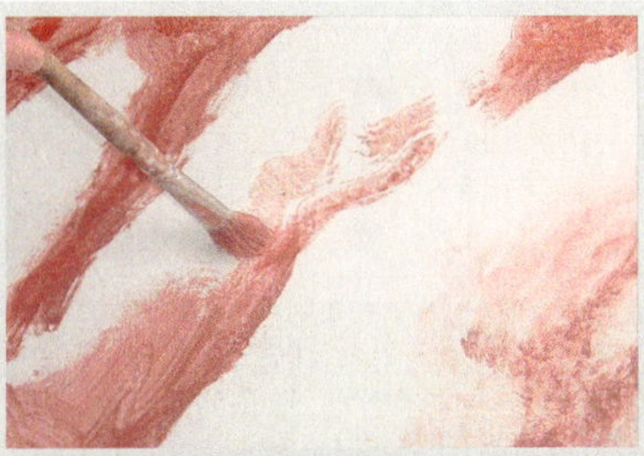

Abb. 6: Anlage der Marmorstruktur

Abb. 7: Weiche Übergänge mit dem Naturschwamm schaffen

Abb. 8: Einbringen des zweiten Farbtons

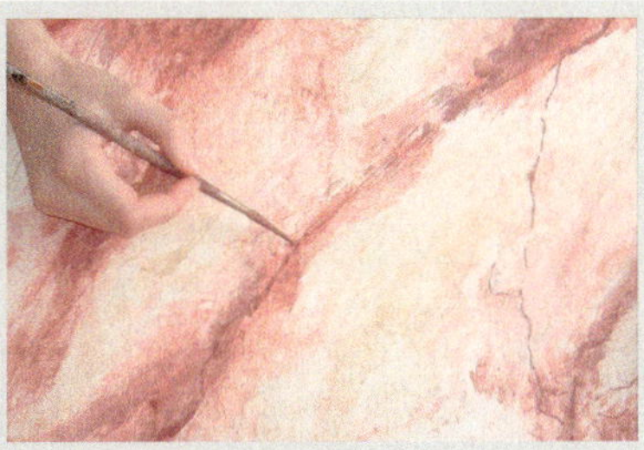

Abb. 9: Einzeichnung der Aderung mit dem Aderpinsel

Abb. 10: Fertige Marmorierung

Abb. 1: Lasur auftragen

Abb. 2: Lasur abstupfen

Abb. 3: Malachitstruktur anlegen

9.8.3 Malachit-Imitation

Malachit ist ein grüner Schmuckstein, der aus Vorkommen in Europa, Südamerika, Australien und Afrika gewonnen wird. Weil es sehr kostspielig ist, das echte Material zu verarbeiten, greift man auf die malerische Imitation zurück.

Schwierig ist es, mit dieser Technik größere Flächen zu gestalten. Deshalb sollte man die Fläche in mehrere kleinere Partien untergliedern, um ein entsprechend natürliches Ergebnis zu erzielen.

Als Untergrund benötigt man eine beschichtete Fläche in einem bläulichen Hellgrün, die nach dem Trocknen matt geschliffen wurde.

Als Bindemittel dient ein Halböl aus 1 Teil Leinöl, 1 Teil Balsamterpentin und wenigen Tropfen Sikkativ. Halböl ist ein Öl, das in Lösemittel aufgelöst wird.

Dieser erste Lasurauftrag wird mit Dunkelgrün (Chromoxidgrün feurig) abgetönt. Die Lasur wird großflächig mit einem Borstenpinsel aufgetragen. Kleine Stellen dürfen unbeschichtet bleiben, da diese Stellen mit Umbra natur und Ultramarinblau geschlossen werden.

Um Pinselstrukturen zu vermeiden, wird die gesamte Fläche mit einem Stofflappen abgestupft und anschließend mit dem Dachshaarvertreiber verschlichtet.

Aus einem Stück Pappe fertigt man eine Art Spachtel, mit dem die Lasur kreisförmig abgeschabt wird. Dadurch entsteht das typische Malachitmuster.

Gleichbleibender Druck ist dabei zu berücksichtigen, um ein gutes Ergebnis zu erzielen. Mit einem Pinselstil können in die noch vorhandenen Zwischenräume feine Linien gezogen werden, um diese aufzulockern.

Mit dem Dachshaarvertreiber wird mit sehr leichtem Druck die komplette Anlage verschlichtet.

Die Abbildungen 1–5 zeigen einige Arbeitsschritte.

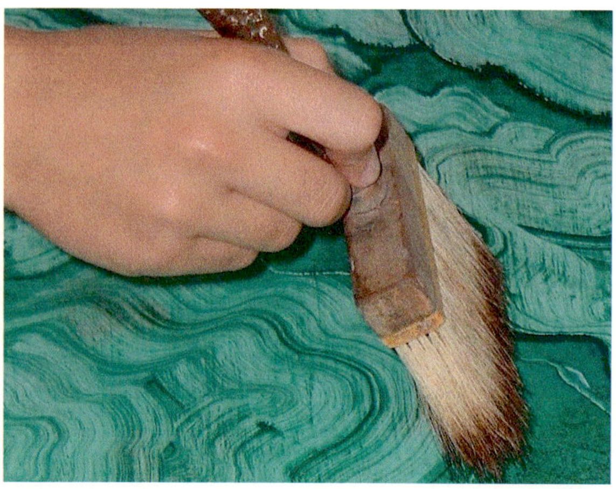

Abb. 4: Struktur leicht vertreiben

Abb. 5: Fertiger Malachit

Abb. 6: Intarsienarbeit in Holz

Abb. 7: Malerische Intarsienarbeit

9.8.4 Maserieren

Maserieren leitet sich vom Wort Maserung ab, womit die Struktur des Holzes bezeichnet wird. Maserierung ist das malerische Darstellen von Holzstrukturen meist edler und teurer Hölzer.

Oft waren für den einfachen Bürger teure Edelhölzer unerschwinglich und so entwickelte sich die Technik der Holzimitation. Selbst Holzeinlegearbeiten, Intarsien, können täuschend ähnlich imitiert werden (Abb. 6 und 7).

Für eine Maserierung benötigt man einen nichtsaugenden, glatten Untergrund. Am Günstigsten haben sich mit Vorlack beschichtete, matt geschliffene Flächen, erwiesen. Die Farbigkeit des Untergrundes ist abhängig von der zu maserierenden Holzart. Er kann von hellen Ockertönen, über rötliche Beigetöne bis zu Grautönen variieren.

Für Maserierarbeiten benötigt man spezielle Werkzeuge (Abb. 8). Neben herkömmlichen Schwämmen, wird ein eigens für diese Technik produziertes Pinselwerkzeug benötigt. Hierzu gehören:

- Modler,
- Birkenmodler,
- Dachshaarvertreiber,
- Zackenpinsel,
- Schläger.

Im Handel gibt es für diese Technik hergestellte Pigmente, die bereits in angeteigter Form erhältlich sind. Es können jedoch auch Trockenpigmente, welche mit dem Bindemittel vermischt werden, Verwendung finden.

Für Maserierarbeiten sind nur Pigmente geeignet, die eine lasierende Wirkung aufweisen. Für die Maserierung bevorzugte Pigmente (→ LF 12) sind:

- Ocker,
- Siena natur und gebrannt,
- Kasslerbraun,
- Oxidschwarz.

In seltenen Fällen kommt auch Pariserblau zum Einsatz. Als Bindemittel wurde und wird häufig Bier verwendet. Bier hat eine leicht klebende Wirkung und beeinflusst das Lasurverhalten und die Transparenz der Beschichtung nicht. Selbst die im Handel erhältlichen angeteigten Pigmente sollten noch mit Bier verdünnt werden.

Statt Bier kann als Bindemittel auch ein Halböl (Leinöl, Balsamterpentin und Sikkativ) verwendet werden. Diese Alternative benötigt eine wesentlich längere Trockenzeit.

Nussbaum-Imitation
Ein einfaches und für den Ungeübten leicht zu imitierendes Holz ist das Nussbaumholz.

Auf den Untergrund wird ein ins rötlich gehender heller Ockerfarbton aufgetragen. Zuerst wird mit

Abb. 8: Maserierwerkzeuge und zugehöriges Material

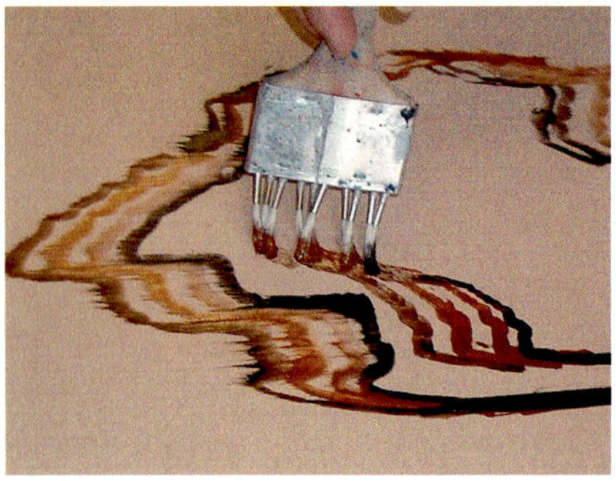

Abb. 1: Holzkern mit Zackenpinsel aufmalen

Abb. 2: Holzkern nach außen vertreiben

Abb. 3: Maser mit Schwamm beiziehen

dem Zackenpinsel der Holzkern aufgemalt. Hierfür mischt man die drei Farbtöne Siena natur, Siena gebrannt und Schwarz an. Die verschiedenen Zacken des Pinsels bekommen unterschiedliche Farbtöne. Für eine naturnahe Holzkern-Darstellung ist etwas Übung und handwerkliches Geschick erforderlich.

Mit dem Dachshaarvertreiber wird die Farbe des Holzkerns nach außen vertrieben.

Mit dem Schwamm, in dem ebenfalls mehrere Farbtöne aufgenommen werden, wird die Randfläche zum Kern gezogen.

Diese Strukturanlage muss nun trocken und erhält einen fixierenden Überzug, z. B. mit Schelllack.

Anschließend erhält diese fixierte Anlage einen Überzug mit einer weiteren Bierlasur.
Dafür kann aus Siena natur, Siena gebrannt und Kasslerbraun ein gewünschter Farbton gemischt werden. Auch hier ist Bier als Bindemittel geeignet.

Die angefertigte Lasur wird nun über die gesamte Fläche des Holzimitats aufgetragen und mit dem Dachshaarvertreiber verschlichtet.

Mit dem Birkenmodler werden unmittelbar in die nasse Beschichtung die „Wimmern" in die Randfläche eingestupft. Mit dem Dachshaarvertreiber werden diese leicht vertrieben, ohne dabei die Struktur zu zerstören.

Nach der Trockenzeit ist die Maserierung fertig. Eine folgende unpigmentierte Beschichtung gibt dem „Holz" Tiefe und Brillanz, sodass es echt und edel aussieht. Außerdem schützt die Beschichtung die Oberfläche.

Die Abbildungen 1–6 zeigen einige Arbeitsschritte.

Für Imitationen von Intarsien muss man die Flächengliederungen partieweise abdecken und stückchenweise bearbeiten. Dies benötigt einigen Aufwand, Zeit und Geduld (Abb. 7).

Wurzelholz kann durch Einträufeln von Spiritus in die Bierlasur angefertigt werden.

Maserierung mit dem Maserboy
Als Ersatz für die komplizierte Pinseltechnik zur Holzimitation, entwickelte sich das leichter zu handhabende Werkzeug „Maserboy" (Abb. 8).

Abb. 4: Schlusslasur aufbringen

Abb. 5: Wimmern mit Birkenmodler einarbeiten

Abb. 6: Fertige Maserierung

Abb. 7: Maserierter Schrank mit Intarsie

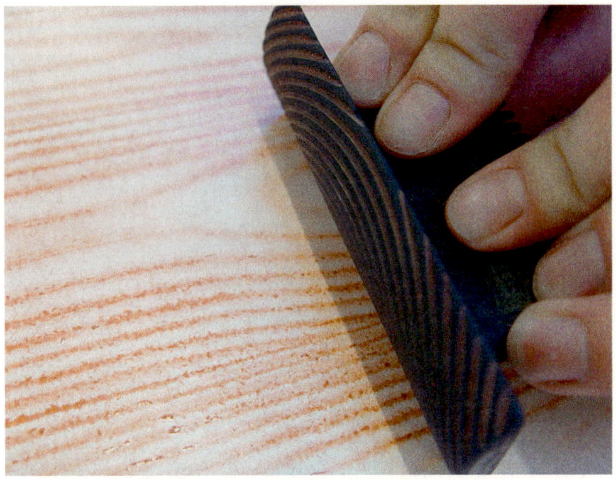

Abb. 8: Schwingen des Gummistempels

Abb. 9: Oberflächengestaltung mit dem Maserboy

Der Maserboy ist ein Gummistempel, mit dem in eine frisch aufgetragene Lasur Maserungen gezogen werden.

Der Untergrund wird mit dem gewünschten Grundfarbton beschichtet. Nach ausreichender Trocknung wird die Maserierlasur aufgetragen. In die noch feuchte Lasur wird der Gummistempel mit auf- und abschwingenden Bewegungen gezogen. Ausgeführt wird die Technik über die gesamte Fläche, möglichst gleichmäßig und ohne abzusetzen. Gearbeitet wird von oben nach unten, in regelmäßig nebeneinander gesetzten Reihen. Nach jeder Bahn muss der Gummistempel gesäubert werden, um ein Verschmieren der folgenden Bahn zu verhindern. Mit dem Maserboy sind unterschiedliche Effekte möglich:

- Eine schlichte, breite Maserung ist durch gleichmäßiges, gerades Ziehen des Stempels möglich.
- Leichtes Auf- und Abschwingen des Maserboys führt zu einer bewegten Maserung (Abb. 8).
- Astknoteneffekte erzielt man durch häufiges Vor- und Zurückschwingen des Handgelenks.
- Mit dem Kammrücken des Gummistempels können zusätzliche Linienstrukturen in die Maserung gearbeitet werden.

Mit dem Maserboy lassen sich auch ornamentale und dekorative Oberflächengestaltungen ausführen (Abb. 9). Hierbei darf das Gerät jedoch nicht auf- und abgeschwungen werden.
Die Reinigung des Stempels muss sofort nach Gebrauch wie bei einem Pinsel durchgeführt werden.

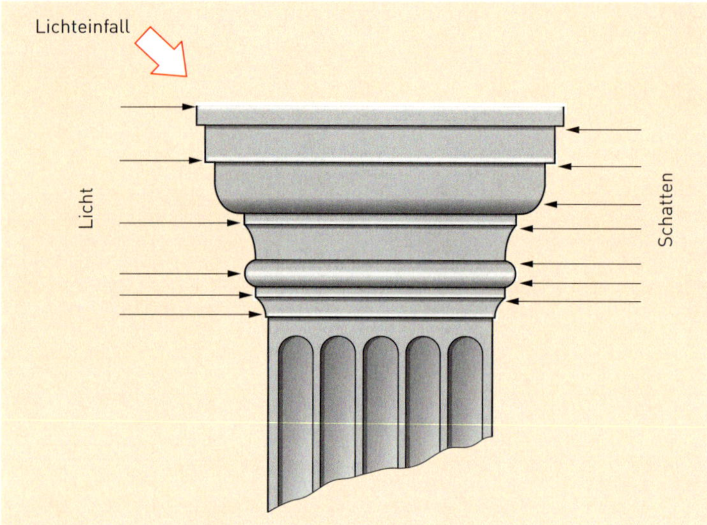

Abb. 1: Licht- und Schattenschema

Abb. 2: Graumalerei eines Fensters

9.8.5 Graumalerei

Als Graumalerei wird eine Licht-Schatten-Malerei bezeichnet, bei der alleine durch Hell-Dunkel-Werte eine plastische Wirkung erzielt wird (Abb. 1–2).

Obwohl diese Technik Graumalerei heißt, ist es nicht unbedingt nötig, die Gestaltung in Grau auszuführen. Es können ebenso Ockertöne, bläuliche oder rötliche Farbtöne als Lokaltöne (Grundtöne) verwendet werden. Wichtig ist es, die entsprechenden Tonwerte (Hell-Dunkel-Stufen) der Schatten und der Lichter zu verwenden.

Bei Grau ist es relativ leicht, die Schatten zu mischen (meist durch Zugabe von Schwarz). Bei einem gelblichen Lokalton ist es schwieriger, die Schattentöne zu mischen. Schatten von Gelbtönen sind meist rötlicher. Diese können durch Zugabe der Pigmente Siena gebrannt oder Caputmortuum erreicht werden.

Lichttöne zu mischen ist relativ einfach durch Aufhellen des Lokaltones mit Weiß möglich.

Meist benötigt man einen Lokalton, zwei abgestufte Schattentöne und Helligkeitsstufen der Lichttöne. Darüber hinaus noch eine Weißerhöhung, die man „Blitzer“ nennt und einen dunkelsten Schatten, der als „Drücker“ bezeichnet wird. Die differenzierte Darstellung von Licht und Schatten ergibt dann die plastische Wirkung. Ratsam ist es, die verschiedenen Tonwerte nass in nass zu vermalen.

Zur Übung sollte man das zu malende Objekt zuerst als Kohlezeichnung anfertigen. Hierbei kann man durch leichtes Verwischen der schwarzen Kohle sanfte Schattenübergänge erzeugen. Lichter können mit weißer Kreide eingezeichnet werden. Zuviel Kohle oder Kreide kann mit einem Knetgummi wieder abgenommen werden.

9.8.6 Brokatmalerei

Die Brokatmalerei ist eine Art Graumalerei. Bei dieser werden durch einfache Licht-Schatten-Setzung Brokatstoffe imitiert.

Brokatstoffe sind meist aus Seide gewobene, schwere und gemusterte Stoffe. Sie wurden von Adligen oder kirchlichen Würdenträgern als Prunkgewänder getragen. Ebenso fanden sie Verwendung als Wandbespannungen und Möbelstoff. Brokatstoffe werden oft mit Silber oder Goldfäden durchwebt, um ihre Pracht noch zu steigern.
Die Brokatmalerei fand in der Ausschmückung von spätbarocken Kirchen ihren Höhepunkt. Hierbei wurden oft stuckumrahmte Schmuckfelder oder Chorbögen mit dieser Technik ausgefüllt. Bei manchen Brokatmalereien werden zur Steigerung der Wirkung die Lichter mit Blattgold aufgesetzt (→ LF 12). Eine Mixtion, an der das Blattgold haftet, würde vom Putzuntergrund aufgesaugt werden. Deshalb wird hierfür eine Mischung aus Bienenwachs, Leinöl und Hirschtalg verwendet, an der das Gold klebt. Diese Art der Vergoldung wird als **Mordentvergoldung** bezeichnet.

Tab. 1: Einfacher Ablauf einer Graumalerei am Beispiel eines Kapitells

a) Anlegen des Kapitells im Lokalton

b) Anbringen des ersten Schattens

c) Verstärken der Schattenpartien mit dem zweiten Schatten

d) Aufsetzen des ersten Lichtes

e) Das zweite Licht verstärkt die plastische Wirkung

f) Fertigstellen des Kapitells durch Blitzer und Drucker

Aufgaben zu Kapitel 9.8

1. Nennen Sie vier Werkzeuge, die bei einer Marmorierung zum Einsatz kommen können.
2. Nennen Sie vier Werkzeuge, die beim Maserieren ihre Verwendung finden.
3. Welche Pigmente werden bei der Maserierung bevorzugt?
4. Beschreiben Sie, warum Maserierungen mit Klarlack überzogen werden?
5. Wie viele Farbabstufungen werden für die Durchführung einer Graumalerei benötigt?
6. Beschreiben Sie in Stichpunkten den Ablauf einer Graumalerei.
7. Aus welchen Gründen wurden Imitationen (Steinimitationen, Marmorieren, Malachitimitationen) im Rahmen der dekorativen Techniken ursprünglich eingesetzt?
8. Wie nennt man den Gummistempel, der als Ersatz für die komplizierte Pinseltechnik zur Holzimitation verwendet wird?

Abb. 1: Polystyrolleisten

Abb. 2: Gipsleisten

Abb. 3: Wandabschluss auf Gehrung gesägt

9.9 Ausführung von Wandabschlüssen

Die Gestaltung mit Wandabschlussleisten kann einem Raum eine individuelle Aussage geben. Diese Stuck- oder Zierprofile sind als vorgefertigte Elemente vorhanden. Sie sind in nahezu allen Stilrichtungen zu finden, vom Barock über Jugendstil bis zur Moderne.

Gerade Wandabschlüsse müssen nicht nur rein dekorativen Zwecken dienen. Sie sind in der Lage, Räume optisch zu verändern indem sie z. B. hohe Räume niedriger erscheinen lassen. Durch Aufteilen von Wandflächen mit Hilfe von Zierleisten wirken große Wandflächen kleiner und lebendiger.

Zudem können Zierprofile unsaubere und schiefe Wandabschlüsse sowie Kabel verdecken.

9.9.1 Wandabschlussleisten

Wandabschlussleisten werden aus Polystyrolschaum, Polyurethanschaum oder Gips gefertigt.

Polystyrolelemente haben ein geringes Gewicht und sind deshalb auch als großes Zierprofil oder -element (z. B. als Deckenrosette) leicht zu verarbeiten. Allerdings ist Polystyrol nicht druckfest (Abb. 1).

Polyurethan ist druck-, stoß- und schlagfester als Polystyrol, sonst sind die Eigenschaften ähnlich.

Gips wird auf Grund des höheren Gewichts seltener verarbeitet. Es ist hingegen stoßfester als die Kunststoffprofile. Schäden an Gipsleisten lassen sich mit Gipsmörtel ausbessern (Abb. 2).

9.9.2 Verarbeitung

- Vor der Verarbeitung der Wandabschlüsse muss die Untergrundbeschaffenheit geprüft werden. Der Untergrund muss fest, tragfähig, staubfrei und sauber sein.
- Mit einer Schlagschnur wird die Höhe markiert, an der das Profil angebracht werden soll.
- Die Zierprofile werden langsam, mit geringem Druck zugeschnitten. Leisten für Ecken und Kanten müssen mit einer Gehrungssäge gesägt werden (Abb. 3). Unsauberes Arbeiten führt zu unschönen Anschlüssen.
- Auf die Kunststoffprofile wird gleichmäßig ein lösungsmittelfreier Dispersionskleber aufgetragen.
- Anschließend werden die Teile mit leichtem Druck an die entsprechende Stelle geklebt.
- Für Gipszierprofile wird ein Kleber aus Gipspulver und Wasser hergestellt. Das Verhältnis von Wasser zu Gips sollte ungefähr 1 : 0,75 betragen. Die Gipsleisten müssen nach dem Anbringen kurze Zeit an die Wand gedrückt werden. Möglich ist auch die Fixierung des Profils mit einer Latte.
- Überschüssiger, austretender Kleber muss sofort entfernt werden.
- Störende Stöße und Fugen können mit dem jeweiligen Kleber ausgebessert werden.
- Nach dem vollständigen Trocknen des Klebers können sämtliche Wandabschlussleisten mit Dispersionsfarbe gestrichen und gestaltet werden.
- Bei mehrmaligem Beschichten von hochwertigen Leisten sollte mit einem reversiblen Beschichtungsstoffe (z. B. Leimfarbe) gearbeitet werden.

Aufgaben zu Kapitel 9.9

1. a) Welche drei Materialien können als Zierprofile für Wandabschlussleisten verwendet werden?

b) Beschreiben Sie kurz die jeweiligen wichtigen Eigenschaften der drei möglichen Materialien.

2. In einem Wohnzimmer einer Altbauwohnung sollen die alten Fußleisten neu lackiert werden. Gleichzeitig soll der Wandabschluss an der Decke mit Polystyrol-Leisten gestaltet werden.

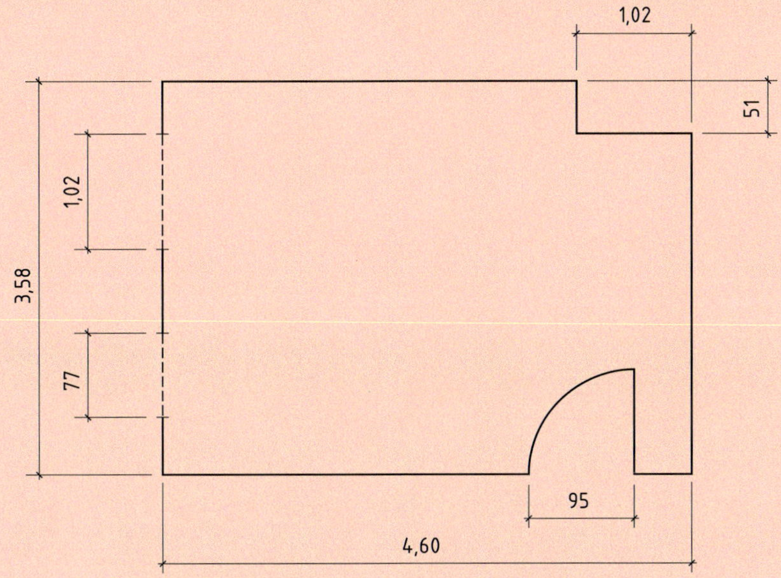

a) Berechnen Sie den Verbrauch an Beschichtungsstoff für die Fußleisten des Raumes, wenn die Leisten 9 cm hoch sind und der Beschichtungsstoff über eine Ergiebigkeit von 12 m^2/l verfügt.

b) Wie viele Polystyrol-Leisten werden benötigt, wenn sie in einer Länge von 2 m geliefert werden und möglichst wenige Fugen entstehen sollen?
Wie viel Verschnitt (in m) bleibt übrig? Arbeiten Sie möglichst ökonomisch!

10

Lernfeld 10
Fassaden gestalten

Kundenauftrag

▶ Renovierung von Fassaden

Arbeitsauftrag

Die Gebäude rund um einen Marktplatz sollen zum Stadtjubiläum einen neuen Anstrich erhalten. Die Gebäude stehen unter Denkmalschutz. Deshalb müssen sämtliche Bau-und Malerarbeiten mit der verantwortlichen Behörde abgesprochen werden.

Für die Gerüstbauarbeiten hat der Malerbetrieb zu sorgen.

Abb. 1: Historischer Marktplatz (Nord-West-Ansicht)

Abb. 2: Historischer Marktplatz (Süd-Ost-Ansicht)

Auszuführende Arbeiten

Pos. 1: Für die gesamten Gebäude sind Gerüste zur Verfügung zu stellen und aufzubauen.

Pos. 2: Das historische Fassadenessemble ist nach den Gesichtspunkten des Denkmalschutzes zu sanieren und zu beschichten.

Pos. 3: Die Fachwerkfassade auf der Nordseite des Marktplatzes weist Putzschäden auf. Das Holzfachwerk ist abgewittert.

Abb. 1: Fachwerkfassade

Pos. 4: Die alten Holzfenster werden, nach Absprache mit der Denkmalschutzbehörde, beschichtet.

Pos. 5: Farbpläne und -konzepte sind als Muster zu erstellen.

Objektbeschreibung

Pos. 1: Fassaden des Marktplatzes
Das Zentrum der Gebäude am Marktplatz bildet das historische Rathaus. Das Rathaus soll als Ausgangspunkt für die gesamte Farbgestaltung dienen.

Abb. 2: Lageplan Marktplatz

Links angrenzend befinden sich drei kleinere Bürgerhäuser, gefolgt von einem großen Fachwerkhaus.

Die fünf, vom Rathaus rechts gelegenen Häuser, sollen ebenfalls mit in das Konzept aufgenommen werden.

Den Abschluss bilden die Bürgerhäuser auf der gegenüberliegenden Seite des Marktplatzes.

Die Substanz des Mauerwerkes aller Häuser ist in einem guten Zustand. Kleine Risse, Putzabplatzungen und Verschmutzungen sind vorhanden.

Pos. 2: Fenster
Die alten Fenster weisen an den Wetterschenkeln Farbabplatzungen auf. Die restliche Altbeschichtung haftet gut.

Leistungsbeschreibung

Die Fassaden werden gereinigt. Vorhandene Risse werden entsprechend ihres Ausmaßes geschlossen. Die beschädigten Putzstellen werden ausgebessert und an die angrenzenden Flächen angeglichen.

Pos. 1: Fassaden
Bei der Auswahl der Farbtöne, des Beschichtungsmaterials und der Ausführungstechnik ist eine Absprache mit der Denkmalschutzbehörde zu treffen.

Pos. 2: Fenster und Fensterbänke
Die Fenster sind in Farbigkeit und Ausführung dem Baustil entsprechend zu beschichten.

Pos. 3: Farbplan erstellen
Die Denkmalschutzbehörde wünscht vor Ausführung der Beschichtungsarbeiten einige Farbvorschläge. Aus diesem Grund sollen diverse Farbmuster angefertigt werden.

Dabei sind die Gesichtspunkte der Fassadengestaltung zu berücksichtigen.

Abb. 3: Vorlage für Farbentwurf

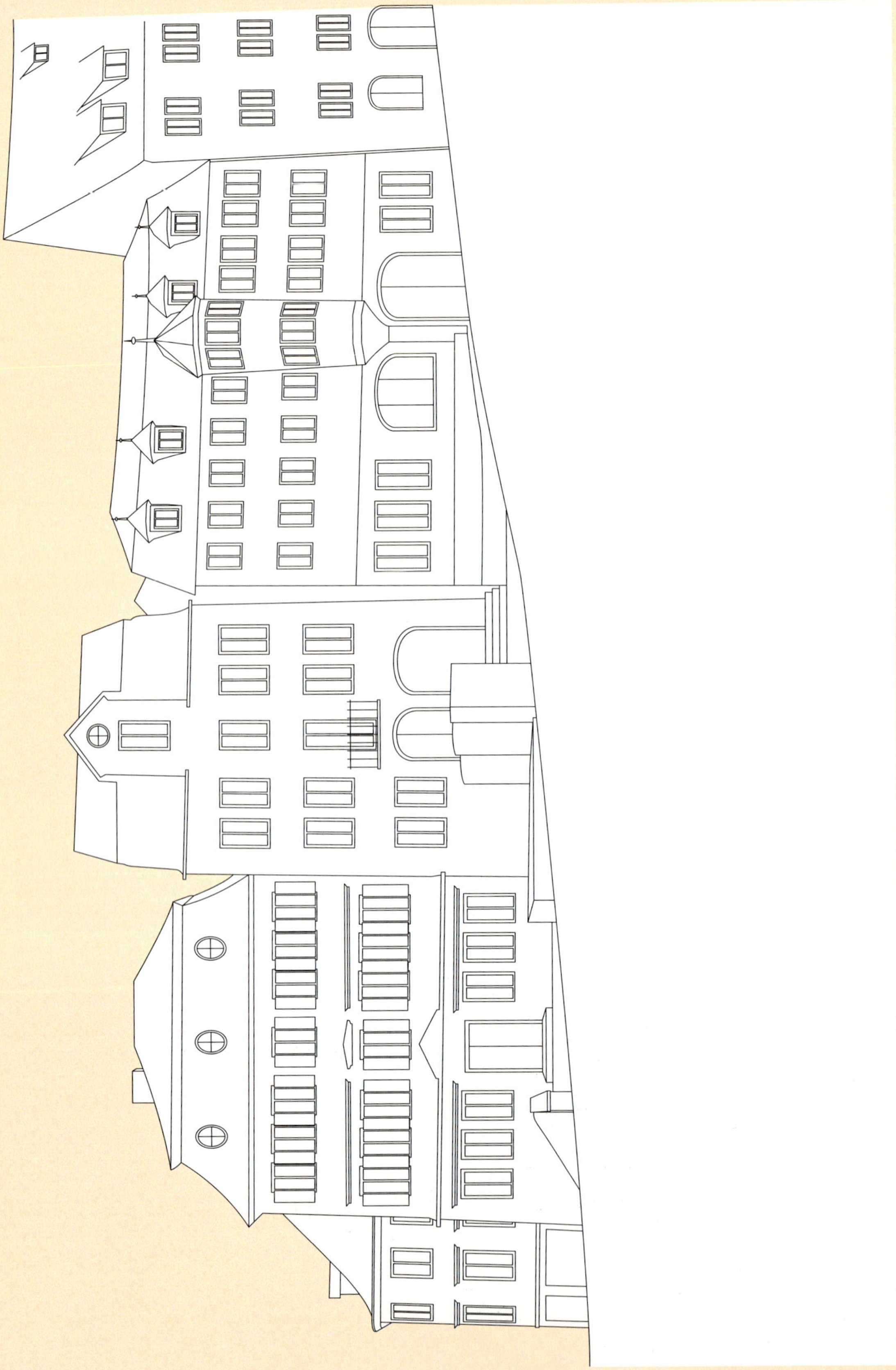

Abb. 1: Vorlage für Farbentwurf

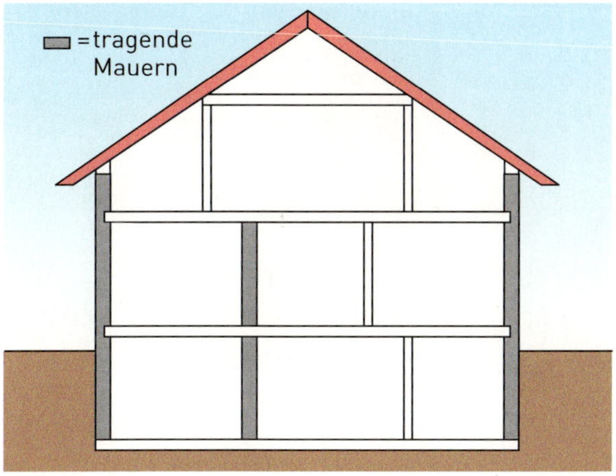

Abb. 2: Tragende Mauern im Querschnitt eines Hauses

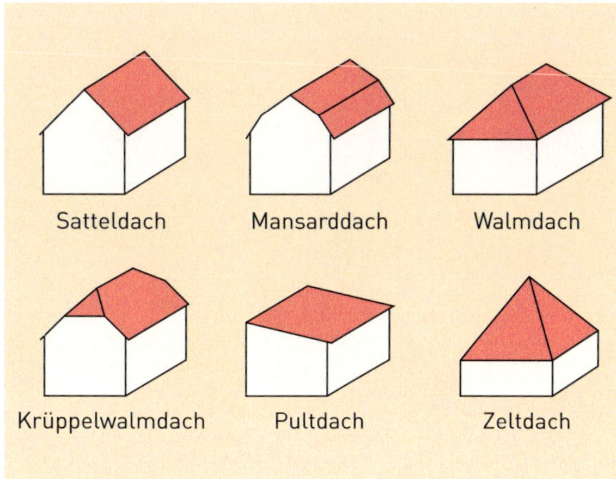

Abb. 3: Dachformen

10.1 Architekturelemente

Bei älteren Gebäuden sind häufig Bauteile vorhanden, die spezielle Bezeichnungen tragen. Zur eindeutigen Verständigung zwischen den verschiedenen Fachleuten sollte auch der Maler über die Bezeichnungen der wichtigsten Bauteile Bescheid wissen und die Fachbegriffe richtig verwenden (→ Tabellenbuch Maler und Lackierer).

10.1.1 Konstruktionselemente

Die Konstruktion eines Gebäudes muss so gestaltet sein, dass es die auftretenden Belastungen über einen langen Zeitraum aushalten kann. Die konstruktiv notwendigen Bauteile und deren Anordnung bestimmen häufig schon das Aussehen eines Gebäudes.

Tragende Bauteile
Bei der Massivbauweise schließen die Außenmauern das Gebäude nach außen ab und tragen auch gleichzeitig das Gewicht des Daches. Bei größeren Gebäuden sind auch tragende Mauern im Inneren vorhanden. Wenn diese dickeren Mauern z. B. durch einen Durchbruch geschwächt werden, ist die Statik des Gebäudes gefährdet (Abb. 2).
Bei der Skelettbauweise wie beim Fachwerk oder im Hochhausbau wird das Gebäude durch ein Gerüst getragen. Die Wände haben keine tragende Funktion. Über Fenster, Türen und anderen Öffnungen überbrückt ein Sturz aus festem Material den freien Raum.

Dachformen
Ein Dach schließt das Gebäude nach oben ab und schützt es vor Regen und Schnee. Die einfachste Dachform ist das Flachdach. Schrägdächer leiten die Niederschläge besser nach unten ab und können größere Lasten aufnehmen. Nach der Zahl und Neigung der schrägen Seiten werden die Dächer als Satteldach, Pultdach, Walmdach oder Mansardendach bezeichnet (Abb. 3). Die Dachflächen werden oben durch den First abgeschlossen.

Gewölbeformen
Im Inneren eines Gebäudes wird ein Raum durch die Decke abgeschlossen. Wenn diese nach oben gebogen ist, spricht man von einem Gewölbe. Mit einem Gewölbe kann man einen größeren Raum ohne Stütze überbrücken, da die Kräfte besser in die Außenwand abgeleitet werden.

Die einfachste Form, das Tonnengewölbe, wurde von den Römern entwickelt. Wenn zwei Tonnengewölbe sich im rechten Winkel schneiden, entsteht ein Kreuzgratgewölbe. Beim Kreuzrippengewölbe laufen die Streben in einem spitzen Winkel aufeinander zu (Abb. 3).

Ein Gewölbe mit rundem Grundriss, das auch nach außen hinausragt, wird als Kuppel bezeichnet.

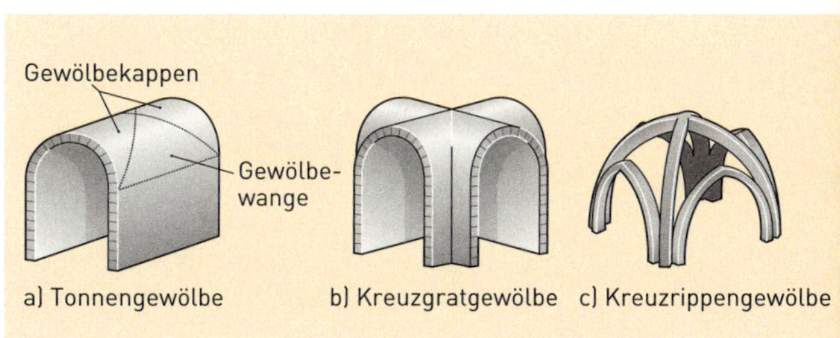

Abb. 4: Unterschiedliche Gewölbe

Abb. 1: Wechsel zwischen Säule und Pfeiler (Stützenwechsel)

Abb. 2: Attikageschoss zwischen Dach und Fassade

Abb. 3: Verzierter Erker

Stützen

Die Gewölbe werden häufig durch frei im Raum stehende Stützen getragen. Bei einem runden Querschnitt werden diese als Säulen bezeichnet, bei einem eckigem Querschnitt spricht man von Pfeilern (Abb. 1).

Beim Übergang zwischen Bogen und Stütze liegt eine herausragende Steinplatte, der Kämpfer. Er sorgt für eine stabile Auflage des Bogens auf der Säule.

Die das Dach tragenden in Längsrichtung laufenden Balken (Pfetten) ragen meist aus der Fassadenfront heraus und bilden so den Dachüberstand. Um die Pfetten abzustützen sind unterhalb Konsolen angebracht. Die Konsolen können sehr kunstvoll gestaltet sein und sind auch häufig Schmuckelemente ohne tragende Funktion.

10.1.2 Gebäudeteile

An den meisten Gebäude kann man einzelne Teile unterscheiden. Sie prägen die Erscheinung eines Gebäudes wesentlich. Sie haben meist eine praktische Funktion (z. B. mehr Lichteinfall), können aber auch die Bedeutung eines Bereiches an einem Gebäude hervorheben und dadurch Monotonie vermeiden.

Vorgesetzte Teile

Manchmal sind Teile des Gebäudes vor- oder zurückgesetzt.

Zwischen zwei Gesimsen oder über dem Hauptgesims ist gelegentlich eine Attika, ein schmaler Mauerstreifen, zurückgesetzt (Abb. 2). Ein Erker springt stärker aus der Fassade hervor und ist mit einem eigenen Dach bedeckt (Abb. 3). Bei einem über der ganzen Höhe aus der Bauflucht hervorspringenden Bauteil spricht man von einem Risalit (Abb. 4).

Austritte

An vielen Gebäuden sind in den oberen Geschossen Möglichkeiten zum Austritt ins Freie vorhanden. Wenn darunter ein geschlossener Raum ist, handelt es sich um eine Galerie. Diese zieht sich häufig über die ganze Länge einer Fassade oder Raumes (z. B. in Turnhallen). Ein freitragender oder nur durch Stützen getragener Austritt ist ein Balkon. Begrenzt wird ein Balkon oder eine Galerie meist durch ein Geländer. Besteht die Begrenzung aus Stein nennt man dies allgemein Brüstung. Eine durchbrochene und mit kleinen Säulen gestaltete Brüstung wird als Balustrade bezeichnet. Im weiteren Sinne ist eine Balustrade auch ein schmaler Balkon (Abb. 5).

Abb. 4: Risalit

Abb. 5: Portal

Gauben
Da auch die Fläche unter dem Dach genutzt wird, muss für genügend Lichteinfall gesorgt werden. Die einfachste Möglichkeit ist ein Dachfenster, das parallel zum Dach liegt. Eine bessere Raumnutzung wird durch eine Gaube erzeugt. Eine Gaube hat eine senkrechte Fensterfläche, die hinter der Wandflucht liegt. Nach der Dachform werden verschiedene Gaubenarten unterschieden (Abb. 6).

Eingangsbereich
Besonders bedeutsam an einem Gebäude ist der Eingangsbereich. Er ist häufig aufwändig gestaltet durch Säulen, Giebel und besonders schmuckvolle Türen.

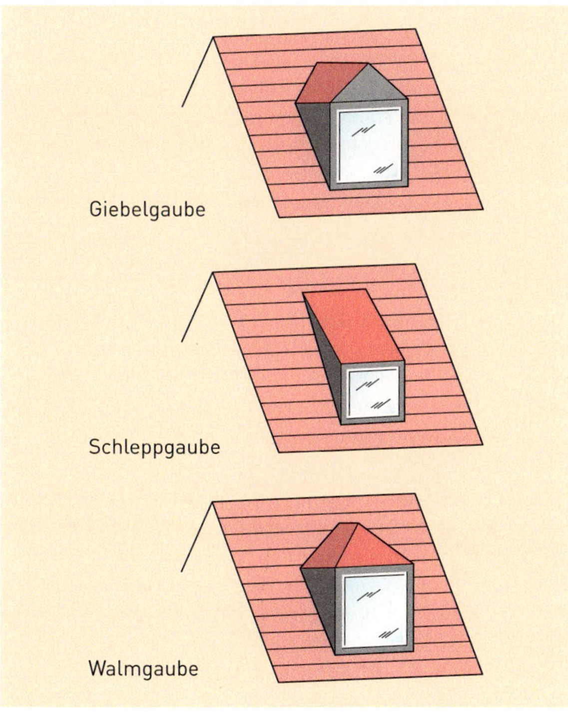

Abb. 6: Verschiedene Gaubenformen

In solchen Fällen bezeichnet man diesen Bereich als Portal (Abb. 5). Diese Abbildung zeigt ein Portal mit Balustrade, Konsolenfries und Freitreppe.

Wenn vor den eigentlichen Eingang ein Vorbau gesetzt ist, spricht man von einem Portikus. Dieser ist meist, ähnlich wie bei antiken Tempeln, von Säulen oder Pfeilern getragen.

Giebel
Ein Satteldach schließt auf zwei Seiten eine spitz zulaufende Mauerfläche ein. Dies ergibt die einfachste Giebelform, den Dreiecksgiebel. Durch dem Dach vorgesetzte Formen kann eine Vielzahl anderer Giebelformen erzeugt werden, wie z. B. Segmentgiebel, Treppengiebel, Staffelgiebel Volutengiebel (Abb. 7).

Abb. 7: Staffelgiebel, Segmentgiebel an den Gauben

Abb. 1: Stark ausgeprägte Gesimse

Abb. 2: Arkade

Abb. 3: Senkrechte Gliederung

10.1.3 Gliederungselemente

Die Gliederung eines Gebäudes kann entweder waagrecht (horizontal) oder senkrecht (vertikal) angelegt sein.

Horizontale Gliederung
Das wichtigste horizontale Gliederungselement ist ein **Gesims**. Dies ist ein aus der Mauer hervortretender Mauerstreifen. Nach Lage des Gesimses wird es als Sockelgesims, Gurtgesims (zwischen zwei Geschossen) oder als Dachgesims bezeichnet (Abb. 1).

Der **Sockel** ist der unterste aus dem Boden herausragender Teil eines Gebäudes. Da er der am stärkste belastete Bereich ist, muss er auch bei der Beschichtung besonders behandelt werden.

Bei größeren Geschäftsgebäuden ist häufig im Erdgeschoss ein Laufgang vorhanden. Dies ist eine **Arkade**, wenn die darüber liegenden Geschosse durch eine fortlaufende Reihe von Pfeilern oder Säulen getragen werden (Abb. 2).

Gelegentlich sind Wandnischen vorhanden, die mit Figurenschmuck oder nur Malereien verziert sind. Diese als Alkoven bezeichneten Nischen waren ursprünglich Schlafstellen, dienen aber meist der Gliederung einer Fassade.

Vertikale Gliederung
Vertikal kann die Gliederung durch **Pilaster** und **Lisenen** erfolgen. Ein Pilaster ist ein Wandpfeiler, der nur wenig aus der Wand herausragt. Die Lisene tritt nur flach aus der Wand hervor und hat im Gegensatz zum Pilaster kein Kapitell und keine Basis (Abb. 3).

Fenster
Ein bedeutsames Gliederungselement sind die Fenster. Durch deren Anordnung und Größe entsteht an einem Gebäude eine sofort ins Auge fallende Aufteilung. Fenster sind meist rechteckig, sie können aber auch nach oben hin gebogen sein. Entsprechend der Form werden sie als Rund-, Spitz-, Segment- oder Korbbogen bezeichnet. Da in bestimmten Stilepochen einzelne Bogenformen vermehrt gebaut wurden, ist dies ein mögliches Kennzeichen für einen Baustil.

Bei gotischen Fenstern ist der Bereich im Spitzbogen durch Maßwerk, geometrische, meist kreisförmige Formen, gestaltet.

In der Mitte eines Bogens ist häufig ein Stein hervorgehoben. Es ist der **Schlussstein**, der letzte Stein, der in einem Bogen gesetzt wird und diesen verkeilt (Abb. 4).

Die Bogenformen werden auch häufig über rechteckigen Fenstern als Stuckelemente aufgebracht. Die verschiedenen Bogenformen werden dabei unterbrochen (gesprengt), vor- und zurückgesetzt (verkröpft), mit Bekrönungen abgeschlossen oder mit Verzierungen versehen. Die Form dieser Giebelverdachung ist meist ein Kennzeichen für bestimmte Stilepochen.

Die Fenster sind häufig durch Faschen, durch Putz und Farbe abgesetzte Umrahmung, hervorgehoben.

10.1.4 Schmuckformen

Die einzelnen Gebäudeteil und Gliederungselemente können in ganz unterschiedlicher Weise ausgeführt sein. Häufig sind sie durch Schmuckformen (Ornamente) weiter verziert. Die **Ornamente** können aufgemalt oder in den Putz eingraviert sein, oder durch aufgesetzte Stuckelemente plastisch gestaltet sein. Sie ergänzen die Gliederungselement auf der ganzen Länge oder sind an einzelnen, besonders markanten Stellen angesetzt.

Abb. 4: Hervorgehobener Schlussstein

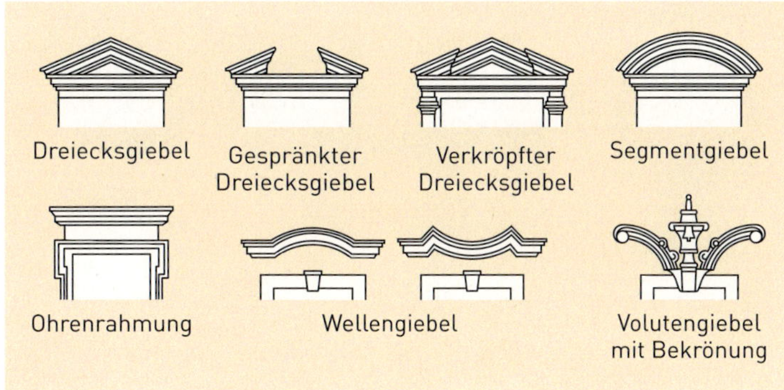

Abb. 5: Formen der Giebelverdachungen

Besonders im Klassizissmus wurden das Erdgeschoss oder die Ecken eines Gebäudes durch Quadersteine mit breiten Fugen hervorgehoben. Solch ein Quaderstein wird als **Bosse** bezeichnet. Ist das ganze Erdgeschoss mit Bossen verkleidet ist dies eine Bossage. Eine einzelne senkrechte Reihe von Bossen ist ein Bossenwerk (Abb. 6). Die Bossen sind ähnlich wie Klinker auf das eigentliche Mauerwerk aufgesetzt oder in manchen Fällen auch nur aufgemalt.
Gesimse können durch dreidimensionale Formen zu einem Fries ausgeformt sein. Wenn diese Verzierungen die Form von Konsolen haben, spricht man von einem Konsolenfries (S. 363, Abb. 5).

Bildliche Darstellungen, die nur flach aus der Wand hervortreten, werden als Relief bezeichnet. Sie sind meist an Giebeln oder Giebelverdachungen angebracht (Abb. 7).

Dächer, Giebel und Pfeiler sind gelegentlich mit Bekrönungen besetzt. Dies sind schlanke Ziertürmchen, auf deren Spitze weitere Zierformen wie Kugeln oder Kreuze angebracht sein können. Bei gotischen Bauwerken werden diese Türmchen als **Fialen** bezeichnet und sind mit einer Kreuzblume abgeschlossen.

Die Ecken eines Gebäudes, einer Nische oder eines Pfeilers sind manchmal durch Fasen angeschrägt. Dadurch wird die strenge Wirkung von rechteckigen Form en gebrochen und die Abnutzung der besonders belasteten Ecken vermieden.

Eine in fast allen Stilepochen beliebte Ornamentform ist die Volute. Diese schneckenförmig eingerollte Form kann man an Giebeln, Giebelverdachungen und Konsolen an vielen Gebäuden sehen (Abb. 5).

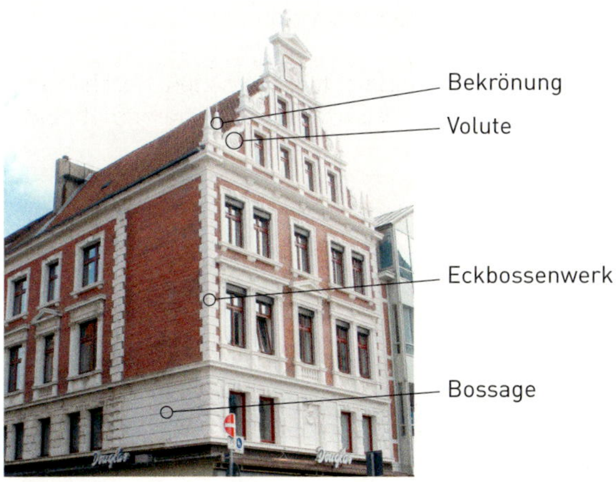

Abb. 6: Vielfältige Verzierungen

Abb. 7: Gesims mit Fries, darüber Relief

Abb. 8: Kreuzblume als Abschluss einer Fiale

Abb. 1: Prähistorisches Bauwerk (Megalith-Tempel) auf Malta rd. 3000 v. Chr.

Abb. 2: Pergamonaltar

10.2 Stilepochen

Stilkunde ist die Beschäftigung mit den Merkmalen der Kunststile, des Kunsthandwerks, des Bauens sowie anderer Kulturgüter anhand der verwendeten Stilelemente. Stilelemente sind die allgemeinen Einschätzungen des gesamten Erscheinungsbildes eines Objekts sowie dessen Verzierungen und Ornamente.

Die Stilkunde ordnet die Stilrichtungen zeitlich in Stilepochen (siehe hintere Umschlagseite). Der Begriff der Epoche oder Stilepoche bezeichnet dabei Zeitabschnitte. Diese können mehrere Jahre oder Jahrzehnte, vor dem 10. Jahrhundert auch Jahrhunderte umfassen. In diesen Epochen ähneln sich kulturelle Güter gleicher Art in einer Vielzahl von Merkmalen und sind stilistisch verwandt.

Ein Maler oder Lackierer wird sich in den seltensten Fällen mit Bauten oder Kunstwerken der Antike auseinander setzen müssen. Da diese Stilepoche jedoch wie keine andere in fast alle nachfolgenden Epochen ausstrahlt, ist es sinn voll, die Stilkunde mit der Antike zu beginnen.

10.2.1 Antike

Bereits weit vor der Stilepoche, die als Antike bezeichnet wird, wurden Bauten errichtet. In unterschiedlichen Kulturen sind diese durchaus unterschiedlich ausgeprägt. Im europäischen Raum finden sich vor allem Steinbauten, die aus Steinquadern errichtet wurden und oft schmucklos sind (Abb. 1). Die erste Epoche, in der Verzierungen und Ornamente stilbildend und durchgängig eingesetzt wurden, war die Antike. Die Antike (von lateinisch antiquus, = alt, altertümlich) bezeichnet die Epoche des Altertums im Mittelmeerraum von 1200 v. Chr. bis ca. 600 n. Chr. Die Antike kann grob in die

- **Griechische Antike und die**
- **Römische Antike**

unterteilt werden. Hier wird im Wesentlichen die jeweilige Baukunst, die Architektur, betrachtet. Merkmale **griechischer Architektur** sind städtische Bauten. Die Städte wurden geprägt durch Tempel, Torbauten, Theater, Paläste, Gymnasien, Brunnen, Befestigungsbauten, Leuchttürme, Hafenanlagen, Bibliotheken und Wohnbauten. Das prägnanteste Beispiel für die Stilentwicklung war die griechische Säule und die Säulenordnungen (→ Kasten). Die Dekorationen waren einerseits figürliche Reliefs und geometrische Friese. Diese konnten reliefartig ein

Abb. 3: Parthenon Tempel, Akropolis, Athen

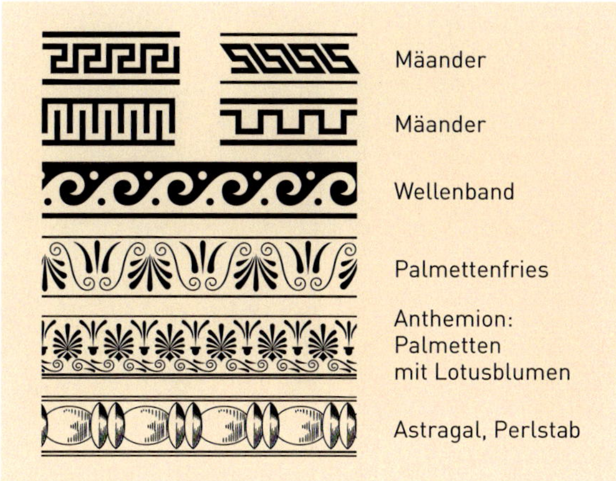

Abb. 4: Griechische Ornamentik

Abb. 5: Römisches Wohnhaus

Stein gehauen oder gemalt sein. Die Farben wurden auf eine Stuckschicht auf dem Marmor aufgetragen, dabei herrschten kräftige Farben wie blau, rot, orange oder gelb vor. Abb. 4 zeigt typische Beispiele für diese Ornamente.

Die römische Architektur ist durch die Übernahme der griechischen Architektur und deren Fortführung geprägt. In der römischen Stadt (Abb. 5) waren Bauten wie wie Atrium, Basilika, Thermen, Amphitheater, Theater und Brücken- und Wasserleitungsbauten typisch. Sie wurden im Gegensatz zur griechischen Architektur auch mit Bögen konstruiert, die von den Etruskern (Einwohner Italiens vor den Römern) übernommen wurden. Der Bogen hob die strenge Ordnung der Griechen in senkrecht und waagrecht auf und wurde zum Tonnen-, Kreuz- und Kuppelgewölbe weiterentwickelt. Sie haben diese Technik bis zu großen, halbkugelförmigen Kuppeln weiterentwickelt. Bis heute sichtbarer Höhepunkt dieser Entwicklung ist das Pantheon in Rom mit einer Kuppel von ca. 43 m Durchmesser (S. 368, Abb. 1).

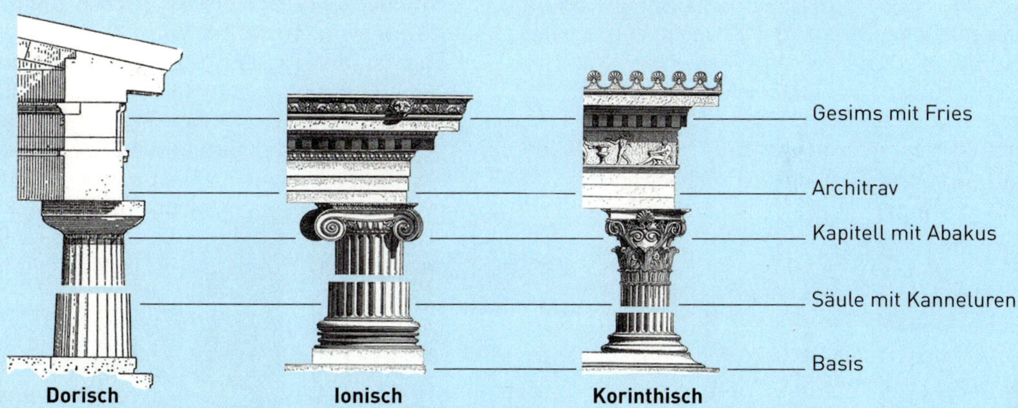

Dorisch: Keine Basis, gedrungene Säulen, meist 20 flache Kanneluren mit scharfen Graten, Verjüngung nach oben, Kapitell wulstartig mit quadratischer Deckplatte (Abakus). Gebälk mit glattem Architrav, darauf Gesims, darüber Giebeldreieck mit ansteigendem Gesims und Traufrinne (Sima).

Ionisch: Schlanke, sich wenig verjüngende Säule, profilierte Basis, meist 24 tiefe Kanneluren. Kapitell mit einem sich in großen Spiralen seitlich einrollenden Volutenglied, flacher Abakus. Architrav in drei Schichten gegliedert. Gesims mit kräftigem Zahnschnitt, glatte Traufplatte.

Korinthisch: Säulenordnung unterscheidet sich von der Ionischen durch das kelchförmige, mit Akanthusblättern und Voluten geschmückte Kapitell und die reichere Ausgestaltung des Gebälks; eine in römischer Zeit entwickelte Abart ist das aus Teilen des ionischen und des korinthischen Kapitells gebildete Kompositkapitell.

Abb. 1: Kuppel des Pantheon (Außen)

Abb. 2: Aufbau einer römischen Säule

Abb. 3: Kapitell

Abb. 4: Oktogon des Aachener Doms (Innenansicht)

Die Römer erstellten die Gebäude oft in Ziegelbauweise. Sie wurden dann mit Marmor- oder anderen Steinplatten verkleidet (Abb. 2). Es wurden sehr ausgiebig Farben benutzt, dabei waren nicht nur die griechischen, sondern auch die etruskischen Farbgebungen Vorbilder. Die Säulenordnung der Griechen wurde weiterentwickelt. Es entstanden kombinierte Formen wie das Kompositkapitell und freie Kapitellformen (Abb. 3). Im 5. bis 6. Jahrhundert nach Christus, nach den Plünderungen Roms 410 und 455, endete die Antike. In Byzanz (Ostrom, heute Istanbul) lebten antike Kultur und Geisteswelt noch bis weit ins Mittelalter fort. Dies hatte, zusammen mit den dort einwirkenden Einflüssen orientalischer Kulturen, erhebliche Auswirkungen auf die nachfolgenden Epochen.

10.2.2 Romanik

Vor der Stilepoche der Romanik ist die **Präromanik** einzuordnen. Diese Zeit von etwa 800 bis 1000 umfasst die Epochen der merowingischen, karolingischen und ottonischen Kunst.
Die Baudenkmäler aus dieser Zeit sind noch gedrungener und einfacher als die der Romanik, ähneln sich aber in ihren Elementen. Es sind nur wenige Bauwerke aus diesen Zeiten erhalten. Eine Ausnahme bildet das Oktogon des Aachener Doms vom Ende des 8. Jahrhunderts (Abb. 4). Hier finden sich der in der Romanik vorherrschende Bogen ebenso wie orientalische Einflüsse (Farbgebung, Mosaiken) aus der byzantinischen Zeit.
Die Romanik ist eine kunstgeschichtliche Epoche in der Zeit zwischen etwa 1000 und 1200 nach Christus, deren Stilelemente jedoch in manchen Gebieten bis zur Mitte des 13. Jahrhunderts beibehalten wurden. Das Erkennungsmerkmal romanischer Bauten ist

Abb. 5: Nikolaitor Eisenach

Abb. 6: Romanischer Burgturm (Burg Stolberg, Nachbau)

Abb. 7: Burg Dankwarderode

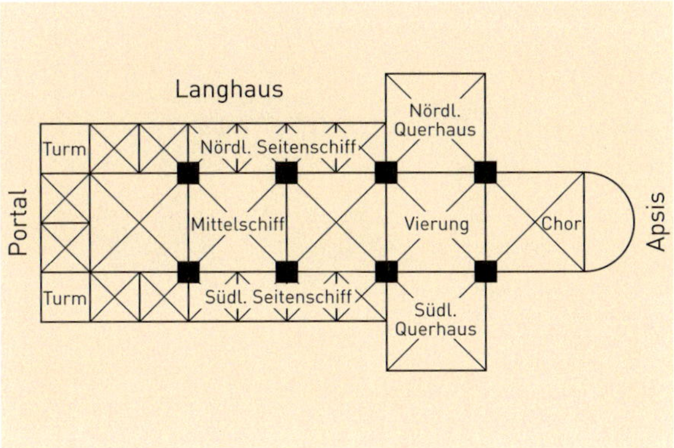

Abb. 8: Grundriss einer romanischen Kirche

Abb. 9: St. Michael, Hildesheim, 1010

der Rundbogen und dicke, festungsartige Mauern mit kleinen Fenstern (Abb. 5–7) sowie Würfelkapitelle auf den schlichten Säulen. Die Romanik wird in die Phasen Frühromanik, Hochromanik und Spätromanik eingeteilt. Waren frühromanische Bauten noch betont wuchtig und schmucklos, spielte in der Hoch- und Spätromanik der Bauschmuck eine große Rolle. In frühromanischer Zeit werden flache Kassettendecken gebaut, später dann auch Kreuzgratgewölbe. In der Romanik orientierte sich der Kirchenbau an der römischen Basilika.

Diese bestand aus einem mittleren Hauptschiff und zwei niedrigeren Seitengängen (Seitenschiffe), die durch Säulenreihen voneinander getrennt waren. Später wurde diese Form durch das Querschiff ergänzt (Abb. 8). Beispiele dafür sind die Hildesheimer Michaeliskirche ab 1010 (Abb. 9)und der Speyerer Dom ab 1025. Aus der Romanik sind auch viele Profanbauten erhalten. Ein **Profanbau** ist ein Gebäude für weltliche Zwecke. Der Begriff wird in der Architekturgeschichte verwendet um Gebäude und deren Nutzungen voneinander abzugrenzen. Der Gegenbegriff zum Profanbau ist der **Sakralbau**, der religiösen Zwecken vorbehalten ist. Herzog Heinrich der Löwe errichtete 1160–1175 in Braunschweig seine Burg im romanischen Stil.

Die Ornamentik in der Romanik konzentrierte sich ebenfalls auf Würfelkapitell und Rundbogen (Abb. 10–11) als reine Schmuckelemente. Die Würfelkapitelle hatten in ihrer Gestaltung nichts mehr gemeinsam mit den Ornamentformen an den Säulen der griechischen oder römischen Antike. Gelegentlich waren sie auch mit ornamentaler Verzierung versehen.

Wandflächen wurden durch Rundbogenfriese horizontal gegliedert. Maueröffnungen (Fenster, Kirchenfenster, Türen) waren mit Rundbögen überwölbt und klein, weil die Wölbetechnik noch keine großen Öffnungen erlaubte. Größere Fenster entstehen durch zwei oder mehr aneinandergereihte Fensterbögen mit Säulen als Zwischenstütze. Das Rundbogenfeld über rechteckigen Türen, das Tympanon, war meist mit plastischem Figurenschmuck ausgefüllt.

Die Innenraumgestaltung der Romanik war schlicht. Gebrauchsmöbel waren einfache, wuchtige, aus einem Stamm mit Axt und Beil gehauene Stücke. Sitzmöbel wurden aus massiven Holzblöcken geschlagen. Die Schlaf- und Liegestätte war eine derbe Pfostenkonstruktion, die mit Querbrettern verbunden wurde.

Schnitzereien waren dürftig und erschöpften sich in keilförmigen Kerbmotiven. Manchmal wurde Stoff oder Leder als schmückende Bespannung verwendet.

Im 13. Jahrhundert tauchen an romanischen Bauten die ersten Spitzbögen auf und markieren den Übergang zur Gotik, so z. B. am Limburger Dom 1235.

Abb. 10: Fenster mit Doppelbogen

Abb. 11: Würfelkapitell mit Pflanzenornamenten

Abb. 1: Kathedrale von Brüssel ab 1225

Abb. 2: Im Strebewerk des Kölner Doms, Strebebögen und Fialen

10.2.3 Gotik

Die Gotik spielt insbesondere in der Architektur eine große Rolle, denn die bedeutendsten Sakralbauten wurden in der Gotik errichtet. Doch auch in der Tafel-, Wand-, Glas- und Buchmalerei, Musik, Schrift, Sprache, Mode und bei den Möbeln haben sich gotische Stilmerkmale ausgeprägt.

Der Übergang zwischen Romanik (bis 1250) und Gotik (ab 1150 bis1530) vollzog sich – wie an den Zeiten ersichtlich – fließend. Die Gotik entstand um 1150 in Frankreich. Als Initialbau der Gotik gilt Chorneubau der Klosterkirche von Saint-Denis. Von dort aus verbreitete sich die Gotik über ganz Europa. In den einzelnen Ländern entwickelten sich spezifische gotische Stile. Auch in Deutschland stehen individuell gestaltete Bauwerke.

Die imposantesten gotischen Bauwerke sind die Kathedralen, die der Inbegriff gotischer Architektur sind (Abb. 1). Die Kathedralen und Kirchen hatten unterschiedliche Funktionen. Bis zum Aufkommen der Rathäuser im 13. Jh. war die Kirche auch zentraler Versammlungs-, Beratungs- und Wahlort, auch Rechtsgeschäfte wurden dort abgewickelt.

Für diese Bauten sind die große Raumhöhen und spitz zulaufende Bögen charakteristisch. Die in der Romanik geschlossenen Wände werden in der Gotik durch Fensterreihen durchbrochen.

Dadurch werden Helligkeit und eine großzügigere Raumaufteilung erreicht. Kreuzrippen tragen das Gewölbe und leiten den Gewölbedruck zu den Pfeilern, die durch das nach außen verlegte Strebewerk von Strebebögen und Strebepfeilern gestützt werden (Abb. 2). Auf den Strebepfeilern stehen Fialen, die durch Kreuzblumen gekrönt werden (Abb. 3). Im Kirchenraum vereinigen sich die Pfeiler zu Bündelpfeilern. Dadurch werden Mauern weitgehend überflüssig. Der Chorraum stellt in der Gotik das Zentrum der Kirche dar.

In der Früh- und Hochgotik wurde der Raum ähnlich wie in der Basilika gegliedert. In der Spätgotik gestaltete man den Raum so, dass die Kirche von jedem Standpunkt aus vollständig erfasst werden konnte (Hallenkirche).

In welcher Form Farben in gotischen Gebäuden eine Rolle spielten, ist umstritten. Man weiß, dass ursprünglich vieles bemalt war, besonders Portale, Fensterrosetten (Abb. 6) und Teile der Türme. Detaillierte Informationen gibt es aber nicht. Bevorzugte Grundfarben waren Weiß sowie Ocker-, Rot- und Rosétöne (Abb. 7) und oftmals blau als „Himmel" für die Decken.
Klöster, Schlösser, Burgen, später auch Rat- und Bürgerhäuser übernahmen die Formen der kirchlichen Baukunst. Auch in der Malerei und der Ausgestaltung der Kirchen wurde die gotische Formensprache übernommen (Abb. 4, → Tabellenbuch Maler und Lackierer).

Abb. 3: Klaren-Altar, Köln, etwa 1350

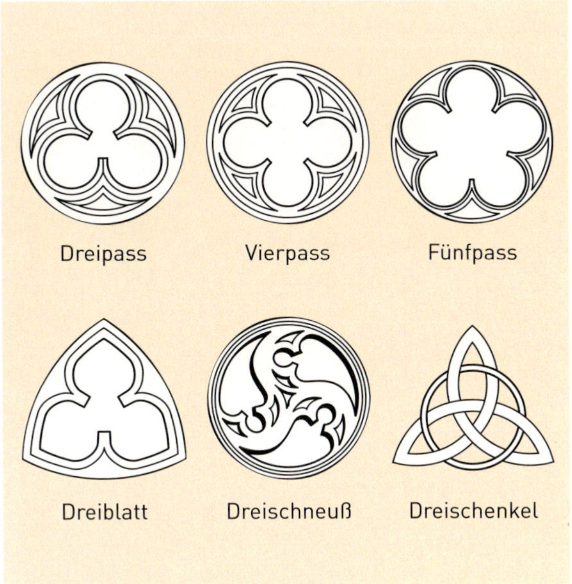

Abb. 4: Gotische Ornamentik, Beispiele

Auch die Ornamentik war stark auf Öffnungen und Durchbrüche konzentriert (Abb. 5), die sowohl im Maßwerk der Strebebögen (Abb. 2) als auch in der Verzierung der Malerei Anwendung fanden.

Im Innenraum entwickeln sich abwechslungsreich gestaltete und verzierte Möbel, die nun mehr und mehr dem eigentlichen Sinne des Wortes „mobil" entsprechen. Holzvertäfelungen an Wänden und Decken werden beliebt. Wandmöbel werden aneinandergereiht, die Raummitte bleibt frei und wirkt hell und „geräumig".

In Norddeutschland, Polen und Skandinavien entwickelte sich die Backsteingotik. Große Sakralbauten wurden aus diesem Baumaterial ebenso erstellt wie Rathäuser, Bürgerhäuser und Festungen. Auch in Bayern finden sich in den steinarmen Landschaften Ober- und Niederbayerns zahlreiche Backsteinbauten der Gotik (Abb. 7).

Abb. 5: Fensterrosette im Querschiff

Abb. 6: Innenraum des Bremer Doms

Abb. 7: Backsteingotik: Frauenkirche in München

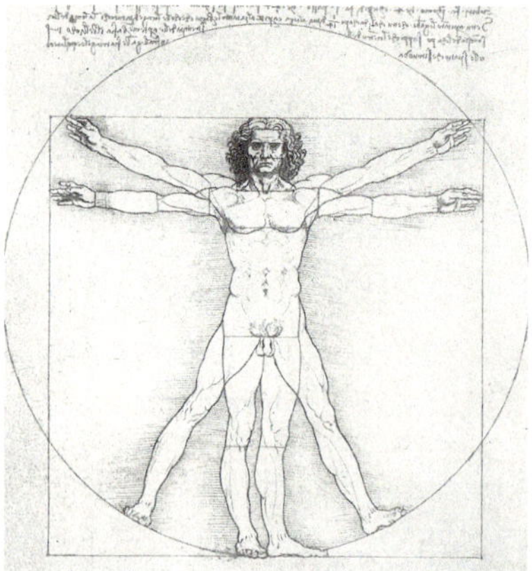

Abb. 1: Der vitruvianische Mensch, Leonardo da Vinci

Abb. 2: Renaissance-Palazzo, Rom

Abb. 3: Schütting, Bremen

10.2.4 Renaissance

Der Begriff der Renaissance bezeichnet als historische Epoche den Übergang vom Mittelalter zur Neuzeit, der zwischen 1400 und 1600 stattfand. Ihren Ursprung nimmt die Renaissance in Italien, wo es bereits weit entwickelte Stadtkommunen und ein selbstbewusstes Bürgertum gab. Der Mensch der Renaissance wurde sich seiner Freiheit und seiner schöpferischen Möglichkeiten bewusst.
In kultureller Hinsicht war die Renaissance eine Wiederbelebung antiker Ideale in Literatur, Philosophie, Wissenschaft und besonders in der Malerei und der Architektur. Neben der Verehrung der Antike stellte die Renaissance auch die Frage nach dem Wesen der Schönheit. Die Künstler versuchten z. B., den idealschönen Menschen darzustellen. Ideale Maße und Proportionen spielen sowohl bei der Darstellung des menschlichen Körpers (Abb. 1) in der Malerei und Skulptur als auch bei der Konzipierung von Gebäuden eine Rolle.
In der Architektur der Renaissance wurde die Formensprache der Antike in klassischer Strenge wiederbelebt. In Italien (Abb. 2) erlebte dies seine Blütezeit in der Hochrenaissance gegen 1500 und setzte sich von da an in ganz Europa durch (Abb. 3). Italienische Renaissancebauten wurden klar, überschaubar und harmonisch ausgewogen konzipiert.
Die Architekten orientierten sich bei den Grundrissen an einfachen idealen geometrischen Formen wie dem Quadrat oder dem Kreis. Man entlehnte Bauelemente wie Säulen, Pilaster, Kapitelle, Rund- und Dreiecksgiebel direkt der Antike. Auch die figürlichen Darstellungen römischer Götter und die antiken Ornamente wurden verwendet.
Die Fassade wird in der Renaissance streng in Etagen gegliedert, oft erhält jede Etage ihre eigene Ausstattung mit unterschiedlichen Fenstergiebeln, Verzierungen und Stuckornamenten. Der Kuppelbau in Anlehnung an römische Bauten wie das Pantheon ist die bautechnische Herausforderung der Renaissance. Die Kuppel des Petersdoms ist nicht nur fast genauso groß wie die des Pantheons, sie zeigt auch außen und innen die typischen Motive der Zeit (Abb. 4).

Abb. 4: Kuppel des Petersdoms

Abb. 5: Leisthaus, Hameln

Abb. 6: Knochenhauer Amtshaus, Hildesheim

Abb. 7: Theresienkirche, Aachen 1739–1743

Abb. 8: Heilige Stiege am Kreuzberg, Bonn; B. Neumann, 1746–1751

Abb. 9: Marienmedallion, umgeben von vergoldeten Ranken

In anderen Ländern als Italien gab es unterschiedliche Ausprägungen der Renaissance. Im Norden, so auch in Deutschland, geschieht die Nachahmung antiker Bauelemente. Es wird nicht nur streng, sondern gemäß der mittelalterlichen Baupraxis auch nachahmend mit Abweichungen gebaut. Zum Teil wird auch die der Antike ähnliche romanische Architektur imitiert.

So entwickelte sich beispielsweise entlang der Weser in der Zeit zu Beginn des 16. Jahrhunderts ein spezieller Stil, die Weserrenaissance (Abb. 5). Auch der Fachwerkbau wurde zusehends verfeinert (Abb. 6). Diese Stile in der ausklingenden Renaissance – auch Manierismus genannt – leiten mit ihren vielfältigen Verzierungen bereits in die Epoche des Barock über.

10.2.5 Barock, Rokoko

„Barock" ist der Epochenbegriff hauptsächlich für das 17. und beginnende 18. Jahrhundert. Die Ursprünge der Kunst des Barock liegen in Rom um 1600. Dies ist das Zeitalter des nach Gegenreformation wieder erstarkten Papsttums und des Absolutismus. Es wurden Repräsentationsbauten und städtische Bauten wieder in einem neuen, aufwändigeren Stil als zur Zeit der Renaissance errichtet. Der Barock verbreitete sich zunächst in den katholischen Ländern Europas, bevor er sich in abgewandelter Form auch in protestantischen Gegenden durchsetzte.

Der Barock gliederte sich in Frühbarock (ca. 1600–1650), Hochbarock (ca. 1650– 1720) und Spätbarock oder Rokoko (ca. 1720–1770). Im Frühbarock finden sich noch die Stilelemente der Renaissance. Die Kirchen wurden im Barock überreich mit Zierrat und Ornamenten ausgestattet (Abb. 10–12). Die absolutistischen Herrscher wie Ludwig der 14. in Frankreich oder August der Starke in Deutschland nutzen den barocken Stil zur Selbstverherrlichung. Ziel war die Überwältigung der Sinne des Betrachters, des Gläubigen in den Kirchen oder des Untertanen am Hofe.
In der Architektur fand die Barockkunst ihren stärksten Ausdruck. Die strenge Ordnung der Renaissance wurde aufgelöst.

Abb. 10: Käppele, Würzburg

Abb. 11: Stuckputte

Abb. 12: Marienmünster Dießen, innen

Abb. 1: Ornamente im weißen Saal des Aachener Rathauses

Abb. 2: Zwinger, Dresden

Abb. 3: Im Stil des Rokoko verzierte Fenster

Der Betrachter hatte aufgrund der schwingenden, konkaven und konvexen Formen, Kuppeln, Säulengruppen, Giebel und Fensterbekrönungen mit reichem ornamentalem Schmuck den Eindruck von Kraft und Bewegung. Dabei ordneten sich die Einzelformen dem Gesamtkunstwerk unter. Lichteffekte wurden ebenso genutzt wie Malerei, Skulptur und Plastik, die in den architektonischen Rahmen einbezogen wurden.
Zu den Stilelementen des Barock gehören die Betonung der Vertikalen durch Säulen, Pilaster (S. 373, Abb. 7) und Treppen (S. 373, Abb. 8) und der reichliche Einsatz von Schmuckelementen, wie Girlanden (Abb. 8), Voluten, Putten und Stuckverzierungen. Edle Materialien wie Stuckmarmor, echter Marmor, Vergoldungen (Abb. 1), großflächige Decken- und Zierrat mit wertvollen Stoffen wie Brokat betonen den Prunk. Stilelemente der vorhergehenden Epochen werden kombiniert, so der Dreieckgiebel und der Rundgiebel zum Kombinationsgiebel. In Süddeutschland sind die Zwiebeltürme mit dem Barock verbunden. Auch der Innenraum wird in Barock und Rokoko prunkvoll. Möbel erhalten mehr und mehr repräsentative Bedeutung.

Neue Möbeltypen, wie Empfangszimmermöbel, Konsolentische, Kommoden, Armlehnstühle, Armlehnsessel und Schreibschränke kommen auf. Schrank und Kommode ersetzen die Truhe. Aus dem Kabinettschrank entsteht in Frankreich der Schreibtisch, das „bureau".

Edle Holzarten und vielfältiger Schmuck, prunkvolle Bezugsstoffe aus Samt, Seide und Gobelin. Typische Erkennungsmerkmale sind verschlungene Motive, sogenanntes Knorpelwerk oder Ohrmuschelornament, Akanthusblätter, Voluten, figurales Schnitzwerk, Baluster und Pilaster. Im Rokoko, zum Ende des Barock, wurden die Muster noch filigraner und verzweigter, die Stuckarbeiten erreichten in ihrer Feinheit einen Höhepunkt (Abb. 2–3).

10.2.6 Klassizismus, Historismus

Der Barock mit seinen kraftvoll bewegten Baumassen wird um 1780 als geschmacklos abgelehnt. Die Französiche Revolution führte ab 1789 zum Zusammenbruch des barocken Lebensstils. Mit der allge-

Abb. 4: Fontana di Trevi, Rom 1732–1762

Abb. 5: Elisenbrunnen, Aachen, 1827

Abb. 6: Stadttheater Aachen, 1825

›b. 7: Neugotische Fenster (Rathaus Weimar 1841)

Abb. 8: Neues Rathaus Hannover

Abb. 9: Gründerzeitfassade

meinen Erklärung der Menschenrechte breitet sich die Aufklärung aus. Kirche und weltliche Herrscher sind nicht mehr kulturbestimmend. Als Folge wird die Antike erneut als Formenvorbild herangezogen – Kirchenbauten sind entsprechend selten. Ab etwa 1750 entsteht der Klassizismus, z. T. zunächst als Bestandteil barocker Entwürfe (Abb. 4).

Er löst endgültig Spätbarock und Rokoko ab und hält sich an das antike Vorbild. So berücksichtigen Architekten wie Schinkel genau die Ergebnisse von Vermessungen antiker Bauten (Abb. 5). Die Säulen sind als Träger des Gebälks nun wieder notwendiger Teil der Konstruktion (Abb. 6) und nicht mehr, wie im Barock, bloßes Schmuckelement. Durch die Verwendung behauener Natursteine (Abb. 7) werden die antiken Formen besonders betont. Kreis und rechter Winkel bestimmen die leicht überschaubaren Räume. Urnen, Girlanden und Rosetten finden als Zierformen nur sparsame Verwendung.

Zu Beginn des 19. Jahrhunderts wird der Klassizismus eleganter und luxuriöser. Man spricht heute von Empire-Stil, der sich rasch über ganz Europa ausbreitet. Dieser Stil beschränkt sich weitgehend auf die Innenarchitektur und greift neben den griechischen und römischen Formen auch die der altägyptischen Kunst auf. Er weist geradlinige Strenge, betonte Flächigkeit und Feierlichkeit auf. Bei der Ausstattung der Räume wird bevorzugt mit Weiß, Gold und kühlem Blau gearbeitet. Der Empire-Stil bleibt einige Jahrzehnte in Reinform erhalten, bis er schließlich zur bloßen Wiederholung und Imitation ägyptischer und griechischrömischer Stilelemente verkommt. Dies kennzeichnet den Übergang zum Historismus.

Als Historismus bezeichnet man die Übernahme von Stilarten der Vergangenheit (Abb. 8–12). Dabei erfolgte die Übernahme der Stilelemente nicht exakt, sondern eher imitierend und zitierend. Eine der Ursachen des Historismus war, dass die Repräsentationsbedürfnisse des in der Gründerzeit reich gewordenen Bürgertums zu befriedigen waren. Eine andere Ursache war die durch die beginnende Industrialisierung hinzugekommene Möglichkeit, Inventar, Möbel und Einrichtungsgegenstände preiswert in hohen Stückzahlen zu fertigen.

Abb. 10: Nordflügel des neugotischen Basler Rathauses (Um 1900)

Abb. 11: Historismus mit maurischen Akzenten: Sintra Palacio Nacional da Pena

Abb. 12: Historistische Fassade mit Jugendstilmotiven

Abb. 1: Jugendstilfassade, Hannover

Abb. 2: Jugendstileckhaus, Weimar

Abb. 3: Jugendstilfassade, Hannover

Gedruckte Tapeten, maschinell gewebte Teppiche und Textilien, fabrikgefertigte Stühle und andere Möbel machen eine Inneneinrichtung auch für den Kleinbürger möglich. Der Historismus wird daher umgangssprachlich auch als Gründerzeitstil (Abb. 9) bezeichnet. Der Historismus wird – nach den imitierten Stilarten – unterteilt in

- Neogotik,
- Neorenaissance,
- Neoromanik,
- Neobarock und
- Neorokoko.

Im Späthistorismus gegen Ende des 19. Jahrhunderts und zu Beginn des 20. Jahrhunderts wurden die oben genannten Stilarten zunehmend gemischt. Die strenge Zitierweise der vorhergehenden Phasen löst sich zugunsten einer freieren Interpretation auf. Ausbuchtende Erker, Kuppeln und ausladende Balkone werden beliebt. Allgemein ist ein Zug zu übersteigerter Monumentalität zu beobachten. Einzelne Elemente (z. B. Dekors) weisen gelegentlich schon auf den Jugendstil hin.

10.2.7 Jugendstil

Jugendstil ist die deutsche Bezeichnung einer internationalen Stilrichtung von etwa 1890 bis 1914, die in Frankreich und Belgien „Art Nouveau", in England „Modern Style" und in Österreich „Sezessionsstil" genannt wird.

Der Jugendstil wurde nach der Münchner Zeitschrift „Jugend" (1896–1940) benannt. Er ist als Bewegung gegen die historisierenden Stile des 19. Jahrhunderts zu sehen. Er suchte nach neuen Formen, die alle Bereiche der Kunst und des Lebens durchdringen sollten. Die Form eines Gegenstandes wurde aus seiner Funktion und den Gegebenheiten des Materials entwickelt. So wurde nicht nur der Baustil und die Malerei, sondern auch der Möbelbau, die Raumgestaltung und die Herstellung von Gegenständen des täglichen Lebens erfaßt. Materialgerechtigkeit wurde dabei zur zentralen Forderung. Äußerlich kennzeichnende Teile oder Elemente des Jugendstils sind dekorativ geschwungene Linien (Abb. 2) sowie flächenhafte florale Ornamente (Abb. 1, 4) und die Aufgabe von Symmetrien.

Abb. 4: Jugendstilornamente

Abb. 5: Moderne – Fagus-Werk in Alfeld (1911)

Abb. 6: Wohnhäuser der Moderne, Hannover

Abb. 7: Glas und Stahl, Brüssel

Der Jugendstil war aber keineswegs eine geschlossene Bewegung. Es war eher eine Reihe von teilweise auch sehr unterschiedlichen stilistischen Strömungen innerhalb Europas, die sich nur in der Abkehr vom Historismus glichen.

10.2.8 Moderne

Neben dem Protest gegen Stilnachahmung und Historismus am Ende des 19. Jahrhunderts waren die Veränderungen der sozialen und wirtschaftlichen Strukturen die auslösenden Faktoren für eine moderne Architektur. Diese experimentelle Bauweise sah ihre wesentlichen Aufgaben in der Entwicklung neuer Raumkonzepte und Formen. Grundlage waren die neuen Bedürfnisse und die modernen Materialien, aus denen sich neue Konstruktionsverfahren entwickelten. Stahlbau und Betonbau wurden integriert, die Möglichkeit, große Glasflächen herzustellen wurden genutzt (Abb. 5–6).

Auch serienmäßig konstruierte Fertigteile aus allen Materialbereichen veränderten Auffassung vom Bauen und dessen Formensprache. Amerikanische Architekten brachten mit ihrer Forderung, dass die Form immer der Funktion zu entsprechen habe, eine neue Sichtweise ein. Die Tendenz zu klar gegliederten und aus der Funktion entwickelten Bauten zeigten schon die europäischen Richtungen des Jugendstils, aber auch die Gruppen des Deutschen Werkbundes oder des Bauhauses. Das kubische, horizontale, sachlich nüchterne Prinzip setzte sich Mitte der 1920er-Jahre durch. Nach 1950 wurden neue Impulse wirksam, die unter dem Namen „Brutalismus" zusammengefasst werden können. Sehr große, geschlossene Bauwerke werden ohne Rücksicht auf die umgebende Architektur in Stadt oder Landschaft gesetzt (Abb. 7).

Die Architektur der 70er- und 80er-Jahre des 20. Jahrhunderts, griff wieder auf Elemente früherer Stile zurück und wird z. B. als „Postmoderne" bezeichnet. Die „Blob-Architektur" der jüngsten Zeit konzipiert Bauwerke am Computer, die wandlungsfähige, hochkomplexe Formen zeigen (Abb. 8).

Abb. 8: Neuer Zollhof, Düsseldorf

Aufgaben zu Kapitel 10.1 bis 10.2

1. Nennen Sie den Unterschied zwischen einer Lisene und einem Pilaster.

2. Warum sollten in tragenden Mauern nachträglich keine Öffnungen eingebaut werden?

3. Nennen Sie mindestens drei verschiedene Giebelformen.

4. Ordnen Sie den Torbögen/Eingangsbereichen die Stilepochen Gotik, Moderne, Barock, Renaissance zu.

5. In welche beiden Stile kann die Epoche der Antike grob eingeteilt werden?

6. Nennen Sie die Epoche, in der Bauten mit großen Raumhöhen und spitz zulaufenden Bögen charakteristisch sind? Nenne Sie zwei bekannte Gebäude.

7. In welche imitierten Stilarten wird der Historismus unterteilt?

8. Beschreiben Sie, aus welchem Grund einige moderne Bauten unter dem Begriff „Brutalismus" zusammengefasst werden.

Abb. 1: Kirchenfassade der Renaissance

Abb. 2: Lochfassade

10.3 Fassadentypen

Die Fassade (facies: Latein; Angesicht) ist der gestaltete, oft repräsentative Teil der äußeren Hülle eines Gebäudes. Oft ist mit diesem Begriff die Hauptansichtsseite oder Schauseite eines Gebäudes gemeint. Das ist in der Regel die Seite, die der Straße oder dem Platz zugewandt ist. Bei Kirchen war in einigen Stilepochen die Westfassade am aufwändigsten gestaltet (Abb. 1). Die anderen Seiten waren schlichter ausgeführt. Besonders bei freistehenden Bauwerken können aber auch mehrere Seiten des Gebäudes als gestaltete Fassade ausgeführt sein.

Die genauere Bezeichnung der Fassaden bezieht sich heute auf deren Gestaltung, Material, Funktion und Konstruktion.

10.3.1 Gestaltung

Alle Prinzipien der Gestaltung (→ LF 4) können sinngemäß auch auf die Fassade übertragen werden. Die Bezeichnung der Fassade ergibt sich danach, welches Gestaltungselement dominiert. Dennoch sind diese Bezeichnungen nicht häufig angewendet, da ein einzelnes Gestaltungselement selten derart hervorstechend verwendet wird. Beispiele sind die Lochfassade (Abb. 2) oder die Säulenfassade, bei der Säulen der wichtigste Gestaltungsfaktor sind.

Ist die Fassade mit den Gestaltungselementen einer bestimmten Stilepoche versehen, so wird deren Name verwendet. Beispiele sind die Jugendstilfassade, die Renaissancefassade (Abb. 1) oder die Rokokofassade (Abb. 3).

Abb. 3: Rokokofassade

Abb. 4: Putz-, Metall- und Ziegelfassade

Abb. 1: Glasfassade

Abb. 2: Medienfassade

10.3.2 Material

Ist das bestimmende Merkmal einer Fassade die Verwendung eines bestimmten Materials, so wird die Fassade nach diesem Material bezeichnet. Beispiele sind Putzfassaden, Metallfassaden, Ziegelfassaden und Holzfassaden (Abb. 3), Natursteinfassaden oder Glasfassaden (Abb. 1).

10.3.3 Funktion

Fassaden können architektonische oder technische Funktionen übernehmen. Übernimmt die Fassade die Aufgabe, als Medium Werbung, Nachrichten oder andere Informationen anzuzeigen, spricht man von einer Medienfassade (Abb. 2).
Blendfassaden sind oft größer als die hinter ihnen liegenden Gebäude. Sie dienen dazu, den eigentlichen Aufbau des Gebäudes zu verbergen – sei es, weil es zu klein oder zu verschachtelt ist oder sonst unbefriedigend aussieht.

Mit einem Wärmedämmverbundsystem versehene Fassaden werden aufgrund ihrer Funktion auch Wärmedämmfassaden genannt.

10.3.4 Konstruktion

Die wichtigste Unterscheidung der Fassaden ist die nach ihrer Konstruktion. In diesem Zusammenhang werden die Begriffe Fassade und Außenwand gleichbedeutend verwendet. Üblicherweise wird die Fassade in Schichten eingeteilt. Den Schichten werden Funktionen für das Bauwerk zugewiesen. Von außen nach innen unterscheidet man

- Wetterschutzschicht,
- Dämmschicht,
- tragende Konstruktion und
- innere Schicht.

Abb. 3: Holzfassade

Abb. 4: Sichtbetonfassade

Abb. 5: Zweischaliges Mauerwerk mit Kerndämmung

Abb. 6: Fußpunkt zweischaligen Mauerwerks mit Lüftungslöchern in der Vorsatzschale

Dabei kann die tragende Konstruktion, z. B. das Mauerwerk oder Beton, auch dämmende Funktionen übernehmen. Im Falle einer Sichtbetonfassade (Abb. 4) ist die Wetterschutz- und Dämmfunktion dem tragenden Beton zuzuordnen. Funktionsschichten und konstruktive Schichten stimmen also nicht immer überein.

Folgende wichtige Fassadenkonstruktionen sind zu unterscheiden (Abb. 7): **Nicht hinterlüftete Konstruktionen** nennt man solche Fassaden, bei denen alle Schichten ohne Zwischenräume direkt aneinander grenzen. Einschaliges Mauerwerk, das verputzt ist gehört ebenso dazu wie einschalige Wände mit einem Wärmedämmverbundsystem. Auch mit Kleber oder Mörteln befestigte Fliesen, Natursteine oder andere Materialien sind nicht hinterlüftet. Man spricht auch vom monolithischen Aufbau. Zweischaliges Mauerwerk besteht aus einer tragenden Wand aus Mauerwerk und einem 9 bis 11,5 cm dicken Verblendmauerwerk aus Vormauerziegeln, Klinkern, Kalksandstein- oder Betonsteinverblendern. Sind diese zwei Schalen fest über die Dämmung miteinander verbunden, ist auch dies eine nicht hinterlüftete Konstruktion (Abb. 5).

Hinterlüftete Konstruktionen unterteilen sich in zweischaliges Mauerwerk mit Hinterlüftung und hinterlüftete Außenwandbekleidungen. Das zweischalige Mauerwerk mit Hinterlüftung verfügt über Lüftungslöcher in der Vorsatzschale, die den Luftaustausch und die Entwässerung gewährleisten. (Abb. 6) Die Dämmung ist hier nur an der Innenschale befestigt. Hinterlüftete Außenwandbekleidungen sind alle Fassaden, bei denen Platten aus Metall, Naturstein, Kunststoff oder anderen Materialien vor die tragende Wand gehängt werden. Hierbei gibt es die unterschiedlichsten Befestigungsmittel.

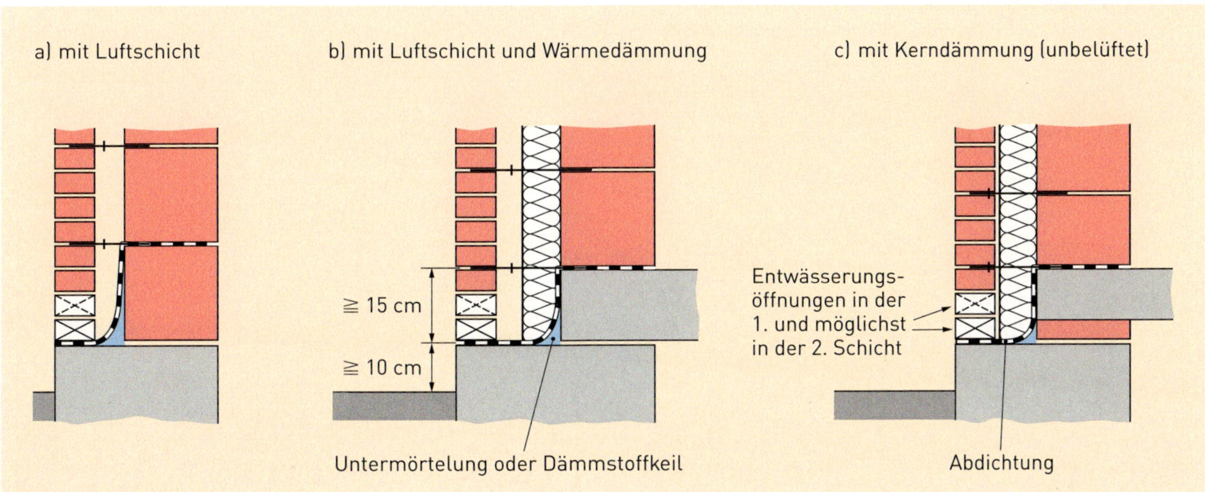

Abb. 7: Mauerwerkskonstruktionen

10.4 Fassadengestaltung

10.4.1 Allgemeine Grundsätze

Die Farbe einer Fassade wird von vielen Menschen, die meist die Bewohner nicht kennen, wahrgenommen. Über die Farbigkeit der Fassade können die Besitzer bzw. Bewohner eines Gebäudes etwas über sich aussagen. Die Farben von Häuserreihen oder ganzen Stadtgebieten erzeugen ein bestimmte Atmosphäre, die auch unbewusst auf die Bewohner einwirken kann.

Deshalb muss man sich bei der Auswahl der Farben für eine Fassade über die spätere Wirkung im klaren sein, zumal eine erneute Veränderung an einer Fassade meist mit hohen Kosten verbunden ist. Neben diesem gestalterischen Aspekt spielt auch noch ein technologischer Aspekt eine Rolle: Die Fassade muss durch eine Beschichtung vor Witterungseinflüssen geschützt werden. Die Art und Stärke der Witterungseinflüsse (Abb. 1) hängt von der Lage des Gebäudes ab. Einflussfaktoren sind:

- freistehend oder nicht freistehend,
- Verschmutzung durch nahe Industrieanlagen oder verkehrsreichen Straßen,
- Beschattung durch andere Gebäude oder Bäume.

Am einzelnen Gebäude ist die Belastung der verschiedenen Wandseiten unterschiedlich ausgeprägt, da der Wind in Mitteleuropa bei Schlechtwetterlagen meist aus westlicher Richtung bläst und die Sonne vor allem aus südlicher Richtung auf das Gebäude scheint.

Die Belastung durch Schlagregen ist in der DIN 4108 geregelt. Bei der Einteilung in die Beanspruchungsgruppen I, II und III werden die regionalen klimatischen Bedingungen (Regen, Wind), die örtliche Lage und die Gebäudeart berücksichtigt.

Tab. 1: Hellbezugswert verschiedener Farben

(gelb)	NCS 1060-Y05R Hellbezugswert 57 %
(ocker)	NCS 3057-Y19R Hellbezugswert 26 %
(blau)	NCS 3439-B Hellbezugswert 21 %
(dunkelrot)	NCS 4747-Y71R Hellbezugswert 10 %

Bei der Auswahl der Farbe sollte darauf geachtet werden, dass die Pigmente über einen langen Zeitraum lichtecht sind und sich keine Farbtonveränderungen ergeben. Dunkle Farben erwärmen sich schneller, was bei wärmegedämmten Gebäuden zu Verformungen und Ablösen der Dämmplatten führen kann. Hier muss man auf den Hellbezugswert des Farbtons achten (Tab. 1). Dieser gibt an, wie viel Prozent des eingestrahlten Lichts wieder reflektiert wird. Bei WDVS-Beschichtungen sollte der Hellbezugswert nicht unter 20 % liegen.

Neben diesen technologischen Aspekten solten auch einige gestalterische Grundsätze berücksichtigt werden:

- Direkt angrenzende unterschiedlich farbige Flächen sollten einen ausreichend starken Kontrast haben. Dabei ist zu beachten, dass die Farben bei

Abb. 1: Witterungseinflüsse am Gebäude

Abb. 2: Diffuse Beleuchtung am Mittag

der im Tagesverlauf sehr unterschiedlichen Beleuchtung ganz unterschiedlich aussehen können. Zum Beispiel leuchten gelbliche Farbe am Morgen and am Abend stärker, während grünliche Farben hier eher verblassen.

- Dunkle Farben sollten im unteren Bereich des Gebäudes sein und nach oben hin heller werden. Dadurch bekommt das Gebäude eine optische Standfestigkeit.
- Die Farbe des Daches beeinflusst die Wirkung der Fassadenfarbe vor allem bei niedrigen Häusern mit großen Dachflächen. Ist das Dach mit hellen ziegelroten Dachplatten gedeckt, so muss die Fassade darunter in einem ausreichendem Kontrast gestrichen werden.
- Bei der Aufteilung von Farbflächen kann man sich wie beim Innenraum an den Begriffen Dominante, Subdominante und Akzent orientieren (LF 9). Die **Dominante** ist die größte Farbfläche an der Fassade. Sie sollte in gebrochenen, dezenten Farben gehalten sein, da sie allein durch die Fläche schon dominierend wirkt. Als **Subdominante** können kleinere Flächen, z. B. der Sockel, farbig abgesetzt werden. Als **Akzent** kann man kleine Flächen oder Bauteile (z. B. Geländer) auch durch intensive Farben hervorheben (Abb. 2–4).
- Bei der Kombination der Farben kann man sich an den Farbkontrasten orientieren (LF 4).

Abb. 3: Beleuchtung am Abend

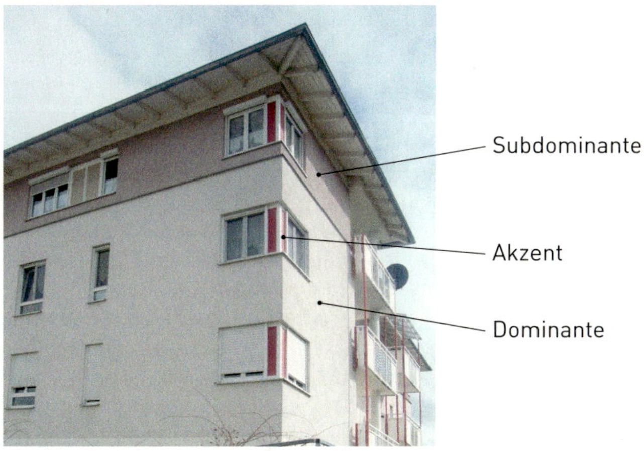

Abb. 4: Farbige Gliederung

10.4.2 Lage des Gebäudes

Ein Gebäude steht immer in optischem Kontakt mit der Umgebung. Dies können andere Gebäude sein, aber auch Bäume, Wiesen und Straßen. Das Gebäude kann versteckt und eingeschlossen sein oder von weitem sichtbar frei stehen. Diese Umgebung verändert sich ständig in kurzen und langen Zyklen. So verändern die Bäume im Laufe der Jahreszeiten ihre Farbe, Fassaden verwittern und werden wieder renoviert, angrenzende Gebäude werden erbaut und abgerissen.

Bei der Planung einer Farbgestaltung einer Fassade muss man diese Farbumgebung des Gebäudes in seine Überlegung mit einbeziehen. Das Gebäude kann bewusst aus seiner Umgebung herausgehoben oder aber unauffällig darin einfügt werden.

Abb. 1: Optische Auflösung des Gebäudes durch Streifen

Abb. 2: Farbfassung in den Firmenfarben

10.4.3 Funktion eines Gebäudes

Bei einem Einfamilienhaus ist die Farbgestaltung anders als bei einem Fabrikgebäude, bei einem öffentlichen Gebäude im Stadtzentrum anders als bei einem Bauernhof auf dem Land.

Jedes Gebäude hat eine bestimmte Funktion, d. h., es wird für einen bestimmten Zweck genutzt. Dies kann sein die Nutzung als Wohnraum, Produktionsstätte, Lagerraum, Ausstellungsgebäude, Restaurant usw.

Aus dieser Nutzung folgt, dass das Gebäude von unterschiedlich vielen Menschen gesehen und betreten wird. Bei öffentlichen Gebäuden ist die Farbfindung besonders schwierig, da hier im Prinzip jeder seine Meinung dazu abgeben darf und sich daraus häufig hitzige Diskussionen ergeben. Viele Firmen haben im Rahmen ihres äußeren Erscheinungsbildes (Corporate Identity → LF 12) bestimmte Firmenfarben, die dann auch an der Fassade des Gebäudes erscheinen (Abb. 2).

10.4.4 Gliederung des Gebäudes

Ein Haus kann unterschiedlich stark gegliedert sein. Die wichtigsten Gliederungselement sind die Fenster und die Türen, die durch ihre Anordnung einen Rhythmus in eine Fassade bringen. Außerdem können sie ein optisches Ungleichgewicht erzeugen. Weitere Gliederungselemente können Gesimse, Balkone, Vordächer und Lisenen sein. Es können auch ganze Gebäudeteile hervorstehen. Die Farbgestaltung kann nun diese Gliederung betonen oder sie unterdrücken. Man kann auch die farbige Gliederung entgegengesetzt zur Gliederung des Gebäudes laufen lassen. Dadurch entsteht allerdings eine Spannung, die in den meisten Fällen nur sehr dosiert eingesetzt werden kann (Abb. 1, 3–4).

Abb. 3: Betonung der Gliederung

Abb. 4: Dezente Farbgestaltung gegen die Gliederung

10.4.5 Farbgebung in einer Häuserzeile

In anderen Ländern, vor allem in Skandinavien oder Italien, kann man häufig sehen, dass die Häuser in einer Häuserzeile in ganz unterschiedlichen, meist sehr grellen, Farben gestrichen sind. Dadurch wird zwar die Individualität jedes einzelnen Hauses hervorgehoben, aber es entsteht auch der Eindruck des Widerstreites, da sich jede Fassade gegen die andere durchzusetzen versucht (Abb. 5).

Ein baulich einheitliches Ensemble, z. B. ein Reihenhaus, das sich aber aus wahrnehmbaren Einzelteilen zusammensetzt, sollte auch entsprechend farbig gefasst sein.

Man steht hier vor der schwierigen Aufgabe unterschiedliche Farben zu finden, die aber trotzdem als zusammengehörig empfunden werden.

Als erste Orientierung können hierbei die Farbdimensionen Farbton, Helligkeit und Sättigung dienen (→ LF 4). Je nachdem welche Dimension man als Verbindungselement zwischen zwei Farben verwendet, ergeben sich folgende Möglichkeiten: Man kann Farben aus dem gleichen Farbtonbereich auswählen (z. B. Abstufung von Rot nach Orange), einen Farbton stufenweise in seiner Helligkeit verändern oder unterschiedliche Farbtöne in der gleichen Graustufe verwenden (Abb. 6–8).

Eine weitere Möglichkeit, eine Gemeinsamkeit herzustellen, ist die einheitliche Farbfassung eines durchgehenden Bauelements (z. B. ein Gesims oder ein Sockel).

Abb. 5: Bunte Häuserzeile

Abb. 6: Abstufung in verschiedenen Orangetönen

Abb. 7: Gleicher Farbton in verschiedenen Helligkeitsstufen

Abb. 8: Verschiedene Farbtonbereiche in ähnlicher Graustufe

Abb. 1: Freigelegter Befund

10.4.6 Historische Farbgebung

Bei älteren Gebäuden ist die Farbfindung für die Fassade besonders schwierig, da sie Zeugnisse für die Vergangenheit sind und dies auch in ihrer Farbigkeit zum Ausdruck bringen sollten.

Bei allen denkmalgeschützten Gebäuden wird zunächst eine Befundanalyse erstellt. Dabei werden die einzelnen Farbschichten freigelegt, dokumentiert und zeitlich eingeordnet. Die neue Farbigkeit sollte sich nun an diesen Befunden orientieren. Es ist allerdings schwierig, die „historisch richtige" Farbe festzulegen, da der Befund meist ganz unterschiedliche Farbigkeiten ergibt (Abb. 1).

Einige Grundsätze sollten allerdings bei der farbigen Gestaltung von historischen Gebäuden unabhängig vom Befund immer beachtet werden.
Das Gebäude muss der Farbigkeit des Baustils entsprechen. Jeder Baustil hatte seine bevorzugten Farbbereiche, die sich aus den technologischen Möglichkeiten seiner Zeit und dem erwünschten Ausdruck ergeben haben. Bis zu Beginn des 18. Jahrhunderts standen zum Einfärben von Fassadenfarben nur Erdpigmente zur Verfügung (LF 12). Daraus ergibt sich, dass die Fassadenfarben meist im Bereich von Ocker lag, mit Abstufungen zu Gelb und Rot. Blaue und grüne Pigmente konnten nur sehr spärlich eingesetzt werden, da sie sehr teuer und wenig lichtecht waren. Die Fassaden wurden bis zum 20. Jahrhundert überwiegend mit Kalkfarbe gestrichen, die auch ohne Pigmente eine kräftig weiße Farbe hat. Der Kalkfarbe dürfen nur ca. 5 % Pigmente zugegeben werden. Aus diesem Grund ergeben sich hier keine kräftigen, intensiven Farben sondern gebrochene Pastelltöne (Abb. 2).

Abb. 2: Typische Farbigkeiten in verschiedenen Stilepochen
a) Barock
b) Klassizismus
c) Historismus

Als im Laufe der Jahrhunderte immer mehr Pigmente künstlich hergestellt werden konnten, veränderte sich auch die Farbigkeit der Fassaden. Es war nun möglich, fast jede Farbe in jeder Intensität an das Gebäude zu bringen. Durch den Einsatz von anderen Bindemitteln wie Kaliwasserglas, Kunststoffdispersion und Silikonharz (LF 7) wurden die Möglichkeiten weiter erweitert.

Abb. 3: Fresco

Abb. 4: Lüftlmalerei

10.4.7 Gestaltungstechniken an Fassaden

Schon immer haben Menschen versucht, ihre Häuser durch Malereien oder Ornamente zu schmücken. Die verwendeten Materialien und die Art des Aufbringens auf den Untergrund können recht unterschiedlich sein.

Neben dem Aufmalen mit einem Beschichtungsstoff kann die Fassade auch durch Putzstrukturen gestaltet werden.

Fresco

Die Frescotechnik wird seit dem Mittelalter zur Bemalung von Fassaden und auch von Innenräumen angewendet (Abb. 3).
Es wird hier auf den noch feuchten (italienisch „fresco"), aber bereits angezogenen Putz gemalt. Dabei werden mit Wasser verdünnte Pigmentpasten ohne Bindemittel verwendet. Die Pigmente dringen in den Putz ein und verbinden sich beim Erhärten des Putzes mit diesem. Weil die Farbe nicht nur oberflächlich auf dem Untergrund aufliegt sind die Malereien sehr lange haltbar.
Die Anfertigung einer Frescomalerei erfordert viel Übung, da man beim Malen auf dem feuchten Untergrund die spätere Farbe noch nicht erkennen kann. Erst beim Trocknen des Putzes kommen die Farben zum Vorschein. Man muss das Aufziehen des Putzes und das Aufmalen der Farbe sehr genau aufeinander abstimmen, da der Abbindegrad des Putzes das Aussehen und die Haltbarkeit der Malerei beeinflusst.

Secco

Die einfachste und deshalb auch am meisten verwendete Maltechnik ist die Seccomalerei. Hier wird der flüssige Beschichtungsstoff auf den trockenen (italienisch „secco") Putz aufgebracht. Da hier die Farbe als dünne Schicht auf dem Putz liegt, kann sie leicht durch die Witterung abgetragen werden. Haltbare Malereien erreicht man durch das Auftragen von mehreren dünnen Schichten mit dünnflüssigen Beschichtungsstoffen.

Lüftlmalerei

Besonders verbreitet ist die teils sehr aufwändige Bemalung von Fassaden bis heute im südbayerischen und tiroler Raum. Sie wird hier als Lüftlmalerei bezeichnet (Abb. 4). Die Bezeichnung geht wohl auf das Heimathaus des Fassadenmalers Seraph Zwinck zurück, das den Hausnamen „Zum Lüftl" trug.
Die Lüftlmalerei kann illusionistische Graumalereien von Architekturelementen wie Säulenportale, Fenstereinfassungen und Stuckaturen beinhalten. Daneben werden auch Figuren aus der Geschichte, der christlichen Glaubenslehre und des bäuerlichen Alltags dargestellt.

Sgraffito

Bei der Sgraffitotechnik wird die ornamentale Gestaltung durch das Herauskratzen von Putzschichten erreicht.
Die Herstellung eines Sgraffitos ist sehr aufwendig. Es werden zunächst zwei bis vier unterschiedlich eingefärbte Putzschichten in genau gleich bleibender Schichtstärke aufeinander aufgezogen.
Diese dürfen jeweils nur leicht abgebunden sein, sodass man anschließend mit verschiedenen Kratzeisen die gewünschten Formen herauskratzen kann. Je nachdem wie tief man kratzt, kommen die verschieden farbigen Putzschichten zum Vorschein (S. 388, Abb. 1–2).

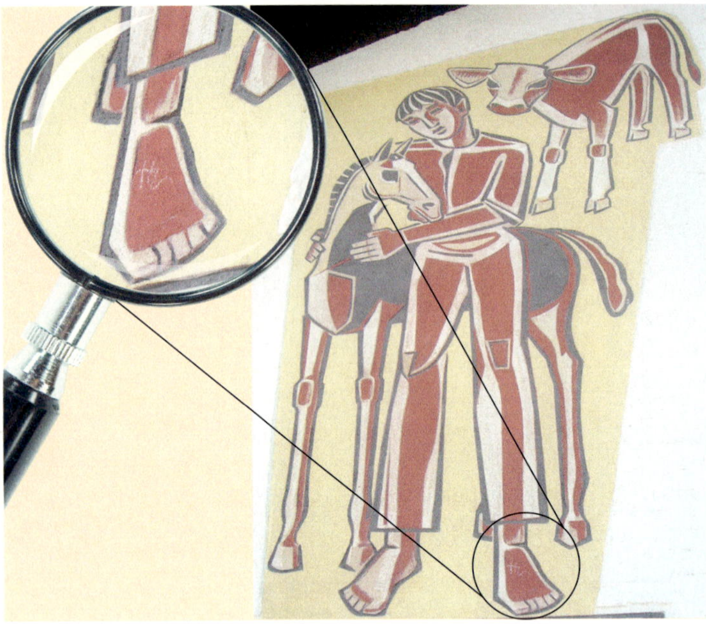

Abb. 1: Sgraffito, links Detail

Abb. 3: Waschputzstruktur neben einem Reibeputz

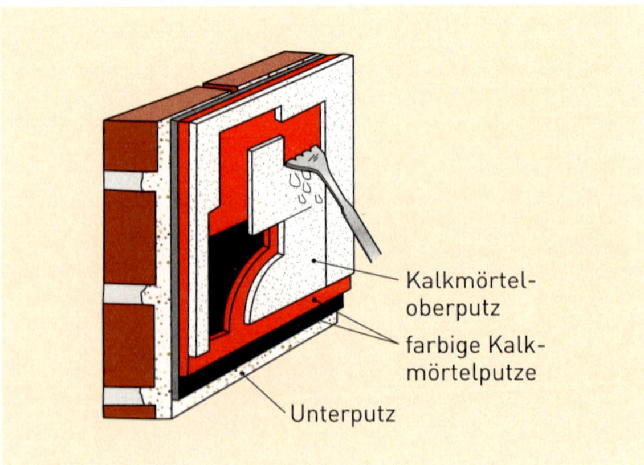

Abb. 2: Sgraffito Schema

Mit der Kratztechnik können kaum Farbübergänge geschaffen werden. Es dominieren klare Konturen. Deshalb ist man in der Gestaltung eingeschränkt. Der Vorteil der Sgraffittotechnik ist allerdings, dass sie sehr lange haltbar ist.

Putzstrukturen

Das Aussehen einer Fassade wird neben der Farbgebung auch durch die Putzstruktur beeinflusst (Abb. 3). Die Putzstruktur, wie z. B. Scheibenputz, Kratzputz, Scheibenputz (→ LF 2), muss zum Charakter des Gebäudes passen. An eine feingliedrige, moderne Fassade passt ein fein gefilzter Putz, während ein rustikaler Gasthof mit einem grob strukturiertem Waschputz versehen sein kann.

Aufgaben zu Kapitel 10.4.5 – 10.4.7

1. Nennen Sie drei Gegebenheiten eines Gebäudes, die man bei der Farbgebung beachten muss.

2. Beschreiben Sie die Sgraffito-Technik und nennen Sie die gestalterischen Merkmale.

3. Nennen sie zwei Gründe, wieso bis ins 18. Jahrhundert die Fassaden nicht in intensiven, gesättigten Farben gestrichen wurden.

10.5 Fassadenputze

10.5.1 Anforderungen an den Putz

Die meisten Fassaden in Deutschland sind zumindest teilweise verputzt. Ein Außenputz ist wesentlich stärkeren Einflüssen ausgesetzt als ein Innenputz (Kap. 10.4). Deshalb sind die Anforderungen an die Eigenschaften des Materials besonders hoch.Der Putz sollte möglichst lange an der Wand haften um die Instandsetzungsintervalle möglichst lange zu halten. Dabei sollte er wasserabweisend aber trotzdem diffusionsoffen sein, keine Risse bilden und nicht verschmutzen. Außerdem soll er auch sein Aussehen möglichst nicht verändern und deshalb nicht kreiden oder verblassen. Der Verarbeiter möchte ein Material, das sich über einen längeren Zeitraum in gleich bleibender Qualität aufziehen lässt und gleichmäßig in jeder Schichtdicke durchhärtet.

Diese sich teilweise widersprechenden Anforderungen konnten früher nur durch das Aufbringen von mehreren Schichten erfüllt werden. Der„klassische" Putzaufbau besteht aus drei Schichten (Abb. 4). Zunächst wird eine dünne Zementschlämme aufgeworfen um eine gute Haftung der nächsten Schichten zu erreichen. Anschließend erfolgt der Auftrag des Unterputzes, der mit relativ vielen Zuschlagstoffen versehen ist. Zuletzt wird der Oberputz aufgezogen. Er sorgt für ein einheitliches Aussehen des Putzes und muss auf die gewünschte Struktur abgestimmt sein.

Da die einzelnen Putzschichten mehrere Tage oder Wochen trocknen müssen, bis die nächste Schicht aufgetragen werden kann, ist der dreilagige Putzaufbau sehr zeitaufwändig. Deshalb werden heute meist nur noch zwei Schichten oder nur eine Schicht aufgetragen.

Die gesamte Schichtdicke des Putzes auf dem Mauerwerk beträgt ca. 1,5 cm.

10.5.2 Putzarten

Als mineralische Putzbindemittel im Außenbereich sind Kalk, Zement und Kaliwasserglas geeignet. Gips ist nicht wasserbeständig und kann an Fassaden nicht verwendet werden (LF 2). Außerdem kommen noch verschiedene Kunststoffdispersionen zusammen mit Silikonharzzusätzen zum Einsatz.

Nach der DIN 4108 (Kap. 10.4) sind für die Beanspruchungsgruppe II wasserhemmende Putze vor-

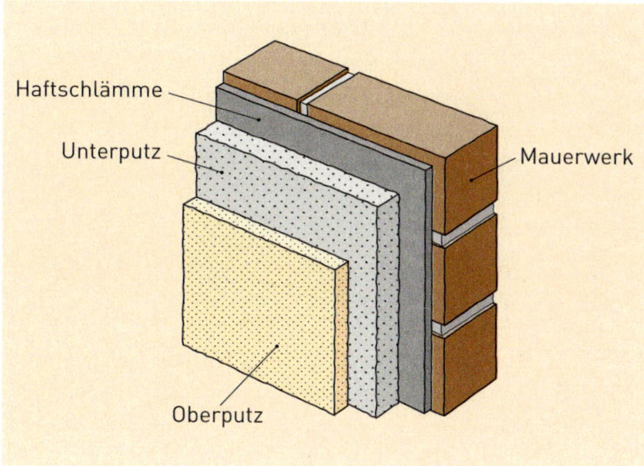

Abb. 4: Aufbau eines dreilagigen Putzes

geschrieben und für die Beanspruchungsgruppe III wasserabweisende.

Kalkputze
Kalkputze der Mörtelgruppe P I werden heute kaum noch an Fassaden verarbeitet, da sie wenig druckfest und bei aggressiver Luft wenig wetterbeständig sind. Meist sind bis zu 5 % hydraulische Bestandteile zugesetzt um die Eigenschaften zu verbessern.

Zementputze
Die Putze der Mörtelgruppe P III sind besonders druckfest und werden deshalb vor allem an stark belasteten Teilen des Gebäudes verwendet (z. B. Sockel).

Kalkzementputze
Kalkzementputze (Mörtelgruppe P II) vereinigen die Eigenschaften von Kalk- und Zementputzen und sind deshalb die am meisten verwendete Putzart im Außenbereich. Je nach Anteil des Zements bzw.Kalkes können dieEigenschaften eher zu denen der Mörtelgruppe P III oder P I tendieren (Tabellenbuch Maler und Lackierer).

Silikatputze
Das Bindemittel beim Silikatputz ist Kaliwasserglas. Die Erhärtung erfolgt wie bei der Silikatfarbe durch Verkieselung (LF 7). Deshalb haftet Silikatputz besonders gut auf allen mineralischen Untergründen. Auf nicht-mineralischen Untergründen (z. B. alten Dispersionsfarbenanstrichen) kann ein Silikatputz nicht angewendet werden. Im Gegensatz zu den Kalk-und Zementputzen werden sie in verarbeitungsfertiger pastöser Form angeliefert.

Kunstharzputze
Kunstharzputze, auch als Kunststoffputze bezeichnet, enthalten als Bindemittel eine Kunststoffdisper-

sion oder Epoxidharze und gehören deshalb zu den organischen Putzen. Sie haften auf allen Untergründen und sind deshalb besonders zum Renovieren von beschichteten Altputzen geeignet.
Kunstharzputze sind wasserabweisender als mineralische Putze.

Silikonharzputze
Durch die Kombination einer Kunststoffdispersion mit einer Silikonharzemulsion wird ein Putz geschaffen, der wasserabweisend und relativ diffusionsoffen ist und auf allen Untergründen haftet.

Funktionsputze
Die Hersteller von Putzen versuchen, für jede auftretende Problemstellung einen Putz herzustellen, der genau die richtigen Eigenschaften hat. Dies führt zu einer Vielzahl von speziellen Putzen, von denen hier nur einige genannt werden:

- **Leichtputze** enthalten besonders leichte Zuschlagstoffe und werden vor allem auf Porenbeton verwendet.
- **Sanierputze** können durch viele Poren Salze speichern und verhindern dadurch Abplatzungen des Putzes und der Beschichtung.
- **Buntsteinputze** enthalten runde Steinchen in verschiedenen Farben, die einen besonderen dekorativen Effekt erzeugen.
- **Wärmedämmputze** sollen durch ihren porösen Aufbau und ihre schlecht wärmeleitenden Bestandteile den Wärmeverlust durch die Wand verhindern. Dies funktioniert allerdings in merkbarem Maß nur bei einer sehr hohen Schichtstärke.

10.5.3 Verarbeitung von Putzen

Putze werden entweder in pastöser Form in Eimer oder Silos angeliefert oder als Werktrockenmörtel in pulvriger Form in Säcken. Die Zugabe des Wasser muss genau nach den Herstellerangaben erfolgen. Das Anmischen kann kontinuierlich durch eine Putzmaschine erfolgen oder, bei kleineren Flächen, im Mörteltrog.

Der Untergrund muss tragfähig und staubfrei sein. Meist wird vor dem Verputzen eine Grundierung aufgetragen, die die Saugfähigkeit verringert und lose Teilchen bindet.

Bei mineralischen Putzen muss man darauf achten, dass alle Glas- und Marmorflächen abgedeckt sind, da durch die Alkalität des Putzes Flecken entstehen,die nicht mehr entfernt werden können. Das Tragen von Handschuhen sollte eine Selbstverständlichkeit sein. Zusätzlich sollte beim Öffnen und Einschütten von zementhaltigen Säcken ein Partikelfilter getragen werden, um die Atemwege vor Verätzungen zu schützen.

Da die Putze bei höheren Temperaturen und niedriger Luftfeuchtigkeit schneller erhärten, muss an heißen Tagen der aufgezogene Putz feuchtgehalten werden. Außerdem sollte der Untergrund vorgenässt werden um ein Aufbrennen des Putzes zu verhindern.

Die Mindest- und die Höchstschichtdicke des Putzes sollten unbedingt eingehalten werden. Bei Putzen für eine Rillenstruktur darf der Putz nur bis zur Kornstärke aufgetragen werden, da sonst beim Verreiben die Struktur zugeschmiert wird.

10.5.4 Werkzeuge und Geräte

Für die Verarbeitung von Putzen benötigt man je nach Arbeitsschritt und optischen Anforderungen unterschiedliches Werkzeug (Abb. 1, Tab. 1 und → Tabellenbuch Maler und Lackierer).

Manueller Auftrag
Für Putzarbeiten eigenen sich Flächenspachtel und Glättekellen aus Stahlblech. Die Spachtel und Kellen müssen rostfrei sein, da sie wegen des Wasseranteils des Putzes ansonsten schnell rosten würden.

Bei sehr glatten Untergründen kann ein Spritzbewurf nötig sein, wodurch die Adhäsionsoberfläche größer wird. Hierfür wird dünne Spachtelmasse angerührt und mit der Aufladekelle (auch als Gipserkelle bezeichnet) an die Wand geworfen. Der Bewurf erfolgt mit Schwung aus dem Handgelenk und erfordert handwerkliches Geschick und Übung. Es existieren unterschiedliche Ausführungen von Aufladekellen, die z. B. als „Süddeutsche Kelle" oder „Berliner Kelle" bekannt sind.

Für eine stärkere Materialschicht auf einer Fläche sind Putzlehren oder -leisten zu empfehlen. Diese Putzlehren werden aus Aluminium, verzinktem Stahl, Edelstahl und gelegentlich noch aus Holz verwendet. Sie werden in der Stärke der späteren Putzschicht benötigt und mit Klammern an den Rändern der zu verputzenden Fläche befestigt. Nachdem der Putz aufgebracht wurde, zieht man diesen mit einer Trapezkartätsche aus Aluminium oder einer Richtlatte aus Holz ab und glättet die Fläche dadurch.

Abb. 1: Putzauftrag mit einer Traufel

Für den Aufziehvorgang mit der Glättekelle (auch als Traufel bezeichnet) wird Putz mit der Aufladekelle auf die Längsseite der Glättekelle gelegt und diese leicht gegen den Untergrund geneigt. Durch eine vertikale Ziehbewegung von unten nach oben wird das Material gleichmäßig auf den Untergrund aufgebracht.

Durch eine zusätzliche waagerechte Ziehbewegung wird die gleichmäßige Verteilung des Materials auf dem Untergrund unterstützt. Nachdem die Fläche leicht „angezogen" ist, lässt sich die Fläche mit dem Glätter abziehen. Hierbei wird in vertikalen oder horizontalen Ziehbewegungen – mit verstärktem Druck auf einer Seite des Glätters – die Fläche abgezogen. Das Überarbeiten erfolgt in der Richtung, auf der der stärkere Druck lag, wodurch sich Grate vermeiden lassen.

Mit einer Eckkelle kann man den Putz an Ecken und Kanten besser andrücken und erhält so einen optisch ansprechenden und stabilen Abschluss.

Tab. 1: Werkzeuge zur Putzverarbeitung

	Glättekelle
	Aufladekelle

Abb. 2: Kleinsilo zum Bereitstellen von Putz

Um dem Putz eine größere Festigkeit und eine Struktur zu geben, werden Reibebretter verwendet. Reibebretter gibt es in unterschiedlichen Ausführungen und Größen. Die Reibefläche kann aus Moosgummi, Holz oder Filz bestehen.

Weitere Gestaltungsmöglichkeiten für die Putzoberfläche ergeben sich durch den Einsatz von Bürsten, Schwämmen, Spachteln und Rollen mit unterschiedlichen Strukturreliefs.

Putzmaschinen

Der Auftrag von großen Putzflächen wird durch den Einsatz von Maschinen erleichtert. Werksmäßig vorgefertigte Trockenputze werden zunächst in einem Silo (Abb. 2) oder einem Container auf der Baustelle gelagert. Wird weniger Material benötigt, kann auch Sackware eingesetzt werden.
Über eine Förderanlage wird der Putzmörtel zu einem Mischgerät transportiert, wo er mit Wasser verarbeitungsfähig gemacht wird. Eine Pumpe fördert den Putz durch einen Schlauch zur Düse bzw. Pistole an der Verarbeitungsstelle.
Üblicherweise arbeiten drei bis vier Handwerker mit einer Putzmaschine. Eine Person befüllt und kontrolliert das Gerät, ein zweiter trägt den Putz auf und ein bis zwei weitere ziehen den Putz glatt. Ein eingespieltes Team kann beim maschinellen Putzauftrag im Vergleich zum manuellen Auftrag sehr viel Zeit sparen.

10.6 Fachwerkbau

Bis in das 17. Jahrhundert wurden die Häuser für das gewöhnliche Volk in Holzbauweise gebaut. In vielen Teilen Deutschlands sind traditionell die Fachwerkbalken sichtbar, in anderen Landesteilen werden die Fachwerkbauten vollflächig verputzt.

Bei der Bearbeitung von Fachwerkbauten muss der Maler einige Besonderheiten beachten, um die Funktionsfähigkeit und das Aussehen des Gebäudes langfristig zu erhalten.

10.6.1 Bestandteile

Fachwerk ist eine Skelettbauweise, d. h. es gibt ein tragendes Gerüst, dessen Zwischenräume mit einem festen Material gefüllt sind. Die Bauweise hat sich aus den Zelten und einfachen Hütten entwickelt, die seit der Steinzeit als Unterkunft verwendet wurden.

Das Fachwerkgefüge besteht aus dem Balkengerüst, das alle Kräfte trägt und dem dazwischen liegenden Gefache, das die Wand abschließt, aber keine tragende Funktion hat. Die senkrechten Balken nennt man Ständer, Stiel oder Säule. Die waagrechten Balken sind die Riegel, die nach ihrer Lage unterschiedlich bezeichnet werden. Die diagonal verlaufenden Balken stabilisieren die Konstruktion. Diese Streben können nach Bauzeit und Region sehr unterschiedlich ausgebildet sein und tragen deshalb auch sehr vielfältige Bezeichnungen (Abb. 1).

Das ganze Fachwerksystem ist im Vergleich zur Massivbauweise sehr beweglich. Durch die Bewegungen im Erdreich und dem Druck der oberen Gebäudeteile werden deshalb die Balken eines Fachwerkbaus zwar verschoben, aber die Standsicherheit des Gebäudes bleibt trotzdem noch erhalten. Durch diese Beweglichkeit kann es im Laufe der Jahrhunderte zu erstaunlichen Schieflagen an Fachwerkhäusern kommen (Abb. 2).

Abb. 2: Durchbiegung des Fachwerks

Abb. 1: Bezeichnungen am Fachwerkbau

Abb. 3: Verbindung der Balken mit eingeritzter Nummerierung

Abb. 4: Gefache aus Lehm und Geflecht

Balken
Da die Balken für die Standfestigkeit des Gebäudes verantwortlich sind ist besonders wichtig, dass die Qualität des Holzes besonders gut ist. Es darf nur gut getrocknetes Kernholz ohne Schädlinge und mit möglichst wenig Drehwuchs verwendet werden.

Als das am besten für Fachwerkbau geeignete Holzart wird Eichenholz angesehen, da es als besonders fest und widerstandsfähig gilt. Da Mitteleuropa früher zum größten Teil mit Eichenwäldern bedeckt war, wurden die Häuser auch deshalb aus diesem sehr haltbaren Holz gefertigt. Nachdem ab dem 17. Jahrhundert die Eichenbestände immer geringer wurden, verwendete man auch Fichte und Tanne für Fachwerkkonstruktionen.

Gefache
Die älteste Form der Ausfachung sind Weiden- oder Haselnussruten, die zwischen senkrechten Stäben geflochten wurden (Abb. 4). Dieses wurde dann meist mit Lehm zugeschmiert. Dem Lehm war Stroh zugesetzt um die Reißfestigkeit zu verbessern. Auf diese Lehmschicht wurde dann zur Erhöhung der Wetterbeständigkeit ein Kalkputz aufgebracht, häufig vermischt mit Tierhaaren als Armierung.

In späteren Jahrhunderten waren dann auch Ausfachungen mit festen Materialien wie Natursteine, Lehmsteine oder Ziegel üblich.

10.6.2 Instandsetzung von Fachwerk

Fachwerkgebäude sind sehr wartungsintensiv. Durch die Beweglichkeit des Gebäudes entstehen an der Fassade immer wieder Risse. Bei einer Lehmausfachung können diese allerdings sehr einfach geschlossen werden können, da man sie einfach wieder zuschmieren kann. Bei Ausfachungen mit festen Materialien können ganze Steine ausbrechen, die dann ersetzt werden müssen.

Der Putz und die Beschichtungen am Fachwerk müssen die Bewegungen des Gebäudes möglichst rissfrei aufnehmen. Außerdem darf die Verdunstung der durch Regen aufgenommenen Feuchtigkeit möglichst wenig behindert werden. Als Putz sind hier besonders Kalkputze (Mörtelgruppe P I) geeignet. Der Putz muss eben mit dem Holz abschließen, sodass keine Vorsprünge entstehen, auf denen das Wasser stehen bleibt. Der Putz kann zusätzlich armiert werden mit üblichen Armierungsgewebe oder historischen Materialien.

Die Beschichtung der Gefache erfolgt entweder mit Kalkfarbe oder mit Reinsilikatfarbe, die beide den entsprechend geringen Wasserdampfdiffusionswiderstand haben.

Da beim Fachwerkbau hochwertige, widerstandsfähige Hölzer zum Einsatz kommen, müssen die Balken nicht unbedingt beschichtet werden. Wenn aus optischen Gründen doch eine Beschichtung erfolgt, sollte diese Wasserdampfdiffusion möglichst wenig behindern. Deshalb ist es wichtig, bei Renovierungsanstrichen die Schichtstärke der Beschichtung möglichst gering zu halten. Spachtelungen sollten an den Hölzern vermieden werden.

Abb. 1: Abplatzung der Balkenbeschichtung und ausbrechendes Gefache

Abb. 2: Gestaltung durch einfache Bandelierung

Die Anschlüsse der Gefache an das Holz dürfen auf keinen Fall mit dauerelastischen Materialien verschlossen werden, da hier die Feuchtigkeit aus dem Gefache nicht entweichen kann und als Folge davon Schäden am Holz entstehen können. Durch einen Kellenschnitt, ein mit dem Cutter oder einer Kelle durchgeführten Schnitt in den noch feuchten Putz, kann man das Gefache vom Holz trennen und so dafür sorgen, dass keine unkontrollierten Risse entstehen.

10.6.3 Farbfassung

Aus gestalterischen Gründen wurden ab dem 15. Jahrhundert die Balken der Fachwerkhäuser farbig gefasst. In jeder Region und Stadt gibt es charakteristische Farben für die farbige Gestaltung von Fachwerkbauten. Am häufigsten verwendet werden dunkle Rottöne mit Eisenoxid und Ruß als Pigment. In Süddeutschland sind auch helle Ockertöne recht häufig anzutreffen.

Die Gefache sind fast ausschließlich weiß, nur gelegentlich leicht in grau oder ocker gebrochen. Als Verzierung werden in einem bestimmten Abstand an den Gefachekanten entlang Bänder gezogen, die an den Eckpunkten aufwändig gestaltet sein können.

Aufgaben zu Kapitel 10.6.1–10.6.3

1. Nennen Sie einen Vorteil der Fachwerkbauweise.
2. Warum wurde für Fachwerkbalken meist Eichenholz verwendet?
3. Ein Fachwerkgebäude soll durch einen Malerbetrieb saniert werden. Beschreiben Sie, was dabei besonders beachtet werden muss.
4. Beschreiben Sie den Aufbau eines traditionellen Lehmgefaches.

10.6.4 Berechnung von Fachwerk

Fachwerkfassaden setzen sich aus sehr vielen einzelnen Teilflächen zusammen. Deshalb ist es sehr aufwändig, die Fläche der Balken und Gefache zu berechnen. Zur Angabe der Flächen und Längen gibt es in der VOB einheitliche Richtlinien, an die man sich halten sollte.

Regeln nach VOB

Bei der Berechnung der Putzflächen werden Balken bis 30 cm Breite übermessen. Das bedeutet, dass die meisten Fassaden wie normale, voll verputzte Flächen berechnet werden können.

Balken bis 30 cm Breite werden nach ihrem Längenmaß abgerechnet. Dabei werden zuerst die waagrechten Hölzer, dann die senkrechten und zuletzt die diagonalen Hölzer angegeben. Man muss darauf achten, die Überschneidungen der Balken nur einmal zu berechnen.

Berechnung der Putzflächen

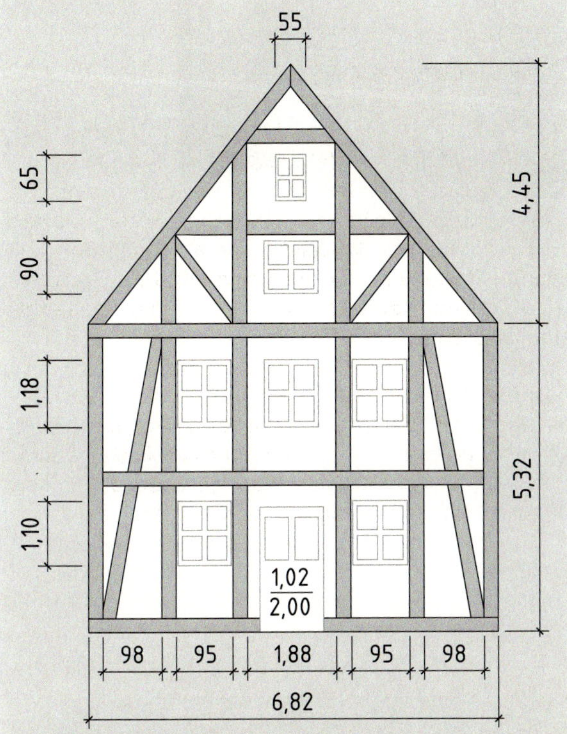

Beispielrechnung:
Balkenstärke 18 cm

$$6{,}82 \cdot 5{,}32 = 36{,}28\ m^2$$
$$+\ 6{,}82 \cdot \frac{4{,}45}{2} = 15{,}17\ m^2$$
$$51{,}45\ m^2$$

Hinweis: Die Fenster und die Tür werden nicht abgezogen, da deren Fläche jeweils kleiner als 2,50 m^2 ist (LF 1)

Berechnung der Balkenlängen

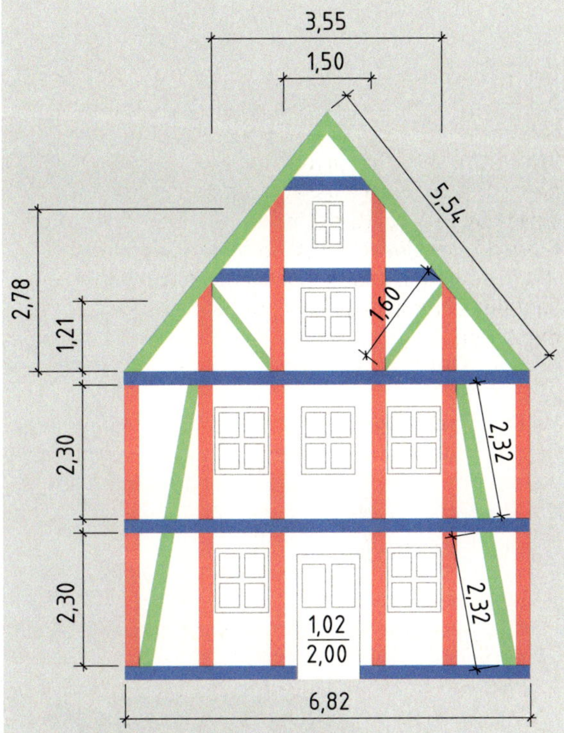

Beispielrechnung:
Balkenstärke 18 cm

$2 \cdot 6{,}82 + (6{,}82 - 1{,}02) + (3{,}55 - 2 \cdot 0{,}18) + 1{,}50$

$+ 12 \cdot 2{,}30 + 2 \cdot 1{,}21 + 2 \cdot 2{,}78$

$+ 4 \cdot 2{,}32 + 2 \cdot 1{,}60 + 2 \cdot 5{,}54 =$ **83,27 m**

Abb. 1: Sicherung einer Säule durch Stahlstreben

Abb. 2: Ausbesserungsarbeiten an einer Tür

10.6.5 Denkmalpflege

Als **Denkmalpflege** bezeichnet man die Maßnahmen, die zur Erhaltung und Unterhaltung von Kulturdenkmälern erforderlich sind. Dazu gehören folgende Maßnahmen:

- Technische Maßnahmen, wie das Absichern von Gebäuden (Abb. 1).
- Handwerkliche Maßnahmen wie die Ausbesserung von Schäden (Abb. 2 und 4).
- Künstlerische Maßnahmen wie Ausschmückungen im Zuge von Rekonstruktionen
- Geistige Maßnahmen, wie die Erforschung der Bedeutung von Denkmälern oder die Zuordnung von Bauteilen bei Rekonstruktionen (Abb. 3).

1964 wurde mit der „Charta von Venedig" ein international anerkanntes Dokument geschaffen, das zentrale Festlegungen für die Denkmalpflege enthält (→ CD). In der Folge wurde 1965 das International Council on Monuments and Sites (ICOMOS) gegrün-

Abb. 3: Steinregal bei der Rekonstruktion der Frauenkirche Dresden

Abb. 4: Ausbesserung eines historischen Schaufensters

Abb. 5: Verfallendes Baudenkmal

Abb. 6: Denkmalplakette (Thüringen)

det. Es ist der internationale Rat für Denkmalpflege und ist eine Unterorganisation der UNESCO. ICOMOS setzt sich für Schutz und Pflege von Denkmälern und die Bewahrung des historischen Kulturerbes ein. Er berät die UNESCO zu denkmalpflegerischen Fragen des Weltkulturerbes. Vor der Ernennung neuer Stätten erstattet er Bericht und gibt Beschlussempfehlungen an das Welterbekomitee ab.

Denkmalschutz dagegen sind die rechtlichen Anordnungen, Verfügungen, Genehmigungen und Auflagen, die Denkmalpflege sicherstellen.

In Deutschland ist Denkmalschutz Aufgabe der Bundesländer. Es gibt daher 16 Denkmalpflegegesetze, die nicht in allen Teilen gleich sind. Auch der Aufbau der Denkmalpflegebehörden ist von Bundesland zu Bundesland unterschiedlich.

Denkmalschutzbehörden sind die Behörden, die Entscheidungen darüber treffen, ob ein Kulturdenkmal beseitigt, umgestaltet, in Stand gesetzt oder in seinem Aussehen verändert werden darf. Außerdem sollten sie darüber wachen, dass Baudenkmäler nicht verfallen (Abb. 5). Denkmalschutzbehörden haben, je nach Bundesland, einen zwei- oder dreistufigen Aufbau:

- Untere und oberste Denkmalschutzbehörde,
- untere, obere und oberste Denkmalschutzbehörde.

Die oberste Denkmalschutzbehörde ist immer das zuständige Landesministerium. Die obere Behörde ist in der Regel das Regierungspräsidium oder die Bezirksregierung, die untere in der Regel ein Landkreis, eine Kreisfreie Stadt oder Samtgemeinde.

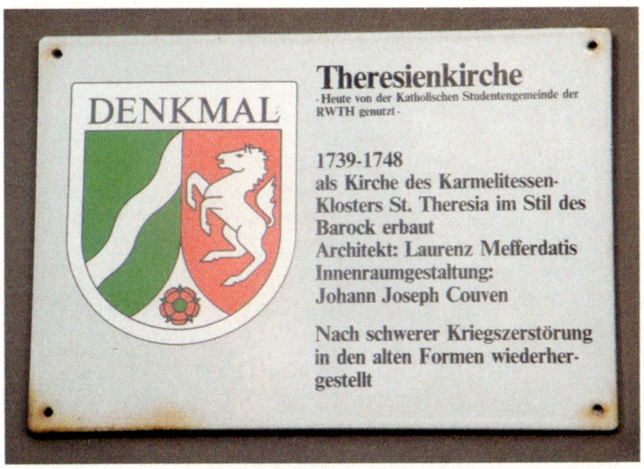

Abb. 7: Denkmaltafel (Nordrhein-Westfalen)

Abb. 8: Restauriertes und nicht restauriertes Industriedenkmal

Abb. 1: Gartendenkmal Herrenhäuser Gärten

Abb. 2: Historischer Metro-Eingang, Paris

Im Saarland und in den Stadtstaaten Berlin, Hamburg und Bremen gibt es abweichende Regelungen. In den meisten Bundesländern gibt es darüber hinaus eine Denkmalfachbehörde. Meist ist dies das Landesamt für Denkmalpflege, zum Teil mit abweichender Bezeichnung. An den Denkmalfachbehörden arbeiten Fachleute der Denkmalpflege. Sie beraten Denkmaleigentümer und die Denkmalschutzbehörden bei deren Entscheidungen.

Eine wichtige Aufgabe der Denkmalpflege ist die Bestandsaufnahme, Sichtung und Katalogisierung von Denkmälern, geschützten und schutzwürdigen Objekten. Dazu führen die Denkmalbehörden Denkmallisten oder Denkmalverzeichnisse. In den Katalog aufgenommene Baudenkmäler tragen in vielen Bundesländern eine Kennzeichnung. Dies kann eine mit einem Wappen versehene Plakette sein oder eine Tafel, die auch eine Kurzbeschreibung des Denkmals wiedergibt (S. 397, Abb. 7).

Es wichtig zu wissen, was genau ein Baudenkmal ist. Im Niedersächsischen Denkmalschutzgesetz ist – ähnlich wie in den meisten Gesetzen der anderen Länder – ein Baudenkmal definiert als: „Eine bauliche Anlage oder Grünanlage, an deren Erhaltung wegen ihrer geschichtlichen, künstlerischen, wissenschaftlichen oder städtebaulichen Bedeutung ein öffentliches Interesse besteht." Der Begriff Baudenkmal ist also nicht auf Häuser beschränkt. Beispiele für bauliche Anlagen und Grünanlagen sind neben kompletten Gebäuden:

- Teile eines Gebäudes, wie Fassaden oder Treppenanlagen,
- Technische Anlagen, z. B. Fördertürme (S. 397, Abb. 8),
- Garten- und Parkanlagen (Abb. 1)
- einzelne dekorative Elemente wie Brunnen, Figuren, U-Bahneingänge (Abb. 2).

Wichtig für den Maler ist die Vorgehensweise bei Arbeiten an einer denkmalgeschützten baulichen Anlage. Wenn Baumaßnahmen oder Renovierung erforderlich sind, ist in jedem Fall eine denkmalrechtliche

Abb. 3: Weltkulturerbe Hildesheimer Dom

Genehmigung einzuholen. Dies geschieht meist mit einem Antragsformular. In einem Genehmigungsverfahren erfolgt Abwägung zwischen dem öffentlichen und privaten Interesse. Gegebenenfalls werden Auflagen erteilt. Auflagen können das Vorschreiben einer farblichen Fassung oder die Verwendung bestimmter Materialien sein. Auch die Förderung einer solchen Maßnahme ist von der Höhe des öffentlichen Interesses abhängig.

Wird eine Baugenehmigung benötigt, ist die denkmalrechtliche Genehmigung darin eingeschlossen. Zuständig ist die untere Denkmalschutzbehörde. Im Gegensatz zu einer Baugenehmigung ist die denkmalrechtliche Genehmigung in der Regel kostenfrei.

Aufgabe zu Kapitel 10.6.4

Berechnen Sie nach der Zeichnung

a) die Putzflächen und
b) die Balkenlängen

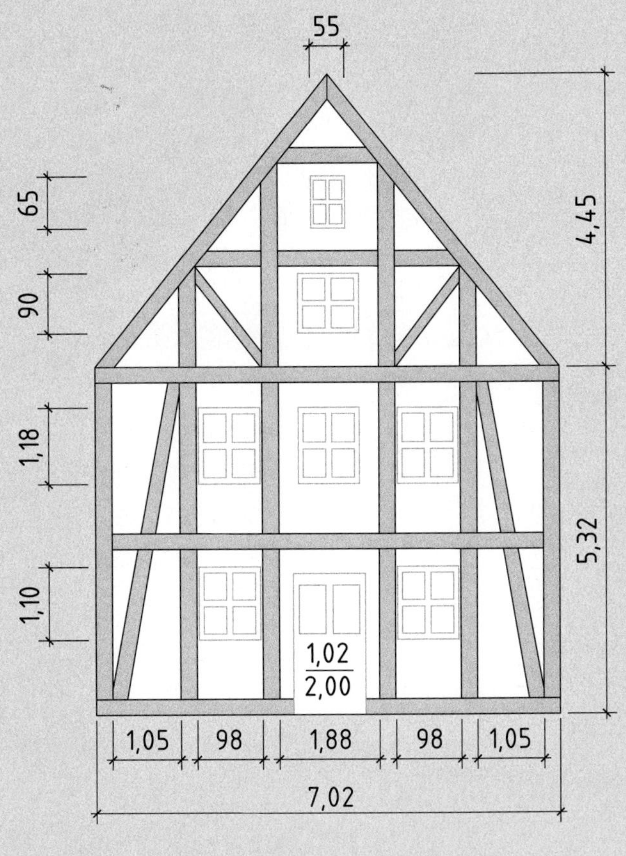

11 Lernfeld 11
Objekte instandsetzen

Kundenauftrag
▶ Industriehalle instandsetzen

Arbeitsauftrag

Ein Industriehallenkomplex mit angegliederten Büros soll für seinen neuen Besitzer, einen Galvanisierungsbetrieb, instand gesetzt werden. Die Bausubstanz der Halle ist in einem guten Zustand. Nur die stark beanspruchten Böden benötigen eine Sanierung.

Der Gebäudekomplex ist mit einer Umzäunung aus Stahlbeton zur hinteren Straßenseite versehen. Auf der Umzäunung sind Graffiti aufgesprüht. Diese sollen beseitigt werden.

Der Hallenkomplex gliedert sich in vier Bereiche. Halle 1 soll später als Lager für die in der Galvanisierung benötigten Verbrauchsmaterialien dienen. Die Produktion findet in Halle 2 statt. In Halle drei wird ein umfassendes Hochlager eingerichtet. Der Bürobereich ist den Hallen vorgelagert und gliedert sich in mehrere Zimmer. In Halle 1 befindet sich eine Verladerampe mit zwei Rolltoren.

Auszuführende Arbeiten

Pos. 1: Entfernen der Bodenbeläge im Bürobereich mit anschließender Neubeschichtung.

Pos. 2: Instandsetzen der Industrieböden in den Hallen 1, 2 und 3.

Pos. 3: Sanierung der Verladerampe und Ausführung einer Schutzbeschichtung.

Pos. 4: Beseitigung der Graffiti auf der Einzäunung des Gebäudekomplexes.

Abb. 1: Zu sanierende Laderampe

Abb. 2: Industriehalle

Objektbeschreibung

Pos. 1: Halle 1

Der Boden der Halle weist starke Verschmutzungen auf. Die Altbeschichtung platzt teilweise ab.

Pos. 2: Halle 2

Die Industriefläche ist stark verschmutzt. Öl-Ablagerungen, Gummiabrieb sowie weitere Rückstände machen die Industriehalle für weitere Aufbauten unbrauchbar.

Pos. 3: Halle 3

Diese Halle hat den best erhaltenen Boden. Er weist keine großen Verschmutzungen auf. Die Estrichoberfläche ist ohne Schäden, jedoch unbeschichtet.

Pos. 4: Einzäunung

Die Einzäunung besteht aus pulverbeschichteten Metallblechen. Darauf wurden mit Spraydosen-Lack Graffiti aufgesprüht.

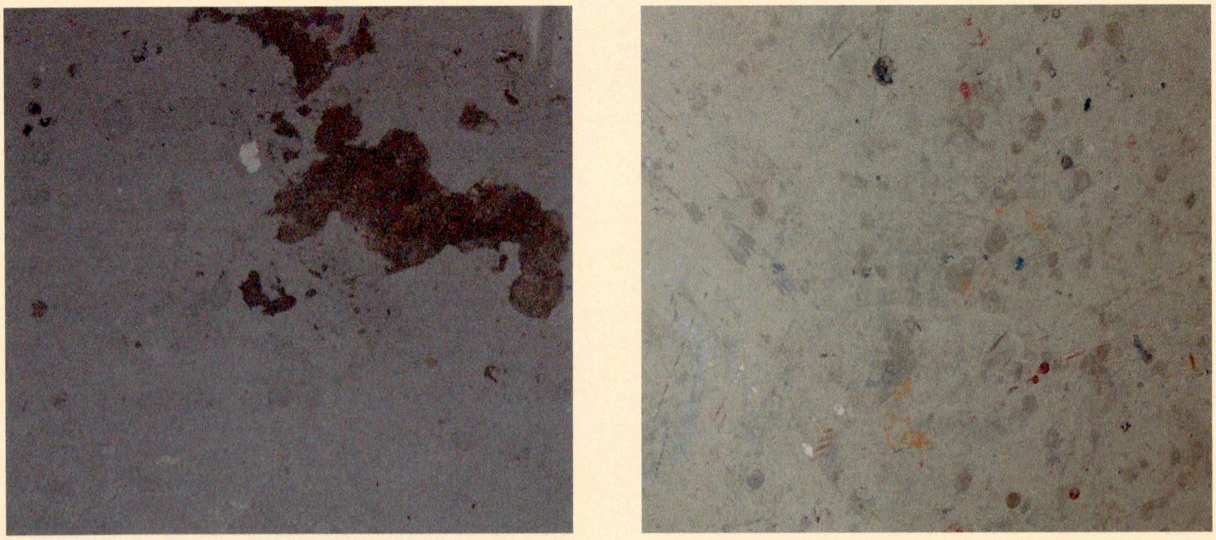

Abb. 1–2: Verschmutzte Böden

Abb. 3: Metallzaun

Pos. 5: Bürobereich

Im Bürobereich befinden sich stark verschmutzte Teppichböden. Zum Teil weisen diese Aufwerfungen auf.

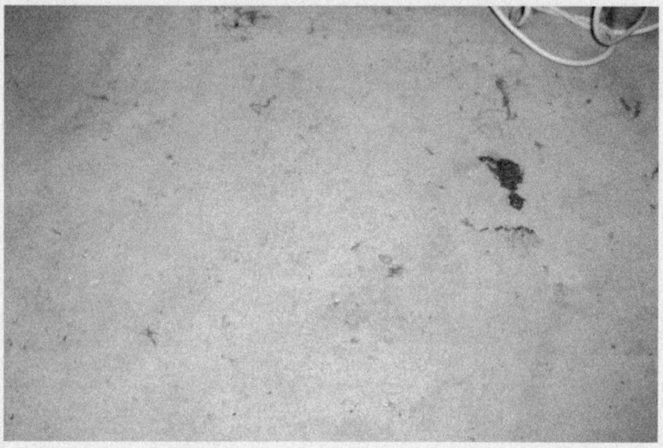

Abb. 4: Teppichboden

Pos. 6: Verladerampe

Der Sockel der Verladerampe ist aus Stahlbeton gefertigt.
Die Betonfläche zeigt Schäden durch verrosteten Bewehrungsstahl und Rissen. Die Altbeschichtung ist zum Teil lose.

Abb. 5: Sockel der Verladerampe

Leistungsbeschreibung

Pos. 1: Böden der Hallen 1 bis 3 sanieren

Die Böden der Hallen sind von ihrer Altbeschichtung zu entschichten und Unebenheiten auszugleichen.

Fehlstellen im Estrich sind sachgemäß instand zu setzen.

Eine Schutzbeschichtung gemäß ihrer späteren Verwendung ist aufzubringen.

Pos. 2: Verladerampe instand setzen

Die Schäden an der Verladerampe sind durch eine Betonsanierung zu beseitigen. Die Altbeschichtung der Betonfläche ist zu entfernen und durch eine neue Schutzbeschichtung zu ersetzen.

Pos. 3: Einzäunung des Gebäudes reinigen

Die vorhandenen Graffiti sind durch entsprechende Techniken zu entfernen und die gereinigte Oberfläche mit einer Schutzbeschichtung zu versehen.

Pos. 4: Büroböden aufbereiten

Die verschmutzten Teppichböden im Bürobereich sind alle zu entsorgen. Klebereste und sonstige Verschmutzungen sind rückstandslos vom Untergrund zu entfernen.

Eine strapazierfähige Schutzbeschichtung ist in den Räumen aufzubringen.

Abb. 6: Verschmutzter Teppichboden

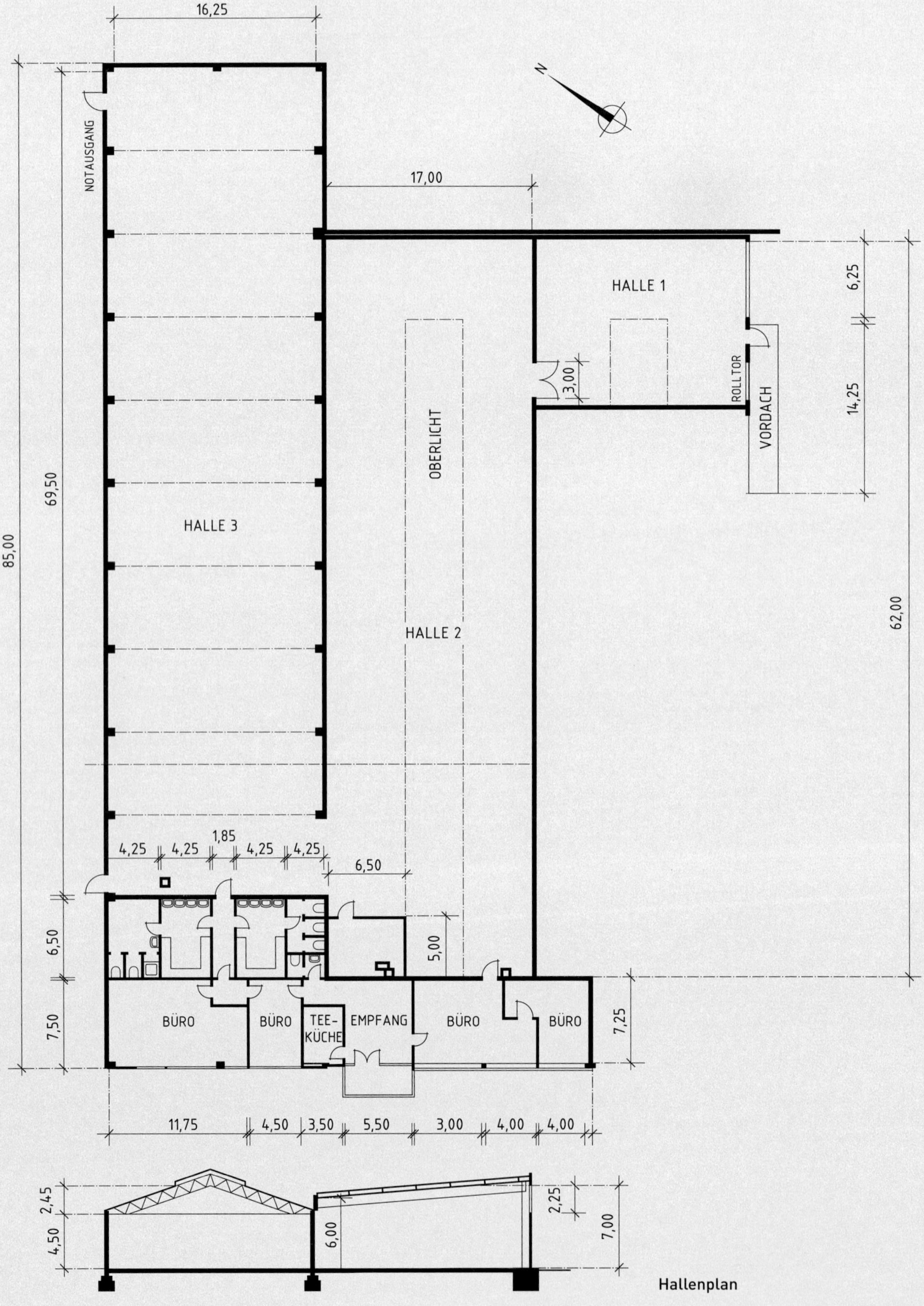

16,25
N
NOTAUSGANG
17,00
HALLE 1
6,25
3,00
ROLLTOR
14,25
VORDACH
OBERLICHT
69,50
HALLE 3
85,00
62,00
HALLE 2
4,25
4,25
1,85
4,25
4,25
6,50
6,50
5,00
7,50
BÜRO
BÜRO
TEE-
KÜCHE
EMPFANG
BÜRO
BÜRO
7,25
11,75
4,50
3,50
5,50
3,00
4,00
4,00
2,45
4,50
6,00
2,25
7,00

Hallenplan

Abb. 1: Dekorativer Boden in einer Weinhandlung

Abb. 2: Industrieboden in einer Werkhalle

11.1 Bodenbeschichtungen

Böden können aus den unterschiedlichsten Gründen beschichtet werden. Grob kann man die Ziele einer Bodenbeschichtungsmaßnahme in dekorative Zwecke (Abb. 1) und in Schutzfunktionen (Abb. 2) unterteilen. Während sich die dekorativen Zwecke selbst erklären, sind die Schutzfunktionen weit gefächert. Weiterhin sind die Untergründe, auf die Bodenbeschichtungen aufgebracht werden, sehr vielfältig. Aus diesen Gründen werden für Bodenbeschichtungen sehr weit variierende Typen von Bindemitteln und Formulierungen eingesetzt.

11.1.1 Schutzfunktionen

Betrachtet man die Schutzfunktionen einer Bodenbeschichtung, so ist zunächst der Schutz des Untergrundes vor allen möglichen Belastungen zu berücksichtigen. Die Belastungen können grob in die Kategorien

- mechanische Belastungen,
- Einwirkung von Temperatur und Wetter und
- chemische Belastungen

unterteilt werden. Je nach Art dieser Belastungen müssen unterschiedliche Beschichtungen ausgewählt werden.

Mechanische Einwirkungen sind dabei vor allem Begehen und Befahren. Je nach der Stärke dieser Belastung ist der Abrieb und die Druck- und die Scherbelastung unterschiedlich hoch.

Einwirkungen des Wetters sind Temperaturschwankungen (diese können auch in Innenräumen auftreten), Regen- und Schneeeinwirkung und Sonneneinstrahlung.

Chemische Einwirkungen können von Benzin und Öl, vom Streusalz im Winter und von Bodenreinigern sein. Insbesondere die Reiniger werden oft unterschätzt, stellen aber recht aggressive Chemikalien dar, die einem Boden und einer Bodenbeschichtung empfindlich schädigen können.

Bei allen genannten Einwirkungen ist noch zu beachten, dass die Beschichtung diesen Einwirkungen widerstehen und gleichzeitig den Untergrund davor schützen muss. Bereits nach der Betrachtung der Schutzfunktionen wird also klar, dass Fußbodenbeschichtungen von gelegentlich begangenen Zimmerfußböden bis zu durch Fahrzeuge und Chemikalien belasteten Industrieböden eine enorme Vielfalt aufweisen.

Abb. 1: Beschichteter Boden in einer Kranmontagehalle

Abb. 2: Beschichteter Boden in einem Hochregallager mit Staplerverkehr

11.1.2 Anforderungen an Böden

Der Estrich als Untergrund ist ein Teil des Funktionssystems „Boden". Böden werden oft als Bauteile mit geringerer Wichtigkeit angesehen. Vor der Ausführung einer Beschichtung ist es aber wichtig, sich klarzumachen, welche Funktionen der Boden erfüllen muss. Böden werden möglicherweise nur von Fußgängern benutzt oder sie werden von schweren Gabelstaplern befahren. Sie müssen lediglich einmal in der Woche mit dem Lappen gereinigt werden oder sie werden täglich mit dem Dampfreiniger geputzt. Diese Arten unterschiedlicher Belastungen ergeben unterschiedliche Anforderungen an die Böden. Diese können folgendermaßen eingeteilt werden:

- Mechanische Beanspruchungen,
- Verformung,
- Begehbarkeit, Befahrbarkeit, Fahrkomfort,
- Betriebliche Anforderungen,
- Dauerhaftigkeit,
- spezielle Anforderungen.

Die mechanischen Beanspruchungen beinhalten z. B. Anforderungen an die auszuhaltenden Radlasten, unterschiedliche Radtypen (KFZ, Gabelstapler), Brems- und Steuerkräfte, sowie Totlasten von Möbeln, Regalen und Maschinen.

Die Verformung bezieht sich auf mögliche Verformungen des Untergrundes durch Temperatur oder Feuchte sowie Eigenspannungen der Beschichtung aus den gleichen Gründen.

Um Begehbarkeit, Befahrbarkeit und Fahrkomfort gewährleisten zu können, müssen Anforderungen an die Ebenheit, die Rauigkeit und die Ausführung der Fugen gestellt werden.

Die betrieblichen Anforderungen beziehen sich auf Ansprüche des Nutzers, wie z. B. der Rutschwiderstand und Möglichkeit, zu reinigen, die beide in lebensmittelverarbeitenden Betrieben (z. B. Fleischerei) wichtig sein können. Die Dauerhaftigkeit bezeichnet den Widerstand der Beschichtung z. B. gegen Abnutzung, chemische Belastungen, Temperaturwechsel oder UV-Strahlung. Schließlich können je nach Bauwerk spezielle Anforderungen wie Ableitfähigkeit (keine statische Elektrizität), Anforderungen an das Brandverhalten (z. B. in öffentlichen Gebäuden), die Resistenz gegenüber Umwelteinflüssen oder Anforderungen für spezielle Farbgebungen gelten.

Böden, für die aufgrund der Nutzung besonders harte Anforderungen gelten, werden auch als **Industrieböden** bezeichnet. Industrieböden sind Böden für industrielle Bauten und kommerziell genutzte Bauten. Dazu zählen Fabriken, Flughäfen, Einkaufszentren, Parkhäuser, Werkstätten und Betriebe (Abb. 1–2).

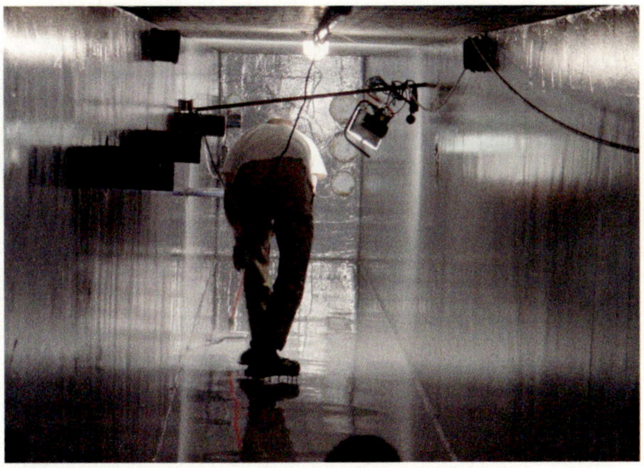

Abb. 3: Aufbringen der Bodenbeschichtung in einem Versorgungsschacht

Abb. 4: Fußbodenaufbau mit Estrich, Ausgleichsschicht und Beschichtung

11.1.3 Estriche

Neben Holz- und Metalluntergründen (→ LF 2 und 5) werden vor allem mineralische Untergründe als Böden beschichtet. Seltener wird dabei direkt der Beton einer Bodenplatte oder Geschossdecke beschichtet (Abb. 3). Häufiger ist auf der Betonplatte oder einer anderen Unterkonstruktion ein Estrich angeordnet (Abb. 4). Im Folgenden wird daher insbesondere auf Estriche eingegangen. Estriche bestehen aus einer oder mehreren Schichten Estrichmörtel, die auf der Baustelle in mehreren möglichen Verfahren verlegt werden, um eine vorgegebene Höhenlage zu erreichen, einen Bodenbelag aufzunehmen oder unmittelbar als Betriebsfläche genutzt zu werden. Der Begriff „Estrich" bezeichnet im Deutschen sowohl den fertigen Boden als auch den Estrichmörtel. Estriche werden nach Art des Bindemittels unterschieden, aber unabhängig vom Bindemittel nach Eigenschaften klassifiziert. Tabelle 1 verdeutlicht die Bezeichnungen und die zugehörigen Kurzzeichen nach DIN EN 13 813.

Der bekannteste Estrich ist der **Zementestrich**. Zementestrich wird aus Zement, Wasser und Gesteinskörnung hergestellt. Die Steine haben dabei in der Regel Abmessungen von maximal 4 mm.

Der Zementestrich ist leicht an seiner Reaktion mit Säuren zu erkennen. Mit Säuren, wie z. B. Zementschleierentferner, reagiert er im Unterschied zu den anderen Estrichbindemitteln unter Aufschäumen. Vorteil des Zementestrichs ist gegenüber dem Magnesit- und Anhydritestrich seine Wasserbeständigkeit (Erhärtung und Bindemittel Zement siehe → LF 2).

Werden in Zementestrich besonders verschleißfeste Körner wie Korund eingestreut, spricht man von einem **Hartstoffestrich**.

Anhydrit- oder **Calciumsulfatestrich** besteht aus Anhydrit ($CaSO_4$, also wasserfreiem Gips) und Gesteinskörnung. Die Erhärtung von $CaSO_4$ wurde in → LF 2 behandelt. Anhydritestrich ist nicht wasserbeständig. Er wird daher oft schon vom Estrichleger mit einem Vorstrich versehen, der ihn gegenüber der Luftfeuchte stabil hält.

Noch stärker wasserempfindlich ist der **Magnesitestrich**. Bindemittel ist hier der Magnesiabinder (auch: Sorelzement oder Steinholzbindemittel), zu dessen Erhärtung ein Gemisch aus Magnesiumoxid und Magnesiumchlorid oder -sulfat hergestellt wird. Das Erhärtungsprodukt hat in etwa folgende Zusammensetzung: $MgCl_2 \cdot (MgSO_4) \cdot 5\ Mg(OH)_2 \cdot 8\ H_2O$.

Tab. 1: Estricharten

Estricharten	
Estriche werden unterschieden nach der	
Art des verwendeten Bindemittels	Kurzzeichen nach DIN EN 13 813
Gussasphaltestrich	(AS)
Calciumsulfatestrich	(CA), [Anhydritestrich]
Zementestrich	(CT)
Magnesiaestrich	(MA)
Kunstharzestrich	(SR)
Verlege-/Nutzungsart	
Industrieestrich	(F)
Heizestrich	(H)
Schwimmender Estrich	(S)
Estrich auf Trennschicht	(T)
Verbundestrich	(V)
Verlegetechnik	
Hand- bzw. kellenverlegter Estrich	
selbstnivellierender Fließestrich	
Fertigteile, Trockenestrich	

Ähnlich wie bei Gips entstehen bei der Erhärtung unter Wasserverbrauch Kristallnadeln, die ineinander wachsen und damit für Festigkeit sorgen. In der Zeit nach 1945 war Magnesit im Gegensatz zu Zement nicht rationiert. Daher ist Magnesitestrich in vielen Altbauten aus dieser Zeit zu finden.

Die bis hierhin genannten Estriche härten mit Wasser aus. Bevor sie beschichtet oder belegt werden, müssen sie daher ausreichend trocknen, d. h. die Belegreife erreichen. Als **Belegreife** wird der Gehalt an Restfeuchte in Masse-% bezeichnet, bei dessen Unterschreitung die Estrichoberfläche ohne Gefahr der (kurz- oder langfristigen) Beschädigung von Estrich und Belag oder Beschichtung endbehandelt werden kann. Die maximal zulässige Restfeuchte ist von der Diffusionsdichtigkeit des Belages oder der Beschichtung auf der Estrichfläche abhängig. Die **Belegbarkeit** sagt aus, dass der Estrich belegt oder beschichtet werden kann, ohne dass hierdurch ein Schaden an der Fußbodenkonstruktion zu erwarten ist. Hierfür muss der Estrich ausreichend trocken und die Oberfläche ausreichend fest und eben sein (nach DIN 18 202).
Die Restfeuchte kann nach dem CM-Verfahren (Calciumcarbid-Methode → LF 5) gemessen werden. Vor dem Aufbringen von Beschichtungen muss in jedem Fall der vom Hersteller angegebene Höchstwert der Estrichfeuchte unterschritten sein. Da die CM-Methode mit Fehlern behaftet sein kann, ist es ratsam, diesen Höchstwert deutlich zu unterschreiten.

Als weitere Methode nennt das WTA-Merkblatt 4-11-02 „Messung der Feuchte bei mineralischen Baustoffen" (2002) die Folienmethode. Dazu wird eine PE-Folie von ca. 50 cm · 50 cm wird mit geeignetem Klebeband auf den Estrich geklebt. Sind nach wenigen Stunden Wassertropfen an der Unterseite der Folie zu sehen, ist der Estrich noch zu feucht. Zusätzlich kann unter der Folie ein Hygrometer (Luftfeuchtemesser) platziert werden, um die Geschwindigkeit des Feuchteanstiegs beobachten und genauere Aussagen machen zu können.

Gussasphaltestrich wird aus geschmolzenem Bitumen und Gesteinskörnung hergestellt. Bitumen – durch Destillation aus Erdöl gewonnen – wird als Bindemittel mit Gesteinskörnungen zu einem Gemisch aufbereitet. Über die Mischgutzusammensetzung kann Gussasphalt unterschiedlichsten Beanspruchungen angepasst werden. Mit der Bezeichnung SR (synthetic resin screed) werden **Kunstharzestriche** bezeichnet. Neben Epoxidharzen werden auch Polyurethane, Polymethylmethacrylat und andere Kunststoffe verwendet.
Die Kunststoffe binden die Gesteinskörnung. Kunstharzestriche sind vergleichsweise teuer und werden nur in Sonderfällen eingebaut, z. B. wenn man kurze Bauzeiten oder hohe Belastbarkeit benötigt. Kunstharzestriche sind wasserbeständig.

Trockenestrich besteht meist aus Gipskartonplatten oder Gipsfaserplatten. Trockenestrichelemente aus Gipskartonplatten sind 2 m · 0,6 m groß und 25 mm dick, Sie bestehen aus drei wasserfest verklebten GK-Platten mit Nut- u. Feder-Verfalzung, die das Verlegen im Verband ermöglicht. Ober- und Unterseiten sind mit einer wasserfesten Kaschierung gegen Feuchtigkeit geschützt.

Es gibt auch Elemente mit aufgeklebtem Polystyrolschaum und Elemente für die Aufnahme von Fußbodenheizungen. Gipsfaserplatten für Trockenestrich sind 1,50 m · 0,50 m groß, bestehend aus zwei 10 mm (12,5 mm) dicken Gipsfaserplatten. Diese sind gegeneinander um 50 mm versetzt miteinander verklebt. Die Oberflächen sind imprägniert, so dass darauf Textilbeläge, Fliesen und auch Parkett geklebt werden können. Bei dünnen Gehbelägen, z. B. PVC-Bahnen, ist Spachtelung nötig.
Außer nach den Bindemitteln werden Estriche auch nach Ihrer Verlegeart differenziert. Die Abb. 1 zeigt die wesentlichen Verlegearten.

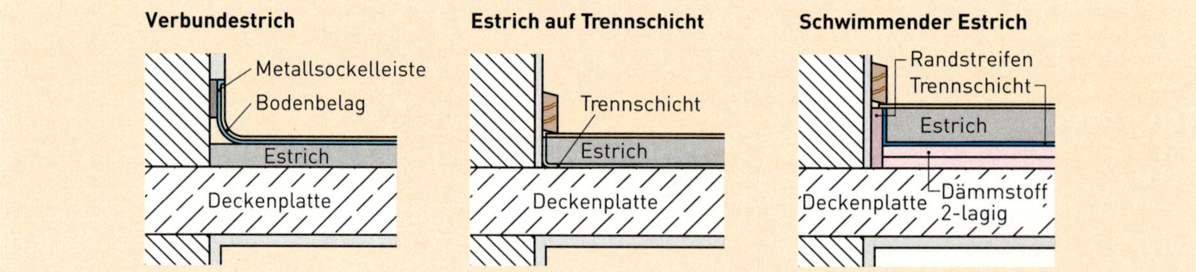

Abb. 1: Estrichverlegearten

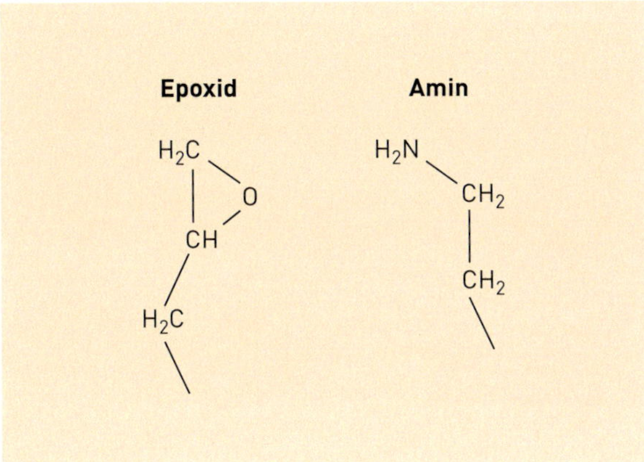

Abb. 2: Chemische Formel von Epoxid und Amin

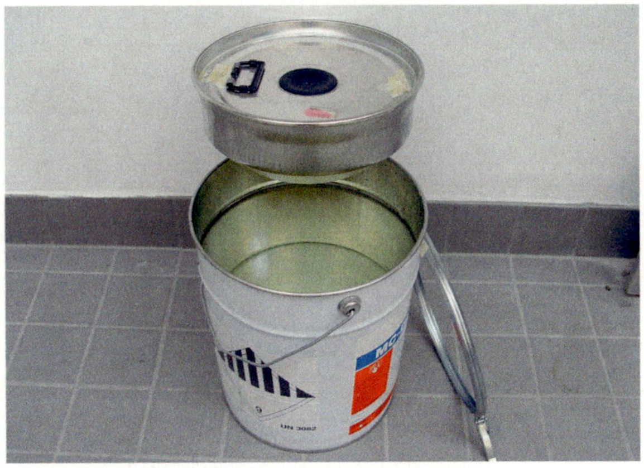

Abb. 3: Doppelgebinde mit Epoxidharz

11.1.4 Bindemittel

Nach den im vorhergehenden Abschnitt genannten Anforderungen wird deutlich, dass nicht alle Bindemittel für den Bereich des Bodens gleichermaßen geeignet sind. Je nach Anforderung werden unterschiedliche Bindemittel oder Bindemittelsysteme eingesetzt. Im Folgenden werden einige wichtige Bindemittel, die für Bodenbeschichtungen eingesetzt werden, erläutert.

Epoxidharze wurden bereits im Kapitel Korrosionsschutz (LF 5) behandelt. Sie werden zweikomponentig angewendet. Ihr Name leitet sich von der reaktionsfähigen Epoxidgruppe ab, die sich im Harz befindet. Aufgrund des chemischen Gerüstes, das meistens im Harz verwendet wird, werden diese oft auch als Bisphenol-A-Harze bezeichnet. Als Härter werden Amine eingesetzt. Amine sind basische, teilweise auch ätzende organische Verbindungen, die an Luft Wasser anziehen und daher gut verschlossen aufbewahrt werden müssen. Die Härter enthalten meist 3 bis 5 mal so viele reaktive Gruppen wie das Harz. Bei der Aushärtung muss immer eine reaktive Gruppe des Härters mit einer des Harzes reagieren. Um das zu gewährleisten, werden die Komponenten in bestimmten Mischungsverhältnissen eingesetzt. Von diesen Mischungsverhältnissen, z. B. 3 : 1 (3 zu 1, 3 Teile Harz zu einem Teil Härter) darf keinesfalls abgewichen werden. Die Epoxidharze werden daher für die Baustelle in Doppelgebinden angeboten, die bereits fertig abgemessene Mengen der Komponenten enthalten (Abb. 3). Diese Gebinde sollten dann in einem Arbeitsgang verbraucht werden. Das Anmischen hat stets sehr gründlich mit mechanischen Rührhilfen (Abb. 4) zu erfolgen. Nach dem Anmischen im größeren Gebinde des Harzes muss zwingend in einen anderen Eimer umgefüllt werden (Abb. 5). Dies gewährleistet, dass auch die in den Ecken des Gebindes befindlichen Harzmengen, die schlecht mit dem Rührer erreichbar sind, gleichmäßig untergemischt werden können.

Abb. 4: Anmischen der zwei Komponenten

Abb. 5: Umfüllen des Gemisches

Abb. 1: Überhitztes EP-Gebinde

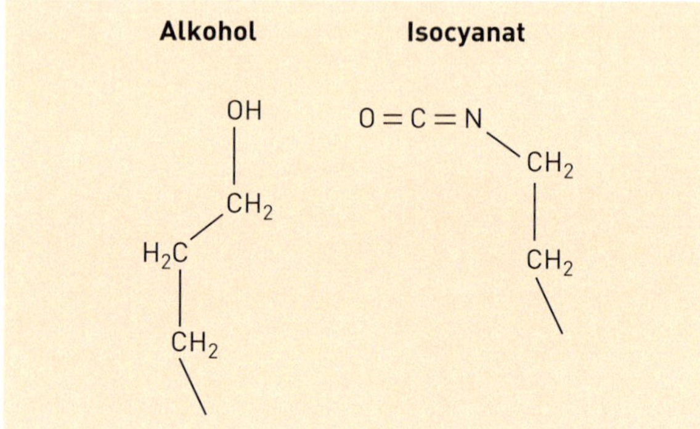

Abb. 2: Chemische Formeln von Isocyanat und Alkohol

Schlecht gemischte Teilmengen der Gebinde machen sich sonst als nicht ausgehärtete, klebrige Flecken in der Fläche bemerkbar.
Die Reaktion der Epoxidharze ist exotherm, d. h. Wärme freisetzend. Werden die Epoxidharze angemischt und gleich auf dem Boden verteilt, spielt dies keine Rolle, da der Boden diese Reaktionswärme ableitet. Lässt man jedoch die fertig angemischten Komponenten im Gebinde, so kann sich dieses nach einigen Minuten sehr stark erwärmen. Bei größeren Gebinden werden so leicht Temperaturen um 400 °C erreicht, die zur Zersetzung des Harzes unter Rauchbildung führen und Brände auslösen können (Abb. 1).
Lösemittelfreie Epoxidharze riechen kaum und setzen keine flüchtigen Bestandteile frei. Das Arbeiten in geschlossenen Räumen ist daher unproblematisch.

Bildungsreaktionen der Kunststoffe

Alle Kunststoffe werden durch eine der drei nachstehend beschriebenen Bildungsreaktionen hergestellt. Bei reaktiven Beschichtungsmaterialien finden diese Reaktionen auf der Oberfläche nach der Applikation statt und werden durch die Umgebungsbedingungen beeinflusst.
Bei der **Polymerisation** werden Monomere durch Umlagerung von Elektronen miteinander verbunden. Eine Abspaltung von Nebenprodukten findet dabei nicht statt. Es reagiert meist nur eine Komponente („Harz", Monomer) unter Wärme oder UV-Lichteinfluss oder nach Zugabe eines Startreagenz (Radikalstarter, „Härterpulver", Initiator). Die Zugabemenge des Startreagenz kann geringfügig variiert werden.

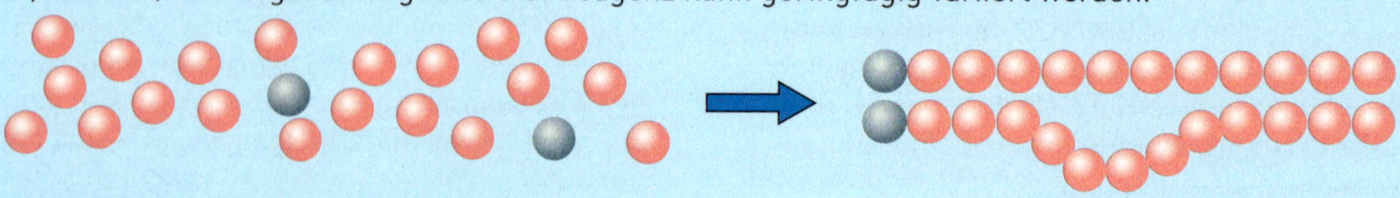

Bei der **Polyaddition** werden Monomere durch Umlagerung von Atomen und Bindungen miteinander verbunden. Ein Molekül wird an das nächste „addiert". Eine Abspaltung von Nebenprodukten findet dabei nicht statt. Es reagieren meist zwei Komponenten. Zum Erreichen optimaler Eigenschaften muss das Mischungsverhältnis der Komponenten exakt eingehalten werden.

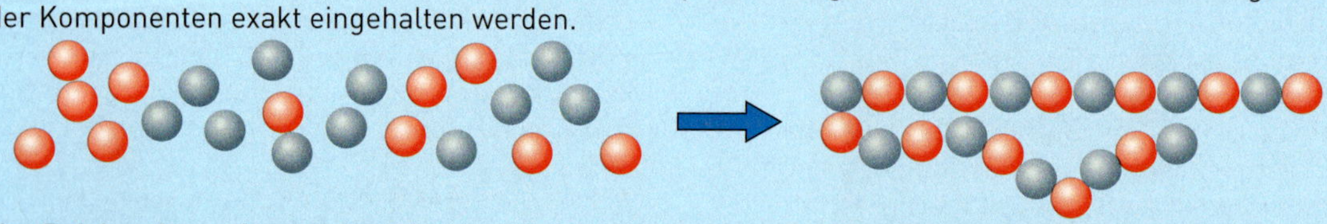

Bei der **Polykondensation** werden Monomere durch Umlagerung von Atomen und Bindungen und unter Abspaltung kleinerer Moleküle (oft Wasser oder CO_2) miteinander verbunden. Es reagieren meist zwei verschiedene Komponenten. Zur exakten Reaktion und zum Erreichen optimaler Eigenschaften muss das Mischungsverhältnis der Komponenten exakt eingehalten werden.

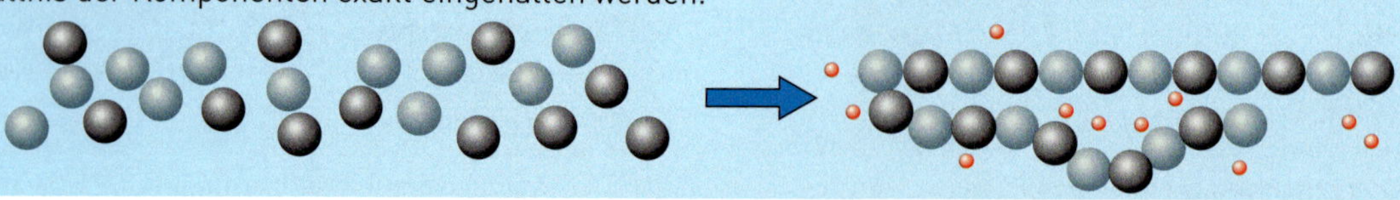

Abb. 3: Anschlussdetail eines beschichteten Bodens

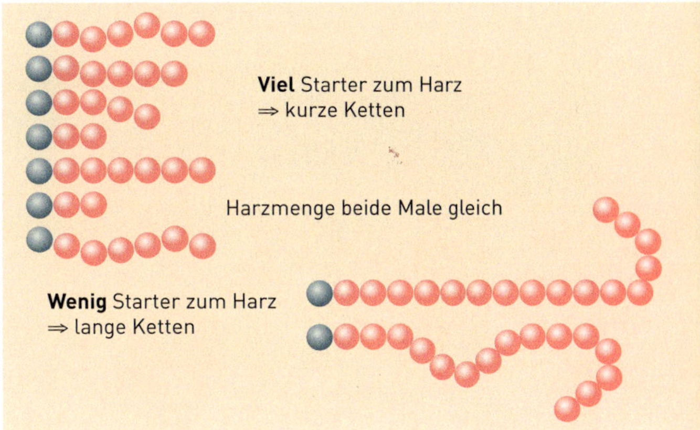

Abb. 4: Polymerisation mit unterschiedlichen Mengen Härterpulver oder Startreagenz

Die Epoxidharze härten durch Polyaddition aus. Die ausgehärteten Epoxidharze sind hingegen völlig unbedenklich. Sie werden sehr fest, sind chemikalienbeständig und abriebfest. Sie können auf nahezu allen Untergründen eingesetzt werden – eine Ausnahme ist der Magnesitestrich. Anwendungen sind Beschichtungen in Parkhäusern, auf Industrieböden oder Innenbeschichtungen von Wasserbecken (Abb. 3), wie z. B. bei Kläranlagen.

Der **Hautkontakt** mit Harzen und Härtern muss aber auf jeden Fall verhindert werden, da Epoxidharze und deren Härter Allergien auslösen können. Das Tragen einer angemessenen persönlichen Schutzausrüstung ist hier unbedingt notwendig. Die Sicherheitsdatenblätter (→ LF 1) geben Auskunft, welche Handschuhe sich eignen und welche sonstige Schutzausrüstung notwendig ist.

Polyurethane, oft nach Handelsnamen ihrer Komponenten auch DD-Lacke genannt, sind ebenfalls zweikomponentig. Sie bestehen aus einer Isocyanat- und einer Alkoholkomponente. Beide können sowohl Harz als auch Härter sein. Als Harz wird hier meist die Komponente bezeichnet, die die Pigmente und Additive enthält – das ist bei beiden chemischen Verbindungen möglich. Welche Komponente was enthält, kann den Sicherheitshinweisen entnommen werden. Die Isocyanatkomponente reagiert auch mit Luftfeuchte und muss daher sorgfältig verschlossen bleiben. Die beim Epoxidharz genannten Grundsätze zu Mischungsverhältnis, Anmischen und Erwärmung gelten auch hier. Chemisch sind Polyurethane jedoch variationsreicher als Epoxidharze. Sie lassen sich daher nicht auf eine Eigenschaft festlegen. Polyurethane können von ultraweich und dehnbar wie Weichgummi bis hart und starr ähnlich wie Epoxidharze hergestellt werden. Es ist beim Arbeiten mit Polyurethanen daher besonders wichtig, auf die Eigenschaften des jeweiligen Beschichtungsmaterials, die im Datenblatt angegeben werden, zu achten. Polyurethane härten durch Polyaddition aus. Ausgehärtete Polyurethane sind in der Regel nicht stabil gegenüber Basen. Auf zementgebundenen Untergründen, wie z. B. Zementestrich oder Beton, können Polyurethane daher nur auf einer Epoxidharzgrundierung eingesetzt werden. Polyurethane werden als rissüberbrückende Beschichtungen, als verschleißfeste Deckschichten oder als transparente Kopfversiegelungen eingesetzt (letzte Schicht eines Beschichtungssystems).

Reaktive **Acrylate** und **ungesättigte Polyesterharze** gehören zu den durch Polymerisation aushärtenden Beschichtungen. Sie werden in der Regel nur dann eingesetzt, wenn die Aushärtung sehr schnell oder bei niedrigen Temperaturen erfolgen muss. Je nach Zugabemenge des Startreagenz kann die Reaktion dieser Stoffe beschleunigt werden. Zuviel Startreagenz führt allerdings zu einer zu starken Verkürzung der Polymerketten und damit zu schlechteren Eigenschaften (Abb. 4). Ungesättigte Polyesterharze sind sehr säurestabil und finden daher im Säureschutzbau Verwendung.

Polyvinylchlorid (PVC) findet gelöst als sogenannter Flüssigkunststoff Verwendung bei der Beschichtung von Böden Verwendung. Hier findet keine chemische Reaktion statt, das Material trocknet durch Verdunsten des Lösemittels auf. Weitere Bindemittel von Bodenbeschichtungen wie Chlorkautschuk oder Bitumen haben für den Bereich des Malers untergeordnete Bedeutung.

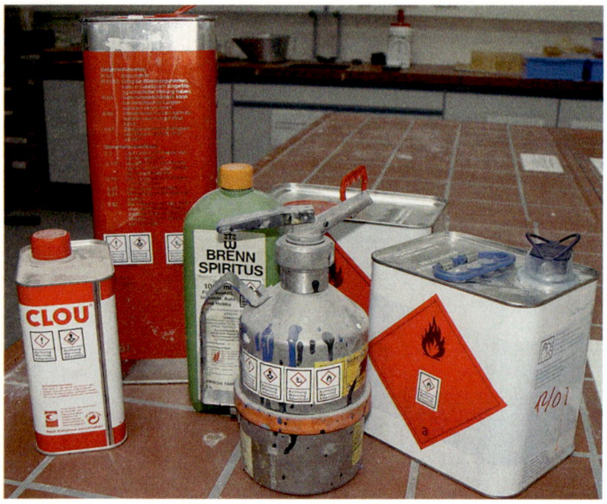

Abb. 1: Unterschiedliche Lösemittelgebinde

Abb. 2: Gefahrenkennzeichnung auf einem Lösemittelgebinde

11.1.5 Lösemittel

Lösemittel sind in vielen Beschichtungen enthalten (Abb. 1). Sie sorgen bei vielen Beschichtungsstoffen dafür, dass sie verarbeitbar sind. Nach DIN EN 971-1 ist ein Lösemittel eine „Flüssigkeit aus einer oder mehreren Komponenten, die unter den festgelegten Trocknungsbedingungen flüchtig ist und in der das Bindemittel vollständig löslich ist". Lösemittel sollten außerdem möglich wenig gesundheitsschädlich sein, keine Eigenfärbung haben und nicht mit Bestandteilen der Beschichtung oder dem Untergrund reagieren.

Lösemittel sind – soweit es sich nicht um Wasser handelt – ein problematischer Bestandteil der Beschichtungsstoffe. Sie sollen den Beschichtungsstoff optimal verarbeitbar halten, nach der Verarbeitung aber schnell durch Verdunstung verschwinden. Dieses Verdunsten, die Emission der Lösemittel ist eine erhebliche Umweltbelastung. Hinzu kommt, dass die meisten Lösemittel gesundheitsschädlich sind. Weiterhin sind sie die größte Brand- und Explosionsgefahrenquelle bei Beschichtungsarbeiten (Abb. 2).

Viele moderne Beschichtungssysteme sind daher darauf ausgerichtet, Lösemittel einzusparen. Lösemittelfreie Systeme, High-solid-Systeme, wasserverdünnbare Systeme und strahlenhärtende Systeme werden langfristig die „konventionellen" Lacksysteme, also solche mit erheblichen Anteilen organischer Lösemittel, ersetzen.

Das Lösevermögen eines Lösemittels ist davon abhängig, wie ähnlich es dem Bindemittel ist, das es lösen soll. Es gilt der Grundsatz „Ähnliches löst sich in Ähnlichem". Als Maß für die Ählichkeit dient dabei die Polarität. Die Polarität beschreibt, die Anwesenheit von elektrischen Dipolen im Molekül. Sind keine Dipole vorhanden, sind die Verbindungen unpolar.

Unpolare Lösemitte sind beispielsweise Benzine, auch aliphatische Lösemittel oder Aliphaten genannt. **Testbenzin** ist ein Lösemittel für unpolare Bindemittel wie Öle, Fette oder Wachse. Auch natürliche **Terpentinöle** sind zu den unpolaren Lösemitteln zu rechnen. Hierzu gehören auch Orangenterpene, die oft als „natürliche Lösemittel" angeboten werden. Sie sind aber nicht weniger gefährlich als Lösemittel auf Benzinbasis. Testbenzin wird wegen der Verwandschaft mit den Terpentinen auch als **Terpentinersatz** bezeichnet.

Etwas polarer als Benzine, aber immer noch weitgehend unpolar, sind die aromatischen Lösemittel. Sie sind gesundheitlich besonders bedenklich und wurden daher weitgehend durch andere Lösemittel ersetzt. So war Nitroverdünnung früher ein Gemisch aus den aromatischen Stoffen Xylol, Toluol und Mesitylen. Die etwa gleiche Polarität wird heute durch Abmischen von Ketonen, Estern und Benzinen erreicht.

Ester und Ketone befinden sich im mittleren Bereich der Polaritätsskala. Daher können mit ihnen in weiten Bereichen lösende Lösemittel hergestellt werden, wie z. B. **Universalverdünnungen**. Auch **Nitroverdünnung** wird durch Abmischen von Ketonen, Estern und Benzinen hergestellt. Insbesondere der Ester Butylacetat ist ein sehr wichtiges Lösemittel. Alkohole und Ether sind die polarsten der organischen Lösemittel. Sie werden daher auch für polare

Tab. 1: Gefahrenklassen

Gefahren-klasse VbF	VbF	EU-Gefahrstoffrecht
Be-zeichnung	**nach Flamm-punkten**	**nach Flammpunkten**
A I	< 21 °C	< 0 °C hochentzündlich < 21 °C leichtentzündlich
A II	≥ 21 °C ≤ 55 °C	≥ 21 °C entzündlich
A III	> 55 °C ≤ 100 °C	(ungeregelt)
B (wasser-mischbar)	< 21 °C	< 0 °C hochentzündlich < 21 °C leichtentzündlich

Tab. 2: Verdunstungszahlen

Lösemittel	Verdunstungszahl
Diethylether	1
Benzine	3–12
Brennspiritus	8,3
Butylacetat	12
Dekalin	94
Terpentinöl	170

Bindemittel wie Phenolharze eingesetzt. Außerdem sind sie als Hilfslösemittel in wässerigen Dispersionen wichtig.

Die Lösemittel werden aufgrund ihrer Brandgefährlichkeit in **Gefahrenklassen** eingeteilt. Tabelle 1 zeigt die oft noch benutzten, aber gesetzlich nicht mehr gültigen Gefahrenklassen nach VbF (Technische Verordnung über brennbare Flüssigkeiten) und die neuen Gefahrenklassen nach EU-Richtlinie. Die Einteilung erfolgt nach dem Flammpunkt. Der **Flammpunkt** ist die Temperatur, ab der eine brennbare Flüssigkeit entzündet werden kann.

Für das Anzünden einer Flüssigkeit ist nicht die Flüssigkeit selber wichtig, sondern die Menge an Dämpfen, die die Flüssigkeit freisetzt. Nur die Dämpfe können nämlich mit einer offenen Flamme angezündet werden. Ist der Flammpunkt über der Umgebungstemperatur, so kann die Flüssigkeit nicht entzündet werden, da sie nicht genügend Dämpfe entwickelt. Flüssigkeiten, die erst oberhalb 21 °C entzündbar sind, sind daher als entzündlich eingeordnet und bekommen kein Gefahrenzeichen. Stoffe, die bei 21 °C und darunter entzündlich sind, werden als leicht entzündlich, solche, die sogar bei Temperaturen unter 0 °C enzündlich sind, als hochentzündlich eingeordnet.

Wenn sich größere Mengen eines Lösemittels als Dampf in der Luft befinden, kann eine Explosion auftreten. Eine Explosion ist eine Verbrennung, bei der die Verbrennungsfront die Schallgeschwindigkeit (rd. 330 m/s in Luft) überschreitet. Explosionen können nur bei einem bestimmten Verhältnis zwischen Sauerstoff und brennbaren Stoffen eintreten. Die Grenzen, bei denen zu wenig oder zu viel brennbarer Stoff vorhanden ist, um eine Explosion auszulösen, nennt man untere und obere **Explosionsgrenzen**.

Die Fähigkeit eines Lösemittels zu verdunsten und als Dampf in die Luft zu diffundieren, wird durch die **Verdunstungszahl** beschrieben. Die Verdunstungszahl sagt aus, um wie viel langsamer die betreffende Flüssigkeit im Vergleich zu Diethylether, einem extrem leicht flüchtigen Lösemittel, verdunstet. Tabelle 2 gibt einige Verdunstungszahlen an.

Je niedriger die Verdunstungszahl ist, desto mehr Lösemittel kann pro Zeiteinheit verdampfen. Entsprechend werden schneller zünd- oder explosionsfähige Gemische erzeugt.

Gefahren beim Verarbeiten organischer Lösemittel

Von nahezu allen organischen Lösemitteln gehen Gefahren aus. Sie können über die **Atemwege** oder durch unmittelbaren **Hautkontakt** in den Körper gelangen. Die schädigende Wirkung hängt von der Konzentration in der Atemluft, der Dauer und der Häufigkeit der Stoffeinwirkung ab. Lösemittel wirken auf die Haut entfettend. Sie können die schützende Fettschicht der Haut angreifen und damit die Entstehung von Hautkrankheiten begünstigen. Viele Lösemittel verdampfen schon bei Zimmertemperatur und können somit leicht eingeatmet werden. Symptome einer Lösemitteleinwirkung können **Augenreizung, Kopfschmerzen, Müdigkeit** und in hohen Dosen **narkotische Wirkung** sein. Das Benutzen von persönlicher Schutzausrüstung ist daher absolut notwendig.

Die meisten Lösemittel sind **brennbar**. Ihre Dämpfe sind schwerer als Luft. Sie können mit Luft explosionsfähige Gemische bilden.

Abb. 1: Fräsen des Untergrundes

Abb. 2: Kugelstrahlen eines Betonuntergrundes

Abb. 3: Unbehandelter (rechts) und kugelgestrahlter (links) Untergrund

Abb. 4: Aufbringen einer Grundierung

Abb. 5: Abstreuen mit Quarzsand

Abb. 6: Abschleifen der Abstreuung

11.1.6 Arbeitsabläufe und Werkzeuge

Wie in Kapitel 11.1.1 aufgeführt, sehr viele unterschiedliche Typen von Bodenbeschichtungen. Daher können auch die Arbeitsabläufe und die benötigten Werkzeuge sehr unterschiedlich sein. Hier gibt es beispielhaft der Arbeitsablauf für das Erstellen eines hochwertigen Industriebodens dargestellt wird. Dieser Ablauf beinhaltet viele unterschiedliche Schritte. Einige dieser Schritte kommen bei einfacheren Beschichtungsmaßnahmen nicht vor.

Die **Untergrundvorbereitung** ist ein wichtiger Schritt bei jeder Bodenbeschichtungsmaßnahme. Eine Bodenbeschichtung kann nur haften, wenn der Untergrund sauber, trocken und tragfähig ist. Tragfähig bedeutet, dass alle losen Bestandteile der Oberfläche entfernt werden müssen. Die Beschichtung muss auf den Zuschlagkörnern und dem Bindemittel des festen Kernbereichs des Estrichs oder Betons haften.

Weiterhin muss bei stark belasteten Böden eine definierte Rauigkeit des Bodens gegeben sein, um das Beschichtungssystem adäquat verankern zu können.

Je nach Beschichtung und Untergrund sind folgende Schritte notwendig:

- **Fräsen** der Oberflächenschicht zum Entfernen aller losen Bestandteile (Abb. 1).
- **Kugelstrahlen** zur Herstellung einer definierten Oberfläche (Abb. 2).

Nur in Fällen, in denen eine ausreichend feste Oberfläche mit der gewünschten Beschaffenheit vorliegt, kann lediglich eine Reinigung der Oberfläche erfolgen. Vor dem Beginn der Beschichtungsmaßnahme ist diese Festigkeit durch Ermittlung der Oberflächenzugfestigkeit (Kapitel 11.7) nachzuweisen. Außerdem ist mittels CM-Verfahren, Folienmethode oder anderer Verfahren zur Feuchtemessung (LF 5) nachzuweisen, dass der Untergrund trocken genug ist.

Nach diesen Vorarbeiten wird in der Regel zunächst eine **Grundierung** aufgebracht (Abb. 4). Diese dient dazu, die Oberfläche weiter zu verfestigen und die Poren zu schließen. Insbesondere auf zementgebundenen Untergründen dient eine Epoxidharzgrundie-

Abb. 7: Anmischen des Kratzspachtels

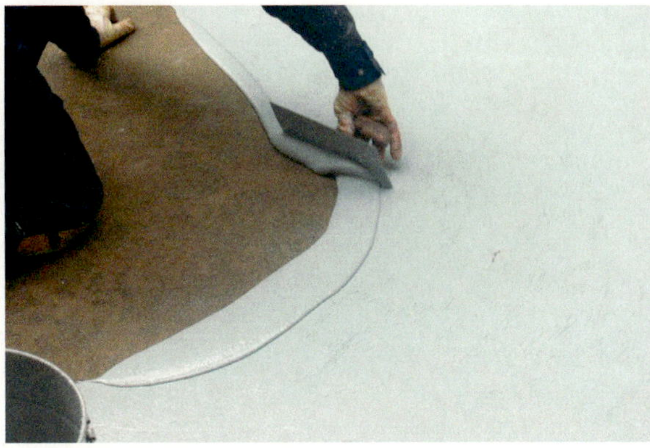

Abb. 8: Aufbringen der Kratzspachtelung

rung auch dazu, nachfolgende Schichten, die nicht alkalistabil sind, vom Untergrund zu trennen. Es ist wichtig, dass Grundierungen lückenlos und in ausreichender, aber nicht zu hoher Schichtstärke aufgetragen werden. Übliche Auftragsmengen liegen z. B. bei 500 g/m^2. Das Auftragen kann durch Rollen oder Abziehen mit einem Gummischieber erfolgen.
Die Haftung zu den nächsten Schichten wird in der Regel über eine Abstreuung mit Quarzsand erreicht. In die noch nicht abgebundene Grundierung wird dazu trockener Sand eingestreut (Abb. 5). Da zu diesem Zweck über die nicht abgebundene Beschichtung gelaufen werden muss, trägt der Verarbeiter Nagelschuhe, die nicht an der Beschichtung haften (Abb. 10). Der Überschuss an Sand wird nach dem Aushärten der Grundierung abgesaugt. In manchen Fällen wird der eingebundene Sand dann noch geschliffen (Abb. 6).
Sind die Rauigkeiten des Untergrundes zu groß, um eine nachfolgende, glatte Beschichtung zu gewährleisten, wird eine Kratzspachtelung aufgebracht. Dies ist ein lösemittelfreies Epoxidharz mit Sand zu einem dünnflüssigen Mörtel angemischt (Abb. 7). Dieser wird mit einer breiten Spachtel über die Erhöhungen des Untergrundes kratzend aufgetragen (Abb. 8).

Bei Beschichtungen, die an die Wand anschließen, wird oft eine Hohlkehle zur Wand hin angebracht. Diese wird aus formbarem Kunststoffmörtel durch Ausstreichen mit einem speziellen Werkzeug erzeugt (Abb. 9).
Hierauf folgend können die Deckschichten aufgebracht werden. Diese meist etwas zähflüssigeren Beschichtungsmaterialien werden nach dem Anmischen mit dem Spachtel grob verteilt und mit der Rolle verschlichtet (Abb. 8). Nach dem gleichmäßigen Verteilen werden die noch flüssigen Beschichtungen „abgestachelt". Das bedeutet, dass mit einer Stachelwalze über die Beschichtung gerollt wird, um eventuell vorhandene Luftblasen aufzustechen und damit Blasen in der erhärteten Beschichtung zu vermeiden. Nach Erhärten der Deckbeschichtung wird, je nach Material und System, noch eine sogenannte „Kopfversiegelung" aufgetragen, die unterschiedliche Funktionen haben kann. Zum einen kann die Beschichtungsoberfläche optisch angepasst, z. B. matt oder glänzend eingestellt werden. Zum anderen können stark pigmentierte Beschichtungsmaterialien, die sonst zum Kreiden neigen würden, durch eine unpigmentierte Kopfversiegelung geschützt werden.

Abb. 9: Einbau einer Hohlkehle

Abb. 10: Arbeiten mit Stachelwalze und Nagelschuh

Abb. 1: Haftzugprüfer mit Prüfstempeln

Abb. 2: Einbringen der Nut mit Bohrschablone und Bohrmaschine mit Bohrkrone

Abb. 3: Kleben des Stempels

11.1.7 Mess- und Prüfgeräte

Einige der wesentlichen Mess- und Prüfgeräte wurden bereits im LF 5 beschrieben. Auf Feuchte-Schichtdicken und Rissbreitenmessung, die alle bei der Bodenbeschichtung zum Einsatz kommen können, wird daher hier nicht erneut eingegangen.

Bei besonders belasteten Beschichtungen kann eine genaue Kenntnis der Festigkeit der Untergrundoberfläche wichtig sein. Auch die Adhäsion der ausgehärteten Beschichtung ist ein wichtiger Kennwert. Beide können mit der **Abreißprüfung** ermittelt werden. Diese Prüfung ist in DIN 1048-2 beschrieben.

Dazu wird ein Abreißprüfer mit Prüfstempeln sowie eine Bohrmaschine mit Bohrkrone benötigt. Zunächst wird in die zu beschichtende oder zu verklebende Oberfläche eine Ringnut mit dem Innendurchmesser 50 mm eingebracht (Abb. 3). Auf den entstehenden Untergrundkreis wird ein Stahlstempel mit 2 K Reaktionsharzkleber aufgebracht. Man kann dazu Epoxidharz-, Polyurethan- oder reaktive Acrylatkleber verwenden. Nach Erhärten des Klebers wird der Stempel mit dem Abreißprüfer abgezogen (Abb. 5). Der Abreißprüfer misst die dafür notwendige maximale Kraft. Teilt man diese durch die Fläche des Stempels (für 50 mm Stempel: 25 mm^2 · 3,1415 = 1963 mm^2), so ergibt sich die **Oberflächenzugfestigkeit** in N/mm^2. Für manche Beschichtungsmaterialien ist eine Mindestoberflächenzugfestigkeit gefordert. Diese kann beispielsweise bei 1,5 N/mm^2 liegen. Dies entspricht einer Gewichtskraft von 300 kg, die an diesem Stempel aufgehängt würde.

Die Abreißprüfung wird auch für die Überprüfung der Adhäsion der ausgehärteten Beschichtung eingesetzt. Dabei ist die Vorgehensweise gleich wie bei der Messung der Oberflächenzugfestigkeit. Die Nut muss durch die Beschichtung bis in den Untergrund gebohrt werden. In vielen Fällen empfiehlt es sich, nass zu bohren, da die Beschichtung sonst durch die Hitze des Bohrens vorgeschädigt wird. Nach dem Abriss ist die Auswertung aber etwas komplizierter, da mehrere Bruchbilder auftreten können. Bruchbilder bei der Abreißprüfung s. Tabellenbuch Maler & Lackierer. Kurzgefasst wird bei einem Bruch im Beton wiederum die Oberflächenzugfestigkeit gemessen. Die Haftung der Beschichtung ist dann höher als die Festigkeit des Betons.

Vor der Beschichtungsmaßnahme ist oft ein Maß für die Oberflächenrauigkeit wichtig. Als vergleichendes Maß kann der Sandkreis nach Kaufmann dienen. Hierzu wird eine definierte Menge Sand – z. B. ein Messlöffel voll – auf der Oberfläche kreisförmig verteilt. Dies geschieht mit einem flachen Gegenstand so, dass der Sand in einer Ebene mit den höchsten Erhebungen des Untergrundes liegt. Je rauer der Untergrund ist, desto weniger breit lässt sich der Sand verteilen. Der Durchmesser des entstehenden Kreises ist ein Maß für die Rautiefe. Abb. 4 und 5 verdeutlichen dies.

Abb. 4: Aufbringen des Sandkreises

Abb. 5: Sandkreise auf zwei unterschiedlichen Oberflächen

Abb. 6: Beschichtung einer Betontreppe

Abb. 7: Beschichtete Boden- und Betonflächen im Parkhaus

11.1.8 Normen, Richtlinien, Bestimmungen

Im Bereich der Bodenbeschichtungen und insbesondere im Bereich der Industrieböden gibt es zahlreiche Normen, Richtlinien, Merkblätter und behördliche Bestimmungen, die je nach Objekt zur Geltung kommen. Zum größeren Teil gibt es Überschneidungen mit dem Bereich der Betonsanierung. Hier werden daher nur speziell auf Böden ausgerichtete Dokumente aufgeführt. Die übergreifenderen Normen und Richtlinien finden sich in Kapitel 11.2.7.
Die Arbeitsgemeinschaft Industriebau AGI bringt Merkblätter zu Industrieböden heraus, die unterschiedliche Aspekte bei der Ausführung solcher Böden behandeln. So befasst sich Blatt A 12 mit Industrieestrichen und Blatt A 80 mit Imprägnierung und Versiegelung.

Von besonderer Bedeutung sind Normen, die bestimmte Eigenschaften der Böden definieren. In Bereichen wie Treppen (Abb. 1) oder nassen Flächen ist beispielsweise die Rutschsicherheit ein wichtiges Thema. Hierzu legt DIN 51 097: „Prüfung von Bodenbelägen; Bestimmung der rutschhemmenden Eigenschaft" Verfahren fest, nach denen auch Bodenbeschichtungen geprüft werden. Rutschsicherheit, Arbeitssicherheit und Trittsicherheit sind auch Ziel der Festlegungen in der technischen Richtlinie ASR 8/1 des Bundesministeriums für Arbeit und Soziales, das im Wesentlichen auf die Nutzbarkeit der Böden abzielt. Auch für weitere Detaileigenschaften der Böden wie z. B. Ableitfähigkeit elektrostatischer Aufladungen, Reinigungsfähigkeit oder Verschleißwiderstand existieren eine Reihe einzelner Prüfnormen, die im Einzelfall zu Rate gezogen werden müssen.

Aufgaben zu Kapitel 11.1

1. Nennen Sie Belastungen, denen Böden ausgesetzt sind.

2. a) Nennen Sie die drei Bildungsreaktionen der Kunststoffe.
b) Welches sind die wesentlichen Unterschiede zwischen den drei Bildungsreaktionen?

3. Warum ist das Tragen persönlicher Schutzausrüstung bei der Verarbeitung von Epoxidharzen besonders wichtig?

4. Wie werden 2komponentige Materialien richtig angemischt?

5. Nennen Sie unterschiedliche Schichten eines Bodenbeschichtungssystems und ihre Aufgaben.

6. Mit welcher Prüfmethode misst man die Adhäsion einer Bodenbeschichtung?
Erläutern Sie das Verfahren kurz.

Abb. 1: Stark beschädigte Betonstütze

Abb. 2: Betonstütze mit Oberflächenabtragung und Bewuchs

11.2 Betoninstandsetzung

Die Betoninstandsetzung beschreibt Techniken zur Wiederherstellung oder Verlängerung der Dauerhaftigkeit von Bauteilen aus Beton und Stahlbeton. Betoninstandsetzung oder, technisch weniger korrekt, Betonsanierung ist immer dann erforderlich, wenn Bauteile oder Bauwerke aus Beton und Stahlbeton in Aussehen oder Funktion beeinträchtigt sind. Die Ursachen dafür können in der Herstellung, Nutzung oder Exposition gegenüber betonschädigenden Medien liegen. Die Besonderheiten der Betoninstandsetzung stellen zum einen oft höhere Anforderungen an das Fachwissen und die speziellen Materialkenntnisse als vergleichbare Tätigkeiten im Neubau. Zum anderen ist die Betonsanierung ein Gewerk, das zunehmend von Malerbetrieben ausgeführt wird.

Im (LF 5 wurden bereits die Betonkorrosion und die Carbonatisierung behandelt. Durch die Carbonatisierung wird in der Porenlösung des Betons gelöstes Calciumhydroxid in Calciumcarbonat (Kalkstein) umgewandelt. Als Folge dieser Reaktion verringert sich der pH-Wert der Porenlösung des Betons von rund 12,5–13 auf 9–10 und darunter. Bei pH-Werten oberhalb 10 befindet sich auf der Oberfläche des Bewehrungsstahls eine Passivierungsschicht. Diese schützt den Stahl im Beton dauerhaft vor Korrosion. Sinkt der pH-Wert im Beton, ist dieser Schutz nicht mehr gewährleistet und der Stahl kann korrodieren.

Die Geschwindigkeiten der Carbonatisierung und damit der Zeitpunkt des Beginns der Korrosion des Stahls im Beton sind von mehreren Faktoren abhängig:

- Exposition des Betons: Trockener Beton innen oder an witterungsgeschützten Orten carbonatisiert schneller als Beton, der der freien Bewitterung ausgesetzt ist, da das weitgehend trockene Porensystem das CO_2 besser transportieren kann.
- Alter des Betons: Je älter der Beton ist, desto langsamer carbonatisiert er.
- Porosität des Betons (LF 2): Je mehr Poren vorliegen, desto schneller carbonatisiert der Beton.

Die weitere Korrosion des Stahls im Beton hängt von den gleichen Einflussfaktoren ab:

- Exposition des Betons: In trockenem Beton korrodiert der Stahl nur geringfügig, da die Stahlkorrosion Wasser benötigt. Trockener Beton transportiert auch keine Salze, die die Korrosion des Stahls beschleunigen können.
- Alter des Betons: Je älter der Beton ist, desto dichter ist sein Gefüge, was wiederum Schadstoff- und Wassertransport unterbindet. Andererseits können sich im Laufe der Jahre Schadsalze angehäuft haben.
- Porosität des Betons (LF 2): Je mehr Poren vorliegen, desto durchlässiger ist der Beton für Schadstoff- und Wassertransport.

Aufgrund dieser unterschiedlichen Einflüsse legt die DIN EN 206 Expositionsklassen für Betone fest.

Abb. 3: Abplatzender Beton durch korrodierte Bewehrung

Abb. 4: Vollständig abgeplatzte Betondeckung

Je stärker die Umwelteinflüsse auf den Beton sind, desto dichter und dauerhafter muss er hergestellt werden.

Bei der Betoninstandsetzung wird man allerdings häufig mit alten Betonbauwerken konfrontiert, bei denen die o. g. Überlegungen noch nicht berücksichtigt wurden. Hier ist eine sorgfältige Analyse des Zustandes sehr wichtig.

11.2.1 Betonschäden erkennen

Vor dem Beginn einer Betoninstandsetzung muss die Ursache der aufgetretenen Schäden festgestellt werden. Ohne Beseitigung der Schadensursache wird das gleiche Schadensbild wieder auftreten. Eine Instandsetzung, die nur den ursprünglichen Zustand wieder herstellt, ohne die Ursachen des Schadens dauerhaft zu beseitigen, ist in der Regel eine Fehlinvestition.

Gibt es Anzeichen dafür, dass ein tragendes Bauteil so stark beeinträchtigt ist, dass es seine Funktion nicht mehr erfüllen kann, ist ein Fachmann hinzuzuziehen. In diesem Fall darf nur saniert werden, wenn dadurch die ursprüngliche Tragfähigkeit wieder hergestellt wird. Eine Betonstütze wie in Abb. 2 wird durch Entrosten und Beschichten nicht wieder tragfähig. Die Planung solcher Maßnahmen muss von einem sachkundigen Planer durchgeführt werden.

Oft liegen für die zu sanierende Konstruktion keine Unterlagen aus der Bauphase mehr vor. Dann muss man ausreichende Voruntersuchungen durchführen. Um die Sanierungsmaßnahme planen zu können, müssen Betonfestigkeit, Carbonatisierungsfortschritt, Lage und Zustand der Bewehrungsstähle, Salzgehalt und Risse im Beton festgestellt werden.

Folgende Untersuchungsmethoden können bei der Erfassung der Schäden zum Einsatz kommen:

Die visuelle Bestandsaufnahme anhand von Schadensbildern zeigt Tabelle 1 auf S. 420. Sie stellt typische Betonschäden und ihre Erkennungsmerkmale zusammen. Mit Bewehrungssuchern, die auf magnetinduktiver Basis arbeiten, kann die Lage der Bewehrung festgestellt werden. Dabei ist zum einen die Anordnung der Bewehrung wichtig.

Zum anderen kann die Betonüberdeckung, d. h. die Dicke des Betons über dem Stahl, festgestellt werden. Dazu ist es allerdings erforderlich, dass der Durchmesser der Bewehrungsstäbe z. B. aus Planunterlagen bekannt ist. Die zerstörungsfreie Messung der Druckfestigkeit des Betons erfolgt mit dem Schmidthammer (→ LF 5). Die Bewertung des Korrosionszustandes der Bewehrung geschieht optisch durch lokale Freilegung der Bewehrung. Die Carbonatisierungstiefe des Betons wird an einer frischen Betonbruchfläche mit alkoholischer Phenolphthaleinlösung durchgeführt. Anhand des Farbumschlages lässt sich der Fortschritt der Carbonatisierung ermitteln (S. 421, Abb. 1). Die Messung der Oberflächenzugfestigkeit der Betonoberfläche erfolgt mit dem Abreißversuch (Kapitel 11.1.7).

Tab. 1: Erkennungsmerkmale von Betonschäden

Schadensbild	1. Beschreibung, 2. Maßnahmen
	1. Abplatzen der Beschichtung, Kreiden des Betonuntergrundes. 2. Entfernen der Beschichtung und loser Bestandteile, Phenolphthaleintest, Überprüfung der Betondeckung, ggf. Erhöhung der Betondeckung, Neubeschichtung.
	1. Netzrisse durch die Beschichtung bis in den Untergrund. 2. Entfernen der Beschichtung und loser Bestandteile, Phenolphthaleintest, Überprüfung der Betondeckung, Verspachteln der Risse, ggf. Erhöhung der Betondeckung, Neubeschichtung.
	1. Abgedrückte Betondeckung aufgrund korrodierter Bewehrung. 2. Entfernung der Betondeckung, Entrostung der Bewehrung, Überprüfung der Bewehrungsstärke, wenn ausreichend, Korrosionsschutz der Bewehrung, Haftbrücke, Reparaturmörtel, Feinspachtel und Neubeschichtung.
	1. Verloren gegangene Betondeckung aufgrund korrodierter Bewehrung, erheblicher Dickenverlust der Bewehrung. 2. Abklärung durch Fachmann, ob verbleibende Bewehrung ausreicht. Nur wenn dies der Fall ist, Instandsetzung wie in voriger Zeile, sonst bauliche Maßnahmen erforderlich.
	1. Verloren gegangene Betondeckung aufgrund korrodierter Bewehrung, Dickenverlust der Bewehrung, teilweise geschädigter Beton unter der Bewehrung, erheblicher Querschnittverlust des tragenden Bauteils. 2. Bauliche Maßnahmen erforderlich.

Abb. 1: Phenolphthaleintest

Abb. 2: Abgestemmter Beton und Stemmhammer

11.2.2 Untergrundvorbereitung

Zur Untergrundvorbereitung gehören

- das Entfernen aller losen Bestandteile,
- das Entfernen aller carbonatisierten Schichten,
- die Herstellung eines tragfähigen Untergrundes und
- das Entrosten der Bewehrung.

Als lose Bestandteile zählen in diesem Zusammenhang lose und mürbe Teile, sich leicht ablösenden Schichten, Abmehlen oder Absanden, Schalen und Ablösungen, Kiesnester und Hohlstellen sowie artfremde Stoffe (Altbeschichtungen, Öl, Bewuchs usw.).

Zum Vorbereiten der Oberfläche können unterschiedliche manuelle und maschinelle Verfahren zum Einsatz kommen. Die meisten wurden bereits in unterschiedlichen Lernfeldern aufgeführt, daher werden diese hier nur aufgezählt.

Zum Abtrag von gelockertem oder gerissenem Beton und zur Freilegung der korrodierten Bewehrung wird gestemmt (Abb. 2). Zur Anwendung kommen elektrische oder pneumatische Stemmwerkzeuge. Beim **Stemmen** muss vorsichtig vorgegangen werden, da die Gefahr besteht, dass der Bewehrungsstahl verletzt wird oder der Verbund zwischen Bewehrung und Beton auch an gesunden Stellen gelockert wird. Die Entrostung der Bewehrung erfolgt, wie bei Metallen üblich (LF 1). Die Oberfläche der entrosteten Bewehrung muss nach Art der Instandsetzung einen Normreinheitsgrad SA 2 ½ nach DIN EN ISO 12944-4 oder ähnliche Reinheitsgrade aufweisen.

Mit dem **Partikeltrockenstrahlen** kann sowohl die Beton- als auch die Stahloberfläche vorbereitet werden. Dazu wird ein Strahlgut (oft Schlackepartikel) mit Druck gegen die Oberfläche geschleudert. Dadurch werden die losen Bestandteile entfernt. Das Verfahren führt zu hoher Lärm- und Staubbelastung.

Das **Abschleifen des Untergrundes** kann mit einem Winkelschleifer mit einer Diamantschruppscheibe erfolgen. Der Untergrund weist danach eine relativ glatte Oberfläche auf, was beim Auftragen weiterer Schichten problematisch sein kann.

Beim **Kugelstrahlen** (Kap. 11.1.6) werden in einem geschlossenen System Stahlkugeln mit einem schnell rotierenden Rad gegen die zu bearbeitende Oberfläche geschleudert. Die losen Bestandteile der Oberfläche werden gemeinsam mit den Kugeln abgesaugt. Kugeln und das abgetragene Material werden getrennt. Die Kugeln werden wieder verwendet. Das Verfahren lässt sich aufgrund des hohen Gewichtes der Maschine nur auf horizontalen oder leicht geneigten Flächen anwenden.
Hoch- und Höchstdruckwasserstrahlen tragen die Betonoberfläche mit einem starken Wasserstrahl ab. **Hochdruckwasserstrahlen** findet über 850 bar statt, Höchstdruckwasserstrahlen bei über 2000 bar. Dabei ist zu berücksichtigen, dass hohe Wassermengen bis zu 500 l Wasser pro Minute benötigt werden und auch abgeführt werden müssen. Neben Düsen für den punktuellen Abtrag gibt es rotierende Düsen für die flächige Untergrundvorbereitung. Vorteil der Wasserstrahlverfahren ist die vergleichsweise geringe Erschütterung der Bauteile bei hoher Abtragleistung. Das **Flammstrahlen** seltener zum Abtragen von Betonoberflächen eingesetzt wird, weil die Gefahr besteht, dass sich freiliegender Stahl durch das Aufheizen dehnt. Dadurch kann es in den gesunden Bereichen zu Lockerungen des Verbundes zwischen Stahl und Beton kommen.

Abb. 1: Entrosten mit der Nadelpistole

Abb. 2: Entrosten der Bewehrungsrückseite

11.2.3 Rissinstandsetzung

Bei der Rissinstandsetzung ist grundsätzlich zwischen dem

- Verschließen oberflächlicher Risse durch Spachteln oder druckloses Tränken und dem
- kraftschlüssigen Verpressen von Trennrissen

zu unterscheiden.

Das zur Anwendung kommende Material und die zugehörigen Arbeitstechniken sind von den Eigenschaften des Risses abhängig (Tab. 1).
Während oberflächliche Risse durch geeignete Spachtel oder Reparaturmörtel verschlossen werden können, sind Trennrisse in tragenden Bauteilen kraftschlüssig zu verpressen. Dazu wird unter Druck Epoxidharz oder Zementleim injiziert.

Tab. 1: Rissbeschreibungen

Parameter	Ausprägung
Rissart	oberflächennah, durchgehend
Rissverlauf	senkrecht, diagonal, netzförmig
Rissbreite	Größe in mm
Rissbewegungen	kurzzeitig, täglich, langfristig
Risszustand	wasserführend, feucht, trocken, Verschmutzung

Die Risswände werden dadurch verklebt. Diese aufwendige Technik sollte von darauf spezialisierten Unternehmen ausgeführt werden und wird hier nicht näher beschrieben.
Risse im Beton lassen den Zutritt korrosiver Medien zum Betongefüge und zur Bewehrung zu. Aufgrund der Auflösung des Verbundes können Risse die Tragfähigkeit eines Bauteils aus Stahlbeton beeinträchtigen.

Die heute zur Verfügung stehenden Geräte und Spezialharze (Epoxidharze und Polyurethane) gestatten die Verpressung von Rissen mit einer Rissweite bis herab zu 0,1 mm. Die Injektion von Zementleimen oder -suspensionen setzt größere Rissbreiten (Zementleim > 0,8 mm, Zementsuspension > 0,2 mm) voraus.

11.2.4 Korrosionsschutz der Bewehrung

Die Entrostung der Bewehrung erfolgt, wie bei metallischem Untergrund üblich (→ LF 1) machinell (Abb. 1) oder von Hand (Abb. 2).

Die zentrale Bauvorschrift im Bereich der Betoninstandsetzung ist die Instandsetzungsrichtlinie des Deutschen Ausschuss für Stahlbeton (DAfStb, Kap. 11.2.7). Da die Bewehrung die Tragfähigkeit der Bauteile gewährleistet, zielen die Instandsetzungsprinzipien, die in der Instandsetzungsrichtlinie festgelegt sind, vornehmlich auf den Korrosionsschutz der Bewehrung ab. Dort werden unterschieden:

Instandsetzungsprinzip R: Korrosionsschutz durch Wiederherstellung des alkalischen Milieus. Hier wird

Abb. 3: Auftragen des Korrosionsschutzes

Abb. 4: Einbau des Grobmörtels

durch Einsatz von sehr alkalischen Mörteln und Betonen der pH-Wert des Bauteils soweit wieder angehoben, dass der Stahl passiviert ist (S. 424, Abb. 2).

Instandsetzungsprinzip W: Korrosionsschutz durch Begrenzung des Wassergehaltes im Beton. Da ohne Wasser keine Korrosion stattfinden kann, kann durch das Fernhalten von Wasser die Korrosion stark vermindert werden. Dies geschieht durch das Beschichten oder Hydrophobieren des Bauteils (Kap. 11.2.6).

Instandsetzungsprinzip C: Korrosionsschutz durch Beschichtung der Bewehrung (Abb. 3). Dieses zusammen mit Prinzip W am häufigsten angewendete Prinzip sieht eine Korrosionsschutzbeschichtung des Bewehrungsstahls vor, die nach der Oberflächenvorbereitung und vor dem Betonersatz zu applizieren ist.

Instandsetzungsprinzip K: Kathodischer Korrosionsschutz ist eine Passivierung des Stahls durch Anlegen von Gleichstrom (→ LF 5). Diese noch selten angewendete Technik wird in der Regel nicht durch den Maler eingebaut.

Für die Korrosionsschutzbeschichtung des Bewehrungsstahls – Prinzip C – kommen reaktionserhärtende Systeme zur Anwendung. Die Mindestschichtdicke für solche Beschichtungssysteme beträgt 300 µm. Das System muss in mindestens zwei Arbeitsgängen aufgetragen werden.

Zur besseren Kontrolle sind die Materialien für beide Arbeitsgänge oft unterschiedlich gefärbt. Die Beschichtung wird zur Verbesserung des Verbundes mit dem nachfolgenden Betonersatzmörtel mit feuergetrocknetem Quarzsand abgesandet.

11.2.5 Betonersatz

Der Betonersatz besteht in der Regel aus Haftbrücke und Reparaturmörtel (Abb. 4). Die Haftbrücke verbessert den Verbund zwischen Reparaturmörtel und Untergrund. Es gibt zementgebundene Haftbrücken und zementgebundene, polymermodifizierte Systeme. Letztere dienen auch als Feuchtigkeitsbarriere zwischen den beiden Schichten. Die Applikation erfolgt meist mit Bürste oder Pinsel. Bei Produkten, die den Anforderungen an einen mineralischen Korrosionsschutz der Bewehrung entsprechen, können die Haftbrücke und der Korrosionsschutz in einem Arbeitsgang aufgebracht werden.

Für die Applikation des nachfolgenden Instandsetzungsmörtels ist eine mittlere Oberflächenzugfestigkeit von 1,5 N/mm^2 erforderlich. Der kleinste Einzelwert einer Prüfserie darf 1,0 N/mm^2 betragen.
Die Auswahl der Instandsetzungsmörtel und -betone erfolgt nach den Beanspruchbarkeitsklassen nach Instandsetzungsrichtlinie:

- Beanspruchbarkeitsklasse M 1 bei Anforderungen nur an die Wiederherstellung der Bauteilgeometrie und -optik.
- Beanspruchbarkeitsklasse M 2 bei erhöhten Anforderungen an den Carbonatisierungswiderstand und die Applikation bei dynamischer Beanspruchung, z. B. durch Verkehrslasten.
- Beanspruchbarkeitsklasse M 3 bei Berücksichtigung im Rahmen von Tragfähigkeits- oder Gebrauchstauglichkeitsnachweisen.

Darüber hinaus werden auch hier zementgebundene Mörtel (CC – Cement Concrete) und polymermodifi-

Abb. 1: Schalung für den Grobmörtel

Abb. 2: Korrosionsschutz auf der Bewehrung, Haftbrücke, Alkalitätsnachweis und Schalung für Reparaturmörtel

zierte Zementmörtel (PCC – Polymer Cement Concrete) unterschieden.

PCCs haften in der Regel besser, haben besseres Dehnverhalten und geringere Wasserdurchlässigkeiten als CCs. Auf der anderen Seite erfordern PCCs bei der nachfolgenden Beschichtung erhöhte Aufmerksamkeit.

Der Instandsetzungsmörtel kann bei kleinen Flächen von Hand mit der Kelle oder bei großen Flächen im Spritzverfahren als Spritzbeton aufgebracht werden. Je nach Größe des Ersatzes ist eine Schalung vorzusehen (Abb. 1).
Spritzbeton ist ein Beton, der mit hohem Druck durch eine geschlossene Schlauchleitung zur Einbaustelle gefördert und dort aus einer Spritzdüse gegen die Auftragsfläche geschleudert wird. Die Verdichtung erfolgt durch die hohe Aufprallenergie des Spritzbetons. Die Herstellung, Verwendung und Güteüberwachung von Spritzbeton ist in Deutschland in der DIN EN 14487-1 geregelt. Spritzmörtel unterscheidet sich von Spritzbeton lediglich durch das Größtkorn (max. 4 mm) im Zuschlagstoff. Zur Anwendung kommt Spritzbeton vor allem bei der Instandsetzung und Verstärkung von Betonbauteilen sowie der Baugruben-, Hang- und Felssicherung.

Beim Spritzen von Beton kommen zwei unterschiedliche Mischverfahren, das Nass- und Trockenspritzverfahren zur Anwendung.

Beim **Nassspritzverfahren** werden Zement, Zuschlagstoffe und Wasser gemischt zur Spritzdüse befördert und mittels der dort zugegebenen Druckluft aufgetragen. Beim **Trockenspritzverfahren** werden Zement und Zuschlagstoffe trocken gemischt durch eine Schlauchleitung zur Mischdüse befördert. Dem Trockengemisch wird erst dort Wasser zugeführt.

Beim Spritzvorgang prallt ein Teil der Mischung – der so genannte Rückprall – infolge der hohen Aufprallwucht ab und wird nicht in die Spritzbetonschicht eingebaut. Die Rückprallmenge hängt vor allem von der Zusammensetzung der Ausgangsmischung und vom Geschick des Düsenführers ab.

Das Material wird bei beiden Verfahren lagenweise aufgetragen. Zusätzlich kann eine Bewehrung aus Stahlmatten eingebaut werden. Diese ist fest mit dem Untergrund und ggf. an der Altbewehrung zu verankern, um Schwingungen und Lageveränderungen zu vermeiden.

Abb. 3: Abschließende Beschichtung

11.2.6 Oberflächenschutz

Der Oberflächenschutz umfasst das Glätten des Betonersatz durch Spachteln und die Beschichtung durch Oberflächenschutzsysteme (Abb. 3). Die Grundsätze, die bei der Beschichtung mineralischer Untergründe zu beachten sind, können den LF 2, LF 5 sowie Kap. 11.1 entnommen werden.

Bei der Betoninstandsetzung ist man durch die Instandsetzungsrichtlinie auf bestimmte, zu verwendende Beschichtungssysteme festgelegt. Die Instandsetzungsrichtlinie nennt unterschiedliche Oberflächenschutzsysteme (abgekürzt OS), die von einer Hydrophobierung (OS 1) bis bin zur rissüberbrückenden Beschichtung (z. B. OS 11) reichen. Tabelle 1 zeigt die Systeme, ihre Anwendungsbereiche und die wichtigsten Festlegungen in der Übersicht.

11.2.7 Richtlinien, Normen, Merkblätter

Wie bereits aus den vorigen Abschnitten ersichtlich, ist die Richtlinie „Schutz und Instandsetzung von Betonbauteilen" kurz: „Instandsetzungsrichtlinie" des Deutschen Ausschusses für Stahlbeton (DAfStb) das zentrale Dokument für die Betonsanierung. Sie besteht aus den 4 Teilen:

Teil 1: Allgemeine Regelungen und Planungsgrundsätze
Teil 2: Bauprodukte und Anwendung
Teil 3: Anforderungen an die Betriebe und Überwachung der Ausführung und
Teil 4: Prüfverfahren

deren Inhalt teilweise den vorangegangen zu Grunde gelegt wurde. Die Richtlinie wurde vom Deutschen Institut für Bautechnik in die Musterliste der Tech-

Tab. 1: Oberflächenschutzsysteme (Auswahl)

Bezeichnung	Kurzbeschreibung	Mindestschichtdicke	Hauptbindemittelgruppen
OS 1	Hydrophobierende Imprägnierung	–	Silan, Siloxan, Silikonharz
OS 2	Versiegelung für nicht begeh- oder befahrbare Flächen	80 µm	Polymerdispersion
OS 4	Beschichtung für nicht befahrbare Flächen	80 µm	Polymerdispersion
OS 5	Beschichtung für nicht befahrbare Flächen mit mindestens „sehr geringer" Rissüberbrückungsfähigkeit	DI 300 µm DII 2000 µm	Polymerdispersion (DI) Polymerzementgemisch (DII)
OS 7	Beschichtungen unter bituminösen Dichtungsschichten für Brücken und ähnliche Bauwerke	–	Epoxidharz
OS 9	Beschichtungen für nicht befahrbare Flächen mit mindestens „erhöhter" Rissüberbrückungsfähigkeit	1 mm	Polyurethan
OS 10	Beschichtung als Dichtungsschicht unter bituminösen oder anderen Schutz- und Deckschichten mit „hoher" Rissüberbrückungsfähigkeit	–	Polyurethan
OS 11	Beschichtung für befahrbare Flächen mit mindestens „erhöhter" dynamischer Rissüberbrückungsfähigkeit	1,5–4 mm	Polyurethan, Epoxidharz 2K-Acrylate
OS 13	Beschichtung mit nicht dynamischer Rissüberbrückungsfähigkeit für begeh- und befahrbare, mechanisch belastete Flächen	2,5 mm	Epoxidharz

nischen Baubestimmungen aufgenommen, und ist in den einzelnen Bundesländern in die Landesbauordnungen eingeführt. Die Richtlinie hat damit Gesetzescharakter. Es darf daher privatvertraglich nicht von ihr abgewichen werden.

Europäisch ist die Betoninstandsetzung durch die DIN EN 1504 geregelt: DIN EN 1504 Produkte und Systeme für den Schutz und die Instandsetzung von Betontragwerken – Definitionen, Anforderungen, Qualitätsüberwachung und Beurteilung der Konformität Hier ist insbesondere der 2008 veröffentliche Teil 9: „Allgemeine Grundsätze für die Anwendung von Produkten und Systemen" von Wichtigkeit. Weiterhin bieten das Merkblatt 1 des Bundesausschuss Farbe und Sachwertschutz einschlägige Informationen: „Schutz und Instandsetzung von Betonaußenflächen im Hochbau".

Aufgaben zu Kapitel 11.2

1. Welche Arbeiten gehören zur Untergrundvorbereitung für die Betoninstandsetzung?

2. Nennen Sie die Eigenschaften eines Risses, die für die Rissinstandsetzung von Belang sind.

3. Welches ist die zentrale Bauvorschrift im Bereich der Betoninstandsetzung?

4. Ergänzen Sie die entsprechenden Kurzbeschreibungen zu den genannten Oberflächenschutzsystemen.

OS 1: ______________________________

OS 7: ______________________________

OS 11: ______________________________

5. Nennen Sie die auf dem Bild zu erkennenden Betonschäden und schlagen Sie die zu treffenden Maßnahmen vor.

Abb. 1: Künstlerisches Graffito

Abb. 2: Missglückter Entfernungsversuch an Graffiti-Tags

11.3 Anti-Graffiti-Beschichtungen

11.3.1 Graffiti

Graffiti, Einzahl Graffito, ist ein Sammelbegriff für von Einzelnen oder Gruppen verfertigte Bilder (Abb. 1) oder Schriftzüge (Tags, Abb. 2) auf Oberflächen des öffentlichen Raums. Graffiti ist der Plural des italienischen Worts sgraffito, das aus einem lateinischen Verb für „mit dem Griffel kratzen" entstanden ist. Graffiti erscheinen in einer Vielzahl von Ausprägungsformen und werden für die unterschiedlichsten Zwecke eingesetzt. Das moderne Graffiti wird typischerweise mit der Sprühdose angebracht.

11.3.2 Wirkungsweise der Anti-Graffiti-Beschichtungen

Eine Anti-Graffiti-Beschichtung wird auf Oberflächen aufgebracht, die in der Gefahr sind, mit unerwünschten Graffiti besprüht zu werden. Ziel dieser Beschichtungen ist, dass sich die Graffiti leicht und möglichst rückstandsfrei entfernen lassen – anders als in Abb. 2. Dies ist auf unterschiedlichen Wegen möglich. Anti-Graffiti-Systeme können nach ihrer Wirkungsweise in Gruppen eingeteilt werden. Hierzu ist die Aufteilung in permanent wirkende, semi-permanent wirkende und temporär wirkende Systeme geeignet.

Permanent wirkende Systeme

Ein ideales, permanent wirkendes System wird einmalig auf die zu schützende Oberfläche aufgetragen. Es stellt nach der Aushärtung eine dauernd wirksame Trennschicht zwischen aufgebrachten Graffiti und dem Baustoff dar. Das permanent wirkende System darf durch Bewitterung nicht angegriffen werden. Nach einer Reinigung darf die Trennschichtwirkung nicht beeinträchtigt sein.

Die Haltbarkeit eines permanenten Systems sollte nicht weniger als 5 Jahre betragen.

Semipermanent wirkende Systeme

Semipermanente Systeme werden nach einem oder mehreren Reinigungsprozessen erneuert, sind aber gegenüber Witterungseinflüssen stabil. Während der Reinigung wird entweder das gesamte System neu aufgetragen, oder nur eine obere „Opfer"schicht, die beim Reinigungsvorgang mit dem Graffiti entfernt wird. Die Haltbarkeit eines semipermanenten Systems sollte ohne auftretende Reinigungsmaßnahmen nicht unter 5 Jahren betragen.

Abb. 1: Nicht zu erkennender Graffiti-Schutz

Abb. 2: Graffitischutz im Gegenlicht sichtbar

Temporär wirkende Systeme
Temporäre Systeme werden sowohl nach einem Reinigungsprozeß als auch nach einer bestimmten Bewitterungsdauer erneuert. Dabei wird in der Regel das gesamte System neu aufgetragen. Temporär wirkende Systeme sind gegenüber Witterungseinflüssen nicht stabil. Die Haltbarkeit eines temporären Systems sollte nicht weniger als ein Jahr betragen.

Neben den früher besprochenen Bindemitteln Polyurethan, Epoxidharz, Acrylat und Silikonharz werden für Anti-Graffiti-Systeme noch andere, für Beschichtungen eher unübliche Bindemittel eingesetzt.

Biopolymere (Polysaccharide) Hinter dem oft benutzten Begriff „Biopolymere" verbergen sich in aller Regel Polysaccharide (Vielfachzucker). Dies sind Kohlenhydrate, deren Moleküle aus einer großen Zahl verknüpfter Monosaccharid-Moleküle (z. B. Glukose) bestehen. Sie können z. B. als wässerige Dispersion auf die Baustoffoberfläche aufgetragen werden. Wird darauf ein Graffito gesprüht, können sie – samt anhaftendem Graffito – mit heißem Wasser wieder entfernt werden. Die Witterungsbeständigkeit ist nicht sehr hoch, auch ohne Reinigungsmaßnahmen ist von Zeit zu Zeit eine Überarbeitung notwendig. Polysaccharide sind als Opferschicht eines temporären Systems geeignet.

Perfluorierte Kohlenwasserstoffe In diese Gruppe werden „Teflon"-artige Verbindungen eingeordnet. Die herausragende Eigenschaft dieser Produkte ist ihre extreme Hydro- und Oleophobie, wie sie vom Teflon allgemein bekannt ist. Aufgrund ihrer extremen Oleophobie lassen sie die Sprühfarben abperlen. Dies lässt weder das Verlaufen zu einer Beschichtung noch die Haftung der Farbe zu. Durch Kombination mit Silanen lassen sich permanente, silikonartig vernetzende Produkte herstellen.

Wachsartige Verbindungen Wachse sind natürliche oder künstlich gewonnene Stoffe, die in der Regel folgende Eigenschaften aufweisen: Bei 20 °C fest und durchscheinend bis opak und bei über 50° ohne Zersetzung schmelzend. Wachse werden in Form von Emulsionen aufgetragen und bilden auf der Baustoffoberfläche eine hydrophobe und z. T. oleophobe Schicht, die durch Einsatz von heißem Wasser oder Lösemitteln mitsamt dem anhaftenden Graffito wieder entfernt werden kann. Da Wachse, direkt auf poröse Baustoffe aufgetragen, stark verdunkelnd wirken können, werden sie meist auf einer permanenten Schicht aus Acrylaten, Siloxan-Acrylaten oder Siloxanen angewendet.

11.3.3 Erscheinungsbild

Neben den unterschiedlichen Bindemitteln unterscheiden sich die Anti-Graffiti-Beschichtungen in Schichtaufbau und Schichtdicke. Wie aus dem vorhergehenden Abschnitt ersichtlich, gibt es ein- und zweischichtige Systeme, Imprägnierungen und Beschichtungen. Während Imprägnierungen (z. B. auf Basis von fluorierten Silanen) nach der Applikation kaum sichtbar sind, sind Beschichtungen auf PUR- oder EP-Basis meist als dünne bis deutliche Filme sichtbar. Wachs- oder Polysaccharidsysteme zeigen sich oft durch eine opake Trübung der Oberfläche. Je nach Untergrund muss ein geeignetes System, das für den Nutzer optisch tolerierbar ist, ausgewählt werden. Dazu sind vorab angelegt Musterflächen hilfreich.

Auch Systeme, die ein unauffälliges Erscheinungsbild haben, können bei ungünstigem Lichteinfall sichtbar werden. Die Abbildung 1 zeigt eine Fassade, auf die ein Wärmedämmverbundsystem appliziert wurde. Im Erdgeschossbereich wurde der Putz des Systems mit einem Graffitischutz versehen. Dieser ist bei den meisten Lichtsituationen kaum zu erkennen.

Die Abbildung 2 zeigt jedoch, dass das System bei Gegenlicht unter bestimmten Winkeln zu Glanz neigen kann. Diese Erscheinung ist in der Regel nicht zu vermeiden, da ein Anti-Graffiti-System nur dadurch wirken kann, dass die Oberfläche des Objektes verändert wird.

Kunden müssen im Vorfeld mit diesen Möglichkeiten vertraut gemacht werden, um Reklamationen zu vermeiden.

Aufgaben zu Kapitel 11.3

1. Nennen Sie die wesentlichen Unterschiede zwischen
a) temporären und
b) permanenten
Anti-Graffiti-Systemen.

2. Auf welchen Prinzipien beruht die Wirkung permanenter Anti-Graffiti-Systeme?

3. Ein Kunde möchte seine bereits cremefarben beschichtete Putzfläche durch ein Anti-Graffiti-System schützen. Er wünscht keinen Pflegeaufwand und ein möglichst nicht sichtbares System.

Beraten Sie den Kunden in den folgenden Fragen:
a) Welcher Systemtyp kommt in Frage?
b) Wie oft muss mit Wartungsarbeiten gerechnet werden?
c) Mit welchem optischen Erscheinungsbild ist zu rechnen?

Notieren Sie Ihre Antworten in Stichpunkten.

12 Lernfeld 12

Dekorative und kommunikative Gestaltungen ausführen

Kundenauftrag

▶ Vergolder- und Entwurfsarbeiten für eine Anwaltskanzlei

Arbeitsauftrag

Die Anwaltskanzlei Richter und Partner erstand das um 1889 erbaute freistehende Villengebäude.

Der alte Zaun ist durch einen neuen schmiedeeisernen Zaun ersetzt worden. Dieser soll beschichtet und mit Blattgoldelementen versehen werden.

Das Eingangsportal erhält ebenfalls sein neues geschmiedetes Eingangtor, welches passend zum Zaun gestaltet werden soll.

Auf den vier Säulen des Eingangportals sollen die Abschlusskugeln vergoldet werden.

Des Weiteren soll eine Tafel mit der Beschriftung:

Richter & Partner Anwaltskanzlei

auf dem rechten Eingangstor befestigt werden. Die Tafel ist in Form und Schriftgestaltung der Villa und dem Zaunkonzept anzupassen.
Für den Empfangsbereich der Kanzlei ist ein Firmenlogo zu entwerfen und nach Absprache mit dem Eigentümer an der entsprechenden Stelle zu applizieren.

Abb. 1: Villa mit Anwaltskanzlei

Abb. 2: Eingangsportal

Auszuführende Arbeiten

Pos. 1: Sämtliche Zaun- und Torelemente sind mit einem Korrosionsschutz zu versehen.
Pos. 2: Geschmiedete Zierelemente des Zaunes und der Tore sind zu vergolden.
Pos. 3: Die Abschlusskugeln des Eingangsportals sind ebenfalls zu vergolden.
Pos. 4: Ein Metallschild, passend zum Gestaltungskonzept, ist anzufertigen und mit der geforderten Beschriftung zu versehen. Dem Kunden sind zwei unterschiedliche Schriftgestaltungsentwürfe vorzulegen.
Pos. 5: Es sind unterschiedliche Firmenlogos für die Anwaltskanzlei zu entwerfen. Nach Absprache mit dem Kanzleibesitzer wird das ausgewählte Logo im Eingangsbereich appliziert.

Abb. 2: Eingangsbereich der Kanzlei

Objektbeschreibung

Zaun- und Torelemente
Die Zaun- und Torelemente wurden neu aus Schmiedeeisen angefertigt. Sie weisen keinerlei Korrosion auf.

Abb. 1: Zaunelemente

Abschlusskugeln
Die Abschlusskugeln sind aus Kupferblech gefertigt und weisen einen neuwertigen Zustand auf.

Metallschild
Das Metallschild für die Beschriftung ist aus feuerverzinktem Blech angefertigt.

Firmenlogo
Das Firmenlogo ist noch nicht vorhanden und soll von Ihnen entworfen werden.

Leistungsbeschreibung

Zaun- und Torelemente
Die Elemente sind zu entfetten und mit einem Korrosionsschutz zu versehen. Ein Lackaufbau auf allen Teilen ist aufzubringen.
Die schmiedeeisernen Zierelemente am Zaun und an den Toren sind mit einer Vergoldung hervorzuheben. Hierzu sind sie der Technik entsprechend vorzubereiten.

Abschlusskugeln
Die Kugeln sind zu entfetten und fachmännisch vorzubereiten. Sie sind mit einem Lackaufbau zu versehen. Die Kugeln sind für eine Vergoldung entsprechend vorzubereiten.

Metallschild
Eine zum Stil- und Formkonzept des Eingangsbereiches passende Schildform ist zu entwerfen. Das aus feuerverzinktem Stahl angefertigte Schild ist seinem Untergrund entsprechend vorzubereiten und zu beschichten.

Der Schriftzug:

„Richter & Partner, Anwaltskanzlei“

ist am Computer zu erstellen und auf das Schild zu übertragen.

Das Namensschild soll auf das rechte Eingangstor montiert werden.

12.1 Historische Bindemittel

In der Denkmalpflege wird immer wieder verlangt, mit historischen Materialien zu arbeiten bzw. Ausbesserungen vorzunehmen.

Darunter fallen vor allem:

- Leime,
- natürliche Harze,
- Öle,
- Emulsionen,
- Lacke.

12.1.1 Leime

Leime werden nicht nur zum Kleben von Holzverbindungen genutzt, sondern finden von alters her Verwendung als Bindemittel, sowohl in der Malerei als auch in der Vergoldertechnik. Leime wurden früher von einem eigens dafür entstanden Berufsstand – den Leimsiedern – hergestellt. Die heutige Leimherstellung erfolgt im industriellen Maßstab.

Eine Übersicht historischer Leime zeigt die Tabelle 1.

Tab. 1: Historische Leime

Art	Herstellung	Verwendung/Eigenschaften
Knochenleim 	Zerkleinerte und in Wasser ausgekochte Rinderknochen. Bindegewebe wird gelöst und geht in Glutin über.	Restaurierung von Möbeln. Knochenleim ist als Tafel oder Granulat erhältlich.
Hautleim 	Gewonnen aus Bindegewebe tierischer Häute. Optisch kaum zu unterscheiden von Knochenleim.	Holzleim, Bindemittel für Leimfarben und Vergolderarbeiten. Elastischer als Knochenleim. Gelatine ist ein gereinigter sehr klarer Hautleim.
Fischleim 	Aus der getrockneten Schwimmblase des Fisches Hausen (Störart).	Sehr teures Material, wird zu Restaurierungsarbeiten, im Instrumentenbau und für die Hinterglasvergoldung eingesetzt.
Kaseinleim 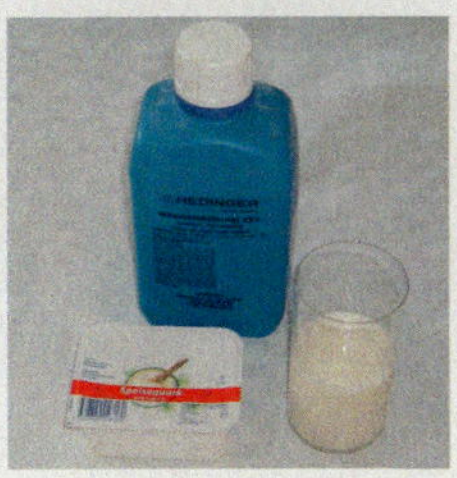	Quark wird durch Salmiakgeist aufgeschlossen, es entsteht das pastenförmige, wasserverdünnbare Kasein. Im Handel kann fertiges Kasein erworben werden.	Als Bindemittel für Farbanstriche oder witterungsbeständiger Leim. Selbst hergestelltes Kasein hat eine relativ kurze Lagerdauer.

12.1.2 Natürliche Harze und Gummis

Natürliche Harze und Gummis sind Ausscheidungsprodukte von Bäumen und fanden schon von jeher Verwendung in der Malerei. Meist wurden sie als Bindemittel und Überzugsmittel verwendet. In Verbindung mit Ölen wurden sie in der Lackherstellung eingesetzt. Der Unterschied zwischen Harzen und Gummis besteht unter anderem in der Löslichkeit. Harze sind löslich in Terpentinen und Gummis können in Wasser emulgiert werden.

Bekannte Harze sind Dammar, Kolophonium und Kopal. Zusätzlich finden noch Bernstein, Mastix und Sandarak in der Restaurierung Verwendung (Tab. 1).

Schelllack wird oft zu den Harzen gezählt, ist aber eigentlich tierischen Ursprungs, da es sich um ein Ausscheidungsprodukt der Lackschildlaus handelt.

Tab. 1: Auswahl von Harzen und Gummis

Art	Herkunft	Verwendung
Dammar 	Hellklares, gelbliches bis schwarzgraues Harz von Laubbäumen aus Sumatra und Borneo.	Einsatz in Emulsionen, Überzugsmittel für Marmorierungen oder als Gemäldefirnis.
Kolophonium 	Harz der Konifere. Das Harz wird destilliert, wobei als flüchtiger Bestandteil Terpentin gewonnen wird, zurück bleibt das Kolophonium.	Im Vergolderbereich. Durch Mischen mit Ölen und Kreiden werden Abdruckmassen hergestellt. Diese dienen zum Verzieren und Gestalten von Bilderrahmen.
Kopal 	Sammelbezeichnung für natürliche Harze von ausgestorbenen oder noch lebenden Baumarten.	Findet in der Lackindustrie Verwendung.
Gummiarabicum 	Farbloser bis bräunlicher getrockneter Baumsaft tropischer Akazien. Emulgiert in Wasser ergeben sich zähe klebrige Flüssigkeiten.	In Künstlerfarben wie Aquarell- und Temperafarben. Auch in der Glasmalerei.
Gummigutt 	Farbiges, getrocknetes Baumharz einer asiatischen Baumart. Teilweise in Alkohol und Wasser löslich.	Als Pigment eingesetzt, nicht besonders lichtecht. Zur Tönung von Polimentvergoldungen.

Abb. 1: Blattschelllack

Abb. 2: Schelllackpolitur

Schelllack

Schelllack ist eine harzartige Substanz, die aus Ausscheidungen der Lackschildlaus gewonnen wird (→ LF 3). Es werden ungefähr 300.000 Läuse benötigt, um ein Kilogramm Schelllack zu erhalten. Haupterzeugerländer des Schelllacks sind Indien und Thailand. Die mit harzartigen Ausscheidungen umkrusten Zweige werden abgeschnitten und gesammelt.

Der Rohstoff wird gemahlen und gewaschen und an der Sonne getrocknet. Anschließend wird er auf 140 °C erhitzt und zu dünnen Schichten gegossen. Erstarrt wird er in kleine tafelartige Stücke gebrochen. In dieser Form gelangt Schelllack in den Handel.

Schelllack hat ursprünglich eine braunrote Farbe diesen bezeichnet man als Blutschelllack. Es gibt ihn jedoch in verschiedenen Braunstufen bis hin zu fast farblos. Dabei wird der Rohschelllack durch chemische Zusätze gebleicht (Abb. 1).

Schelllack ist in Alkoholen löslich und ergibt schnell trocknende, hochglänzende Überzüge. Er eignet sich besonders für das Absperren des Untergrundes bei Ölvergoldungen. Jedoch ist Schelllack nicht für die Verarbeitung im Freien geeignet, da er bei Kontakt mit Wasser aufquillt.

Bekannt wurde Schelllack durch seinen Einsatz als Polierlack in der Veredelung von Hölzern.

Das Anfertigen von Schelllackpolituren ist nicht nur ein aufwändiger Vorgang, sondern bedarf es einiger Erfahrung beim Umgang mit den äußerst sensiblen Materialien.

Ablauf einer Schelllackpolitur

Grundvoraussetzung für eine gelungene Schelllackpolitur ist ein perfekt vorbereiteter Holzuntergrund. Dieser wird mit Schleifpapier, beginnend mit Körnung P150, über P180 bis hin zu P220 bearbeitet. Dabei ist zu beachten, dass das Holz in Maserrichtung geschliffen wird, um spätere Schleifspuren zu vermeiden.

Mit Hilfe eines Pinsels werden die ersten Schelllackschichten aufgebracht. Hierbei wird dem Schelllack etwas Bimsmehl zugesetzt, damit die Holzporen besser geschlossen werden. Nach der Trocknung ist diese Schelllackschicht mit einem feinen Schleifpapier abzuschleifen. Sollten noch Poren offen sein, ist dieser Vorgang zu wiederholen.

Aus einem Leinenlappen ist ein handlicher Ballen zu formen und etwas reine Schelllacklösung darauf zu geben. Ein Tropfen Leinöl auf den Ballen erleichtert die Polierarbeit. Nun reibt man in schnellen, kreisenden Bewegungen über die Holzoberfläche bis sie glänzt. Zwischen jedem Poliervorgang ist eine Trockenzeit von etwa 8 Stunden einzuhalten.

Die Anzahl der Poliervorgänge hängt vom zu erzielenden Glanzgrad ab (Abb. 2).

12.1.3 Öle

Natürliche Öle aus Pflanzen fanden schon früh Einsatz in der Malerei als reines Bindemittel oder als Komponente von natürlichen Lacken oder Emulsionen. Bei den verwendeten Ölen handelt es sich meist um trocknende Öle. Diese erhärten durch oxidative Vernetzung (LF 3, Abb.1 und Tab. 1).

Abb. 1: Ölfarben

Tab. 1: Öle

Art	Herkunft	Verwendung
Leinöl   	Goldgelbes Öl aus dem gepressten Samen des Flaches (Leinsamen). Leinölfirnis wird durch Erhitzen des Leinöles hergestellt, bei dem ihm Trockenstoffe zugefügt werden. Als Standöl wird Leinöl bezeichnet, dessen Viskosität durch Erhitzen erhöht wurde. Es ist dadurch schwerer verstreichbar, hat eine längere Erhärtungszeit, aber besitzt einen höheren Glanz und eine bessere Wetterbeständigkeit.	Im Maler- und Lackiererbereich noch am meisten eingesetztes Öl. Bis ins 20. Jahrhundert war es die wichtigste Basis für Anstrichstoffe im Außenbereich. In Verbindung mit Naturharzen wurde Leinöl in der Lackproduktion eingesetzt. Hauptbestandteil für die Herstellung von Ölfarben. Nur in kleineren Mengen wird Leinöl für die Zugabe in Vergolder-Kreidegründen benötigt.
Chinesisches Tungöl  	Chinesisches Tungöl ist ein hellgelbes bis dunkelbraunes Pflanzenöl. Es wird durch Auspressen der Samen eines Wolfsmilchgewächses gewonnen. Tungöl ist giftig! 	Herstellung von Lacken und Linoleum. Bindemittel in der Malerei. Bei alleiniger Nutzung von Tungöl als Bindemittel besteht die Gefahr von Versprödung und Rissbildung. Aus diesem Grund wird es meist mit Leinöl, bzw. Leinölfirnis gemischt.

Abb. 2: Temperagemälde

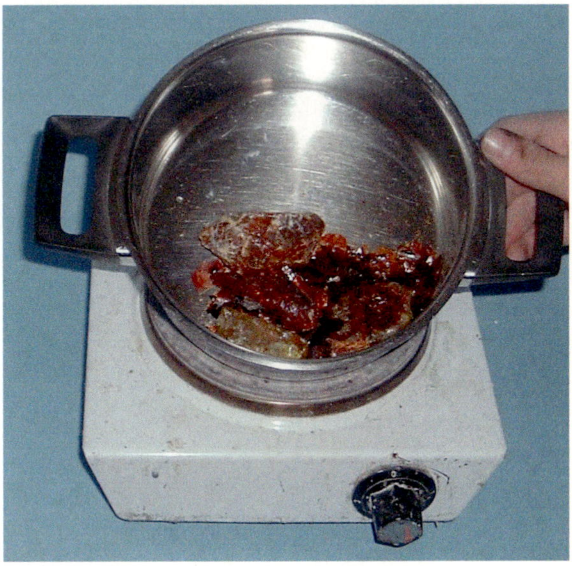

Abb. 3: Öllackherstellung: Schmelzen von Harzen

12.1.4 Emulsionen, Tempera

Als Tempera werden Emulsionen bezeichnet, die aus Kasein, Leim oder Ei hergestellt werden.
Die Bezeichnung der jeweiligen Tempera richtet sich nach der Art des Emulgators.

Unterschieden werden:

- Leimtempera,
- Kaseintempera,
- Eitempera.

Als ölige Bestandteile kommen trocknende Öle wie Leinöl, Mohnöl, Walnussöl und Sonnenblumenöl in Frage.
Eine grundsätzliche Unterscheidung ist, ob eine Tempera fett oder mager angemischt wird. Bei einer fetten Tempera überwiegen die öligen Bestandteile, während bei einer mageren Tempera die wässrigen Bestandteile überwiegen. Daraus ergibt sich auch das Verdünnungsmittel. Bei einer fetten Tempera wird die Emulsion mit Terpentin verdünnt, bei einer wässrigen Tempera kann mit Wasser verdünnt werden.
Temperafarben trocknen im Vergleich zu reinen Ölfarben relativ schnell, jedoch nur oberflächlich. Das heißt aber nicht dass die Tempera schon komplett abgebunden hat. Der ölige Anteil der Tempera muss genau so wie bei Ölfarben erst oxidativ abbinden.
Temperafarben besitzen gegenüber den Ölfarben den Vorteil, dass sie alterungsbeständiger sind. Die bei Ölfarben oft auftretenden Risse, die durch die Volumenverringerung bei der oxidativen Erhärtung entstehen, bleiben bei Temperafarben aus.

Nachteil der Temperafarben ist ihre Farbveränderung bei der Trocknung. Je magerer eine Tempera ist, desto stärker die Farbveränderungen. Diese Farbveränderungen werden durch Überzüge, z. B. Schelllack, noch verstärkt.

Tempera findet heute noch Verwendung in der Bemalung von Bildträgern und in der Restaurierung (Abb. 2).

12.1.5 Historische Lacke

Die wichtigsten Lacke aus historischer Sicht sind Öllacke und Nitrocelluloselacke (→ LF 3).

Öllacke
Öllacke werden aus natürlichen Harzen (Kap. 12.1.2) und den pflanzlichen Ölen (Kap. 12.1.3) gewonnen. Beide Zutaten werden durch Wärmeeinwirkung miteinander verkocht. Durch Verwendung ausgesuchter Harze und Öle lassen sich die Eigenschaften des gewünschten Öllackes verändern.
Die Harze bestimmen die Härte, den Glanz und die Haftfestigkeit des Lackes, während die Öle dem Lack Elastizität und Wetterbeständigkeit verleihen. Der ölige Anteil in den Öllacken kann auch zu Vergilbungen führen. Um das Harz-Öl-Gemisch in seiner Viskosität verarbeitungsfähig einzustellen wird der Rohlack mit Balsamterpentin verdünnt.
Balsamterpentin ist ein durch Destillation von Kiefernharz gewonnenes Lösemittel. Es ist ein sehr flüchtiges, öl- und harzlösendes Mittel.

Öllacke würden Wochen zum Erhärten brauchen. Deshalb setzt man ihnen Trockenstoffen zu. Diese Sikkative sind in organischen Bindemitteln oder Lösemitteln lösliche Metallseifen. Dabei kommen Verbindungen mit Blei, Kobalt und Mangan in Frage.

Sikkative
- Bleisikkative beschleunigen die Erhärtung vom Untergrund zur Oberfläche hin.
- Kobaltsikkative fördert die Erhärtung des Lackes von der Oberfläche her.
- Mangansikkative reagieren schwächer als Blei- und Kobaltsikkative, jedoch unterstützen sie eine gleichmäßige Erhärtung durch die ganze Beschichtung.

Sikkative dürfen nur in geringen Mengen (ca. 1–2 %) dem Öllack beigemischt werden, da es sonst zu Anstrichfehlern wie Runzelbildung, verringerter Haltbarkeit und zu Farbveränderungen kommen kann. Sikkative sind durch ihren Schwermetallanteil als giftig einzuordnen.

Nitrocelluloselack
Nitrocelluloselacke werden alternativ auch als Nitro-, NC- oder CN-Lacke bezeichnet. Sie gehören zu der Familie der Lacken, die nach dem Bindemittel Zellulosenitrat benannt sind.
Zellulosenitrat wird durch die Reaktion von Zellulose mit Salpetersäure hergestellt. Diesen Vorgang bezeichnet man als Nitrierung.

Je nach Dauer der Nitrierung entstehen Lacke die alkohollöslich sind, diese werden als mindere Qualität eingestuft und für Absperrmittel verwendet.
Qualitativ hochwertige Nitrocelluloselacke sind nur in Nitroverdünnung löslich.
Durch ihre hohe mechanische Belastbarkeit werden sie heutzutage in erster Linie zur Versiegelung von Hölzern im Innenbereich in der Möbelindustrie eingesetzt. Durch seine Polierbarkeit ergeben sich hochglänzende Schutzbeschichtungen im Instrumentenbau.
Auch für Metallüberzüge, wie zum Beispiel Messingtürklinken, sind diese Lacke bestens geeignet.
Als Überzug für Blattmetalle wird **Zaponlack** verwendet. Zaponlack ist ein dünnflüssiger Nitrolack von farbloser Erscheinung. Er dient als Oxidationsschutz bei Polimentversilberungen und als Griffschutz bei Polimentvergoldungen. Er ist nicht geeignet als Überzugsmittel für Ölvergoldungen oder -versilberungen. Den Arbeitsvorgang des Überziehens bezeichnet man als zaponieren.

Durch ihren hohen Lösemittelanteil von bis zu 85 % trocknen sie sehr schnell. Sie trocknen auf rein physikalischem Wege und gehören deshalb zu den reversiblen Anstrichstoffen. Die hohe Emission flüchtiger organischer Bestandteile (VOC; → LF 3) ist ein Nachteil dieser Lacke.

Nitrocelluloselacke gelten als vergleichsweise witterungsempfindlich, wenig lichtecht und wenig beständig gegen Chemikalien, Wasser und Wärme.

Aufgaben zu Kapitel 12.1

1. Nennen Sie die Leime, die in der Malerei und bei Vergoldertechniken Verwendung finden.
2. Woraus können Sie Kaseinleim selbst herstellen?
3. Nennen Sie mindestens vier Harze, die als historische Bindemittel Verwendung finden.
4. Weshalb ist Schelllack nicht für Arbeiten im Freien geeignet?
5. Erklären Sie den Begriff Standöl.
6. Wobei findet chinesisches Tungöl Verwendung?
7. Nennen Sie die drei Arten von Tempera.
8. Nennen Sie die Mittel, die Öllacken zugegeben werden können, um die Zeit für die Trocknung und Erhärtung zu verkürzen.
9. Beschreiben Sie, warum nur geringe Mengen Sikkative den Öllacken beigefügt werden dürfen.

Abb. 1: Vergleich Farbstoffe – Pigmente in Flüssigkeit

Abb. 2: Krappwurzel gemahlen

Abb. 3: Krapplack-Pigment

12.2 Farbmittel

Nach DIN 55 944 werden Farbmittel in zwei Gruppen unterschieden:

- Farbstoffe und
- Pigmente.

Farbstoffe sind im Bindemittel löslich und bleiben in Lösung, während Pigmente im Bindemittel unlöslich sind und sich daher absetzen beziehungsweise entmischen können (Abb. 1).

12.2.1 Farbstoffe

Farbstoffe werden sowohl in Pulverform als auch gelöst in flüssiger Form angeboten. Gelöste Farbstoffe werden als Farbtinten bezeichnet.

Farbstoffe haben vor allem in der Industrie ihren Einsatzbereich. So werden unter anderem Textilien damit gefärbt. Als Farbtinten finden sie im Maler und Lackiererbereich geringere Anwendung.

Um Farbstoffe für die Denkmalpflege interessant zu machen muss man aus den löslichen Farbstoffen unlösliche Pigmente gewinnen.

Dies geschieht durch den chemischen Prozess der Verlackung.

Bei der Verlackung wird ein löslicher Farbstoff mit einem Substratträger (z. B. Schwerspat) vermischt. Durch ein geeignete Chemikalie (Verlackungsmittel) wird eine Salzbildung eingeleitet und der Farbstoff dabei fest und unlöslich mit dem Substrat verbunden.

Die erzeugten unlöslichen Pigmente sind chemisch gesehen Salze, werden aber fachlich als Farblack bezeichnet und dürfen nicht mit Lackfarbe verwechselt werden.

So gibt es zum Beispiel den Farbstoff Krapp und das Pigment Krapplack (Abb. 2–3).

12.2.2 Pigmente

Pigmente sind im Anwendungsmedium unlösliche pulver- oder blättchenförmige Farbmittel.

Pigmente können in anorganische und organische Pigmente eingeteilt werden. Beide Gruppen lassen sich wiederum in natürlich vorkommende und synthetisch hergestellte Pigmente untergliedern.

Anorganisch natürliche Pigmente werden als Erdfarben bezeichnet, die synthetisch hergestellten anorganischen Pigmente als Mineralfarben.

Organisch natürliche Pigmente spielen in der heutigen Farbgebung kaum noch eine Rolle. Nur in Bereichen der Denkmalpflege kommen sie auch weiterhin zum Einsatz.

Organische synthetische Pigmente unterscheiden sich von den anorganischen Pigmenten vor allem durch ihre größere Farbstärke und reineren Farben. Eine Einteilung der Pigmente → S. 440, Abb. 1.

Erdfarben
Erdfarben kommen in allen Teilen der Welt vor und werden durch bergmännischen Abbau, meist in offenen Gruben gewonnen.
Da Erdfarben durch sandige Bestandteile verunreinigt sind, müssen sie gereinigt werden. Dies geschieht durch Schlämmen. Der Erdfarbenschlamm wird getrocknet und gemahlen. Erdfarben zeichnen sich aus durch gute Lichtechtheit und gute Verträglichkeit mit allen Bindemitteln. In den modernen

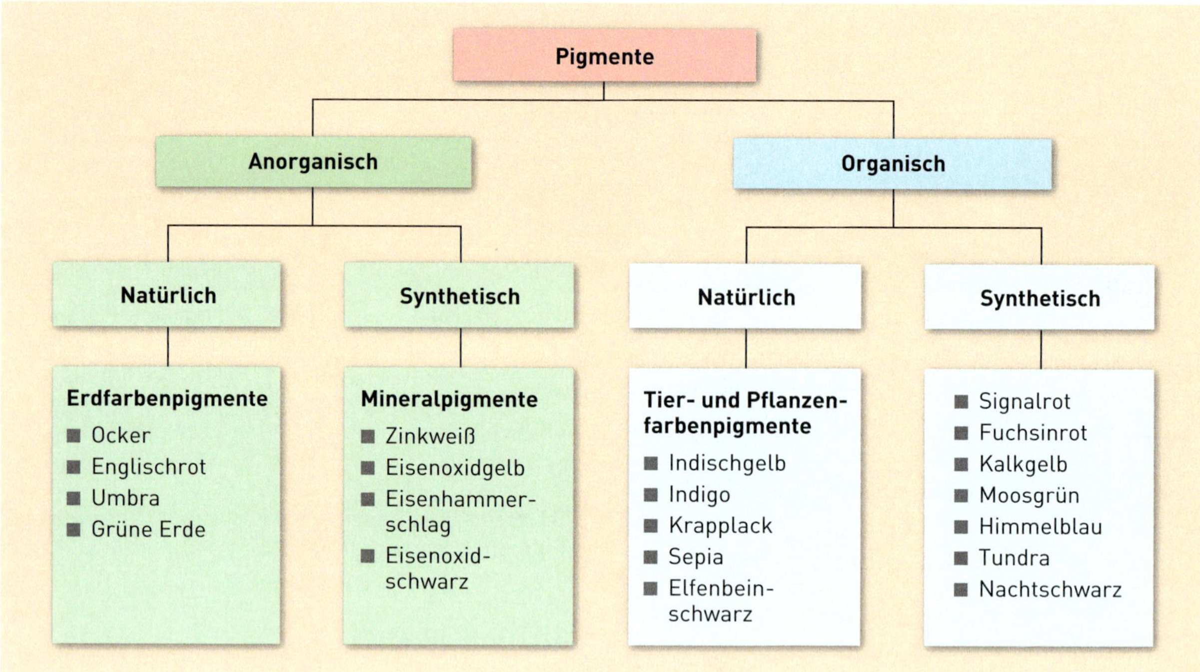

Abb. 1: Einteilung der Pigmente

Anstrichstoffen wurden sie durch künstlich hergestellte Pigmente verdrängt. Diese sind preiswert herzustellen und in der Regel in feineren Aufmahlungen verfügbar.
Eine Auswahl an Erdfarben zeigt die Tab. 1.
Erdfarben wurden bereits in vorgeschichtlicher Zeit vor ca. 40.000 Jahren verwendet (Höhlenmalerei, Abb. 2).

Mineralpigmente
Mineralpigmente sind Metallverbindungen. Das sind Oxide oder Salze von Metallen, z. B. Blei, Zink, Titan, Barium, Chrom, Eisen, Aluminium, Quecksilber, Cadmium, Kupfer, Mangan oder Kobalt.
Mineralfarben sind fast ausschließlich neueren Datums. Nur einige (Bleiweiß, Bleimennige) waren bereits im Mittelalter bekannt.

Die Herstellung der Mineralpigmente kann auf verschiedene Arten erfolgen.

Fällung: Aus zwei löslichen Salzverbindungen wird die Mineralfarbe als unlöslicher Körper ausgefällt. (Chromgelb, Pariserblau).

Abb. 2: Höhlenmalerei

Abb. 3: Eisenoxidabbau

Tab. 1: Erdfarben, Auswahl

Pigment	Herkunft/Eigenschaft
Kreide 	Weiße bis hellgraue Kreiden. Bezeichnungen oft nach dem Fundort. Champagnerkreide, Bolognerserkreide, Rügenerkreide, Steinkreide, Chinakreide. Verwendung finden sie z. B. für die Polimentvergoldung und als Füllstoff.
Ocker gelb 	Hellgelbes bis dunkelgelbbraunes eisenoxidhaltiges Pigment mit weltweitem Vorkommen.
Terra di Siena natur 	Gelbliche bis bräunliche Erde aus dem Gebiet um Siena (Italien). Dieses Pigment hat eine lasierende Wirkung und ist deshalb auch für Maserierarbeiten geeignet.
Terra di Siena gebrannt 	Ein aus dem Pigment Terra di Siena natur durch Erhitzen gewonnener Rotton. Die lasierende Eigenschaft bleibt erhalten.
Terra di Pozzuoli 	Ein aus Italien stammendes, leicht lasierendes Pigment. Von den roten Erdfarben das am kräftigsten erscheinende Rot.
Cyprische Umbra 	Ein grünlich bis bräunliches Pigment, welches auf Zypern und in Italien gewonnen wird. Es besitzt gute deckende Eigenschaften.
Grüne Erden 	Grünliches bis graugrünes Pigment. Grüne Erden werden in Deutschland, Tschechien und in Italien gewonnen. Je nach Fundort unterscheiden sie sich in der Farbigkeit.

Tab. 2: Mineralpigmente, Auswahl

Pigment	Herkunft/Eigenschaft
Titandioxid 	Erfunden 1916, sehr gute Deckkraft. Das am häufigsten verwendete Weißpigment.
Neapelgelb 	Seit 1450 wird es durch Schmelzen von Blei und einer Antimonverbindung gewonnen, kalkecht, giftig und beschleunigt die Trocknung in öligen Bindemitteln.
Chromgelb 	Erfunden 1809, durch Fällung aus Blei- und Chromsalzen gewonnen, nicht kalkecht → verfärbt sich ins Rot, giftig.
Bleimennige 	Verwendung seit dem Mittelalter, nicht lichtbeständig, wurde als Korrosionsschutzpigment verwendet, wegen seiner giftigen Wirkung nicht mehr im Einsatz.
Zinnoberrot 	Erfunden 1687, Quecksilber-Schwefel-Verbindung, sehr teures Pigment, trotz des Quecksilbers wird es als nicht giftig eingestuft.
Pariserblau 	Seit 1704 durch Fällung gewonnen, sehr mischkräftig, wird in Verbindung mit alkalischen Bindemitteln braun. Ist ein lasierendes Pigment, Blaupigment der Barockzeit.
Chromoxidgrün stumpf 	Erfunden um 1810, durch Erhitzen von Natriumbichromat und Schwefel erzeugt, säurebeständiges und kalkechtes Pigment.
Eisenoxidschwarz 	Meist verwendetes Mineralpigment, sehr günstig in der Herstellung.

Brennen: Durch Verbrennen von Metallen werden Metalloxide hergestellt (Bleimennige, Zinkoxid).

Schmelzen: Verschiedene Verbindungen beziehungsweise Grundstoffe werden zusammen geschmolzen (Zinnoberrot und Ultramarinblau).

Rösten: Hierbei wird chemisch gebundenes Wasser aus Farbpigmenten ausgetrieben und dadurch neue Farbpigmente erzeugt (Eisenoxidgelb → Eisenoxidrot).

Die meisten anorganisch künstlich hergestellten Pigmente sind sehr alterungsbeständig. Allerdings kann der Farbton durch Alterung des organischen Bindemittels beeinträchtigt werden.
Obwohl es eine Anzahl von Mineralpigmenten gibt, weisen sie weit weniger Farbenvielfalt auf als die organisch künstlichen Pigmente.
Darüber hinaus sind sie häufig gesundheitlich bedenklich, da es sich teilweise um Schwermetallverbindungen handelt. Das sind hauptsächlich die Chrom-, Blei- und Cadmiumpigmente.
Einige der Mineralpigmente sind nicht resistent gegen alkalische Bindemittel und verändern in diesen ihren Farbton. So wird zum Beispiel Pariser Blau in Verbindung mit Laugen braun.
Dieses Verhalten von Pigmenten gegen alkalische Stoffe bezeichnet man als „Nicht Kalkecht".

Tier- und Pflanzenfarben
Die Tier- und Pflanzenfarben (Tab. 1) spielten bereits in der Antike eine große Rolle, besonders in Form von Farbstoffen zum Färben von Geweben. Sie haben aber ihre frühere Bedeutung sehr stark eingebüßt, da sie durch synthetische Pigmente ersetzt wurden. Es gibt gelbe, rote, blaue, braune und schwarze Farben. Tier- und Pflanzenfarben sind sowohl Pigmente als auch Farbstoffe, die durch Verlackung auf ein Substrat zu Farblack umgewandelt werden (Kap. 12.2.1).

Ihre Herstellung ist relativ aufwendig und manche der alten Verfahren sind nicht mehr erlaubt. Das Pigment Indischgelb wurde durch das Verdampfen vom Urin indischer Rinder, die mit Mangoblättern gefüttert wurden, erzeugt. Selbst aus zermahlenen Mumien wurde ein Braunpigment gewonnen. Diese Verfahren finden keine Verwendung mehr.

Tier- und Pflanzenfarben besitzen meist ein schlechtes Deckvermögen, was sie wiederum zu guten Lasurfarben macht. Deswegen wurden sie oft für Lüsterüberzüge genutzt.

Tab. 1: Tier- und Pflanzenpigmente

Indigo 	Aus den Blättern der Indigopflanze durch Gärung gewonnen
Karmin 	Durch Auskochen von Cochenille-Läusen und anschließender Reaktion mit Schwefelsäure
Kasslerbraun 	Feinerdige Braunkohle

Größter Nachteil dieser Pigmente ist ihre geringe Lichtechtheit.

Organische Farbstoffe
Die ersten organischen Farbstoffe wurden vom Chemiker Friedlieb Junge 1834 aus Teer hergestellt. Später wurden diese aus Anilin erzeugt, daher sind noch die Namen Teerfarben oder Anilinfarben gebräuchlich. Hauptproduzent war damals die Firma BASF (Badische Anilin und Soda Fabriken).

Die Anilinfarben waren wasserlöslich und nicht lichtecht. Später, um 1900, wurden wasserunlösliche Pigmente entwickelt.

Heute sind über 10.000 organische Pigmente bekannt. Sie werden zum Färben von Geweben, Kunststoffen, Papier und Holzbeizen verwendet.

Pigmente, die durch Verlackung hergestellt werden, finden Verwendung für Malzwecke.

Die Eigenschaften von organischen Pigmenten sind sehr unterschiedlich. Die alkalibeständigen Pigmente sind durch Bezeichnungen wie Kalkgelb, Kalkrot usw. kenntlich gemacht.

Ansonsten werden synthetische Pigmente meist als Mischungen eingesetzt, die mit Phantasiebezeichnungen belegt werden. Bezeichnungen sind zum Beispiel Azurblau, Signalrot, Weinrot werden.

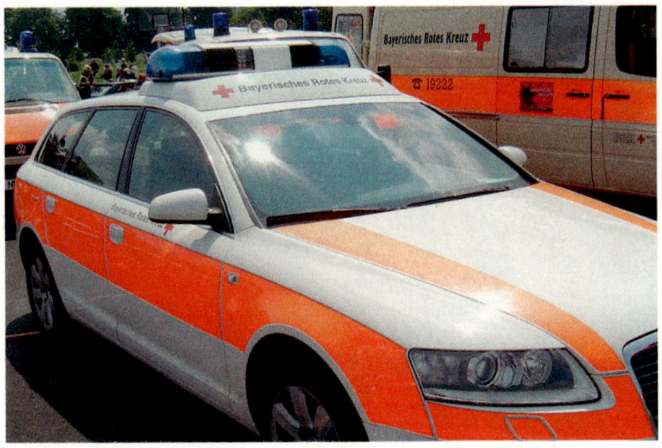

Abb. 1: Kontrastfelder in Tagesleuchtfarben

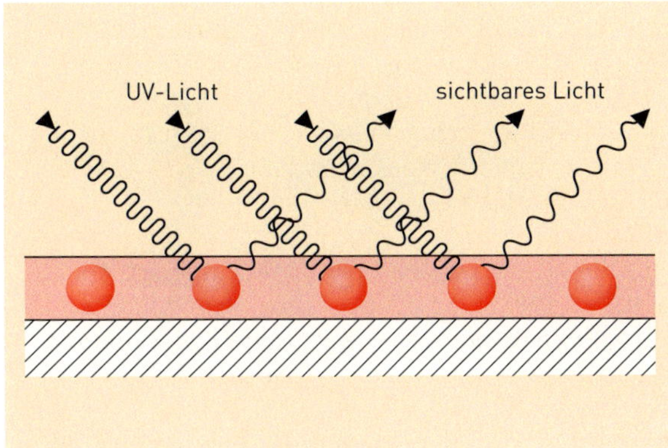

Abb. 2: Prinzip der Leuchtwirkung

Effektpigmente
Effektpigmente verleihen einer Beschichtung meist eine bestimmte optische Wirkung. Die Effektgebung ist von der Art der Pigmente abhängig.
Zu den Effektpigmenten zählen:

- Tagesleuchtpigmente,
- Nachleuchtpigmente,
- Perlglanzpigmente,
- Metallpigmente,
- Magnetpigmente.

Tagesleuchtpigmente
Unter Tagesleuchtpigmenten versteht man fluoreszierende Pigmente, welche bei normalem Tageslicht eine leuchtende Wirkung zeigen (Abb. 1). Im Sprachgebrauch werden sie oft als Neonfarben bezeichnet, obwohl sie kein Neon enthalten.

Die Leuchtwirkung der Pigmente entsteht, indem das Pigment kurzwellige UV und blaue Strahlenanteile des Lichts in langwelliges sichtbares Licht umwandelt. Diese Umwandlung erfolgt ohne zeitliche Verzögerung.
Besitzt das Licht einen großen Blauanteil, sind diese Pigmente am effektivsten.

Nachleuchtpigmente
Nachleuchtpigmente besitzen die Eigenschaft, nach einer Lichtbestrahlung nachzuleuchten. Dieses Phänomen wird als Phosphoreszenz bezeichnet (S. 444, Abb. 1).

Deckkraft von Pigmenten

Die Deckkraft der Pigmente hängt vor allem von deren Fähigkeit ab, Licht zu streuen, d. h., dass möglichst viel Licht völlig ungerichtet und in der Farbe des Pigmentes zurückgeworfen wird.
Das Streuvermögen der Pigmente hängt von zwei Faktoren ab:

- Brechungsindex Pigment des Pigmentes und der
- Teilchengröße des Pigmentes.

Der Brechungsindex ist die Fähigkeit des Pigmentkristalls, den Lichtstrahl abzulenken. Er errechnet sich aus der Geometrie des Lichtstrahls beim Eintritt in den Pigmentkristall. Ein hoher Brechungsindex führt zu hoher Streuung und damit zu guter Deckkraft. Tabelle 2 zeigt die Brechungsindices einiger Weißpigmente.

Die Teilchengröße des Pigmentes hat ebenfalls Einfluss auf das Streuvermögen. Je kleiner die Teilchen sind, desto besser ist die Deckkraft. Bis herunter zu etwa 0,2 µm Größe der Pigmentteilchen (das ist ein 5000stel Millimeter) steigt das Streuvermögen. Werden die Teilchen noch kleiner, ist die Wechselwirkung mit dem Licht, dessen Wellenlänge etwa 0,4–0,7 µm beträgt, nicht mehr so gut. Die Deckkraft wird dann wieder geringer, die Pigmente wirken transparent.

Tab. 2: Brechungsindices einiger Weißpigmente

Weißpigmente	Brechungsindex
Bariumsulfat	1,64
Bleicarbonat	1,94
Zinksulfid	2,37
Titandioxid	2,75

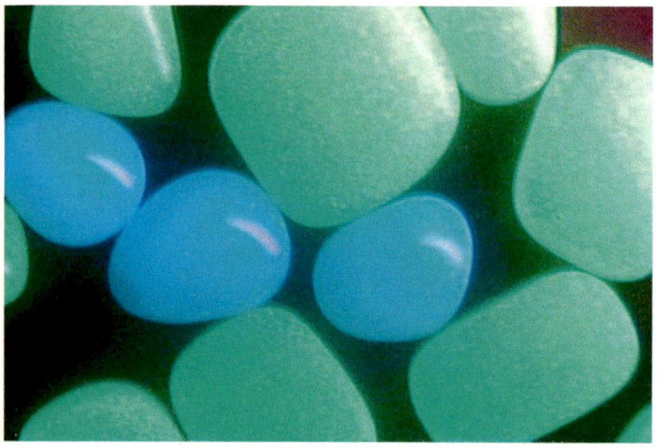

Abb. 1: Nachleuchtpigmente

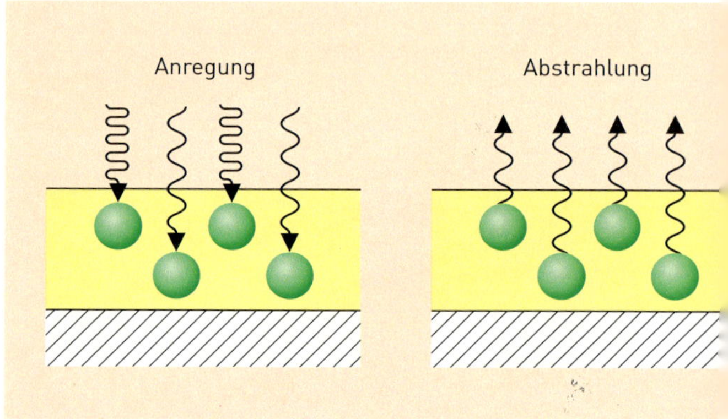

Abb. 2: Prinzip des Nachleuchteffekts

Die Stärke des Nachleuchtens ist abhängig von der Intensität und der Dauer der Bestrahlung.
Bei diesen Pigmenten handelt es sich um Zinksulfidkristalle, die mit geeigneten Aktivatoren (Cadmium, Selen, Europium) versetzt sind. Durch diese Zusätze sind die Pigmente zum Teil als giftig einzustufen.
Die Pigmente nehmen die Lichtstrahlung auf und geben diese in längere Lichtwellen umgewandelt, mit zeitlicher Verzögerung, wieder ab (Abb. 2).

Metalleffektpigmente
Metalleffektpigmente sind Aluminium-, Kupfer- oder Bronzeblättchen. Sie werden als Gold- oder Silberbronzen bezeichnet. Meist werden Aluminium-Blättchen bei Metallic-Lacken eingesetzt.

Magnetpigmente
Diese Pigmente haben ihren Namen, weil Magnete an ihnen haften.

Als Pigmente können Chromdioxid und unterschiedliche Eisenminerale verwendet werden. Die Pigmente müssen eine nadelförmige Struktur aufweisen und möglichst kleine, aber dabei einheitliche Partikel besitzen.

Perlglanzpigmente
Schillernde Perlen oder Schmetterlingsflügel faszinierten die Menschen von je her. Schon früh versuchte man diesen Effekt auch bei Pigmenten zu kopieren.

Die Geschichte der Perlglanzpigmente begann 1656, als es einem Franzosen gelang, eine Suspension aus Guaninkristallblättchen aus Fischschuppen zu gewinnen. Diese Substanz wird auch als natürliches Fischsilber bezeichnet und findet in hochwertigen Nagellacken heute noch Verwendung.

Einige der synthetisch hergestellten Perlglanzpigmente waren relativ giftig und haben nur noch eine historische Bedeutung.
Erst um 1970 gelang es Perlganzpigmente ohne giftige Schwermetalle herzustellen.

Für die moderne Herstellung verwendet man einen reflektierenden Kern, der mit farbverändernden Oxiden ummantelt wird.
Je nach dem wie dick diese Ummantelung ist, verändert sich die Farbigkeit. Ebenso wird die Farbigkeit durch die Art des Metalloxides beeinflusst (Abb. 3).

Der schillernde Effekt entsteht in dem das einfallende Licht auf der oberen und unteren Grenzfläche reflektiert wird. Die zurückgeworfenen Lichtstrahlen werden dabei ausgelöscht oder verstärkt. Diese Phänomen bezeichnet man als Interferenz. Deswegen werden diese Farben auch Interferenzfarben genannt.

Flip-Flop Pigmente sind eine Weiterentwicklung der Perleffektpigmente und gehören zu dieser Gruppe. Sie verändern ihre Farbe je nach Blickwinkel und Lichteinfall (Abb. 4).
Diesen Farbumschlag bezeichnet man als Flip-Flop-Effekt (Abb. 5).

Der so genannte Farbflop entsteht durch das Zusammenwirken von Brechung des Lichts, Reflexion und Interferenz. Diese Wechselwirkung ist wiederum abhängig von der Wegstrecke des Lichts im Pigmentkristall und vom Betrachtungswinkel.
Perlganzpigmente sind gesundheitlich unbedenklich. Sie sind sogar zum Einfärben von Lebensmitteln zugelassen.

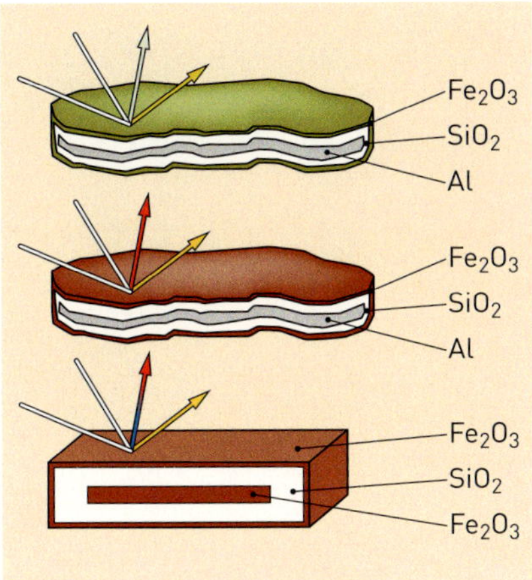

Abb. 3: Querschnitt Perlglanzpigmente

Abb. 4: Perlen, Perlglanzpigmente

Abb. 5: „Flip-Flop" Lackierung

Aufgaben zu Kapitel 12.2

1. Erläutern Sie den Unterschied zwischen Farbstoffen und Pigmenten.

2. Nach welchen Unterscheidungsmerkmalen kann man Pigmente einteilen?

3. Ordnen Sie die Pigmente den entsprechenden Gruppen zu.

A) Terra di Siena	1) Tier- und Pflanzenpigmente
B) Kasslerbraun	2) Metallpigmente
C) Bleimennige	3) Erdfarben
D) Aluminiumblättchen	4) Mineralpigmente

4. Nennen Sie die Pigmentgruppen, die zu den Effektpigmenten gehören.

5. Nennen Sie die beiden Faktoren, von denen die Farbigkeit eines modernen Perlglanzpigments abhängt.

6. Der Farbflop bei Perlglanzpigmenten hängt vom Zusammenwirken dreier Einflüsse ab. Nennen Sie diese Einflüsse.

7. Nennen Sie Verfahren, durch die Mineralpigmente hergestellt werden.

8. Welche Nachteile besitzen Tier- und Pflanzenfarben?

9. Beschreiben Sie, wodurch die Leuchtwirkung bei Tagesleuchtpigmenten entsteht.

Abb. 1: Blattgold

Abb. 2: Blattsilber

12.3 Blattmetalle

Blattmetalle wurden entwickelt um edle und teure Metalle darzustellen und einzusparen. Hierzu entwickelte man spezielle Techniken um diesen optischen Eindruck zu erzeugen.

Es werden vier Arten von Blattmetallen unterschieden:

- Blattgold (Echtgold),
- Blattsilber (Echtsilber),
- Kompositionsgold und
- Blattaluminium.

12.3.1 Blattgold

Gold wurde bereits im Altertum zu Schmuckgegenständen und Zahlungsmitteln verarbeitet.

Bei der Herstellung erkannte man die ungeheure Dehnbarkeit von Gold. So kann man zum Beispiel aus 10 g Gold einen fast 25 km langen Goldfaden herstellen.

Um Gold zu sparen wurde Gold immer dünner und dünner verarbeitet und es entwickelte sich der Berufsstand des Goldschlägers (Abb. 1).

Zentrale der Blattgoldherstellung ist die Stadt Schwabach in Bayern.

Meist wird Gold nicht in reiner Form angeboten sondern als Legierung. Als Legierungsmetalle werden vor allem Silber und Kupfer eingesetzt.

Der Goldgehalt (Feingehalt) wird in Bruchteilen von 1000 oder in Karat angegeben (Reines Gold = 1000 fein = 24 Karat).

Verschiedene Legierungen und Karatzahlen ergeben unterschiedliche Farbtöne und ihre Bezeichnungen. Beispiele hierfür sind

- Weißgold 12 Karat,
- Orangegold 22 Karat,
- Rotgold 23 Karat,
- Altgold 22,75 Karat,
- Rosenobelgold 23,5 Karat,
- Zitrongold 18 Karat,
- Grüngold 16,7 Karat,
- Gelbgold 21 Karat,
- reines Scheidegold 24 Karat.

Je nach Blattdicke gibt es die Bezeichnungen Doppelgold (z. B. Rosenobel-Doppelgold) und Dreifachgold (z. B. Dreifach-Ewiggold).

12.3.2 Blattsilber

Silber ist nach Gold das dehnbarste Metall. Es kann jedoch nicht so dünn ausgeschlagen werden wie Blattgold, da es zu spröde ist.
Durch diese größere Dicke des Blattsilbers lässt es sich nicht so leicht verarbeiten wie Blattgold (Abb. 2). Obwohl Silber auch zu den Edelmetallen gehört, hat es gegenüber Gold einen großen Nachteil. Bei einem Kontakt mit Luft läuft es schwarz an.

Diese Oxidation kann man auch künstlich steuern und wird für gestalterische Techniken genutzt (Abb. 3).

Abb. 3: Oxidiertes Blattsilber, eingearbeitetes Oxidmuster, künstlich oxidiertes Schlagmetall

Um ein Oxidieren von Versilberungen zu vermeiden, muss die Silberoberfläche mit einem Lacküberzug versehen werden, ebenso wenn man den künstlichen Oxidationsgrad erhalten will.

Meist werden dazu farblose Spiritus- oder Nitrolacke verwendet, die trotzdem den Farbton einer künstlichen Oxidation verändern.

Blattsilber wird daher nie für Arbeiten im Freien verwendet, sondern wird durch Blattaluminium ersetzt.

12.3.3 Schlagmetall oder Kompositionsgold

Neben der Bezeichnung Schlagmetall wird dieses Blattmetall auch als Kompositionsgold bezeichnet (Abb. 4). Trotz des Namens wird Schlagmetall nur durch feines Auswalzen hergestellt.

Schlagmetall besteht aus einer Legierung von Kupfer mit Zink (Messing) oder Zinn (Bronze). Es lässt sich auf dem ersten Blick kaum von echtem Blattgold unterscheiden. Es dient daher als kostengünstiger Ersatz für Echtgold.

Der Fachmann ist jedoch in der Lage den Unterschied zu erkennen. Bereits die Handelsgröße ist anders als bei Blattgold. Bei losen Blättern beträgt die Größe 16 cm · 16 cm (Abb. 5). Als Blattware in Heftchen verpackt erkennt man den Unterschied am Zuschnitt. Schlagmetall liegt bis zum Rand im Heft, während Echtgold nicht die komplette Seite ausfüllt.

Neben der Erkennung durch Augenschein, lässt sich der Unterschied durch eine Hitzeprüfung feststellen. Echtgold verändert sich bei Hitzeeinwirkung nicht, Schlagmetall hingegen verfärbt sich von rötlich, über bläulich bis hin zu Schwarz.

Ein weiteres Unterscheidungsmerkmal ist die Stärke des Blattmetalls. Schlagmetall ist zirka viermal dicker als Blattgold. Diese Stärke ermöglicht ein Anfassen mit den Fingern.

Wie Blattsilber unterliegt Schlagmetall einer Oxidation. Um ein Verfärben zu vermeiden ist stets ein schützender Lacküberzug auf die Oberfläche aufzubringen. Aus diesem Grund wird eine Vergoldung mit Schlagmetall nur in Innenräumen angewendet.

12.3.4 Blattaluminium

Blattaluminium ist reines, dünn gewalztes Aluminium. Durch seine Wetterbeständigkeit wird es als Ersatz für Blattsilber bei Außenarbeiten verwendet (Abb. 6).

Abb. 4: Kompositionsgold im Heft

Abb. 5: Loses Schlagmetall

Abb. 6: Blattaluminium

Tab. 1: Herstellung von Blattgold

1

Die Goldlegierung wird je nach Farbton gemischt, bei 1200 °C geschmolzen und zu kleinen Barren gegossen.

2

Ein Barren wird zu einem langen Goldband gewalzt. Die Dicke beträgt 0,007 mm oder 7 µm.

3

Zuschnittsgröße in 4 cm × 4 cm.

4

Einlegen der Quadrate in eine Form (Lot). Mit Trennblättern vor dem Zusammenkleben geschützt.

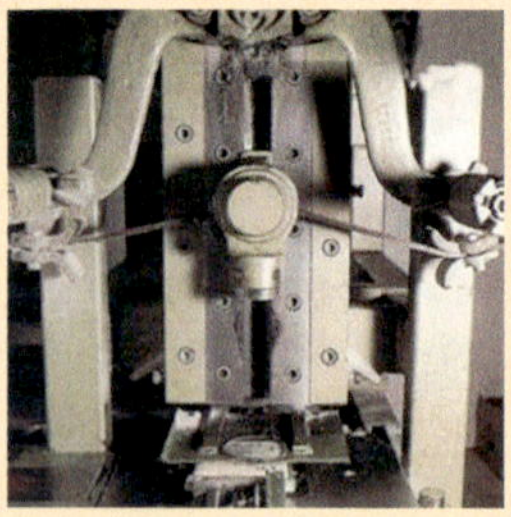

5

Verschiedene Schlagprozesse mit dazwischenliegenden Zuschnitten. Endgültige Blattdicke je nach Sorte 0,008–0,00012 mm oder 8–0,12 µm.

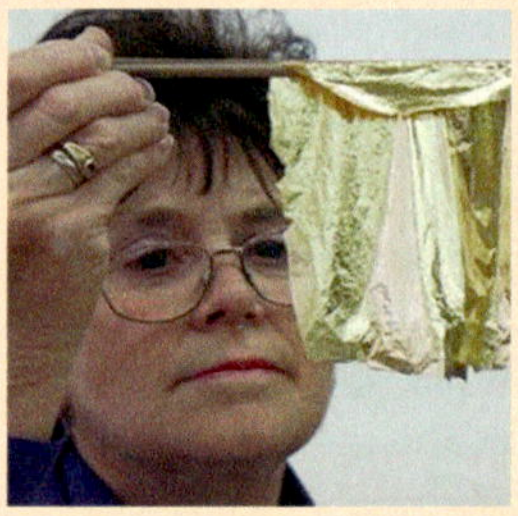

6

Herausnahme des Goldblattes aus der Form und Kontrolle auf Fehler.

7

Zuschnitt des Blattes; in der Regel auf 8 cm × 8 cm.

8

Einlegen der Blätter in ein Heftchen aus Seidenpapier. Ein Heftchen beinhaltet 25 Blatt. 12 Heftchen ergeben die Handelsgröße 1 Buch.

Abb. 1: Ölvergoldung

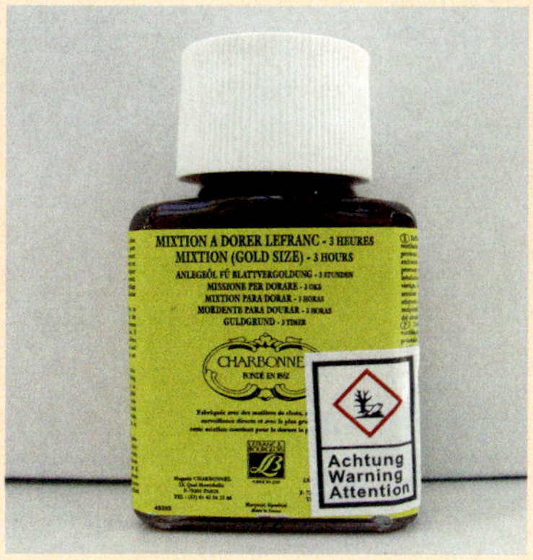

Abb. 2: Mixtion

Abb. 3: Anlegemittel

12.4 Vergolden

Es können drei Vergoldungstechniken unterschieden werden:

- Ölvergoldung,
- Polimentvergoldung und
- Hinterglasvergoldung.

Diese drei Techniken unterscheiden sich voneinander und sind vom Aufwand, handwerklichem Können und Wissen sehr unterschiedlich.

12.4.1 Ölvergoldung und -versilberung

Für eine Ölvergoldung und -versilberung lassen sich alle im Vorfeld aufgeführten Blattmetalle verarbeiten. Wesentliche Unterschiede ergeben sich erst beim Aufbringen des Blattes (Abb. 1).

Vorbereitung des Untergrundes:
Die Durchführung einer Ölvergoldung, -versilberung ist abhängig von der Untergrundbeschaffenheit. So darf der Untergrund keinerlei Saugwirkung besitzen. Am Besten geeignet sind hochglänzende Untergründe. Ein saugender Untergrund würde das Anlegemittel aufsaugen und so die Klebewirkung zerstören. Als Anlegen bezeichnet man das Aufbringen des „Klebers".

Als Anlegemittel werden eingesetzt:

- Mixtion, Anlegeöl und
- Anlegemilch.

Mixtion ist eine Harz-Öl-Kombination, welche mit Trockenstoffen (Sikkativen) versetzt ist (Abb. 2–3).

Vorsicht: Mixtion ist auf Grund seiner Schwermetallanteile giftig.

Es gibt dreierlei Arten von Mixtion.

3-Stunden-Mixtion, 12-Stunden-Mixtion und 24-Stunden-Mixtion. Die Stundenangabe bezieht sich auf die Trockenzeit, die das Anlegeöl bis zum Auflegen des Blattmetalls braucht und unbedingt eingehalten werden muss.

In der Praxis hat sich vor allem das 12-Stunden-Mixtion bewährt.

Zu früh aufgebrachtes Blattmetall „ersäuft", es wird runzelig und verliert den Glanz.

Dies kann ebenso geschehen, wenn das Anlegeöl zu dick aufgetragen wurde. Ratsam ist der Auftrag mit einem sauberen Borstenpinsel in einer sehr dünnen, gleichmäßigen Schicht. Sollten Fehlstellen beim Anlegen zurückbleiben, ist ein Haftverlust an diesen Stellen gegeben.

Wichtig ist es, das angelegte Objekt absolut staubgeschützt zu lagern. Jedes Staubkorn würde auf dem Objekt kleben und am Ende als Erhebung sichtbar sein.

Tab. 1: Aufbringen von Schlagmetall

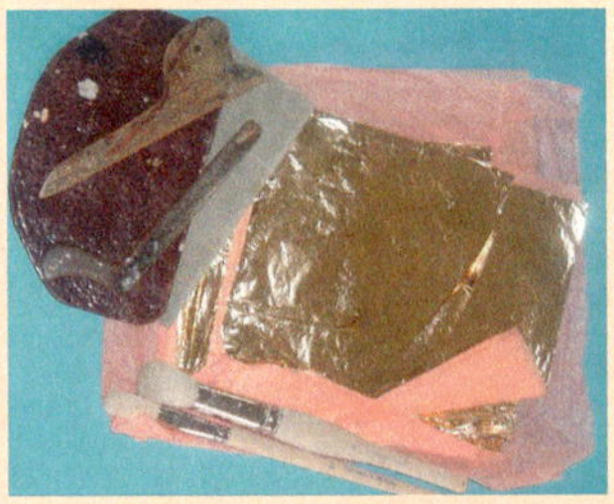 a) Benötigte Werkzeuge für das Auflegen von Schlagmetall: Pappspachtel und saubere Borstenpinsel.	 b) Das lose Schlagmetall wird mit Hilfe der Pappspachtel aufgenommen.
 c) Auflegen des Schlagmetalls auf das Objekt. Dies sollte möglichst faltenfrei geschehen.	 d) Einkehren des überschüssigen Schlagmetalls und glätten der Oberfläche mit Hilfe eines Borstenpinsels. Metallstaub setzt sich auch in zuvor überspannte Vertiefungen.

Um den richtigen Zeitpunkt für die Blattmetallaufbringung zu prüfen, streift man mit dem Finger über die angelegte Fläche. Ertönt ein leichtes Pfeifgeräusch (Pfeifprobe) ist der richtige Zeitpunkt erreicht.

Die unkomplizierte Methode ist das Anlegen mit der so genannten Anlegemilch auf Kunststoffdispersionsbasis.

Hierbei muss die Trockenzeit nicht genau beachtet werden. Nach ca. 30 Minuten klebt die Oberfläche und das Schlagmetall lässt sich einlegen. Dies kann über einen Zeitraum von bis zu zwei Tagen geschehen. Diesen Zeitraum bezeichnet man als **offene Zeit**.

Aufbringen von Schlagmetall und Blattaluminium
Schlagmetall und Blattaluminium werden mit Hilfe von Pappspachteln und Borstenpinseln aufgelegt und angedrückt.

Überschüssiges Material wird nach Beendigung des kompletten Auflegens mit einem neuen, sauberen Borstenpinsel entfernt. Diesen Vorgang bezeichnet man als **Einkehren**.

Das Einkehren hat auch noch den Vorteil, dass sich Metallstaub in die Vertiefungen einsetzt, die zuvor beim Auflegen überspannt oder nicht erreicht wurden.

Um noch die letzten Fussel zu entfernen, wird am Ende die komplette Oberfläche mit Watte vorsichtig abgerieben (Tab. 1, Abb. a–d).

Aufbringen von Echtgold und -silber
Da die Blätter von Echtgold und -silber wesentlich dünner sind, ist für die Verarbeitung ein spezielles Vergolderwerkzeug einzusetzen.

Ein Heftchen Blattgold wird auf dem Vergolderkissen mit Hilfe eines Gummibandes befestigt (Abb. 1).

Tab. 2: Arbeitsschritte

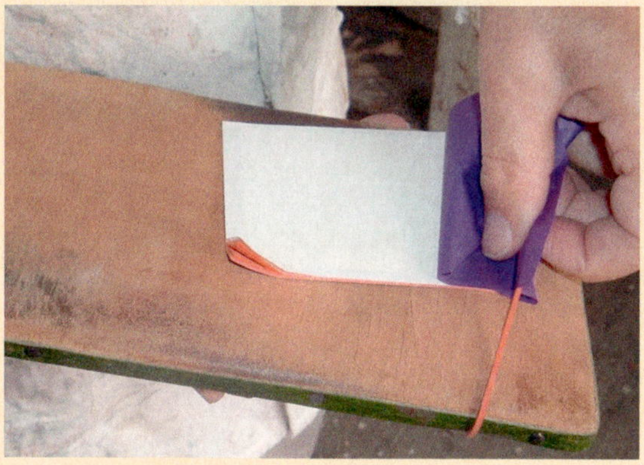

Abb. 1: Einklemmen des Goldheftchens

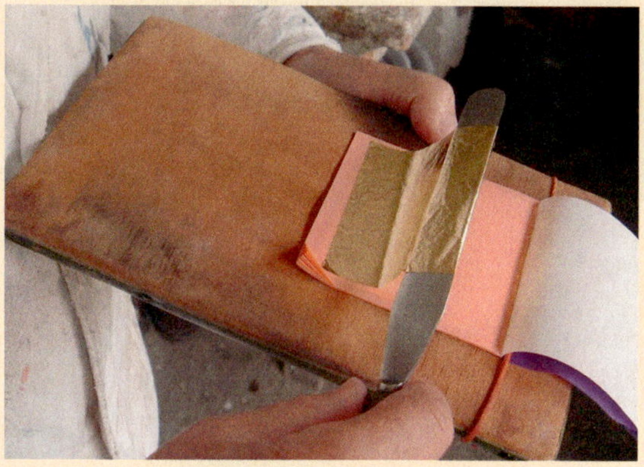

Abb. 2: Herausnehmen des Blattgoldes

Abb. 3: Zuschneiden des Goldblattes

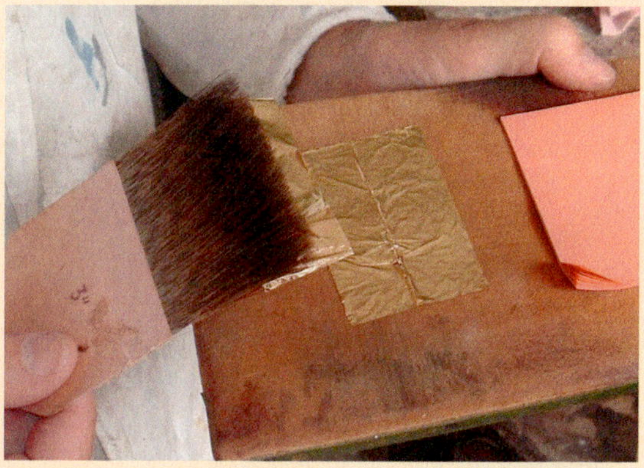

Abb. 4: Aufnehmen des Blattes mit dem Anschießer

Abb. 5: Anschießen des Blattgoldes

Abb. 6: Einkehren der Ölvergoldung

Mit dem Vergoldermesser wird das Blattgold aus dem Heftchen genommen und auf die vordere Fläche des Vergolderkissens gelegt (Abb. 2). Durch leichtes Anblasen in die Blattmitte glättet sich das Blatt.

Mittels des scharfen Vergoldermessers kann nun das Blatt in gewünschte Teile geschnitten werden. Dies ist abhängig von dem zu vergoldenden Objekt. Jedoch sollten die Goldblättchen so groß wie möglich gehalten werden (Abb. 3).

Danach wird das Blatt mit dem Anschießer aufgenommen und anschließend in den bereits mit Mixtion angelegten Untergrund eingelegt (Abb. 4).

Tab. 1: Vergolderwerkzeuge

	**Vergolderkissen:** Dient zum Auflegen und als Schneideunterlage des Blattes
	**Vergoldermesser:** Zum Zuschneiden des Goldes
	**Anschießer:** Zum Aufnehmen und Auflegen des Goldes
	**Einkehrpinsel:** Zum Entfernen des überschüssigen Goldes

Ist das gesamte Objekt vergoldet, wird das überschüssige Gold mit Hilfe des Einkehrpinsels vorsichtig entfernt. Hierbei kann Goldstaub in starke Vertiefungen aufgebracht werden.

Die Oberfläche einer Ölvergoldung ist sehr empfindlich gegen jegliche Art mechanischer Beanspruchung. Das Anlegeöl benötigt Wochen zum Durchhärten.

Ist es nötig, frisch vergoldete Objekte in die Hand zu nehmen, sollten Stoffhandschuhe getragen werden. Ansonsten besteht die Gefahr von Fingerabdrücken und Kratzspuren, die nicht mehr entfernt werden können.

Sollte dies geschehen, müsse eine Neuvergoldung durchgeführt werden.
Die Ölvergoldung eignet sich als einzige Vergoldungstechnik für den Außenbereich.

Dabei ist folgendes zu beachten:

- Als Anlegemittel nur Mixtion verwenden.
- Um Oxidationen zu vermeiden nur Blattgold mit 23 ¾ oder 24 Karat verwenden.
- Bei Versilberungen im Außenbereich immer Blattaluminium verwenden (Oxidation).
- Es dürfen keine Lacküberzüge auf Echtgold und Aluminium aufgebracht werden. Diese würden den typisch metallischen Glanz nehmen, die Haltbarkeit der Vergoldung verkürzen.
  Schlagmetall ist nicht für eine Außenvergoldung geeignet (Oxidation).

Ist eine Ölvergoldung im Freien durchzuführen, ist auf absolute Windstille zu achten, da selbst der kleinste Windhauch das Blattgold wegfliegen lässt. Dies ist jedoch meist aus Zeitgründen nicht möglich. In solchen Fällen muss um das zu vergoldende Objekt ein Windschutz gebaut werden. Hierbei handelt es sich meist um einen aus Brettern gezimmerten Unterstand, der mit Folien winddicht gemacht wird.

Aufgaben zu Kapitel 12.4.1

1. Nennen Sie die beiden Anlegemittel, die bei einer Ölvergoldung eingesetzt werden.
2. Beschreiben Sie, wie der Untergrund für eine Ölvergoldung vorbereitet werden sollte.
3. Nennen Sie die Unterschiede zwischen Schlagmetall und echtem Blattgold.
4. Weshalb ist die Oberfläche einer Ölvergoldung sehr empfindlich?
5. Nennen Sie vier Punkte, die bei einer Ölvergoldung für den Außenbereich zu beachten sind.
6. Geben Sie eine andere Bezeichnung für Schlagmetall an.

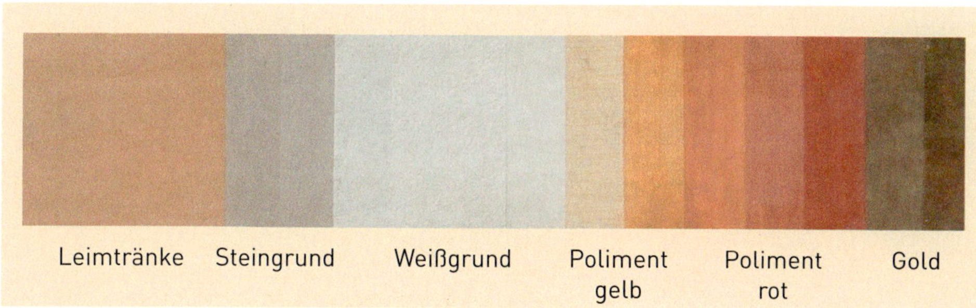

Abb. 1:
Aufbau einer Polimentvergoldung

12.4.2 Polimentvergoldung

Eine Polimentvergoldung wird auch als Glanzvergoldung bezeichnet. Sie ist gegenüber der Ölvergoldung polierbar und tritt mit einem strahlenden Glanz in Erscheinung. Die Polimentvergoldung ist jedoch ausschließlich für den Innenbereich geeignet (Abb. 1–3).

Die Polimentvergoldung ist wesentlich schwieriger und aufwändiger, als die Ölvergoldung (Kap. 12.4.1). Kleine Fehler in der Vorbereitung können ein gutes Ergebnis gefährdet.

Polimentvergoldungen lassen sich nicht auf allen Untergründen durchführen. Es sind in der Regel nur Holz- und Gipsuntergründe geeignet. Im Gegensatz zur Ölvergoldung benötigt man für die Polimentvergoldung einen harten, aber saugenden Untergrund.

Arbeitsablauf einer Polimentvergoldung
Im Folgenden werden Rezepturen für Leimtränke, Grundierungen, Lösche und Leimpoliment genannt, die bei der Polimentvergoldung Verwendung finden. Die angegebenen Werte sind ungefähre Maßangaben und können je nach Objekt und Material variieren.

Der erste Schritt jeder Polimentvergoldung ist das Leimtränken.

Abb. 2: Polimentvergoldung an einer Barockfigur

Abb. 3: Materialien für die Kreidegrundherstellung

Abb. 1: Leimtränken

Abb. 2: Steingrundieren

Die **Leimtränke** ist ein relativ dünnes Leimwasser, das sehr heiß aufgetragen wird (Abb. 1). Die Rezeptur muss nach dem Saugverhalten des Untergrundes eingestellt werden. Stark saugene Untergründe benötigen mehr Leim, als schwach saugende. Aufgetragen wird die Leimtränke mit einem sauberen Borstenpinsel. Hierbei ist darauf zu achten, dass keine Lachen in den Vertiefungen stehen bleiben.

Rezeptur:
1 l Wasser
100 g Leim in Trockenzustand

Erst wenn die Leimtränke komplett getrocknet ist, kann mit der zweiten Schicht, dem Steingrund, weitergearbeitet werden.

Als **Steingrund** bezeichnet man die erste Grundierschicht, die wiederum eine Verbindungsschicht vom leimgetränkten Untergrund zu den Weißgrundschichten darstellt (Abb. 2). Der graue Steingrund dient des weiteren als härtende Schicht zum Untergrund hin.

Er macht nicht nur die verhältnismäßig weiche Holzoberfläche hart, sondern stellt auch noch lose Holzfasern auf. Diese können nach der Trocknung vorsichtig abgeschliffen oder abgekratzt werden. Aufgetragen wird der Steingrund mit Hilfe eines Borstenpinsels im Stupfverfahren.

Rezeptur:
0,5 l Wasser
100 g Leim im Trockenzustand
... Steinkreide bis die Lösung gesättigt ist

Während der Trocknung des Steingrundes kann bereits der **Weiß- oder Kreidegrund** angemacht werden.

Die Zusammensetzung und Auswahl der Kreiden des Weißgrundes ist abhängig von der Beschaffenheit des zu grundierenden Objektes. Als Kreiden stehen die zuvor genannten Kreiden zu Verfügung. Meist werden Mischungen aus den verschiedenen Kreiden verwendet, da jede Kreide andere Eigenschaften besitzt.

Als Kreiden können zum verwendet werden:

- Steinkreide,
- Bologneser Kreide,
- Champagnerkreide,
- Chinakreide.

Zur Herstellung wird zuerst die Leim-Wasser-Lösung erwärmt. Die benötigten Kreiden werden nun in die Lösung eingestreut.
Dieser Vorgang wird so lange wiederholt, bis die Leim-Wasser-Lösung mit Kreide gesättigt ist. Das heißt es sollte eine dünne trockene Kreideschicht auf der Oberfläche stehen bleiben.

Abb. 3: Kreidegrundsiebe

Abb. 4: Erster Kreidegrundauftrag

Abb. 5: Ausgrundieren

Abb. 6: Schleifen des Kreidegrundes

Vor dem Umrühren wird noch ein kleiner Schuss Leinöl zu der Mischung dazu gegeben.

Nun den Kreidegrund umrühren und anschließend durch ein Kreidegrundsieb streichen (Abb. 3). Zur Lagerung ist es am Besten den fertig gesiebten Kreidegrund im Kühlschrank aufzubewahren.

Zur Verarbeitung kann portionsweise Kreidegrund entnommen und erwärmt werden.

Der erste Auftrag erfolgt wie beim Steingrund mit einem Borstenpinsel und im Stupfverfahren (Abb. 4). Die weiteren Aufträge werden im Streichverfahren appliziert, wobei der Zweite nochmals mit dem Borstenpinsel ausgeführt wird (Abb. 5).

Ein dritter, vierter oder gar fünfter Auftrag wird mit einem Haarpinsel (Fischpinsel mit Otter- oder Iltishaaren) vorgenommen.

Beim gesamten Grundierungsvorgang ist darauf zu achten, dass keine Feinheiten des Objektes zugesetzt werden, aber trotzdem genügend Grund auf der Oberfläche liegen bleibt.

Rezeptur:
0,65 l Wasser
100 g Leim
Kreidenmischung bis zur Sättigung einstreuen

Nach vollständiger Trocknung des Kreidegrundes kommt nun die aufwändigste, aber auch wichtigste Arbeit für eine einwandfreie Vergoldung.

Der Kreidegrund muss geschliffen werden (Abb. 6). Dies geschieht mit Trockenschleifpapier P150 – P180. Um Schleifkratzer zu vermeiden, wird zum Abschluss mit einem feuchten Leinenlappen die Kreidegrundfläche zusätzlich geglättet. Überschüssiger Schleifschlamm ist mit einem Schwamm zu entfernen.
Je makelloser und glatter die Oberfläche ist desto schöner wird die Vergoldung. Unebenheiten und noch vorhandene Schleifkratzer würden sich unweigerlich in der Vergoldung abzeichnen.

Abb. 1: Verschiedene Polimentarten

Abb. 2: Gelbes Poliment auftragen

Abb. 3: Applikation des roten Poliments

Ist das Objekt fertig geschliffen, erfolgt ein Überzug mit der so genannten Lösche. Diese dient dazu den Kreidegrund abzuisolieren und eine bessere Verbindung zum darauf folgenden Polimentauftrag herzustellen. Die Lösche ist wiederum eine Leim-Wasser-Lösung mit etwas farbgebenden gelben Poliment versetzt.

Rezeptur:
250 ml Wasser
15 g Leim
1 Teelöffel Poliment gelb

Auf den gelöschten Kreidegrund wird nun das Poliment, von dem diese Vergoldertechnik seinen Namen hat, aufgetragen. Es ist der eigentliche Träger des Blattgoldes.

Poliment besteht aus Bolus, welcher eine fette Tonerde ist. Dieser wird mit Zusätzen zur Qualitätsverbesserung aufbereitet. Poliment gibt es im Handel in zweierlei Konsistenzen. Bereits angeteigt und in fester, trockener Hütchenform (Abb. 1).

Das feste Poliment muss zu erst gerieben und eingesumpft werden, bevor man es verarbeiten kann. Es gibt sie in den Farbtönen Gelb, Rot, Weiß und Schwarz. Es gibt auch noch grünes und blaues Poliment, das jedoch in der Historie der Vergoldung keine Rolle spielt und meist nur in der modernen Gestaltung Verwendung findet. Der Farbton beeinflusst den späteren Farbton der Vergoldung.

Der Grundstoff Poliment kann nicht direkt aufgetragen werden, sondern er benötigt ein Bindemittel. Dies kann sowohl Leim oder Eiweiß sein. Im hier beschriebenen Ablauf wird nur auf das Leimpoliment eingegangen.

Wichtig ist es, das fertig angemischte Poliment zu sieben, um jegliche Verunreinigungen zu entfernen. Die Konsistenz des Poliments sollte so eingestellt sein, das es leicht vom Pinsel tropft.

Rezeptur:
250 ml Wasser
1–8 g Polimentleim
ca. 100 g angeteigtes Poliment

In der Regel werden drei Aufträge warm aufgebracht. Zuerst wird gelbes Poliment mit Hilfe eines Borstenpinsels über die gesamte zu vergoldende Fläche aufgebracht (Abb. 2).

Darauf folgend wird zweimal das rote Poliment mit einem Haarpinsel aufgetragen (Abb. 3). Hierbei werden Vertiefungen ausgespart, da bei Goldrissen der gelbe Untergrund durchscheint und nicht auffällig wirkt.

Nach der Trocknung des zweiten roten Polimentauftrages wird die Oberfläche mit einer Polimentbürste leicht gebürstet.

Nun ist das Objekt für die anschließende Vergoldung vorbereitet (Abb. 4).

Es sollte immer nur so viel polimentiert werden, wie am gleichen Tag vergoldet wird. Um Haftungsstörungen zu vermeiden darf das Poliment nicht mit den Fingern berührt werden.

Das **Auflegen des Blattgoldes** wird als Anschießen bezeichnet (Abb. 5). Um eine Haftung zwischen Poliment und Blattgold zu erreichen, benötigt man ein Netzmittel, das als Netze bezeichnet wird (Abb. 6).

Abb. 4: Poliment bürsten

Abb. 5: Anschießen des Blattgoldes

Abb. 6: Annetzen des Poliments

Die Netze besteht aus 2 Teilen Wasser und 1 Teil Spiritus oder sonstigem hochprozentigen Alkohol. Die Vergoldung muss schwimmend erfolgen. Deshalb benetzt man nur soviel wie man auch in einem Stück vergolden kann.

Mit dem Anschießer wird das Gold aufgenommen und zur benetzten Fläche geführt. Die Feuchtigkeit der Netze zieht das Goldblatt auf die Oberfläche. Es schießt sozusagen auf das Objekt, daher wird die Bezeichnung „Anschießen" abgeleitet.

Trocknet die Netze leicht an, muss sofort nachbefeuchtet werden. Trockene Stellen führen zum Haftverlust des Blattgoldes.

Ist das gesamte Werkstück vergoldet, muss eine etwa vierstündige Trockenzeit eingehalten werden.

Zum **Polieren** der Vergoldung werden ausschließlich Achat-Poliersteine verwendet (Abb. 7–8).

Die Poliersteine werden möglichst flach auf die Oberfläche gelegt und mit gleichbleibendem Druck hin und her geführt. Dabei beginnt die Vergoldung im gewünschten Glanz zu erstrahlen. Nur Stellen die der Polierstein erreicht, beginnen auch zu glänzen.

Eigentlich ist es das Poliment, das zu glänzen beginnt und seinen Glanz an das Gold weitergibt.

Sollten nach dem Polieren noch Fehlstellen oder Risse im Gold sichtbar sein, können die Vorgänge wiederholt werden.

Nach dem Polieren ist die Vergoldung im Grunde fertig. Vergoldungen erhalten gewöhnlich keinen Überzug. Nur wenn Gegenstände häufigen Berührungen ausgesetzt sind erhalten sie einen Schutzüberzug. Dieser kann mit Schelllack oder Zaponlack (Nitrocelluloselack) erfolgen.

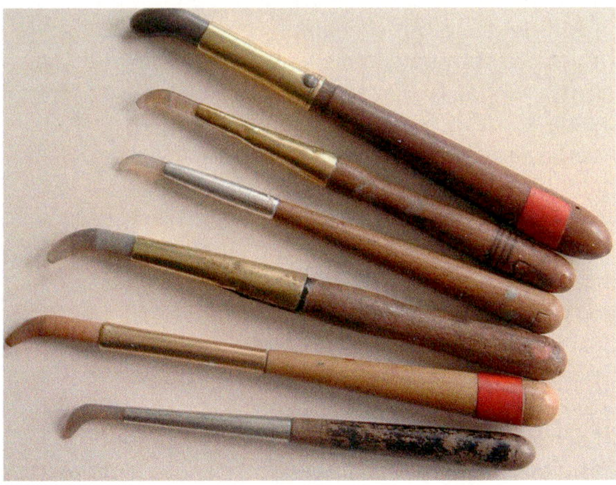

Abb. 7: Poliersteine aus Achat

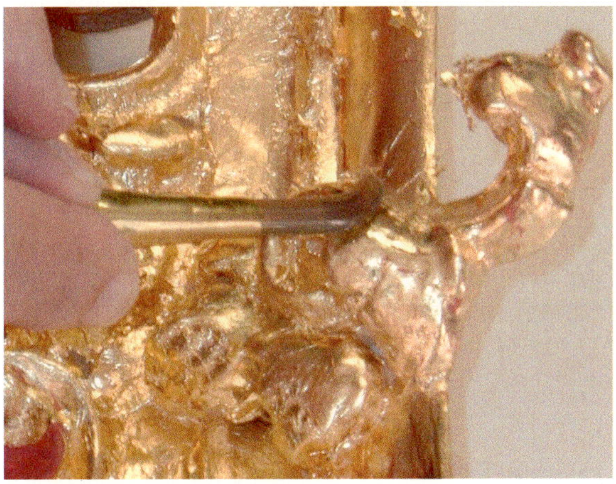

Abb. 8: Polieren des Goldes

Abb. 1: Gravierung

Abb. 2: Radierung

Schmucktechniken mit Polimentvergoldungen

Mit Polimentvergoldungen lassen sich verschiedene Schmucktechniken durchführen.

Entweder wird der Kreidegrund selbst verziert oder die fertige Polimentvergoldung wird im Anschluss gestaltet.

Zu den möglichen Techniken gehören das Gravieren, Radieren und das Punzieren.

Beim Gravieren wird mit verschieden geformten Stahlhaken ein Muster in den Kreidegrund geschnitten. Dieses Muster wird im Anschluss vergoldet. Voraussetzung für diese Technik ist eine Kreidegrundschicht in ausreichender Schichtdicke. Die Radierung ist eine Technik, die nach der fertigen Polimentvergoldung durchgeführt wird. Hierbei wird auf die vergoldete Fläche eine schwach gebundene Kontrastfarbe aufgebraucht. Nach der Trocknung wird die Farbe mit einem Holzgriffel an den gewünschten Stellen wieder abradiert.

Bei einer Punzierung wird mit verschieden geformten Stahlstiften und einem Schlagholz ein Muster in den bereits vergoldeten Untergrund geschlagen. Meist wird diese Technik für eine Hintergrundgestaltung verwendet.

12.4.3 Hinterglas-Glanzvergoldung

Diese Technik des Vergoldens ist durch modernes Folienmaterial etwas ins Abseits gerückt. Durch die Bearbeitung von der Rückseite her entsteht eine Art Goldspiegel.

Als Untergrund benötigt man eine saubere Glasscheibe.

Als Bindemittel werden bei dieser Vergoldung Fischleim (Hausenblase) oder Gelatine eingesetzt. Gelatine ist gewöhnlich leichter und günstiger zu erhalten.

Für die Rezeptur benötigt man etwa 2 cm^2 Blattgelatine auf 200 ml Wasser.

Um sicher zu gehen, dass keine Schlieren oder Verunreinigungen in dieser Leimlösung sind, wird diese gefiltert.
In eine satt aufgetragene Leimlösung wird das Blattgold unmittelbar eingelegt.
Mittels eines Löschblattes oder eines Küchenkrepps wird die noch überschüssige Lösung abgesaugt.
Ist keine Flüssigkeit mehr rückständig, muss die Vergoldung einige Zeit trocknen.
Erst in einem absolut trockenen Zustand wird die Oberfläche mit einer Watte vorsichtig poliert.

In der Regel müssen zwei bis drei Vergoldungen durchgeführt werden, bis eine makellose Goldfläche entsteht.

12.4.4 Bronzen und Bronzieren

Bronzen sind Metallblättchen, die aus Metalllegierungen hergestellt werden. Wird eine Kupfer-Zink-Legierung verwendet, so spricht man im Allgemeinen von Messing- oder Goldbronzen. Bei Legierungen aus Kupfer-Nickel-Zink erhält man einen silbrigen Farbton und so werden diese als Silberbronzen bezeichnet.

Obwohl im Sprachgebrauch meist alle als Gold- oder Silberbronzen bezeichnet werden gibt es verschiedene Arten von Bronzen.

Fachlich werden sie bezeichnet als:

- Messingbronzen,
- Anlaufbronzen,
- Patentbronzen,
- Polierbronzen,
- Aluminiumbronzen,
- Naturbronzen.

Messingbronzen sind die am meisten verwendeten Bronzen. Je nach Legierungsanteil besitzen sie unterschiedliche Farbnuancen und werden in verschiedenen Feinheitsgraden angeboten. Bezeichnungen wie Bleichgold, mit einem leicht rötlichen Farbton, Reichgold, mit einem leicht grünlichen Farbton und Reichbleichgold werden angeboten.

Mit den meisten herkömmlichen Bindemitteln (Leime, Schelllack, Nitrolack) vermengt, werden diese Messingbronzen als Echtgoldersatz verwendet.

Bei **Anlaufbronzen** handelt es sich um feuergefärbte Bronzen. Dabei wird Messingbronzepulver in Kupfertigeln erhitzt. Durch Veränderung der Erhitzungszeit und der Temperatur lassen sich verschiedene Farbtöne herstellen. Bezeichnungen wie Dukatengold, Altgold, Feuerrot, Englischgrün, Orange, Zitron, Braun und Purpur werden als Handelname angegeben.

Patentbronzen sind mit lasierenden Pigmenten oder Farbstoffen getönte Messing- oder Aluminiumbronzen. Bei Effektlackierungen werden sie als Glimmer oder Flakes bezeichnet.

Bei **Polierbronzen** handelt es sich um Bronzepulver sehr feiner Ausmahlung. Mit Polimentleim gebunden und auf einen Polimentuntergrund aufgetragen, lassen sich diese Bronzen anschließend mit dem Achatpolierstein polieren.

Abb. 3: Unterschiedliche Bronzen

Aluminiumbronzen sind nicht verträglich mit sauren oder alkalischen Bindemitteln.

Das Pulver findet Verwendung als Echtsilberersatz und als metallischer Bestandteil in Metallic-Lacken.

Bei **Naturbronzen** handelt es sich um die echten Metalle Gold und Silber, welche pulverförmig zermahlen wurden. Daher spricht man auch von Pudergold oder -silber. Da diese Bronzen sehr teuer sind, werden sie nur zu Ausbesserungsarbeiten bei Polimentvergoldungen bzw. -versilberungen angewendet. Hierzu werden sie mit Polimentleim angemischt und mit einem kleinen Pinsel aufgetragen.

Für diesen Zweck gibt es auch das **Muschelgold**. Hierbei handelt es sich um Pudergold, das mit einem Bindemittel (Gummiarabicum) bereits angeteigt und getrocknet wurde. Es kann mit Wasser wieder gelöst und aufgetragen werden.

Der Begriff Muschelgold ist dadurch entstanden, das das angeteigte Gold zum Trocknen in eine Muschel aufgebracht wurde und mit dieser auch in den Handel kam.

Gefahren im Umgang mit Metallstäuben.
Fein in der Luft verteilte Metallteilchen können mit dem Sauerstoff der Luftfeuchte oxidieren und zu einer heftigen Reaktion führen. Dies kann zu einer **Staubexplosion** führen. Dazu genügt ein Funke eines elektrischen Gerätes oder der Zusammenprall zweier Metalle.
In Verbindung mit Wasser wird Wasserstoff freigesetzt, was wiederum zu einer Explosion führen kann.

Aufgaben zu den Kapiteln 12.4.2–12.4.4

1. Benennen Sie die abgebildeten Vergolderwerkzeuge.

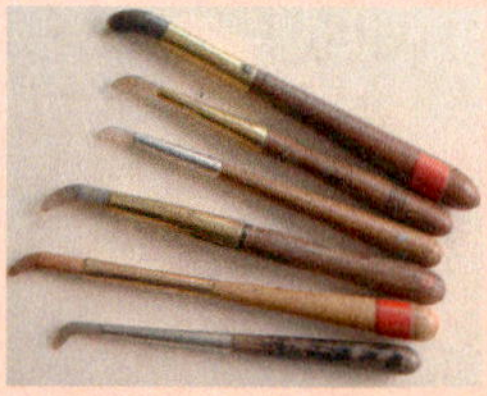

a) b) c) d)

2. Listen Sie die Materialien auf, die für die Untergrundvorbereitung bei einer Polimentvergoldung benötigt werden.

3. Beschreiben Sie in Stichpunkten die verschiedenen Stufen einer Polimentvergoldung.

4. Woraus besteht das Haarmaterial eines Fischpinsels?

5. Aus welchem Material bestehen Poliersteine?

6. Nennen Sie Vergoldungsarten und ordnen Sie diese den Abbildungen zu.

a) b) c)

7. Woraus besteht das Netzmittel bei der Polimentvergoldung?

8. a) Wann erhalten Polimentvergoldungen einen Lacküberzug?
b) Welche Lackarten sind dafür geeignet?

9. Nennen Sie zwei Schmucktechniken, die bei Polimentvergoldungen Verwendung finden.

10. Nennen Sie zwei Leime, die für eine Hinterglas-Glanzvergoldung verwendet werden können.

11. Nennen Sie vier verschiedene Bronzearten.

12. Beschreiben Sie, weshalb feines Bronzepulver zu einer Staubexplosion führen kann.

12.4.5 Berechnung des Goldbedarfs

Vor der Anfertigung einer Blattvergoldung bei einem größeren Objekt sollte man die benötigte Menge an Blättern bzw. Heften vorher berechnen.

Die Blattgoldmenge hängt vor allem von der Größe der Oberfläche des Objektes ab. Die meisten zu vergoldenden Objekte haben sehr unregelmäßige Formen, die sich nur mit sehr großem Aufwand genau berechnen lassen. Wenn man sie allerdings auf einfache geometrische Körper reduziert, erhält man eine annähernd richtige Fläche. Durch einen prozentualen Zuschlag erhält man dann einen optimierten Wert.

Die errechnete Fläche muss dann durch die Fläche eines Goldblättchens (8 cm × 8 cm = 64 cm²) geteilt werden. Damit erhält man die Anzahl der benötigten Blätter, die man sich bereit legen muss. Die kleinste Bestelleinheit für Blattgold ist ein Heft, in dem 25 Blätter enthalten sind. Deshalb muss meist auch noch die Anzahl der Hefte ausgerechnet werden, indem man die benötigte Anzahl der Blättchen durch die Anzahl der Blätter im Heft teilt und das Ergebnis aufrundet.

Beispielrechnung: Vergoldung eines Bilderrahmens

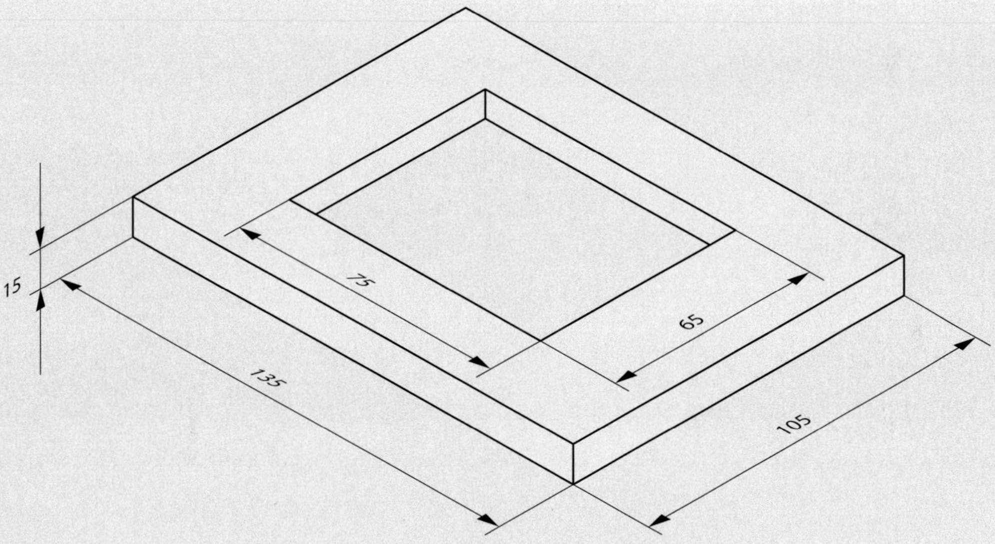

1. Flächenberechnung

Maße in cm umgerechnet

Es werden nur die sichtbare Oberfläche und die Kanten vergoldet.

$$\begin{array}{lr} 105 \cdot 135 & = 14175\ \text{cm}^2 \\ -\ 65 \cdot 75 & = 4875\ \text{cm}^2 \\ +\ (105 + 135) \cdot 2 \cdot 15 & = 7200\ \text{cm}^2 \\ +\ (65 + 75) \cdot 2 \cdot 15 & = 4200\ \text{cm}^2 \\ \hline & 20700\ \text{cm}^2 \end{array}$$

2. Anzahl der Blätter

$$\frac{20700}{64} = 323{,}44 \approx 324 \text{ Blätter}$$

Mit 10 % Zuschlag: $324 \cdot 1{,}1 = 356{,}4 \approx 357$ Blätter

3. Anzahl der Hefte

$$\frac{357}{25} = 14{,}28 \approx 15 \text{ Hefte}$$

Geometrische Körper – Oberfläche

Die Oberfläche eines Körpers setzt sich aus einzelnen zweidimensionalen Flächen zusammen. Je regelmäßiger der Körper ist, desto mehr Flächen sind identisch. Man kann grundsätzlich jede Teilfläche einzeln berechnen und daraus die Summe bilden. Bei mehreren identischen Flächen kann man diese zusammenfassen und dadurch die Rechnung vereinfachen.

Tab. 1: Körper mit geraden Kanten

Rechtwinklige Körper		Körper mit schräg zulaufenden Flächen	
Würfel Alle sechs Seiten sind gleich groß.	**Quader** Je zwei gegenüberliegende Seiten sind gleich groß.	**Pyramide** Die Grundfläche ist ein Vieleck. Die Seiten sind Dreiecke, die sich in der Spitze berühren.	**Pyramidenstumpf** Die Deckfläche ist proportional verkleinert zur Grundfläche. Die Seiten bestehen aus Trapezen.
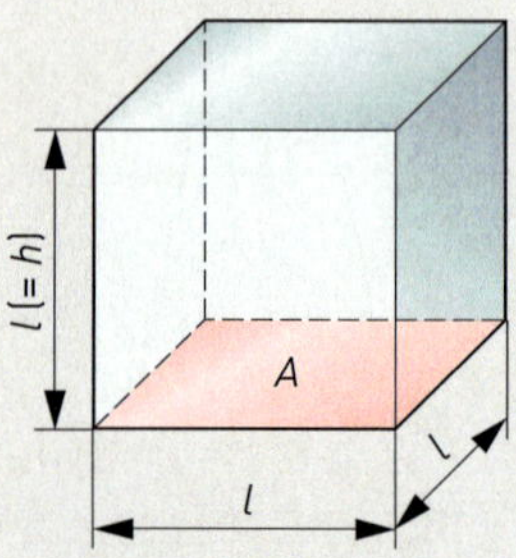	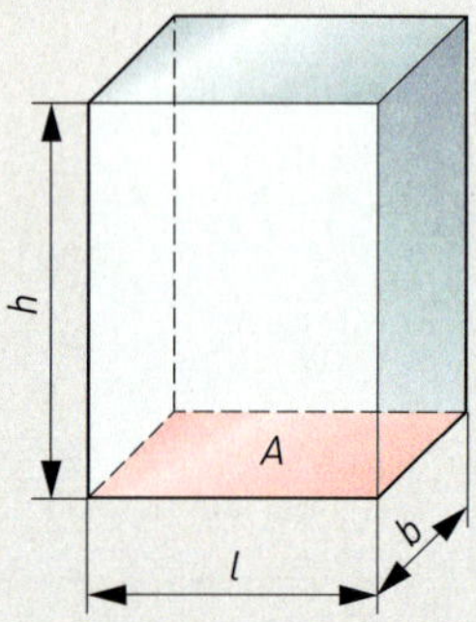	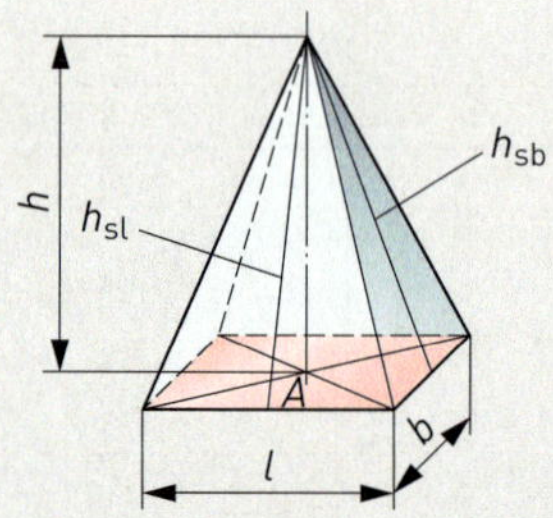	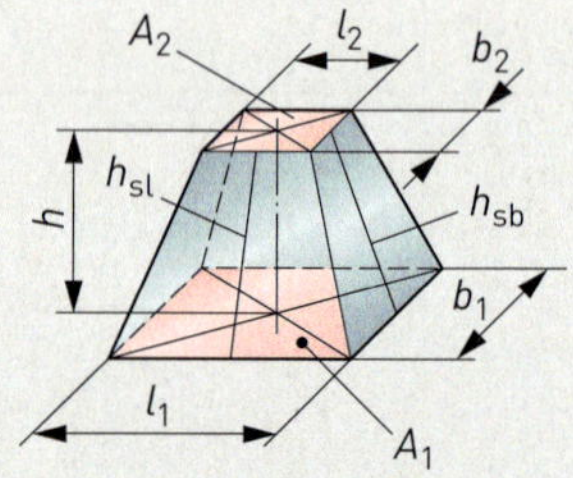
$V = A \cdot h$ $V = l^3$ $A_M = 4 \cdot l^2$ $A_o = 6 \cdot l^2$	$V = A \cdot h$ $V = l \cdot b \cdot h$ $A_M = 2 \cdot (l \cdot h + b \cdot h)$ $A_o = 2 \cdot (l \cdot h + b \cdot h + l \cdot b)$	$V = \frac{A \cdot h}{3} = \frac{l \cdot b \cdot h}{3}$ $A_M = \frac{l \cdot h_{sl}}{2} \cdot 2 + \frac{b \cdot h_{sb}}{2} \cdot 2$ $A_o = A_M + l \cdot b$	$V = \frac{A_1 + A_2}{2} \cdot h$ $A_M = \frac{l_1 + l_2}{2} \cdot h_{sl} \cdot 2$ $A_M = \frac{b_1 + b_2}{2} \cdot h_{sb} \cdot 2$ $A_o = A_M + l_1 \cdot b_1 + l_2 \cdot b_2$
V Volumen in dm³ (l) A Grundfläche in m² h Höhe (= l) in m l Kantenlänge (= h) in m A_M Mantelfläche in m² A_o Oberfläche in m²	V Volumen in dm³ (l) A Grundfläche in m² h Höhe in m l Länge in m b Breite in m A_M Mantelfläche in m² A_o Oberfläche in m²	V Volumen in dm³ (l) A Grundfläche in m² l Länge in m b Breite in m h Pyramidenhöhe in m A_M Mantelfläche in m² h_s Seitenhöhe in m A_o Oberfläche in m²	V Volumen in dm³ (l) h Höhe in m A_1 Grundfläche in m² A_2 Deckfläche in m² A_M Mantelfläche in m² h_s Seitenhöhe in m l_1 untere Länge in m l_2 obere Länge in m b_1 untere Breite in m b_2 obere Breite in m A_o Oberfläche in m²

Berechnungsbeispiel

Berechnen Sie das Volumen in m^3 eines Quaders mit den Querschnittsmaßen 16 cm × 24 cm und einer Länge von 3 m.

Lösung:

$V = l \cdot b \cdot h$
$= 0{,}16\ m \cdot 0{,}24\ m \cdot 3\ m$
$= \mathbf{0{,}1152\ m^3}$

Tab. 2: Körper mit runder Grundfläche

<table>
<tr><th></th><th>Rechtwinklige Körper</th><th colspan="2">Körper mit schräg zulaufenden Flächen</th></tr>
<tr><td>Kugel
Eine absolut gleichmäßige Oberfläche, die sich nur schwer zweidimensional darstellen lässt.</td><td>Zylinder
Die Grund- und Deckfläche sind Kreise, die Seite ist ein Rechteck.</td><td>Kegel
Die Grundfläche ist ein Kreis, die Seite ein Kreisausschnitt.</td><td>Kegelstumpf
Die Deckfläche ist ein kleinerer Kreis als die Grundfläche. Die Seite ist der Ausschnitt aus einem Kreisring.</td></tr>
<tr><td>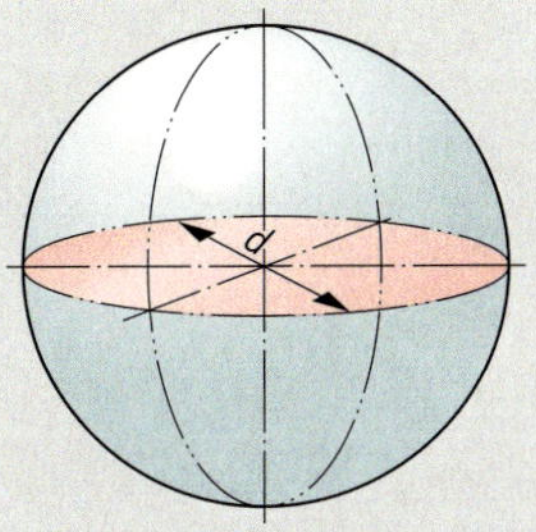
</td><td>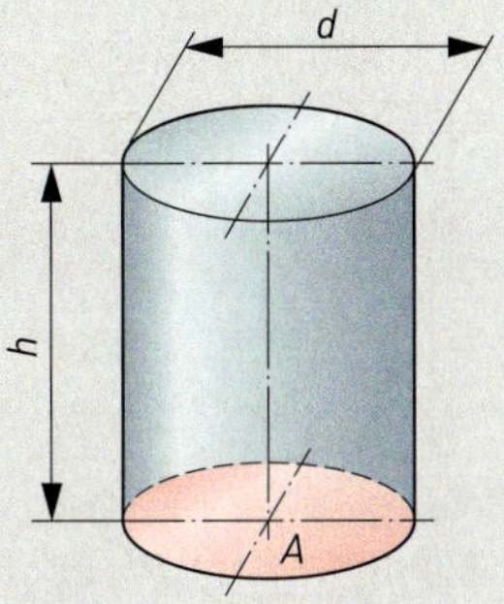
</td><td>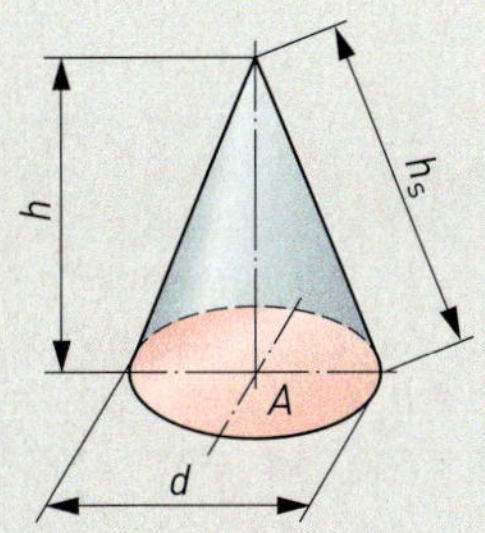
</td><td>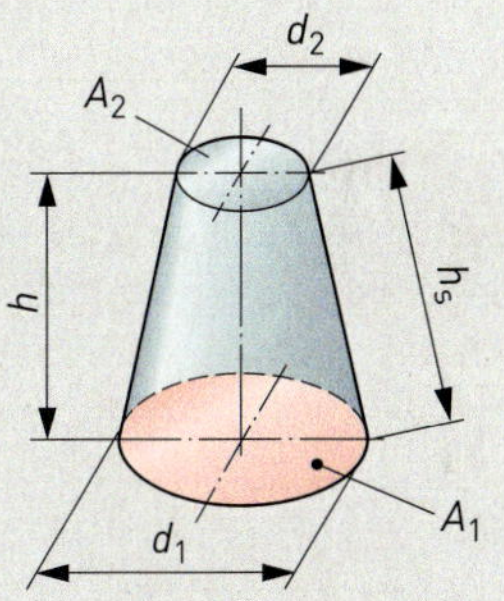
</td></tr>
<tr><td>$V = \frac{d^2 \cdot \pi}{6}$</td><td>$V = A \cdot h = \frac{d}{2} \cdot \frac{d}{2} \cdot \pi \cdot h$</td><td>$V = \frac{A \cdot h}{3}$</td><td>$V = \frac{A_1 + A_2}{2} \cdot h$</td></tr>
<tr><td></td><td>$A_M = d \cdot \pi \cdot h$</td><td>$A_M = \frac{d \cdot \pi}{2} \cdot h_s$</td><td>$A_M = \frac{d_1 + d_2}{2} \cdot \pi \cdot h_s$</td></tr>
<tr><td>$A_o = d^2 \cdot \pi$</td><td>$A_o = A_M + \frac{d}{2} \cdot \frac{d}{2} \cdot \pi \cdot 2$</td><td>$A_o = A_M \cdot h_s + \frac{d^2 \cdot \pi}{4}$</td><td>$A_o = A_M + \frac{d_1}{2} \cdot \frac{d_1}{2} \cdot \pi + \frac{d_2}{2} \cdot \frac{d_2}{2} \cdot \pi$</td></tr>
<tr><td>V Volumen in dm^3 (l)
d Durchmesser in m
A_o Oberfläche in m^2</td><td>V Volumen in dm^3 (l)
A Grundfläche in m^2
h Höhe in m
d Durchmesser in m
A_M Mantelfläche in m^2
A_o Oberfläche in m^2</td><td>V Volumen in dm^3 (l)
A Grundfläche in m^2
h Kegelhöhe in m
d Durchmesser in m
A_M Mantelfläche in m^2
h_s Seitenhöhe in m
A_o Oberfläche in m^2</td><td>V Volumen in dm^3 (l)
h Höhe in m
d_1 unterer Durchmesser in m
d_2 oberer Durchmesser in m
A_1 Grundfläche in m^2
A_2 Deckfläche in m^2
A_M Mantelfläche in m^2
h_s Seitenhöhe in m
A_o Oberfläche in m^2</td></tr>
</table>

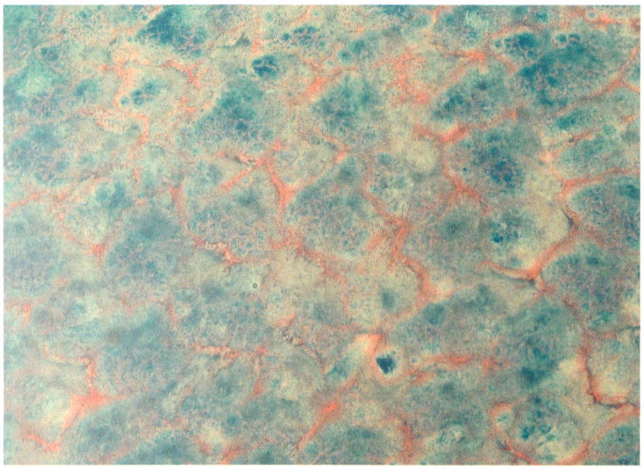

Abb. 1: Spiritustechnik

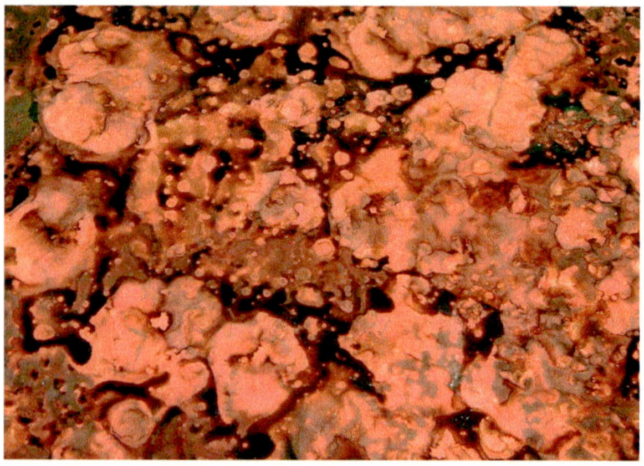

Abb. 2: Wurzelholzimitation in Spiritustechnik

12.5 Lacktechniken

Kunden, die eine besondere Oberflächengestaltung wünschen, können vom Maler und Lackierer in Bezug auf kreative Lacktechniken vielfältige Angebote erhalten. Der Fantasie sind dabei keine Grenzen gesetzt. Mit diesen Techniken ist man in der Lage, in der Wohnumgebung auf Schränken, Tischplatten, Türen, Computergehäusen oder anderen Objekten Akzente zu setzen. Auch sonstige Gebrauchsgegenstände, wie z. B. Skateboards, Fahrräder usw., können dadurch zu einem Unikat gemacht werden.

Moderne Beschichtungsstoffe bieten vielfältige Möglichkeiten abseits der üblichen Vorgehensweise bei der Beschichtung eines Objekts. Dies kommt besonders zum Tragen, wenn Effekte, die normalerweise vermieden werden sollen, aus ästhetischen Gründen eingesetzt werden. Werden Lack und Wasser bzw. Spiritus miteinander verarbeitet oder wird der Untergrund systematisch und absichtlich verletzt, können interessante Strukturen entstehen.

Die in diesem Kapitel vorgestellten Techniken grenzen sich gegenüber den Airbrush-Arbeiten durch ihren Abstraktionsgrad ab. Airbrush ist die kreative Gestaltung von Lackflächen mittels kleiner Lackierpistolen, bei der meist Figuren dargestellt werden. Bei den Lacktechniken steht alleine die dekorative Wirkung eines Effekts auf einem Beschichtungsobjekt im Vordergrund.

Kreative Lacktechniken sind grundsätzlich auf allen Gegenständen anwendbar, die auch sonst beschichtet werden. Bei Beschichtungen im Außenbereich oder in Innenräumen mit besonderen Belastungen muss geprüft werden, ob die dekorativ gestaltete Oberfläche einen zusätzlichen Schutz benötigt.

Dabei kann es sich um ein- oder zweikomponentige Klarlacke handeln. Für Außenbeschichtungen sind je nach Art und Belastung des Untergrundes der Lacktechnik Acryl- oder Epoxidharzprodukte zu verwenden. Diese müssen zwingend auf die zur kreativen Gestaltung verwendeten Materialien abgestimmt sein, um keine Schäden zu verursachen.

12.5.1 Spiritustechnik

Die Ursache für das Gelingen dieses Effekts wird durch die Kombination von Wasser und Spiritus erreicht. Aus diesem Grund muss ein wasserverdünnbarer Basislack als farbgebendes Material eingesetzt werden.

Der Effekt beruht auf dem Phänomen, dass Spiritus die Oberflächenspannung des Wassers beim Eindringen an der betreffenden Stelle herabsetzt und dadurch die Beschichtungsoberfläche aufreißt. Durch das Eindringen des Spiritus werden die sich in der Lackschicht befindenden Pigmentteilchen im Film „verschoben“ und lagern sich in ungleichmäßigen Haufen aneinander. Dieses Materialverhalten macht den besonderen Reiz des Effekts aus (Abb. 1–2).

Mit dieser Technik ist es z. B. möglich, unterschiedliche Effekte herzustellen. Um beispielsweise eine Granit-Optik zu erzielen, werden zunächst Metalleffektpigmente in 2 K-Klarlack eingerührt und auf eine Fläche appliziert. Nach dem Härtungsvorgang wird ein dunklerer Metallic-Wasserbasislack auf die Fläche aufgespritzt und noch im nassen Zustand tröpfchenweise mit Spiritus versehen. Dies führt zu dem bereits beschriebenen Effekt. Abschließend werden mehrere Schichten Klarlack mit Zwischenschliffen aufgetragen.

Abb. 3 und 4: Beispiele für Durchschlifftechniken

12.5.2 Durchschlifftechnik

Die Durchschlifftechnik beruht darauf, dass eine bereits applizierte Beschichtung teilweise wieder freigelegt wird, nachdem der Untergrund mechanisch bearbeitet worden ist. Dadurch entsteht eine ungleichmäßige Oberflächenstruktur beim Schleifen des Objekts.

Intarsienornamente
Die im Folgenden beschriebene Technik ist auf allen nicht saugenden, ebenen Flächen durchführbar. Zunächst wird eine Fläche mit hellem Füller beschichtet und nach dem Härten geschliffen. Darauf werden schmale Stränge unverdünnter 2 K-Lack mittels kleiner Kunststoffflaschen mit längerem Auslassstutzen und kleiner Öffnung aufgebracht. Dabei können verschnörkelte, ornamentartige Muster erzeugt werden. Nach dem Durchhärten heben sich die Linien wenige Millimeter vom Untergrund ab und werden mit einem schwarzen 1 K-Basislack überzogen. Für zusätzliche Effekte können Perlmutteffektlacke partiell eingenebelt werden. Anschließend wird die gesamte Fläche mit 2 K-Klarlack beschichtet, damit beim nassen Überschleifen der Linien der tiefer liegende schwarze Bereich nicht beschädigt werden kann. nach dem Schliff treten die Ornamente plastisch hervor; die Fläche wird mit einem 2 K-Klarlack abschließend geschützt (Abb. 3).

Farbflächen
Für das Herstellen von Farbflächen wird eine Aluminiumplatte zunächst entfettet, geschliffen und gereinigt. Danach wird sie mit einem Hammer rückseitig mit verschieden tiefen Beulen versehen. Nachdem die Platte grundiert wurde, werden unverdünnte 2 K-Lacke in unterschiedlichen, kontrastreichen Farben nacheinander aufgetragen. Zwischen den Beschichtungen ist jeweils ein vorsichtiger Zwischenschliff mit Schleifpad oder -vlies vorzunehmen. Dabei ist zu berücksichtigen, dass die Schichten hart sind, damit beim Zwischenschliff keine Beschädigungen verursacht werden. Wenn die Schichten komplett ausgehärtet sind, wird die Oberfläche mit einem Exzenterschleifer plan geschliffen. Dabei werden die Partien, die von der Rückseite mit dem Hammer bearbeitet worden sind, durch den Schleifvorgang zuerst von den oberen Farbschichten befreit. Rund um diese Stellen kommen die unterschiedlichen Farbschichten zum Vorschein. Wenn der gewünschte Effekt erreicht ist, wird die Fläche mit 2 K-Klarlack überzogen (Abb. 4).

12.5.3 Reißlack

Um Risse im Anstrich gewollt herbeizuführen, muss man die alte Malerweisheit „Von mager nach fett" (d. h. untere Schichten müssen einen geringeren Bindemittelanteil als die auf ihnen folgenden haben) umkehren. Die Risse entstehen, wenn zwei Beschichtungsschichten unterschiedlich schnell trocknen und dadurch Spannung vom schnell trocknenden auf das langsamer trocknende Material ausgeübt wird. Je nachdem, wie groß die Spannung ist, bilden sich auch die Risse.

Nachdem ein Grundlack aufgetragen worden ist, lässt man diesen trocknen. Eine kurze Trockenzeit ergibt wenige große Risse, eine längere Trockenzeit

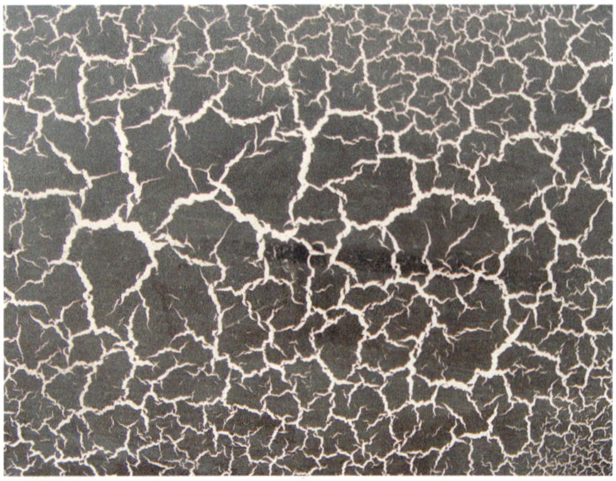

Abb. 1: Reißlack

Abb. 2: Wassertropfeneffekt

führt zu vielen kleinen Rissen. Anschließend streicht man ein mit wenig Spülmittel versetztes Krakeliermittel (von frz. craquelé = rissig), den eigentlichen Reißlack, auf die Fläche auf. Beim Trocknen dieses Materials entstehen die Risse. Das Krakeliermittel besteht aus dem zuckerhaltigen Material Dextrin, das die Risse durch seine hohe Oberflächenspannung erzeugt (Abb. 1).

Je nach Wunsch werden während der Trocknung die Risse unter Zuhilfenahme eines Lappens mit einer kontrastierenden Farbe gefüllt; überschüssige Farbe wird von der Oberfläche wieder abgewischt, damit nur die Farbe in den Rissen zurückbleibt. Nach zwei Tagen Trockenzeit wird die Krakelierschicht mit Wasser vorsichtig aufgelöst. Nach einem weiteren Tag Trocknung kann ein Klarlack aufgespritzt werden. Das Spritzen ist notwendig, weil ein Pinselauftrag den Effekt verwischen würde.

12.5.4 Wassertropfeneffekt

Dieser Effekt beruht auf der Tatsache, dass auf eine Wasserschicht gespritzter Lack keine Verbindung mit diesem eingeht, sondern sich nur auf den auf eine lackierte Fläche aufgetragenen Tropfen ablagert. Auf den Tropfen des vollentsalzten Wassers wird von einer Seite ein dunkler Lack aus einiger Entfernung und mit spitzem Winkel aufgenebelt, was den stilisierten Schatten der Wassertropfen erzeugt. Anschließend wird ein weißer oder silberfarbener Basislack von der anderen Seite gespritzt. Der Lack setzt sich im Zuge der Verdunstung des Wassers auf dem Untergrund ab, wird mit 2 K-Klarlack beschichtet, zwischengeschliffen und erneut klarlackiert (Abb. 2).

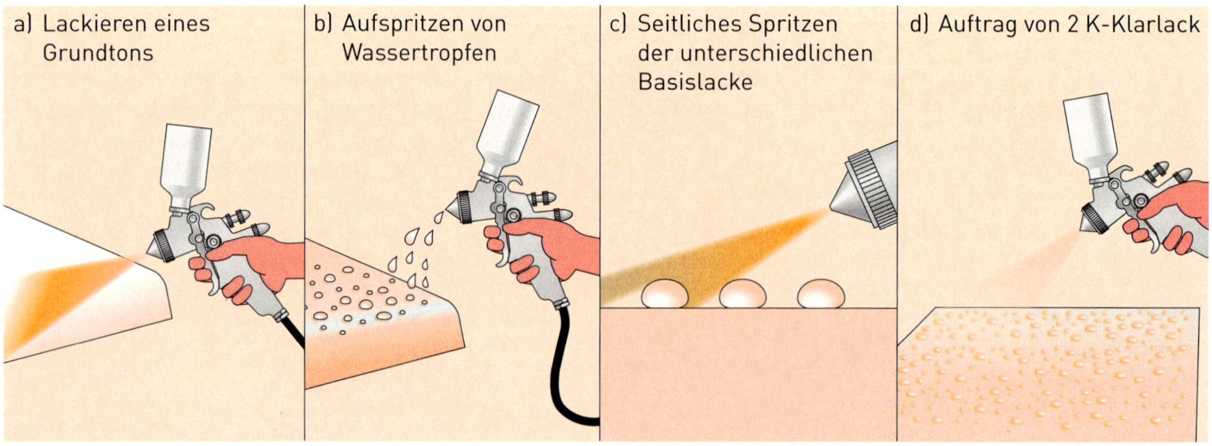

Abb. 3: Arbeitsschritte zur Wassertropfentechnik

Abb. 4: Kunststoffschild (PMMA) eines Ateliers

Abb. 5: Beschichtete und unbeschichtete Fenster aus Kunststoff

12.6 Kunststoffe bearbeiten und beschichten

Kunststoffe werden je nach Verknüpfung der Polymerketten in die drei Untergruppen Thermoplaste, Elastomere und Duromere eingeteilt (→ LF 2). Kunststoffe verfügen über unterschiedliche Eigenschaften wie z. B. Elastizität, Verformbarkeit, Stabilität, geringes Gewicht. Aus diesem Grund werden sie im Bauwesen vielseitig verwendet. Informationen zu diesen Beschichtungsarbeiten bietet das BFS-Merkblatt Nr. 22.

12.6.1 Gründe für die Beschichtung von Kunststoffen

Optische Gründe
Die im Bauwesen verwendeten Kunststoffe werden meistens in der Farbe belassen, die sie bei ihrer Herstellung durch eine entsprechende Pigmentierung erhalten haben. Hauptsächlich handelt es sich dabei um die Farben Weiß, Grau und in selteneren Fällen Schwarz oder Orange.

Gelegentlich fordert der Architekt oder der Kunde bei der Auftragsvergabe eine besondere Farb- oder Effektgebung, z. B. mit bunten Uni- oder speziellen Perlmutteffektfarbtönen. In diesem Fall ist der Maler gefordert, die Kunststoffobjekte entsprechend zu beschichten (Abb. 4–5).

Reparatur und Schutz der Oberfläche
In Abhängigkeit vom eingesetzten Kunststoff können sich Oberflächenzustand und Farbton im Laufe der Zeit verändern. Die UV-Strahlung des Sonnenlichts, aber auch chemische Belastungen (saurer Regen, Abgase usw.) oder mechanische Einflüsse schädigen Kunststoffoberflächen. Durch diese Beeinträchtigungen können Versprödungen, Rauigkeit, Risse, Flecken oder sonstige Oberflächenstörungen auftreten.

Um den Kunststoff vor weiterer Beschädigung zu schützen, kann ihn der Maler durch einen Anstrich wieder schützen. In vielen Fällen ist dies preiswerter als das Objekt auszutauschen.

12.6.2 Erkennen von Kunststoffen

Um die Vorgehensweise einer Kunststoffbeschichtung fachgerecht planen zu können, muss der Maler herausfinden, um welchen Kunststoff es sich bei dem vorliegenden Objekt handelt. Wird eine Kunststoffoberfläche falsch vorbehandelt und/oder mit einem ungeeigneten Material beschichtet, kann es zu Adhäsionsproblemen oder Oberflächenstörungen kommen.

Grundsätzlich ist zunächst auf dem jeweiligen Bauteil oder in den Herstellerangaben nachzusehen, ob die Kunststoffart dort mindestens durch das Kurzzeichen markiert wurde. Ist dies nicht der Fall und kann durch Rückfragen beim Lieferanten oder Hersteller der Kunststoff ebenfalls nicht festgestellt werden, sollte im Zweifelsfall eine Laboruntersuchung veranlasst werden. Dort würden entnommene Proben auf ihr Verhalten beim Einfluss von Feuer, Hitze und Lösemitteln getestet werden. Dies führt zu einer sicheren Bestimmung der Kunststoffart.

Tab. 1 auf Seite 468 zeigt, welche Kunststoffe für welche Bauteile am häufigsten verwendet werden.

Tab. 1: Einsatz von Kunststoffen bei Bauteilen

Kunststoff-gruppe	Kunststoff-bezeichnung[1]	Bauteile (Auswahl)
Thermoplaste	PVC-u	Dachrinnen, Fallrohre, Gartenmöbel, Fuß-/Sockelleisten, Fensterprofile, Türzargen, Fassadenverkleidungen
	PVC-p	Vinyltapeten, Abdeckprofile
	PMMA	Schilder, Profile, Heizkörperverkleidungen
	ABS	Rohrleitungen, Werbetafeln
	PP	Rohrleitungen
	PS	Dachabdeckungen, Heizkörperverkleidungen
Duromere	PF, MF	Tischplatten, Küchenmöbel, Türen, Profile
	UP	Fensterbänke, Boote
	PUR	Möbel, Türzargen, Dämmplatten
Elastomere	Si	Dauerelastische Werkstoffe, Fugendichtungen
	PUR	Deckenbekleidungen
	PS	Dämmmaterial

12.6.3 Prüfung und Reinigung des Untergrundes

Nachdem die Kunststoffart des Beschichtungsobjekts festgestellt worden ist, muss der Maler die Oberfläche des Kunststoffes noch auf sichtbare Mängel überprüfen. Dazu zählt im harmlosesten Fall Schmutz aus der Luft (Staub, Sand, Erde), der mit warmem Wasser und Reinigungsmitteln einfach entfernt werden kann. Befinden sich dann noch versprödete Verwitterungsprodukte auf der Oberfläche, die durch manuelles Abreiben oder Kratzen mit einer Münze o. ä. leicht abgeschabt werden können, sind diese nass mit einem Schleifvlies anzuschleifen.

Selbst wenn es sich bei dem vorliegenden Bauteil um ein neues Kunststoffprodukt handelt, muss man von Verunreinigungen ausgehen. Bei der Herstellung im Werk lagern sich bei Form- und Pressvorgängen Trennmittel wie Wachse, Öle oder Silikone auf der Kunststoffoberfläche ablagern, auf denen Beschichtungsstoffe nicht haften können. Man kann das Vorhandensein der Trennmittel durch eine Benetzungsprobe mit Wasser feststellen. Perlt das Wasser dabei ab, muss das Beschichtungsobjekt mit einer ammoniakalischen Netzmittelwäsche gereinigt werden (→ LF 6).

Sollte eine Beschichtung bereits vorhanden sein, ist diese auf Tragfähigkeit zu untersuchen. Dazu kann man eine Gitterschnittprüfung (→ LF 1) oder einen Lösemitteltest durchführen bzw. durch Kratzen feststellen, ob sich die Beschichtung leicht abstreifen lässt. Ist sie für einen Neuanstrich nicht geeignet, muss sie entfernt werden (→ LF 1).

12.6.4 Vorbehandlung von Kunststoffen für die Beschichtung

Schleifen

Auch wenn beim Reinigungsvorgang teilweise bereits Schleifvorgänge einbezogen worden sind, ist zum Sicherstellen einer gleichmäßig aufgerauten Oberfläche vor der Grundierung nochmals zu schleifen. Da die Kunststoffoberfläche bei der Verwendung zu groben Schleifmittels zu rau für die nachfolgenden Beschichtungen wäre, sollte beim Schleifen ein

[1] Siehe auch hintere Umschlagseite und → Tabellenbuch Maler und Lackierer.

Schleifvlies verwendet werden. Wird der Kunststoff nass geschliffen, kann auch feines Nassschleifpapier (je nach Kunststoffart P 600-1200) zum Einsatz kommen.

Beim Schleifen des Kunststoffes kommt es häufig zu elektrostatischer Aufladung des Beschichtungsobjekts. Damit sich dadurch kein Schleifstaub auf der Oberfläche ablagert, ist das Kunststoffteil mit antistatischer Spezialverdünnung und/oder einem Staubbindetuch zu reinigen.

Grundieren
Meist ist herstellerseitig vorgeschrieben, eine Grundierung (LF 1) auf das Beschichtungsobjekt aufzutragen. Diese Grundierung hat die Funktion eines Haftvermittlers zwischen dem Kunststoff und der abschließenden Beschichtung. Ohne das Auftragen einer Haftgrundierung kann es später zu Adhäsionsstörungen (LF 2) und somit Abplatzungen der Deckbeschichtung kommen.

12.6.5 Beschichtungen auf Kunststoffen

Beschichtungssysteme
Grundsätzlich müssen Grundierung und Deckbeschichtung aufeinander abgestimmt sein. Der Maler spricht dabei vom Arbeiten „im System", d. h. man verwendet Produkte, die ein Hersteller auf die unterschiedlichen Anwendungen in Versuchen getestet hat.

Sollen maßhaltige Bauteile aus Kunststoff in einer dunklen Farbe gestrichen werden, muss recherchiert werden, ob die entsprechenden Teile dafür geeignet sind. Bei Sonneneinstrahlung können sich dunkel beschichtete Bauteile verformen.

Arbeitstechniken
Die Beschichtung von Kunststoffteilen erfolgt im Prinzip genau so wie bei anderen Untergründen. Das jeweilige Applikationsverfahren (LF 1) ist entsprechend der Möglichkeiten auf der Baustelle oder im Betrieb zu wählen. Demontage- und Abklebearbeiten (LF 6) sind so auszuführen, dass Dichtungen und angrenzende Bauteile nicht verschmutzt werden. Die Herstelleranweisungen zu den Materialien sind zu berücksichtigen.

Wenn sich der Handwerker nicht sicher ist, ob eine Kunststofffläche mit dem gegebenen Beschichtungsstoff beschichtet werden kann, müssen Probeflächen angelegt werden. Auf diesen Flächen können dann unterschiedliche Produkte ausprobiert und geprüft werden.

Aufgaben zu Kapitel 12.6

1. Nennen Sie Gründe für die Beschichtung von Kunststoffteilen.
2. Erläutern Sie kurz, aus welchem Grund es für den Maler wichtig ist, die Kunststoffart vor der Beschichtung zu kennen.
3. Warum befinden sich auf neuen Kunststoffteilen häufig Wachse, Öle oder Silikone?
4. Welche zusätzlichen Arbeiten können die elektrostatische Aufladung eines Kunststoffobjekts senken?
5. a) Mit welcher Prüfung kann man Trennmittel auf einer Kunststoffoberfläche feststellen?
   b) Beschreiben und erläutern Sie die Durchführung der Prüfung.
6. Wie können Trennmittel von einer Kunststoffoberfläche entfernt werden?
7. Wie können Sie eine Beschichtung auf Kunststoff auf ihre Trägfähigkeit hin untersuchen?
8. Mit welchen Schleifmitteln können Kunststoffe angeschliffen werden?

Abb. 1: Drucke

Abb. 2: Siebdruckrahmen

12.7 Siebdruck

Der Siebdruck, auch Durchdruck genannt, ist eine abgewandelte Schabloniertechnik. Ihren Ursprung fand die Technik bereits im 18. und 19. Jahrhundert. In Deutschland wurde das Druckverfahren ab 1920 verstärkt im Bereich der Schilderherstellung, im Textildruck und für Werbedruck angewendet. Heute wird der Siebdruck in erster Linie als grafischer, industrieller, Lebensmitteldruck, Textildruck und als künstlerischer Druck eingesetzt (Abb. 1).

Bei der Siebdrucktechnik wird die Druckfarbe mit einer Rakel durch ein feinmaschiges Sieb gedrückt. Im Sieb sind nur die Maschen offen, die das Bild wiedergeben sollen. Die bildfreien, nicht druckenden Stellen werden durch Schablonen oder lösemittel- bzw. wasserunlösliche Filme abgedeckt.

Das Verfahren ist sehr vielseitig. Es können nahezu alle Untergründe (Textilien, Papier, Keramik, Glas, Kunststoff, Holz, Leder, Metall) bedruckt werden. Es können sowohl flache Formen, wie CDs und Folien, als auch runde Formen, wie Flaschen bedruckt werden. Die hergestellten Siebe können zum Druck transportiert werden, somit ist das Verfahren nicht ortsgebunden.

12.7.1 Materialien und Geräte

Siebdruckrahmen
Auf die Siebdruckrahmen werden mit Hilfe von Spannvorrichtungen Gewebe gespannt. Die Rahmen bestehen aus Holz oder Metall (meist Aluminium, Abb. 2). Zum Einsatz kommen in der Regel Metallrahmen, da die Rahmen Feuchtigkeits- und Temperaturschwankungen ausgesetzt sind. Dabei könnten sich die Holzrahmen leicht verziehen und es zu Ungenauigkeiten im Druck kommen.

Siebgewebe
Das älteste Siebgewebe wurde aus Menschenhaar gefertigt. Heute verwendet man je nach Bedarf Kunststoffgewebe (Polyamid, Polyester) oder Metall.

Polyester ist außerordentlich haltbar, farbdurchlässig, chemikalienbeständig und leicht zu entschichten. Da es nur gering elastisch ist, entstehen sehr genaue Drucke. Man spricht von hoher Passergenauigkeit.

Polyamid besitzt die gleichen Eigenschaften wie Polyester, ist aber elastischer und damit für den Druck auf strukturierten Flächen und Körpern geeignet.

Metallgewebe bestehen aus Bronze und rostfreien Edelstählen. Sie werden bei starken Druckauflagen und bei hohen Anforderungen an die Maßhaltigkeit (Passergenauigkeit) der Drucke verwendet. Wegen ihres starren Gewebes besteht bei Metallsieben die Gefahr des Verbiegens und Verknickens.

Die Anzahl der Fäden pro Zentimeter Gewebe und die Dicke der einzelnen Fäden beeinflussen das gewünschte Druckergebnis. Grobe Maschen ergeben einen hohen Farbauftrag. Für feine Linien und Muster muss ein Gewebe mit engen Maschen verwendet werden.
In der Praxis liegt die Fadenzahl meist zwischen 90 und 120 je Zentimeter Gewebe. Bei feineren

Abb. 3: Rakel

Abb. 4: Beschichtungsrinne

Drucken kann sie bis auf 200 Fäden pro Zentimeter ansteigen.

Kopiertisch
Am Kopiertisch werden die beschichteten Siebe der fotomechanischen Schablonenherstellung mit einer Metallhalogenid-Lampe belichtet. Hierbei bleiben die zuvor abgedeckten Teile (die zu druckenden Teile) unbelichtet und wasserlöslich. Die nicht druckenden Teile werden durch die Belichtung wasserunlöslich. An diesen Stellen sind die Maschen des Siebs dauerhaft verstopft.

Waschtrog
Im Waschtrog werden die belichteten Siebe entwickelt. Das heißt, die nicht belichteten, wasserlöslichen Teile, die im Anschluss das Druckbild ergeben, werden von den wasserlöslichen Stellen befreit, sie werden ausgewaschen.

Drucktisch
Der Drucktisch ist ein Tisch mit schwenkbarem Rahmen zum Festschrauben der Siebe während des Druckvorgangs. Häufig sind die Tische mit einer Vakuumpumpe ausgerüstet, die das Druckgut an der perforierten Tischplatte während des Druckvorganges am Drucktisch fixiert. Zum Drucken werden die Siebe mit Hilfe der Rahmenschwinge auf das Druckgut geschwenkt.

Rakel
Die Rakel besteht aus einem Holzgriff mit Gummikante. Hiermit wird zuerst die Druckfarbe gleichmäßig im Sieb verteilt. Diesen Vorgang nennt man „das Sieb wird gefüllt“. Danach drückt die Rakel die Druckfarbe durch die offenen Siebstellen auf das Druckgut (Abb. 3).

12.7.2 Schablonenherstellung

Schablone bzw. Druckform nennt man das Teil, das das zu druckende Motiv enthält. Man unterscheidet zwischen manueller und fototechnischer Schablonenherstellung.

Manuelle Schablonenherstellung mit Abdeckschablonen
Bei der Abdeckschablone werden alle nicht druckenden Teile mit Beschichtungsstoff oder Kleister abgedeckt.

Manuelle Schablonenherstellung mit Schnittschablonen
Die durchsichtigen Schnittschablonen bestehen aus zwei Schichten, einem Trägermaterial und einer Folie, dem eigentlichen Schablonenmaterial. Die Folie wird mit dem Träger nach unten auf die Vorlage gelegt. Mit einem spitzen Schablonenmesser schneidet man die druckenden Teile aus.

Dabei ist darauf zu achten, dass das Trägermaterial nicht durchgeschnitten wird.
Die ausgeschnittenen, also die druckenden Teile, werden abgezogen. Die nicht druckenden Teile bleiben als Schablone auf dem Träger.
Die Schablonen werden entweder als selbst klebende Schablone oder durch Befeuchten mit Wasser oder Lösungsmittel an das Sieb geklebt.

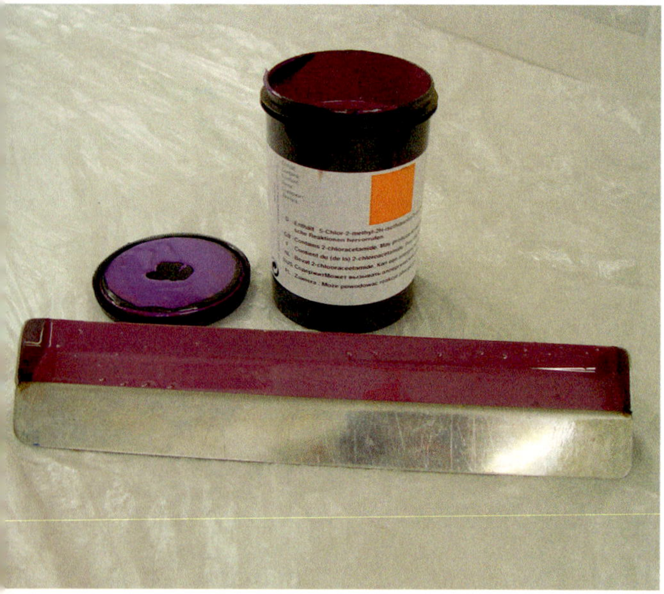

Abb. 1: Beschichtungsrinne mit Kopierschicht gefüllt

Abb. 2: Beschichten des Siebes

Schablonenherstellung auf fotomechanischem Weg
Eine fotomechanische Direktschablone entsteht durch Kopie einer seitenrichtigen Vorlage auf die Schablone. Die Vorlage kann z. B. durch Kopieren auf eine Overheadfolie entstehen (Abb. 7 und 8).

Die Schablone wird erstellt, indem eine lichtempfindliche Kopierschicht mit der Beschichtungsrinne auf das Gewebe aufgebracht wird (Abb. 1, 2)

Das getrocknete Sieb wird am Kopiertisch belichtet und anschließend am Waschtrog entwickelt (Abb. 3).

Alle nicht druckenden, belichteten Teile sind im Gewebe verblieben (Abb. 4).

Um ein vorzeitiges Belichten der Beschichtung zu verhindern, sollten die Beschichtung und die Belichtung im abgedunkelten Raum unter Rotlicht erfolgen. Diese Schablonen sind schnell herzustellen und eignen sich für hohe Druckauflagen.

Abb. 3: Kopiertisch

Abb. 4: Belichtetes, ausgewaschenes Sieb

Abb. 5: Füllen des Siebes mit der Rahmenschwinge

Abb. 6: Druckvorgang

12.7.3 Druckvorgang

- Wird der Druckvorgang vor Ort durchgeführt und ist ein Drucktisch vorhanden, wird das Sieb in die Rahmenschwinge geschraubt.
- Unter das Sieb werden kleine „Absprünge" gesetzt. Die 3 bis 4 mm hohen Abstandshalter (z. B. aus Holz) dienen dazu, dass sich das Sieb sofort nach dem Druckvorgang vom Druckgut löst. So wird ein Verschmieren des Drucks verhindert
- Mit Kreppband werden „Anlegemarken" geklebt. So wird die Position des Druckguts festgelegt.
- Nun wird das Sieb leicht abgesenkt und mit Druckfarbe gefüllt. Druckfarben sind meist Wasser verdünnbare Dispersionsfarben.
- Mit der Rakel wird das Sieb gefüllt. Die Farbe wird gleichmäßig, ohne Druck im Sieb verteilt (Abb 5).
- Anschließend wird das Sieb fest auf das Druckgut gepresst.
- Mit der Rakel wird die Farbe unter gleichmäßigem Druck und gleich bleibender Geschwindigkeit durch das Sieb gedrückt (Abb. 6).
- Das Sieb wird hochgeschwenkt, wieder gefüllt und es kann erneut gedruckt werden.

Das entstandene Druckgut zeigen die Abbildungen 9 und 10.

Abb. 7 und 8: Kopierte Motivvorlage

Abb. 9 und 10: Druckgut

Abb. 1: Schlecht lesbare, weil ornamentale Beschriftung eines Ladengeschäfts

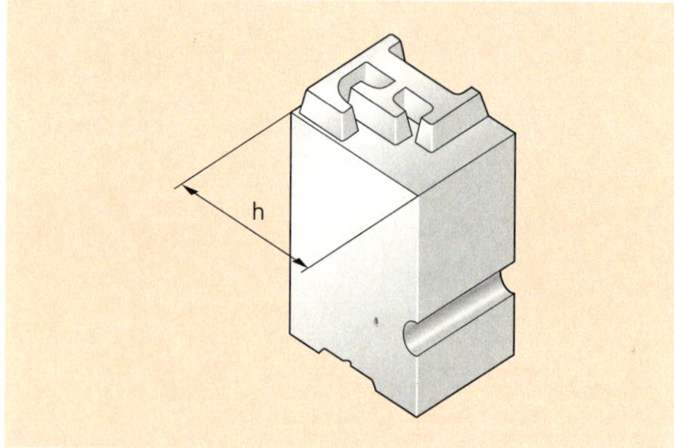

Abb. 2: Kegelhöhe h eines Buchstabens

12.8 Typografie

Mit dem Begriff der Typografie wird die planmäßige Anwendung von Schrift in einem Gestaltungsprozess beschrieben. Sie ist die visuelle Umsetzung des Sprechens. Im typografischen Sinne wird Schrift gemeinsam mit Linien, Flächen, Bildern und anderen Gestaltungselementen in einem Medium präsentiert. Die Präsentation unterliegt den Grundlagen der Ästhetik und der Funktion der jeweiligen Medien. Diese Medien sind meistens Druckerzeugnisse, Typografie kann aber auch beim Gebrauch am PC bzw. zur Darstellung im Internet (Webdesign) benötigt werden. Der Schriftanwender muss bei seinem Layout die einzelnen Gestaltungselemente harmonisch aufeinander abstimmen, damit sein Werk gelesen wird.

12.8.1 Der richtige Einsatz von Schriften

Moderne Textverarbeitungsprogramme bieten viele Möglichkeiten, mit Schrift zu gestalten. Diese Vielfalt an Bearbeitungsmöglichkeiten bietet Chancen, stellt manche Anwender jedoch vor Probleme, so dass es zu einem Durcheinander an Schriftarten und -größen kommen kann.

Ob Wandbeschriftung oder Geschäftsbrief – Schriften sind grundsätzlich zum Lesen gedacht und nicht als Ornament (Abb. 1). Mehr als zwei unterschiedliche Schriftarten auf derselben Fläche erzeugen Unruhe. Ist es notwendig, zwei Arten zu kombinieren (z. B. für eine Werbebeschriftung), ist es sinnvoll, eine Serifenschrift (→ LF 4) mit einer serifenlosen zu kombinieren.

Schriftgrößen werden in der Einheit Punkt (p) angegeben. Diese typografische Einheit stammt aus dem Buchdruck und bezeichnet die Höhe des Bleikegels, auf dem sich der zu druckende Buchstabe befindet. (Abb. 2) Die Schriftgröße ist daher immer etwas größer als die wirkliche Buchstabengröße. In der Typografie wird der französische Didot-Punkt (p) als Einheit verwendet. (1 p = 0,376 mm) Die Schriftgröße ist in der DIN 16507-1 festgelegt.

Die typografische Verwendung dieser Einheit darf nicht mit der Darstellung über EDV verwechselt werden. Hier wird die Einheit Desktop-Publishing-Punkt (DTP-Punkt, pt) verwendet. (1 pt = 0,3527 mm) Hierbei ist noch zu beachten, dass durch die vergrößerte Wiedergabe gleiche Schriftgrößen unterschiedlich groß dargestellt werden. Eine 12 p-Schrift wird z. B. auf dem Bildschirm eines Notebooks kleiner dargestellt als die gleichzeitig durch einen Beamer auf einer Projektionsfläche.

Werden unterschiedliche Schriftgrößen, auf einer Fläche angeordnet, ist das unvorteilhaft, da die Lesbarkeit dadurch eingeschränkt wird. Der Anwender sollte sich auf zwei, maximal drei Größen beschrän-

Übliche Schriftgrößen für Druckerzeugnisse

- Konsultationsgrößen 6 bis 8 p:
  - Geschäftsbedingungen, Telefonbuch, Taschenbuch, Fußnoten, Lexika, Visitenkarten ...
- Lesegrößen 9 bis 12 p:
  - Bücher, Zeitungen, Fließtexte, Prospekte, Geschäftskorrespondenz ...
- Schaugrößen I 12 bis 14 p:
  - Überschriften, Kinderbücher
- Schaugrößen II ab 24 p:
  - Titel- oder Plakatschriften

Abb. 3: Vertikal nach links gedrehte Anordnung der Beschriftung auf einer Schiebetur

Abb. 4: Rechts gedrehte Versalbeschriftung

ken und dieses Mittel nur zur Unterscheidung von Wichtigem und weniger Wichtigem verwenden.

Gute Lesbarkeit ist das oberste Gebot für jeden Anwender von Schrift. Werden Buchstaben vertikal geschrieben („chinesische" Anordnung), ist das für das Auge schwerer lesbar, als wenn der Text gedreht wird, so dass er mit nach links geneigtem Kopf gelesen werden kann (Abb. 3).

Schrift in Großbuchstaben (Versalien) wirkt aufdringlich und ist besonders bei mehr als zwei Wörtern nicht gut zu lesen (Abb. 4 und 5). Bei längeren Texten in Versalien „springt" das Auge wegen der fehlenden Ober- und Unterlängen leicht aus der Zeile.

12.8.2 Darstellung von Schrift auf Flächen

Grundsätzlich kann Schrift auf einer Fläche entweder symmetrisch (axial) oder asymmetrisch (anaxial) angeordnet werden. Symmetrie vermittelt dem Betrachter Ruhe und Sicherheit, während Asymmetrie freier und eigenwilliger, manchmal aber auch kompliziert wirkt.

Abb. 5: Sparsamer Einsatz von Versalschrift

Durch eine geschickte Gliederung kann man Schrift mehr oder weniger in den Vordergrund treten lassen. Eine horizontale bzw. vertikale Gliederung oder das Bilden eines Zentrums auf der Fläche mit Schrift sind möglich.

In die Gestaltung der Fläche mit Schrift kann man Hervorhebungen (fett, kursiv, unterstrichen) harmonisch einfügen. Sie können durch Kontraste oder durch ihre Originalität hervorstechen. Hier sind Raumaufteilung auf den Flächen sowie der Einsatz von Farben, Linien, grafischen Symbolen, andere Schriftarten oder -graden von Belang.

Abb. 1: Beispiel für einen Satzspiegel

12.8.3 Der typografische Raster (Satzspiegel)

Um Titel, Texte, Legenden, Tabellen und Bilder auf einer Fläche sinnvoll darzustellen, wird als Ordnungsprinzip der typografische Raster verwendet. Der Raster ist als Grundlage konstant, die Anordnung typografischer Elemente auf dem Raster ist indes variabel. Das Format der Fläche wird in den zu beschriftenden Teil (Satzspiegel) und den nicht zu beschriftenden teil (Rand) eingeteilt (Abb. 1).

In dem Raster kann der Text in unterschiedlichen Satzformen gegliedert werden. Der Blocksatz endet auf beiden Zeilenenden bündig mit dem Rand. Aus diesem Grund müssen die Wort- oder Buchstabenabstände variiert werden. Beim Flattersatz laufen die Textzeilen am Ende der Zeile unregelmäßig aus, so dass eine Treppenstruktur gebildet wird, die sich durch Silbentrennung ausgleicht. Der Mittelachsensatz ist an einer gedachten Mittelsenkrechten der zu beschriftenden Fläche ausgerichtet.

12.8.4 Beschriftung von Wänden

Unter Zuhilfenahme von Schablonen werden Häuser- aber auch Innenwände von Malerbetrieben individuell beschriftet. Hierbei ist es wichtig, dass die Fläche zunächst aufgemessen und auf einem Muster mit einem Satzspiegel versehen wird. Dies soll Ungenauigkeiten verhindern, die erst nach dem Abbau des Gerüsts zu Tage treten würden.
Für Schriften auf Fassaden gelten im Prinzip die gleichen typografischen Regeln wie für andere Beschriftungen. Meistens werden Fassaden zu Werbezwecken beschriftet (Abb. 2); es kann aber auch durchgeführt werden, um ein Gebäude z. B. nach einer Sanierung ästhetisch aufzuwerten (Abb. 3).

Abb. 2: Werbebeschriftung einer Hauswand

Faustregel für Fassadenbeschriftungen

$$\text{Schrifthöhe in m} = \frac{\text{Leseentfernung zur Beschriftung in m}}{\text{Divisor}}$$

- Divisor 450 für klare, gut lesbare Schriften
- Divisor 350 für durchschnittlich lesbare Schriften
- Divisor 250 für ungewöhnliche, schlecht lesbare Schriften

Klare, gut lesbare Schriften können kleiner dargestellt sein als schlecht lesbare.

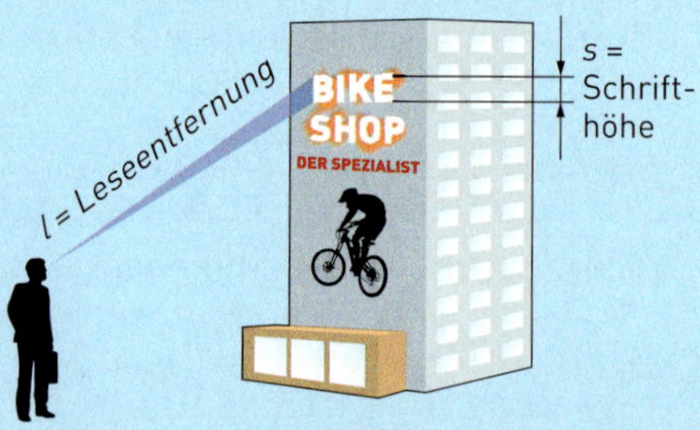

Abb. 3: Adressbeschriftung auf einem Wohnblock

Abb. 4: Beispiel für zeitgenössische fremde Schrift (Hinweisschild in Kambodscha)

12.8.5 Gebrauch von Schrift

Schriften sind Zeichen, mit denen Sprache festgehalten und mitgeteilt wird. Diese Zeichen sind eine Vereinbarung innerhalb einer Gruppe von Menschen. Damit kann eine Information durch den Schreiber auf einem Träger, z. B. Tafel, Papier, Computerspeicher, verschlüsselt (kodiert) und später vom Leser wieder entschlüsselt (dekodiert) werden. Ohne die geschriebene Sprache wäre die Kommunikation in einer modernen Gesellschaft nicht möglich. Schriften helfen dabei, Wissen, Vereinbarungen, Gefühle, Fragen usw. aufzuzeichnen und verbunden mit einer Absicht zu übermitteln.

Es gibt sehr viele Gattungen und Systeme von Schriften. Am häufigsten wird weltweit die lateinische Schrift verwendet. Aber auch die arabische, kyrillische und die chinesische Schrift, wird von einer sehr großen Zahl an Menschen benutzt. Um sich in dieser unübersichtlichen Menge zurechtzufinden, ist es notwendig, über ein Ordnungssystem zu verfügen. Dies erleichtert die Kommunikation über Schrift erheblich.

Tab. 1: Einteilung der Schrift nach DIN 16 518

Nr.	Name der Gruppe	besondere Merkmale	Beispiele	Schriftprobe
1	Venezianische Renaissance-Antiqua	kleines „e" mit schräger Linie, schräger Ansatz bei Kleinbuchstaben	Schneidler, Berkeley Old Style	Probe
2	Französische Renaissance-Antiqua	geringe Unterschiede der Strichstärke, ausgerundete Serife	Sabon, Garamond, Palatino	Probe
3	Barock-Antiqua	deutliche Unterschiede der Strichstärke, schräge Ansätze der Kleinbuchstaben	Times New Roman, Baskerville, Caslon	Probe
4	Klassizistische-Antiqua	extreme Unterschiede der Strichstärken, senkrechte kräftige Balken, hauchdünne Querlinien	Bodoni, Madison, Walbaum	Probe
5	Serifenbetonte Linear-Antiqua	optisch gleich starke Striche und Serife	Rockwell, Egyptien	Probe
6	Serifenlose Linear-Antiqua	fehlende Serife, kaum Unterschiede in der Strichstärke	Frutiger, Arial, Helvetica	Probe
7	Antiqua-Varianten	alle Serifschriften, die nicht zu 1–4 gehören	Arnold Boeklin	Probe
8	Schreibschriften	Druckschriften, die Schreibschriften nachempfinden	Brush, Freehand	Probe
9	Handschriftliche Antiqua	Antiquaschriften mit Serifen, die in Schreibformen übergehen	Mistral, Tekton	Probe
10	Gebrochene Schriften	„altdeutsche" Schriften	Fraktur	Probe
11	Fremde Schriften	Nicht-lateinische Schriften	Qadi Linotype	عمحد

Abb. 1: Antiqua-Schrift

Abb. 2: Grotesk-Schrift

Abb. 3: Schreibschrift

Abb. 4: Gebrochene Schrift

In Deutschland ist die Einteilung der Schrift in insgesamt elf Gruppen in der DIN 16 518 von 1964 festgelegt. Seit 1998 existieren Bestrebungen, die Gruppen neu zu ordnen, da Neuentwicklungen der Schrift sich nur schwierig in das nach historischen Grundsätzen festgelegte Schema einordnen lassen. Fast alle neuen Schriften müssen z. B. in die Gruppe VI eingeteilt werden, da sie über keine Serifen (→ LF 4) verfügen. Weiterhin wird von Kritikern die Gruppe XI mit fremden Schriften als für die globale Kommunikation untauglich angesehen.

Für den Maler ist es auch angesichts der Vereinfachung einer Kundenberatung sinnvoll, diese Unterteilungen zusammenzufassen. Dabei bietet sich folgende Einteilung an: (→ LF 4)

- Antiquavarianten
- Grotesk (serifenlose Antiqua)
- Schreibschriften
- Gebrochene Schriften
- Fremde Schriften (z. B. kyrillische, semitische od. ostasiatische Formen)

Schrift im Außenbereich

Wenn ein Malerbetrieb den Auftrag erhält, ein Gebäude oder das Schild eines Gebäudes zu beschriften, ist seine Kompetenz als Berater des Kunden gefragt. Eine große Zahl an Beispielen im Alltagsleben zeigt, wie viele und vor allem wie viele schwere Fehler bei der Gestaltung mit Schrift im öffentlichen Raum gemacht werden können. Der Einsatz von Schrift ist keineswegs beliebig und stets von dem Zweck der Beschriftung und ihrer beabsichtigten Wirkung abhängig.

Einsatz von Antiqua-Schriften

Antiqua-Schriften sind insbesondere bei großen Textmengen gut zu lesen, da die Serifen am Buchstabenfuß das Auge beim Lesevorgang in der Zeile halten. Zur Beschriftung werden Antiqua-Schriften z. B. verwendet, wenn man auf ein anspruchsvolles, exklusives Geschäft oder eine besonders seriöse Dienstleistung (z. B. Rechtsanwaltskanzlei) hinweisen will. Da das Vorbild der Antiqua-Großbuchstaben die Römische Capitalis ist, werben auch italienische Restaurants häufig mit Antiqua-Schriften (Abb. 1).

Einsatz von Grotesk-Schriften

Die serifenlosen Grotesk-Schriften sind eine abstrakte Variante der Antiqua und daher deutlich jünger als ihre Verwandten. Sie sind klar, wirken nüchtern, bei kleinen Textmengen besonders gut lesbar und werden z. B. dort eingesetzt, wo für Technik und Modernität geworben wird oder moderne Gebäude beschriftet werden. Seit Beginn der Moderne im ersten Drittel des 20. Jahrhunderts ist diese Schrift in Architektur und Design verbreitet und kann für Beschriftungen bei innovativen und kreativen Firmen Verwendung finden (Abb. 2).

Einsatz von Schreibschriften

Dort, wo für Eleganz oder Verspieltheit geworben werden soll, wo Schrift festlich, oder zart wirken soll, kommen Schreibschriften zum Einsatz. Man beschränkt sich hierbei meist auf eine sehr geringe Textmenge (häufig nur 1–2 Wörter), da die Lesbarkeit sonst nicht gegeben ist. Als Objekte kommen z. B. Musikinstrumentengeschäfte, traditionelle Schreibwarenläden, französische Restaurants oder Geschäfte für Hochzeitskleidung in Frage (Abb. 3).

Einsatz von gebrochenen Schriften
Gebrochene Schriften drücken grundsätzlich Tradition und Altertümlichkeit aus. Sie sind für unser heutiges Verständnis schwierig zu lesen und sollten daher nur für kurze Überschriften oder Titel genutzt werden. Traditionelle deutsche Restaurants oder Kneipen, aber auch Hersteller von deutschem Bier und Wein haben gebrochene Schriften oft in ihrem Schriftzug. Wegen ihrer Verwendung im Dritten Reich wird sie von vielen Menschen, insbesondere im europäischen Ausland, abgelehnt (Abb. 4).

Einsatz fremder Schriften
Beim Einsatz fremder Schriften ist für den Maler Vorsicht geboten. Wenn nicht nur die Sprache, sondern auch die Schrift, die verwendet werden soll, unbekannt ist, ist die Wahrscheinlichkeit, Fehler zu machen, sehr groß. Werden fremde Schriften lediglich als Ornament verwendet, kann es zu Missverständnissen führen, wenn unklar ist, was der Schriftzug bedeutet. In fremden Schriften gibt es unterschiedliche Schriftarten und -schnitte, die sich einem mitteleuropäischen Lesenden nicht erschließen. Daher kann man ohne fundierte Kenntnisse in z. B. kyrillischer, arabischer, thailändischer oder chinesischer Schrift z. B. keine Beschriftung für ein Restaurant ausführen, ohne Gefahr zu laufen, Fehler zu produzieren.

Aufgaben zu Kapitel 12.8

1. Definieren Sie den Begriff „Typografie".
2. Was kann durch den typografischen Raster auf einer Fläche gegliedert werden?
3. Berechnen Sie die Schriftgröße einer Wandbeschriftung bei einer Leseentfernung von 200 m für alle drei Lesbarkeiten von Schriften.
4. In welche 5 Gruppen sollte der Maler die Vielzahl der Schriften zur besseren Kundenberatung einteilen?
5. Bestimmen Sie die jeweilige Gruppe der drei folgenden Schriften gemäß der für den Maler in Aufgabe 4 vereinfachten Einteilung:

6. Ordnen Sie die Schriftgrößen den entsprechenden Druckerzeugnissen zu.

1) 6 bis 8 p	A) Schaugrößen II
2) 9 bis 12 p	B) Konsultationsgrößen
3) 12 bis 14 p	C) Schaugrößen I
4) ab 24 p	D) Lesegrößen

7. Erläutern Sie den Unterschied zwischen Blocksatz und Flattersatz.

Abb. 1: Besprechung auf einer Baustelle

12.9 Bildzeichen

12.9.1 Grundlagen der Kommunikation

Sehr vereinfacht ausgedrückt ist Kommunikation die Mitteilung einer Information unter Zuhilfenahme von Zeichen. Mit diesen „informierenden Zeichen" ist meistens eine Absicht verbunden, welche die mitteilende Person verfolgt. In den meisten Fällen ist das Zeichen eine gesprochene Sprache, z. B. Deutsch, Englisch, Französisch, oder ihre Übertragung in ein Schriftsystem, z. B. lateinische, arabische, kyrillische Schrift. Auf Baustellen muss viel kommuniziert werden. Arbeitsaufträge, technische Merkblätter, Baubesprechungen (Abb. 1), Reklamationen, Bautagebücher, Arbeitsanweisungen, Tätigkeitsnachweise usw. sind typische Formen dieser Baustellenkommunikation.

Dabei kommunizieren unterschiedliche Ausführende miteinander, die z. B. verschiedenen Berufszweigen oder Hierarchieebenen angehören. Maler, Maurer, Betonbauer usw. müssen sich untereinander ebenso miteinander austauschen wie Architekt, Meister, Vorarbeiter, Geselle und Auszubildender. Seit einigen Jahren trifft man auf deutschen Baustellen eine große Zahl Personen verschiedener Muttersprachen (Deutsch, Russisch, Türkisch, Spanisch usw.) an. Damit es nicht zu Irrtümern und daraus resultierenden Fehlern bei der Arbeit oder sogar Unfällen und Gesundheitsschäden kommt, müssen die verwendeten „Zeichen" deutlich und unmissverständlich sein. Verwendet man Bildzeichen, ist es auch über Sprachgrenzen hinweg einfacher, sich zu orientieren und sicher zu arbeiten.

Abb. 2: Kennzeichnung eines Ritters durch Farben und Symbole

12.9.2 Feldzeichen

Ein Bildzeichen besteht aus den Elementen „Form" und „Farbe" (→ LF 4, LF 8) und kann durch Schrift ergänzt werden. Einer der Ursprünge der Bildzeichen sind Feldzeichen antiker Heere, die zunächst aus dekorativen und religiösen Gründen auf Fahnen und Schilden angebracht wurden (Abb. 2). Wurden Symbole verwendet, gebrauchte man meistens die Abbildung von Tieren, denen besondere Stärke oder Unbändigkeit zugeordnet wird (Löwe, Eber, Raubvögel usw.). Die Eigenschaften der Tiere sollten sinnbildlich den Mut und die Kampfeskraft des Kriegers zum Ausdruck bringen. Später dienten die Feldzeichen zur Orientierung auf dem Schlachtfeld und zur Unterscheidung von Freund und Feind im Kampf und wurden im Hochmittelalter auf allen Waffenteilen der Krieger abgebildet. Die Symbole befanden sich nicht nur auf Brust und Rücken des Waffenrockes, welches die Kettenrüstung bedeckte, sondern wurden auch weithin sichtbar auf den Schilden, den Pferdedecken und den Wimpeln der Lanzen getragen (Abb. 2). Aus diesen „Waffenfarben" entstand das Wort „Wappen". Dieses wird noch heute im Zusammenhang mit Bildzeichen verwendet.

Abb. 3–6: Beispiele typischer Wappen mit Gebäuden, Tieren, Pflanzen, Formen

12.9.3 Wappen

Als es noch keine einheitlichen Nationalfahnen gab, existierten im Mittelalter Experten, die Freund und Feind anhand der Wappen unterscheiden konnten, die Herolde. Aus diesem Wort leitet sich die Wappenkunde, die Heraldik ab. Die Regeln, wie ein Wappen im heraldischen Sinne zu gestalten ist, wurden im 12. Jahrhundert festgelegt. Wie es zu deuten ist, hängt von seinem Aufbau und der Bedeutung der einzelnen Teile und Symbole ab. Wappen sind stets nach festgelegten Gestaltungskriterien hergestellt worden. Schon ein einfarbiger Wappenschild kann theoretisch ein vollständiges Wappen sein, allerdings besteht dabei eine erhebliche Verwechslungsgefahr. Aus diesem Grund wurden, je nachdem, ob es sich um ein Herrscher- oder Stadtwappen handelte, Gebäudeteile, Tiere, Pflanzen usw. in das Wappen aufgenommen. Häufig mussten die Wappen bei Erweiterung des Territoriums um zusätzliche Elemente erweitert werden. Beispielsweise schlossen sich bei der Gründung der Bundesrepublik alte Länder zusammen, aber auch in den letzten Jahren mussten durch die Zusammenlegung von Landkreisen auch neue Wappen erstellt werden.

Die Benennung der einzelnen Elemente wird in der heraldischen Fachsprache „Blasonierung" genannt (von französisch. le blason = der Wappenschild).

Gemäß der traditionellen heraldischen Regeln sollten Wappen farblich einfach gehalten werden. Die zu verwendenden Farbtöne nennt man in der Heraldik Tinkturen. Die Farben Gelb und Weiß wurden als Darstellung der Metalle Gold und Silber verwendet.

In den heraldischen Farbregeln werden die Grundzüge der Farbgestaltung auf Wappen festgelegt.

- Es müssen gesättigte Farben verwendet werden.
- Es muss ein Kontrast aus „Metallen" und Farben hergestellt werden.
- Alle Farben sind gleichwertig.
- Jede Figur eines Wappens kann in jeder Farbe dargestellt werden.
- Um ein Wappen eindeutig erkennbar zu machen, dürfen nur wenige Farben, Felder und Figuren verwendet werden.

Abb. 7: Unterschiedliche Schildaufteilungen

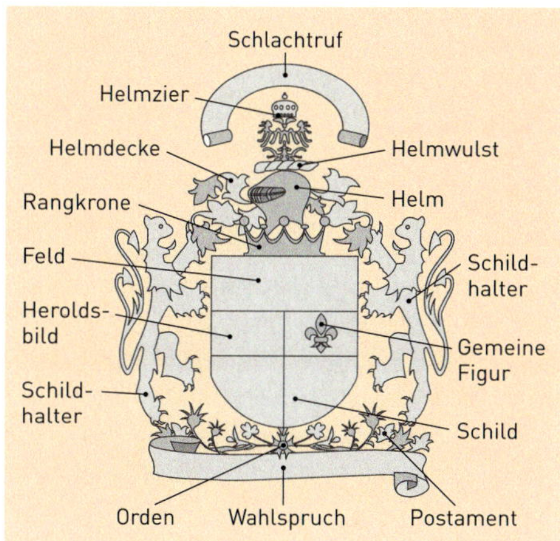

Abb. 8: Wappenelemente

Abb. 1: Beispiele von Piktogrammen zu Sportarten

Abb. 2: Beispiel für eine Bilderschrift (Hieroglyphen)

12.9.4 Piktogramme

Ein Piktogramm ist ein Zeichen, das einen Bedeutungsinhalt durch eine stark vereinfachte Darstellung vermittelt (Abb. 1). Im weitesten Sinne sind die altägyptischen Bildschriften (Hieroglyphen, Abb. 2) sowie die chinesischen, japanischen und koreanischen Schriftzeichen auch Piktogramme, da sie keine Laute sondern einen umfangreicheren Inhalt übertragen. Piktogramme werden in der heutigen Zeit überall dort verwendet, wo es über Sprach- und Wissensgrenzen hinweg notwendig ist, eine Information schnell und deutlich weiterzugeben. Dies trifft im besonderen Maße auf öffentlich zugängliche Gebäude und Außenbereiche sowie den Straßenverkehr zu. Dort kann man durch den Einsatz mit Piktogrammen vermeiden, mehrsprachige Beschilderungen anbringen zu müssen.

Nachdem sie schon in vielen Bereichen verwendet worden waren, wurde zu den Olympischen Spielen 1964 ein Konzept zur strategischen Verwendung von Piktogrammen umgesetzt, das dadurch weltweit Beachtung fand. Die Piktogramme bezogen sich sowohl auf die einzelnen Sportarten als auch auf alle sonstigen Einrichtungen an den Sportstätten (Toiletten, Sanitätsräume, Sammelplätze usw.). Diese Bildzeichen wurden vom Designer Otl Aicher für die darauf folgenden Olympischen Spiele weiter vereinfacht und finden bis zum heutigen Tag Verwendung.
In vielen Bereichen des Berufslebens (Baustellen, Werkstätten, Labore usw.) ist ein schnelles und sicheres Arbeiten ohne Piktogramme undenkbar. An vielen Arbeitsplätzen wirken Menschen unterschiedlicher Muttersprache zusammen und müssen sich trotz einer möglichen Sprachbarriere zurecht finden.

Aus diesem Grund sind Piktogramme zur Orientierung und zur Sicherheit aus dem Arbeitsalltag des Malers nicht mehr wegzudenken (Abb. 3). Neben allgemeinen Zeichen werden folgende Gruppen von Sicherheits- und Gefahrensymbolen verwendet (→ LF 6 und Tabellenbuch Maler und Lackierer):

- Verbotszeichen,
- Warnzeichen,
- Gebotszeichen,
- Rettungszeichen,
- Brandschutzzeichen.

In den Normen ISO 7001 (allgemeine Piktogramme) und DIN ISO 3864 (Sicherheitszeichen) sind die üblicherweise verwendeten Piktogramme und Hinweise zu deren Gestaltung gesammelt. Methoden zum Qualitätstest neuer Piktogramme werden in der ISO 9186 dargestellt.

Abb. 3: Piktogramme als Leitsystem einer Klinik

Abb. 4: Straßenmarkierungsbeschichtung mit einer Schablone

Abb. 5: Fertiggestellte Straßenmarkierung

12.9.5 Sicherheitsmarkierungen

Eine Form der Kommunikation durch Zeichen findet im Zuge der Absicherung bestimmter Bereiche oder durch die Warnung vor gefährlichen Inhaltsstoffen statt.

Straßenmarkierungen
Die Herstellung von Markierungen auf Straßen, Parkplätzen und Firmengeländen ist ein mögliches Tätigkeitsgebiet des Malers (Abb. 4–5).

Im am häufigsten auftretenden Fall sollen Straßenmarkierungen dafür sorgen, dass ein Fahrzeug die Spur zur Fahrbahnmitte bzw. zum Straßenrand hält oder im Falle eines Zebrastreifens oder einer Haltelinie zum Anhalten aufgefordert wird.

Auf Parkplatzflächen werden Einzelparkplätze durch Beschichtungen voneinander getrennt, damit der erlaubte Parkraum gekennzeichnet und mit dem insgesamt vorhandenen Platz sparsam umgegangen wird. Die Anforderungen an Straßenmarkierungen sind in der DIN EN 1436 geregelt.

Auf Firmengeländen ist es notwendig, Fahrbereiche, z. B. für Gabelstapler, festzulegen oder Sperrflächen auszuweisen, auf denen nichts gelagert werden darf

Tab. 1: Kennfarben für Rohrleitungen

Durchflussstoff, Anwendungsbeispiele	Kennfarbe/Schriftfarbe
1 **Wasser** (Abwasser, Frischwasser, Heißwasser, Kühlwasser)	grün
2 **Wasserdampf** (Fernwärme, Heizwärme, Kondensat)	rot
3 **Luft** (Druckluft, Heißluft, Pressluft, Umluft, Zuluft)	grau
4 **Brennbare Gase** (Acetylen, Butan, Propan, Erdgas, Treibgas)	gelb
5 **Nichtbrennbare Gase** (Edelgase, Chlor, Ozon, Schutzgas)	schwarz
6 **Säuren** (Blausäure, Essigsäure, Salzsäure, Schwefelsäure)	orange
7 **Laugen** (Ammoniak, Kalilauge, Natronlauge, Soda, Waschlauge)	violett
8 **Brennbare Flüssigkeiten** (Aceton, Alkohol, Benzin, Diesel, Heizöl)	braun
9 **Nichtbrennbare Flüssigkeiten** (Bier, Desinfektionsmittel)	schwarz
0 **Sauerstoff**	blau
Vakuum	grau

Abb. 1: Logos: a) Textlogo, b) Text-Bild-Logo, c) Bildlogo

bzw. die nicht befahren oder begangen werden dürfen, weil diese möglicherweise im Schwenkbereich von Kränen oder anderen Maschinen liegen.

Als Beschichtungsmaterialien für die entsprechenden Untergründe (Asphalt, Beton, Verbundsteine) werden unterschiedliche Beschichtungsstoffe und so genannte Plastikmassen (Thermoplaste) verarbeitet. Die Materialien werden in den meisten Fällen in weißen oder gelben Farbtönen geliefert. Straßenmarkierungen bringt man mittels spezieller Spritzgeräte oder eines so genannten Ziehschuhs auf. Dabei muss man sich bei Linien nach einem Markierungsplan richten und appliziert Symbole, z. B. Abbiegepfeile, mit standardisierten Schablonen. Im Fall von Beschichtungsarbeiten geringerer Größenordnung, z. B. bei kleinen Firmenparkplätzen, werden aus Gründen der Wirtschaftlichkeit meistens Rollen und/oder Pinsel gebraucht.

Rohrleitungsfarben

In Werksanlagen mittelständischer und industrieller Betriebe werden Stoffe, die für Mensch und Natur gefährlich sind, sowohl im Innen- als auch im Außenbereich z. T. in Rohrleitungen transportiert. Damit ersichtlich ist, welche Art von Gefahrstoffen sich in den Roheren befindet, werden diese farbig beschichtet (S. 483, Abb. 1; Abb. 2). Die Art des Beschichtungssystems ist in Abhängigkeit vom Material des Rohres, zu wählen, welches wiederum auf den jeweiligen Gefahrstoff ankommt (→ LF 1).

Abb. 2: Gelbe Rohrleitungen für brennbare Gase

12.9.6 Logos

Logo ist die Bezeichnung für ein Symbol, das als Marken- oder Firmenzeichen Verwendung findet. Man benutzt es auch für andere Organisationseinheiten wie z. B. Staaten, Vereinen, Verbänden, Parteien, Bildungseinrichtungen usw. Ziel des Gebrauchs eines Logos ist – ähnlich wie beim Wappen (Kap. 12.9.3) – die Unterscheidung von anderen Firmen, Produkten, Vereinen etc. Man kann bestimmte Produkte einfacher auswählen und zuordnen, wenn sie über ein Logo schnell erfasst werden können. Um das zu erreichen muss ein Logo quer durch Sprachen und Kulturen verständlich ist. Firmen- und vereinsintern sorgen Logos für die Identifikation mit der Gemeinschaft und zeigen das „Gesicht" der Gruppe nach außen (Abb. 1).

Logos können abstrakt sein, mit Schrift kombiniert werden oder ausschließlich aus Schrift bestehen.

Ein Logo muss u. a. folgende Kriterien erfüllen:

- Unverwechselbarkeit,
- Schnelle Erfassbarkeit, Einprägsamkeit,
- langfristige Einsetzbarkeit,
- erkennbare Zuordnung zur Branche oder zum Bereich,
- klare Aussage des Designs, Verständlichkeit,
- Reproduzierbarkeit auf unterschiedlichen Gegenständen in unterschiedlichen Größen,
- Internettauglichkeit,
- Hell-Dunkel-Kontrast für Schwarz-Weiß-Gebrauch.

Abb. 3: Corporate Design (Logo, Farbe, Schrift, Raster) auf einem Firmenwagen

Abb. 4: Werbemittel im Corporate Design

12.9.7 Corporate Identity

In vielen Bereichen des Wirtschaftslebens ist die Zahl der Anbieter für Produkte oder Dienstleistungen in den letzten Jahren stark gestiegen. Gleichzeitig ist durch den Einsatz neuer Kommunikationstechnologien die Verbreitung von Angeboten und Werbung intensiviert worden. Konsumenten und Kunden müssen eine erhebliche Menge an Informationen verarbeiten, bevor sie sich für den Kauf oder Auftrag entscheiden können.

Vor diesem Hintergrund wird ein Unternehmen, welches „hinter" dem Produkt steht, immer wichtiger. Seine jeweilige „Identität" hat einen großen Einfluss auf die Entscheidungen des Kunden. Die Dinge, die charakteristisch für ein Unternehmen, eine Partei, einen Verein oder eine sonstige Institution sind, kann man als Identität dieser Organisation bezeichnen. Wird diese Identität durch geplanten Einsatz von Verhalten, Kommunikation und Erscheinungsbild innerhalb der Organisation und nach außen weitergegeben, spricht man von „Corporate Identity" (CI). Dieser Begriff kann mit Unternehmensidentität übersetzt werden.

Ein wichtiges Ziel der Unternehmenskommunikation ist die Entwicklung von Vertrauen in die Unternehmensmarke. Dies geschieht nicht von selbst, sondern muss erarbeitet werden. In einem unüberschaubaren Markt muss ein Unternehmen daher mit einem erkennbaren Profil auftreten. Nur so kann es auf Dauer wahrgenommen werden und Aufträge erhalten.

CI drückt ein auf allen Ebenen einheitliches und unverwechselbares Unternehmensleitbild aus. Das soll dazu führen, dass sich die Mitarbeiter mit der Firma identifizieren und potenzielle Kunden von der Einzigartigkeit des Unternehmens und seiner Produkte bzw. Dienstleistungen überzeugt werden (Abb. 3–4).

Die CI beinhaltet meistens drei Elemente:

- Corporate Design (CD)
  ➔ Identifikation des Unternehmens, visuelles Erscheinungsbild nach innen und außen
- Corporate Communication (CC)
  ➔ Werbung, Öffentlichkeitsarbeit, Verkaufsförderung, Sponsoring
- Corporate Behaviour (CB)
  ➔ Verhalten gegenüber Mitarbeitern, Geschäftspartnern, Aktionären, Staat, Gesellschaft, Umwelt

Für die Tätigkeitsbereiche eines Malerbetriebs ist besonders das Corporate Design von Belang. Als einer der Erfinder des Corporate Designs gilt der deutsche Architekt und Designer Peter Behrens, der von 1907 bis 1914 als Berater der Firma AEG zum ersten Mal ein einheitliches „Firmengesicht" entwarf.

Das CD besteht aus folgenden Komponenten:

- Logo,
- Hausfarbe,
- Hausschrift,
- Gestaltungsraster.

Neben einem Logo (Kap. 12.9.5) sind besonders Hausfarbe und Hausschrift interessant. Durch die Hausfarbe soll alles, was mit der entsprechenden Firma zusammenhängt, schon auf den ersten Blick erkennbar sein. Dabei wird die farbliche Gestaltung auf Firmenfahrzeugen, Gebäuden, Mitarbeiterkleidung, Verpackungen, Flugblättern, Plakaten usw. angewendet. Im Idealfall sollen die Farben die Unternehmensidentität und/oder das Image der Produkte oder Dienstleistungen darstellen. Auf jeden Fall sind die Gestaltungsregeln zum Umgang mit Farben zu beachten (LF 4).

Die für Beschriftungen (LF 4 und 8) und den täglichen Schriftverkehr verwendeten Hausschriften müssen gut lesbar sein. Sie sollten möglichst zeitlos sein und sich keiner aktuellen Mode anpassen, damit man sie über mehrere Jahre verwenden kann. Man verwendet dazu häufig Grotesk-Schriften, in manchen Fällen werden auch Antiqua-Varianten eingesetzt.

Das Gestaltungsraster beim CD ist ähnlich dem typografischen Raster (Kap. 12.8.3) Durch das Raster werden Logos und andere Gestaltungselemente sowie Texte und Abbildungen in ein einheitliches, feststehendes Ordnungssystem integriert. Das Gestaltungsraster ist ein wichtiger Faktor der Identifizierung des Unternehmensauftritts.

Das CD soll u. a. folgende Kriterien erfüllen:

- Aufmerksamkeit,
- Wiedererkennung,
- Langlebigkeit,
- Genauigkeit,
- Eigenständigkeit,
- Ergänzungsmöglichkeiten und Variationen,
- Ästhetik,
- Modernität.

Hinsichtlich des Kommunikationsdesigns einer Firma werden Briefpapier, Rechnungsbögen, Visitenkarten, Firmenbroschüren, Faltblätter, technische Informationen, aber auch Internet-Auftritte oder Messestände mit den CD-Komponenten gestaltet. Dies erhöht den Wiedererkennungswert des Unternehmens.

Aufgaben zu Kapitel 12.9

1. Erläutern Sie kurz, wo der Ursprung der Bildzeichen liegt.

2. Von welchem Wort stammt der Begriff „Wappen" ab.

3. Nennen Sie einige Elemente, die in Wappen aufgenommen wurden, um die Verwechslungsgefahr zu reduzieren.

4. Nennen Sie die vier heraldischen Farbregeln.

5. Erklären Sie den Begriff „Piktogramm".

6. Nennen Sie die Kennfarben für Rohrleitungen mit den Durchflussstoffen.
   a) Brennbare Gase,
   b) Säuren,
   c) Laugen.

7. Welche drei Elemente beinhaltet das Corporate Identity?

8. Definieren Sie kurz den Begriff „Kommunikation".

9. Nennen Sie mindestens drei Kriterien, die ein Corporate Design erfüllen soll.

10. Benennen Sie die Logoart für die gegebenen Logos.

westermann

Schreiber

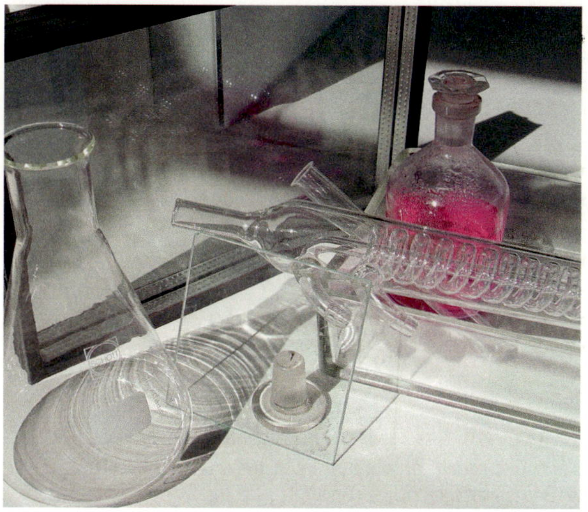

Abb. 1: Diverse Glasscheiben

Abb. 2: Floatglasprozess

12.10 Glas

Glas ist ein amorpher, nichtkristalliner Feststoff. Materialien, die man im Alltagsleben als Glas bezeichnet (z. B. Trink- oder Fenstergläser), werden aus unterschiedlichen Rohstoffen hergestellt (Abb. 1). Die Produktion des Glases beginnt mit dem Aufschmelzen der Rohstoffe, dem Gemenge. Für die Herstellung von Kalk-Natron-Glas, das einen großen Teil der produzierten Glasmenge ausmacht, werden folgende Rohstoffe eingesetzt:

- Quarzsand,
- Natriumcarbonat (Soda),
- Kaliumcarbonat (Pottasche),
- Feldspat (ein Silikat-Mineral),
- Kalk oder Dolomit und
- Altglas oder Scherben aus der Produktion.

Die unterschiedlichen Rohstoffe haben unterschiedliche Funktionen. Quarzsand, SiO_2, bildet das Gerüst oder Netzwerk des Glases. Soda und Pottasche dienen als Flussmittel, senken also die Schmelztemperatur des Gemenges. Feldspat erhöht die chemische Beständigkeit des Glases und Kalk und Dolomit zusätzlich die Härte. Altglas lässt das Gemenge leichter schmelzen und senkt damit den Energieverbrauch.

Nach dem Aufschmelzen wird das Glas geformt. Je nach Produkt unterscheidet man unterschiedliche Formverfahren.

Das fertige Glas ist physikalisch gesehen eine eingefrorene, unterkühlte Flüssigkeit. Die bei der Herstellung erzeugte unregelmäßige Molekülstruktur bewirkt, dass das Glas optisch in allen Richtungen gleich ist. Dies ist der Grund für die Durchsichtigkeit.

Mit Ausnahme der Glasfasern ist Glas relativ hart, wenig biegsam und spröde. Chemisch ist Glas sehr widerstandsfähig. Nur basische Substanzen mit hohem pH-Wert und Flußsäure können Glas anätzen und trübe Flecken hinterlassen. Glas muss daher vor basischen Baustoffen wie frischem Zementputz, Silikatfarben oder Frischbeton geschützt werden.

12.10.1 Glasarten

Hohlglas (Flaschen, Gläser) wird in mehreren Verfahren durch Pressen, Blasen, Saugen und Kombinationen dieser Techniken hergestellt.

Glasfasern und **Glaswolle** werden durch Spinnen produziert.

Flachglas (Fensterscheiben) wird im Floatverfahren (Abb. 2) hergestellt, gezogen, gewalzt oder gegossen. Beim Floatverfahren fließt das Gemenge auf ein Bad aus flüssigem Zinn. Darauf schwimmt das deutlich leichtere Glas (engl. to float) und breitet sich wie ein Ölfilm gleichmäßig aus. Es bilden sich sehr glatte Oberflächen. Geprägtes Glas (mit Relief), auch mit eingelegtem Drahtgitter, wird als **Walzglas** hergestellt.

Rohrglas wird durch Ziehverfahren hergestellt.

Abb. 1: Durch Kalk-Zementputz verätzte Fensterscheibe

Abb. 2: Dreischeibenisolierglas mit Inertgasfüllung

Fenstergläser sind heute Isoliergläser. Diese sind in der Regel sogenannte Funktionsgläser (Abb. 2). Sie können je nach Kombination der Glasarten, Glasbeschichtungen, Glasdicken, Scheibenzwischenräume und Gasfüllung sehr unterschiedliche Anforderungen erfüllen.

12.10.2 Beschichten von Glas

Glas wird industriell bereits seit einiger Zeit beschichtet. Hochwertige Weinflaschen und Parfumflakons, aber auch Dekoflaschen und Möbelverglasungen werden lackiert, wenn eine mechanische Oberflächenbearbeitung oder farbige Glasherstellung zu aufwendig ist.

Diese Lacke müssen je nach Anwendung chemikalien- und/oder kratzbeständig sein. Für den Maler gibt es seit mehreren Jahren Produkte, mit denen er besondere Effekte auf Glasoberflächen applizieren kann. Hierbei wird Lack rückseitig auf die Fläche gespritzt. Für Büro-Glastüren können durch Schriftfolien, die nach dem Lackieren entfernt werden, Beschriftungen aufgebracht werden.

Die Oberfläche kann weiter wie eine herkömmliche Glasscheibe belastet und gereinigt werden, ohne dass der Lack beschädigt wird. Man unterscheidet bei den Glaslacken zwischen durchscheinenden und geschlossenen Effekten. Durchscheinende Lacke wie Kobaltblau, der Sandstrahleffekt oder der Ätzeffekt lassen Licht durch, während der Glavanoeffekt oder changierender Perlglanzlack mit einem schwarzen Mattlack von hinten versiegelt werden (Abb. 3).

Bei der Lackierung von Glas ist es notwendig, dass der Untergrund intensiv gereinigt wird, damit weder Staubeinschlüsse noch Schlieren zu sehen sind. Bei den Beschichtungsstoffen handelt es sich um 2K-PUR-Lacke, die mit einem Spezialhärter angemischt werden. Dieser Härter verfügt über eine besondere haftvermittelnde Eigenschaft.

Da das Glas nicht angeschliffen und auch keine Grundierung aufgetragen werden kann, muss der Lack über eine besonders hohe Adhäsionskraft verfügen. Darüber hinaus sind diese Lacke beständig gegen Schwitzwasser, hohe Temperaturen und mechanische Einflüsse.

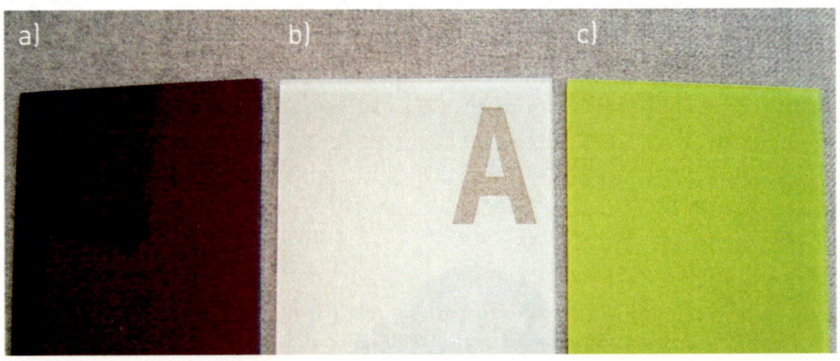

Abb. 3: Glasbeschichtungen

a) Kobaltblau

b) Sandstrahleffekt mit Beschriftung

c) Transparenter Ätzeffekt

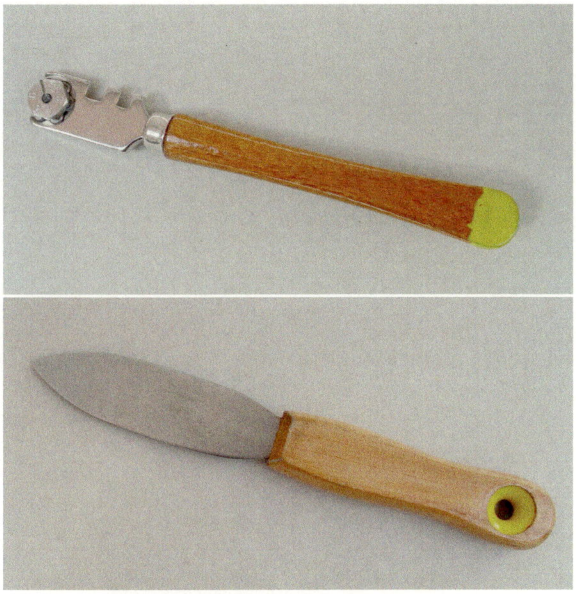

Abb. 4: Glasschneider (oben) und Kittmesser

Abb. 5: Einfachverglaste Zimmertür

12.10.3 Verglasen

In einigen Fällen ist es für den Maler notwendig, auch Verglasungen mit den dazugehörigen Abdichtungsarbeiten durchzuführen. Diese werden in der DIN 18361 und DIN 18545-2 geregelt.

Wird eine Einfachverglasung (z. B. bei Innentüren) vorgenommen kann das Glas mit einem Diamantschneider oder einem Stahlrad vorgeschnitten und anschließend über einer Tischkante abgebrochen werden (Abb. 4). Bei dieser Tätigkeit muss sehr genau vorgegangen werden, um Glasbruch zu vermeiden. Mit Argon gefüllte Scheiben für Mehrfachverglasungen werden werksmäßig in einer bestimmten Größe hergestellt. Ein Zuschneiden ist bei diesen Objekten nicht möglich (Abb. 5).

Je nach Fenstertyp müssen eingesetzte Scheiben verklotzt werden. Unter Verklotzen versteht man das Einfügen imprägnierter Hartholzklötze in den Fensterrahmen, welche die Scheibe fixieren. Die Verklotzung verhindert eine Verspannung der Verglasung, die wiederum dafür sorgen kann, dass das Fenster oder die Tür nicht mehr richtig schließt.

Nach dem Verklotzen muss sichergestellt werden, dass der Anschluss zwischen Glas und Fensterrahmen oder Türblatt abgedichtet ist. Dies dient der Stabilität der Verglasung und verhindert zugleich das Eindringen von Feuchte. Beim Verglasen können unterschiedliche Dichtstoffe (LF 7) zum Einsatz kommen. Die DIN EN 26927 unterscheidet zwischen elastischen und plastischen sowie zwischen Einkomponenten- und Mehrkomponentendichtstoffen. Im Idealfall werden die Dichtstoffe in Kartuschen geliefert und mittels entsprechender Kartuschenpistolen verspritzt. Die Verarbeitung ist vergleichsweise einfach, da das Material mittels einer aufgeschraubten Tülle in den abzudichtenden Anschlussbereich eingebracht werden kann. Restmaterial kann mit einem sauberen Tuch abgenommen werden.

In manchen Fällen wird eine Verglasung mit Leinölkitt verlangt. Dieser Kitt härtet wie eine Ölfarbe (LF 3) aus, was recht lange dauert. Vor dem Auftrag des Kitts muss die Fuge zunächst von möglichen Lack- oder Kittresten gereinigt werden. Anschließend wird eine Leinölgrundierung aufgetragen und der Kitt von Hand eingebracht. Dann wird die Scheibe eingelegt und festgedrückt und von der anderen Seite verkittet. Zum Schluss wird der Kitt mit einem Glasermesser geglättet und überschüssiges Material mit einem Kittmesser entfernt.

Die grundsätzliche Auswahl der Dichtstoffe ist stets von der jeweiligen Baustellensituation abhängig.
Bei der Bearbeitung des Auftrags ist zu berücksichtigen, ob zuerst abgedichtet und dann beschichtet werden soll oder umgekehrt. Dementsprechend muss das Dichtmaterial gewählt werden, da man Kitt überstreichen kann, Silikon hingegen nicht.

Lernfeldübergreifend

→ Präsentations- und Moderationstechniken
→ Kundenorientierung

Präsentationstechniken

Um die eigenen Arbeitsergebnisse zu präsentieren, gibt es mehrere Techniken.

Die Qualität einer Präsentation hängt davon ab, ob es dem Präsentierenden gelingt, die Ergebnisse klar und verständlich zu vermitteln. Deshalb ist es notwendig, sich vorher über die Ziele im Klaren zu sein: Was sollen die Zuhörer im Anschluss an die Präsentation wissen, behalten und verstanden haben? Im Folgenden wird ein Leitfaden für drei Präsentationstechniken vorgestellt.

Vortrag

Bei der Vorbereitung und beim Halten eines erfolgreichen Vortrags sollten Sie vier Arbeitsschritte einhalten.

1. Informationsbeschaffung

- Legen Sie für sich das Ziel des Vortrags als Ausgangspunkt fest.
- Beschaffen Sie sich Informationen mit Hilfe aller verfügbaren Mittel, z. B.: Schulbücher, Lexika, Zeitschriften, Technische Merkblätter, Tabellenbücher, Firmenbroschüren, Bibliotheken, Internet.

2. Erarbeitung

- Wählen Sie die wesentlichen Informationen aus und überlegen, welche Aussagen für Ihre Zuhörer von Interesse sein könnten.
- Denken Sie daran, sämtliche verwendeten Fachbegriffe und Inhalte zu erklären. Ihre Zuhörer wissen viel weniger über das Thema als Sie.
- Erstellen Sie eine Gliederung, in der Sie die ausgewählten Informationen in eine logische Reihenfolge bringen.
- Strukturieren Sie den Vortrag in Einleitung, Hauptteil und zusammenfassenden Schluss.
- Verfassen Sie Stichworte für Ihren Vortrag und schreiben Sie diese z. B. auf einer Karteikarte nieder.
- Bereiten Sie ein Papier mit den Kernaussagen des Vortrags für Ihre Mitschüler vor.

Abb. 1: Vortrag

3. Vortrag ausführen

- Reden Sie laut und deutlich, in kurzen, klaren Sätzen.
- Sprechen Sie sehr langsam und machen Sie Pausen, wenn ein neuer Abschnitt erfolgt.
- Nennen Sie zu Beginn das Thema, das Ziel und den Aufbau Ihres Vortrags.
- Sichern Sie sich die Aufmerksamkeit Ihrer Zuhörer, indem Sie Blickkontakt halten und sie durch Fragen miteinbeziehen.

4. Auswertung

- Wiederholen Sie die wichtigsten Ergebnisse.
- Stellen Sie abschließende Fragen zum Verständnis.
- Bitten Sie Ihre Zuhörer, Fragen hinsichtlich unklarer Inhalte an Sie zu richten.
- Teilen Sie bei Bedarf ein Handout (Handsatz) aus.

Plakat

Um Ergebnisse bildlich darstellen zu können, bietet sich die Gestaltung eines Plakats an.
Sollen die Inhalte eines Plakats wahrgenommen werden und zum Lesen einladen, müssen bei dessen Erstellung einige Regeln beachtet werden.

1. Überschrift, Thema

- Formulieren Sie eine kurze Überschrift aus maximal sieben Wörtern.
- Schreiben Sie sauber und leserlich, mit großer Schrift.

2. Inhalt

- Wählen Sie die wichtigsten (Fach-)Begriffe zum Thema aus.
- Bringen Sie diese in eine sinnvolle Reihenfolge.
- Formulieren Sie zu jedem Begriff kurze, einfache und präzise Sätze.
- Verzichten Sie auf Abkürzungen, schreiben Sie alles aus.
- Bilden Sie aus den zusammenhängenden Einheiten gemeinsame Blöcke.
- Teilen Sie das Blatt übersichtlich auf.
- Verwenden Sie freie Flächen als Gestaltungselemente und halten Sie Ränder ein, sodass ca. ein Drittel der Plakatfläche frei bleibt.

3. Schrift

Achten Sie bei der Schriftwahl besonders auf die Lesbarkeit durch Verwendung von:

- einer ausreichenden Schriftgröße,
- nicht mehr als 2 Schrifttypen,
- Druckschrift (keine Schreibschriften),
- Groß- und Kleinbuchstaben,
- serifenloser Schrift.

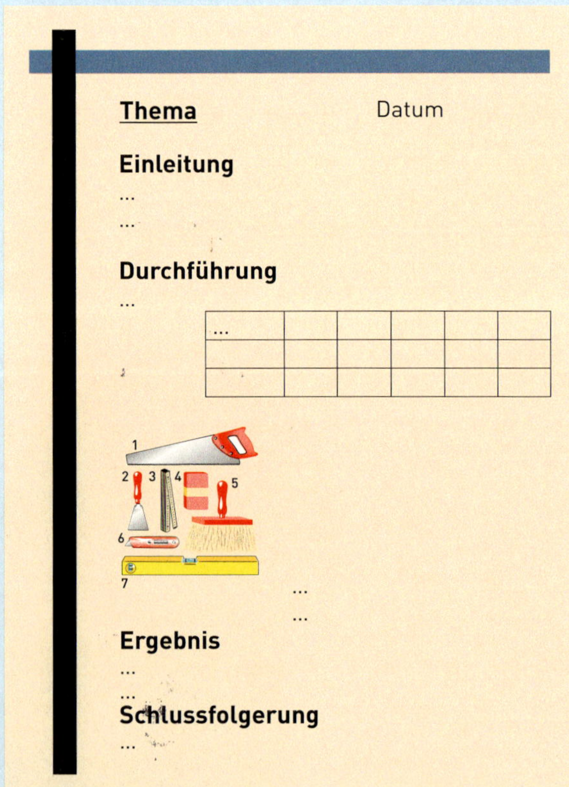

Abb. 1: Schema für einen Plakataufbau

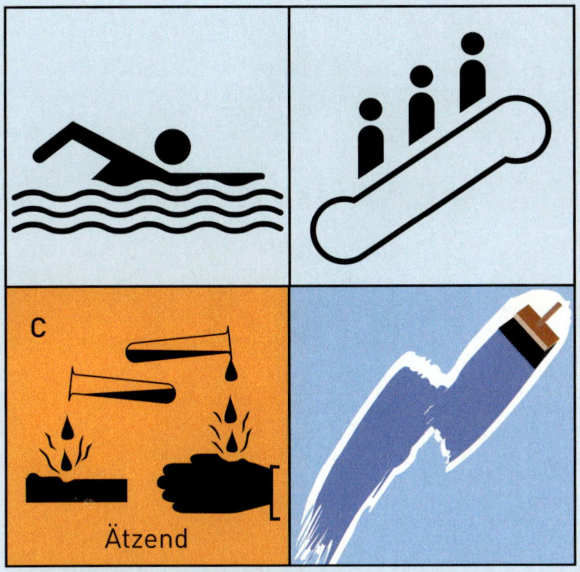

Abb. 2: Piktogramme

Abb. 3: Präsentation am Overheadprojektor

4. Farbe und Form

- Betonen Sie nur wirklich Wichtiges durch Unterstreichungen, Umrahmungen, Schraffur, Farbe oder Ähnliches.
- Wählen Sie maximal zwei bis drei unterschiedliche Farbtöne und Hervorhebungen. Weniger ist mehr!
- Wählen Sie für zusammengehörende Sachverhalte stets dieselben Farben oder Formen.
- Verdeutlichen Sie komplizierte Sachverhalte mit Hilfe von Symbolen, Piktogrammen oder Grafiken (Abb. 2).

5. Abschluss (Visualisierung)

Überprüfen Sie abschließend die Deutlichkeit indem sie sich im Abstand von mindestens 3 m vor das Plakat stellen und es auf Lesbarkeit überprüfen.

Folie und Overheadprojektor

Mit der Präsentation von Overheadfolien kann ein Vortrag oder ein komplizierter Sachverhalt unterstützt werden. Ein Vorteil des Overheadprojektors besteht darin, dass Sie Blickkontakt zu den Zuhörern halten können, ihnen also nie den Rücken zudrehen müssen.

Damit Ihre Zuhörer beim Präsentieren mit Hilfe von Folien die Informationen schnell lesen und erfassen können, sollten Sie nachstehende Dinge beachten:

- Erklären Sie kurz was auf der Folie zu sehen ist, ohne lediglich die Folieninhalte vorzulesen.
- Zeigen Sie mit einem (Zeige)stift auf der Folie, nicht an der Projektionswand, worüber Sie gerade sprechen.
- Machen Sie ein bis zwei Sekunden Pause, bevor Sie eine neue Folie auflegen.
- Beschränken Sie sich pro Folie auf maximal auf fünf Kernaussagen.
- Gliedern Sie Texte durch Gruppierungen, Rahmen, Pfeile, Farben oder Ähnliches. Beachten Sie dabei die Regeln der Plakatherstellung.
- Vergewissern Sie sich im Vorfeld, ob Ihre Zuhörer die Folieninhalte deutlich erkennen können, und korrigieren Sie gegebenenfalls die Lage oder Schärfe der Folie.

Abb. 1:
Konstruktive Kritik der Zuhörer

Nachbereitung einer Präsentation

In der abschließenden Reflexionsphase erhalten sowohl die Präsentierenden, als auch die Zuhörenden Gelegenheit, über den Lernerfolg zu reden. Durch dieses Verfahren wird klar, ob das Ziel der Präsentation erreicht wurde.

1. Eigene Einschätzung der Präsentation

- Was hat gut geklappt?
- Was lief nicht so gut, und worin lagen die Ursachen dafür?
- Wie kann man die Probleme beim nächsten Mal umgehen?
- Waren Sie in der Lage, die Fragen der Zuhörer zu beantworten?
- Besteht Zufriedenheit mit dem Ergebnis der eigenen Präsentation?

2. Einschätzung der Zuhörenden

- Konnten Sie den Inhalten folgen?
- Gab es zu viele oder zu wenige Fachinformationen?
- Wurden die Inhalte durch bildliche Darstellungen vereinfacht?
- Haben Ihnen Wortwahl und Körpersprache gefallen?
- Machen Sie Vorschläge, was beim nächsten Mal besser gemacht werden könnte.
- Werden Sie bei Ihren Empfehlungen niemals persönlich, sondern üben Sie ausschließlich konstruktive Kritik.

Abb. 2: Moderator

Abb. 3: Diskussionsgruppe

Gesprächsführung/Moderation

Ein zielgerichtetes Gespräch eignet sich zur Klärung eines Sachverhalts, zur Erarbeitung eines neuen Themas oder zur Ergebnispräsentation mehrerer Gruppen. Ein solches Gespräch sollte von einer Person geleitet werden, die als Moderator bezeichnet wird.

Jedes Gespräch, so wie jede Form der Kommunikation, beginnt mit der Aufnahme einer Beziehung mit den Gesprächspartnern. Je intensiver die Beziehung aufgebaut wird, um so stärker ist die Motivation sich ergebnisorientiert zu beteiligen.

Um ein solches konstruktives Gespräch durchzuführen, gibt es Regeln, an die sich der Moderator und die Teilnehmer einer Diskussionsgruppe halten sollten.

Die Rolle des Moderators:

- Klärt das Ziel, den Auftrag des Gesprächs und führt ggf. in die Thematik ein.
- Nennt die Regeln.
- Setzt Zeitvorgaben für die einzelnen Diskussionsbeiträge.
- Steuert das Gespräch durch Denkanstöße und kurze Fragen, Achtung: Keine Frageketten benutzten.
- Unterbricht zu lange Reden.
- Fasst die Antworten zusammen, ohne diese zu werten. Die Gesprächsleitung moderiert, ohne zu beurteilen.
- Dokumentiert die Ergebnisse z. B. durch Visualisierung mithilfe von Karten, Flipchart, Pinwand oder Tafelanschrieb.
- Fasst die Inhalte und Ergebnisse zusammen und dokumentiert sie.

Die Rolle der Diskussionsgruppe:

- Hört aktiv zu, um entsprechend überlegt antworten zu können.
- Lässt dem Gesprächspartner Zeit, um auf die gestellten Fragen begründet antworten zu können.
- Fasst sich kurz, denn andere möchten auch noch etwas sagen.
- Bleibt beim Thema und schweift mit den Antworten nicht ab.
- Unterbricht nicht, lässt die Gesprächspartner ausreden.
- Hält Blickkontakt beim Reagieren auf Fragen aus der Gruppe.
- Ist freundlich und höflich, akzeptiert die Aussagen der Beteiligten.
- Die Diskussionsgruppe bringt die Inhalte ein.

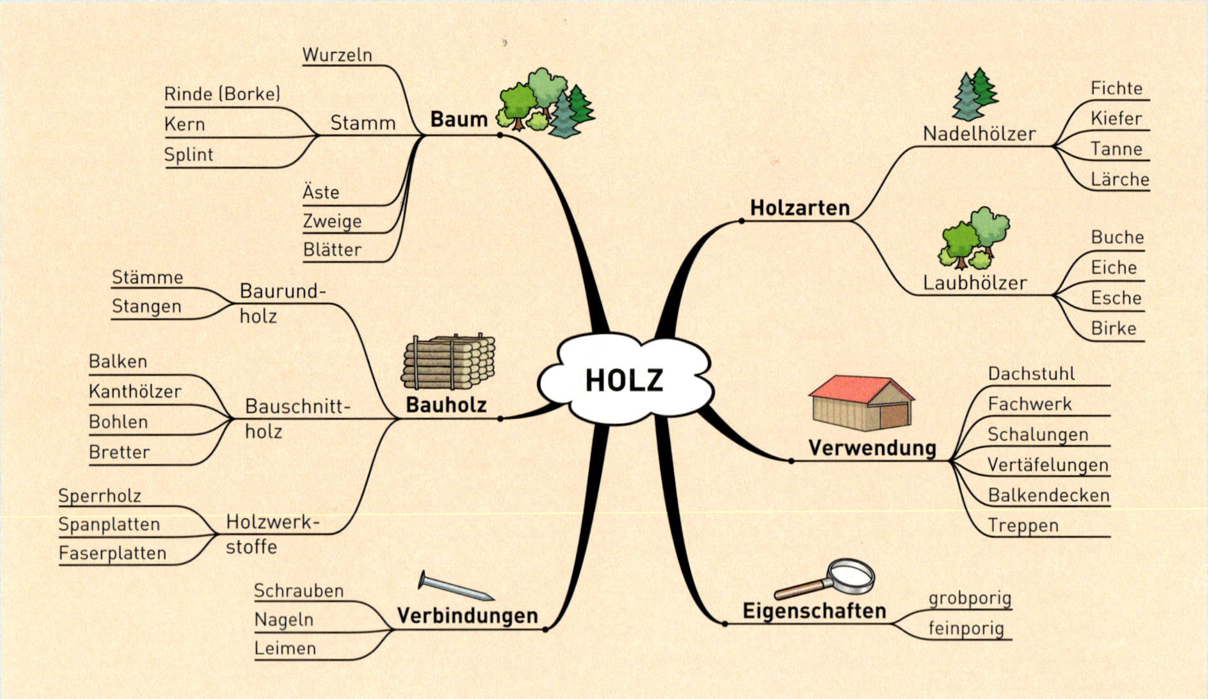

Abb. 1: Mind-Map

Mind-Map

Eine Mind-Map ist eine „Gedankenkarte" in Form einer grafischen Darstellung. Sie dient als Hilfsmittel zum Sammeln und Ordnen von Ideen, Gedanken oder Vorkenntnissen zu einem Thema. Dazu werden Texte mithilfe von Stichpunkten, Symbolen, Bildern, Farben und Linien festgehalten. Da die linke Gehirnseite nur Texte und Sprache verarbeitet, wird durch die bildliche Darstellung in einer Mind-Map auch die rechte Gehirnhälfte ange-sprochen. Da auch einer Mind-Map beide Gehirnseiten aktiv angeregt werden, ist ein schnelleres Erfassen und Merken von Zusammenhängen und Strukturen möglich.

Erstellen eines Mind-Maps:

Um ein Mind-Map anzufertigen, benötigen Sie folgende Materialien:

- Pinwand, Flipchart, Plakatbögen oder Tafeln z. B. mit Packpapier bezogen
- Diverse farbige Stifte für ein direktes Beschreiben des Untergrundes oder
- Papier, Schere, Klebstoff oder Nadeln zum Anheften von ausgeschnittenen Ideen.

Eine Mind-Map wird begonnen, indem das Hauptthema in die Mitte geschrieben wird. Es bietet sich an, das Hauptthema in Versalien (Großbuchstaben) zu schreiben und es, wenn möglich, zusätzlich mit einem Bild darzustellen. So konzentrieren sich die Gedanken immer wieder aufs Neue auf das eigentliche Thema.

Die wichtigsten Gliederungspunke zum Hauptthema werden auf Linien (Hauptäste) geschrieben, die vom Mittelpunkt abgehen.

Diese Hauptäste können Nebenlinien (Nebenäste) ausbilden, die mit Unterpunkten besetzt werden. Die Nebenäste sollten inhaltlich zum jeweiligen Hauptast gehören (Abb. 1).

Um die Lesbarkeit einer Mind-Map zu gewährleisten, sollten folgende Gestaltungshinweise beachtet werden:

- Formulieren Sie keine ganzen Sätze, verwenden Sie lediglich Stichworte auf den Linien.
- Verwenden Sie zur Visualisierung häufig Bilder oder Symbole.

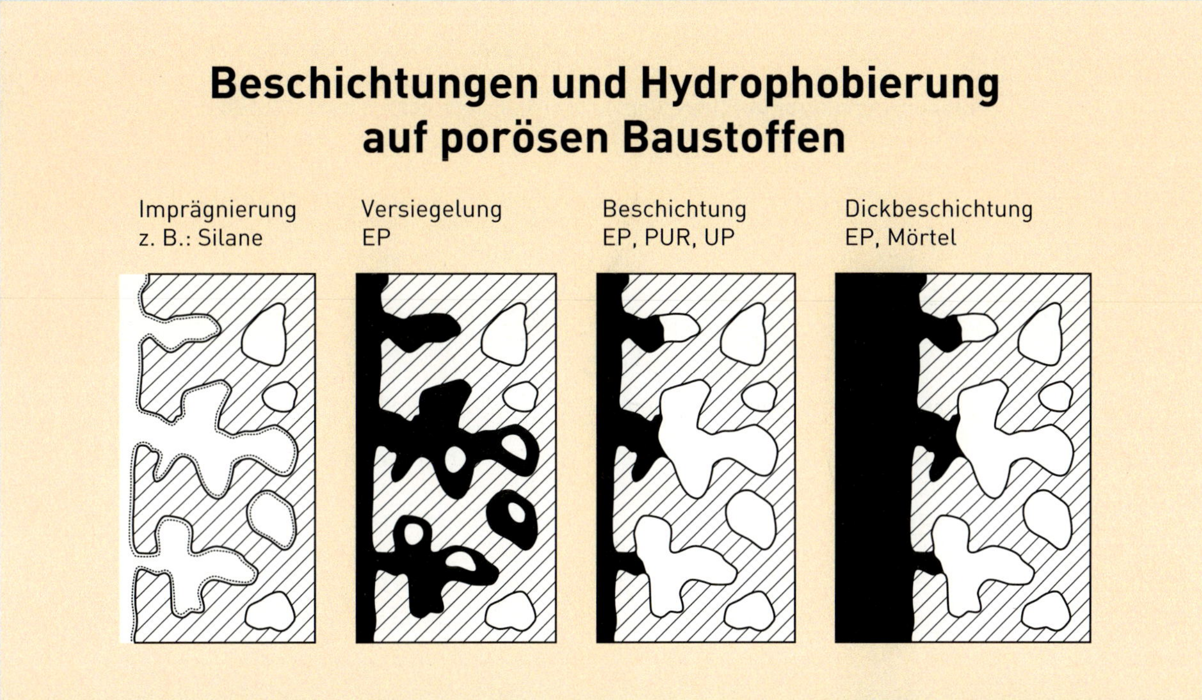

Abb. 2: Beispiel einer Präsentationsfolie

- Schreiben Sie möglichst waagerecht, um die Lesbarkeit zu erleichtern.
- Schreiben Sie beim Beschriften der Nebenlinien in Druckschrift mit Groß- und Kleinbuchstaben.
- Wählen Sie für zusammengehörende Strukturen oder Inhalte jeweils eine Farbe aus.
- Zeichnen Sie die Äste mit wichtigen Informationen dicker, als die mit untergeordneten Informationen.
- Beschränken Sie die Zahl der Hauptäste.
- Nebenäste sollten höchstens nur noch eine weite Gliederungsebene aufweisen.

Präsentationsprogramme

Ein Präsentationsprogramm ist ein Computerprogramm, mit dessen Hilfe z. B. eine Präsentation beim Kunden, ein Referat oder ein Vortrag erarbeitet und einer Gruppe vorgestellt werden kann.

Die Inhalte einer Präsentation werden auf unterschiedliche Folien aufgeteilt. In die Folieninhalte können Texte, Grafiken, Tabellen, Bilder, Video- und Audiosequenzen eingebaut werden. Die Folienpräsentation erfolgt mit einem Beamer.

Damit ein Präsentationsprogramm sinnvoll eingesetzt werden kann, sind einige Regeln zur Gestaltung zu beachten.

Grundsätze:

- Lesen Sie die Präsentation nicht vor, sie soll den Vortrag lediglich unterstützen.
- Hetzen Sie nicht von Folie zu Folie, sondern geben Sie den Zuhörern Zeit, um den Inhalt der Folien verarbeiten zu können.
- Planen Sie zwei bis drei Minuten je Folie ein.
- Gliedern Sie die Folien in Themenblöcke und bilden Sie Überschriften. Überfüllen Sie die Folien nicht. Nehmen Sie eine neue Folie in Ihren Vortrag auf, bevor die Folie mit zu viel Informationen gefüllt ist.

Foliengestaltung:

- Verwenden Sie eine einheitliche Folienvorlage mit einem einheitlichen Hintergrund für alle Folien.
- Der Hintergrund sollte einfach und klar sein, damit er nicht vom Inhalt ablenkt.
- Benutzen Sie klare, lesbare und genügend große Schrifttypen. Die Aussage der Schrift muss zum gewählten Thema passen.
- Vorzugweise soll eine dunkle Schrift auf hellem Untergrund verwendet werden.
- Wechseln Sie die Schrifttypen und Farben nicht ständig. Die Elemente sollten wiederkehrend sein. Zwei Schriftarten sind meist ausreichend.
- Fügen Sie Bilder, Organigramme oder Autoformen ein, sollten diese farblich auf den Inhalt abgestimmt sein.
- Beschränken Sie die Anzahl der Objekte. Ein Bild o. Ä. reicht in den meisten Fällen je Folie aus.
- Mit Aufzählungszeichen können Folieninhalte strukturiert und große Textmengen stichpunktartig verkürzt werden. Benutzen Sie möglichst nicht mehr als vier bis sechs Aufzählungszeichen pro Folie.
- Sinnvoll ist es, nicht alle Informationen auf einmal anzuzeigen. Blenden Sie zusammenhängende Inhalte nacheinander ein.
- Möchten Sie die Folien mit Effekten (Blinken, Auflösen, Rotieren, Toneffekten, ...) animieren, verwenden Sie diese sparsam und unaufdringlich. Handeln Sie nach dem Grundsatz:

  Weniger ist mehr!
- Eine Präsentation ist nur dann einprägsam, wenn jeder verwendete Effekt für sich wirken kann.
- Gestalten Sie das Ende der Präsentation mit einer Abschlussfolie. Gewähren Sie den Zuhörern die Möglichkeit, Fragen zu stellen und zu diskutieren.
- Kontrollieren Sie vor der Präsentation Ihre Folien auf Rechtschreibung. Sichern Sie die Lösbarkeit und deutliche Erkennbarkeit aller Elemente von jedem Platz der Teilnehmer aus.

Abb. 1: Folie in einem Präsentationsprogramm

Kundenorientierung

Orientierung der Arbeit am Kunden

Jeder Maler- und Fahrzeuglackiererbetrieb lebt davon, dass der Kunde, an den er seine Leistung verkauft, zufrieden ist.

Die Zufriedenheit ergibt sich aus unterschiedlichen Aspekten:

- Ergebnis der Arbeit,
- Ablauf und Organisation der Arbeit,
- Preis,
- nach dem äußeren Erscheinungsbild,
- Freundlichkeit der Mitarbeiter,
- Termintreue,
- Sauberkeit.

Der Kunde nimmt den Betrieb meist als Ganzes wahr, d. h. das Gesamtbild des Betriebes muss in allen Aspekten zur Ausrichtung des Betriebes passen. So müssen z. B. in einem Lackiererbetrieb, der hochwertige Designlackierungen durchführt, die Arbeiter entsprechend gekleidet sein, und die Sauberkeit der Werkstatt muss auf einem hohen Niveau liegen.

Dies bedeutet auch, dass alle Mitarbeiter auf jeder Hierarchiestufe (vom Hilfsarbeiter bis zum Chef) sich gemäß des betrieblichen Selbstverständnisses verhalten müssen.

Ablauf eines Kundenauftrags

Der Abwicklung eines Auftrags erfolgt nach einer Grundstruktur, die in vielen Gesetzen und Verordnungen festgelegt ist.

Je nach Umfang und Bedeutung des Auftrags werden einzelne Schritte mehr oder weniger genau geplant und durchgeführt.

Bei Standardaufträgen, z. B. Reparaturlackierung eines Kratzers an einem PKW, ist der Ablauf so selbstverständlich, dass die einzelnen Schritte im täglichen Ablauf gar nicht mehr unterschieden werden können.

Wesentliche Schritte beim Ablauf eines Kundenauftrages

- **Anfrage des Kunden**
Üblicherweise geht die Initiative zu einer handwerklichen Leistung vom Kunden aus, d. h., der Kunde fragt beim Betrieb an, ob dieser eine bestimmte Arbeit an einem Objekt ausführen kann. Seltener tritt der Betrieb, dann meist im Rahmen einer Werbeaktion, an den Kunden heran und bietet ihm eine ganz gezielte Leistung an.

- **Besprechung und Beratung**
Hier wird das Objekt genau geprüft, um zu entscheiden, was technologisch sinnvoll und möglich ist. Es können auch Vorschläge zur Farbgestaltung gemacht werden, die dann in entsprechenden Entwürfen präzisiert werden. Natürlich wird hier auch über den Preis gesprochen, die hier gemachten Angaben sind allerdings noch unverbindlich. Außerdem wird der Zeitraum der Ausführung und Fertigstellung der Arbeiten festgelegt.

Bei größeren Objekten müssen meist mehrere Besprechungen stattfinden, bis eine eindeutige Lösung gefunden ist.

- **Kalkulation und Angebot**
Der Unternehmer kalkuliert nun auf der Basis der in der Besprechung getroffenen Absprachen alle notwendigen Arbeitsschritte, die notwendigen Materialen und Werkzeuge, die Arbeitszeit und die Anzahl der einzusetzenden Arbeiter.

Er errechnet daraus einen Preis für diesen Auftrag. Danach wird ein Angebot erstellt und dem Kunden zugeschickt. Ein Muster für ein Angebot zeigt die Abb. auf S. 500.

- **Auftragserteilung**
Wenn der Kunde dem Angebot zustimmt, gilt der Auftrag als erteilt. Die Zustimmung kann mündlich oder schriftlich durch Unterschrift erfolgen.

Malermeister

Jahn

GUT - SCHNELL - ZUVERLÄSSIG

Malerarbeiten aller Art
Trockenbau
Gerüstbau
Bodenbeläge

Malermeister Jahn, Hauptstraße 2, 12346 Großstadt

Familie
Hans Mustermann
Gartenweg 10
12345 Musterhausen

10.07.2007

Angebot – Erneuerungsanstrich der Garagentore

Sehr geehrter Herr Mustermann,

wir bedanken uns für Ihre Anfrage und bieten Ihnen die gewünschte Malerarbeit für den Erneuerungsanstrich der zwei Garagentore im Gebäude Gartenweg 10 wie folgt an:

Die Beschichtungsfläche beträgt 19,50 m².

1.	Vorhandenen Rost bis 30 % der Fläche von Hand mit Drahtbürste oder Maschine gründlich entfernen.	€	64,50
2.	Die gereingte Fläche zweimal mit einem Korrosionschutz-Grundbeschichtungsstoff beschichten.	€	107,60
3.	Eine Schlussbeschichtung mit Alkydharzlackfarbe, mittlerer Glanz, RAL 9010 reinweiß, auftragen.	€	101,20
	Gesamt Netto	€	273,30
	Mehrwertsteuer 19 %	€	51,93
	Gesamt Brutto	**€**	**325,23**

Vertragsgrundlage ist die VOB in ihrer jeweils gültigen Fassung. Diese fügen wir Ihnen als Anlage bei.

Wir hoffen, dass Ihnen unser Angebot zusagt.

Mit freundlichen Grüßen

Horst Jahn

Malermeister Jahn GmbH
Hauptstr. 2
12346 Großstadt
Geschäftsführer Horst Jahn
UST.IdNr. DE 250 734 288

Tel. 0101-909318
Fax: 0101-909317
E-Mail: info@maler-meister-jahn.de
Internet: www.maler-meister-jahn.de

Handelsregister Nr. 987543
Volksbank Großstadt
Konto Nr. 10 101 000
BLZ 789 120 30

Abb. 1: Angebot, Beispiel

- **Arbeitsplanung**
Der Chef kann nun die eigentliche Arbeit planen. Er muss sich ggf. zunächst mit den anderen Gewerken (z. B. Elektriker, Bodenleger) absprechen, um einen reibungslosen Ablauf zu sichern. Er teilt dann seine Mitarbeiter ein und legt den zeitlichen Rahmen für die einzelnen Schritte fest. Außerdem muss noch Material in der benötigten Menge bestellt werden.

Die Mitarbeiter sollten möglichst genau über den Auftrag informiert werden.

- **Ausführung der Arbeit**
Die Handwerker erscheinen zum vereinbarten Termin beim Kunden. Sie stellen sich vor und gehen mit ihm noch einmal alle auszuführenden Arbeiten durch.

Anschließend richten sie die Baustelle ein, d. h., sie lagern die benötigten Materialien und Werkzeuge an einer geeigneten Stelle und decken alle Bauteile und Möbel ab, die beschmutzt werden könnten.

Nun werden die abgesprochenen Arbeiten entsprechend der Planung ausgeführt. Zum Schluss werden alle Abdeckmaterialien entfernt und sämtliche Verschmutzungen beseitigt, sodass die Baustelle in einem sauberen Zustand verlassen wird.

- **Abnahme**
Nach Beendigung der Arbeiten schaut sich der Kunde zusammen mit dem Chef oder einem beauftragten Gesellen die durchgeführten Arbeiten an. Wenn der Kunde keine Einwände hat, gilt die erstellte Leistung als abgenommen. Wenn der Kunde berechtigte Mängel feststellt, müssen diese kostenlos behoben werden.

- **Rechnungsstellung**
Der Unternehmer stellt nun die Rechnung über die ausgeführten Arbeiten aus, dabei darf der Endpreis den Angebotspreis nicht wesentlich übersteigen.

- **Bezahlung**
Nachdem der Kunde den Rechnungsbetrag bezahlt hat, ist der Auftrag endgültig abgeschlossen.

Verhalten beim Kunden

Der Kunde hat von Anfang an bestimmte Vorstellungen vom Betrieb, bei dem er um eine bestimmte Leistung anfragt. Diese Vorstellung entsteht vor allem durch das angebotene Leistungsspektrum, aber auch durch den Ruf, den ein Betrieb hat und dem Eindruck, der durch das äußere Erscheinungsbild des Betriebs erzeugt wird.

Jeder Mitarbeiter trägt durch sein Verhalten und sein Äußeres zu einem positiven oder negativen Eindruck vom Betrieb bei. Einige Verhaltensregeln sollten dabei auf jeden Fall beachtet werden:

- Man sollte sich immer um eine freundliche Sprache und eine offene Körpersprache bemühen (→ Seite 502), auch wenn man unter Druck steht und der Kunde selbst unsympathisch oder aggressiv ist.

- Die Begrüßung ist der Einstieg zu einer guten Kundenbeziehung. Ein saloppes „Hallo" wird von vielen Kunden als zu kumpelhaft empfunden, ebenso wie manch andere Begrüßungen, die unter Kollegen üblich sind. Wenn der Kunde in seiner Wohnung aufgesucht wird, sollte man ihn mit Handschlag begrüßen und sich mit Namen vorstellen.

- Besondere Beachtung sollte man auch in Berufen, bei denen Schmutz unvermeidbar ist, auf das saubere Erscheinungsbild legen. Eine einheitliche, in regelmäßigen Abständen gewechselte Arbeitskleidung sollte in einem Maler- und auch Fahrzeuglackiererbetrieb selbstverständlich sein. Zur Sauberkeit gehört auch, dass die Hände, und wenn nötig auch das Gesicht, regelmäßig gewaschen werden.

- Wenn man in der bewohnten Wohnung eines Kunden eine Renovierungsarbeit ausführt, sollte man sich immer bewusst sein, dass man in die Privatsphäre eines Menschen eindringt. Deshalb muss man sich entsprechend rücksichtsvoll verhalten.

Körpersprache

Positive Signale

Dem Kunden gegenüber sollte durch die Körpersprache Offenheit demonstriert werden. Er muss das Gefühl haben, ernst genommen zu werden. Dies wird durch das Aussenden von positiven Signalen erreicht, indem man ihm immer erneut in die Augen sieht, allerdings ohne ihn anzustarren. Die Armhaltung ist offen, d. h., nicht vor dem Oberkörper verschränkt. Der Abstand zum Gesprächspartner sollte ca. eine Armlänge betragen.

Das beste Signal ist ein freundliches Lächeln zur richtigen Zeit.

- Der Körper ist dem Gesprächspartner zugewandt.
- Der Blick ist freundlich.
- Blickkontakt mit dem Kunden halten, aber ihn nicht Anstarren.

- Die Armhaltung ist offen.
- Auch wenn etwas gezeigt wird, sollte der Oberkörper in Richtung des Gesprächspartners gedreht sein.

Negative Signale

Durch negative Signale wird dem Kunden signalisiert „ich verschließe mich, ich lasse Deine Gedanken und Wünsche nicht an mich heran". Dies wird deutlich durch abwehrende Arm- und Handbewegungen sowie durch eine nach unten gerichtete Kopfhaltung und Mimik.

Bewegungen in Richtung des Kunden werden meist als aggressiv und aufdringlich empfunden.

- Der Körper ist vom Gesprächspartner abgewandt.
- Gesten in Richtung des Kunden.
- Hände werden in den Hosentaschen versteckt.

- Die Arme bauen eine Barriere auf.
- Der Blick ist abweisend.
- Der Oberkörper weicht vor dem Kunden zurück.

Kundentypen

Die meisten Kunden erwarten auch von einem Mitarbeiter eines Betriebes, dass er fachlich kompetent ist und bei entsprechenden Problemen Lösungen anbieten kann. Der Mitarbeiter muss dann in der Lage sein, den Kunden so zu beraten, dass dieser zufrieden ist und möglicherweise ein neuer Auftrag entsteht oder der bestehende Auftrag erweitert wird. Der Mitarbeiter sollte sich dabei auch im Klaren sein, dass die letztendliche Entscheidung immer beim Chef des Betriebes liegt.

Hilfreich ist hier die Zuordnung eines Kunden zu einem Kundentyp, damit man beim Umgang mit ihm angemessen kommunizieren kann. Selbstverständlich verhält sich selten ein Kunde ganz ausschließlich und eindeutig wie ein bestimmter Kundentyp, sondern meist steckt im Verhalten und den Einstellungen eines Kunden etwas von jedem Kundentyp, allerdings immer in verschiedenen Gewichtungen.

Unterschieden werden z. B. folgende Kundentypen:

- der Misstrauische,
- der Informierte,
- der Freundschaftliche,
- der Zufriedene.

Typ 1: Der Misstrauische

Er hat schon häufig schlechte Erfahrungen mit Handwerkern gemacht und hat sich erst nach langem Zögern dafür entschieden, den Auftrag zu vergeben. Er ist verunsichert, möchte aber alles im Griff haben. Daher kontrolliert er die Handwerker und die ausgeführten Arbeiten ganz genau und möchte die auszuführenden Arbeitsschritte ganz genau erklärt bekommen.

Man gewinnt bei einem solchen Kunden nur, wenn man in der Lage ist, die gestellten Fragen fachlich schlüssig zu erklären. Sein Misstrauen lässt sich allerdings nur beseitigen, wenn man zu den Punkten vordringt, die ihn so misstrauisch machen. Dies ist häufig nicht so einfach, da er die Kritik zu allem und jedem äußert.

Typ 2: Der Informierte

Er hat sich vor der Vergabe des Auftrags schon eingehend über alle anstehenden Arbeiten informiert und meint deshalb, dass er als Fachmann mitreden kann. Er versucht häufig zu bestimmen, welche Produkte verwendet werden sollen oder wie die Arbeitschritte auszuführen sind.
Er kennt auch die entsprechenden Preise, die dafür üblich sind.

Seine Vorstellungen beruhen häufig auf Produktinformationen aus dem Internet, bei denen keine Nachteile genannt werden und noch keine langfristigen Erfahrungswerte vorliegen.

Man steht hier vor der Aufgabe, dem Kunden die negativen Seiten seiner Vorstellungen aufzuzeigen, ohne aber seine Kompetenz in Frage zu stellen. Die beste Strategie ist hier zu sagen „Sie haben im Prinzip völlig recht, aber bei Ihrem Auftrag ...“ Wenn der Informierte sich ernst genommen fühlt, ist er auch zu einem Kompromiss bereit, und gelegentlich kann so ein Kunde auch ein Anreiz sein, sich fachlich weiterzuentwickeln.

Typ 3: Der Freundschaftliche

Er ist daran zu erkennen, dass er schon am Anfang sehr freundlich grüßt. Er ist besorgt um die Handwerker und bietet oft etwas zum Essen und Trinken an. Er hat selbst viel Zeit und unterhält sich mit den Handwerkern auch über private Dinge.

Da der freundschaftliche Kunde den Kontakt sucht und dadurch viel Zeit in Anspruch nimmt, verzögert sich häufig die auszuführende Arbeit.

Man muss versuchen, das Gespräch mit diesem an sich angenehmen Kundentyp abzukürzen, um nicht mit den Zeitvorgaben des Chefs in Konflikt zu kommen. Wenn die verlorene Zeit dem Kunden in Rechnung gestellt wird, könnte auch der freundschaftliche Kundentyp dies reklamieren.

Typ 4: Der Zufriedene

Dieser Kundentyp investiert wenig Zeit und Energie in seinen erteilten Auftrag. Er will, dass die Arbeiten möglichst zügig und mit wenigen Komplikationen erledigt werden. Er kontrolliert nur sehr oberflächlich und möchte nur das wichtigste darüber wissen.

Man sollte ihn nicht mit langen Erklärungen belästigen, sondern die notwendigen Informationen möglichst kurz und knapp liefern. Die Oberflächlichkeit des Kunden verleitet dazu, es mit der Ausführung der Arbeit nicht allzu genau zu nehmen. Man sollte aber auch hier die Arbeit in der gewohnt hohen Qualität abliefern, denn ein z.B. beschichtetes Gebäude oder Fahrzeug wird auch von vielen anderen Personen gesehen.

Maßnahmen zur Qualitätssicherung

In jedem Betrieb passieren Fehler und nicht immer sind die Abläufe optimal.

Jeder Mitarbeiter – und auch der Chef – hat besondere Fähigkeiten aber auch Defizite in bestimmten Bereichen.

Ziel in jedem Betrieb sollte es ein, die Stärken zu fördern und die Schwächen zu beseitigen, damit die Qualität der Arbeit erhalten oder weiter erhöht werden kann. Es sollten die Fähigkeiten und Fertigkeiten der einzelnen Mitarbeiter richtig genutzt, aber auch Betriebsabläufe optimiert werden, sodass die aufgewendete Arbeitsleistung möglichst gut für die eigentliche Auftragsarbeit eingesetzt werden kann.

Für größere Betriebe lohnt es sich, ein umfassendes Qualitätsmanagment einzuführen und sich dies nach DIN ISO 9000 zertifizieren zu lassen. Aber auch kleinere Handwerksbetriebe können durch einfache Maßnahmen erreichen, dass die Arbeit im Betrieb optimiert wird:

- Es sollte im Betrieb eine offene Atmosphäre vorhanden sein, in der jeder Mitarbeiter einen begangenen Fehler zugeben kann.
- Reklamationen müssen vorurteilsfrei analysiert werden. In jeder Reklamation steckt die Chance zu einer Verbesserung.
- Der Informationsfluss innerhalb des Betriebes sollte so sein, dass die Mitarbeiter selbständig und kompetent handeln können.
- Die Mitarbeiter sollten die Möglichkeiten haben, sich ständig weiterzubilden, damit der Betrieb mit der technologischen Weiterentwicklung Schritt halten kann.

Verhalten bei Reklamationsgesprächen

Eine besonders schwierige Situation für einen Mitarbeiter besteht, wenn sich ein Kunde über eine fehlerhafte Arbeit beschwert. Er braucht zum einen das entsprechende Fachwissen um beurteilen zu können, ob die Reklamation möglicherweise berechtigt ist. Er muss aber auch das Reklamationsgespräch so führen könenn, dass der Kunde zufrieden ist, aber trotzdem die Belange des Betriebes berücksichtigt sind.

Folgende Regeln können hier hilfreich sein:

- Man sollte versuchen, freundlich, sachlich und offen zu kommunizieren, auch wenn der Kunde aggressiv und unhöflich auftritt.
- Durch Nachfragen und gutes Zuhören kann man zusammen mit dem Kunden herausfinden, wo der Fehler genau liegt und wie er entstanden ist.
- Man kann dann das weitere Vorgehen vereinbaren.
- Der Chef und die Mitarbeiter müssen unverzüglich über die Reklamation informiert werden.

Der Geselle sollte sich immer bewusst sein, dass die Entscheidung über die Berechtigung der Reklamation und das weitere Vorgehen immer beim Chef liegt. Deshalb sollte er keine Zusagen machen oder vorschnell die Schuld an einer fehlerhaften Leistung eingestehen.

Aufgaben Präsentationstechniken

1. Was beachten Sie, wenn Sie Ihre Arbeitsergebnisse vor einer Gruppe vortragen?
2. Woran erkennen Sie, ob Ihre Präsentation gelungen ist?
3. In welche Hauptbestandteile sollte ein Plakat gegliedert sein?
4. Worauf ist bei der Wahl von Schriften für ein Plakat zu achten?
5. Wie viel Kernaussagen sollten maximal auf einer Folie stehen?
6. Geben Sie an, welche Fehler Sie auf der Folie in Abb. 1 entdecken und was für eine gute Präsentationsfolie zu ändern wäre.

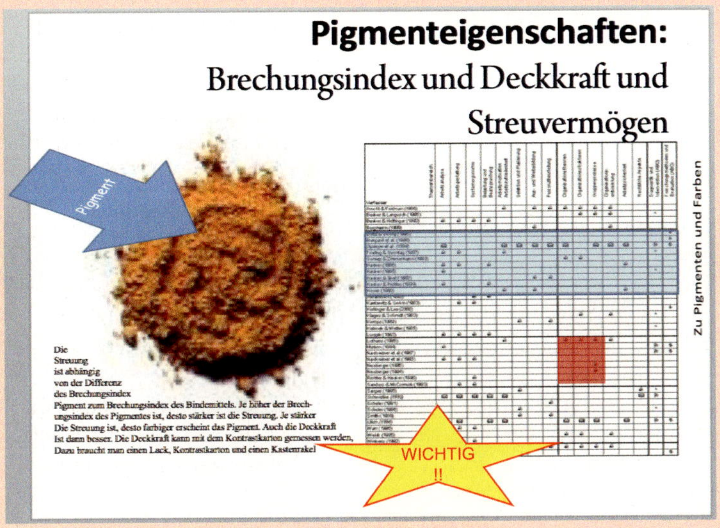

Abb. 1: Beispiel einer schlecht gestalteten Folie

Aufgaben Kundenorientierung

1. Woraus ergibt sich die Zufriedenheit eines Kunden mit einem Betrieb? Ordnen Sie die verschiedenen Aspekte nach ihrer Wichtigkeit.
2. Nennen Sie drei Körpersignale, die beim Kundengespräch Offenheit und Freundlichkeit anzeigen.
3. Nennen Sie die Schritte zum Ablauf eines Kundenauftrages.
4. Bei welchen Schritten eines Kundenauftrags sind die Gesellen und Lehrlinge vor allem beteiligt?
5. Wie sollte man sich einem Kunden gegenüber verhalten, der sich genau über die auszuführenden Arbeiten informiert hat, immer wieder Fragen stellt und häufig vermeintliche Verbesserungsvorschläge macht.
6. Worauf müssen Sie achten, wenn Sie einen Kunden in dessen Wohnung zum Arbeiten aufsuchen?

Sachwortverzeichnis

E

F

H

M

Q

V

Z

Englische Übersetzungen: Sibylle Schmidt, Hannover

Bildquellenverzeichnis

Verlag und Autoren danken den Firmen und Einzelpersonen für die großzügige Bereitstellung von Abbildungen, Hinweisen und sonstigen Informationen.

Hinweis: Für den Fall, dass berechtigte Ansprüche von Rechteinhabern unbeabsichtigt nicht berücksichtigt wurden, sichert der Verlag die Vergütung im Rahmen der üblichen Vereinbarungen zu.

akg-images GmbH, Berlin: 12.2 (Paul Almasy), 372.1, 480.2;
AKR GmbH, Östringen-Odenheim: 87.5e;
Alfred Kärcher Vertriebs-GmbH, Winnenden: 188.3;
argum Fotojournalismus, München: 21.2 (Thomas Einberger);
Asian Art Museum, San Francisco: 76.2;
bpk – Bildagentur für Kunst, Kultur und Geschichte, Berlin: 12.1, 77.6;
Bridgeman Art Library Ltd. Berlin, Berlin: 440.2;
Brillux GmbH & Co. KG, Münster: 226 (alle), 227.3, 228.1, 228.3 (alle), 229.5;
Bäck, Hans-Joachim, Gießen: 221.1;
Canon Deutschland GmbH, Krefeld: 281.3b, 281.3c;
Colux GmbH, Niederkirchen bei Deidesheim: 444.1;
Crawford hafa GmbH, Wennigsen: 17.1;
Daimler Chrysler AG, Stuttgart: 61.4; 77.5;
Dempf, Markus, Buchloe: 106.2, 107.3b, 123.2, 126.1, 127.3, 130 (beide), 131.3, 132 (beide), 232.2, 238 (beide), 239.3, 279 (beide), 324 (alle), 325 (alle), 326 (alle), 363 (alle), 365.4, 365.7a, 383.2, 383.3, 383.4, 384.1, 384.2, 384.4, 385.6, 385.7, 385.8, 386.2a, 387.3, 388.1, 388.3, 394.2;
Deutsche Verlags-Anstalt GmbH, München: 101.5;
Deutsches Kupferinstitut e.V., Düsseldorf: 22.4;
DICK GmbH – Feine Werkzeuge, Metten: 436.4;
DIN-Deutsches Institut für Normung e.V., Berlin: 106.1;
Druwe & Polastri, Cremlingen/Weddel: 110.5–.7, 128 (alle), 129 (alle), 502 (alle);
Eberhardt, Armin, Ulm: 65.3;
EISENMANN AG, Böblingen: 40.1;
Enke-Werk, Johannes Enke GmbH & Co. KG, Düsseldorf: 190.2;
Erfurt & Sohn KG, Wuppertal: 193 (beide);
Eugen Lägler GmbH, Güglingen-Frauenzimmern: 186.1;
Fagus-GreCon Gerten GmbH & Co. KG, Alfeld, Alfeld: 376.5;
Filmakademie Baden-Württemberg, Ludwigsburg: 114 (alle), 115 (beide);
Finkenzeller, Bernhard, München: 87.5j, 126.2, 259.4, 267.8–.10, 346.2, 347 (alle), 348 (alle), 349 (beide), 349.8, 350 (alle), 351.7, 351.8, 387.4, 433 (alle), 434.–.5, 435.1, 437.3, 439 (alle), 440.3, 441 (alle), 442 (alle), 446 (beide), 447 (alle);
Fullhaus Marketing & Werbung, Neutraubling: 96.2;
Führ & Sterkel GmbH, Bechhofen: 87.5h, 87.5i;
GEOtec Zeichen- und Kunststofftechnik GmbH, Wörgl: 270.1;
GEWISS Deutschland GmbH, Merenberg: 213.4b;
GL Verleih Arbeitsbühnen GmbH, Hofheim: 198 (beide);
Goethezeitportal, Bechhofen: 105.4;
GÜNZBURGER STEIGTECHNIK GMBH, Günzburg: 94.2;
Hauptverband Farbe Gestaltung Bautenschutz, Frankfurt am Main: 125.3;
Heinrich Bauer Lapis KG, Köln: 263 (alle);
Herbert Horvath Malerei, Forchtenstein: 267.5;

Hewlett-Packard GmbH, Böblingen: 281.3d;
Hild, Claudia, Angelburg: 206.1;
Huckfeldt, Tobias, Hamburg: 152 (alle), 153 (alle);
J. G. Eytzinger GmbH, Schwabach: 448.2–.7;
KCL Kächele Cama Latex GmbH, Eichenzell: 183.6 (alle), 206.2, 206.4, 207.6;
Kroppach, Harry, Mainz: 65.4;
licht.de, Frankfurt am Main: 112.1;
Limburger Lackfabrik GmbH, Diez: 483.4;
maler discount24, Wuppertal: 260.3;
maxit Deutschland GmbH, Breisach: 54.1a–.1c;
MEEH Jumbo-Coat GmbH Pulverbeschichtungsanlagen, Wimsheim: 183.5;
Meissner Sicherheitstechnik GbR, Ulm-Einsingen: 199.4;
Mesko Pinsel GmbH, Wieseth: 79 3a–.3c;
Noldt, Uwe Dr. rer. nat., Hamburg: 154 (alle);
Noris Blattgold GmbH, Schwabach: 448.1, 448.8;
Osram AG, München: 110.1–.4;
Otto Ballschmidt GmbH, Leipzig: 208.7;
Pelikan Vertriebsgesellschaft mbH & Co. KG , Hannover: 281.3a;
Pewag Handels AG, Küssnacht am Rigi: 182.1;
pixelio media GmbH, München: 362.3, 364.1, 364.2, 366.3, 384.3, 385.5, 386.2b, 393 (beide);
Prondzinski, Sandra , Wendeburg: 92.2;
Pronto Spanndecken , Hamm: 343 (beide);
Rasch GmbH & Co. KG, Bramsche: 255.3, 255.4;
Reiterer, Bernhard, Lana: 255.2;
Robert Bosch GmbH, Gerlingen-Schillerhöhe/Stuttgart: 185.2–.4;
Rund, Wolfgang, Kassel: 215 (alle), 498.1;
Saint-Gobain Rigips GmbH, Gelsenkirchen: 234.2, 234.3;
SATA GmbH & Co. KG, Kornwestheim: 41.3, 41.4, 77.7, 204 (alle);
Scandinavian Colour Institute, Stockholm: 107.4, 108 (beide);
Sehestedter-Naturfarben, Sehestedt: 76.3;
Seyboth & Co. GmbH, Regensburg: 208.5;
Sopro Bauchemie GmbH, Wiesbaden: 266 (alle);
Sprachenzentrum Erfurt, Erfurt: 105.6;
Steffen, Andrea, Hamersleben: 87.5g, 87.5k;
Ströver GmbH & Co. KG, Bremen: 76.4;
tapo-fix GmbH & Co. KG, Wolfsburg: 87.5b;
Theodor-Schäfer-Berufsbildungswerk Husum TSBW, Husum: 181.2, 344.2;
Truna Trading GmbH, Traunstein: 182.2, 187.2, 191.4, 208.1, 208.3, 208.4, 260.4, 391 Tab (beide);
TV Versandshop: 94.1 (alle);
TÜV Nord AG, Hannover: 62 oben;
Verlag Arthur Niggli, Teufen: 187.3;
Vitrulan International GmbH, Marktschorgast: 86.4a–.4d;
VOSS-HELME GmbH & Co. KG, Burgwedel: 208.2;
Wirtschaftsministerium Baden-Württemberg, Stuttgart: 40.2, 189.6;
wolk Gruppe AG, Wuppertal: 81.1 (alle);
Zasada, Renate, Wedemark: 435.2.

Autorenteam Hannover (U. Herrmann, Dr. K. Littmann, U. Mengel): alle übrigen Fotos einschließlich hinterer Umschlagsseite.

Einteilung der Kunststoffe nach Ausgangsprodukten

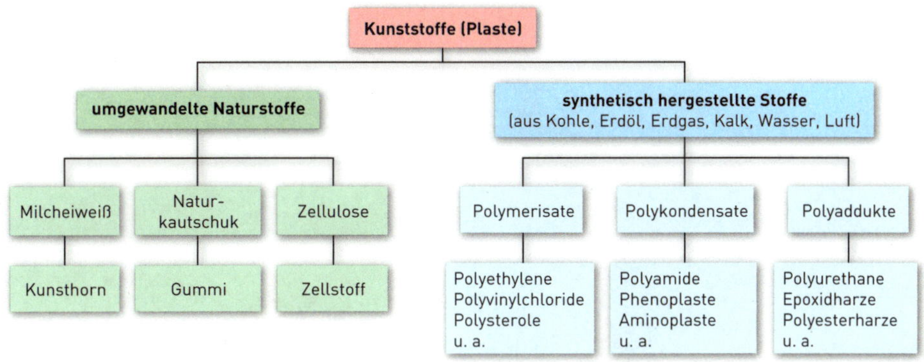

Basis-Polymere – Bezeichnungen

DIN EN ISO 1043, Teil 1: 2002-06

Kennbuchstaben für die Komponentenbegriffe

Kenn-buchstabe	Komponenten-Begriff
A	Acetat, Acryl, Acrylat, Acrylnitril, Amid
AC	Acetat
AK	Acrylat
AL	Alkohol
AN	Acrylnitril
B	Butadien, Buten, Butyral, Butyrat, Butylen
C	Carbonat, Carboxy, Cellulose, Chlor, Chlorid, chloriert, Cresol
D	Di, Dien

Kenn-buchstabe	Komponenten-Begriff
E	Ethyl, Ethylen, Ester
EP	Epoxid
F	Fluor, Fluorid, Formaldehyd
FM	formal
I	Iso, Imid
IR	Isocyanurat
K	Carbazol, Keton
L	flüssig
M	Melamin, Meth, Methyl, Methylen
N	Nitrat, Naphtalat
O	Octyl, Oxy, Olefin

Kenn-buchstabe	Komponenten-Begriff
OX	Oxid
P	Penten, Phenol, Phenylen, Phthalat, Poly, Polyester, Propylen, Pyrrolidon, Per
S	Styrol, Sulfid
SI	Silicon
SU	Sulfon
T	Tetra, Tri, Terephthalat
U	Urea, ungesättigt
UR	Urethan
V	Vinyl
VD	Vinyliden

Kurzzeichen für Polymere

Kurzzeichen	Bezeichnung	Kurzzeichen	Bezeichnung
ABS	Acrylnitril-Butadien-Styrol	PET	Polyethylenterephthalat
AMMA	Acrylnitril-Methylmethacrylat	PF	Phenol-Formaldehyd
ASA	Acrylnitril-Styrol-Acrylester	PIB	Polyisobutylen
CA	Celluloseacetat	PMMA	Polymethylmethacrylat
CAB	Celluloseacetobutyrat	POM	Polyoxymethylen, Polyformaldehyd
CF	Kresol-Formaldehyd	PP	Polypropylen
CMC	Carboxymethylcellulose, Cellulose-glykolsäure	PS	Polystyrol
		PSU	Polysulfon
CN	Cellulosenitrat	PTFE	Polytetrafluorethylen
CP	Cellulosepropionat	PUR	Polyurethan
EC	Ethylcellulose	PVAC	Polyvinylacetat
EP	Epoxid	PVAL	Polyvinylalkohol
EVAC	Ethylen-Vinylacetat	PVB	Polyvinylbutyral
ETFE	Ethylen-Tetrafluorethylen	PVC	Polyvinylchlorid
MC	Methylcellulose	PVDC	Polyvinylidenchlorid
MF	Melamin-Formaldehyd	PVF	Polyvinylfluorid
MPF	Melamin-Phenol-Formaldehyd	PVFM	Polyvinylformal
PA	Polyamid	SAN	Styrol-Acrylnitril
PAN	Polyacrylnitril	SB	Styrol-Butadien
PC	Polycarbonat	SI	Silicon
PCTFE	Polychlortrifluorehtylen	SMS	Styrol-α-Methylstyrol
PDAP	Polydiallyphthalat	UF	Urea-Formaldehyd
PE	Polyethylen	UP	ungesättigter Polyester

Zeitleiste

Konstantinsbogen,
Rom

Burg,
Guimaraes

Dom,
Münster

Haus Löwenstein,
Aachen

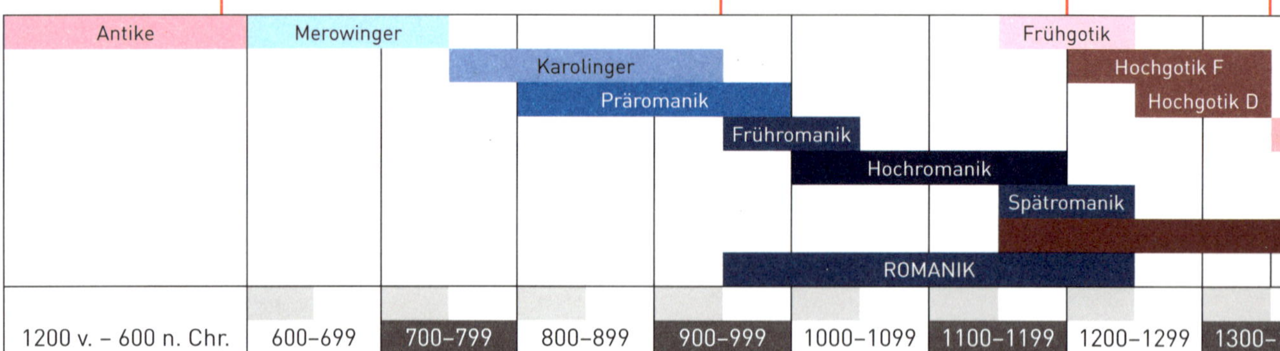

Dom,
Aachen

St. Michael,
Hildesheim

Notre Dame,
Paris

Altes Rathaus,
Hannover

San Zaccar
Venedig